高等学校文科教材
高等学校心理学专业课教材

# 普通心理学

GENERAL PSYCHOLOGY

主 编/叶奕乾 何存道 梁宁建

（第六版）

华东师范大学出版社
·上海·

图书在版编目(CIP)数据

普通心理学/叶奕乾,何存道,梁宁建主编.—6 版.—上海:华东师范大学出版社,2020
ISBN 978-7-5760-1077-0

Ⅰ.①普… Ⅱ.①叶…②何…③梁… Ⅲ.①普通心理学-高等学校-教材 Ⅳ.①B84

中国版本图书馆 CIP 数据核字(2020)第 246556 号

高等学校文科教材

## 普通心理学(第六版)

主　　编　叶奕乾　何存道　梁宁建
责任编辑　师　文
责任校对　张佳妮　时东明
装帧设计　俞　越

出版发行　华东师范大学出版社
社　　址　上海市中山北路 3663 号　邮编 200062
网　　址　www.ecnupress.com.cn
电　　话　021-60821666　行政传真 021-62572105
客服电话　021-62865537　门市(邮购)电话 021-62869887
地　　址　上海市中山北路 3663 号华东师范大学校内先锋路口
网　　店　http://hdsdcbs.tmall.com

印 刷 者　上海展强印刷有限公司
开　　本　787 毫米×1092 毫米　1/16
印　　张　28.25
字　　数　605 千字
版　　次　2021 年 1 月第 6 版
印　　次　2025 年 7 月第 12 次
书　　号　ISBN 978-7-5760-1077-0
定　　价　65.00 元

出 版 人　王　焰

(如发现本版图书有印订质量问题,请寄回本社客服中心调换或电话 021-62865537 联系)

# 第六版前言

《普通高等学校本科专业类教学质量国家标准》中对"心理学类教学质量国家标准"提出了最新要求:心理学的研究对象兼具生物性和社会性,决定了心理学兼有自然科学和社会科学的双重属性。因此,心理学类专业具有文理融合的特点。

普通心理学是心理学入门的基础教材。它使学习者获得心理学的基本知识,它是进一步学习心理学各分支学科,把握当代心理学发展趋势必须具备的知识基础。

本书自1991年出版以来,经过编写者近30年的努力,在1997年、2004年、2010年、2016年和2020年共进行了5次修订,累计发行75万余册。由于心理科学的研究突飞猛进,本次修订主要根据心理科学的发展、学习者的反馈意见和教学方面的要求,以新换旧,力求将经典主题和科研前沿相结合,与时俱进,框架简洁,行文通顺,以适应教学上的需要。同时,在认知心理学方面增加了较多的新内容,扩展了情绪、智力、大五人格模型和社会认知理论等方面的知识;在健康心理学方面也增加了不少新的研究成果。本书深入贯彻党的二十大报告精神,落实立德树人根本任务,旨在进一步加强学科建设,推动心理学科的创新发展,提高教育教学质量和水平,以满足社会对心理学人才的需求。

主持本次修订工作的是华东师范大学心理与认知科学学院的叶奕乾教授、何存道教授和梁宁建教授。其中:叶奕乾担任第四、十四、十五、十六、十七章的修订工作;何存道担任第九、十、十三章的修订工作;梁宁建担任第一、二、三、五、六、七、八、十一、十二章的修订工作。

本书经历了多次修订,先前版次的编者有马红骊、史美毅、陈明杰、张捷、杨福义和裴剑涛等同志,他们为本书付出了辛勤的劳动。

在本书修订的过程中,得到了华东师范大学出版社领导的大力支持和帮助,出版社的编辑对本教材进行了认真的审读和修改,对本书的修订做出了贡献。本书在修订过程中参阅了国内外许多心理学专家和教授的专著、论文。在此,谨向他们表示深深的谢意。

本书适合全日制高等院校和电大、函授大学、自学考试的心理学专业或非心理学专业的学生学习使用。

本书虽经编者多次努力修订,但限于编者的水平和经验,书中的不妥之处,敬请读者和专家批评指正。

编 者
2023年7月6日

# 目录

## 第一章 绪论 / 1
第一节 心理学研究的对象 / 1
第二节 心理学的任务 / 2
第三节 心理学的研究方法 / 5
第四节 科学心理学的发展 / 7

## 第二章 心理和行为的神经生理基础 / 11
第一节 神经元 / 11
第二节 神经系统 / 15
第三节 高级神经活动学说 / 24
第四节 内分泌腺和神经—体液调节 / 29

## 第三章 心理的发生和发展 / 31
第一节 动物心理的发生和发展 / 31
第二节 人类意识的产生 / 35
第三节 意识的特征 / 36

## 第四章 注意 / 40
第一节 注意概述 / 40
第二节 注意的种类 / 45
第三节 注意的特征 / 50
第四节 注意的认知理论 / 58

## 第五章 感觉 / 62
第一节 感觉概述 / 62
第二节 感觉的测量 / 64
第三节 视觉 / 67
第四节 听觉 / 77
第五节 其他感觉 / 81
第六节 感觉的相互作用 / 84

## 第六章 知觉 / 86
第一节 知觉概述 / 86
第二节 知觉的基本特性 / 89

第三节 空间知觉 / 96
第四节 时间知觉和运动知觉 / 102
第五节 错觉 / 106

## 第七章 记忆 / 109

第一节 记忆概述 / 109
第二节 记忆过程 / 113
第三节 记忆系统和记忆的组织 / 129

## 第八章 表象和想象 / 139

第一节 表象 / 139
第二节 想象 / 143
第三节 再造想象和创造想象 / 145
第四节 睡眠和梦 / 148

## 第九章 思维 / 152

第一节 思维概述 / 152
第二节 概念及其形成 / 158
第三节 问题解决 / 166
第四节 创造性思维 / 176

## 第十章 言语 / 186

第一节 言语概述 / 186
第二节 言语活动的生理机制 / 190
第三节 言语的感知和理解 / 201
第四节 动物"言语" / 205
第五节 儿童的言语发展 / 208

## 第十一章 情绪和情感 / 213

第一节 情绪和情感概述 / 213
第二节 情绪和情感的分类及表情 / 219
第三节 情绪状态 / 223
第四节 情感 / 225
第五节 情绪理论 / 226

## 第十二章 意志 / 231
### 第一节 意志概述 / 231
### 第二节 意志行动及其心理过程 / 233
### 第三节 意志的品质与培养 / 236

## 第十三章 技能 / 239
### 第一节 技能概述 / 239
### 第二节 动作技能 / 243
### 第三节 认知技能 / 266

## 第十四章 人格和人格倾向性 / 272
### 第一节 人格概述 / 272
### 第二节 需要 / 275
### 第三节 动机 / 281
### 第四节 兴趣 / 291
### 第五节 理想、信念和世界观 / 294

## 第十五章 气质 / 298
### 第一节 气质概述 / 298
### 第二节 气质理论 / 299
### 第三节 气质的生理机制 / 306
### 第四节 气质类型 / 309
### 第五节 气质在实践活动中的作用 / 313
### 第六节 气质的测量 / 316

## 第十六章 性格 / 322
### 第一节 性格概述 / 322
### 第二节 性格的结构 / 324
### 第三节 性格的类型理论 / 327
### 第四节 性格的特质理论 / 335
### 第五节 性格的社会认知理论 / 346
### 第六节 性格的形成和发展：遗传和环境 / 352
### 第七节 性格的测量 / 360

## 第十七章 能力 / 380

### 第一节 能力概述 / 380
### 第二节 智力和智力理论 / 384
### 第三节 能力的发展 / 400
### 第四节 能力的个别差异 / 412
### 第五节 能力的测量 / 422

## 主要参考文献 / 435

# 第一章 绪 论

## 第一节 心理学研究的对象

心理学是研究人的行为和心理活动规律的科学,是一门兼有自然科学和社会科学特征的中间科学。

人的心理现象纷繁复杂,表现形式丰富多样。在心理学中,一般把统一的人的心理现象划分为既相互联系又相互区别的两个部分:心理过程和人格。

### 一、心理过程

人的心理过程包括认知过程、情绪情感过程和意志过程三个方面。

#### (一) 认知过程

认知过程是指人认识客观事物的过程,是人由表及里、由现象到本质反映客观事物特性及其内在联系的心理活动,包括感觉、知觉、记忆、思维和想象等。注意是伴随心理活动过程的心理特性。

#### (二) 情绪情感过程

情绪情感过程是指人对客观事物是否满足自身物质和精神需要而产生的态度体验。它是客观事物同人的需要之间关系的反映,凡是符合并满足自己需要的事物,会使人产生积极、肯定的情绪情感;反之,则产生消极、否定的情绪情感。

#### (三) 意志过程

意志过程是指人自觉地确定目的,克服内部和外部困难,力求实现预定目的的心理过程。意志过程是人的意识能动性的体现,表现在发动和制止两个方面:发动行动去实现目的,制止与预定目的不相符合的言语或行为。

人的认知过程、情绪情感过程和意志过程之间相互联系、相互作用,从而构成有机整体。认知过程是情绪情感和意志产生的基础,没有认识活动,既不会产生情绪情感,也不可能具有坚强的意志。人的情绪情感和意志又反作用于认知过程,没有情绪情感的推动或者缺乏坚强的意志,认识活动就不可能发展和深入。因此,人的认知过程和意志过程总是伴随着情绪情感活动,意志过程又总是以一定的认识活动为前提,而情绪情感和意志活动又促进了认识的发展。

人的认知过程、情绪情感过程和意志过程有其发生、发展及变化的规律,是统一的心理现象的不同方面。人的心理过程的发生、发展的规律性是心理学研究的对象之一。

## 二、人格

人格是指一个人的整个心理面貌,是个人心理活动稳定的心理倾向和心理特征的总和。人格主要包括心理倾向性和心理特征两个方面。

### (一) 心理倾向性

心理倾向性是指人对客观事物的态度及对活动对象的选择与趋向。

心理倾向性是人从事活动的基本动力,主要包括需要、动机、兴趣、理想、价值观、人生观和世界观等,它随着个人的成熟与发展阶段的变化而有所不同。例如:在儿童时期,兴趣是支配心理活动与行为的主要动力;在青少年时期,理想上升到主导地位;在青年后期和成年期,人生观、价值观和世界观成为主导的心理动力,并支配着整个心理活动和行为表现。

### (二) 心理特征

心理特征是指人在认知过程、情绪情感过程和意志过程中形成的稳定且经常表现出来的特点,是多种心理特点的独特结合,集中反映了一个人的心理面貌。心理特征主要包括能力、气质和性格,是心理学研究的另一个重要对象。

人的心理过程和人格彼此联系构成有机整体。没有心理过程,人格就无法形成。如果没有对客观事物的认识,没有对客观事物与人的需要之间的态度体验而产生的情绪情感,没有对客观事物积极改造的意志行动,人格就会成为无源之水,无本之木。反之,已经形成的人格又制约着心理过程,并在心理活动过程中得到体现,从而对心理过程产生重要影响,使之带有个人独特的特点。因此,心理学是研究人的心理过程发生、发展的规律性,研究人格形成、发展和变化的规律性,研究心理过程和人格两者之间相互关系的规律性的科学。

# 第二节 心理学的任务

心理学的任务是陈述、解释、预测、调节与控制人的心理活动和行为,探索、揭示人的心理活动和行为产生的基本规律。

## 一、心理学研究的理论意义

人的心理活动发生、发展的规律和客观现实与人的心理的关系,以及客观事物的影响转化为人的主观意识的研究成果,论证和丰富了辩证唯物主义和历史唯物主义的基本原理。在物质和意识的关系上,心理学以其确凿的研究成果表明,人的心理对物质世界的依赖关系是客观现实与人脑相互作用的结果,具体论证了物质第一性、意识第二性,意识是高度组织起来的物质的产物,是对客观现实的反映等辩证唯物主义的哲学命题,为辩证唯物主义彻底战胜唯心主义和二元论提供了有力的科学依据。

## 二、心理学的任务

影响人的心理活动的因素概括起来主要有三类:第一,环境因素,即人所接触到的周围环境的变化;第二,生理因素,例如人的体温高低、饥或渴等;第三,心理因素,即自己的心理活动对自身的影响。为此,心理学有以下四项基本任务。

### (一) 陈述心理现象

陈述心理现象的目的是对心理活动进行准确的观察,根据人的外部行为、动作反应获得事实,并对其心理活动进行描述,它涉及对个体心理活动以及行为发生时外部环境与自身心理活动之间内在联系的分析。

### (二) 解释心理现象

解释心理现象并不容易,由于人的行为背后都存在着某种心理原因,因此就要以陈述心理事实为根据,分析和阐明心理活动与行为表现之间的相互联系及其因果关系。

### (三) 预测心理现象

人的心理现象纷繁复杂,不过是有规律可循的,但必须在准确测量和正确陈述的基础上,才能推知其心理发展或行为变化的可能性。通过对某些心理活动与行为之间因果关系变化的了解,才可以预测其再次发生的可能性。理解和说明人的心理活动,实际上就是找出产生某些心理现象的原因。这个过程既包括了把已知事实组织起来以形成与事实相符的说明,也包括就事件之间的关系提出需要证明的假设。

### (四) 调节与控制心理活动和行为

调节与控制的目的是引导或改变人的行为和心理朝着目标方向变化,对异常心理和行为进行矫正。无论是培养心理素质还是矫正异常行为,心理学的原理与行为矫正技术都能有效调节与控制人的心理活动和行为的产生。

## 三、心理学的分类

心理学主要分为心理学的基础理论和心理学的应用两大领域。

### (一) 心理学的基础理论领域

心理学的基础理论领域主要研究心理学的基本原理以及人的心理活动与行为表现的一般规律。

#### 1. 普通心理学

普通心理学是研究正常成年人的心理现象的一般规律性的学科,它包括两个方面:心理过程发生、发展和个性心理形成及其变化的一般原理。普通心理学是各心理学分支学科的理论基础,也是心理学入门的基础知识。

### 2. 发展心理学

发展心理学是研究从受精卵开始到出生、成熟直到衰老的生命全程中个体心理发生和发展规律的心理学分支学科。发展心理学分为广义的和狭义的两类:广义的发展心理学探索人类心理发生、发展的基本理论以及心理发生、发展过程的特点和规律;狭义的发展心理学是指儿童心理学,即探讨儿童发展各阶段的心理特点和规律。

### 3. 生理心理学

生理心理学是研究人的心理活动的生理机制的心理学分支学科,是心理学基础研究的重要组成部分。生理心理学以脑的形态和功能为研究对象,分析在不同生理状态下个体行为与活动的生理机制,探讨神经系统的结构和功能,感知、学习和记忆,动机和情绪等心理活动的神经机制,以及内分泌系统对心理与行为的调节作用。

### 4. 社会心理学

社会心理学研究的是在群体环境条件下个体心理发生、发展及其变化的规律,包括群体心理现象与行为,个体在所属群体影响下产生的心理现象与行为,以及自我调适行为。

### 5. 人格心理学

人格心理学是研究个体思想、感情、意向和行为的具有整体性的独特模式的心理学分支学科,涉及人格形成、发展及其变化,以及人格结构、人格动力和人格发展的规律性。

## (二) 心理学的应用领域

现代心理学与社会生活各个领域的结合,形成了以应用为研究目的的心理学分支学科。下面分别对部分分支学科进行简单介绍。

### 1. 教育心理学

教育心理学是研究教育过程中教与学的心理活动规律,揭示教育过程和人的心理活动发展之间内在关系的心理学分支学科。教育心理学以教师与学生之间的相互作用为研究对象,涉及学生掌握知识和技能的心理特点及规律、教与学活动的心理因素、学生良好行为习惯和道德品质形成以及教师心理活动等。

### 2. 消费心理学

消费心理学是研究个体消费心理和消费行为规律的心理学分支学科。它涉及两个方面:消费行为的心理因素,如消费动机、消费信息认知、消费决策等;消费行为的外部因素,如广告宣传、商标命名、销售服务和企业形象等。

### 3. 工业心理学

工业心理学是研究工业或经济领域中从业人员的心理与行为以提高效率的心理学分支学科。工业心理学涉及组织领导、职工积极性、生产环境,以及专业培训和人员选拔等。工业心理学分为注重人—机关系与改善工作环境方面的工程心理学和注重人—人关系、人—岗关系方面的管理心理学。

#### 4. 咨询心理学

咨询心理学是对来访者的心理问题或要求给予疏导或矫正的心理学分支学科。咨询心理学运用心理学原理和技术,通过咨询程序,揭示心理问题产生的原因,寻找摆脱困境的条件、途径和对策,使来访者改变原有的态度和行为,增强自信心,达到对社会生活的良好适应。

#### 5. 法律心理学

法律心理学是研究立法、执法、守法、违法过程中人的心理活动及其规律的心理学分支学科。法律心理学的内容包括四个方面:①体现公众意志的立法心理学;②有关犯罪心理形成和发展变化、犯罪者人格结构等的犯罪心理学;③有关刑事侦查、证言证词、罪犯改造等的司法心理学;④有关法制教育的社会效果、法律意识形成等的法制宣传教育心理学。

#### 6. 临床心理学

临床心理学是运用心理学原理诊断和治疗心理异常的心理学分支学科。临床心理学涉及心理异常或心理障碍,如精神分裂症以及单纯由心理因素引起的焦虑症或抑郁症,以及由心理因素引起的躯体疾病等。

## 第三节 心理学的研究方法

### 一、心理学研究的基本原则

心理学研究应遵循客观性、发展性两个基本原则。

#### (一) 客观性原则

客观性原则是指研究者从人的心理活动依存的客观条件及其作用揭示其发生发展的规律。由于心理现象纷繁复杂,在研究中容易产生猜测、武断和片面等问题,为此任何结论都必须在对所得事实材料和数据方面进行全面分析的基础上做出,而不能仅凭研究者的主观臆测来肯定或否定某种结论。

#### (二) 发展性原则

客观事物总是处于不断运动和变化之中的,作为人脑对客观事物反映的心理活动,不可能是固定、静止的。这就要求研究者遵循发展性原则来研究心理活动的特点及行为发生发展的规律性。

发展性原则是把人的心理活动看作动态变化及发展的过程。例如,研究个体在不同年龄阶段上的心理发生发展的规律,就要根据从出生到老年的每个阶段所具有的不同心理特点和条件,既要阐明已经形成的心理品质,也要阐明那些正在形成或已经表现出来的心理特点,并要预测可能会出现的心理现象,以创造有利条件使其顺利发展。

## 二、心理学的研究方法

心理学的研究方法是按照一定程序,获取人的心理活动及其行为表现资料的科学方法。

### (一) 观察法

观察法是指在自然情境中对人的心理活动与行为表现进行系统的、有计划的观察与记录,经过分析以获得其心理现象发生和发展规律的方法。

观察法有两种方式:一种是参与被观察者的活动,即观察者是被观察者活动中的一个成员;另一种是不参与观察者的活动。无论采取哪种方式,原则上是不使被观察者发觉自己的活动正在被他人观察,否则会出现观察者效应,即被观察者由于意识到自己被观察而做出心理与行为上的改变。

观察法的优点是保持了被观察者的自然状态,保证了其心理活动的客观性,使获得的资料比较真实。不足之处是很难对观察结果进行重复验证,以及难以对结果进行精确分析,分析容易受观察者本人的知识经验和观察技能等因素的影响。

### (二) 实验法

实验法是心理学研究的主要方法。实验法不但要揭示研究的问题,即"是什么",而且要探究问题的原因,即"为什么"。

实验法是指有目的、有计划地控制条件,使被试产生某种心理活动,然后对其进行分析研究,以得出心理现象发生的原因或起作用的规律的方法。在进行实验研究时,需要考虑三种变量:第一,自变量,由实验者安排、控制、操纵与实施的实验条件;第二,因变量,即实验者要观察、测量、记录被试做出反应的变量,是实验者要收集和研究的对象;第三,控制变量,即实验者欲排除的某些条件,是为了避免影响实验结果的变量。实验法研究人的心理现象在控制条件下的自变量与因变量之间的因果关系。

### (三) 调查法

调查法是就某一问题要求被调查者自由表达意见或态度,以此分析群体心理倾向的研究方法。调查法在实施时虽然是以个人为对象,但目的是借助许多个人的反映来分析和推测社会群体的心理倾向。

调查法分为问卷法和晤谈法两种。

#### 1. 问卷法

问卷法是指采用事先拟定的问题,由被调查者回答问题来搜集相关资料,分析和推测群体心理特点的研究方法。由于问卷可以向多人同时搜集同类问题,比较省人力物力。但需要注意两个方面的问题:一是问卷回收率不高可能会影响结果的准确性;二是被调查者可能并不具有代表性,由于被调查者不认真合作或对问题的回答不准确,而使问卷结果的真实性受到影响。

2. 晤谈法

晤谈法是指通过面谈方式搜集资料,分析和推测其心理特点和心理状态的研究方法。晤谈法一般不需要特殊的条件和设备,比较容易掌握和施行。但是通过晤谈获取足够资料需要耗费大量时间,加上被调查者可能受主观和客观因素的影响而降低资料的真实性。

### (四) 测验法

测验法是指运用标准化测验工具,度量个体之间心理特征和行为表现数据的一致性或可靠性的研究方法。

心理测验的种类很多,例如:智力测验是了解不同年龄被试的智力发展水平;成就测验是了解被试某些特殊能力的现存水平;人格测验是了解被试各种心理特征和行为特点的综合表现。测验法的使用必须具备两个基本要求:测验量表的信度和效度。信度是指一个心理测验或实验研究得到的数据具有一致性或可靠性。效度是指一个心理测验或实验研究的结果是研究者所要测量到的变量或品质和特征。

## 第四节 科学心理学的发展

### 一、科学心理学的诞生

心理学(psychology)一词源于希腊文"Ψχνολογοζ",意指"灵魂或精神的学说",是一门既古老又年轻的科学。说它古老,是因为人类探索心理现象已有两千多年的历史,它一直包括在哲学的母体中,如公元前4世纪在亚里士多德(Aristotle)的《灵魂论》中就论述了人类的心理现象。说它年轻,是因为直到1879年,才在德国莱比锡大学由德国哲学家、心理学家冯特(W. Wundt)建立了世界上第一个心理实验室,他把自然科学中使用的方法应用于心理学研究中,心理学开始脱离哲学而成为一门独立的科学,迄今只有一百多年的历史。

心理学是在哲学和生理学发展的基础上,经过不断探索、研究而发展起来的。

### 二、哲学对心理学发展的影响

科学心理学的发展受到近代哲学的深刻影响。17世纪中期,法国哲学家笛卡尔(R. Descartes)的观点对心理学的发展产生了重要影响:第一,用"反射"概念解释动物行为和人的某些无意识简单行为;第二,把统一、完整的心理活动,如感知觉、思维、想象和某些情绪,与人体分开提出二元论。笛卡尔关于身心关系的思想推动了动物和人体解剖学及生理学的研究,其反射概念对现代心理学的诞生产生了深刻影响。

从17世纪到19世纪中叶,经验主义的哲学思想深刻地影响了心理学的发展。英国哲学家洛克(J. Locke)是经验主义的奠基人。他认为人的心灵最初像一张白纸,没有任何观念。一切知识和观念都是后天从经验中获得的。他把经验分成外部经验和内部经验。外部经验叫感觉,它的源泉是客观世界。内部经验叫反省,是人对自己内部活动,如思维、意愿、情绪等的"观察"。洛克提出了"简单的观念由感官经验而来"的看法,许多简单观念经由心灵的结合而成为复杂的观念。随着英国经验主义的发展,逐渐形成了联想主义思潮。这些观点对心理学的诞生产生了重要影响。

### 三、生理学对心理学发展的影响

在19世纪中叶,德国生理学家缪勒(J. P. Müller)对神经细胞的特殊功能的探讨,不但对生理学本身的发展做出了杰出的贡献,也激发了包括心理学家在内的学者对这方面的兴趣和研究。生理学所采用的科学方法相继被应用到对个体行为的研究中。例如,德国著名科学家赫尔姆霍茨(H. V. Helmholtz)用青蛙的运动神经测量了神经冲动的传导速度,这为心理学中应用反应时的测量方法奠定了基础。德国莱比锡大学的费希纳(G. T. Fechner)确立了心物之间计量关系以及心理物理学方法。德国学者韦伯(E. Weber)通过系统变化刺激强度来观察个体的反应,在感觉阈限研究和测量方面为心理物理学的建立和发展做出了特殊贡献。以上学者的实验研究及其成果,直到今天仍然是心理学研究的重要内容。

### 四、心理学发展过程中的主要派别

自从冯特创建世界上第一个心理学实验室,成为科学心理学诞生的标志以来,心理学在其发展过程中,产生了许多不同的思想和学派,它们对心理学的发展产生了重要影响。

#### (一) 构造主义心理学

冯特是构造主义心理学的创始人,他的学生铁钦纳(E. B. Titchener)在美国为其宣传推广。构造主义心理学认为心理学应该研究人的意识经验,它分为感觉、意象和情感三种基本元素:感觉是知觉的元素;意象是观念的元素;情感是情绪的元素。人的心理活动都是由这些元素构成的。他们首创内省法,即个体对自己心理活动的内容与体验的反思。

#### (二) 机能主义心理学

美国心理学家詹姆斯(W. James)是机能主义心理学的创始人,杜威(J. Dewey)、安吉尔(J. Angell)和卡尔(H. Carr)都是机能主义心理学的代表人物。机能主义心理学主张心理活动或心理机能为心理学的研究对象,认为意识不是个别心理元素的集合,而是一种持续不断、川流不息的过程。机能主义心理学强调意识的作用和功能,而不像构造主义心理学那样强调意识的结构。例如,构造主义心理学关心什么是思维,而机能主义心理学则关心思维在人适应环境过程中的功能和作用。机能主义心理学推动心理学面向实际,在心理学的发展过程中产生了广泛而深远的影响。

## (三) 行为主义心理学

行为主义心理学是由美国心理学家华生(J. Watson)于1913年创立的。华生认为心理学不应该研究意识,而应该研究可观察和测量的行为,并以刺激与反应(S-R)之间的关系为研究的主要内容。行为主义心理学强调以客观的观察和测量,而不是意识经验,来记录人的行为;认为构成行为的基础是个体的反应,而某种反应的形成与相关刺激有关;人的行为不是生来就具有的,而是在生活环境中学习的结果。

行为主义心理学强调研究可以观察的行为,并从刺激与反应之间的关系上客观地研究行为,而不应从主观上加以描述,这种研究方法上的客观主义对心理学的发展产生了重大影响。

## (四) 格式塔心理学

格式塔心理学由德国心理学家韦特海墨(M. Wertheimer)创立,代表人物有考夫卡(K. Koffka)、苟勒(W. Köhler)等。格式塔是从德文"Gestalt"音译而来的,意思是"完形"或"整体"。格式塔心理学反对心理元素的观点,不同意行为主义所持的刺激—反应的观点,认为人的经验或行为本身是不可分解的,每一种经验或活动都有它的整体形态。心理活动不是由几个元素构成的,行为也不是单纯由一些反应堆积而成的,整体不能还原为各个部分、各种元素,部分相加不等于全体,整体先于部分而存在并制约着部分的性质和意义。

## (五) 精神分析

精神分析是由奥地利精神病医生弗洛伊德(S. Freud)创立的。该理论来自临床经验,对心理学乃至人类文化的影响很大,尤其是在人格以及心理治疗方面。弗洛伊德用潜意识、生本能、死本能和力比多等概念解释人的内在动力;用口腔期、肛门期、性器期、潜伏期和生殖期等词汇来解释人格发展历程;用"本我""自我"和"超我"等概念来解释人格结构。

## (六) 人本主义心理学

人本主义心理学是由美国心理学家马斯洛(A. Maslow)和罗杰斯(C. Rogers)在20世纪中叶创立的。人本主义心理学反对行为主义和精神分析,主张心理学的研究应以正常人为对象,研究真正属于正常人的心理活动,特别是蕴藏在人性中的无限潜力,通过改善环境和创设条件以利于人的潜能充分发挥而达到"自我实现"的阶段。

## (七) 认知心理学

认知心理学研究人获取知识和使用知识的过程,它分为广义的和狭义的两种。广义的认知心理学包括了对人的感觉、知觉、记忆、思维、想象等心理过程的研究。狭义的认知心理学是指信息加工心理学,研究感官的信息接收、储存、提取和运用等过程,它把人看成一个信息加工系统，认为认知活动就是信息加工过程。

## 名词解释

心理学　心理过程　人格　普通心理学　观察法　实验法　调查法　测验法

## 思考题

1. 心理学研究的对象是什么？
2. 简述人的心理过程及其相互关系。
3. 研究人的心理活动的基本原则是什么？
4. 研究人的心理活动的基本方法有哪些？
5. 简述心理学发展过程中的主要派别及其主要观点。

# 第二章　心理和行为的神经生理基础

## 第一节　神 经 元

神经系统是心理活动的主要生理基础。人的一切心理活动,如感觉、知觉、记忆、思维、想象等,都是通过神经系统的活动来实现的。

## 一、神经元的构造及分类

### (一) 神经元的构造

神经元是神经系统最基本的结构和功能单位,典型的神经元结构主要由细胞体和突起两部分组成。不同细胞体的大小和形态相差很大,常见的形态有圆形、梭形和锤体形。突起是神经元向外突出的部分,按形状分为树突和轴突。前者呈短的树枝状;后者为细长状,又称为神经纤维。一个神经元可有数个树突,但一般只有一个轴突。轴突长度最长可达一米左右(如图2-1所示)。神经元具有接收、传递和整合信息的功能。在脑和脊髓中,许多神经元的轴突由髓磷脂组成的髓鞘包裹起来,成为有髓鞘的神经纤维。髓鞘起绝缘作用,以避免神经冲动向周围神经纤维扩散,是个体行为分化的重要生理机制。

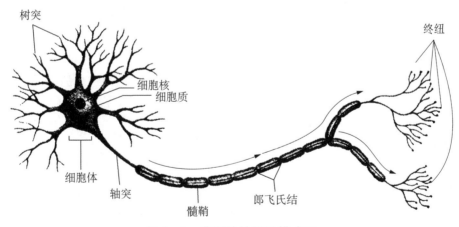

图2-1　典型的神经元模式图

### (二) 神经元的分类

根据神经元具有的各种不同的形态,可分为单极细胞、双极细胞和多极细胞。

根据神经元的功能,可分为感觉神经元、运动神经元和联络神经元(如图2-2所示)。感觉神经元又称传入神经元,负责接收来自身体组织和感觉器官的信息并将它们传递到大脑与脊髓。运动神经元又称为传出神经元,它把中枢神经系统的指令传递到身体组织。联络

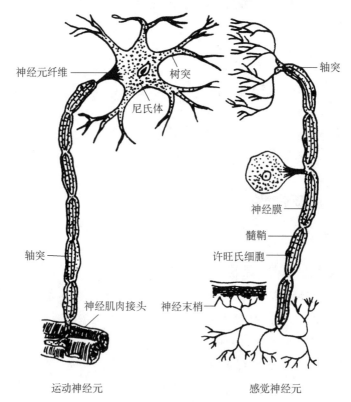

图 2-2 神经元模式图

神经元又称中间神经元,它将来自感觉神经元的神经冲动传递给其他中间神经元或运动神经元,其主要功能是联结感觉神经元和运动神经元。

在神经元之间,神经传导是由感觉神经元传到联络神经元,再传到运动神经元,是单向传导。神经冲动在神经纤维中传导的单向性是由突触来实现的。神经元的轴突上某一点受到刺激,神经冲动可以同时向两端传导,即双向神经传导。

## 二、神经兴奋的传导

### (一) 神经元的兴奋

神经元受到刺激并产生兴奋是一种对刺激的反应能力,表现形式为神经冲动。神经冲动是神经组织的特性,它将信息从一个神经元传至另一个神经元。一般而言,神经冲动沿轴突迅速向邻近的或下一个(些)神经元传递。

一般情况下,神经细胞膜内外离子的分布情况是不同的。细胞膜外具有更多带正电荷的钠离子($Na^+$)和带负电荷的氯离子($Cl^-$),细胞膜内则是带正电荷的钾离子($K^+$)和带负电荷的大分子有机物。由于细胞膜对不同离子具有不同通透性,在静息状态下,细胞膜对钾离子通透性较大,对钠离子通透性较小,结果造成钾离子外流,而钠离子被挡在细胞膜外,从而形成细胞膜内外的电位差。

当神经元受到足够强的刺激后,细胞膜的通透性就会迅速发生变化,钠离子比钾离子和氯离子更容易通过细胞膜,于是钠离子内流,使膜内电位上升,并高过细胞膜外电位,出现了去极化状态。在去极化后,细胞膜对钠离子的通透性又开始下降,对钾离子的通透性上升,细胞膜又恢复极化,这种电位变化称为动作电位,它代表神经兴奋的状态。

动作电位分为三个时相:首先是锋电位,它是动作电位的基本部分,由细胞膜的去极化引起,持续时间为 0.5 毫秒左右;其次是负后电位,它始于锋电位下降到基线前的一段时间,强度只有锋电位的 5%,持续时间约为 12—20 毫秒,是去极化的残余;负后电位之后,出现向反方向改变的正后电位,强度只有锋电位的 0.2%,持续时间约为 80 毫秒或更长(如图 2-3 所示)。

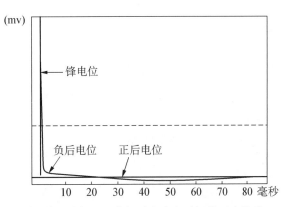

表示锋电位与后电位相对大小和时间的正确关系
图 2-3 猫 A 纤维的全部动作电位

在动作电位三个不同时相中,神经兴奋的水平是不同的。锋电位对应不应期,神经对刺激不再做出反应;负后电位对应超常期,神经极易兴奋;正后电位对应低常期,神经兴奋性较低。

## (二) 神经兴奋的传导

当动作电位产生时,神经纤维受到刺激的部位电位产生变化,细胞膜外带较多负电荷呈负电位,细胞膜内带较多正电荷呈正电位。与之相反,邻近未受到刺激的部位,仍是细胞膜外带较多正电荷呈正电位,细胞膜内呈负电位。在此情况下,原来静息状态时不存在电位差的细胞膜表面,在受刺激和未受刺激的两部位间也出现了电位差,于是细胞膜外未兴奋部位的正电荷流向兴奋部位,细胞膜内兴奋部位的正电荷流向未兴奋部位,从而产生反方向电流,形成回路,这样未受到刺激的部位也被引起去极化,引起下一部位膜的去极化,使刺激很快传遍整个神经纤维,即为神经冲动的传导。

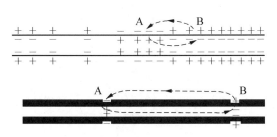

上图代表无髓神经纤维;
下图代表有髓神经纤维的跳跃传导
图 2-4 局部电流学说模式图

神经纤维上的髓鞘并不是将轴突全部包裹,在郎飞氏结处缺乏髓鞘,离子不能有效通过髓鞘,但在郎飞氏结处容易通透。所以,有髓神经纤维冲动的传导是从一个郎飞氏结传到另一个郎飞氏结,即跳跃传导,其速度远较无髓神经纤维快(如图 2-4 所示)。

神经冲动的传导与电流的传导是不同的,两者的传导速度相差很大。神经传导的最大速度为每秒 120 米,慢的每秒只有几米。

神经冲动的传导有其特性：第一，遵守"全或无"法则，即刺激达到阈值，神经元则产生一个完全的反应，达不到一定强度则不反应，它不随刺激的强弱而改变；第二，单个神经纤维是双向传导，在神经系统内则是单向传导；第三，神经纤维具有相对不疲劳性，以每秒50—100次的频率连续电刺激神经9—12小时，神经纤维依然保持传导能力。

## 三、突触

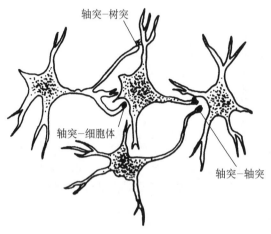

图2-5 突触的不同接触部位

神经元之间的联系是通过突触进行和实现的。一个神经元与另一个神经元彼此接触的部位叫突触，它是神经元在机能上发生联系的部位，是信息传递和整合的关键。

神经元之间的突触联系大致有三种接触形式：轴突—细胞体，轴突—轴突，轴突—树突（如图2-5所示）。一个神经元以突触的形式和许多神经元相联系，所以一个神经元可以影响许多神经元的活动，也会接受许多神经元的影响。

突触包含三个部分：突触前部分、突触间隙及突触后部分。突触前部分是神经元轴突末梢分支膨大形成的突触小体，其中含有突触小泡，突触小泡内储存有神经递质。突触小体的前端膜称为突触前膜。突触后部分是与突触小体邻近的神经元的某一部位，称为突触后膜，在突触后膜上面有突触受体。在突触前膜与突触后膜之间有一空隙，称突触间隙（如图2-6所示）。

除化学性突触外，还有电性突触，这种突触虽也能辨别出突触前膜、突触后膜和突触间隙，但其间隙很窄，称缝隙连接。两个神经元的突触膜相贴很紧，以致一个神经元的电变化可以直接引起另一个神经元的电变化，传递很快，一般可以逆转（如图2-7所示）。

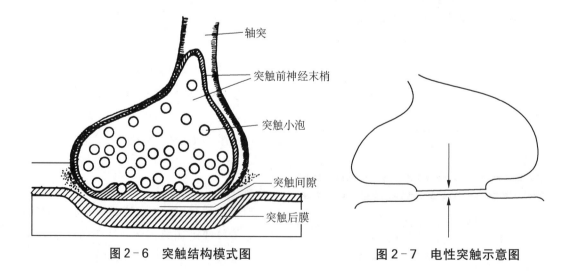

图2-6 突触结构模式图　　　　　图2-7 电性突触示意图

当神经冲动传至突触小体时，钙离子通道开放，此时细胞膜对钙具有通透性，使细胞膜外浓度高于细胞膜内的钙离子流入细胞膜内，部分突触小泡移向突触前膜。由于钙离子内流，突触小泡的膜与突触前膜贴附融合破裂，向突触间隙释放化学递质。通过突触间隙，化学递质与突触后膜上的突触受体结合，改变突触后膜对离子的通透性，引起突触后神经元的电位变化。

突触后神经元的电位变化产生突触后电位，分为兴奋性突触后电位与抑制性突触后电位两种。两种不同电位是由突触小体释放不同神经递质与不同突触受体结合造成的。兴奋性突触后电位是突触后膜的去极化，它可引起突触后神经元产生神经冲动。抑制性突触后电位是突触后膜超极化，使突触后神经元兴奋性降低，不易产生神经冲动。

## 四、神经回路

神经元之间通过突触形式形成广泛而复杂的联系，这些联系在结构形式上多种多样，从而保证了对信息的接收、传递和处理。神经元的联系方式主要有两种。

### (一) 辐射式

辐射式是一个神经元的轴突通过多个末梢分支和不同神经元建立突触联系。这种联系使一个神经元的兴奋引起多个神经元的兴奋或抑制，将影响扩散开来。感觉神经元主要按照辐射式联系方式建立突触联系。

### (二) 聚合式

聚合式是一个神经元的细胞体或树突与多个神经元建立突触联系。许多神经元聚集到一个神经，有的引起兴奋，有的引起抑制，从而使一个神经元对兴奋和抑制活动进行整合加工。运动神经元主要按照聚合式建立突触联系。

辐射式和聚合式的混合并存，形成了各种环状联系方式和链锁状联系方式。环状联系形成时间上的次数加强，链锁状联系形成空间上的个数加强（如图2-8所示）。

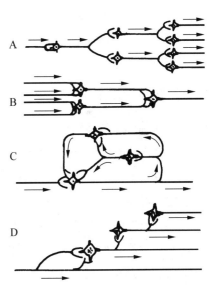

A 辐射式　B 聚合式　C 环状　D 链锁状
图2-8　不同的神经回路

## 第二节　神经系统

人的神经系统由周围神经系统和中枢神经系统两部分组成。周围神经系统分布全身，与脑、脊髓和全身器官相连来接收刺激；中枢神经系统对输入的信息进行分析与综合（如图2-9所示）。

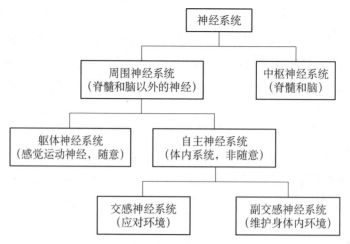

图 2-9 人的神经系统的层次结构

## 一、周围神经系统

周围神经系统由躯体神经系统和自主神经系统组成。躯体神经系统主要是调节身体骨骼肌的运动，负责传递来往于中枢神经系统与感觉器官和骨骼肌之间的信息。自主神经系统主要维持身体内部器官的腺体和肌肉的活动，如呼吸、消化和腺体活动，一般都不需要意识控制。

### （一）躯体神经系统

躯体神经系统由脊神经和脑神经组成。

脊神经发自脊髓，由脊髓的前、后根神经纤维组成，分为颈神经 8 对、胸神经 12 对、腰神经 5 对、骶神经 5 对、尾神经 1 对，共计 31 对。

脑神经由脑部发出，包括嗅神经、视神经、动眼神经、滑车神经、三叉神经、展神经、面神经、前庭蜗神经、舌咽神经、迷走神经、副神经、舌下神经，共计 12 对。

躯体神经系统具有整合和调谐身体的功能，它把来自眼、耳、鼻、舌、皮肤、肌肉、关节等外部的刺激信息传递到中枢神经系统，使人感知光亮、声音、疼痛、温度等，又把在中枢神经系统分析、综合的神经冲动传递到运动器官和效应器，从而产生感官的、腺体的和肢体的运动反应，包括随意运动、调整姿势和平衡活动等。

### （二）自主神经系统

躯体神经系统和自主神经系统共同活动，协调人的内部状态和外部行为，两者的主要区别是，躯体神经系统的活动是随意的，自主神经系统的活动是非随意的。

自主神经系统由分布在心肌、平滑肌和腺体等内脏器官的运动神经元构成，控制身体内的不随意运动，如出汗、心跳、消化和血液循环等。自主神经系统是不由人的主观意志控制与决定的,即使当人睡着了或处于无意识状态,也不会停止活动。

自主神经系统又分为交感神经系统和副交感神经系统(如图 2-10 所示)。交感神经系统负责唤醒躯体,调动能量资源以应付紧急情况;副交感神经系统发自中脑、脑桥、延髓及脊髓的骶部,起着与交感神经系统相反的作用,即维持身体内部功能的活动,或使兴奋的躯体回到较低的唤醒水平,以储存身体能量。在日常情况下,交感神经系统是在危急情况下或紧张状态下的处理系统,副交感神经系统则负责减缓这些紧张,使个体逐渐恢复安静状态。交感神经系统和副交感神经系统协同活动,以维持内部状态的稳定,共同决定着躯体的唤醒水平。

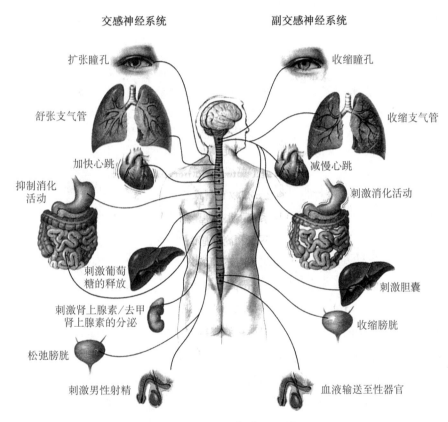

图 2-10 自主神经系统

(引自 Daniel Schacter,2016)

## 二、中枢神经系统

中枢神经系统包括脊髓和脑:脊髓位于椎管中,脑位于颅腔内。

### (一) 脊髓

脊髓是中枢神经系统的低级部位,上接延髓,下端终止于细长的终丝。从横切面看,脊髓中间是呈"H"形的灰质,灰质外面是白质。灰质的主要成分是神经元的细胞体,白质的主要成分是神经纤维束。

脊髓的主要作用有:①它将脑和周围神经联系起来,成为神经传入与传出的中介;②脊髓可完成简单反射活动,如膝跳反射。

### (二) 脑

#### 1. 脑干

脑干包括延脑、脑桥和中脑。延脑(延髓)下端与脊髓相连,上端与脑桥相隔。延脑与有机体的基本生命活动有重要关系,具有调节呼吸、血液循环、消化等功能,是重要的皮质下中枢,称为"生命中枢"。脑桥位于延脑上方,对人的睡眠具有控制与调节作用。中脑位于小脑和脑桥之间。

在延脑、脑桥和中脑内的广泛区域,有神经纤维交织纵横穿行呈网状,这个由灰白质交织的区域称为脑干的网状结构,按其功能分为上行网状系统和下行网状系统。前者对保持大脑皮质的兴奋性有重要作用,参与调节和控制觉醒与意识状态;后者可加强或减弱肌肉的紧张状态,对脊髓运动神经元有易化和抑制作用。

#### 2. 间脑

间脑位于脑干上部,主要包括丘脑和下丘脑。丘脑位于间脑的背侧部,其中的内侧膝状体为听传导中继站,外侧膝状体为视传导中继站。除嗅觉外均在丘脑交换神经元,然后再传至大脑中枢。丘脑对传入的神经冲动进行加工选择,是皮质下感觉中枢。下丘脑位于丘脑的前下方,它是自主神经系统皮质下中枢,调节内脏活动,也是调节内分泌活动的主要环节。下丘脑在情绪反映中占有重要地位。

#### 3. 小脑

小脑位于延髓与脑桥的背侧,主要是协助大脑维持身体平衡与协调动作。小脑若发生疾病,则闭眼直立时站不稳,运动时不能完成精巧的动作。

在大脑半球内侧面有一个穹隆形的脑回,因其位置在大脑与间脑交接处的边缘,故称为边缘叶。边缘叶与有关皮质和皮质下结构构成统一的机能系统,称为边缘系统,包括海马和杏仁核等,其功能有:个体保存(寻食、防御等活动)、种族保存(生殖功能)、内脏功能、控制情绪的发生和表现,等等。

## 三、大脑的结构和机能

大脑分左右两个半球,是中枢神经系统最高级的部位,是心理活动最重要的部分,主要负责语言、记忆和思考等高级神经加工活动。

### (一) 大脑的结构

大脑两半球表面覆盖灰质,即大脑皮质(如图 2-11 所示)。皮质有凹进的沟或裂,即中央沟、外侧裂和顶枕裂,它们将大脑半球分为额叶、顶叶、枕叶和颞叶,在每个叶内,细小沟裂又将大脑表面分成回,如中央前回和中央后回等。

大脑皮质的表面积约为2200平方厘米,其中1/3露在表面,2/3在沟裂底壁。大脑两半球最外表的细胞层呈灰色,称为灰质,主要聚集着大量神经元的细胞体,具有极其复杂的突触联系。研究显示,灰质数量与人类智力呈正相关。大脑皮质下则由带髓鞘的神经纤维组成,呈白色,故称为白质,它们与其他大脑皮质神经元和其他脑区相联系。

大脑内侧面深处的边缘,在结构和功能上相互联系,构成边缘系统。它与个体的本能活动、情绪活动有密切关系。

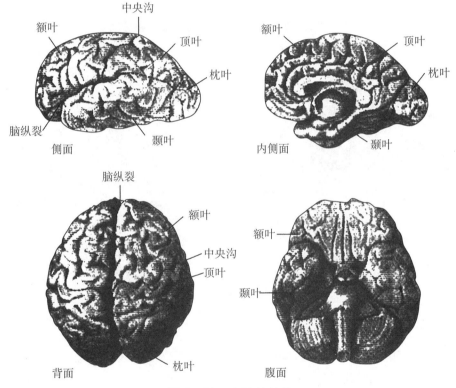

图2-11 大脑的结构

## (二) 大脑皮质的分区及机能

大脑皮质的主要机能区域有感觉区(视觉、听觉、触觉、压力和温度输入的区域)、运动区(控制随意性运动的区域)和联合区(储存记忆、知觉和语言)。1909年布鲁德曼(Brodmann)根据皮质细胞的类型以及纤维的疏密对大脑进行了分区,并用数字予以表示,布鲁德曼分区影响很大(如图2-12、图2-13所示)。

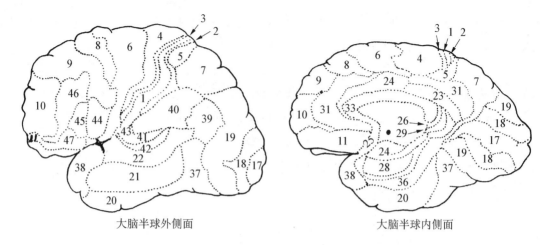

图 2-12 人类大脑皮质分区(布鲁德曼分区)

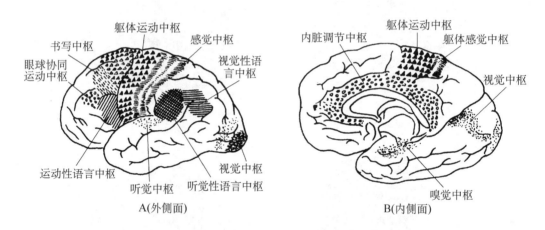

图 2-13 大脑皮质重要中枢

## 1. 大脑皮质的感觉区及机能

大脑皮质的感觉区包括躯体感觉区、视觉区、听觉区、嗅觉区和味觉区。感觉区接受来自感觉器官的神经冲动,并对传递的信息进行整合与加工。

躯体感觉区位于中央沟后回的左、右脑顶叶部位,即布鲁德曼 3 区,产生触觉、温度觉和痛觉等。躯干、四肢皮肤的传入神经在脊髓内交叉至对侧,它们在躯体感觉中枢所产生的感觉是对侧性的;头面部皮肤的传入神经在脑干内非完全交叉,在皮质产生的感觉是双侧性的。躯体感觉区呈倒置分布,按下肢、上肢、头面部的顺序排列;头面部在感觉区的投射是正置分布。身体部位的重要程度,即感觉的精细程度和复杂程度决定了在感觉区上的投射面积,手、舌、唇的投射面积最大(如图 2-14 所示)。

视觉区位于顶枕裂后的枕叶,为布鲁德曼 17 区,它专门处理由视网膜传递的视觉信息。如果视觉中枢受到破坏,即使眼睛功能正常,亦将失去视觉而成为全盲。

听觉区位于大脑外侧裂下部两侧颞叶的颞横回,即布鲁德曼 41 区和 42 区。同视觉一

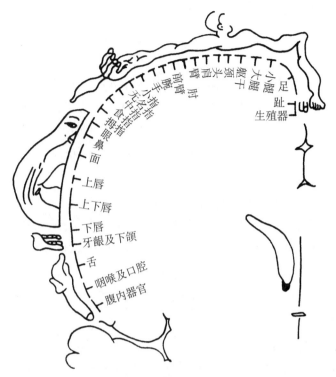

图 2-14 躯体感觉皮质定位示意图

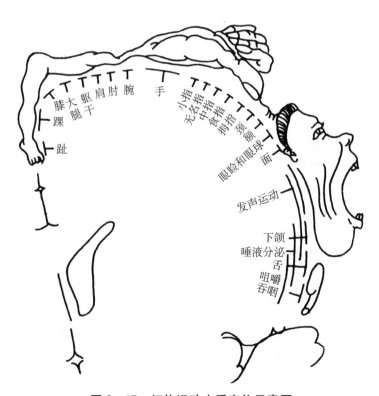

图 2-15 躯体运动皮质定位示意图

样,听觉中枢受损亦将使听觉丧失而成为全聋。

### 2. 大脑皮质的运动区及机能

大脑皮质的运动区位于中央沟前回的左、右脑顶叶部位,即布鲁德曼4区,是躯干和四肢中各肌肉运动单位在皮质的投射区。运动区的主要功能是支配、调节身体的姿势、位置及躯体各部位的运动。身体不同部位在皮质中所占区域随动作的复杂程度不同而有大小之别。例如,拇指占了很大面积,具有精细的机能定位,刺激只引起肌肉的简单运动,并不发生肌肉群的协同收缩(如图2-15所示),可见身体各部位在运动区的投射面积不取决于这些部位的实际大小,而取决于它们在机能方面的重要程度。

语言区主要位于大脑左半球顶叶下部,由左半脑较为广泛的区域组成。语言区分为:运动语言区,位于布鲁德曼45区和44区,控制说话时舌和颚的运动;听觉语言区,在颞叶上方枕叶附近,与听觉区配合理解口头语言;视觉语言区,位于顶枕叶交界处,为布鲁德曼39区,和视觉区配合理解书面语言;书写区,位于额中回后部,与运动区的某些部分配合书写文字。这些语言区的损伤,会造成各种类型的失语症,如运动性失语、听觉性失语等,患者不能表达或听不懂别人的讲话。

### 3. 大脑皮质的联合区及机能

大脑皮质上除了有明显不同机能的特异性感觉区和运动区之外,还有范围更广、具有整合功能的区域,即联合区。联合区在进化过程中是发展较晚的区域,但随着进化,它在皮质上占的面积越来越大。联合区不接受任何信息的直接输入,也很少直接支配身体的运动,它的主要功能是信息的整合加工,一些高级的心理活动都与它有关。联合区分为感觉联合区、运动联合区和前额联合区。感觉联合区位于感觉区附近的广大区域,它从感觉区接受信息,并进行高水平的知觉组织,与记忆等有关。运动联合区位于运动区前方,负责精细活动的协调。前额联合区位于运动区和运动联合区前方,它与注意、记忆、问题解决等有关。

## (三)大脑两半球的功能分工

大脑两半球在功能上的区别主要表现在言语、空间组织能力、思维类型等方面。这种功能的不对称,使得大脑左、右半球各自在某方面成为优势半球,称为大脑半球一侧化。

大脑半球一侧化的研究起因于对左利手者和右利手者的研究,后由对裂脑患者的研究发现,用"铅""笔"两字分别投射在患者左、右眼视野内,患者能说出"笔",而不能说出"铅"。将一支铅笔放在患者左手,他不能用言语表达它,但可以用动作表示其用途;将铅笔交到患者的右手后,患者才可用言语表达。可见,大脑两半球具有不同的功能。采用正常右利手者作为被试进行实验,分别在左、右视野呈现文字和人像图片,结果发现,呈现文字时,右视野—左半球比左视野—右半球反应时短且准确性高;在人像呈现方面,右视野—左半球比左视野—右半球反应时长且准确性差。这说明人脑的左半球是言语优势半球,右半球是图形优势半球。研究发现:在逻辑分析推理以及对事物的细节知觉等方面,左半球起主要作用;在形状知觉、空间知觉等方面,右半球起主要作用(如图2-16所示)。

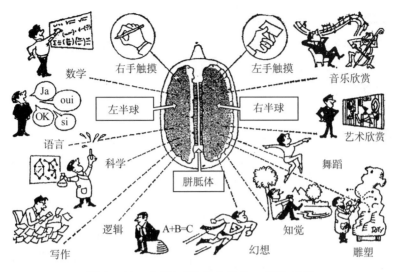

图 2-16 大脑两半球功能的一侧化优势

(引自 Sperry, Vogel & Bogen, 1970)

## 四、反射与反射弧

反射是在中枢神经系统参与下,有机体对内外环境刺激做出的规律性反应,它是神经系统的基本活动方式。例如,手碰到灼热物体时即刻缩回。

实现反射活动的神经结构称为反射弧(如图 2-17 所示),它是反射活动的基础。反射弧包括五个部分:感受器、传入神经元、中间神经元、传出神经元和效应器。当刺激作用于感觉器官时,感受器产生兴奋,兴奋以神经冲动的形式由传入神经元传至中间神经元,在对传入的信息进行整合加工后,再由传出神经元传至效应器,支配调节效应器的活动。当神经冲动传至效应器引起其活动后,反射并不就此停止。效应器的反应动作又成为有机体的新刺激,引起一定的神经冲动,并传向神经中枢,这个过程称为反馈。反射的结构不仅是一段弧,且是一个环,这样有机体的活动才准确、完整。人类复杂的行为都依赖反射弧复杂的传导通路。反射弧的传入通道有两条,特异传入系统和非特异传入系统;反射弧的传出通道也有两条,锥体系和锥体外系。

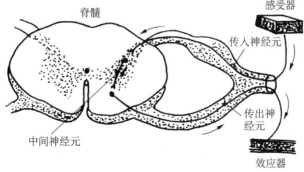

图 2-17 简单反射弧

反射弧传入通道的特异传入系统,传递某种特定的信息,并将神经冲动传至大脑皮质的特定区域。感受器在接受适宜刺激后,发放神经冲动,由三级神经向神经中枢传导。在传导路径中,神经元纤维交叉至对侧,然后经丘脑投射至相应大脑皮质区域,产生某种感觉。非特异传入系统因其广泛投射,使人处于清醒状态。

## 五、脑电活动

脑电活动可以通过脑电仪进行记录(EEG)。无刺激时大脑皮质持续的节律性电位变化叫自发电位,受刺激引起的电位变化叫诱发电位。

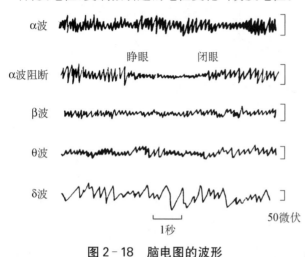

图2-18 脑电图的波形

脑电依据频率和振幅分为α、β、θ和δ波四种(如图2-18所示),它们分别代表大脑皮质兴奋和抑制的不同过程。

α波,频率约为8—13次/秒,振幅约为20—100微伏。当人闭目静处不思考问题时,出现α波。当人睁开眼睛、思考问题时,α波消失,出现快波,称为α波阻断。当人们再次闭目静处时,α波重新出现。

β波,频率约为14—30次/秒,振幅约为5—20微伏,代表大脑皮质的兴奋状态,当人们睁眼视物、进行思维时或突然出现声音刺激,都会引发β波。

θ波,频率约为4—7次/秒,振幅约为100—150微伏。人在困倦时或受到情绪刺激,如失望或受挫折时,会出现θ波。

δ波,频率约为1—3.5次/秒,振幅约为20—200微伏。成人只在睡眠时才出现δ波。在深度麻醉、缺氧或大脑器质性病变时,也会出现δ波。

# 第三节 高级神经活动学说

## 一、无条件反射和条件反射

反射根据产生的条件不同分为无条件反射和条件反射。

### (一) 无条件反射

无条件反射又称为非条件反射,是有机体在种系发展过程中形成而遗传下来的反射。最基本的无条件反射有吸吮反射、抓握反射、防御反射等。例如,手碰到灼热物体会立即缩回,这就是无条件反射。引起无条件反射的刺激物叫无条件刺激物。无条件反射的神经通路是固定的、与生俱来的,是在种系发展过程中形成的。

无条件反射活动的调节中枢在脊髓和脑干等低级中枢,其特点是快速和不随意。无条件反射可以因第一个反射的反应成为第二个反射的刺激而形成连锁反射。这种连锁反射在种系发展中一旦被固定遗传下来,就成为有机体的本能活动。无条件反射和本能活动是有机体生长和发育的先天基础。

## (二) 条件反射

条件反射是有机体在生活过程中为适应环境变化,通过学习建立起来的反射。

### 1. 经典性条件反射

条件反射是在无条件反射基础上建立的暂时性神经联系,其基本条件是,无关刺激和无条件刺激在时间上的结合,这个过程称为强化。要形成条件反射需要多次强化。条件反射的经典实验是巴甫洛夫(I. Pavlov)关于狗的食物性条件反射的研究。狗吃食物时引起唾液分泌,这是无条件反射。在每次给狗喂食物之前先打铃。本来铃声对狗是无意义的,但当铃声与食物多次结合后,仅打铃而不呈现食物,狗也分泌唾液。这样原本无意义的铃声刺激变成了条件刺激,形成条件反射(如图2-19所示)。图2-19是条件反射的形成模式:第一,在条件反射形成前,作为无条件刺激(unconditioned stimulus,简称US)的食物,引起了无条件反射(unconditioned response,简称UR),即流唾液。但作为条件刺激(conditioned stimulus,简称CS)的铃声,并不能引起条件反射。第二,在条件反射形成中,铃声与食物同时出现,使铃声(CS)与流唾液(UR)相联系。第三,已联系了的条件反射已经形成。因此,狗可以不再需要食物(US),仅有铃声即会引起唾液分泌,即有机体形成了条件反应(conditioned response,简称CR)。

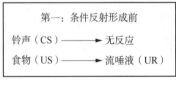
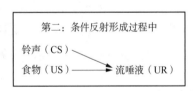

图 2-19 条件反射形成模式

巴甫洛夫用条件反射方法对动物大脑的活动规律进行了系统研究,他认为条件反射的生理机制是大脑皮质上暂时神经联系的接通。在大脑皮质上,有两个分别由无条件刺激(食物)和中性刺激(铃声)形成的兴奋灶,当两个刺激多次结合后,它们之间形成功能上的暂时接通,此时中性刺激变成了条件刺激。当中性刺激单独作用时,所引起的兴奋沿着暂时神经

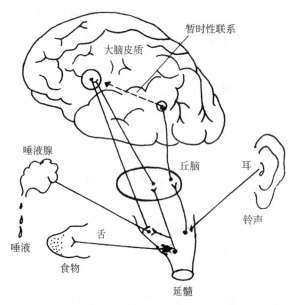

图 2-20 条件反射形成示意图

联系并激起无条件反射皮质区的兴奋,从而引起相应的条件反射(如图 2-20 所示)。

**2. 操作性条件反射**

斯金纳(B. F. Skinner)通过"斯金纳箱"对白鼠和鸽子进行实验,提出了操作性条件反射,又称工具性条件反射。

斯金纳的实验是将饥饿的白鼠或鸽子放入斯金纳箱。箱内装有按键,白鼠或鸽子如果触动按键,就会有食丸掉出来。开始白鼠和鸽子在箱内乱动,偶尔碰到按键,得到食物强化。多次强化之后,白鼠会自动按键,鸽子会用嘴敲击按键以得到食物。在此基础上,还可以进一步训练它们只在特定信号出现后再按键,得到食物强化。这种通过动物自己的活动、操作才能得到强化而形成的条件反射,即操作性条件反射。

操作性条件反射和经典性条件反射在本质上是相同的,它们同样依赖于强化,但操作性条件反射又有其特点。首先,无条件刺激不明确,是什么因素促使白鼠和鸽子去触动按键?它不像经典性条件反射是由于食物引起了狗的唾液分泌那样明确,而是有机体自身的因素促使其产生操作动作的。其次,在形成操作性条件反射过程中,动物是自由活动的,通过自身的主动操作来达到目的。而在经典性条件反射中,动物往往是被动接受刺激的。最后,在操作性条件反射中,无条件反应不是由强化刺激引起的,相反,无条件反应引发了强化刺激:动物先触动按键,之后才得到食物。在经典性条件反射中,恰好与此相反,食物引起了狗的唾液的分泌。

经典性条件反射和操作性条件反射都重视强化的作用。强化方式主要有定比间隔强化、定时间隔强化、不定比间隔强化、不定时间隔强化等,不同的强化方式效果不同。

## 二、高级神经活动的基本过程

高级神经活动的基本过程包括兴奋过程和抑制过程。兴奋过程与有机体的某些活动的发动和加强相联系;抑制过程与有机体的某些活动的停止或减弱相联系。尽管它们的作用相反,但相互依存,相互转化。有机体的反射活动都是由兴奋和抑制过程的相互关系决定的。

条件反射的建立是高级神经活动兴奋的过程。有时随着环境条件的变化,条件反射会减弱甚至消退,这就是高级神经活动抑制的过程。抑制过程分为无(非)条件性抑制和条件性抑制两大类。

### (一) 无(非)条件性抑制

无(非)条件性抑制是有机体生来具有的先天性抑制,包括外抑制和超限抑制。

外抑制是当外界新异刺激出现时,对正在进行的条件反射产生的抑制。如突然出现强的声音,会使正在进行的某个活动暂时停止。产生外抑制的主要原因是外界新异刺激在大脑皮质引起一个较强烈的兴奋过程,同时使正在进行的兴奋过程迅速转化为抑制过程,使原来的条件反射被抑制。

超限抑制是由相对过强、过多的刺激引起的抑制。在一般情况下,条件反射量随条件刺激强度的增强而增加,这是因为条件刺激的强度超过了大脑皮质细胞的工作能力限度,而由兴奋过程转为抑制过程。超限抑制使大脑皮质细胞避免被超强刺激引起的过度兴奋所损伤,称为保护性抑制。

## (二) 条件性抑制

条件性抑制又称内抑制,是在一定环境条件下逐渐习得形成的抑制,主要分为消退抑制和分化抑制。

消退抑制是由于没有得到强化而产生的抑制,是条件性抑制的基本形式。消退抑制使原有的暂时神经联系受到抑制,从而造成条件反射的减弱或消失。在消退抑制后,经过一段时间的间歇,条件反射可以不同程度地恢复。如果得不到强化,会很快又一次消退,直到最后消失。消退的速度取决于条件反射建立的牢固程度。

分化抑制是在建立条件反射时,只对条件刺激加以强化,对近似刺激不予强化,使近似刺激引起的反应受到抑制。在条件反射建立初期,有机体对刺激缺乏精确分辨的能力,常出现泛化现象。例如:用500赫兹的声音与食物结合,使狗产生条件反射分泌唾液。但将550赫兹的声音呈现给狗时,狗亦分泌唾液,这就是条件反射的泛化现象。这时继续用食物对500赫兹的声音进行强化,而对550赫兹的声音不予强化,多次之后,泛化现象逐渐消失,狗逐渐不再对550赫兹的声音分泌唾液。分化抑制是有机体辨认活动的重要基础,使得有机体能对环境刺激进行精确的分析,并做出准确的反应。

## 三、高级神经活动的基本规律

高级神经活动有兴奋和抑制两个基本规律。

### (一) 兴奋与抑制过程的扩散与集中

在刺激的作用下,兴奋或抑制在大脑皮质一定区域产生后,并不停留在原点,而是向邻近部位的神经细胞传播,使得周围部位也产生神经过程,这种现象叫扩散。兴奋性扩散主要通过链锁状的神经元及兴奋性突触实现;抑制性扩散则通过链锁状神经元及抑制性突触实现。

与扩散相反,兴奋与抑制过程从扩散开的皮质区域向原部位靠拢的现象叫集中。兴奋过程的集中,依赖于抑制性突触加强作用;抑制过程的集中,则依赖于兴奋性突触加强作用。刺激引起神经过程的强弱程度,决定兴奋和抑制的扩散和集中。兴奋和抑制的强度过强或过弱时,易于扩散;兴奋和抑制的强度中等时,易于集中。

## （二）兴奋和抑制过程的相互诱导

大脑皮质上的神经过程引起或加强与之相反的神经过程的现象称为神经过程的相互诱导。相互诱导在时间和空间上存在着不同，神经过程在皮质不同区域之间同时发生相互诱导，称为同时性诱导；神经过程在皮质同一区域先后发生相互诱导，称为继时性诱导。相互诱导在效果上又有不同：由抑制过程引发或加强的兴奋过程，称为正诱导；由兴奋过程引发或加强的抑制过程，称为负诱导。诱导通常不是单独存在的，而是相互结合，形成同时性正诱导、同时性负诱导、继时性正诱导和继时性负诱导等。

## 四、高级神经活动的系统性功能

### （一）大脑皮质的系统性功能

大脑皮质的高级神经活动有两种机能：分析和综合。分析是将客观事物分解为不同方面、不同属性，并对它们分别做出反映。综合是将事物的不同方面、不同属性联系起来，进行整体反映。在人的认知过程中，总是在分析的基础上综合，然后进行更高级的分析，以螺旋上升的方式，逐步完善对事物的认识。大脑皮质这种分析与综合的能力，称为大脑皮质的系统性功能或整合机能。

### （二）大脑皮质的系统性功能的表现

大脑皮质的系统性功能有几种不同的表现。

巴甫洛夫通过实验发现，在训练狗形成条件反射时，可用铃声和灯光共同作为食物条件反射的信号。经多次训练后，当呈现铃声和灯光复合刺激时，狗分泌唾液。但单独呈现铃声或灯光时，狗不会分泌唾液。这说明有机体可以对复合刺激形成条件反射。

巴甫洛夫还发现，当给狗呈现两个不同频率的声音，例如呈现 100 赫兹和 180 赫兹的声音时，可以通过训练使狗对这两个声音做出分化，即只对其中频率较高的一种声音产生反应。此后，再给狗呈现另外两种不同频率的声音，例如：呈现 60 赫兹和 130 赫兹的声音时，狗会对频率较高的 130 赫兹的声音产生反应。这表明狗已不再对声音的绝对频率做出反应，而是对两个频率的关系产生反应，对刺激的关系形成了条件反射，即关系条件反射。

动力定型是指一系列由刺激引起的反应，经训练巩固后，刺激系列的第一个刺激一旦出现，反应系列就依次出现的反射活动模式。动力定型是大脑皮质的系统性功能的主要表现。巴甫洛夫用强度不同的刺激，按一定次序和时间间隔呈现，使狗建立起一系列的条件反射。当条件反射牢固之后，即只用一个刺激按原来的时间间隔作用于狗，狗即会产生一连串的反应。事实上，人在日常生活中形成的各种习惯，其生理机制就是在大脑皮质上建立某种动力定型。动力定型的建立减轻了脑力与体力的消耗，提高了效率。动力定型具有稳定性，它是按固定程序进行活动的模式；但也具有灵活性，在条件改变时，能逐渐改变以符合客观现实的要求。一般来说，习惯的动力定型的稳定性较大，灵活性较小；技能的动力定型的灵活性比较大。

## 五、第一信号系统和第二信号系统

巴甫洛夫将刺激分成两种性质不同的信号刺激物,认为存在着两种信号系统,第一信号系统和第二信号系统。用具体事物作为条件刺激建立的条件反射系统称为第一信号系统;用语词作为条件刺激建立的条件反射系统称为第二信号系统。"望梅止渴"是第一信号系统的活动,"谈虎色变"是第二信号系统的活动。

第一信号系统是人与动物共同具有的,依靠它只能对具体事物进行直接的反映。人类除了具备第一信号系统之外,还具备第二信号系统,这是人类所特有的,可以间接概括地反映现实。第二信号系统是人脑高级神经活动的重要特征。

人的两个信号系统是协同活动的。第二信号系统以第一信号系统为基础,第一信号系统又受第二信号系统的调节与支配。人的各种复杂的心理活动通过两个信号系统的协同活动得以实现。

## 第四节  内分泌腺和神经—体液调节

内分泌系统是一种整合性的调节机制,通过分泌特殊的化学物质来实现对有机体的控制与调节。

人有两种腺体,一种是导管腺体,一种是无导管腺体。前者的分泌物通过导管排出体外,称为外分泌腺,如汗腺、胃腺等;后者的分泌物直接渗入血液和淋巴中,进而传布到整个有机体,影响其他器官的功能,称为内分泌腺,它的分泌物称为激素(hormone)。

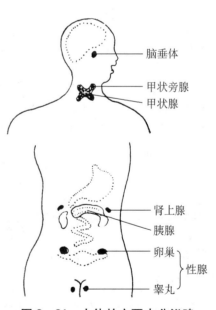

图 2-21  人体的主要内分泌腺

内分泌系统对身体的调节与神经系统的调节不同,它作用范围广、见效慢,但效果持久。神经系统的调节,虽然作用范围局限,但定位清晰,作用快而精确。有机体的正常活动与内分泌系统的正常调节是密不可分的。内分泌腺的机能不足或亢进,分泌激素过少或过多,都会引起生理或心理活动的异常。同时,内分泌系统和神经系统的活动又是相联系的,所有的内分泌腺的活动都受到神经系统的控制与调节。神经系统一方面直接调节各种器官的活动,另一方面又通过内分泌腺分泌的激素,影响器官的活动,形成神经—体液调节。

人体主要的内分泌腺有:脑垂体、甲状腺、肾上腺、胰腺和性腺等(如图 2-21 所示)。人体主要的内分泌腺及其主要功能见表 2-1。

表 2-1 人体主要的内分泌腺及其主要功能

| 腺体 | | 激素 | 主要功能 |
|---|---|---|---|
| 脑垂体 | 前叶 | 分泌生长激素、促肾上腺皮质激素、促性腺激素、促甲状腺激素、生乳激素等 | 促进身体、骨骼生长，刺激肾上腺皮质激素分泌，与情绪活动有关。控制睾丸和卵巢的发育和活动。促进乳房发育和刺激乳腺分泌 |
| | 后叶 | 抗利尿素、血管加压素、子宫收缩素 | 通过肾脏阻止水分丧失；收缩胎盘 |
| 甲状腺 | | 甲状腺素 | 促进代谢机能，增进发育。分泌不足时出现"呆小症"，智力落后。机能亢进时敏感和过分紧张 |
| 肾上腺 | 皮质 | 肾上腺皮质素 | 对新陈代谢有重要影响；与性行为和副性征有关；具有应激功能 |
| | 髓质 | 肾上腺素 | 与交感神经作用相同，对应付突发事件有积极作用 |
| 胰腺 | | 胰岛素 | 影响血糖供应 |
| 性腺 | 卵巢 | 雌性激素和孕激素 | 促进女性生殖器官的发育和副性征的出现，为受精卵植入子宫准备条件 |
| | 睾丸 | 雄性激素 | 刺激男性生殖器官和副性征的发育，维持正常性欲 |

## 名词解释

神经元　去极化　电位差　"全或无"法则　突触　神经网络　中枢神经系统　周围神经系统　大脑皮质　感觉区　运动区　联合区　反射　反射弧　脑电图　无(非)条件反射　条件反射　经典性条件反射　操作性条件反射　无(非)条件性抑制　条件性抑制　扩散　集中　相互诱导　分析　综合

## 思考题

1. 简述神经兴奋的产生和传导。
2. 简述突触的结构与机能。
3. 简述神经系统的结构和脑的三个机能系统。
4. 比较经典性条件反射和操作性条件反射的异同。
5. 简述高级神经活动的基本过程、基本规律和系统性功能。
6. 简述内分泌系统对机体的控制与调节。

# 第三章 心理的发生和发展

心理是物质发展到一定阶段的产物,是在有机体适应环境的过程中逐渐发展起来的,它与神经系统(特别是脑)的发展有着密切的联系。人从动物界进化而来,从动物心理的发生到人类意识的产生是一个漫长的演进过程。

## 第一节 动物心理的发生和发展

### 一、心理的发生

心理是物质运动发展到高级阶段的属性,是脑对客观事物的主观反映。

反映是指有机体接受和回应客观事物影响的活动过程。随着物质运动形式从低级向高级过渡,反映的形式也从低级向高级发展。但是高级的反映形式是以低级的反映形式为基础的,它含有低级的反映形式,又不等同于低级的反映形式,具有自身的反映特点。在有机体发展的过程中,高等动物和低等动物,人类和高等动物之间既有相似之处,又有本质区别。在物质发展的不同阶段,不同反映形式有以下几种。

### (一) 无生命物质的反映形式

无生命物质具有最简单的反映形式,即物理的、机械的、化学的反映形式。例如,物体的位置移动、铁受潮锈蚀、岩石在空气中经过日晒雨淋逐渐变成砂粒等,这些都是无生命物质之间相互作用的结果。

### (二) 生物的反映形式

经过若干亿年的发展演化过程,在地球上开始出现了有生命的物质。有生命物质出现了与无生命物质完全不同的、全新的生物反映形式——感应性。感应性是指生物有机体能够对与其生命活动具有直接关系的刺激做出反应,表现为趋利避害的生物特性。

在生命物质发展的不同阶段,感应性的表现形式和水平也各不相同。例如,绿叶植物的枝叶顺着阳光充足的方向,而根部趋向地心引力及具有营养和水分充足的地方。由于植物本身不能自由移动,它们只能在一定位置上接受外界刺激,做出相应的反应,因此这种感应性水平很低。

单细胞动物的感应性要比植物复杂得多。由于单细胞动物可以自由移动,因此它们的感应性水平较高。生物体对外界影响的应答,无论感应性的表现形式如何不同,它们都是生物体对外界刺激所做出的反应,而这些刺激又和生物体的基本生活机能有直接的关系。因此,它们的感应性是一种生理反应而不是心理活动。

### (三) 心理的反映形式

随着生存条件的变化,为了适应环境,动物的身体结构在不断地变化和发展,单细胞动物发展到多细胞动物,这是动物进化史上的一个飞跃。从多细胞动物开始,动物身体的各个部分逐步分化,开始有了接受特定影响的专门器官(感受器)。同时,运动器官也出现了协调身体各部分活动的神经系统。在动物机体日益分化的过程中,感应性也随之发生了分化。随着接受的刺激增多,反映日趋复杂,动物的感应性变得更灵敏、更精确,分化程度更高,同时借助于神经系统的作用,动物身体各部分在功能上联合成统一的整体,从而出现了比感应性更为高级的反映能力。此时,它们不但能对具有直接生存意义的刺激反映,而且能反映那些对有机体生存具有重要意义的信号。例如,许多动物都有对声音的反映能力。声音本身对动物的生活没有直接影响,但声音却有着预示重要刺激物出现的意义。例如,有害刺激(猛兽)的到来或有可充饥的食物,这种原来是中性的但有信号作用的外界影响对动物的生存具有重要意义;蜜蜂根据花的形状和颜色采蜜,花的形状和颜色对蜜蜂来说是花蜜的信号;猛兽根据小动物的气味和足迹追踪捕猎,小动物的气味和足迹对猛兽来说是猎物的信号;小动物根据吼声来逃避猛兽的追踪和袭击,吼声对小动物来说是危险的信号;等等。动物对具有信号作用的刺激所产生的反映能力,可以使动物更好地在环境中确定活动方向,更好地适应生存环境。这种对信号刺激进行反映活动的机能,即为心理的反映形式。确定心理发生的标志是对信号的反映。

心理的反映形式与生物的反映形式有三个不同特征:第一,它不仅能对刺激物本身的性质做出生物学意义的反映,而且能对刺激物的信号意义做出反映,后者是心理现象产生的标志;第二,心理的反映形式是在个体生活过程中发展起来的,与生物的本能不同;第三,心理的反映形式是通过高级神经活动的分析和综合过程实现的,并随着神经系统,特别是脑的发育完善而不断提高其分析综合水平。

## 二、动物心理的发展阶段

动物心理的发展大体上经历了三个阶段:感觉阶段、知觉阶段和思维萌芽阶段。

### (一) 感觉阶段

动物的感觉阶段是指无脊椎动物的心理发展阶段,也是动物心理演化过程的最初阶段。在这个阶段,动物能够对刺激物个别属性形成较为稳定的反应。

在动物演化过程中,腔肠类动物如水螅、水母等是低等多细胞动物(如图3-1-A、B所示)。它们以泛化的方式对外界刺激做出反应,因此还不能够对信号刺激形成稳定的反映,就是说反映形式仍处在感应性阶段,还没有达到感觉阶段。

从腔肠动物发展到环节动物,如涡虫和蚯蚓,开始产生了神经节,并由神经节发出神经分布到身体各个部分,将全身联合成一个整体(如图3-1-C、D所示)。头部神经节的出现以及神经元之间建立的接触性联系,使它们不仅能分辨刺激物本身的性质,而且能分辨刺激的意义,能够形成条件反射,例如,把蚯蚓放置于"T形"实验箱内,左边通道处潮湿黑暗,右边通道处先经过实验者放置的砂纸,然后给予电击,经过近20—200次训练后,蚯蚓总是往左边通道爬行,而不再爬向右边通道,这说明支配蚯蚓行动的已不是刺激物本身的性质,而是刺激的意义。这种能分辨外界刺激物信号意义而做出行动反应,表明其反映形式达到了感觉阶段,能通过神经系统揭示刺激物个别属性的信号意义。

从环节动物发展到节肢动物,如蜜蜂等,神经系统有了进一步的发展,它们的活动范围更加广泛,受到的环境影响也更多,已经初步形成了较为高级的神经系统(如图3-1-E所示)。但是,它们仍然只能对单一性的刺激发生反应,即只能把个别属性的刺激作为信号进行反应。例如,蚂蚁凭借"气味"来分辨敌我,蜘蛛根据"振动"来捕捉食物。这些都是动物心理在感觉阶段的表现。

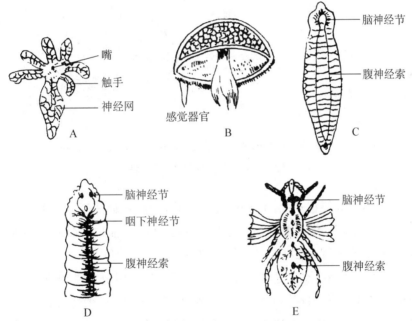

A—水螅;B—水母;C—涡虫;D—蚯蚓;E—蜜蜂
(注意:分散的神经细胞集中成神经节,几个神经节融合成脑神经节)

图3-1 无脊椎动物神经系统的演化

## (二)知觉阶段

知觉阶段是指低等脊椎动物的心理发展阶段。动物演化到脊椎动物,例如,鱼类、两栖类、爬行类和鸟类,形成了中枢神经系统和脑。这时便出现了对客观事物复杂属性的反映形式,即能反映完整的对象、能反映复合刺激物的心理活动,这就是知觉。

脊椎动物的心理发展是有其物质基础的。脊椎动物的脊椎骨中已经有了空心的脊神经管,并开始出现了大脑(如图3-2所示),同时拥有比较完善的感觉器官和运动器官,行动更为灵活和多样化。在复杂的生活条件影响下,它们的反映形式发展到了知觉阶段。

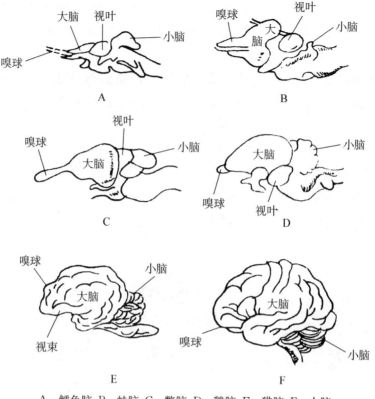

A—鳕鱼脑；B—蛙脑；C—鳖脑；D—鹅脑；E—猫脑；F—人脑

**图3-2 脊椎动物脑的发展**

低等脊椎动物，比如鳕鱼，生活于水中，脑的体积比较小（如图3-2-A所示），它们有味觉、嗅觉、触觉、听觉、视觉、温度觉和振动觉等，在捕猎食物时能根据刺激物的各种属性综合起来进行反应，但是本能行为在鱼类的活动中仍然占据主要地位。

两栖类动物由于逐渐由水生过渡到陆生，为了适应比水中更为复杂的生活环境，它们的大脑开始分成两半球，并且出现了原脑皮质（如图3-2-B所示），但还没有真正的大脑皮质。这时它们的远距离视觉比鱼类发达，在捕捉猎物时，已经能区分物体的运动和形状等。

爬行类动物主要是在陆地上生活，神经系统中出现了大脑皮质（如图3-2-C所示），已经初步具有较高级的分析综合能力。

鸟类是从爬行类动物进一步演化为两个方面（鸟类和哺乳类动物）中的一支。鸟类的活动范围相当广阔，大脑进一步发展，特别是视叶和小脑尤为发达（如图3-2-D所示），这与鸟类有敏锐的视觉和复杂的飞翔活动有关，它们不仅能辨别颜色、辨别物体的形状及飞行方向，而且还能根据对象的不同性质准确地捕获食物和选择适当的材料构筑精美的巢穴。

## （三）思维萌芽阶段

思维萌芽阶段是指高等脊椎动物的心理发展阶段。哺乳类动物的种类很多，活动范围广泛，大脑皮质得到了高度发展，借助于脑的不同部位机能的分化，其行为灵活准确，知觉更加完善，能够对刺激进行精细的分析和综合，也就是说灵长类以下的哺乳类动物能够对某种对象的属性进行综合反映，知觉活动的形式也多种多样。

哺乳类动物演化到灵长类动物，如类人猿时，它们的反映活动达到了动物心理发展的最高水平，即思维的萌芽阶段。类人猿不仅具有多种感觉、知觉以及各种情绪反映，而且能够根据已感知过的事物之间的关系解决较复杂的问题。类人猿的脑在重量、外形以及细微结构上都接近于人脑。猿脑的分析综合功能已经相当发达，中枢神经活动过程的强度比其他动物大，灵活性也强。在形成条件反射方面，在对复杂刺激物做出整体反应方面，在形成复杂动作和改变动作方式方面都比其他动物容易得多，在内容上也很丰富，它们已经能反映事物的完整形象，而且还能反映事物之间的联系与关系，并对事物进行间接的和概括的反映。

当动物的心理发展到思维萌芽阶段，这为人类心理的产生创造了条件。人类心理是在动物心理发展的基础上产生的，但是动物心理与人类心理又存在着本质上的差异。

## 第二节　人类意识的产生

### 一、意识和意识的内容

#### （一）意识的概念

意识是指人以感觉、知觉、记忆和思维等心理活动过程为基础的系统整体，对自己身心状态与外界环境变化的觉知和认识。意识是人类所特有的心理现象，是人在劳动中，在用语言同他人进行交往的过程中，在社会历史条件的作用下形成的。

#### （二）意识的内容

意识是一个多维度、多层次的高级心理反映形式，意识的区分反映了个体在某一时间里对自身活动及其状态的觉知。

意识分为自我意识和对周围环境的意识。对周围环境的意识是指人对客观对象和现象的有意识的反映，包括对自身的存在、事物和现象以及自身同客观事物的复杂关系的反映。自我意识是指人对于自身内心世界的有意识的反映，包括自己的感知、思考和体验、愿望和动机以及客观事物与自身利害关系的反映，是借助于思维活动来实现的。

### 二、人类意识产生的社会基础

意识不仅是自然界长期发展的产物，而且是社会的产物。"意识一开始就是社会的产物，而且只要人们还存在着，它就仍然是这种产物。"

劳动在人类意识产生和发展中的作用非常重要，在从猿到人的转变过程中起着决定性的作用。在一定意义上说，劳动创造了人。从根本上说，劳动是人与动物的本质区别，即劳动造成了人类和动物在生理和心理上的本质区别。劳动不仅完善了人类的身体组织结构，而且是人类心理发展和意识产生的基本动因。

劳动具有两个基本特征：一个是制造工具和使用工具，另一个是劳动的社会集体性。这两个特征相互联系，在人类意识的产生和发展中起着极为重要的作用。

劳动是从制造工具开始的。以制造工具为标志的劳动过程，形成了人类意识的目的性。在制造工具和使用工具的过程中，如何把不合乎人类需要的事物改造成合乎人类需要的事物，这在人类动手制造工具和使用工具之前，就已经在脑中以观念的形式存在着了。劳动前在脑中存在着的对事物的映象、观念就是劳动的目的。因此，劳动在任何时候都是一种有目的、有计划的自觉活动过程。

劳动的另一个基本特征是劳动的社会集体性。在集体的劳动过程中，人们不但学会使用劳动工具，而且在劳动中还会去改进或提高劳动工具的功能，这种相互作用，使得劳动经验得到了广泛的传播。

在集体的劳动过程中，人类祖先不仅同自然界、劳动工具发生联系，而且还同一起劳动的其他人发生联系，知道每个人的活动必须服从集体的需要，为了达到集体的目的必须彼此协同活动。例如，人类祖先为了猎取食物以求生存这一共同目的而协同活动：有的人负责惊吓野兽，有的人负责捕捉野兽，惊吓野兽是为了使别人更容易地捕获到野兽。在这种集体性的劳动过程中，人类祖先开始把自己和他人、自己和集体的关系既区别开来又联系起来，逐渐地认识到自己在集体劳动中的地位和作用，从而促进了人类意识的产生和发展。

### 三、语言在人类意识产生和发展中的作用

语言是人类社会的产物，它不依赖于个人而存在，是人们用来思维和交际的工具。在动物演化到人类的漫长的历史发展进程中，语言和劳动一起推动着猿脑变成人脑，是人类意识产生和发展的直接原因。

语言是在人类的生产劳动过程中产生的。在劳动中由于协同劳作和交往的迫切需要，例如，表达胜利时的喜悦和危机时求援的需要，从而产生了语言。语言的产生具有两个重要条件：第一，共同劳动中的交际需要；第二，发音器官的完善。人类祖先在社会集体劳动中，彼此之间必然有话要说（如在劳动过程中进行分工），彼此之间需要交流劳动知识和技能等。因此，语言就成为思维和交际的必要手段。在人类祖先组织集体劳动和交流技能、知识的过程中，逐渐形成了全体成员共同掌握的由他们自身发出的声音组合系统，在言语的交际过程中，在代代相传的过程中，随着劳动经验的日益丰富，这个系统也日益复杂和完善，形成了稳定的社会语言体系。

## 第三节 意识的特征

意识和动物的心理存在着本质区别。这种区别就在于：人的心理活动中出现了动物心

理所没有的心理活动的最高反映形式——意识。

## 一、人类意识和动物心理的本质区别

意识和动物心理的本质区别表现在以下四个方面。

第一,意识有对客观环境的意识和自我意识两个方面。人类能够把自己同自然界相互区别开来,使人作为主体而与客观世界相对立。动物的心理活动不能把动物自身同自然界其他事物区分开来,不能知觉到自己的存在,因而也就没有自己的主观世界,更不能自己认识自己而写出动物发展史。

第二,意识是以抽象的概念形式反映客观事物为主要特征的。动物以具体形象的感知、表象即感性形式来反映客观事物。感性反映只停留在事物的表面现象,只能满足动物适应环境的生存需要。例如,猴只会吃桃而不会去育桃,狼吃羊时并不考虑羊会生出小羊等。人类则完全不同,吃桃之前会先育桃,吃羊肉之前会先养小羊。正是这种以抽象思维为特征,能够反映客观事物本质、关系和规律的人类意识,才适应了改造客观世界的需要。

第三,意识离不开语言。动物的感性反映形式并不需要语言,虽然动物也会用声音传递信息,但这是本能,且极为简单,和人类语言有着本质的区别。人类的意识和语言是不可分开的,没有语言就没有意识,语言表达明确到什么程度,就表明意识明确到什么程度。"语言是思想的直接现实。"

第四,意识和动物心理具有不同的物质器官。人类意识的物质器官是人脑和人的高级神经系统,动物心理的物质器官是动物的大脑和神经系统;两者不仅在量上,而且在质上也存在差别。

## 二、意识的功能

意识是心理发展的高级反映形式,是人的心理最集中、最本质的体现,概括起来有以下三个基本功能。

### (一) 意识的觉知功能

意识的觉知功能是指人对环境刺激和自身内部心理状态的了解。人不仅能意识到客观事物的存在,也能意识到自身的存在,自己心理活动与行为表现和谐与否,以及自己对他人和客观事物所抱有的态度、从事的行为及其后果。这种对自己状况和活动的觉知,是人的自我意识的功能之一。人不仅能意识到客观事物的存在,对环境刺激进行分析综合,而且还能意识到自己,对自己的主观活动进行分析综合,并且能对自己的心理与行为和客观现实的关系进行评价,把自我和非我、主观和客观区别开来,并根据自己的需要和动机来指导和调节行为。

## (二) 意识的能动功能

意识的能动功能是指人拥有积极主动地反映和改造客观世界的能力。意识的能动功能表现在以下三个方面。

### 1. 意识活动的目的性和计划性

人在反映客观现实时不是消极被动的,而是根据社会实践的需要,具有某种目的和动机。人在行动之前,总是先考虑行动的目的,制定达到目的的蓝图、活动方式和活动步骤,预测行动的结果,等等。例如,用木板做书桌,人总是先考虑为何做,然后想象出书桌的形象、制作方案和步骤,有时还根据半成品的具体情况修正计划,甚至改变预期目的,等等。所有这些意识活动是任何动物都不具备的。

### 2. 意识活动的主动性和创造性

意识通过实践对客观现实的反映是主动的。人们不仅能够反映客观事物的外部现象,而且能够由感性认识上升到理性认识,反映事物的本质和规律,不仅能够"复制"当前的对象,而且能够追溯过去、推测未来。人类除了认识客观世界,更重要的是通过实践把观念的东西变成现实,在自然界打上"意志印记"。人的意识不仅反映客观世界,还能创造世界,客观世界并不会自动满足人类的需要,人类是以自己的行动改造世界来满足需求的。

### 3. 意识活动的前进性

意识活动是不断发展前进的,永远不会停留在一个水平上。人类意识随着社会实践的发展而发展,随着社会的进步而前进,人类不断地追求自身主观世界的丰富和发展,也不断摆脱对客观事物及其规律"知之不多"和"知之不全"的状态,从而使意识的能动性不断提高到更新、更高的阶段。

## (三) 意识的选择与监控功能

意识的选择功能使人能够在环境中接受最适宜和最有效的刺激信息,限制并过滤与目标和目的无关的信息,有选择地存贮与自己需要相关的信息。意识的监控功能包括两个方面:一是监视自己内部的心理活动和外部环境的刺激信息;二是调节和控制自身状态与周围环境之间的相互关系。意识不仅能够监控自身状态和周围环境的刺激信息,以便感知、记忆和思维在意识中得到的表征,同时还能控制自身与环境之间的关系,以便能够为了达到目的、实现理想而发动和终止自己的行为和认知活动。

名词解释

反映　意识　自我意识　意识的觉知功能　意识的能动功能

## 思考题

1. 简述动物心理的发生和发展。
2. 简述人的意识及其区分。
3. 简述人类意识产生的社会基础。
4. 简述人类意识的基本功能。

# 第四章 注 意

## 第一节 注意概述

### 一、注意的含义

注意(attention)是心理活动对一定对象的指向和集中。注意通常指选择性注意,即有选择地加工某些刺激而忽视其他刺激的倾向。

注意是心理活动的一种积极状态,总是和心理过程紧密联系在一起。因此,注意是各种心理过程的共同特征,即指向和集中于一定的对象的特性。它本身不是一种独立的心理过程。

指向性和集中性是注意的两个基本特征。注意的指向性是指心理活动有选择地反映一定的对象而离开或忽略其余的对象。注意的集中性是指心理活动停留在被选择的对象上的强度或紧张度,它使心理活动离开一切无关的事物,并且抑制多余的活动。注意的指向性和集中性表明注意具有方向和强度的特征。美国心理学家詹姆斯在《心理学原理》一书中指出:"注意是心理以清晰而又生动的形式对若干种似乎同时可能的对象或连续不断的思维中的一种占有。它的本质是意识的聚焦、集中。它意指离开某些事物以便有效地处理其他事物。"[①]由于心理活动对一定对象的指向和集中,注意的对象就能够得到清晰、深刻和完整的反映。例如,学生在听课时,心理活动不是指向教室里的一切事物,而是把教师的讲述从许多事物中挑选出来,并且比较长久地把心理活动保持在教师的讲述上。心理活动不仅离开一切与听课无关的事物,而且也对与听课无关甚至有妨碍的活动加以抑制,这样,教师的讲课内容就能得到鲜明和清晰的反映。

客观世界是丰富多彩的,人在同一时间内不能感知一切对象,而只能感知其中的少数对象。在繁星满天的夜晚,我们只能同时看清楚几颗星星,而不能看清所有的星星。在思考问题时,我们也只能同时思考少数几个问题,而不能思考所有的问题。由于心理活动对一定对象的指向和集中,这些少数对象就被清晰地反映出来,而同时作用的其他对象就没有被意识到或意识得比较模糊。当一个人注意到某些对象时,就离开了其他对象。集中注意的对象就是注意的中心,其余对象有的处在"注意的边缘",多数则处在注意的范围之外。

人在注意时,既可采取综合的态度,也可采取分析的态度,即既可以对某些对象的整体加以注意,也可以对对象的一部分或某种特性加以注意。

根据人的心理活动所指向和集中的客体的性质,可以把注意区分为外部注意和内部注意。外部注意指人对周围事物的注意。它经常与知觉同时进行,也称知觉注意,它在探究外

---

[①] James,W(1890). *The Principles of Psychology*. New York: Henry Holt and Company, 403—404.

部世界中起着重要作用。内部注意是指对自己的思想和情感的注意。通过它,人可以洞察自己的心理活动,发展自我意识,规划未来的活动和深思熟虑地办事。内部注意在发展人的人格方面起着重要的作用。

注意的基本作用在于对信息进行选择。当代许多心理学家在分析注意时强调了心理活动的选择性、指向性。有些心理学家把注意定义为心理过程的选择性。例如,心理学家鲁利亚(A. P. Лурия)指出:"在心理学中,心理过程的这种选择性通常被称为注意,所谓注意应理解为那种保证分出对心理活动来说重要的要素,以及维持对心理活动的精确的和有组织的进程进行控制的过程。"①当代许多认知心理学家也重视了注意的选择性。例如,卡恩奈曼(Kahneman)认为,注意是一种内在机制,用以控制选择刺激并调节行为。莫里(Moray)认为,选择性是注意的本质特征之一。博林(Boring)等人也强调了注意的选择性。他们认为,注意是舍弃一部分信息,以便有效地加工重要的信息。

波斯纳(Posner)和彼德森(L. R. Peterson)提出注意至少包括三个相对分离的过程:①从一个刺激脱离出来;②从一个刺激转向另一个刺激;③与一个新的刺激结合起来。脑损伤的患者,对分离有严重缺陷,他们很难从一个注意的物体中解脱出来。

注意总是和心理过程紧密联系着,如注意看、注意听等。上课时教师所说的"注意黑板""注意歌声",并不意味着注意就是独立的心理过程,而是将"注意看黑板""注意听歌声"中的"看"字和"听"字省略了。由于注意不是一种独立的心理过程,所以它没有自己特定的反映内容,人们也不可能有专门"从事注意"的意向。人的注意是在实践活动中发展起来的,并对实践活动起着重要的作用。

## 二、注意的意义和功能

注意对人类生活具有十分重要的意义,它对心理活动起着积极的维持和组织作用,使人能够及时地集中于自己的心理活动,清晰地反映客观事物,更好地适应环境,并改造世界。

注意是掌握知识的必要条件。我国古代哲学家、教育家荀子指出:"君子壹教,弟子壹学,亟成。"②"壹"就是专一,就是集中注意。意思是说,教师专一地教,学生专一地学,很快就能成功。俄国著名教育家乌申斯基(К. Д. Ущинский)把注意形象地比喻为通向心灵的"唯一的门户",知识的阳光只有通过注意这扇门户才能照射进来。有经验的教师都会发现,有些儿童学习成绩差,并不是他们智力低下,而是学习没有集中注意。一项研究表明,用两种不同态度学习12个无意义音节,一种态度是集中注意学习,另一种态度是随便看看,则学习效果大不一样(如表4-1所示)。

注意又是提高活动效率的必要条件。任何实践活动都需要人们集中注意,才能提高效率,减少差错或事故。学生在作业中所造成的错误,在有些情况下不是缺乏知识,没有掌握规

---

① A•P•鲁利亚著,汪青、邵郊、王甦译:《神经心理学原理》,科学出版社1983年版,第251页。
②《荀子•大略篇》。

表 4-1　两种学习态度效果的对比

| 学习态度 | 学习 12 个无意义音节的次数 | |
|---|---|---|
| | 甲 | 乙 |
| 注意学习，希望从速学会 | 9 | 12 |
| 随便看看，并不注意学习 | 89 | 100 |

律，而是注意不集中所造成的。马克思说："在劳动的全部历程中，他还必须有那种有目的的意志，也就是要把注意集中起来。并且一种工作的内容和进行方法对劳动者越少有吸引力，他越是不能把这个工作当作自己的体力和精力的活动来享受，这种注意就越是必要。"①注意能使人的感受性提高、知觉清晰、思维敏捷，从而使行动准确、迅速。

注意是一种复杂的心理活动，具有以下功能。

1. 选择功能

注意的基本功能是对信息进行选择，使心理活动选择有意义、符合需要并且与当前活动任务相一致的各种刺激，避开或抑制其他无意义的、附加的、干扰当前活动的各种刺激，即注意将有关信息线索区分出来，使心理活动具有一定的指向性。注意被认为是控制通向意识的机制，许多心理学家把注意看作认知过程选择性的高度表现。

2. 保持功能

外界大量信息输入后，每种信息单元必须经过注意才能得到保持，如果不加注意，就会很快消失。因此，需要将注意对象的映象或内容保持在意识之中，一直到完成任务、达到预定目的为止。

3. 对活动的调节和监督功能

有意注意可以控制活动向着一定的目标和方向进行，使注意适当分配和适时转移。工作和学习中的错误和事故一般都是在注意分散或注意没有及时转移的情况下发生的。心理学家加里培林（П. Я. Гальперин）把注意称为"智力监督动作"。

## 三、注意的生理机制和外部表现

### （一）注意的生理机制

注意就其生理机制来说是有机体的一种定向反射。每当新异刺激出现时，人便产生一种相应的运动，将感受器朝向新异刺激，以便更好地感知这一刺激。定向反射活动时，人除了朝着刺激的方向转动眼睛和头部外，还会出现植物性反应和脑电反应。

诱发电位的研究有助于探索注意的生理机制。所谓诱发电位是指在外界刺激的作用下从头皮上记录到的电位波动反应。人的选择性注意与诱发电位有关。在注意时，诱发电位的个别

---

① 马克思著，郭大力、王亚南译：《资本论（第一卷）》，人民出版社 1963 年版，第 172 页。

成分或整个振幅增大；反之，振幅就下降。1970年西梅尔尼兹卡娅(Э. Г. Симерницкая)等人的研究表明，选择性注意不仅仅会导致诱发电位的波幅增高，而且还会向大脑皮质其他区域扩散。

定向反射发生之后，随即发生适应性反射，即与刺激有关的分析器进行活动，并随着刺激的性质和强度的变化，分析器的活动也发生变化。例如，对光波的瞳孔反射和视网膜的光化学反射都是适应性反射。

人在注意某些事物时，大脑皮质相应区域产生一个优势兴奋中心。它是大脑皮质对当前刺激进行分析和综合的核心，具有适度的兴奋性，旧的暂时神经联系容易恢复，新的暂时神经联系容易形成和分化，因此能够充分揭示注意对象的意义和作用，对客观事物产生清晰和完善的反映。当大脑皮质一定区域产生一个优势兴奋中心时，邻近的区域就处于不同程度的抑制状态，落在这些抑制区域的刺激，就不能引起应有的兴奋，因而得不到清晰的反映。优势兴奋中心的转移就是注意转移的生理机制。

注意必须在有机体觉醒状态下才能进行。网状结构对保持有机体的觉醒状态是必不可少的。进一步研究表明：清醒状态依赖于大脑皮质与网状激活系统的相互作用。贾斯帕(Jasper)和夏普斯(Sharpless)认为，警觉中比较缓慢的紧张程度的变化与中脑有关，而快速的位相变化则与丘脑有关。

人脑的边缘系统等部位存在着大量与注意相关的神经元。这些神经元对习惯化了的刺激不发生反应，只对新异刺激发生反应。它们是对信息进行选择或过滤的重要部位。临床观察表明，这些神经元一旦遭受破坏，轻则出现高度分心现象，重则造成精神错乱，意识的组织性和选择性会因此消失。普利博拉姆(Pribram)等人认为，这些组织(特别是海马)中主要的神经元，在注意时起着重要的作用。

大脑皮质的额叶在调节有意注意上起着重要作用。人在注意高度集中时，额叶的生物电会发生明显的变化。鲁利亚等人的研究表明：额叶部分受伤的人，对言语指示、定向反射几乎不能恢复，大脑皮质的觉醒水平不能提高；额叶严重受损伤的人不能根据预定的任务集中注意，高度分心，不能抑制对附加刺激的反应。麦克沃思(Mackworth)等人的研究表明，额叶能抑制大脑不需要区域的活动，因此使注意能集中在重要的事物上。

人由于有了语言，所以能按照自己的或别人的提醒，集中注意或转移注意的方向，使注意带有有意性的特点。

注意既与大脑皮质的活动有关，也与皮质下结构的活动有关，但它们各自起着不同的作用。注意是中枢神经系统多种水平的整合活动。

## (二) 注意的外部表现

人在集中注意于某一对象时，常常伴随着特定的生理变化和外部表现。人在集中注意时最显著的外部表现，有以下几种。

**1. 适应性运动**

人在集中注意时，有关的感觉器官朝向刺激物。例如，人在注意观察某个物体时，把视线集中在该物体上,即所谓"举目凝视";注意听一个声音时,把耳朵转向声音的方向,即所谓"侧耳倾听";当沉浸于思考或想象时,眼睛常常是"呆视着",好像看着远方一样,对周围对象的感知就变得模糊起来。

#### 2. 无关运动的停止

这是紧张注意的一种重要特征。人在高度集中注意时,无关运动会暂时停止。当教师的教学活动集中学生注意时,教室里一片安静。

#### 3. 呼吸运动的变化

人在集中注意时,呼吸变得轻微而缓慢,呼与吸的时间比例也会发生变化,一般是吸短呼长;当注意高度集中时,甚至会出现呼吸暂时停止的状态,即所谓的"屏息"现象。

此外,注意紧张时还会出现心跳加速、牙关紧闭、握紧拳头等现象,所以可以根据一个人的外部表现来推断他的注意情况。但是,有时注意的外部表现和注意的真实情况不相符合。例如,貌似注意一件事,实际上心理活动却指向和集中在另一件事上。

研究表明:在视觉注意中眼睛有三种基本运动形式,即注视、跳动和追随运动。注视是眼睛对准某一事物的活动。为了保证对事物清晰的反映,眼球还必须跳动且做追随运动。当人们注意某个物体时,眼球运动并不是平稳地滑动,而是以跳跃的方式移动。视线先在对象的某一部位停留片刻,注视后又跳到另一部位上,并开始对新的部位进行注视。在注意某一个事物时,眼睛就是以不断地注视、跳动、再注视……的方式观察事物。图4-1是一名被试在注意观察汽车时眼睛运动的扫描路线,不同的被试或同一被试在不同情况下,扫描路线是不同的。

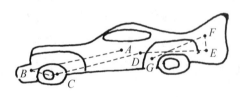

图4-1 观看汽车时的扫描路线

眼球的追随运动是比较平稳地进行的,当物体运动太快或太慢时,追随运动就会发生困难。当物体过远时,眼球追随到一定程度后,便会突然向相反方向跳回到原处,再追随新的物体。

在图4-2中,A图显示的是两眼主动地在雷达荧光屏上以一个假想目标所做的圆周运动,这时眼球实际上是不规则地以跳动和停顿的方式注视荧光屏;B图显示的是两眼跟随荧光屏上一个按照圆周运行的光点所做的运动,这时眼球主要是做追随运动。[1]

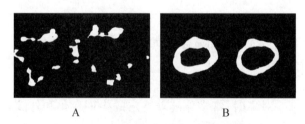

图4-2 观察雷达时的眼睛运动

---

[1] 荆其诚,焦书兰,纪桂萍著:《人类的视觉》,科学出版社1987年版,第40—44页。

## 第二节 注意的种类

美国心理学家詹姆斯曾把注意划分为随意注意和不随意注意两种类型。苏联心理学家多勃雷宁(Н. Ф. Доьрбнин)指出,除随意注意和不随意注意外,还有一种随意后注意。

目前,一般根据产生和保持注意时有无目的以及意志努力程度的不同,把注意分为无意注意(不随意注意)、有意注意(随意注意)和有意后注意(随意后注意)三种。

### 一、无意注意

无意注意指事先没有预定目的,也不需要意志努力的注意。例如,学生正在听课,忽然有人推门进来,大家都不由自主地转头看他,这种注意就叫无意注意。这种注意的产生和维持,不是依靠意志努力,而是人们自然而然地对那些强烈的、新颖的和感兴趣的事物所表现的心理活动的指向和集中。它往往在周围环境发生变化时产生,是注意的一种初级表现形式。动物也有无意注意。在心理学中,有时把无意注意称为消极注意,有时把无意注意称为情绪注意。把无意注意称为消极注意,是因为无意注意集中时缺乏个人的意志努力和积极性;把无意注意称为情绪注意,是突出了无意注意与情绪、兴趣和需要的关系。

在实际生活中,引起无意注意的原因是经常综合在一起的,下面分开来阐述,只是为了行文的方便。引起无意注意的原因可以分为两个方面:刺激物的特点和人本身的状态。

### (一) 刺激物的特点

#### 1. 刺激物的强度

刺激物的强度是引起无意注意的重要原因。强烈的刺激物,如一道强光、一声巨响、一种浓烈的气味,都会不由自主地引起人们的注意。无意注意基本上服从于刺激的强度法则,有人用强度不同的声音作用于被试,并记录由定向反射引起的血管容积的变化。结果发现,用60分贝的声音比用50分贝的声音引起的血管反应更大。但也有例外,有时刺激物的物理强度很弱也会引起人们的注意,这是由于刺激物对人具有重要意义或者具有新颖性。在无意注意中,起决定作用的往往不是刺激的绝对强度,而是刺激的相对强度,即刺激强度与周围物体强度的对比。例如,在喧闹的大街上,大声说话不大会引起人们的注意,但在寂静的夜晚,轻微的耳语声,也可能引起人们的注意。

#### 2. 刺激物之间的对比关系

刺激物在强度、形状、大小、颜色和持续时间等方面与其他刺激物存在显著差别时会引起人们的无意注意。例如,绿草丛中的红花比绿草丛中的青蛙更能引起人们的注意。教师讲课时声音突然提高或降低可以起到集中学生注意的作用。我国心理学工作者应用这个原理,在工人们挑选电子零件的流水线上把透明无色的零件放置在黑色的背景上,这样不仅提高了劳动生产率,还降低了废品率。

### 3. 刺激物的活动和变化

活动的刺激物、变化的刺激物比不活动、无变化的刺激物更容易引起人们的注意。例如，霓虹灯一亮一暗，很容易引起人们的注意。活动的玩具很容易引起儿童的注意。教师在讲课时，音调的变化及讲话节奏的快慢变化也有助于引起学生的无意注意。

### 4. 刺激物的新异性

新异的事物很容易成为注意的对象。千篇一律的、刻板的、多次重复的事物，很难吸引人们的注意。所谓刺激物的新异性是指刺激物的异乎寻常的特性。巴甫洛夫强调新异刺激物在引起定向反射时的作用。新异性可以分为绝对新异性（人们从未经验过的事物及其特征）和相对新异性（刺激物特性的异常变化或各种特性的异常结合）。研究表明，刺激物的相对新异性更能引起人们的注意。

柏尔玲（Berlyne）设计了在新颖性、不一致性和复杂性方面不一样的多种图形（如图4-3所示）。

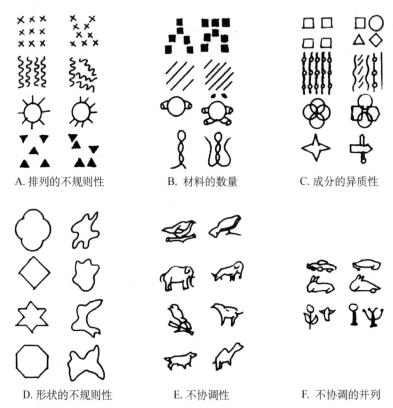

图4-3 表示"复杂性"与"不协调性"等变量的视觉图形

研究时，图形由被试自己操作并做短暂的呈现。结果发现，新颖的、不一致的图形比其他图形更经常地受到选择和注意。另外，人们倾向于注意中等复杂程度的图形，过于简单或过于复杂的图形，均不易引起人们的注意。

## （二）人本身的状态

无意注意虽然主要是由外界刺激物的特点所引起的，但也决定于人本身的状态。同样的事物，可能引起一些人的注意，而不会引起另一些人的注意。一个人的个性倾向性在无意注意中起着重要作用，它决定一个人无意注意的方向。引起无意注意的主观原因有以下两个方面。

### 1. 人对事物的需要和兴趣

凡是能够满足人的需要和引起人的兴趣的事物都会使人产生期待的心情和积极的态度，从而引起无意注意。例如，建筑师由于职业的需要，当外出旅游时，各式各样的建筑物都会自然而然地引起他们的注意。直接兴趣是无意注意的重要源泉。人们常常会被感兴趣的事物所吸引，不自觉地加以注意。一般来说，凡与一个人已有知识有联系又能增进新知识的事物，容易引起人们的兴趣。

### 2. 人当时的情绪状态和精神状态

人的心境在很大程度上影响着无意注意。如果一个人心境开朗、心情愉快，平时不大容易引起注意的事物，这时也很容易引起他的注意。如果一个人心境忧郁，平时容易引起无意注意的事物，这时也不易引起他的注意。此外，凡是一个人对某人（或事物）有着特殊的感情，则与之有关的人和事，都容易引起这个人的注意。

人当时的精神状态也对无意注意有重大影响。人在过度疲劳时，常常不能觉察到在精神饱满时容易注意的事物；人在精神饱满时，最容易对新鲜事物发生注意，而且注意也容易集中和持久。

天津师范大学阴国恩教授等人的研究表明，儿童无意注意的发展与有意注意的发展不同。一般认为，在儿童期，有意注意的发展随年龄增长而递增，即年龄越大，有意注意的发展水平越高。无意注意的发展则不然，其发展曲线是先随年龄增大而递增，至初中二年级达到最高水平，而后出现缓慢下降的趋势（如图 4-4 所示）。①

## 二、有意注意

有意注意指有预定目的，需要一定意志努力的注意。在心理学文献中有时把有意注意称为积极注意或意志注意，因为集中有意注意需要个人的积极性和意志努力。

有意注意主动地服从于既定的目的任务，它受

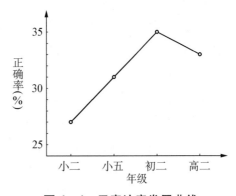

图 4-4 无意注意发展曲线

---

① 朱智贤主编：《中国儿童青少年心理发展与教育》，中国卓越出版公司 1990 年版，第 52 页。

人的意识的自觉调节和支配。有意注意的客体可能是不易吸引人的或单调的事物，但又是应当去注意的事物。因此，要使意识集中在这种对象上就必须有一定的意志努力。例如，青年工人在开始学习机床操作时，对于操作过程还没有掌握，操作动作也还不熟练，稍不注意就会产出废品或发生事故。掌握动作并熟练的过程又是一种单调的学习，所以他必须通过意志努力克服一定的困难把注意集中在当前的操作上，特别是在容易发生差错的地方。

有意注意是在人类社会实践中发生和发展起来的。劳动本身是一种复杂和持久的工作，其中总有一些使人不感兴趣而又非做不可的作业，必然会有困难和单调的因素，这就要求人们把自己的注意有意识地集中并保持在作业上，有意注意能力就是在这种实践活动中发展起来的。有意注意又是人们实践活动的必要条件。马克思说："除了从事劳动的那些器官紧张之外，在整个劳动时间内还需要有作为注意力表现出来的有目的的意志，而且，劳动的内容及方式和方法越是不能吸引劳动者，……就越需要这种意志。"①

有意注意是人类所特有的心理活动，是在语词成为心理活动的组成因素的时候产生的。语词调节和控制着心理活动的指向和集中，人的注意即使在当前没有具体刺激存在的情况下，也能借助于语词的刺激而实现。

儿童的有意注意的发展大体经过三个阶段：

第一阶段，有意注意是通过成人的言语指令而引起的；

第二阶段，通过自己扩展了的外部言语，调节控制行为；

第三阶段，通过自己的内部言语指令来调节和控制自己的行为。

苏联心理学家维果茨基(Л. С. Выготский)提出了有意注意的社会根源理论。他认为，有意注意是儿童在与成人交往的过程中逐渐形成的。儿童出生后与成人生活在一起，当成人(主要是母亲)对儿童说出一个事物的名称，同时用手指这个物体，儿童的注意就指向这个物体。在交往过程中，语言和手势对儿童注意的引导在儿童有意注意的发展中具有重要意义。维果茨基还认为：在儿童的早期，成人用语词来标志客体或用手势来指示客体，以便启动儿童的心理活动；儿童用视线分出已经命名的客体，注视它，并做出反应。后来，儿童的语言发展了，他们能够给注意的对象命名。这样，以前分配在两个人之间的机能，成为儿童心理过程的内部组织方式，有意注意对儿童来说已经成为内部的自我调节过程。

引起和保持有意注意的条件和方法有以下几种。

### 1. 加深对活动的目的、任务的理解

有意注意是有预定目的的注意。人们对活动的目的、任务的重要意义理解得越清楚、越深刻，对完成任务的愿望越强烈，那么与完成任务有关的一切事物也就越能引起和保持人的有意注意。

---

① 马克思、恩格斯著，中共中央马克思恩格斯列宁斯大林著作编译局译：《马克思恩格斯全集(第二十三卷)》，人民出版社1972年版，第202页。

### 2. 培养间接兴趣

在有意注意中,人的兴趣具有间接的性质。这种兴趣是对活动目的的兴趣、对活动结果的兴趣。尽管活动本身可能并不直接吸引人。间接兴趣,特别是稳定的间接兴趣,是引起和保持有意注意的重要条件。间接兴趣越稳定,就越能对活动的对象保持有意注意。例如,人们开始学习外语时,常常觉得记单词、学语法很单调很枯燥,但一旦认识到掌握外语的重要意义后,就能够克服困难,刻苦攻读,专心致志地学习外语。

### 3. 合理地组织活动

在明确活动的目的、任务的前提下,合理地组织活动,有助于集中有意注意。

(1) 智力活动与实际操作相结合,有利于引起和保持有意注意。课堂教学中要求学生做笔记,做些小实验,用铅笔尖指着地图上的山脉、河流、铁路和公路等,要比教师自始至终地讲解效果好。把注意的对象作为实际行动的对象,实际行动本身就要求注意参与,这样才能保证活动的顺利进行。

(2) 根据任务的需要,提出一定的自我要求,经常提醒自己保持注意。在要求加强注意的紧要关头,向自己提出"必须注意"的要求尤其重要,这样可以起到集中注意的作用。

(3) 提出问题有利于加强有意注意。人们为了回答问题,必然注意有关事物。在教学过程中,向学生提问,不仅可以检查学生的成绩,发展智力,而且对保持有意注意也具有重要意义。

### 4. 用坚强意志与干扰作斗争

有意注意不仅在没有干扰的情况下进行,有时在有干扰的情况下也是可能的。干扰可能是外界的刺激物,也可能是机体的某些状态(如疲劳、疾病和一些无关的思想、情绪)。在这种情况下,人们为了集中注意,除了要采取一定的措施排除干扰外,还要用坚强的意志与干扰作斗争。这样既能锻炼意志,又能培养有意注意。

避免干扰有助于集中有意注意,提高工作和学习效率。但是,某些微弱的附加刺激不仅不会干扰人的有意注意,而且会加强有意注意。例如,学习时听听音乐,室内的钟表嘀嗒声等有时会加强人的有意注意。绝对隔音,不仅无关的声音不能从外面传入,而且室内产生的任何声音也会被吸收。人在这样的环境中不但不能有效地工作,而且会逐渐地进入睡眠状态。正如俄国生理学家谢切诺夫说的,绝对的"死气沉沉的"寂静,不仅不能提高而且会降低活动的效果。

## 三、有意后注意

有意后注意是指事前有预定的目的,不需要意志努力的注意。有意后注意是注意的一种特殊形式。它一方面类似于有意注意,因为它和自觉的目的、任务相联系着;另一方面类似于无意注意,因为它不需要人的意志努力。

有意后注意是个人的心理活动对有意义、有价值的事物的指向和集中,它是在有意注意的基础上发展起来的。例如,开始从事某项生疏的、不感兴趣的工作时,人们往往需要通过一定的意志努力才能把自己的注意保持在这项工作上。经过一段时间后,他们对这项工作熟悉了,并产生了兴趣,就可以不需要意志努力而继续保持注意。这时,有意注意就发展成有意后注意。熟练地阅读课文、熟练地骑自行车等活动中的注意都是有意后注意。

有意后注意是一种高级类型的注意,具有高度的稳定性,是人类从事创造性活动的必要条件。一切有成就的科学家和艺术家都会高度专注于自己的事业,废寝忘食地为科学或艺术做出创造性的贡献。

无意注意、有意注意和有意后注意在实践活动中紧密联系、协同活动。有意注意可以发展为有意后注意,而无意注意在一定条件下也可以转化为有意注意。例如,开始时人们偶然受到某种吸引而去从事一种活动,后来通过实践认识到它的重要意义,便自觉地、有目的地去从事这种活动,进而克服一定的困难,坚持这种活动。这时,无意注意就转化为了有意注意。

# 第三节  注意的特征

## 一、注意的稳定性

注意的稳定性是指对同一对象或同一活动的注意所能持续的时间。这是注意在时间上的特征,可以用某一时间范围内工作效率的变化来表示。注意稳定性的标志是活动在某一段时间内的高效率。以实验为例,在一个没有任何参照点的钟面上,黑色指针以每秒0.3英寸①的距离移动,这是信号的背景,然后以随机的顺序使指针做每秒0.6英寸的跳动,将其作为关键信号。实验时要求被试在持续的2小时内,报告他所看到的每一次关键信号。结果发现在半小时后注意明显衰减,用这种实验所得到的函数,称衰减函数(如图4-5所示)。一般注意的衰减在警戒任务开始后20—35分钟出现,而最初15分钟的注意下降水平,是最后下降水平的50%左右。

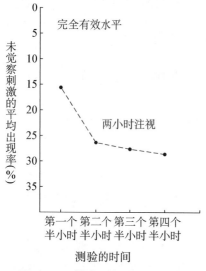

图4-5  警戒任务的衰减函数

在注意的稳定性中可以区分出狭义的注意稳定性和广义的注意稳定性。

### (一) 狭义的注意稳定性

狭义的注意稳定性是指注意保持在同一对象上的时间。人在感知同一事物时,注意很难长时间地保持固定不变。在听觉方面,将一只表放在离被试耳朵有一定距离的地方,使他

---

① 1英寸约为2.54厘米。

刚能隐约地听到嘀嗒声;被试有时听到表的声音,有时又听不到;或者感到表的声音一时强,一时弱。注意的这种周期变化,称为注意的起伏。在视觉方面,当我们知觉图4-6时,可以明显地觉察到注意的起伏。当我们注视该图时,会觉得小正方形时而凸起(位于大正方形之前),时而下陷(大正方形凸到前面),在不长的时间内,两个正方形的相互位置会跳跃式地变更。当我们知觉图4-7时,既可以知觉为六个立方体(上面一个、中面两个、下面三个),又可以知觉为七个立方体(上面两个,中面三个,下面两个)。

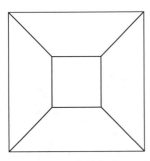
图4-6 注意的起伏(一)

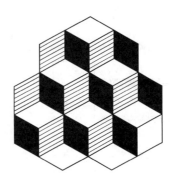
图4-7 注意的起伏(二)

注意起伏的周期,包括一个正时相和一个负时相。注意处于正时相时,人的感受性提高,感觉到有刺激或刺激增强。注意处于负时相时,人的感受性降低,感觉不到刺激或者刺激变弱。一般来说,注意起伏周期平均时间约为8—10秒。注意起伏的原因,一般认为是由于感觉器官的局部适应,使人对物体的感受性短暂地下降。实验表明:声音刺激的起伏间隔时间最长,其次是视觉刺激,触觉刺激的时间最短。现代神经生理学家提出了新的论点,他们把注意的起伏和有机体一系列机能的起伏联系起来,如动脉、血压、呼吸,以及一定类型的神经元节律性的机能作用。在注意稳定集中时,一些不显著的起伏常常觉察不出来,并且对大多数的活动影响也不大。

## (二) 广义的注意稳定性

广义的注意稳定性是指注意保持在同一活动上的时间。广义的注意稳定性并不意味着注意总是指向同一对象,而是指注意的对象和行动会有所变化,但注意的总方向和总任务不变。例如,上课时学生既要听教师讲课,又要记笔记,还要看实验演示或幻灯片等,但所有这些都服从于听课这一总任务,因此,他们的注意是稳定的。

广义的注意稳定性与人的主体状态和对象的特点有关。

人对所从事的活动的意义理解得越深刻,对活动有浓厚的兴趣,抱着积极的态度,并且在身体健康、精力充沛、心情愉快时,注意越容易保持稳定。意志坚强,又善于自制且能抵制干扰的人,注意就容易保持稳定。

在主体积极性相等的条件下,刺激物的强度和持续时间对注意稳定性有显著影响。提高刺激的强度和延长刺激的作用时间有助于保持注意的稳定性。

在主体积极性相等的条件下，刺激物的复杂性和活动对注意稳定性有显著影响。内容丰富的对象比内容单调的对象、活动的对象比静止的对象更容易保持人的注意稳定性。在一定范围内，注意的稳定性程度随注意对象的复杂性的增加而提高。

范兹（R. L. Fantz）的研究表明，婴儿似乎从出生起就会选择一定的图形加以注意，并且对复杂的和社会的图形注视的时间较长。图4-8是婴儿对面孔、印刷品、靶心，以及对红、白、黄单色图片的注视时间。图中黑条表示2—3个月的婴儿的注视时间，白条表示3个月以上的婴儿的注视时间。

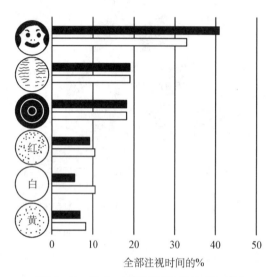

图4-8 婴儿对不同图片的注视时间

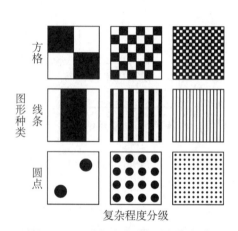

图4-9 测定注意稳定性的卡片

但是，如果注意的对象过于复杂，则疲劳可能会迅速出现，注意也会减弱。因此，对象过于复杂或过于单调都不利于注意的稳定。格林堡（D. J. Greenberg）等人的研究表明：各个年龄阶段都有一个与其发展阶段相适应的输入信息和处理信息的最佳水平。他们把方格、线条和圆点三种图形，每种都由简到繁分为三级（如图4-9所示）。研究表明，出生后6周的婴儿对中等复杂图形凝视较久，11周的婴儿则对更复杂的图形凝视较久。

注意的分散（又称分心）是同注意稳定相反的状态。注意的分散就是注意离开了当前应当指向和集中的对象，而把注意指向其他的对象。注意的分散是由无关刺激的干扰或由单调刺激的长期作用所引起的。无关刺激对注意的干扰作用决定于这些刺激本身的特点及其与注意对象的关系。实验证明：与注意对象相类似的刺激，比不相类似的刺激干扰作用大；同样的无关刺激，对知觉影响小，对思维影响大；在知觉过程中，视知觉受无关刺激影响小，听知觉受无关刺激影响大。使人发生兴趣或强烈地影响情绪的刺激，也会引起注意的分散。但是，并非任何附加刺激都会引起注意的分散。外界没有任何附加刺激时，大脑皮质兴奋性降低，保持注意反而很困难。因此，有时微弱的附加刺激不仅不会减弱注意，反而会加强注意。

人们在和注意分散作斗争时，对分散注意的刺激物所持的态度具有重要意义。当学生专心致志地在教室里看书时，室外传来的汽车声会干扰他们集中注意，会引起他们的烦恼甚至愤怒,这种情绪比汽车声更能分散学生的注意。因此,为了集中注意,除了设法除去(避开)干扰刺激外,还应该对干扰刺激保持平静的态度。

人的注意稳定性存在着个别差异和年龄差异。这种差异和个体的神经过程强度有关。神经过程强的人,在完成不同的智力任务并出现附加刺激时,活动的效率有时却会提高,这是大脑皮质中的优势兴奋中心得到加强所造成的;而神经过程弱的人,注意容易分散。有些心理学家认为,一个人注意分散与不良的教育有关,甚至是不良教育的结果。例如,当儿童集中注意学习时,成人经常去转移他的注意,和他进行与学习无关的谈话,或要他从事其他活动,这样多次重复就可能使儿童形成容易分散注意的不良习惯。我国心理学工作者研究了中国儿童青少年注意稳定性的发展。研究表明:随着年龄的增长,儿童青少年的注意稳定性一直在发展,但其发展的速度不尽相同。小学阶段发展速度很快,幼儿阶段和中学阶段发展速度较慢(如图4-10、表4-2所示)。[①]

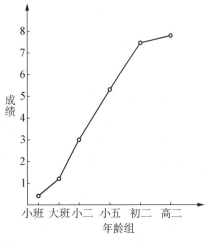

图4-10 儿童注意稳定性发展曲线

表4-2 儿童青少年注意稳定性成绩比较

| 年龄组 | 幼儿园小班 | 幼儿园大班 | 小二 | 小五 | 初二 | 高二 |
|---|---|---|---|---|---|---|
| 成 绩 | 0.4082 | 1.2304 | 3.0285 | 5.3698 | 7.3860 | 7.8240 |

学习和工作都要求人们具有稳定的注意。例如,在现代化生产中,工人根据仪表和信号的显示来调整动作,以保证机器的正常运转,这就需要有高度稳定的注意。在这种工作中,即使是短时间的注意分散,也会严重影响工作质量,甚至造成事故。

## 二、注意的广度

注意的广度也叫注意的范围,是指在同一时间内能清楚地把握到的对象的数量。心理学家很早就重视注意的广度,并对它进行实验研究。1930年哈密顿(W. Hamilton)最先做了示范实验,他在地上撒一把石子,让被试在一瞬间辨认。结果发现被试不容易立即看清6个以上的石子,或者最多不过看到7个石子。但如果把石子2个、3个或者5个一堆摆放,被试能把握的堆数和单个石子的数目一样多,因为人们会把一堆看为一个单位。1871年耶文斯(W. S. Jevons)进行了类似的实验。他把黑豆撒在一个放置于黑色背景的白盘子中,要被试立即报告所看到的盘子中的黑豆数量。经过一千余次的重复实验,结果发现:撒5粒豆子时,开始发生估计上的误差;在不超过9粒豆子时,估计比较正确;超过9粒豆子时,错误估计

---

① 朱智贤主编:《中国儿童青少年心理发展与教育》,中国卓越出版公司1990年版,第53—54页。

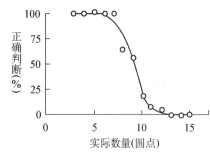

图 4-11 呈现刺激量与正确
判断的关系

(引自 R. S. Woodworth)

次数占 50% 以上。

后来研究者用速示器做实验,在 1/10 秒时间内眼球来不及转动,因此被试对刺激的知觉几乎是同时的。可见,注意广度即知觉广度。实验表明:在 1/10 秒时间内,成人一般能注意到 8—9 个黑色圆点(如图 4-11 所示)或 4—6 个没有联系的外文字母、3—4 个几何图形。我国心理学工作者的汉字实验表明,对没有内在联系的单字只能看清 3—4 个,对内容有联系的组成词或句子的字一般可看到 5—6 个。

人的注意广度并不是固定不变的,影响注意广度的因素主要有两个方面。

## (一) 知觉对象的特点

在知觉任务相同的情况下,知觉对象的特点不同,注意的广度会有一定的变化。研究表明:知觉的对象越集中,排列得越有规律,越能成为相互联系的整体,注意的广度也就越大。例如,对颜色相同的字母的注意范围要比对颜色不同的字母大些;对排列成一行的字母的注意数目要比对分散在各个角落上的字母多些;对大小相同的字母感知的数量,要比对大小不同的字母感知的数量多得多;对组成词的字母所注意的范围,要比对孤立的字母所能注意的范围大得多。研究表明:显示孤立的字母时,成人的注意广度是 4—6 个对象,小学生是 2—5 个对象。在显示短的词句时,成人的注意广度是 4—6 个客体,其中包含 10 多个字母,注意的广度扩大了。

## (二) 个人知觉活动的任务和知识经验

同样的知觉对象,由于个人知觉活动的任务和知识经验不同,注意的广度也会有一定的变化。如果知觉活动的任务多,注意的广度就小;知觉活动的任务少,注意的广度就大。例如,在速示器上呈现一定数量的外文字母,不仅要求被试辨认出字母的个数,同时还要求他们指出字母在书写上的错误,这时他们所能知觉到的字母数量比他们在只辨认字母数量时要少得多。

知识经验丰富,注意的广度就大;知识经验贫乏,注意的广度就小。例如,刚学会阅读的学生的阅读速度是很慢的,注意的广度也较小,但随着知识经验的积累,注意广度的扩大,阅读的速度也就随之加快了。

我国心理工作者研究了中国儿童青少年注意广度的发展,研究表明:注意的广度随一个人的年龄增长而增长。姜涛和林镜秋等人的研究表明,小学二年级学生的注意广度不足 4 个点子,小学五年级学生则达到 4.48 个点子,到中学又增加到 6.33 个点子。[①] 陈惠芳等人的

---

① 朱智贤主编:《中国儿童青少年心理发展与教育》,中国卓越出版公司 1990 年版,第 53 页。

研究结果是:4 岁为 4.74 个点子,6 岁为 5.77 个点子,7 岁为 6.50 个点子,9 岁为 6.97 个点子,11 岁为 7.99 个点子,13 岁为 8.26 个点子。[①]

注意广度除了有同时广度外,还有继时广度,即一个人能把握的在时间上连续出现的刺激物的数量。这是注意广度的另一种形式。塔伯曼(R. E. Tauboman,1950)等人研究了连续闪光刺激和连续声音刺激的注意广度。呈现 1—10 个短促的音或闪光,每次呈现的刺激物数量不等,呈现的频率也不相同,然后要求被试说出看到或听到的数目。结果表明:在一般情况下,刺激物数量越多,呈现速度越快,则判断错误越多,而且越趋向于低估,这种倾向对于视觉刺激更为明显(如表 4-3 所示)。

表 4-3 对连续刺激的注意广度

| 闪 光 | | 声 音 | |
| --- | --- | --- | --- |
| 每秒钟闪光次数 | 注意广度 | 每秒钟发声次数 | 注意广度 |
| 2 | 大于 10 | 8 或 10 | 大约 10 |
| 3 | 大约 6 | 12 | 大约 7 |
| 4 | 大约 4 | 14 | 大约 5 |
| 5 | 大约 4 | 16 | 大约 4 |
| 7 | 大约 3 | | |

注意在时间上的广度也受知觉对象的特点和主体状态的影响。

扩大注意的广度,可以提高学习和工作效率。在学习过程中如果"一目十行"就能够在同样的时间内输入更多的信息。排字工人、打字员、电报员、驾驶员等都需要有较大的注意广度。

## 三、注意的分配

注意的分配是指在同一时间内把注意指向不同的对象。

在一定条件下,注意的分配是可能的。1887 年潘尔哈姆(F. Paulham)发现一边口诵一首熟悉的诗,一边手写另一首熟悉的诗,是可以做到的。教师能一边讲课,一边观察学生听课的情况;有经验的汽车司机能在双手操纵方向盘的同时,注意道路上的行人、车辆、障碍物和灯光信号等。这些都是注意分配的实例。

在听故事的同时进行加法运算是否可能?检查方法是在实验后要求被试复述故事的细节。另外进行控制实验,即单独听故事和单独进行加法运算,并将实验结果与复合活动的实验结果进行比较。一位被试的结果如下:①单一活动时,正确完成加法运算的数目为 52;②复合活动时,正确完成加法运算的数目为 43(相当于单一活动正确完成运算的 83%);③单

---

[①] 陈惠芳,程华山:《4—14 岁儿童注意广度发展的实验研究》,《心理科学》1989 年第 1 期。

图 4-12 复合器

一活动时,正确复述故事项目数目为 31;④复合活动时,正确复述故事项目数目为 10(相当于单一活动正确复述项目数的 32%)。

复合器是一个划分 100°的圆形刻度盘,盘面上有一根转动的指针(如图 4-12 所示)。当指针经过某一刻度时会响起铃声。要求被试在听到铃声的同时,说出指针的刻度数。通常被试不能说出铃响时的准确度数,而是说出铃响之前或铃响之后准确的度数。这表明,被试的注意先指向一个刺激物(铃声或指针的位置),而在稍迟一些时间,才指向另一个刺激物。可见,当不同种类的刺激物同时发生作用并需要两个感官去感受时,要适当分配是相当困难的。

注意分配是有条件的。首先,同时进行的两种活动中必须有一种是熟练的。人们对熟练的活动不需要更多的注意,可以将注意集中在比较生疏的活动上,即同时到达的两个信息可能不会超出脑的加工容量,人能对两者都做出反应。只有这样,注意分配才成为可能。例如,学生上课边听边记,这是因为他们记笔记已经熟练了,只需把注意中心集中在听课上。其次,同时进行的几种活动之间的关系也很重要。如果它们之间毫无联系,同时进行这些活动就很困难;如果它们之间已经形成了某种反应系统,同时进行这些活动就比较容易。例如,自拉(胡琴)自唱(戏),边歌边舞,将拉和唱、歌和舞形成系统,就有利于注意的分配。

我国心理学工作者研究了儿童青少年注意分配能力的发展。研究用"注意分配仪"测试注意分配能力,结果表明,幼儿的注意分配能力很低,幼儿园大班的儿童还不能分配其注意来操作仪器,进入小学阶段,随着有意注意的发展,儿童注意分配能力迅速提高(如表 4-4 所示)。[1]

表 4-4 不同年龄组儿童注意分配能力比较

| 年级 | 平均数 | 超过 0.50 的百分数 |
| --- | --- | --- |
| 小学二年级 | 0.5833 | 72 |
| 小学五年级 | 0.5884 | 88 |
| 初中二年级 | 0.6087 | 88 |
| 高中二年级 | 0.6201 | 92 |

复杂的工作要求人们能进行注意分配。注意分配的能力主要是在实践活动中锻炼出来的。它对于飞行员、驾驶员、科研工作者、教师和乐队指挥等所从事的工作都十分重要。

---

[1] 朱智贤主编:《中国儿童青少年心理发展与教育》,中国卓越出版公司 1990 年版,第 54 页。

## 四、注意的转移

注意的转移是根据新的任务,主动地把注意从一个对象转移到另一个对象或由一种活动转移到另一种活动的现象。例如,第一节课上外语,第二节课上语文,根据新的任务,注意从这一门课转移到另一门课,这就是注意的转移。

注意转移的快慢和难易取决于原来注意的紧张程度和引起注意转移的新对象(新活动)的性质。如果对原来事物注意紧张度高,新的事物或活动不符合人的需要和兴趣,注意转移也就困难和缓慢。反之,注意的转移就比较容易和迅速。例如,在很有兴趣的电影突然停映后,要求被试做一些并不难的算术题,结果有的人错误较多,有的人错误较少。这表明注意的转移与个体神经过程的灵活性有关。影响注意转移快慢和难易的条件有:①原来注意的强度;②新的注意对象的特点;③个体神经过程的灵活性。人的注意转移除存在着个体差异外,还存在着年龄差异。

注意从一个事物转向另一个事物所需的时间,目前还没有统一的看法。有些实验表明,当刺激的呈现速度快于每1.5秒一对数字时,由于注意转移过快,被试难以完成任务。因此认为,注意从一种输入转移到另一种输入,约需1—2秒钟。实验表明,纯音和光点的注意转移时间约为40—60毫秒。

注意的转移和注意的稳定性是彼此紧密联系着的。注意的稳定性是动态的,而不是静态的。前面说过,广义的注意稳定性并不是指注意总是指向同一对象,而是指注意的总方向和总任务不变。在同一活动中,如果没有注意的转移,也就难以保持注意的稳定。

注意的转移和注意的分配是彼此紧密联系着的。每一次注意的转移,都伴随着注意分配的改变。注意一转移,原来注意中心的对象便转移到注意中心之外。而新的对象进入注意中心,整个注意范围的图像便发生变化。因此,每当注意中心的对象转换时,必然出现新的注意分配的情况。

注意的转移和注意的分散是不同的,虽然都是注意对象的变换。注意的转移是在实际需要时,有目的地把注意转向新的对象,使一种活动合理地被另一种活动所代替。注意的分散是在需要注意稳定时,由于受到无关刺激干扰或单调刺激的诱发,注意反而离开了需要注意的对象。

研究表明,注意转移有完全的转移和不完全的转移。注意不完全转移时,人已进行新的工作,但实际上又没有脱离旧的工作,如果根据旧的规则来进行新的工作,这样便会造成错误。

我国心理学工作者研究了中国儿童青少年注意转移的发展。研究发现:中学生的注意转移能力已基本成熟,能够根据目的自觉地转移注意。注意转移速度是注意转移能力的一个重要指标。林镜秋和杨广兴等人的研究表明,注意转移的综合反应时间随年龄增长而缩短(如图4-13所示)。该项研究说明:小学阶段,儿童的综合反应时间缩短得十分迅速,小学五年级和小学二年级之间的差异非常显著。小学至初中阶段发展较为迅速,初中二年级和

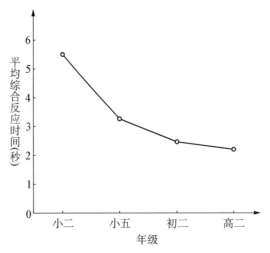

图 4-13 注意转移综合反应时间发展曲线

小学五年级间差异显著。中学阶段则发展较为缓慢。这表明,注意转移速度在小学阶段发展很快,到中学阶段,学生的注意转移速度已接近成熟,故发展较慢。[①]

许多工作都要求个体在短时期内对新刺激发生反应,因此注意的分配和转移特别重要。在日常生活中,注意的转移常被看作注意的分配。其实,严格地说,注意的分配是很不容易做到的,在多数情况下,它不仅仅是注意的迅速转移。但从总体看来,注意的转移常常被人看作注意的分配。例如,飞行员在起飞和降落的 5—6 分钟时间内,注意的转移达 200 多次,如果注意不及时转移,其后果不堪设想。

人的注意特性与先天因素有关,但主要是在后天的生活实践以及教育、训练中发展起来的。注意的特性和人们的学习、工作和生活都有密切关系。对注意特性的测定十分重要。因为有些工作要求人们具有较大的注意广度和注意稳定性;有些工作则要求人们具有高度的注意分配能力;还有些工作要求人们能够主动、及时、迅速地转移注意。对注意特性的研究,不仅具有理论意义,而且具有实践意义。

## 第四节 注意的认知理论

20 世纪初,行为主义和格式塔心理学派兴起,从理论上排除了对注意的研究。行为主义心理学家认为,心理学只应研究刺激和反应之间的联系,而注意是一个表明内部心理活动的概念,在心理学中不应占有地位。格式塔心理学派用神经系统内部固有的"场"的作用,来取代对注意的研究。

然而,随着科学技术的发展,20 世纪五六十年代,注意又重新被重视,关于注意的研究进入到了一个新的发展阶段。英国心理学家布鲁德本特(D. E. Broadbent)的《知觉和通讯》一

---

[①] 朱智贤主编:《中国儿童青少年心理发展与教育》,中国卓越出版公司 1990 年版,第 55 页。

书出版,注意又重新回到西方实验心理学中。

认知心理学家提出了多种注意的理论,主要有以下几种。

## 一、注意的过滤器理论

布鲁德本特在1958年提出了过滤器理论(filter theory),这是描述选择性注意最著名的模型。他认为,人类面临着大量信息,但个体在同一时间内对信息的加工能力是有限的,需要过滤调节,使中枢神经系统不至负担过重。布鲁德本特把注意模拟为类似于"过滤器"的电子装置,这个过滤器相当于一个开关,它按照"全或无"原则工作,接通一个通道,通过一些信息,这些信息便得到进一步的加工处理;其他信息通道则被阻断,信息不能通过。

布鲁德本特进行了记忆的分听研究。在实验时,三个不同的数字一个一个向一只耳朵呈现,而同时另外三个不同的数字向另一只耳朵呈现。结果是:绝大多数被试回忆数字时选择先一只耳朵听到的而后是另一只耳朵听到的,而不是一个接一个的方式。如果向一只耳朵呈现496,而向另一只耳朵呈现852,那么回忆将是496852,而不是489562。[①] 他认为,同时呈现的两个刺激物同时进入一个感觉缓冲器,根据其物理特征,其中的一个输入随之被允许通过一个过滤器,而另一个输入则保留在缓冲器中等待加工。过滤器防止信息超载,这一机制允许对输入刺激进行完全加工,没有被注意的信息因被过滤器拒绝而很少被进一步加工(如图4-14所示)。

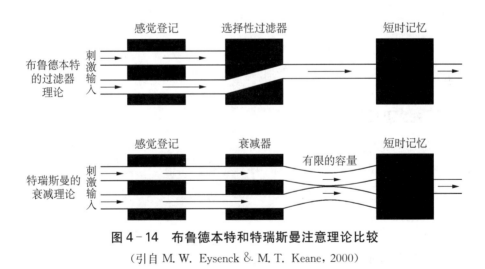

图4-14 布鲁德本特和特瑞斯曼注意理论比较

(引自 M. W. Eysenck & M. T. Keane, 2000)

新异的、强烈的刺激,具有生物学意义的刺激容易通过过滤器而被注意;微弱的、缺乏新异性的刺激则容易被过滤掉。布鲁德本特更重视人的期待作用,即人所期待的信息,容易通过过滤器而被注意。

---

① M·W·艾森克、M·T·基恩著,高定国、何凌南等译:《认知心理学(第五版)》,华东师范大学出版社2009年版,第177页。

## 二、注意的衰减理论

美国心理学家特瑞斯曼（A. M. Treisman）是注意的衰减理论（attenuation theory）的主要代表。1960年她提出衰减模型来修正布鲁德本特的过滤器模型。她认为，过滤器并不是按"全或无"的原则工作的，事实上，没有受到注意而设想被关闭的通道中的信息只是被衰减，并没有完全被阻断。其中重要的信息仍可以通过而得到高级加工，并被反映到意识中。1967年她和格芬（G. Geffen）的实验表明：在双耳听音实验中，被试能觉察出追随耳中的87%的词；而对非追随耳只能觉察出8%的词。特瑞斯曼等人曾要求被试听两个材料（如图4-15所示）：

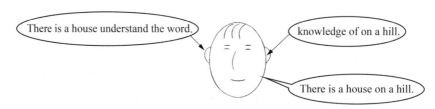

图4-15　特瑞斯曼的双耳分听实验实例

追随耳听：There is a house understand the word.

非追随耳听：Knowledge of on a hill.

大多数被试表示听到的是"There is a house on a hill"，而且他们声称信息来自一个耳朵。

这表明，被试并非只注意追随耳中的信息，也注意非追随耳中的重要信息。

## 三、注意的完全加工理论

完全加工理论又称后期选择理论（或反应选择理论、记忆选择理论）。这种理论认为，对信息的选择发生在模式识别之后。人们能够不受限制或很少受限制地对大量信息进行分析，而人类信息加工受阻于个人不具备记住这种结果的能力。因此，堵塞是一种记忆堵塞，而不是对信息加工的堵塞。

## 四、注意的资源限制和资料限制理论

心理学工作者为了调和衰减理论和完全加工理论的矛盾，提出了资源限制理论和资料限制理论。

注意的资源限制任务是指，注意是一种非常有限的心理资源，所以执行了这项任务，分配给其较多的资源，另一项任务就会受到资源限制。资料限制任务是指任务的执行不是受资源的限制，而是受到资料质量问题的影响。完成此类任务时，如果输入的资料较差，即使再加上一些资源，也不能改善作业成绩。例如，要求被试在有噪音的房间里觉察一种音调，这就是资料限制任务。因为如果给被试以最低限度的资源,要求他觉察该音调,这时便依赖于资料的质量。如果对象与背景很难区分,那么即使增加被试的心理资源也无用。

心理学家用这种学说来解释衰减理论和完全加工理论,解决了彼此之间的矛盾。在衰减理论中由于追随耳使用了大量的资源,非追随耳只能使用少量的资源,受资源限制,因此完成任务的水平是差的。在完全加工理论中,只要求被试对某些听觉信息进行加工(而不是像衰减理论的研究中那样要求被试加工语义信息),即只需要给被试最低限度的资源就已足够,因此在完全加工理论的实验中,只要输入的资料质量尚可,两只耳朵便都能很好地觉察辅音。

## 名词解释

注意  无意注意  有意注意  有意后注意  注意的稳定性  注意的广度  注意的分配  注意的转移

## 思考题

1. 注意的基本特征是什么?注意与心理过程有什么关系?
2. 简述注意的生理机制及其外部表现。
3. 注意分哪几种?影响这几种注意的条件是什么?
4. 分析自己的注意特征,谈谈怎样提高自己的注意力。
5. 述评几种注意的认知理论。

# 第五章 感　　觉

## 第一节　感觉概述

### 一、感觉的含义

感觉是人脑对直接作用于感觉器官的客观事物的个别属性的反映。例如,面前有一只苹果,鼻子闻到了苹果的香味,眼睛看到了苹果的颜色,手触摸到了苹果光滑的果皮,等等。物体的这些个别属性通过感觉器官作用于人脑,在人脑中引起的心理活动就是感觉。

人的认识活动是从感觉开始的,通过感觉,人不仅能够了解客观事物的各种属性,如物体的颜色、声音、气味、软硬等,而且也能知道机体内部的状况和变化,如身体位置与运动状态、干渴、饥饿、疼痛等。感觉是意识和心理活动的重要依据,是人脑与外部世界的直接联系,割断了这种联系,大脑就无法反映客观存在,意识也就无从产生。

感觉反映的是客观事物的个别属性,而不是事物的整体。通过感觉只能知道事物的声、形、色等个别属性,还不能把这些属性整合起来进行整体反映,还不知道事物的意义。对客观事物的整体反映以及对其意义的揭示是比感觉更高级的心理过程,然而一切较高级、较复杂的心理活动都必须在感觉的基础上产生,感觉是人认识客观世界的开端,也是人类一切知识的来源。

### 二、感觉的生理机制与种类

感觉的生理机制主要考察刺激的物理能量是怎样被转换成神经过程和心理活动的。

任何感觉的产生,首先要有作用于感觉器官而产生客观事物的刺激模式,如视网膜像,这是信息的传递者;其次,存在由刺激引起的神经系统和脑内的神经生理活动,即信息加工活动;最后,在大脑神经中枢产生感觉体验。

感觉的产生是分析器活动的结果。分析器是感觉器官、传入神经和大脑皮质感觉中枢所组成的统一形态的机能结构整体。首先,感受器把外界刺激的物理能量转化为神经冲动,故又把它称为"换能器",即将感觉器官接受的各种适宜刺激,转换为生物电能。其次,传入神经把神经冲动传递至大脑皮质,并在复杂的神经网络传递过程中,对传入的信息在不同阶段进行有选择的加工。最后,在大脑皮质的感觉中枢区域,传入的信息被加工为人所体验到的各种不同性质强度的感觉。从信息加工的角度看,感觉主要是大脑皮质感觉中枢对由感觉器官提供的各种信息进行加工的过程和结果。

表5-1是主要感觉的分类及分析器和信息加工的结果。从表中可见,根据感觉的性质可把感觉分为两大类:外部感觉和内部感觉。外部感觉是指接受外部刺激,反映外界事物个别属性的感觉,包括视觉、听觉、嗅觉、味觉和肤觉。肤觉又可细分为温觉、冷觉、触觉、压觉

和痛觉。视觉和听觉属于远距离感觉，嗅觉、味觉和肤觉属于近距离感觉。内部感觉是指接受机体本身的刺激，反映机体的位置、运动和内部器官不同状态的感觉，包括运动觉、平衡觉和机体觉。

表 5-1 主要感觉分类表

| 类别 | 种类 | 适宜刺激 | 感受器 | 传入神经 | 大脑皮质中枢 | 获得的信息 |
| --- | --- | --- | --- | --- | --- | --- |
| 外部感觉 | 视觉 | 可见光波 | 视锥细胞和视杆细胞 | 视觉传入神经 | 枕叶 | 光学结构的变量所能表示的一切事物的信息 |
| | 听觉 | 可听声波 | 毛细胞 | 听觉传入神经 | 颞叶 | 振动物体的性质和位置 |
| | 嗅觉 | 有气味的气体物质 | 嗅细胞 | 嗅觉传入神经 | 边缘系统 | 挥发性物质的性质 |
| | 味觉 | 溶解于水、唾液和脂类的化学物质 | 味觉细胞 | 味觉传入神经 | 中央后回最下部 | 营养的和生化价值的信息 |
| | 肤觉 | 机械性、温度性刺激物 | 迈斯纳氏触觉小体、巴西尼氏环层小体、罗佛尼氏小体、克劳斯氏球 | 肤觉传入神经 | 中央后回 | 与物质的接触，机械的碰撞，物体的形状、温度、材料状态（坚硬或黏滞等） |
| 内部感觉 | 运动觉 | 骨骼肌运动、身体四肢位置状态 | 肌梭、肌腱和关节小体 | 动觉传入神经 | 中央前回 | 身体的空间位置、姿势和运动等信息 |
| | 平衡觉 | 头部运动的速率和方向 | 纤毛上皮细胞 | 前庭传入神经 | 前外雪氏回 | 被引力驱动时的引力方向 |
| | 机体觉 | 机体内部所进行的各种过程 | 内脏器官及组织深处的神经末梢 | 内脏传入神经 | 下丘脑、第二感觉区和边缘系统 | 内脏活动和变化的信息 |

## 三、感觉的意义

感觉是人认识客观世界的开端，也是意识形成和发展的基本成分。通过感觉，人从外界获得信息，这些信息在感觉系统的不同水平上经过加工，与已经存贮的知识经验进行对照、补充，从而产生对外界事物基本属性的反映。

感觉是认识的入口，通过感觉，人才能认识和分辨事物的各种基本属性，只有在感觉所获得的信息基础上，高级的、复杂的心理活动才会产生并得到发展。对于一个正常人来说，没有感觉的生活是不可忍受的。

加拿大麦吉尔大学心理学家贝克斯顿（W. H. Bexton）等人进行的"感觉剥夺"实验是说明感觉重要性的一个例证。"感觉剥夺"实验是把被试置于极少有刺激作用可能产生感觉的实验环境中(如图5-1所示),要求被试待的时间尽量长久。实验结果表明,被试在被剥夺感觉的实验期间出现了病理心理现象,如注意力不能集中、思维不连贯、条理不清、逻辑混乱、反应迟钝、烦躁,甚至还出现了幻觉、神经症等。感觉剥夺实验说明感觉的丧失会严重影响人的认识活动和情绪与意志,造成心理上的紊乱。可见,人们在日常生活中"漫不经心"地接受的刺激以及由此而产生的感觉是多么重要,它既是提供个体生存的重要线索或依据,也为个体把握客观环境、维持身心健康提供了重要保证。

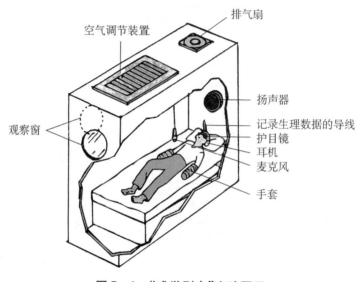

图5-1 "感觉剥夺"实验图示

## 第二节 感 觉 的 测 量

感觉的测量揭示心理量与物理量之间的对应关系,是心理学研究的重要内容之一。

### 一、感受性

心理量与物理量之间的关系是用感受性(sensitivity)的大小来说明的。感受性是指人对刺激的感觉能力。不同的人对刺激的感受性是不同的,同一个人对不同刺激的感受性也不尽相同。人的感觉系统只是对刺激连续体中的一部分发生反应,产生感觉。为了产生感觉,刺激的强度必须达到一定的量,随着刺激强度增大到一定程度,感觉系统的活动状态将发生改变。任何在强度上超过某种限度的刺激作用都会引起疼痛,并破坏感觉系统的正常活动。因此,从最小到最大感觉量的全距确定了人的感受性的范围。感受性是人的感觉机能的基本指标。

感受性用感觉阈限(sensory threshold)的大小来度量,阈限是指界限或临界值。

## 二、感觉阈限

感觉阈限是测量人的感受性大小的指标,是指刚刚能引起感觉或差别感觉的刺激量。感觉阈限分为绝对感觉阈限(absolute sensory threshold)和差别感觉阈限(differential sensory threshold)。

### (一) 绝对感觉阈限

绝对感觉阈限简称绝对阈限,是指刚刚能够引起感觉的最小刺激强度。通过绝对感觉阈限的测量来了解感觉的绝对感受性。

绝对感觉阈限又分为感觉的下绝对阈限和上绝对阈限。例如,用某一极轻微的刺激物刺激被试的皮肤,被试不会有感觉,但是如果逐渐增加这个刺激量就会引起感觉反应。这个刚好能引起感觉的最小刺激量称为感觉的下绝对阈限。如果引起感觉的刺激量继续不断地增加而超过一定限度时,就会引起痛觉。这个能够引起痛觉的最大刺激量称为感觉的上绝对阈限。从下绝对阈限到上绝对阈限之间的距离,就是人的某种感受性的范围。因此,绝对感觉阈限并不是仅以被试的一次判断为根据,而是以被试多次判断中的概率为根据,即有50%的概率能被感觉到的最小刺激量为绝对感觉阈限,这是绝对感觉阈限的操作定义。各种感觉的绝对阈限彼此不同。根据心理学的研究,人类几种重要绝对感觉阈限的近似值如表5-2所示。

表5-2 人类几种重要的绝对感觉阈限

| 感觉种类 | 绝对感觉阈限 |
| --- | --- |
| 视觉 | 晴朗的黑夜中可以见到30英里①外的一支烛光 |
| 听觉 | 安静房间内可以听到20英尺②外的表的嘀嗒声 |
| 味觉 | 尝辨出两加仑③水中加一茶匙糖的甜味 |
| 嗅觉 | 闻到散布于三个房间中洒一滴香水的气味 |
| 触觉 | 感觉从一厘米高处落到脸颊上的蜜蜂的翅膀 |

绝对感觉阈限与绝对感受性在数值上成反比关系。绝对感觉阈限越低,即能引起感觉所需的刺激量越小,绝对感受性就越高,对刺激就越敏感。用字母 E 代表绝对感受性,用 R 代表绝对感觉阈限,两者之间的关系可用公式表示为:

$$E = \frac{1}{R}$$

绝对感觉阈限可因刺激物的性质和有机体的状态不同而有所不同。活动性质、刺激强度、刺激持续时间、个体的自身状态等都会影响绝对感觉阈限。

---

① 1英里约为1.6千米。
② 1英尺约为0.3米。
③ 1加仑约为3.8升。

## (二) 差别感觉阈限

刚刚能引起差别感觉的两个同类性质刺激物之间的最小差异量称为差别感觉阈限,与之相应的感受性称为差别感受性。刺激物引起感觉后,刺激量的变化并不一定都能引起感觉上的变化。例如,100 克的重量,再加上 1 克,人并不会感觉到重量有所增加,但增加 3 克以上时,就能感觉到重量的变化。显然,差别感觉阈限是个体辨别两种同类刺激强度不同时所需要的最小差异值。这一量值又称为最小可觉差(just noticeable difference,简称 JND),对这一最小差异量的感觉能力称为差别感受性。

差别感受性的大小是用差别感觉阈限的大小来度量的,两者成反比关系。差别感觉阈限越小,则差别感受性越大;反之,差别感觉阈限越大,则差别感受性越小。19 世纪德国生理学家韦伯发现,在中等强度的范围内,差别感觉阈限与原刺激量的比值是一个常数,用公式表示为:

$$K = \frac{\Delta I}{I}$$

其中 I 为原刺激量,ΔI 为差别感觉阈限,即最小可觉差。当 I 不同时,ΔI 也不同,但是 ΔI 与 I 的比值却是一个相对固定的常数 K,K 又被称为韦伯分数。上述公式也称韦伯定律(Weber's law),表明了差别感觉阈限与刺激量之间近似为恒定的正比关系。对不同感觉来说,K 值是不同的,即韦伯分数不同(如表 5-3 所示)。

表 5-3 不同感觉的最小韦伯分数(中等强度范围)

| 感 觉 类 别 | 韦伯分数 | 感 觉 类 别 | 韦伯分数 |
| --- | --- | --- | --- |
| 重压(在 400 克时) | 0.013 | 橡皮气味(在 200 嗅单位时) | 0.104 |
| 视觉明度(在 1000 光量子时) | 0.016 | 皮肤压觉(在每平方毫米 5 克重时) | 0.136 |
| 举重(在 300 克时) | 0.019 | 咸味(在每千克 3 克分子量时) | 0.200 |
| 响度(在 1000 赫兹和 100 分贝时) | 0.088 | | |

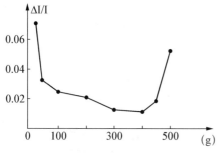

图 5-2 触觉感受性韦伯定律的检验

尽管韦伯定律揭示了引起差别感觉的规律,但它只适用于中等强度的刺激。在刺激过强或过弱时,韦伯定律就不再适用,其 K 值就会发生变化。验证性实验表明,当重量刺激低于 100 克或超过 500 克时,韦伯分数就会发生变化(如图 5-2 所示)。但在不同感觉中,韦伯分数的差别是很大的。因此,韦伯分数成为不同感觉通道辨别能力的指标。

## 三、心理物理定律

心理物理定律用于揭示物理刺激的强度与它所引起的感觉强度之间的关系,它是 19 世纪中叶由德国物理学家费希纳创立的。费希纳认为,主观感觉量不能直接测量,但不同的感觉是可以相互比较的。当刺激量的变化达到一定程度,即达到差别感觉阈限时,就在心理上引起一个最小可觉差,其大小可以由相应的物理刺激量来表示。

## (一) 费希纳定律

费希纳定律又称对数定律或韦伯—费希纳定律,是费希纳在韦伯研究的基础上提出的一个假定:把最小可觉差作为感觉的单位,即每增加一个差别阈限,心理量就增加一个单位。这样,从感觉阈限开始,就可以测量为了向上前进一个最小可觉差所必须增加的刺激量,连续测试下去,就可把全部刺激范围分成若干个差别阈限的单位。费希纳运用积分进行推导,得出下列公式:

$$S = K \lg I$$

公式中 S 为感觉量,K 为常数,I 为刺激量。由此可见,刺激强度的变化和它所引起的感觉变化之间的关系是非线性的,感觉的变化要比刺激强度的增长慢,即感觉量与物理刺激量的对数值成正比。用费希纳的话来描述:当刺激强度按几何级数增加时,感觉强度只按算术级数增加。费希纳定律在许多感觉领域的研究中得到了验证,然而它只适用于中等强度的刺激范围。

## (二) 史蒂文斯幂定律

美国心理学家史蒂文斯(S. S. Stevens)提出心理量并不随刺激量的对数上升而上升,而是按刺激量的乘方函数而变化的,即感觉到的大小与刺激量的乘方成正比,其公式为:

$$P = KI^n$$

P 表示感觉大小,I 表示刺激的物理量,K 为常数,n 表示由感觉到的刺激强度决定的幂指数,这个指数因不同的感觉而异。例如,给被试呈现一个中等强度的标准光刺激,要求被试直接用数值表述自己的主观感觉。如首先呈现一个标准光刺激,并告诉被试其明度为100,然后呈现不同强度的光刺激。如果被试感到某种光看上去只有标准光刺激的一半明度,则定其明度为50;如果被试感到某种光明度看上去是标准光刺激的两倍,则定其明度为200。这样就得到了不同刺激强度与(估计的)感觉大小之间的关系,揭示了心理量按刺激量的乘方函数变化的情况。

史蒂文斯幂定律指出了心理量与物理量关系的两类形式:一是当幂指数 n 小于 1 时,心理量的增长慢于物理量的增长,这与费希纳定律相似;二是当幂指数 n 大于 1 时,心理量的增长快于物理量的增长,这与费希纳的对数定律相反,但却具有实际意义,即人对有害刺激感觉量的增加快于物理刺激量的增长,这具有重要的保护自身及维持生存的意义。

# 第三节 视 觉

视觉是个体通过眼睛辨别外界物体明暗、颜色和形状等特性的感觉,是人类和动物最复杂、最重要的感觉之一,在各种感觉中起主导作用,是人类获得信息的主要通道。

## 一、视觉的适宜刺激

视觉的适宜刺激是光,光是具有一定频率和波长的电磁波,人眼所能接受的光波只占整个电磁波谱中的很小一部分。波长在380—760纳米的范围可以看到的光,称为可见光波,它约占整个光波的1/70,在此波长范围之外的电磁波射线,如红外线、紫外线等,人眼则无法看到(如图5-3所示)。

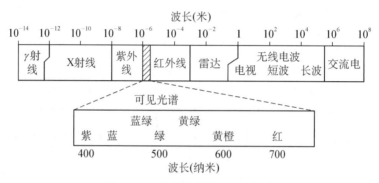

图5-3 电磁辐射与可见光波

在真空中,光速为每秒30万公里,当它通过液体、气体等物质时,速度下降。由于介质的疏密不同,光由一种介质进入另一种介质时就会产生折射。人眼接受的光主要来自光源及其照射在物体上后被反射出来的光。

光源指能够产生光的物体。太阳是最主要的光源,此外,灯、蜡烛等也是光源。通过三棱镜可将太阳光折射成红、橙、黄、绿、青、蓝、紫七色光线。

## 二、视觉的生理机制

### (一) 眼球的构造及其折光系统

视觉的感受器是视网膜上的感光细胞,光线经过一系列聚光器官,折射并聚焦在视网膜上。眼球是这一系列的聚光器官。

眼球形状似球,由眼球壁和眼球内容物构成。眼球壁分三层。外层为巩膜和角膜,光线通过角膜发生折射进入眼内。中层为虹膜、睫状肌和脉络膜等。虹膜中间有一个孔称为瞳孔,随光线的强弱调节大小。内层为视网膜和部分视神经。视网膜上有感光细胞,包括视锥细胞和视杆细胞。在眼底视网膜中央有一小块碟形区域叫中央窝,其间分布密集的视锥细胞,具有敏锐的视觉,如颜色和空间细节辨别力。在离中央窝15°附近,神经节细胞聚集成束,形成视神经而进入大脑,此处称为盲点。

眼球内容物有水晶体、房水和玻璃体,它们都是屈光介质。当注视外物时,由于角膜、虹膜以及这些屈光介质的调节作用,物像才得以投射在视网膜的适当部位上。

## (二) 视网膜的构造和感觉机制

光线透过角膜穿入瞳孔经过水晶体折射,最后聚焦在视网膜上。光线到达视网膜后,首先穿过视神经纤维的节状细胞、双极细胞,再引起感光细胞(视锥细胞和视杆细胞)的变化,然后它们通过光化学反应,影响双极细胞和节状细胞,从而使视神经纤维的冲动传入视觉中枢。

视网膜上的视锥细胞和视杆细胞在数目、功能、形态和分布上都有不同。视杆细胞较视锥细胞多。视锥细胞为粗短锥形,视杆细胞为细长杆形。视锥细胞多分布于视网膜中央窝,在视网膜边缘很少。视网膜中央窝处无视杆细胞,离开中央窝,视杆细胞数目急剧增加。在功能上,视杆细胞为暗视觉感受器,主要感受物体的明暗,在暗视环境中起作用。视锥细胞是明视觉感受器,主要感受物体的细节和颜色,在明视环境中起作用。

当光线作用于视觉感受器时,视锥细胞和视杆细胞中化学物质的分子结构发生变化,即感光物质——视紫红质的分解和合成。这就是视觉感受器的换能作用,视觉器官借助于换能作用将光能转换成视神经的神经冲动。视紫红质由维生素 A、视黄醛和视蛋白结合而成,当视紫红质感光后分解为视黄醛和视蛋白,在暗处视紫红质又重新合成。分解和合成时所释放的能量,激起感光细胞发放视神经冲动,从而引起相应的视觉。

## (三) 视觉的传导机制

由于视锥细胞和视杆细胞中某些化学物质分子结构的变化而释放的能量,激起感光细胞发放了神经冲动,光能便转换为神经信号,这种信号经由三级神经元传递至大脑的视觉中枢而产生视觉。

按光线传入的方向,它们依次是视网膜神经节细胞层、双极细胞层和感光细胞层(如图 5-4 所示)。

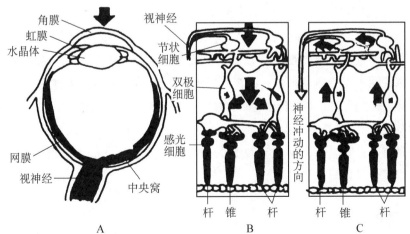

A. 眼球:黑箭头表示光进入方向
B. 光在网膜内传导方向(以黑箭头表示)
C. 神经冲动在网膜内传导方向(以黑箭头表示)

**图 5-4 视觉器官**

当光透过神经节细胞、双极细胞到达感光细胞后,引起感光细胞中视紫红质和视紫质的变化而引起光化学反应,将光能转化为化学能;光化学反应引起神经细胞的兴奋,化学能转化为神经电能,产生神经电脉冲,经双极细胞到达视神经节细胞,并沿着视神经节细胞组成的视神经,离开眼睛上行传入大脑枕叶视觉中枢。

两眼各自的视神经离开眼睛后分为两支。来自眼睛鼻内侧的部分交叉到脑的另一侧,形成视交叉,然后仍形成两条分离的上行通道。另一部分上行神经进入丘脑的外侧膝状体,然后形成视放射投射到大脑皮质两侧的枕叶区,在视觉中枢区域对来自两眼的信号进行加工,从而产生视觉(如图 5-5 所示)。

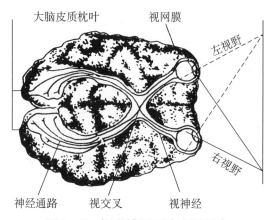

图 5-5 视觉神经通路交叉示意

### (四) 视觉的中枢机制

自 20 世纪 60 年代以来,休伯(D. H. Hubel)和威塞尔(T. N. Wiesel)关于感受野的研究,对视觉中枢机制的了解产生了巨大影响。

休伯等人通过实验研究指出,视网膜上一定区域的感光细胞转换的神经能量能激活与这个区域有联系的视觉系统各层神经细胞的活动,也就是处于某一层次的神经细胞只接受来自一定区域的感光细胞传递的信息。视网膜上的这个感光细胞区域称为相应神经细胞的感受野。这样,视网膜上的某些细胞就成为视觉中枢某些神经细胞的感受野,不同的感受野感受不同的刺激,如感受线条、面积、角度、运动、方向等。休伯认为人的视觉中枢存在着能对视网膜上具有某种特性的刺激进行反映的高级神经元——特征觉察器,这样人类得以对环境刺激和视觉信息做出选择性反映。

## 三、视觉现象

光有三种物理特性:波长、振幅及纯度。波长决定了光的色调,不同波长的光有不同的颜色。振幅表示光的强度,它所引起的视觉心理量是明度。纯度表示光波成分的复杂程度,它引起的视觉心理量是饱和度。由于光的这些物理特性,从而产生了一系列视觉现象。

## (一) 视觉的绝对感觉阈限与差别感觉阈限

### 1. 明度的绝对感觉阈限与差别感觉阈限

在正常情况下,人眼对光的强度具有极高的感受性,感觉阈限很低。据测定,人眼能对 7—8 个光量子产生反应,甚至在某些情况下对 2 个光量子就能产生反应。在大气完全透明,能见度很好的条件下,人眼能感知 1 千里远处 1/4 烛光的光源,人眼对光的感受范围如表 5-4 所示,分为暗视觉、中间视觉和明视觉。超过 $10^7$ 烛光/平方米的光强,对人眼具有破坏作用。

表 5-4 人眼的光照范围(单位:烛光/平方米)

| | |
|---|---|
| 正午太阳表面 | $10^{10}$ $10^9$ $10^8$ }对人眼有破坏作用 |
| 钨丝灯丝 | $10^7$ |
| | $10^6$ |
| | $10^5$ |
| 日光下的白纸 | $10^4$ }明视觉 |
| | $10^3$ |
| | $10^2$ |
| 舒适的阅读 | $10^1$ |
| | $10^0$ 中间视觉 |
| 月光下的白纸 | $10^{-1}$ |
| | $10^{-2}$ |
| 星光下的白纸 | $10^{-3}$ }暗视觉 |
| | $10^{-4}$ |
| | $10^{-5}$ |
| 绝对阈限 | $10^{-6}$ |

明度的绝对感觉阈限与差别感觉阈限的大小,与光刺激作用在视网膜的部位有关。视杆细胞多分布在距中央窝 16°—20°处,根据视杆细胞的特性,此处明度的绝对感觉阈限值低;反之,视锥细胞聚集在中央窝部位,对光强的差别感受性较高。明度的感受性与光刺激作用的时间、面积以及个体的年龄、营养情况等因素有关。

### 2. 波长的绝对感觉阈限与差别感觉阈限

在可见光谱范围内,人对不同波长光的感受性是不同的。在明视觉条件下,人眼对 550 纳米波长的光(黄绿色)感受性最高。但在暗视觉条件下,人眼对 511 纳米波长的光(蓝绿色)感受性最高。也就是说,当强度相同时,最敏感的光波波长向短波方向移动,视网膜的这种光谱敏感性的变化称为光谱亮度曲线位移。由于这个现象由捷克物理学家浦肯野(J. Purkinje)于 1824 年发现,因此又称为"浦肯野现象"(如图 5-6 所示)。该现象表明在光亮度

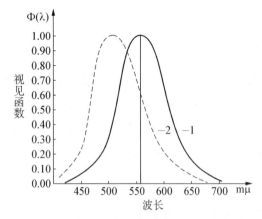
图5-6 视见函数：1.明视觉 2.暗视觉

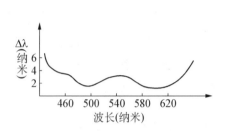
图5-7 眼睛辨别不同色调的曲线

降低情况下，视觉由视锥细胞的明视觉向视杆细胞的暗视觉转移。

在可见光波的不同区域，人眼对不同色调的光波，辨别能力不同（如图5-7所示）。

## （二）视觉适应

感觉适应是指感受器在刺激持续作用下感受性的变化。适应既可引起感受性的提高，也可使感受性降低。"入芝兰之室，久而不闻其香"是对适应的一种描述。视觉适应最常见的有明适应和暗适应。

明适应又称光适应。由暗处到亮处，特别是在强光下，最初瞬间感到光线刺眼，几乎看不清外界物体，几秒钟之后才逐渐看清物体。这种对光的感受性下降的现象称为明适应。明适应的时间很短，最初约30秒内，感受性急剧下降，被称为α适应，之后感受性下降逐渐缓慢，被称为β适应，大约在1分钟左右明适应才全部完成。眼睛在明适应时，一方面瞳孔相应缩小以减少落在视网膜上的光量，另一方面，由暗适应时视杆细胞的功能转到视锥细胞发挥作用。

从亮处到暗处，人眼开始看不见周围事物，经过一段时间后才逐渐区分出物体，人眼的这种感受性逐渐增高的过程叫暗适应。暗适应所需时间较长，感受性的变化也较大。暗适应主要是视杆细胞的功能，但在暗视觉中视锥细胞和视杆细胞起作用的阶段不同。在暗适应中，中央视觉转变成边缘视觉。由实验可得到暗适应曲线（如图5-8所示）。由图可以看出，在暗适应的最初5—7分钟里，感受性提高很快（即绝对感觉阈限相应降低），之后出现杆锥裂，但感受性仍上升，只是方向发生了变化。在实验中，如果将只使视锥细胞活动的红光投射在视网膜上，使得只有视

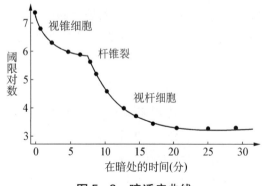
图5-8 暗适应曲线

锥细胞参与暗适应过程，会发现杆锥裂消失。可见，暗适应的开始阶段是视锥细胞与视杆细胞共同参与的，之后只有视杆细胞起作用。

暗适应包括两个基本过程：瞳孔大小的变化及视网膜感光化学物质的变化。从光亮到黑暗的过程中，瞳孔直径可由2毫米扩大到8毫米，使进入眼球的光线增加10—20倍，但这个适应范围是很有限的，瞳孔的变化并不是暗适应的主要机制。暗适应的主要机制是视网膜的感光物质——视紫红质的恢复。人眼接受光刺激后，视锥细胞和视杆细胞内的光化学物质产生漂白过程，即视黄醛完全脱离视蛋白。当光线停止作用后，视黄醛与视蛋白重新结合，产生还原过程。由于漂白过程而产生明适应，还原过程使感受性升高而产生暗适应，因此，视觉的暗适应程度是与视紫红质的合成程度相应的。

视觉适应具有特殊意义。在工程心理学中，视觉适应现象具有现实意义，如改善工作环境的照明条件以提高工作效率等。

## （三）颜色视觉

颜色是光波作用于人眼所引起的视觉经验。光波的振幅、波长和纯度三种属性，分别决定了人的视觉的明度、色调和饱和度。

明度是指光刺激的强度作用于人眼所产生的视觉效果。彩色物体表面的光反射率愈高，明度就愈大。例如，同样是700纳米的红光，强度大的就要比强度小的看上去明亮；同样是反射510纳米的绿色纸，皱纹纸就不如蜡光纸看上去明亮。

色调是区别不同色彩的特性，由光波的波长决定，不同波长的光波作用于眼睛产生不同的色觉。在可见光中，波长由长到短分别对应的是红、橙、黄、绿、蓝、紫等色调。

饱和度是指颜色的纯度，光谱上的各单色光的饱和度最大，其掺入的白色愈多，就愈不饱和。人眼通常见到的光都是混合光，其饱和度由混合光中占优势的那种光线的比例决定。

由白经灰至黑的系列是无彩色，它们没有色调和饱和度，只有明度属性，称为黑白系列。明度、色调、饱和度三者之间的关系可用三维空间纺锤体来说明（如图5-9所示）。

在日常生活中，人们所看到的大多数色光都是由不同波长的光线在视觉系统中混合而得到的。人眼对色光混合而产生的色觉有以下三个定律。

### 1. 互补律

每一种色光都有另一种与它相混合而产生白色或灰色的色光，这两种色光称为互补色。例如蓝色光和黄色光、绿色光和紫色光、红色光和青色光混合都能产生白色，因此它们都互为互补色。

图5-9 颜色立体

### 2. 间色律

混合两种非互补色光，能产生一种新的介于两者之间的中间色光。例如，红光与绿光混合，根据混合的比例不同，可以得到介于它们之间的橙、黄、黄橙等各种颜色光。取光谱上的红、绿、蓝三原色，按一定的比例混合可以产生各种色光（如表5-5所示）。

表5-5 光谱颜色波长和范围

| 色调 | 波长（纳米） | 范围（纳米） |
| --- | --- | --- |
| 红 | 700 | 640—780 |
| 橙 | 620 | 600—640 |
| 黄 | 580 | 550—600 |
| 绿 | 510 | 480—550 |
| 蓝 | 470 | 450—480 |
| 紫 | 420 | 380—450 |

### 3. 代替律

不同色光混合后产生的感觉上相似的颜色可以互相代替，而不受原来被混合色光所具有的光谱成分的影响。假如：色光A＝色光B，色光C＝色光D，则A＋C＝B＋D；又如A＋B＝C，假设X＋Y＝B，则A＋(X＋Y)＝C。这就是代替律，现代色度学就是以它为基础而建立的。

色光混合的定律可以用颜色三角表示（如图5-10所示）。

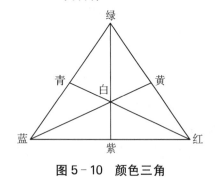

图5-10 颜色三角

其方程为：$(C) \equiv R(R) + G(G) + B(B)$。

公式表示，为了匹配某一特定颜色(C)所需的三原色数量（三刺激值），分别以R(红)、G(绿)、B(蓝)标示。

色光混合不同于颜料混合，两种混合的性质是不一样的。前者是一种加色法，后者是一种减色法。前者混合后明度增加，后者混合后则明度减弱。减色法的三原色是黄、品红、青。

### （四）色觉理论

解释色觉的理论很多，其中杨—赫尔姆霍茨的三色说和黑林的四色说影响最大。

#### 1. 杨—赫尔姆霍茨三色说

英国物理学家杨(T. Young)于1807年左右首先提出三原色假设，1860年由赫尔姆霍茨在其基础上发展的三色说被后人合称为杨—赫三色说。

三色说假设在视网膜上存在着三种不同的光感受器，它们分别含有对红、绿、蓝波长敏感的视色素。每种感受器只对光谱上的特定波长最敏感，红色感受器对长波最敏感，绿色感受器对中波最敏感,蓝色感受器对短波最敏感。当某种光刺激作用于光感受器时,它所引起的兴奋程度不同,从而产生相应的色光感觉。各种色光感觉就是各感受器相应的有比例活动的结果,如红色感受器的兴奋活动占优势,则产生红色感觉等。

采用显微分光光度法及单细胞电生理学等方法,可以证明人的视网膜上确实存在着三种感光的视锥细胞,每种视锥细胞的色素在光照射下吸收某些波长而反射其他波长的光,这是对三色说的有力支持。另外,三色说可以较好地解释色光混合现象与负后像,但无法解释色盲现象。根据三色说理论,只有红、绿视锥细胞同时兴奋时才能产生黄色感觉,所以红—绿色盲者不应具有黄色感觉。但实际上,红—绿色盲者却具有黄色的感觉经验。

**2. 黑林四色说**

四色说又称拮抗说,由德国生理学家黑林(E. Hering)于1874年提出。他假设视网膜上存在着三对感光视素,即黑—白视素、红—绿视素、黄—蓝视素。在光刺激下每对视素产生分解或合成的过程。光刺激时,黑—白视素分解,产生白色经验;无光刺激时,黑—白视素合成,产生黑色经验。同样,红光刺激时,红—绿视素分解,产生红色经验;绿光刺激时,红—绿视素合成,产生绿色经验。在黄光刺激时,黄—蓝视素分解,产生黄色经验;蓝光刺激时,黄—蓝视素合成,产生蓝色经验。

现代神经生理学研究发现,视网膜中存在着三种视锥细胞,它们分别对红、绿、蓝三色光敏感。另外,在视觉传导通路上也发现对黑—白、红—绿、黄—蓝三类反应起拮抗作用的感光细胞。四色说可以较好地解释色盲以及正负后像,但却无法解释三原色混合可以获得光谱上众多相似颜色视觉的现象。

## (五) 色觉缺失

色觉缺失包括色弱和色盲,据统计,8%的男性和0.5%的女性有某种程度的色盲或色弱。色弱是指对光谱中的红色和绿色区域的颜色感受性很低。色盲是指丧失对颜色的辨别能力。

色盲有部分色盲和全色盲之分。常见的部分色盲是红—绿色盲,红—绿色盲对红光和绿光反应不敏感,不能区分红光与绿光。黄—蓝色盲则较少见,他们只有红、绿感觉,而没有黄、蓝颜色感觉。全色盲指丧失了对整个可见光谱上各种光的颜色视觉,即各种颜色均被视为灰白,无彩色系列。全色盲主要是视网膜上缺少视锥细胞或视锥细胞功能丧失所致的,极罕见。

色盲常为先天的,也有后天的。先天色盲与遗传因子有关,一般是隔代遗传,目前尚无法医治。后天色盲往往由各种原因造成,如视网膜疾病、视神经障碍、药物中毒以及维生素缺乏等。

## (六) 视敏度

视敏度是指人的视觉器官分辨物体细节的能力。一个人能辨认物体细节的尺寸越小,视敏度越高;反之,视敏度就越低。在医学上把视敏度称为视力。

视敏度由物体的视角决定,它等于视觉所能分辨的以角度(分)为单位的视角的倒数。视角是指物体最边沿两点与眼睛的角膜所形成的夹角。按照透视原理,细小的或远处的物体构成的视角小;反之,则视角大。公式如下:

$$\alpha = \frac{A}{D} \times 57.3°$$

α 为视角,A 为物体高度,D 为物体离眼睛的距离。在一定空间范围内,眼睛能分辨物体的视角越小,视觉的敏锐度就越高。

在临床医学上是以视标(E 型或 C 型)来确定视力的。让受测者在 5 米远标准距离处分辨一个在 5 米时形成 1 分视角的视标开口,则其视力为 1.0,并将其定为正常视力的标准。如果视力低于 0.6 则不允许开车(我国标准),视力低于 0.05 者被诊断为盲人。

影响视敏度的因素很多,如视网膜受刺激的部位、背景照明的强度、物体与背景之间的对比度等都会影响视敏度。

## (七) 闪光融合

当有光刺激时,视网膜需要一定时间把光能量转换为神经反应,在光消失时,视网膜的反应并不立即停止。也就是说,视网膜上的反应,在时间上有一定的迟滞,从而产生视觉后像。后像所保留的时间约为 0.1 秒。假如有多次闪光刺激,并且间隔时间足够短,也就是说单位时间内闪光的次数增加到一定程度,人眼则不再将其分辨为单个闪光,而将其感觉为一个稳定的连续光,这种现象叫作闪光融合(flicker fusion),刚好产生闪光融合时的闪光频率叫作临界闪光融合频率(critical flicker frequency,简称 CFF)。一个人能看到的闪光频率越高,其视觉分辨能力就越强。临界闪光融合频率受被试的年龄、练习、注意程度以及闪光波形、波长、所刺激的视网膜部位、视觉适应等多种因素的影响,它可以作为了解人的生理和心理机能状态的手段。

## (八) 视觉后像

视觉后像是指刺激停止作用于视觉感受器后,感觉并不立即消失而保留片刻的现象。但这种暂存的后像在性质上与原刺激并不总是相同的。与原刺激性质相同的后像称为正后像,例如注视打开的电灯几分钟后闭上眼睛,眼前会出现一片黑背景,黑背景中还有一电灯形状的光亮形状,这就是正后像。与原刺激性质相反的后像称为负后像。在前面的例子中,看到正后像后眼睛不睁开,再过一会儿发现暗背景上的光亮形状变成黑色形状,这就是负后像。

颜色视觉中也存在着后像现象,一般均为负后像。在色调上与原颜色互补,例如,眼睛注视一个红色光几分钟后,把视线移向一白色背景时,会见到一蓝绿色光出现在白色背景上,这就产生了颜色视觉的负后像。

## (九) 视觉对比

视觉对比是指由光刺激在空间上的不同分布引起的视觉经验,它可以分为明暗对比和颜色对比。

明暗对比的结果是明度感觉的变化,例如,同样两个灰色正方形,一个放在白色背景上,一个放在黑色背景上,结果在白色背景上的正方形看起来比黑色背景上的正方形暗得多。

颜色对比是指在视野中相邻区域不同颜色相互影响而发生色调变化的现象。颜色对比的结果是引起颜色感觉的变化,使颜色向其背景颜色的补色变化。例如,两块绿色纸片,一块放在蓝色背景上,一块放在黄色背景上,由于黄和蓝是互补色,因此在黄色背景上的略显蓝,在蓝色背景上的略显黄。

视觉对比对人类的生存和发展有着重要意义,由于视觉对比的存在,人类能分辨出物体的轮廓和细节,识别物体的形状和颜色。

# 第四节 听 觉

听觉是人通过听觉器官对声音刺激的反映,是仅次于视觉的重要感觉。

## 一、听觉的适宜刺激

听觉的适宜刺激是一定频率范围的声波,它产生于物体的振动。物体振动时能量通过媒质传递到耳,从而产生听觉。声波在不同媒质(空气、水或其他媒质)中传递的速度不同。当声波的振动频率为 16—20000 赫兹时,便引起听觉,通常把这段频率范围称为可听声谱。声波的频率以每秒振动次数即赫兹表示,低于 16 赫兹的声波(次声波)或高于 20000 赫兹的声波(超声波)人耳都听不到,频率为 1000—4000 赫兹的声波人耳最为敏感。

声波有三种物理属性:频率、振幅和波形。它们分别引起听觉的三种心理感受,即音调、音响和音色。声波的频率是指在单位时间里周期性振动的次数,它决定音调听觉属性。声波的振幅是指物体振动的强度,它决定音响听觉属性。声波的波形是否由单一频率周期振动的正弦波构成,决定着音色听觉的属性。一般把声音分为纯音和复合音。纯音是单一的正弦波,是最简单的声波。复合音是由若干正弦波合成的复合声波。复合音中各纯音的频率和振幅成整数比,而该复合音的波形仍呈周期性,称为乐音。若该复合音的振动无周期性规律,则称为噪音。在听觉上,乐音感觉和谐,噪音则有损于人的健康。

## 二、听觉的生理机制

耳是人的听觉器官,它在把外界复杂的声音信号转变成内在神经信息的编码过程中起着重要作用。

耳由外耳、中耳和内耳三部分组成(如图 5-11 所示)。外耳包括耳廓和外耳道,声音刺

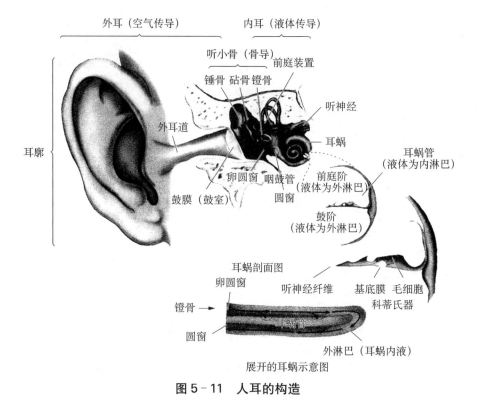

图 5-11 人耳的构造

(引自 Dennis Coon, 2003)

激经耳廓搜集,由外耳道经空气传至中耳的鼓膜。中耳将声音的振动传送到内耳,内耳的听觉感受器将振动的机械能转化为生物电能。

中耳包括鼓膜、听小骨系统和卵圆窗。声波从外耳道传至鼓膜引起鼓膜振动。鼓膜与锤骨、砧骨和镫骨组成的听小骨系统相连,它们将声波传到卵圆窗。由于鼓膜的面积比卵圆窗大 20 倍,振动传到卵圆窗时,声压提高了 20—30 倍。我们将这条声波传导途径称为生理传导。另外还有空气传导和骨传导。空气传导是鼓膜振动引起中耳室内的空气振动,再经卵圆窗传至内耳。骨传导是振动产生的声波由颅骨传入内耳。

内耳由前庭器官和耳蜗构成。耳蜗又分三部分:鼓阶、中阶和前庭阶。基底膜在鼓阶和中阶之间,它在卵圆窗的一端最窄,在蜗顶一端最宽。基底膜上分布大量听觉感受器——科蒂氏器,它由支持细胞和毛细胞组成。听觉的机制是,基底膜的运动刺激了毛细胞而产生动作电位,引起神经冲动,再由传入神经传导至大脑皮质颞叶的听觉中枢而产生听觉。

## 三、听觉现象

### (一) 听觉的属性

#### 1. 音调

音调是由声波频率决定的听觉属性。频率高,声音听起来尖;频率低,声音听起来低沉。

但除频率之外,声音强度即振动的振幅大小也影响音调。此外,年龄对音调的感受性也有较大影响。一般来说,随着年龄的增加听感受性降低。对不同频率的声音,人的差别感受性不同,一般来说频率越低,差别感受性越高。例如,40分贝1000赫兹的声音,差别感觉阈限为0.3%,即人耳能分辨1000赫兹与1003赫兹两种音调的差别,这是音调的差别感觉阈限。

2. 音响

音响是由声波振动的幅度(强度)引起的听觉属性。声波振动的幅度大,声音听起来就响;振动的幅度小,声音听起来就弱。人耳能接受相当大范围的音强差,既能听到手表秒钟的嘀嗒声,也能承受飞机掠过头顶的轰鸣声,两者之间的强度相差悬殊。除声波的振幅影响音响外,频率对音响也有作用。音响的感受范围是0—130分贝。130分贝以上的声音引起的不再是听觉而是痛觉。听觉对声波振幅的感受性如图5-12所示。从图中可见,刚能听到的1000赫兹的声波的最小声音强度为0分贝,记为"0分贝"(1分贝为1/10贝尔(B),贝尔为声压单位)。换句话说,0分贝以1000赫兹声音的绝对阈限为基准,即1000赫兹声音的绝对阈限为0分贝。当声压超过130分贝时,引起的是痛觉而不是正常的听觉。

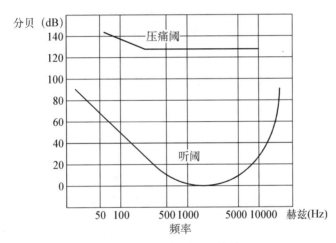

图 5-12　听觉阈限曲线

3. 音色

音色是反映声波混合的听觉属性。可以根据音色把具有相同音调和音响的声音区分开来。例如,不同乐器演奏同一音符,人们仍然能把它们区分开来,其原因在于它们的音色不同。音色取决于声能在不同频率上的分配模式。当不同声音混合在一起时,人们仍然可以听出组成该混合声的各种声音的音色,而不会产生一种新的合成音色,除非它们的基频是相同的。因此,在有其他声音存在时,对声音音色的鉴别,与在复合声中一组谐波的共同特性有关。

## (二) 声音的混合与掩蔽

1. 共鸣

由声波作用引起的共振现象叫共鸣。产生共鸣物体的振动叫受迫振动。产生共鸣的条件是振动物体的振动频率与邻近物体的固有频率相同,这时才会产生共鸣。例如,将两个频率相同的音叉邻近而置,敲击其中一个,另一个也会振动发音。

### 2. 强化与干涉

当两个声波振动频率相同而相位相反时,它们的相互作用使得合成声波振幅减小,音响减弱。当两个声波振动频率相同而相位也相同时,它们的相互作用使人感觉音响增强了。如果两个频率相近的声波相互作用,其结果是交替地发生强化与干涉,合成声波的振幅产生周期性的变化,人将听到一种有起伏的音响。

### 3. 差音与和音

当振幅大致相同、频率相差30赫兹以上的两个声波相互作用时,可以听到差音与和音,也可以听到拍音。差音是两个声波频率之差的音调,和音是两个声波频率之和的音调。辨别差音与和音需经过一定的训练。

### 4. 声音的掩蔽

两个声音相混合同时到达耳朵,人们对一个声音的感受性会因另一个声音的存在而降低的现象叫声音的掩蔽。起干扰作用的声音叫掩蔽音,想要听到的声音叫被掩蔽音。声音的掩蔽分三类:一是纯音对纯音的掩蔽。掩蔽音强度高,掩蔽效果好;掩蔽音频率与被掩蔽音频率接近时,掩蔽效果好。二是噪音对纯音的掩蔽。噪音强度高时,掩蔽效果好;噪音强度低时,掩蔽效果下降。三是噪音和纯音对语言音的掩蔽。噪音的掩蔽效果比纯音好,噪音强度愈大掩蔽效果愈好。

## 四、听觉理论

声波是听觉器官的适宜刺激,但关于声波如何产生听觉,人耳怎样分辨不同频率的声音等,学者们提出了不同学说,其中影响较大的理论有以下几种。

### (一)频率理论

以物理学家卢瑟福(W. Rutherford)为代表的频率理论认为,内耳基底膜的工作原理与电话的机制相类似。当有刺激作用时,整个基底膜产生振动,所有的毛细胞对声音都有反应,将机械振动转换为相应频率、振幅与相位的神经电位活动。声波频率决定神经冲动的频率并形成音调感觉。兴奋的毛细胞数量多少决定音响的大小,振动的不同形式决定音色。

### (二)行波理论

生理学家贝凯西(G. Von. Békèsy)于20世纪40年代提出行波理论。他认为声波传到耳,引起了整个基底膜的振动,振动从耳蜗底端向顶端移动。基底膜上各部位的振幅并不相同。频率越高,最大振幅部位越接近蜗底;频率越低,最大振幅部位越接近蜗顶。最大振幅所在的位置决定了音高。贝凯西曾在一系列实验中观察到与上述假设相似的现象。但用损毁法实验,部分地切断动物不同部位的听神经,并没有发现听觉缺失。另外,行波理论无法解释 500 赫兹以下的声音对基底膜的影响,因为 500 赫兹以下的声音在基底膜的各个部位上均引起了相同的反应。

## (三) 共鸣理论

赫尔姆霍茨提出共鸣理论,指出耳蜗是一排在空间上对不同频率调谐的分析器,在基底膜上每一根长短不同的纤维都与不同的频率相调谐。他认为基底膜的纤维在感受声波振动时,由于其长短不同,蜗底端较窄,蜗顶端较宽,对不同频率的声音产生共鸣。对高频率声音,短纤维与之发生共鸣做出反应;对低频率声音,长纤维与之发生共鸣做出反应。基底膜上有 24000 条纤维,分别对应不同频率的声音。但是,以后的科学研究发现,基底膜是由相互交织在一起的纤维组成的,因此每一根横纤维作为一种共鸣器对不同的频率单独发生反应看来是不可能的。

## (四) 神经齐射理论

20 世纪 40 年代末,韦弗尔(E. G. Wever)提出了神经齐射理论。他认为对于低频率的声音,即 400 赫兹以下的声音,单个听神经纤维可以发放相应频率的神经冲动;对于 400 赫兹以上的声音,单个神经纤维就无法反应,于是听神经内具有不同兴奋时的许多神经纤维协同活动,以轮班或接力的形式联合齐射,对高频声音做出反应。但当声波频率超过 5000 赫兹时,听神经就不再产生同步放电。因此,神经齐射理论只能解释 5000 赫兹以下声音的听觉。

# 第五节 其他感觉

人的感觉除视觉、听觉之外,还有皮肤感觉、嗅觉、味觉以及有机体的内部感觉。人们通过这些感觉,不断获得有机体内外环境的信息,以适应环境。

## 一、皮肤感觉

刺激物作用于皮肤引起的感觉叫皮肤感觉,简称肤觉。它包括触压觉、温度觉和痛觉。肤觉感受器在皮肤上呈点状分布。

### (一) 触压觉

触压觉即触觉和压觉。刺激物接触到皮肤表面时的感觉为触觉。当刺激加强,使皮肤引起明显形变,就引起压觉。

触觉感受器分布于真皮之中,是迈斯纳触觉小体和巴西尼氏环层小体。触觉传导通路由三级神经元组成:触觉感受器发出的神经纤维进入脊髓后柱的薄束和楔状束;由薄束和楔状束再发出纤维到丘脑腹侧核;再由丘脑腹侧核发出纤维至大脑皮质中央后回。

身体不同部位的触压觉感受性相差很大。一般以活动性高的部位感受性高。额头、眼皮、舌尖、指尖等的感受性高,躯干、胸腹等感受性低。触压觉的适应相当迅速。

## （二）温度觉

图 5-13　热觉刺激器

温度觉包括冷觉与温觉。低于皮肤温度，即生理零度的温度刺激作用于皮肤就会产生冷觉，高于生理零度的温度刺激作用于皮肤就会产生温觉。与生理零度相同的温度刺激皮肤不产生温度觉。

温度感受器包括罗佛尼氏小体（温感受器）和克劳斯氏球（冷感受器）。它们在受机体内部热量作用时，也同时受到环境温度的刺激。有一个很有趣的现象，温和冷的刺激同时作用时会引起热的感觉。实验如图 5-13 所示。

身体的不同部位温度觉的感受性不同。如用热水洗脸时，手试水温觉得合适，但洗到脸上时却觉得烫。一般面部皮肤感受性高，下肢皮肤感受性低。

## （三）痛觉

痛觉有不同于其他感觉的特点，不论机械的、化学的、电的刺激，只要达到一定的强度，都能产生痛觉。痛觉没有一定的适宜刺激，由此才能对有机体起保护作用。

身体上的各个部位痛觉感受性各不相同，背部和面颊感受性最高，手部感受性较低。痛觉常常不能精确定位，也不容易产生适应。

关于痛觉的产生机制，较有影响的是痛觉的阀门理论。痛觉阀门理论由罗纳德·梅扎克（Ronald Mezack）和帕瑞克·沃尔（Patrick Wall）于 1965 年提出。据此理论，小的感觉纤维传递痛觉，并能使处在脊髓中的 T 细胞兴奋。T 细胞传递的神经冲动在大脑皮质被感觉为痛。而大的感觉纤维抑制 T 细胞的活动。当小纤维的冲动弱而大纤维的冲动强时，则 T 细胞被抑制。反之，当小纤维的冲动强时，T 细胞则被兴奋，冲动则可通过 T 细胞传向中枢，从而产生痛觉（如图 5-14 所示）。

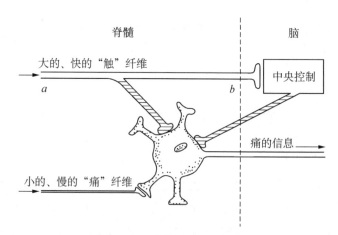

图 5-14　痛觉阀门理论图示

## 二、嗅觉和味觉

### (一) 嗅觉

嗅觉是由挥发性物质的分子作用于嗅觉器官的感受细胞而引起的一种感觉。作为嗅觉感受器的嗅细胞位于鼻腔上部两侧的黏膜中。

嗅觉的感受性很高,但对不同刺激物嗅觉的感受性不同,环境条件如空气的清洁度、湿度以及机体健康状况(如感冒)都对嗅觉感受性有较大影响。嗅觉的适应很快。

几种气味同时出现,产生气味的混合,会产生几种不同的情况,或产生新的气味,或两种气味交替出现,或一种气味掩蔽另一种气味,或两种气味同时出现。

关于嗅觉的产生机制,有人提出嗅觉的立体化学说,认为气味主要有七种:樟脑气味、麝香气味、花香气味、胡椒气味、腐烂气味、醚样气味和烟气味。这些不同气味的分子的立体形状不同,分别感受这些不同气味分子的嗅觉细胞有相应的立体形状的槽模,从而能够一一对应,激发出相应的神经冲动。

### (二) 味觉

味觉是指可溶性物质作用于味蕾产生的味道感觉。味觉的适宜刺激是能溶于水的化学物质。其感受器是分布在舌表面、咽喉黏膜以及软腭等处的味蕾。味觉常常和其他感觉相混合,如嗅觉和味觉就常常混合在一起。

一般认为,基本味觉只有酸、甜、苦、咸四种,它们按不同比例混合可产生其他味觉。这四种基本味觉有各自的感受器或味蕾,并且在舌上的分布也不同。舌尖上甜感受器分布最丰富,所以对甜味最敏感,舌中、舌两侧及舌后部分别对咸、酸、苦味最敏感(如图 5-15 所示)。味觉感受性受温度影响较大,对食物的需求状态和饥饿与否也会影响味觉的感受性。味觉的适应很快。

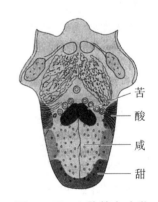

图 5-15  4 种基本味觉

味觉的传导机制是味蕾中的味觉细胞兴奋后,神经冲动沿颜面神经、舌咽神经和迷走神经经弧束核、丘脑弓状核至大脑皮质后回的底部,产生味觉。可见味觉没有单独的味神经,在大脑皮质上亦无精确的定位。

## 三、内部感觉

内部感觉是相对于视觉、听觉等反映外部环境刺激的感觉而言的,指反映机体内部状态和内部变化的感觉,包括运动觉、平衡觉和机体觉。

## （一）运动觉

运动觉又称动觉，是对身体各部分的位置及相对运动进行反映的感觉。其感受器为肌梭、腱梭和关节小体，位于肌肉、肌腱、韧带和关节中。当机体运动时，肌梭、腱梭和关节小体兴奋，冲动沿脊后索上传，经丘脑至大脑皮质的中央前回，产生动觉。

人在活动时，不断有神经冲动传至中央前回产生动觉。大脑皮质对所有冲动进行分析、综合，再下传神经冲动对肌肉进行控制、调节。正是由于这样的过程，人才能够动作协调，精密、准确地完成复杂的任务。

动觉常常是和其他感觉联合行动的，其他的感觉器官如眼睛等都离不开运动器官的配合。特别是触觉，经常和动觉一起发生，形成触摸觉。在昏暗的地方，人们常会伸出手摸索前进，以触摸觉补偿视觉。

言语动觉是一种很重要的动觉。大量动觉感受器分布在舌和嘴唇上，以帮助完成大量而又精细的言语运动。如果没有唇、舌、声带的精确运动，就不可能有人的言语活动。

## （二）平衡觉

平衡觉又称静觉，是对人体做直线的加速或减速运动或做旋转运动进行反映的感觉。平衡觉的感受器位于内耳的半规管和前庭。半规管反映人的旋转运动，前庭反映人的直线加速或减速运动。前庭与小脑关系密切，对保持身体平衡有重要作用。

平衡觉常常与视觉、机体觉有联系，前庭感受性高的人易产生眩晕。经过练习可以改变前庭器官的感受性。对于从事航海或航空工作的人需进行这方面的检查，以便发现个体前庭感受性的特点，使之通过练习来适应工作条件。

## （三）机体觉

机体觉是对机体饥、渴、痛、温度等状态的反映。其感受器处于脏器壁上，将内脏的活动及变化信息传入中枢。

当人体各内部器官工作正常时，各种感觉便融合形成人的自我感觉。一般情况下，内部感受器的冲动传至大脑皮质，即被外部感受器的冲动掩蔽了，没有能够在言语系统中得以反映。只有当内部器官受到特别强烈的刺激，内部感受器发放的冲动很强时，机体觉才变得鲜明，处于优势。

# 第六节 感觉的相互作用

## 一、感觉的相互作用

某种感觉器官受到刺激而对其他器官的感受性造成影响，使其升高或降低，这种现象称为感觉的相互作用。在现实生活中，人接受环境的信息常常是多通道同时进行的，不同感觉的相互作用时有发生。实验发现，微痛刺激、某些嗅觉刺激，都可使视觉感受性有所提高。

微光刺激能提高听觉感受性,而强光刺激会降低听觉感受性。不同感觉的相互作用,其一般规律是:弱刺激能提高另一种感觉的感受性;强刺激则会使另一种感觉的感受性降低。

相同感觉间也存在着相互作用,如颜色对比、颜色适应即为相同感觉间发生的作用。

感觉的相互作用现象在实际生活中具有很重要的应用价值。例如,呈现音乐的方法可以减轻牙科手术中患者的疼痛。

## 二、联觉

联觉是指一种感觉引起另一种感觉的现象。它是感觉相互作用的另一种表现,例如有音乐造诣的人,听到音乐时会产生相应的视觉,这是一种视听联觉。如果特定的音调引起特定的色彩感觉,则为色听现象。但并不是所有的人都能产生联觉。

联觉的形式很多,最突出的是颜色联觉。色觉可以引起温度觉,所谓暖色调和冷色调即由此而来。生活中常据此原理来达到一些特定的效果。色觉还可以引起轻重觉,例如:淡颜色的家具,给人以轻巧的感觉;深颜色的家具,给人以庄重的感觉。

## 三、感觉补偿作用

当某种感觉受损或缺失后,其他感觉会予以弥补的现象称为感觉补偿作用。例如,盲人一般具有较好的听觉和触觉能力。不同感觉之间之所以能够相互补偿,是因为在一定条件下不同形式的能量可以相互转换。

## 名词解释

感觉　绝对感受性　绝对感觉阈限　差别感受性　差别感觉阈限　视觉　听觉　触压觉　温度觉　嗅觉　味觉　运动觉　平衡觉　联觉

## 思考题

1. 简述感觉的特点和意义。
2. 刺激的物理强度和心理强度之间存在什么关系?
3. 怎样对感受性进行测量?
4. 视觉是怎样形成的?简述视觉现象。
5. 听觉是怎样形成的?简述听觉现象。
6. 简述感觉的相互作用。

# 第六章 知　　觉

## 第一节　知　觉　概　述

### 一、知觉的含义

#### （一）知觉的定义

知觉是人脑对直接作用于感觉器官的客观事物的各个部分和属性及其相互关系的整体反映。知觉是对感觉信息整合的反映。

当客观事物直接作用于人的感觉器官的时候，人不仅能够反映该事物的个别属性，而且能够通过各种感觉器官的协同活动，在大脑中将事物的各种属性，按其相互之间的联系或关系整合成事物的整体，从而形成该事物的完整映象。例如，感觉到面前苹果的颜色、香味、硬度和甜味等个别属性，然后把感觉到的个别属性信息进行综合，加上知识经验的参与就形成了苹果的整体映象，这种信息整合的过程就是知觉。

语言在知觉发展过程中起着重要作用。可以说，语词的学习和掌握是人们知觉能力发展到高级水平的必要工具。除此之外，知觉还受到各种心理特点，如兴趣、需要、动机、情绪和态度等的影响，这使人的知觉具有一定的倾向性。

#### （二）知觉与感觉的关系

感觉和知觉都是客观事物直接作用于感觉器官时在人脑中所产生的对当前事物的反映。只有当客观事物直接作用于感觉器官，并引起它们的活动时，才会产生感觉和知觉，一旦客观事物在人的感觉器官所及的范围内消失，感觉和知觉活动也就停止了。

感觉和知觉的紧密联系表现在，感觉是对物体个别属性的反映，知觉则是对物体整体属性的反映，没有对物体个别属性进行反映的感觉，就不可能有反映事物整体的知觉。因此，感觉是知觉的有机组成部分，是知觉的基础，而知觉则是感觉的深入和发展。对某个物体感觉到的个别属性越丰富、越精确，对该事物的知觉也就越完整、越正确。在现实生活中，人们一般都是以知觉的形式直接反映客观事物的，感觉只是作为知觉的组成成分而存在于知觉之中，很少有孤立的感觉存在。

感觉和知觉的区别主要有以下三个方面。

第一，性质不同。感觉是介于心理和生理之间的活动，它的产生主要来自感觉器官的生理活动以及客观刺激的物理特性，相同的客观刺激会引起相似的感觉。而知觉则是以生理机制为基础的纯粹的心理活动，它是在感觉的基础上对物体的各种属性加以整合和解释的心理过程，处处表现出人的主观因素的参与，不同的人对同一刺激可能产生不同的知觉。

第二，内容不同。感觉是人脑对客观事物个别属性的反映，知觉则是对客观事物不同属性、不同部分及其相互关系的综合的、整体的反映。

第三，机制不同。感觉是单一分析器活动的结果，而知觉是多种分析器协同活动对复杂刺激物或刺激物之间的关系进行分析综合的结果。在多种分析器的参与下，通过反映事物多种属性并整合后才形成知觉。由于已有的知识和经验对知觉的形成具有重要作用，因此，在知觉过程中，还包括了当前刺激所引起的兴奋和以往相应知识经验的暂时神经联系的恢复过程。

感觉和知觉是人对客观世界认识的初级阶段，是人们认识世界的开端，也是人们其他心理活动的基础，一个人若没有感觉和知觉，就不可能形成记忆、思维、想象、意志等复杂的心理活动。可见，感觉和知觉是一个人正常心理活动发生发展的必要条件。

### （三）知觉的种类

从不同角度可以对知觉进行分类。根据在知觉中起主导作用的分析器的特性，把知觉分为视知觉、听知觉、嗅知觉、味知觉和触知觉等；根据知觉反映的事物的特性，把知觉分为空间知觉、时间知觉和运动知觉等；根据知觉所反映的客体的性质，把对客观事物的不正确的知觉称为错觉。

## 二、知觉活动过程

知觉活动过程一般由五个环节组成，称为"知觉链"，每一个环节都是人们形成正确知觉所不可缺少的。

第一个环节是外界环境，它是指环境中作为知觉来源的客观事物的各种属性、特征、位置及分布。例如，是由事物的颜色、形状、硬度等属性的综合引起的知觉活动，还是由物体的运动、变化、位移等引起的知觉活动等。对环境中物体刺激的整合如何，会直接影响到知觉的效率。

第二个环节是中介物。外界环境中物体的各种属性，通过中介物，如光、空气、力、热等传递到人的感觉器官。例如，有些物体的属性是通过光反射传递到人的眼睛的；有些物体的属性，如声波或化学物质，则通过空气传递到人的耳朵或鼻腔；另一些物体的属性则以压力形式传递给皮肤；等等。总之，外界刺激若没有中介物，知觉就不可能产生。

第三个环节是刺激物与感觉器官之间相互作用的过程。这是外界刺激各种形式的能量以及中介物中的其他刺激与知觉系统的感受器之间的相互作用，即感受器把作用于它的刺激能，如光、声、热、电能等，转换成生物形式的神经冲动，这是从一种物质运动形态向另一种物质运动形态的转变，是将外界物理的、化学的、机械的运动形态转换成生物的运动形态的过程。如果没有这种转换活动，外界刺激能量就不可能转化为神经冲动的生物能量，外界事物也就不可能在人脑中形成映象。

第四个环节是神经冲动通过传入神经向大脑传递各种外界信息的过程。

第五个环节是大脑对传入皮质相应投射区的信息进行整合处理的过程。人的知觉过程不仅把神经冲动传入脑的有关区域,而且必须同早先存在于脑中的其他观念进行整合,再由传出神经传递至效应器。

"知觉链"是对知觉系统的解释,为知觉研究提供了线索。然而,心理学家对知觉的研究虽然广泛,但是对知觉经验的解释却并不统一。例如:有些心理学家认为,通过内省来研究知觉经验是心理学的重要内容;有些心理学家则强调,只有能观察到的现象才是心理学研究的对象,而主观的知觉经验是不能进行客观观察的,因此它不应该是心理学研究的内容。

格式塔知觉理论的主要代表人物是韦特海墨、考夫卡和苛勒,他们认为知觉具有主动性和组织性,并总是用简单的方式去"整体"地认识外界事物,遵循"概略"规律并受神经系统的制约。由于格式塔知觉理论过分强调神经系统的制约作用,忽略了先前经验对知觉活动的重要影响,从而导致了构造主义知觉理论的产生。

构造主义知觉理论强调先前经验对知觉活动的重要影响,因此把记忆引入知觉活动领域,即一个人记忆中的先前经验会参与到由刺激所诱导出来的知觉之中,从而构造出某种知觉图像。构造主义知觉理论认为,有组织的知觉是从一个人的记忆中选择、分析并添加某些刺激信息的过程,而不是格式塔知觉理论所认为的是大脑组织的"概略"规律所引起的自然操作的结果。当人们知觉外界物体细微特性和特点时,往往借助记忆中的过去经验做"任意选择",在这个意义上说,同样的刺激物可以由于知觉者经验的不同而被构造成各种知觉图像。

动作行为知觉理论由巴甫洛夫创立。一些心理学家们认为,知觉是知觉者借助动作行为习得的,活动及在活动中习得的经验影响和指导着知觉活动。比如,儿童在视觉发展的早期阶段,眼球运动并不倾向于追随物体的轮廓线条,而是全神贯注于眼前的图形特点,先是用手指来触摸和描绘物体模式的轮廓,到后来,才用眼球运动来代替这种手指的活动。该理论假设已在儿童、恢复视力的成年人以及脑损伤后重新获得视觉的患者身上得到了证实。这说明动作以及由动作行为而导致的学习经验对知觉活动来说是重要的。然而,恰如有些心理学家所指出的,动作行为知觉理论把重点放在视觉运动方面无疑是适用的,事实证明也是成功的,但它似乎并不适用于人类知觉活动中的所有活动。

美国心理学家吉布森(J. J. Gibson)的知觉理论认为,人们所知觉的环境是由具有结构的表面组成的,在观看三维空间的客观环境(诸如遍地卵石的沙滩、近宽远窄的轨道、重叠相间的楼房等)时,其表面均是有结构的,它们为知觉者提供了丰富的信息,知觉者在认识这些结构表面的同时确定该事物是什么。因此,知觉有赖于一个人对事物结构的认识,而且与一个人对事物结构的认识水平有关。吉布森认为,人们对事物的知觉并不像动作行为知觉理论所言是"运动导致知觉",恰恰相反,是知觉指导了运动。

目前,心理学家普遍认为知觉是人的认识活动的重要组成部分,是心理学研究的重要课题之一。对知觉的科学研究正在成为现代心理学的一个有广阔前途的领域。

## 三、知觉的信息加工

知觉过程包含觉察、分辨和确认三个相互联系的阶段。觉察指发现客观事物属性的存在,但此时还不知道它是什么;分辨是把某事物的属性与另一事物的属性区别开来的过程;确认是指人利用已有的知识经验和当前获得的信息,确定知觉的对象是什么,给它命名,并把它纳入一定的范畴。

在认知心理学中,知觉过程有直接知觉和间接知觉之分,它们都包含相互联系的两种信息加工过程:自下而上加工和自上而下加工。自下而上加工又称数据驱动加工(data-driven processing),指依赖于直接作用于感官的刺激物特性的信息加工。如色调和明度知觉依赖于光的波长和振幅,音调和音响知觉依赖于声波的频率和强度。自上而下加工又称概念驱动加工(concept-driven processing),指个体运用已有的知识经验以及概念来加工当前信息的过程。如在上下文中对缺失词汇的加工和解释,由于个人的知识经验不同,从相同文本中提取的信息也不相同。

## 第二节 知觉的基本特性

人的知觉过程是一个有组织、有规律的心理活动过程,表现为知觉整体性、知觉选择性、知觉理解性和知觉恒常性四个特性,它们保证了人们对客观事物的认识。

### 一、知觉整体性

知觉整体性是指人根据自己的知识经验把直接作用于感官的客观事物的多种属性整合为统一整体加以识别的过程。

知觉是在知识经验的基础上对感觉信息的整合过程,知觉整体性就是人把事物各部分属性综合起来,从而能够整体地把握该事物。格式塔学派把它们归纳为以下几种知觉组织原则。

#### (一) 接近原则

视野中的接近,即空间位置相近的客体容易被知觉为一个整体,图6-1是因视野中接近而组合为整体的实例。人们总是把该图知觉为三组竖立线条,而不太可能把它知觉为彼此无关的六条竖线。

图6-1 知觉接近原则

除了空间视觉方面的接近外,在时间听觉方面,例如按不同规则的时间间隔发出的一系列轻拍声,在时间上接近的声音就容易被人知觉为一个整体。

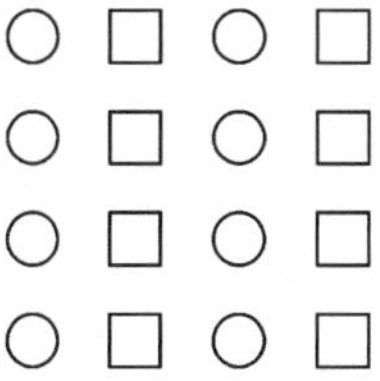

#### (二) 相似原则

物理属性相似的客体,例如形状、大小、颜色和亮度等方面相似的客体容易被知觉为一个整体。从图6-2中可以看到,形状上相同(或相似)的图形,容易被整体知觉为四个方块和四个圆形,而不太可能被知觉为圆形与方块相间的图形。

图6-2 知觉相似原则

## （三）连续原则

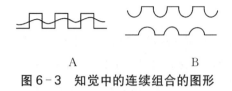

图6-3　知觉中的连续组合的图形

具有连续性或共同运动方向等特点的客体，容易被知觉为一个整体。例如图6-3-A中，人们总是把图中曲线知觉为波浪形曲线，把另一个图形知觉为方波图形，而不会把它们分解为如图6-3-B所示的图形来知觉。

## （四）闭合原则

将刺激物中的特征聚合成形，形成一个完整的图或形状的倾向称为闭合原则。人的知觉之所以能够把当前客观事物刺激中缺失的东西在主观上进行补充，是因为客观事物的各个部分和它的各种属性是作为一个整体对人发生作用的。也就是说，客观事物对人是一个复合刺激物，事物的各个部分和属性分别作用于感觉器官，它们之间形成了固定的联系，使人能在大脑中把这种联系保存下来，当客观事物再次作用于人的感官时，大脑会对来自感官的信息进行加工处理，对客观刺激中缺少的东西，能用头脑中的经验进行弥补，即通过主观上的补充、删略、替代或改组，使人对客观事物产生整体的知觉。例如图6-4中尽管三角形线条并不闭合，但仍能被知觉为三角形，由此产生的在客观上没有，而在主观上却认为有的图形轮廓称为主观轮廓。

图6-4　主观轮廓

知觉整体性不仅与客观事物本身的特性密切相连，而且也与知觉者的主观状态有关，特别是一个人原有的知识经验，可以为当前的知觉活动提供补充信息。客观事物具有多种属性，当客观事物作为刺激物对人发生作用时，它的属性或部分结构分别或先后作用于人的感觉器官，有时甚至只有其中一部分对人发生作用。尽管它们在客观上是不完备的，但在人的主观上却能够知觉它们，即客观上的缺失，能在人的主观上弥补起来。图6-5为英文"HELLO"，虽然每个字母线条都不闭合，但具有英语知识经验的人，都能将它们进行整体知觉并了解其意义。

图6-5　知识经验在知觉整体性中的作用

## 二、知觉选择性

知觉选择性是指人根据当前的需要，将客观刺激物有选择地作为知觉对象进行加工的过程。也就是说，人对同时作用于感觉器官的所有刺激并不都进行反映，而只对其中某些刺激加以反映，这样才得以把注意集中到某些重要的刺激或刺激的重要方面，排除次要刺激的干扰，从而更有效地感知外界事物，适应外界环境。

人从纷繁的刺激中主观地选择某些刺激并对其做进一步加工,被选择的刺激就是知觉的对象,而同时作用于感觉器官的其他刺激就成了知觉对象的背景。知觉对象与知觉背景的区别在于:知觉对象有鲜明的、完整的形象,突出于背景之前,知觉对象是有意义的,容易被记忆的。知觉对象和知觉背景的这种结构成分,是知觉选择性中最基本的特点。

知觉对象和知觉背景之间的关系是相对而言的。此时的知觉对象可以成为彼时的知觉背景;同样,此时的知觉背景也可以成为彼时的知觉对象。因此,知觉对象并不是一成不变地固定在某些背景上,对象和背景之间不断发生着转换,以保证有意义的事物内容成为知觉对象。图6-6是知觉对象和背景相互转换的例子,称为双关图形。若以黑色部分作为知觉对象,看到的是两个人脸的侧面影像,而白色部分则为背景;若以白色部分作为知觉对象,看到的是一个花瓶,而黑色部分则为背景。人在观看这一刺激图形时,尽管刺激同时作用于感觉器官,但白色和黑色的对象—背景关系相互转换,交替出现。正是这种知觉选择性使人们的知觉既清晰和准确,又完善而丰富。

图6-6 双关图形:花瓶和人脸侧影

知觉对象的选择,受到主观和客观因素的影响。因为人的知觉活动是在实践中产生并为实践服务的。当一个人同时面临很多刺激时,客观上来说,同时作用于人的这些刺激彼此之间并不存在轻重缓急之分,但人对这些刺激的取舍,则受到对象和背景之间本身具有的结构特点的影响。那些强度大的、对比明显的、色彩鲜艳的、具有活动性的刺激物容易成为知觉的对象,客体本身的组合若符合"良好图形"原则,即具有简明性、对称性,容易被迅速而准确地知觉、记忆,如图6-7中的A、B图形就是良好图形。此外,知觉选择性受到知觉者的需要、兴趣、爱好、任务、知识经验以及刺激物对人的意义是否重要等主观因素的影响,它们在一定程度上影响人的知觉过程和结果。例如,去机场迎接一位从未谋面的专家时,先前的预期会影响接客者对该学者的识别。这些知觉活动的主观变量,并不是由当前直接作用于感官的刺激提供的,而是人脑中已经储存的知识经验被激活的结果。这些依个人主观活动而改变的因素称为非刺激性因素。一般来说,在知觉活动过程中,非刺激性因素越多,所需要的感觉刺激就越少,自上而下的加工占优势。反之,非刺激性因素越少,所需要的感觉刺激就越多,自下而上的加工占优势。

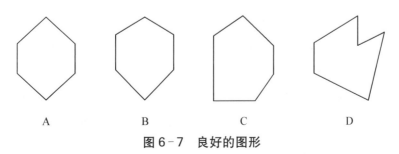

图6-7 良好的图形

知觉选择性规律是人把知觉对象从背景中分离出来、辨别、确认,进而记忆的心理活动规律,它对于直观教学的组织、学生观察能力的培养,对于广告设计、工业产品检查、军事伪装和搜索任务等都具有重要的应用价值。一个人通过长期练习和知识经验的积累,不仅可以提高对某些对象的知觉分辨能力,而且这种能力还可以迁移到对其他客体的知觉任务上。

## 三、知觉理解性

知觉理解性是指人以知识经验为基础对感知的事物进行加工处理,并用语词加以概括且赋予其意义的加工过程。知觉理解性主要受到个人的知识经验、言语指导、实践活动以及个人兴趣爱好等多种因素的影响。

对知觉对象的理解,是以个体已有的知识经验为前提的,具有不同知识经验的人在知觉同一个对象时,对这一对象的理解不同,知觉的结果也不同。例如,一张新产品设计图纸,专业人员既能知觉到图纸上的每个细节,又能理解整张图纸的内容和意义;而没有这方面专业知识的人员只能说出图纸中的构成成分,不会理解图纸的内容和意义。很显然,不同的知识经验影响了人们对同一知觉对象的理解。心理学家黎柏(Leeper)以如图6-8所示的A、B、C三张图片做实验,以研究知觉经验对知觉理解的影响。A图为一个年轻妇女,C图为一个老妇人,而B图则同时具有A与C两图的特征,它既可以看作年轻妇女,也可以看作老妇人,这之间的差异,关键在于知觉经验。实验时把被试分为两组,以不同方式进行。第一组先观看A图15秒,以形成年轻妇女特征的经验,然后看B图,结果100%的被试把B图看成年轻妇女。第二组先观看C图15秒,以形成老妇人特征的经验,然后再看B图,结果96%的被试把B图视为老妇人。对同一知觉对象(B图)产生了如此大差异的知觉理解,说明人对客体的理解受个人知识经验的影响很大。

A　　　　　　　　　B　　　　　　　　　C

图6-8　个人知识经验对知觉理解的影响

图6-9　"不可能图形"

为了说明人的知识经验在知觉理解中的作用,除了黎柏的实验研究外,伯瑞希(Parrish)用二维图形看三维图形,即用"不可能图形"来阐明人的知识经验对知觉理解的影响。如图6-9所示,由于大脑皮质接受了来自眼睛的矛盾信息,与人脑中的知识经验不一致,人不能用过去的知识和经验去理解和解释它。这充分说明了人的知识经验或暂时神经联系在知觉理解中的作用。

言语指导也是影响知觉理解性的重要因素之一。由于言语能够指示知觉的内容,当外界对象的标志不明显时,通过言语的指导,可以唤起人的过去经验,补充知觉的内容,有助于对知觉对象的理解。图6-10是一套平面图形。初看起来,最上面的图形好像是由一组规则的三角形组成的,而下面的图形好像是由更复杂的图形所组成的。知觉者似乎对上面刺激的不确定性大些,但仍然很难确认这是一套什么图形。一旦告诉知觉者这是一套长方体图形时,他便会很快地辨认出这是从三个不同角度观察到的同一长方体的透视图。言语的提示加强了人对图形的理解,从而减少了辨认图形的不确定性。

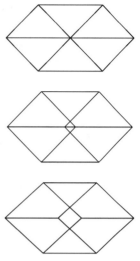

图6-10 长方体透视图

## 四、知觉恒常性

知觉恒常性是指人的知觉映象在一定范围内不随知觉条件的改变而保持相对稳定的过程。

知觉恒常性对人类的生存和发展具有重要意义。客观环境中的事物具有一定稳定性,因此人类的知觉就需要有相应的稳定性,以此来真实地反映客观对象的自然属性和本来面貌。同时,在知觉恒常性中,人类的知识经验也起着重要的作用。个体在知觉某对象时,总会利用过去的知识经验来解释感觉映象,反映物体所固有的特性,这样就保证了人类能够根据客观事物的实际意义来适应环境。如果人类的知觉不具有恒常性的话,那么人类适应环境的活动就会变得十分复杂。所以知觉恒常性除了能够使人获得对物体本身特点的精确知觉而不受外界变化了的条件影响外,也是人类适应周围环境的一种重要能力,它既是人类认识世界的需要,还是人类长期实践活动的结果。

在视觉范围内,知觉恒常性有以下几种类型。

### (一)大小知觉恒常性

大小知觉恒常性是指人对物体大小的知觉不完全随映象的变化,而趋于按物体实际大小来知觉的特性。例如,同一个人站在离我们2米、4米、8米、10米和20米的不同距离处,他在我们视网膜上的视像随距离的不同而变化。图6-11表明了物体距离与视网膜像大小之间的物理关系。但我们在知觉这个人的大小时仍然是按照他的实际大小来感知的。

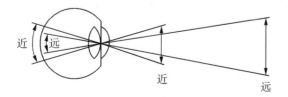

图6-11 物体距离与视网膜像的关系

这是因为人类所具有的学习能力,已经把物体的距离因素估计在内,当在不同距离判断同一物体大小时,结果始终比较一致。根据几何透视原理,知觉对象在视网膜上的视像随物体大小与观察距离的远近而改变,其关系可用下列公式表示:

$$\alpha = \frac{A}{D}$$

α为视网膜上视像的大小,A为对象的大小,D为对象与眼睛的距离。这个公式表明,视网膜上视像的大小随对象变大而变大,随观察距离的增大而缩小。如果要保持视网膜上视像的大小不变,那么随观察距离的增大,对象本身就必须增大。从视觉生理学角度来说,物体离眼睛的距离与视网膜上视像的大小恰成反比。但是,由于人的大小知觉具有恒常性的特征,可以用下列公式表示:

$$S = I \times D$$

S指知觉中物体大小;D指知觉中物体的距离;I指视网膜上的视像大小。

上述公式表明了在视网膜视像大小不变的情况下,主观感觉到的大小和距离之间的关系。这一公式又称为大小—距离不变假设。一个人在面对熟悉的物体时,其大小知觉没变,而视网膜上的视像却缩小了,这时观察者把物体的距离知觉为较远。如果视网膜上的视像大小没变,而知觉的大小变大了,观察者就会把物体的距离知觉为较近。当一个人面对不熟悉的物体时,就会以视网膜视像的大小和观察的距离作为基础来判断物体的大小。可见在正常知觉条件下,人的知觉对象往往都是各种比较熟悉的物体,它们都提示了物体的距离及其实际大小,使人保持知觉的恒常性。但是,如果在黑暗环境里观察熟悉的物体,由于没有周围物体作参考系,或者是陌生物体,人的大小知觉恒常性就会趋于消失,而更多地根据视网膜视像的大小来判断物体的大小。图6-12中是被试用单眼、双眼和用长圆筒观察处在不同距离的圆形,并在近距离用一个大小可变的圆形和它作比较的实验结果。实验中要求被试调整近距离的圆形尺寸,以符合远距离被比较的圆形大小,这样近处经过调整的圆形尺寸便代表远处圆形的大小知觉,然后根据近处圆形直径的尺寸(知觉的大小)与远处圆形直径的尺寸(实际大小)的相差比例绘成曲线来表示大小恒常性的变化。结果表明,用单眼或双

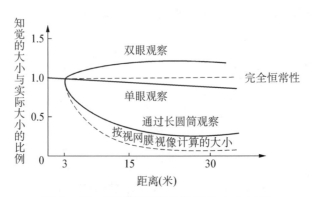

图6-12 在不同观察条件下的大小知觉

眼观察,几乎都保持着完全的大小恒常性,而在通过长圆筒观察的时候,由于排除了周围环境的参照作用,大小恒常性则趋于消失。

## (二) 明度恒常性和颜色恒常性

### 1. 明度恒常性

明度恒常性是指人对客观物体固有的明度的知觉不随映象的变化而保持不变的知觉特性。例如,煤和白粉笔由于它们对光的反射率不同,其明度差异很大。人在看到白粉笔时总觉得要比煤块亮些。当把白粉笔放置在暗处,煤块放置在亮处,使煤块实际上所反射出来的明度远大于白粉笔,从刺激的物理特性分析,放在亮处的煤块应该是白的,而放在暗处的白粉笔应该是黑的,但是从知觉恒常性来说,人还是把白粉笔知觉为白色,把煤块知觉为黑色。这种不受外界照明条件的影响,保持对物体明度知觉稳定性的特征就是明度知觉恒常性,即人能够在一定物理条件变化的条件下,根据物体固有明度来知觉它们。

明度恒常性可以用实验加以验证。图 6-13 左图(A)有两个可调的混色盘 A 和 B,它们由白和黑两部分组成,转动时混合成灰色。在 A 和 B 盘之间有一隔板 S,B 盘可以得到从窗口 W 射进来的光照,A 盘由于有隔板 S,以致得不到光照,在盘上形成阴影。从物理学上看,A 盘要比 B 盘黑。由主试调节 B 盘的黑、白比例,直到被试认为 B 盘与 A 盘的亮度相等为止。按照心理学原理分析,由于被试坐在 O 处看到这两个色盘时,已经了解到 B 盘有光照而 A 盘有

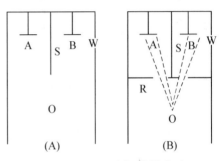

图 6-13 明度恒常性实验

投射阴影,因此就使他对色盘的亮度保持了一定的恒常性,即客观刺激在一定限度内变化时人的知觉并不随之变化,这称为实际恒常性。如果有完全的亮度恒常性,则不管 B 盘受光照的影响,A 盘受阴影的影响,即 A、B 两盘在亮度上已经存在着很大差别,这时被试知觉 A 盘和 B 盘两者的黑白比例应该相同,这称为完全恒常性。完全恒常性是指当客观刺激已经发生了很大变化,人的知觉仍保持不变,这种情况在实际生活中是很少发生的。如果把图 6-13 中的(A)改变为图(B)的条件,即用隔板 R 将被试和两个色盘隔开,使他只能通过前面两个圆孔看到 A、B 盘的中央部分,而周围部分看不到,这样被试由于脱离了周围环境的参考依据,看不到光源和阴影,因而对色盘的明度恒常性就会消退。如果明度恒常性完全消失,即为完全无恒常性,这时被试既不会去理会 A 盘受到阴影的影响,也不会去理会 B 盘受到光照的影响,使自己对亮度的判断完全取决于两个色盘的客观实际亮度。在这种情况下,被试把 A、B 两色盘看成亮度相等时的实际黑白比例的差别就会很大。因为 B 盘由于有光照,它只需要很少的白色就够了。完全无恒常性是指在客观刺激相对稳定的情况下,当稍有任何一点变化,人的知觉就会随之发生改变。这种情况只有在特定实验室中控制某些条件下才会发生,在人的日常视觉条件下是不存在的。因此,人的实际恒常性一般是在完全恒常性和

完全无恒常性之间。

### 2. 颜色恒常性

颜色恒常性是指人不因物体色光变化而保持其颜色知觉不变的特性。物体表面有其固有的颜色,如果色光照射在物体表面,根据色光混合原理,其色调会发生变化,但是人对物体表面颜色的知觉并不会因此而变化。例如,一面红旗不管在白天或晚上,人们都会把它知觉为红色。这种不受照射到物体表面色光影响,保持对物体颜色知觉相对稳定的心理特性是与人的生活经验紧密相连的。

## (三) 形状恒常性

形状恒常性是指人在反映客体时不因物体在视网膜上投射的形状发生变化而变化的知觉特性。例如,观察一扇房门,当门从全闭到全开时,其在观察者视网膜上投射的形状发生着多种变化,全闭时是长方形,全开时是垂直条形,半开时则变为近长远短的梯形,这种因门的角度改变而产生的形状变化,在眼睛的视网膜上随时反映出来,并随视角的改变而变化。但是,由于人在生活实践中把从不同角度获得的物体的映象同触觉、视觉、运动觉之间建立了牢固的联系,因此对该物体的知觉形状仍保持不变,即保持门是长方形形状的映象不变(如图6-14所示)。这说明人的过去经验在形状恒常性中起着重要作用。

图6-14 形状恒常性

## (四) 方向恒常性

方向恒常性是指人不随身体部位或视像方向的变化而改变知觉物体实际方位的特性。身体部位一旦改变,如弯腰、侧卧、仰头、倒立等,与之相应的环境中的事物之间的上下左右位置关系也随之变化,但人对环境中物体方位的知觉仍保持相对稳定,并不因身体部位的变化而改变。

# 第三节 空间知觉

空间知觉是人对物体的形状、大小、深度(距离)、方位等空间特性的知觉。空间知觉是多种分析器协同活动的结果,人的视觉、触觉、听觉、运动觉等经验及其相互联系,对空间知觉具有重要作用。

## 一、深度知觉

深度知觉是指人对物体远近距离的知觉。深度知觉的信号或线索多种多样,有些靠单眼视觉提供,有些则需要由双眼视觉提供。根据各种客观线索和机体内部的活动,通过大脑皮质对这些信号进行分析和综合,并加以推断而获得对物体远近距离的知觉。知觉物体距离的线索有以下几种。

### (一) 单眼线索

单眼线索是指用一只眼睛就能感知物体深度的线索。单眼视觉线索主要有以下八种。

**1. 遮挡**

某物体部分地遮挡了另一物体,人会将遮挡物体知觉为近些,被遮挡物体知觉为远些。物体的相互遮挡是知觉远近的重要线索之一。

**2. 线条透视**

线条透视是指平面上的物体因各自在视网膜上所成的视角不同,而在面积的大小、线条的长短,以及线条之间距离远近等特征上显示出的能引起深度知觉的线索。同样大小的物体,在视网膜上的视角大者知觉为近,反之为远。

**3. 空气透视**

物体的清晰度受空气透明度的影响。远处的物体比近处的物体显得更模糊,颜色较淡、缺乏细节,人能据此推知物体的距离。当天气晴朗、空气透明度大、物体清晰度高时被知觉为近些,反之则为远些。

**4. 明暗和阴影**

在光照条件下,物体会在背光的一面产生阴影,因此,阴影反映了物体相对于光源的位置,使物体各部分产生明暗差异,从而成为深度或距离知觉的线索。据此,明亮的物体会被知觉得近些,灰暗或阴影中的物体会被知觉得远些。

**5. 运动视差**

当物体静止不动而观察者的头部或身体移动时,由于在同一单位时间内不同距离物体的视角变化的差异(近物体视角变化大,远物体视角变化小),便引起相对运动视差。近物体被知觉为向相反方向运动。最近的物体向后移动较快,较远的物体向后移动较慢,遥远的物体向与观察者相同的运动方向移动。视野中物体运动速度和方向的差异,成为物体所处距离的信号,人根据物体相对运动速度和方向来判断物体的距离。图6-15表明,眼睛正对图中近、中、远三个物体时,它们的

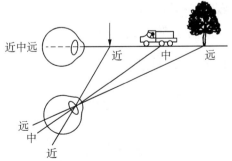

图6-15 移动速度作为距离知觉的信号

视轴连成一线。在眼睛和这三个物体方向关系有所变动而处于中间物体视轴不变的情况下,近物体的视轴和远物体的视轴做方向相反的移动,于是就知觉到近物体和远物体方向相反的运动。

#### 6. 结构级差

结构级差又称纹理梯度,指视野中的物体在视网膜上的投影大小和投影密度有层次、有规律的递缩变化。这种变化产生了远处密集、近处稀疏的视像,为深度知觉提供了线索。图6-16-A 的上部黑点密度大,看起来是一个向远方延伸的表面。B 图由于没有结构级差,看起来就是一个平面。因此如果了解物体本身的结构,其结构级差的变化就成为知觉物体远近的线索。

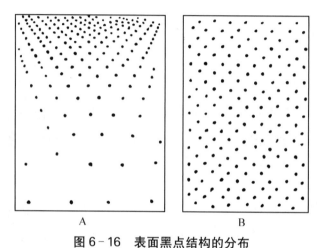

图 6-16　表面黑点结构的分布

#### 7. 相对大小

在平面上,相对大的物体看起来近,而相对小的物体看起来远。人们据此判断物体的距离。例如,画家为了描绘处于不同距离两个大小相同的物体,常常把较远的物体画得小一些,用以产生立体感。

#### 8. 相对位置

在其他条件相同的情况下,视野中的两个物体,相对位置较高的物体显得远些,而位置较低的物体显得近些。例如,在绘画中,处于画面上部的物体容易被知觉为在较远处。在看风景照时,照片上位置较高的景物,容易给人距离较远的感觉。

### (二) 生理线索

生理线索是指由眼睛的运动觉而形成的对物体距离的知觉线索。生理线索包括以下两个方面。

#### 1. 水晶体的调节

人在知觉物体时,眼球水晶体的曲度会调节变化,以保证视网膜上获得清晰的视像。眼球水晶体曲度变化是由睫状肌随观察物体的距离进行调节的。当看远物时水晶体比较扁平,看近物时水晶体比较凸起。因此,睫状肌的紧张度,就成为调节水晶体曲度的动觉信号,传递到大脑后,成为人估计物体距离的线索之一(如图6-17所示)。但这一线索受眼睛调节能力的限制,它仅在10厘米到10米的距离知觉中起作用。

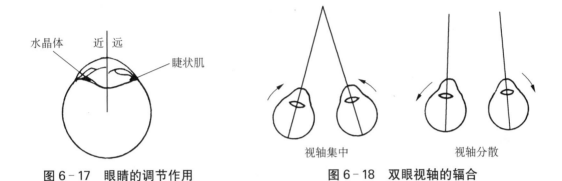

图6-17 眼睛的调节作用　　　　图6-18 双眼视轴的辐合

### 2. 双眼视轴的辐合

视轴是指眼睛的中央窝、节点与物体三个点的连线。在观察物体时,两只眼睛的视像都落在中央窝这一视网膜上感受性最高的区域,以获得清晰的视像。为此两只眼睛在对准物体时,视轴必须完成一定的辐合运动,即两眼的视轴向鼻侧辐合,相交于所视物体上并形成一交角,称为辐合角。视轴的辐合是由眼睛外部肌肉组织的协调收缩和舒张实现的。看近距离物体时,视轴辐合大(辐合角大),肌肉调节大;反之,辐合角小,肌肉调节小(如图6-18所示)。肌肉的动觉信号为知觉物体远近提供了依据。但是,双眼视轴的辐合提供的信号是有一定范围的。当物体距离超过30米时,两眼视轴趋于平行,对距离知觉的作用就会消失。

### (三) 双眼视差

双眼视差是指两眼注视外界物体时,两个眼睛视网膜上视像之间的差异。距离或深度知觉主要依赖双眼视差,双眼视差是产生物体立体知觉的重要依据。

人的两眼构造是一样的,当人注视一个平面物体时,它的每一点都落在两眼视网膜的对应点上,视像互相吻合,这时人知觉到的是一个平面物体。当人看一个立体物体时,由于两眼间相距约65毫米,两眼视像便不完全落在对应部位,这时左眼看物体的左边多些,右眼看物体的右边多些,它们都偏向鼻侧,如图6-19所示,ABZ为一个立体物,当眼睛注视Z点时,Z便落到两眼中央窝的$z'$、$z''$点上,A和B分别落到$a'$、$a''$和$b'$、$b''$上。$a'$与$a''$、$b'$与$b''$为非对称点,视像向鼻侧偏移,即$a'z'>a''z''$,$b'z'<b''z''$。这样,立体的物体在两眼视网膜上的成像就有了差异,这一差异称为双眼视差。两眼不对应的视觉刺激转变为神经兴奋传到大脑皮质,再通过整合产生立体知觉。双眼视差作为距离(立体)知觉的主要线索,可以通过实体镜加以验证。

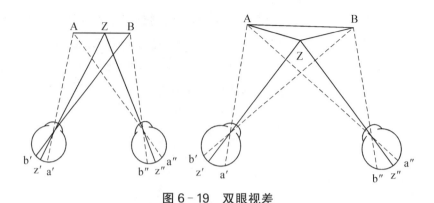

图 6-19 双眼视差

## 二、方位知觉

方位知觉是指人对物体空间位置关系和对自己在空间所处位置的知觉。前、后、左、右方向是以物体与观察者的身体关系而言的,上、下两个方向是以天、地作为参照系的。对物体方向的知觉主要由视觉、运动觉和前庭分析器来实现。对声音的方向定位是由听觉和运动觉分析器来实现的。由于各种感觉分析器的协同活动,人能够正确地判断知觉对象以及自身的空间位置。方位知觉是人在客观环境中生存和活动的重要能力之一。

### (一) 视觉的方向定位

人靠视觉信息确定客体及自身的位置关系,判断上、下、左、右、前、后。当人用眼睛环视周围环境时,物体就在视网膜上形成了不同的投影。物体在视网膜上投影的相对位置不同提供了空间方位的信号。

物体在视网膜上的视像经过水晶体折射后,成为倒像,即物体的上部投射在视网膜的下部,物体的左侧投射在视网膜的右侧,等等。根据物理学中的折射原理,视像确实是倒的,但是人在主观上并不觉得外界物体是倒的,这可用经验或暂时神经联系加以解释。在实际生活中,视网膜上视像的位置经常与触觉和身体在空间活动的经验相互验证而形成联系,以后凭借视觉即可分辨对象的空间方位。

通过视觉和运动觉器官的运动,例如头部、眼睛、身体向某一方向转动时所提供的动觉和前庭感觉信号,也为人知觉物体运动的方向提供了线索。触觉和运动觉也可以辨别物体的方位。当刺激来自左或右侧时,引起身体某侧感受器的兴奋,成为人辨别物体方向的线索。对于上下方位的定位,主要是依靠视觉和前庭分析器的协同活动实现的。在一般情况下,视觉起着主导作用。当人的视觉失去作用时,则依据前庭分析器或以自己的身体位置作为参照,仍可以判断上、下的位置,但是没有视觉参与时那么准确。

### (二) 听觉的方向定位

人利用听觉分析器知觉声源的方向,以及在其他信息作用下与经验相联系来知觉声源的距离。在没有其他分析器参与时，人对声源的方向定位表现为以下四条规律(如图6-20所示)。

第一，来自左右耳两侧的声音很少发生辨认混乱。

第二，当确定声音来自前方，对前方水平线上的声音(左—前—右)辨认最准确。人对前方声音定位的误差不会超过3°，当声音偏左右两侧时，辨认准确性稍差些。

第三，人对来自上下方向或前后方向的声音容易混淆，即对在前—上—后—下竖面上的声音容易混淆。来自上方的声音会有1/3机会被误认为是来自下方的声音，来自正前方的声音或上方的声音可能会被误认为是来自后方或下方的声音。

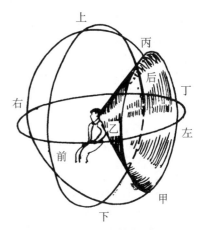

图6-20 人对声音方向定位的规律

第四，以连接耳朵的直线为轴，以直线的中点为顶点，向两侧各做一个圆锥体，圆锥围线与轴成45°角，这样每侧耳朵仿佛延伸出一个喇叭形圆锥面(甲—乙—丙—丁)，在每侧耳朵圆锥面上的声音容易相互混淆。例如，将前方左侧45°的声音(乙)误认为上方左侧45°的声音(丙)等。声音方向定位规律，可以用音笼进行验证。

人生活在三维空间中，除了根据视觉确定物体的方向、位置和距离外，听觉在形成空间知觉中也起着重要作用。同视觉一样，听觉也分为单耳线索和双耳线索。

### 1. 单耳线索

人耳在接受一定频率的声音时产生听觉，由单一耳朵获得的听觉线索，称为单耳线索。由单一耳朵所得的线索，虽不能充分有效地判断声源的方位，但可以有效地判断声源的远近。人耳在判断声源距离时大多根据声音的强弱，即声音强为近，声音弱为远。

### 2. 双耳线索

由双耳获得的引起听空间知觉的听觉线索称为双耳线索。双耳线索在听空间知觉形成中起着重要作用。由于两耳处于相互对侧位置，侧面声源的声波到达两耳时的距离不同(约27.5厘米)，这个距离差称为"两耳距离差"。两耳离开声源的距离不同所造成的两耳声音刺激的时间差别、强度差别和声波位相差别就成为了人对声音空间定位的主要线索。

(1) 时间差

时间差是指声源从不同方向传入两耳的时间差别。由于两耳存在着距离，当声音来自右侧方向时，右耳就比左耳先收听到声波，声源就被定位在先获得刺激的一侧。

(2) 强度差

强度差是指同一声源从不同方向传到两耳时造成的强度差别。一个来自侧面的声音到达两耳的强度由于受到头部阻挡，对侧耳朵获得的声音较弱，声源便被定位在声音较强的一侧。

(3) 声波位相差

声波位相差是指同一声源传到两耳时，在两耳造成声波位相上的不同而形成的差别。

由于同一声波在波形的不同位相处产生的压力各不相同,所以当声波在侧方时,同一时间内进入两耳的声波位相就有所不同,从而使双耳鼓膜所受到的声压产生差异,成为人辨别声音方向的信号之一。

## 三、大小知觉

大小知觉是人对物体体积大小的知觉,是靠视觉、触觉和运动觉来实现的。在视觉中,大的物体在视网膜上的视像大,小的物体在视网膜上的视像小,因此可根据视网膜上视像的大小来知觉对象的大小。根据大小—距离不变假设,人对物体大小的知觉存在恒常性。

## 四、形状知觉

形状知觉是人对物体形状的反映,是靠视觉、触觉和运动觉来实现的。人眼注视物体时,物体在视网膜上投射的形状,眼睛观察物体时沿着物体的轮廓进行运动的运动觉都给大脑提供了物体形状的信息,加上以往知识经验的作用,就形成了形状知觉。

# 第四节 时间知觉和运动知觉

## 一、时间知觉

### (一) 时间知觉的含义

时间知觉是指人对客观事物或现象延续性和顺序性的反映。时间知觉与空间知觉比较,有两点不同:一是时间知觉有时并非由固定刺激所引起;二是时间知觉没有专门的感觉器官。时间知觉有四种形式:对时间的分辨、对时间的确认、对持续时间的估计、对时间的预测。时间知觉为人把握时间进程和规划自己的活动提供了心理依据,对人的实践活动具有重要意义。

### (二) 时间知觉的线索

人总是通过某种衡量时间的媒介来反映时间的。衡量时间的媒介有外在标尺和内在标尺,它们都为人提供了关于时间的信息。

#### 1. 外在标尺

时间的外在标尺包括自然界的周期性变化和其他客观的自然现象和计时工具,如太阳升落、月亮盈亏、季节轮换等,这些周期性自然现象是人类最早用于计时的依据。在这一基础上,人类发明了时钟和日历。自然界中的其他客观自然现象也常被用来估计时间的历程,如用年轮来计算树龄、从动物牙齿估算它们的年龄等。这种通过外在现象来判断物质变化过程所经历的时间知觉称为物化时间感。

## 2. 内在标尺

时间的内在标尺是人体内部有节律的生理过程,如心跳、呼吸、消化、排泄、饥渴等。这些变化都可用于对不同长短时间的估计。人的生理节律性活动过程基本上是以 24 小时为一个周期,因此,也可把人的身体看作一个"生物钟"。

### (三) 时间知觉的特征

#### 1. 时间知觉对时间间隔判断的精确性受感觉通道性质的影响

人具有判断时间间隔精确性方面的时间知觉能力。一般来说,在这方面听觉和触觉的时间知觉较强,视觉的时间知觉较差,如视觉辨认间隔性的精度为 1/10—1/20 秒,触觉辨认的精度为 1/40 秒,而听觉辨认的精度可达 1/100 秒。

#### 2. 时间知觉存在较大的误差和个体差异

心理学研究表明,用计时器测量出的时间和人对时间的主观估计存在着差异。一般情况是对于 1 秒钟左右的时间间隔,人的主观估计最准确,短于 1 秒钟的间隔常被高估,而长于 1 秒钟的时间常被低估。时间间隔越长,人对时间的估计错误越大,同时个别差异也十分明显。由于年龄、生活经验和职业技能训练的不同,人与人之间在时间知觉方面存在着差异。例如,有经验的教师比新教师能够更准确地估计一节课的时间,专业体操运动员可以根据精确的时间知觉掌握动作的节奏。

#### 3. 时间知觉受自身活动的内容、情绪、动机、态度等因素的影响

活动内容丰富而有趣的情境,使人觉得时间过得很快,而内容贫乏枯燥的活动,则会使人觉得时间过得很慢;积极的情绪,会使人觉得时间短暂,消极的情绪会使人觉得时间很长;期待会使人觉得时间过得较慢。一般来说,一个人对持续时间越注意,就越觉得时间长;对于预期性的估计要比追溯性的估计显得长些。但是,在事后回忆时,时间知觉刚好与当时的时间估计相反,即:与有趣事件、内容丰富的活动相联系的时间,回忆时觉得长些;与厌倦事件、单调贫乏的活动相联系的时间,回忆时觉得短些。

时间知觉是在人的活动过程中发展起来的。"时间感"是人适应环境的重要组成部分,对人按时完成工作和学习任务有着重要的意义。

## 二、运动知觉

运动知觉是指人对物体在空间位移的知觉。物体的运动总是在一定时间和空间中进行的,因此,运动知觉跟空间知觉及时间知觉具有不可分割的密切关系。运动知觉包括真动知觉(人对物体真正运动的知觉)和似动知觉。

### (一) 真动知觉

真动知觉是指人对物体按特定速度或加速度从一处向另一处做连续性位移的知觉。

运动知觉直接依赖于物体运动的速度。物体运动速度太慢或太快都不能使人产生运动

知觉。例如,人不能觉察出手表上时针的移动,也不能直接觉察出光的速度。刚刚能觉察出单位时间内物体运动的最小视角范围(角速度)称为运动知觉下阈。物体运动的速度超过一定限度,人看到的便是弥漫性的闪烁。刚刚觉察出闪烁时的速度是运动知觉上阈。运动知觉的阈限是以视角/秒表示的。研究表明,运动知觉的下阈为1—2分/秒,上阈为35度/秒。

当物体运动时,人得到关于物体运动信息的一种假设是:相邻视网膜上的点相继受到刺激是运动知觉的信息来源之一。如图6-21所示,当物体从A处向B处运动时,物体在空间的连续位移,使视网膜上相邻部位连续地受到刺激,经过视觉中枢的信息加工,便产生了运动知觉。这种运动系统称为网像运动系统。神经生理学对动物视觉系统的运动觉察器进行了研究。当一个运动着的物体刺激视网膜上对运动敏感的感受野时,便激活了视觉系统高级部位的相应神经系统,从而产生运动知觉,这为解释运动知觉的生理机制提供了重要依据。

图6-21 视网膜像的运动系统　　　图6-22 头—眼运动系统

运动知觉是多种感官协同活动的结果。参与运动知觉的有视觉、运动觉和平衡觉,其中视觉起着重要作用。人在知觉时,眼睛、头部和身体也经常在运动。当人主动用眼睛追踪运动着的物体时,物体投射在视网膜上的像虽然是相对静止的,但运动知觉却依然产生。当人身体、头部和眼睛移动时,静止的物体会连续地刺激视网膜上的不同部位,但却不会引起运动知觉,这说明身体、眼睛、头部的运动觉和视网膜所提供的信息是相互联系的,它们在运动知觉中共同起作用。图6-22表明,由大脑指示眼睛运动时所产生的信号与由视网膜像所提供的信号之间有可能存在着相互抵消的作用。这种来自身体运动时肌肉的动作反馈信息,以及视网膜像信息的相互作用系统称为头—眼运动系统。

## (二) 似动知觉

似动知觉是指在一定时间和空间条件下,人把静止的物体知觉为运动,或者把没有连续位移的物体知觉为连续运动。似动知觉包括动景运动、自主运动和诱导运动。

### 1. 动景运动

动景运动是指当两个刺激物按一定空间间隔和时间间隔相继呈现时,人看到原来两个静止物体连续运动的现象。例如,用速示器在一定间隔位置上投射出两根直棒(如图6-23所示),当投射时距为60毫秒时,人会看到图6-23-A中的竖棒和图6-23-B中的横棒之

图6-23 似动现象

间的连续运动而形成了图6-23-C的样子。客观上是两个物体依次出现,而主观上却是一个物体的位置变化。这是因为当视网膜受到两直棒的刺激后,会引起大脑皮质相应区域的兴奋,在适当的时空条件下,这两个兴奋点的回路之间发生融合,因而得到"运动"的印象。电影、霓虹灯活动广告等,就是按照动景运动发生的原理制成的。

### 2. 自主运动

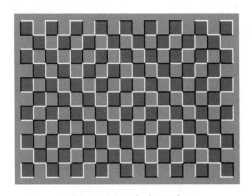

图6-24 自主运动

自主运动又称为游动运动或自动效应,指人在注视暗环境中一个微弱的、静止的光点片刻后感觉到光点在来回移动的现象。自主运动的产生与黑暗中光点失去周围空间的参照系,从而使它的空间位置不明确有关。但有人认为,自主运动是由于眼睛的不随意运动的信息使人觉得光点在运动。注视图6-24,你会感觉它在运动。另一种观点认为,自主运动是由于视野内缺乏参照物,一旦视野内出现某个参照物,自主运动即随之消失。

### 3. 诱导运动

诱导运动是指由于物体的运动使其邻近的静止物体产生运动的现象。例如,在暗室中,用幻灯在被试前面屏幕上呈现一个方形的框,框内中央有一个小方形,使框左右移动,但小方形保持静止(如图6-25所示),这时被试却觉得小方形在框内移动,而不是框在移动。同样,在晴朗的夜晚,由于浮云的运动,人会觉得月亮在移动而云朵是静止的。

世界上的物体都在不断运动中,动与不动是相对的,一个物体被知觉为运动,是与其他物体相比较而言的,这种被比较的物体称为运动知觉参照系。在没有更多参照系的情况下,两个物体中一个在运动,人就有可能把两个物体都看成是运动的。

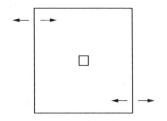

图6-25 诱导运动的实验

## 第五节 错 觉

### 一、错觉的含义

错觉是指人在某种特定条件下，对客观事物必然产生的具有固定倾向的受到歪曲的知觉。错觉不同于幻觉，它是在客观刺激作用下产生的对刺激的主观歪曲的知觉。

### 二、错觉的种类

错觉现象早在两千多年前就被人类发现了。在中国《列子·汤问》之《两小儿辩日》中就载有两个小孩争论太阳大小的故事，这连孔子也不能解答。古希腊学者亚里士多德曾描述过月亮错觉现象。

在心理学研究中所揭示的错觉现象，大多属于视错觉。视错觉是指人凭借眼睛对客观事物产生的失真或歪曲的知觉经验。常见的图形视错觉现象表明了在人的知觉中主观与客观的不一致，但是这种不一致不能归咎于观察的疏忽，而是每个人处在一定条件下必然产生的正常心理活动，个体差异只表现在错觉的程度的变化上。

错觉的种类很多，常见的有大小错觉、形状和方向错觉、形重错觉、时间错觉、运动错觉等。前两者称为几何图形错觉，一般分为以下七种。

**1. 线条横竖错觉(horizontal-vertical illusion)**

图 6-26-A 中，a 和 b 两条线段的长度相等，a 垂直于 b 线中点，看起来 a 线比 b 线长些。

**2. 缪勒—莱尔错觉(Müller-Lyer illusion)**

图 6-26-B 中，两条横线等长，区别是两端所附箭头方向不同（一个箭头方向朝内，一个箭头方向朝外），看起来箭头朝外的横线，即下面的横线较长。

**3. 奥伯逊错觉(Orbison illusion)**

图 6-26-C 中有一个正圆形和一个正方形图形，但附上相交于一点的数条线条后，看起来正圆形并非正圆，正方形并非正方。

**4. 戴勃福错觉(Delboeuf illusion)**

图 6-26-D 中有两个面积相等的圆形，在左图圆外加一个稍大一些的同心圆，结果看右边圆形时觉得比左图中的内圆稍小一些。

**5. 冯特错觉(Wundt illusion)**

图 6-26-E 中两条平行线被多个方向的直线所截时，看起来就失去了原来平行线的特征，而感到两条线向中点凹陷。

**6. 佐尔纳错觉(Zöllner illusion)**

图 6-26-F 属于视空间错觉之一，当数条平行线被不同方向的斜线所截时，看起来就失

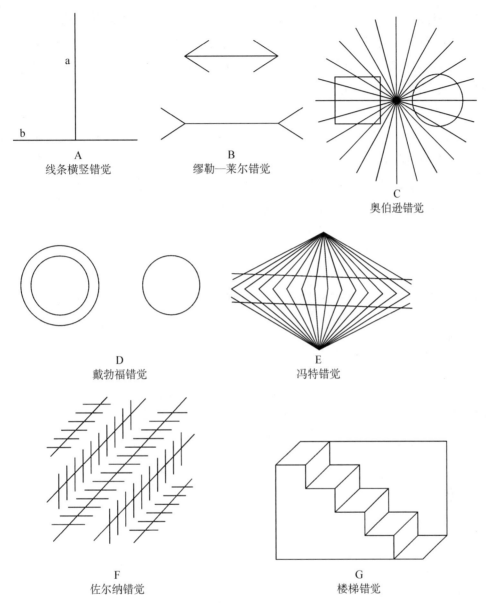

图 6-26 各种错觉现象

去了平行线的特征。

**7. 楼梯错觉(staircase illusion)**

注视如图 6-26-G 所示的图形数秒钟后,会有两种透视图形感,有时看似是正面放着的楼梯,有时则看似是倒放着的楼梯。

## 三、错觉产生的原因

错觉产生的原因有多种解释,但可归纳为以下两个方面。

一是从生理机制和功能方面解释,包括眼动理论和神经抑制作用理论,认为人的感官和大脑的神经机能参与了错觉产生的过程。例如，线条横竖错觉是由眼球沿线段从一端向另一端移动，由于眼球垂直移动比横向移动更为费力，因此同等长度的垂直线段就显得比水平线段更长些；佐尔纳错觉是由于两个轮廓彼此接近时，视网膜的侧抑制过程改变了由轮廓所刺激的细胞的活动，因而使神经兴奋分布的中心发生了变化，导致看到的轮廓发生了相对的位移，从而产生错觉。

二是从心理学方面解释，如深加工或恒常性误用理论，认为人的错觉纯属心理活动的结果，错觉的产生是误用了知觉恒常性的结果，是人当前的知觉与过去经验之间产生矛盾而做出思维推理的过程。其实在各种错觉产生的过程中，生理原因和心理原因都不可能是孤立地起作用的，而是相互影响、相互制约，共同起作用的。

## 名词解释

知觉　知觉链　知觉整体性　知觉选择性　知觉理解性　知觉恒常性　双眼视差　方位知觉　两耳距离差　时间知觉　似动知觉　错觉

## 思考题

1. 简述知觉和感觉的联系和区别。
2. 简述产生深度知觉的线索。
3. 简述听觉方位知觉的线索。
4. 简述知觉的信息加工。

# 第七章 记 忆

## 第一节 记忆概述

### 一、记忆的含义

记忆是人脑对过去经验的保持和再现。人们在生活实践中感知过的事物、思考过的问题、体验过的情感、练习过的动作等以映象的形式在人脑中保持,以后在一定条件的影响下重新得到恢复。这种在人脑中对过去经验的保持和再现的过程就是记忆。

记忆是通过识记、保持、再认或回忆三个基本环节在人脑中积累和保存个体经验的心理过程。识记是记忆过程的第一个基本环节,是指个体获得知识和经验的过程,具有选择性的特点。保持是指已获得的知识和经验在人脑中的巩固过程,是记忆过程的第二个基本环节。再认或回忆是在不同条件下恢复过去经验的过程。经历过的事物不在面前,能把它们在头脑中重新呈现出来的过程称为回忆。经历过的事物再次出现在面前,感到熟悉并能把它们加以确认的过程称为再认。既不能再认又不能回忆的现象称为遗忘,遗忘是保持的对立面。再认或回忆是记忆过程的第三个基本环节。记忆过程中的三个基本环节相互依存、密切联系。没有识记就谈不上对经验的保持,没有识记和保持,就不可能对经验过的事物进行回忆或再认。因此,识记和保持是再认或回忆的前提,再认或回忆则是识记和保持的结果,并进一步巩固和加强识记和保持的内容。

从信息加工的观点看,记忆是人脑对外界输入的信息进行编码、储存和提取的过程。对信息的编码相当于识记过程,对信息的储存相当于保持过程,对信息的提取相当于再认或回忆过程。储存在人脑中的信息在应用时不能提取或提取发生错误则相当于遗忘。

记忆作为基本的心理过程对保证人的正常生活具有重要作用。人通过感知从外界获得信息,如果不能保留就不可能获得知识和经验,就不能形成概念或进行判断和推理,也就不能适应复杂多变的客观环境。没有记忆,一个人的心理活动将总是停留在新生儿的水平,不可能有个性心理的正常发展。记忆将人的心理活动的过去、现在和未来联结成一个整体,是人的心理过程在时间上得以持续的根本保证,它使人的心理发展、知识积累和个性形成得以最终实现。

### 二、记忆的分类

#### (一) 形象记忆、情绪记忆、逻辑记忆和动作记忆

根据记忆的内容不同,可以把记忆分为形象记忆、情绪记忆、逻辑记忆和动作记忆。

**1. 形象记忆**

形象记忆是个人以感知过的事物的形象为内容的记忆。它所保持的是事物的具体形

象,具有鲜明的"直观"性,以表象的形式储存,与人的形象思维密切相关。一般人以视觉和听觉的形象记忆为主,也存在着某些触觉的形象记忆。对于视觉形象记忆或听觉形象记忆缺乏的人来说,一般就很难获得鲜明的视听表象,但这种不足往往以触觉记忆或嗅觉记忆进行补偿。

### 2. 情绪记忆

情绪记忆是个人以曾经体验过的情绪或情感为内容的记忆。引起情绪和情感的事件已经过去,但对该事件的体验则保存在记忆中,在一定条件下,这种情绪、情感又会重新被体验到。强烈的、对人有重大意义的情绪和情感保持的时间较长久并容易被再次体验。情绪记忆既可能是积极愉快的体验,也可能是消极不愉快的体验。积极愉快的情绪记忆对人的行为有激励作用,不愉快的消极情绪记忆可能降低人的活动效率。情绪记忆的性质和强度的变化,是由过去引起情绪、情感体验的事物与主体当前需要之间的关系所决定的。

### 3. 逻辑记忆

逻辑记忆是指以逻辑思维成果和逻辑判断等逻辑思维过程为内容的记忆。科学概念、公式、定理、定律等反映了事物的意义、特征、规律,以及事物之间的关系,是逻辑思维的结果。逻辑记忆是以语词为中介,为人类所特有,在学习活动中显得尤为重要。

### 4. 动作记忆

动作记忆又称为运动记忆,是个人以过去经历过的身体的运动状态或动作形象为内容的记忆。动作记忆是以过去的运动或操作所形成的表象为前提,没有运动表象就没有动作记忆。动作表象来源于对自己动作的知觉以及对他人动作和图案中动作姿势的知觉。动作记忆中的信息保持和提取都较容易,也不容易遗忘,它在人们的实践活动中起着重要的作用。

## (二) 情景记忆和语义记忆

图尔文(E. Tulving)将长时记忆分为情景记忆和语义记忆。

### 1. 情景记忆

情景记忆是个人以亲身经历的、发生在一定时间和地点的事件或情景为内容的记忆。情景记忆接受和储存的信息与个人生活中的特定事件及某个特定时间、地点相关,并以个人的经历为参照,是个人真实生活的记忆。情景记忆对应于语义记忆,但与语义记忆有重大区别。情景记忆由于受到一定时空的限制,容易受各种因素的干扰。另外,对已储存的信息的提取比较缓慢,往往需要通过努力对相关线索进行搜索。

### 2. 语义记忆

语义记忆是个人对各种有组织的知识为内容的记忆,又称为语词逻辑记忆。语义记忆是以语词所概括的事物的关系以及事物本身的意义和性质为内容的记忆。例如,概念、定理、公式和规则等。语义记忆的组织是抽象的和概括的,所包含的信息不受接收信息的具体时间和空间的限制,而以意义为参照。语义记忆对应于情景记忆。由于语义记忆的信息不易受各种因素的干扰,比较稳定,提取较迅速,因此往往不需要做明显努力的线索搜寻。语义记忆为人类所特有,与人的抽象思维密切联系,在实践活动中,随着个体的抽象思维能力的发展而不断提高。

## (三) 内隐记忆和外显记忆

根据记忆时意识参与的程度,可以把记忆分为内隐记忆和外显记忆。

### 1. 内隐记忆

内隐记忆是指在无意识情况下,个体过去的经验自动地对当前作业产生影响的记忆。内隐记忆强调信息提取过程中的无意识性,而不关注识记信息的过程。一般来说,当个体在记忆某项任务时,会不知不觉地反映出先前曾经识记的内容,说明在完成任务项目时,受到了以前学习中所获得信息的影响,或者说正是先前的学习,使其在完成当前作业时会容易些。内隐记忆在生活中屡见不鲜,例如,广告中的纯接触效应与阈下广告,以及人际交往中的印象的形成等都具有内隐记忆内容的影响。

### 2. 外显记忆

外显记忆是指个体有意识地或主动地收集某些经验来完成当前作业的记忆。外显记忆是有意识地提取信息的记忆,其特点是强调信息提取过程的有意识性,而不是信息识记过程的有意识性。外显记忆能够用语言进行比较准确的描述,即在需要的时候,可以利用自由回忆、线索回忆和再认等,将记忆中的内容表述出来。

## (四) 陈述性记忆和程序性记忆

根据信息加工处理与储存的方式不同,可以把记忆分为陈述性记忆和程序性记忆。

### 1. 陈述性记忆

陈述性记忆是对有关事件和事实性信息的记忆,例如,对于人名、地名、名词解释以及定理、定律等的记忆。陈述性记忆具有可以言传的特征,即在需要时可将记得的事实表述出来。

### 2. 程序性记忆

程序性记忆是对具有先后顺序活动的记忆。程序性记忆主要包括心智技能和动作技能两部分,它是经过个体观察学习与操作练习而习得的记忆。程序性记忆按一定程序习得,开始时比较困难,但一旦掌握便很难遗忘。如小时候学会弹钢琴,几十年以后仍然不忘,如果已经达到了纯熟程度,那么程序性记忆的信息检索会以自动化的方式进行。程序性记忆的显著特点是难以言传。从个体的发展来看,个体首先发展的是程序性记忆,例如,自幼学习的动作技能,如写字、骑车和吃饭等,都是通过练习而获得的程序性记忆。

## 三、记忆的生理机制

记忆的生理机制是一个异常复杂的问题。巴甫洛夫用暂时神经联系来解释记忆,随着科学技术的进步,人们对记忆的生理机制进行了多学科实验研究,提出了一些理论。

## (一) 记忆机能定位说

记忆机能定位说认为,大脑中存在着视觉记忆的视觉中枢、听觉记忆的听觉中枢、语言记忆的言语中枢和动作记忆的运动中枢,其例证来自临床病例的观察。加拿大著名神经外科医生潘菲尔德(W. Penfield)认为,记忆与大脑皮质的额叶和颞叶有着密切的关系。他在给脑患者施行开颅手术治疗时发现:当微电极刺激患者右侧颞叶时,会引起患者对往事的鲜明回忆,甚至"听"到了过去曾听过的歌曲,还能随着音乐节律断续哼唱出来。这被称为"诱发性回忆"。"诱发性回忆"大多是以视觉形象和听觉形象出现,而在刺激大脑皮质其他区域时则不会发生这种情况。科恩(Cohen)在给抑郁症患者脑的不同部位施以电击引起痉挛时也发现:电击患者左脑,会损害其言语记忆,但不影响形象记忆;电击患者右脑,则会损害其形象记忆,但对言语记忆影响不大。因此,他认为:言语记忆的信息可能储存在大脑左半球,形象记忆的信息可能储存在大脑右半球。

## (二) 记忆机能整体说

记忆机能整体说认为记忆是一种整合的心理现象,在大脑中并不存在单纯的记忆中枢。美国心理学家拉希莱(K. Lashley)最早对记忆机能定位说提出挑战。他通过切除动物大脑皮质的一系列实验发现,动物学习记忆的成绩与破坏大脑皮质的特定部位关系不大,而与大脑皮质被损伤部位的大小有关,破坏的面积越大,对学习记忆的影响越大,记忆丧失越严重。由此他推断,记忆的保持并不依赖于大脑皮质的精确结构部位,而是与广泛的神经细胞活动有关,是整个大脑皮质的机能。

## (三) 记忆分子学说

记忆分子学说认为记忆经验是由神经元内核糖核酸的分子结构来承担的。神经细胞的脱氧核糖核酸(DNA)是借助核糖核酸(RNA)传递遗传信息的。通过由学习引起的神经活动可以改变与之有关的神经元内部核糖核酸的细微化学结构,就像遗传经验能够反映在脱氧核糖核酸分子的细微结构中一样。

瑞典神经生物化学家海登(H. Hyden)通过训练白鼠走钢丝,然后对其进行解剖,发现白鼠脑内与平衡活动相关的神经细胞的 RNA 含量显著增加,组成成分也有相应变化,因此他认为生物大分子是记忆信息储存单元,RNA 和 DNA 是记忆信息的化学分子载体。

另外一些验证性实验表明,把抑制 RNA 产生的化学物质注入动物脑内,会使动物的学习记忆能力明显减退或完全消失,如果把促进 RNA 产生的化学物质注入动物脑内,则能提高动物的学习记忆能力,这说明 RNA 的变化是个体学习和记忆的生物基础。

对记忆生理机制的研究很多,还涉及记忆的突触生长说、反响回路说、长时程增强作用等记忆的脑细胞机制。从已有的实验结果和临床实验看,对记忆机能的定位说、整体说、分子说等,都不应该简单否定或绝对化。记忆是整个中枢神经系统的功能,是中枢神经系统不同部位参与的联合活动,但不同部位所起的作用是不同的。因此,既要从大脑皮质上宏观探讨记忆的生理机制,又要从神经元分子的微观生物化学结构上来揭开记忆的奥秘。只有这样才能够真正了解人类记忆之本质。

## 第二节 记忆过程

### 一、识记

记忆过程开始于识记。识记是保持、回忆或再认的前提。没有识记就不会有对信息的编码、储存、检索和提取。识记是一个人获得知识和经验的过程。

#### (一) 识记的种类

**1. 无意识记和有意识记**

根据识记时有无明确目的,把识记分为无意识记和有意识记。

(1) 无意识记

无意识记是指没有明确的识记目的,不需要任何有助于识记的方法,也不需要做出意志努力的识记。无意识记具有很大的选择性,凡是对人有重要意义的、与人的需要和兴趣有密切联系的、能引起较强情绪活动的事物容易被无意识记。由于无意识记不需要意志努力,因此社会环境中的各种影响往往会通过无意识记而被个体"潜移默化"地接受。由于无意识记缺乏识记的目的性,因此,识记的内容往往带有偶然性和片面性,只靠无意识记是不能获得系统的科学知识的。

(2) 有意识记

有意识记是指具有明确的识记目的,运用一定有助于识记的方法,需要做出意志努力的识记。在现实生活中,有意识记比无意识记更重要。因为人掌握系统的科学知识和技能,主要依靠有意识记。在其他条件相同的情况下,有意识记的效果远比无意识记的效果好。彼德森关于两组被试在有无识记目的的要求下学习16个单词的对比实验显示出明显的组间差异,结果如表7-1所示。

表7-1 学习16个单词的对比实验结果

| 识记性质 | 当时回忆记住的单词数 | 两天后回忆记住的单词数 |
| --- | --- | --- |
| 无意识记 | 10 | 6 |
| 有意识记 | 14 | 9 |

在有意识记中,明确识记的任务对识记的效果起着关键性作用。由于任务明确,识记活动都集中于这个任务,就能够引起人的复杂的智力活动并调动其完成任务的积极性。记忆任务的性质与记忆内容保持的长久性也有关系。实验表明:有较长期的识记任务或要求,保

持的时间就长些;相反,只有短期的识记任务或要求,保持的时间就短些。另外,不同的识记任务和要求会影响人的识记方法、进程和效果。例如,任务要求是回忆识记材料的精确性,学习者就会通过反复默读复习单个词和句子;如果任务要求是回忆识记材料的内容,那么学习者就会努力建立句子之间的意义联系,理解材料的逻辑关系。

### 2. 意义识记和机械识记

根据识记材料有无意义或识记者是否了解其意义,把识记分为意义识记和机械识记。

(1) 意义识记

意义识记是指通过理解材料的意义,把握材料内容的识记,其基本条件是识记者能理解识记材料并进行思维加工。比如,科学概念、定理、公式、历史事件和文艺作品等,在识记这类材料时,一般不会采取逐字逐句强记硬背的方式,而是先理解其基本含义,借助自己已有的知识经验,通过思维的分析和综合,把握材料各部分的特点及其内在逻辑关系,使之纳入认知结构而保持在记忆中。一个人意义识记的全面性、精确性、牢固性及迅速有效性,主要依赖于主体对识记材料理解的程度。肯斯莱(Kingsley)用三种不同识记材料比较识记的效果,结果如表7-2所示。

表7-2 三种不同材料识记效果的比较

| 识 记 材 料 | 回忆的平均数 |
| --- | --- |
| 15个无意义音节 | 4.47 |
| 15个由三个字母组成的孤立的英文单词 | 9.95 |
| 15个彼此意义相关联的英文单词 | 13.55 |

实验结果表明,在识记材料数量相等的情况下,彼此有意义且相关的英文单词识记效果最好,三个字母组成的孤立的英文单词次之,无意义音节最差。可见,意义识记涉及了两个方面:一是材料本身是否反映事物的本质及其内部联系;二是识记者所具有的知识经验及思维活动水平。只有当识记材料能被纳入学习者已有的知识系统中,学习材料才容易被记住。

(2) 机械识记

机械识记是指只根据材料的外部联系或表现形式,采取简单重复的方式进行的识记。机械识记的特点是基本上不去理解材料的意义及其相互关系,只是按照材料呈现的时空顺序进行逐字逐句的识记,平时所说的死记硬背就是指机械识记。从学习的效果看,机械识记不如意义识记,但机械识记在人们的生活、工作和学习中是必不可少的,因为学习过程中总会有一些材料对个人来说不太有意义,只得先采用机械识记。有时材料本身富有意义,但学习者一时难以理解,也只能先机械识记,随着知识经验的积累再逐步加以理解。

意义识记和机械识记是人们识记的两种基本方法,它们之间相辅相成,互相补充,意义识记要以机械识记作基础,机械识记要靠意义识记来帮助,如果能将机械识记的内容,人为地赋予其"意义",就可以大幅度地提高识记效果。教师在教学中应要求学生以意义识记为主,机械识记为辅,并善于诱导学生把这两种识记方式结合起来加以运用,以发挥它们的长处,从而提高整个记忆效果。

## (二)影响识记的因素

识记的效果受到许多因素的影响,其中识记的目的、学习者的态度、识记材料的性质和数量、对识记材料的理解程度以及识记方法等对识记的效果影响较大。

### 1. 识记的目的

有无识记目的或识记目的是否明确会影响识记的效果。目的不同,学习者在识记时对材料的组织会有所不同,这样就会影响识记的效果。

### 2. 学习者的态度

如果识记的客体成为个体智慧活动的对象或结果,那么就会激发起学习者的识记动机,使其积极地参与识记活动,对象或结果就容易被清晰地感知,就会去建立事物之间的意义联系,理解材料的逻辑关系,并与自己的知识经验相联系,从而提高识记的效果,反之,则会使识记效果降低。

### 3. 识记材料的性质和数量

识记的效果受识记材料的性质、难易程度和数量所制约。识记材料按性质不同可分为直观识记材料(实物、模型、图片等)和描述事物及现象的文字识记材料。对这些材料的识记效果因人而异。一般来说,成人对文字材料识记效果较好,儿童对直观材料的识记常优于文字材料。

另外,难易程度不同的识记材料,其记忆进程是不同的。如果识记的材料是容易的,一般开始时进展较快,后来逐步缓慢,呈现的是一条减速曲线。如果识记艰深难懂的材料,常在开始时进展较慢,后来逐步加快,呈现的是一条加速曲线。

识记材料的数量对识记效果也有很大影响。一般来说,要达到同样识记水平,材料越多,平均所用的时间也越多(如表7-3所示)。但是,如果识记的是课文内容,识记时间就依内容的逻辑结构、学习者的经验等条件而定,不只依赖于课文的字数。

表7-3 识记材料数量与识记时间

| 课文词句字数 | 识记总时间(分) | 100字平均时间(分) |
| --- | --- | --- |
| 100 | 9 | 9 |
| 200 | 24 | 12 |
| 500 | 65 | 13 |
| 1000 | 165 | 16.5 |
| 2000 | 350 | 17.5 |
| 5000 | 1625 | 32.5 |
| 10000 | 4200 | 42.0 |

#### 4. 对识记材料的理解程度

理解是识记的必要条件。理解了的材料，其识记比较迅速和牢固，这是因为它与个体已经掌握的知识及过去经验发生了内容丰富的联系。为了理解识记的材料，应该先对材料进行分析，把它的基本观点、论点、论据以及逻辑关系标示出来，然后以自己的语言加以概括并确切地叙述出来，这就是通常学习时所列的提纲。由于识记的材料经过自己的分析综合，并用自己的语言加以表述，使材料获得了明确的、有条理的逻辑关系，因此就比较容易识记和保持。

#### 5. 识记方法

识记一般有三种方法：整体识记法、部分识记法和综合识记法。整体识记法是将识记材料整篇阅读直至成诵为止。部分识记法是将识记材料一段一段阅读，到分段成诵后再合并整篇成诵。综合识记法是将整体和局部材料相结合，即先进行整体识记再进行部分识记，最后再进行整体识记直至成诵。在一项实验中，让被试分别采用上述三种识记方法记忆同一诗篇，结果如表7-4所示。

表7-4 三种识记方法识记效果的比较

| 识记方法 | 所需时间（分） | 20天后再现时平均需要提示的次数 |
| --- | --- | --- |
| 整体识记法 | 8 | 4 |
| 部分识记法 | 16 | 7 |
| 综合识记法 | 6 | 1.5 |

表7-4实验结果的数据表明，识记效果最好的是综合识记法，最差的是部分识记法。运用部分识记法由于不了解识记材料的整体内容，对材料各部分只是孤立地识记，就导致对识记内容的迅速遗忘。综合识记法比较有效，是因为利用了识记材料的内容，使互有联系的各部分的理解和识记相对容易。但以上三种识记方法的优劣并不是对所有材料都是一样的。一般说来，材料较短且具有意义联系的可采用整体识记法；材料意义联系较少，可采用部分识记法；材料有意义联系但较长又较难，则采用综合识记法的效果较好。

## 二、保持

保持是记忆过程的第二个基本环节，它以识记为前提，保持的效果在回忆或再认中得到证明和体现。

### （一）保持的特征

保持是知识经验在人脑中储存和巩固的过程。保持不仅是记忆的重要标志，也是回忆或再认的重要条件。人的知识经验经识记后，置于脑中的储存是有一定秩序和层次的，但不能理解为将文件存放在保险柜里那样一成不变。保持不是消极被动的储存过程，随着时间的推移,保持的内容会发生数量和质量上的变化,从而体现了人脑对识记材料主动加工的特点。

保持的内容在质的方面发生变化的特征一般表现为:记忆内容中不甚重要的细节部分趋于消失,而主要内容及显著特征能较好地保持,从而使记忆内容简略、概括和合理。另一方面,记忆内容中的某些特点和线索有选择地保留下来,同时增添某些特征,使记忆内容成为较易理解的"事物"。

记忆内容的质的变化,常常受到个人知识经验、心向、动机等因素的影响。英国心理学家巴特莱特(F. C. Bartlett)采用图画复绘的方法来测验记忆质变的情形(如图7-1所示)。图

图7-1 记忆过程中图形的变化

中左边为刺激图形,先给被试中的第1个人看,隔半小时后要求他凭回忆将图绘出,再将他所绘的画给第2个被试看,隔半小时后同样让其凭回忆将所看到的图绘出,然后把他绘出的图给第3个被试看,如此依次进行直到第18个被试。图中垂直线右边的八个图形,就是实验中第1、2、3、8、9、10、15、18个被试所绘的图形。从这些图形可以看到,从第1个被试识记回忆绘出的枭鸟,到第18个被试回忆绘出的猫的图形,记忆内容发生了质的变化。卡密克尔(L. Carmichael)等人也做了一项被视为经典的研究。实验中要求被试在短时间内观看如图7-2所示的中间的一系列图形。其中一组被试在看图形的同时会听到左边图形的名称,另一组被试在看图形的同时听到的是右边图形的名称,图形呈现完毕后要求两组被试绘出所看到的图形。结果有大约四分之三的被试把原图形画成了不同的东西,其差异取决于他们

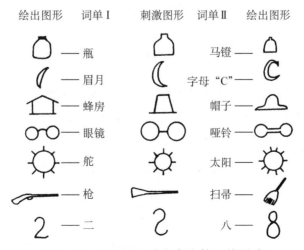

图7-2 再现图形受左右定势词的影响

所听到的图形的名称。该实验证明心理定势对记忆的保持产生了一定的影响。除了记忆中形象的内容在保持过程中会发生质的变化外,文字材料的保持也会发生这种变化。

保持的内容在量方面的变化会显示出记忆恢复现象。记忆恢复是指在一定条件下,个体学习后过几天的保持量比学习后立即测得的保持量要高的记忆现象。一般来说,记忆的内容会随着时间的推移而减少,有时还会出现刚识记后就不能回忆出来的现象。记忆恢复现象是指在经过了一段时间后,记忆内容会在记忆中再现出来,而且恢复和再现得要比刚识记后稍好些,这种记忆恢复现象在学习有意义的材料时表现得最为明显。记忆恢复现象是由美国心理学家巴拉德(P. B. Ballard)在1913年发现的。在实验中,他让一些12岁左右的学生在15分钟内识记一首诗,学习后立即测验其保持量,并把学生回忆出的平均数定为100%。然后间隔第1、2、3、4、5、6天后再进行保持量的测量。结果是识记后即刻回忆的成绩不如过了两三天后的回忆成绩好,而在这期间儿童并没有进行复习(如图7-3所示)。继巴拉德后,许多人重复了类似实验均取得了大致相同的结果。研究表明:记忆恢复现象儿童比成人表现得更为普遍;学习较难的材料比学习较容易的材料时表现得更为明显;学习程度较低时比学习纯熟时更易出现;记忆恢复的内容大部分处于学习材料的中间部分。其原因可能是在识记材料的过程中产生了抑制累积作用,影响即刻回忆的成绩,而经过充分休息后,抑制得到解除,因此回忆成绩有所上升。

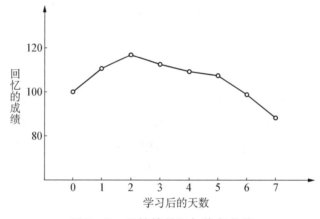

图7-3 巴拉德的记忆恢复曲线

保持量的变化最明显的是随着时间的推移,保持的量日趋减少,其中一部分会回忆不起来或回忆发生错误,这种现象就是遗忘。

## (二) 记忆测量

保持量的测量方法是研究记忆的主要方法之一。

### 1. 常用记忆测量方法

(1) 回忆法

回忆法又称再现法,指在记忆测量中,被试原来学习或识记过的材料不呈现在其面前,要求被试把学习过的材料复述或默写出来,然后把被试回忆的结果与原材料加以对照,以此了解其保持量。回忆法是记忆测量中最常用的方法之一,此法既可测量短时记忆,也可测量长时记忆。回忆法测得的保持量以正确回忆项目数的百分比为指标。计算保持量的公式如下:

$$保持量 = \frac{正确回忆的项目量}{原来学习的项目量} \times 100\%$$

（2）再认法

再认法是用以比较和测量记忆保持的方法,同时也是探索记忆本质的重要手段之一。在测量时,把数量相等的识记过的材料和没有识记过的材料打乱混合在一起,然后按照随机方式向被试呈现,要求被试区分识记过的材料和没有识记过的材料,如果是识记过的就回答"是",没有识记过就回答"否"。计算保持量的公式如下:

$$保持量 = \frac{(认对数 - 认错数)}{呈现材料的总数} \times 100\%$$

（3）节省法

节省法又称重学法,是在记忆测量中,当被试不再能够把原来识记的材料完全准确无误地回忆出来时,要求被试对原来识记过的材料进行重新学习,以达到原来学习的程度,然后根据初学和再学两次所用的时间或次数来计算被试的保持量,即用两者的差来表示重新学习时节省的数量。节省法的计算公式如下:

$$保持量 = \frac{(初学时间或次数 - 再学时间或次数)}{初学时间或次数} \times 100\%$$

（4）重建法

重建法又称重构法,指在记忆测量中,要求被试再现学习过的刺激次序。这种测量方法既适用于文字测验材料,也适用于形状、颜色或其他非文字记忆测验材料。具体步骤是:把若干刺激材料按一定次序排列呈现给被试,然后把材料的排列顺序打乱,要求被试按照原来呈现的刺激次序重新排列出来。重建法的记分以被试重建的次序与原来材料排列次序之间相符合的程度为依据,可以采用斯皮尔曼等级相关法进行计算,具体公式如下:

$$r_R = 1 - \frac{6\sum D^2}{N(N^2 - 1)}$$

$r_R$ 为斯皮尔曼等级相关系数,D 为重建次序与原来次序的差数,N 为记忆材料的个数。

### 2. 内隐记忆测量方法

内隐记忆研究是记忆研究方法上的突破,它同一般记忆研究方法不仅在具体程序上不一样,而且在研究本质上也存在着不同特点。迄今为止,基于实验性分离范式的研究方法是内隐记忆研究的主要方法。实验性分离研究的程序是:比较两个测验,它们所包含的记忆加工过程相同,因此这两个测验结果不会出现实质性分离。如果这两个测验结果出现了差异,则说明两个测验所包含的加工过程可能不一样,是实质性分离。实验性分离范式在记忆研究中的具体形式有任务分离和功能分离,其记忆效果的测量方法分为直接测验和间接测验。在测验阶段,如果需要被试有意识地利用学习阶段所学材料来完成当前任务的测验是直接测验,如回忆或再认;控制条件使被试不能有意识地利用学习阶段所学材料来完成当前任务的测验是间接测验。从测验程序层面看,直接测验和间接测验的不同在于测验指导语不同。满足以下两个条件的测验是间接测验:第一,测验任务包含学习材料中的项目,或者两者之间存在某种关联,例如语音、语义或形状相似等;第二,在测验时,控制条件使被试意识不到测验材料和学习材料之间所存在着的某些联系,并且不有意去运用学习材料中的信息来完成当前的测验。常见的间接测验有词汇辨认、词干补笔、残词补缺和偏好判断等。

### 3. 元记忆测量方法

元记忆是指个体对自己记忆的认知,包括对记忆内容、记忆功能的认知和评价,以及对记忆的监控。元记忆的测量方法可分为两大类:独立测量和一致性测量。独立测量是指对个体所具有的各种元记忆知识的测量,如个体对记忆容量、任务特征、记忆策略以及记忆之间相互作用的知晓程度等的测量。其具体方法包括谈话法和非言语技术等。一致性测量是指对记忆监控的测量,或者是对个体监控记忆过程的能力进行评价。它一般要求个体对自己所要进行或已经进行的记忆任务的成绩做出某种估计,然后与实际成绩相比较,两者的一致性程度表示个体对自己记忆过程的监控情况。

## (三) 遗忘及其影响因素

记忆内容和数量上最明显的动态变化是遗忘。遗忘是保持的对立面,没有保持就无所谓遗忘,保持中的信息的丧失意味着遗忘的出现。

遗忘是指识记过的内容不能再认与回忆或是错误地再认与回忆。信息加工的观点认为,遗忘是信息提取不出来或提取出现错误。

遗忘分为暂时性遗忘和永久性遗忘。暂时性遗忘指已转入长时记忆中的内容一时不能被提取,但在适宜条件下还可恢复。例如:一时写不出经常使用的字;遇到熟悉的朋友,话到嘴边叫不出对方的名字,这被称为舌尖现象(tip-of-the-tongue phenomenon,简称 TOT)。永久性遗忘指识记过的材料,不经重新学习不能再行恢复的现象。遗忘也是巩固记忆的一个条件,如果一个人不遗忘那些不必要的内容,以减轻大脑的记忆负荷,要记住和恢复必要的材料是困难的。

### 1. 艾宾浩斯的遗忘曲线[①]

对人类记忆和遗忘现象进行实验研究的创始人是德国心理学家艾宾浩斯(H. Ebbinghaus)。他在记忆实验中创编了无意义音节[②]字表为实验材料和重学法(又称节省法)的统计处理方法。实验目的是探讨识记后保持量的变化规律。他自己既当主试又当被试做

---

① 艾宾浩斯遗忘曲线又称为艾宾浩斯保持曲线。
② 无意义音节是由两个辅音和一个元音组成,如 YIC、CEX、GAW、HUZ 等。

了一系列实验。每次识记8组,每组13个无意义音节字表,每次识记到连续两次无误地背诵为止,经过一定时间(7种不同的时距)后进行回忆,当有些音节不能恢复时,再重学这些音节,达到和第一次识记后相同的恰能背诵的标准,以重学比初学节省诵读时间的百分数作为保持量的指标。实验结果如表7-5所示。

表7-5 学习无意义音节后的保持量

| 时距(小时) | 重学节省(%) | 遗忘数量(%) |
| --- | --- | --- |
| 0.33 | 58.2 | 41.8 |
| 1 | 44.2 | 55.8 |
| 8.8 | 35.8 | 64.2 |
| 24 | 33.7 | 66.3 |
| 48 | 27.8 | 72.2 |
| 6×24 | 25.4 | 74.6 |
| 31×24 | 21.1 | 78.9 |

将实验结果绘成曲线图(如图7-4所示),就是被广泛引用的经典的遗忘曲线。图中曲线表明,学习后的不同时间里的保持量是不同的,即遗忘的发展是不均衡的,在识记后的短时间内遗忘比较快、比较多,以后保持量渐趋稳定地下降,到达某一时间点后几乎不再遗忘,表明遗忘变量与时间变量之间的关系,即遗忘是时间的函数,揭示了人类遗忘的规律是"先快后慢"。艾宾浩斯的遗忘曲线是根据

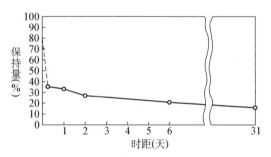

图7-4 艾宾浩斯的遗忘曲线
(根据艾宾浩斯1885年的实验数据绘制)

记忆无意义音节的实验结果绘制的,它是否具有普遍意义呢?为此,许多研究用不同的识记材料、不同的检查保持量的方法进行了大量实验研究。1922年我国著名心理学家陆志韦让20名被试识记12个无意义音节字表,用再认、重学、重组材料、自由回忆和预期回忆五种方法检查保持量。结果表明,除再认法检查保持量下降缓慢外,其余四种方法得出的遗忘曲线均与艾宾浩斯的遗忘曲线基本一致(如图7-5所示)。我国著名心理学家曹日昌用不同性质的识记材料得到的实验结果表明,熟记了的形象材料(如诗歌)、有意义的语文材料,比无意义的材料遗忘得慢,保持得更好些。如果学习的程度相等,各种材料的遗忘曲线如图7-6所示。戴维斯(Davis)和莫尔(Moore)认为,保持量的多少要视识记材料的性质,即遗忘曲线的形状是以学习材料的性质为转移的,有意义材料和无意义材料的遗忘曲线存在着一定差异(如图7-7所示)。

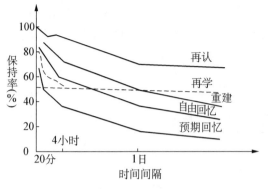

图 7-5　不同方法测得的遗忘曲线
（引自陆志韦，1922）

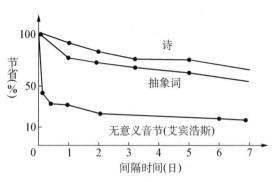

图 7-6　不同性质材料的遗忘曲线
（引自曹日昌，1963）

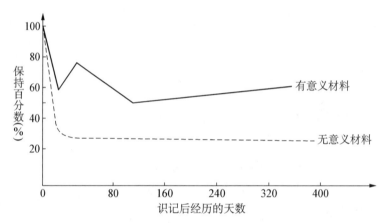

图 7-7　有意义材料和无意义材料的遗忘曲线

### 2. 影响遗忘的因素

遗忘的进程不仅受到时间和识记材料性质因素的影响，也受到其他因素的制约。

（1）识记材料的意义和作用

识记材料的意义和作用对遗忘进程有很大影响，人对无重要意义、不感兴趣、不符合需要、在工作和学习中不占主要地位的识记材料最先遗忘，保持最差。

（2）识记材料的数量

一般来说，识记材料的数量越大，识记后的遗忘也越多。有实验表明，识记 5 个材料的保持率为 100%，10 个材料的保持率为 70%，100 个材料的保持率为 25%。即使是有意义的识记材料，当识记量增加到一定数量，它的遗忘速率也会接近于无意义识记材料的遗忘曲线。

（3）学习程度

学习程度是指在学习过程中正确反应所能达到的程度。一般来说，学习程度越高，遗忘越少，但过度学习达 150% 时保持的效果最佳。过度学习是指学习后的巩固水平超过其刚能背诵的程度。例如，学习某材料 20 遍后能正确无误地背诵，这 20 遍的学习程度为 100%，此时再继续练习10遍,这多加的学习就是过度学习。低于或高于150%的过度学习程度,都会降低记忆效果。

(4) 识记材料的序列位置

识记材料的序列位置不同,遗忘发生的情况也不一样。一般是材料中的首尾内容容易记住,不易遗忘,而中间部分则很容易遗忘。在一项以68名大学生作为被试的研究识记材料序列位置对保持的影响的实验中,让被试学习三种材料,被试读一遍后即测验其记忆效果,实验表明识记材料的首尾部分比中间部分记忆效果好,这在无意义音节的识记材料方面表现得特别明显(如表7-6所示)。许多研究表明,记忆效果最差的并不是在识记材料的正中间部分,而是在中间稍偏后的部分,这可能是由于受前面部分的抑制较多,联系较弱,又较多地受到后面部分的抑制。

表7-6 识记材料序列位置对保持的影响

| 记住人数<br>材料内容 \ 材料序列 | 1 | 2 | 3 | 4 | 5 | 6 | 7 | 8 | 9 | 10 | 11 | 12 | 13 | 14 | 15 |
|---|---|---|---|---|---|---|---|---|---|---|---|---|---|---|---|
| 15个无意义音节 | 56 | 35 | 24 | 22 | 24 | 8 | 12 | 9 | 6 | 3 | 7 | 3 | 18 | 26 | 51 |
| 15个彼此不相关联的英文单词 | 65 | 68 | 45 | 37 | 58 | 18 | 44 | 32 | 36 | 15 | 46 | 31 | 49 | 49 | 58 |
| 15个意义相关联的英文单词 | 66 | 68 | 67 | 54 | 67 | 58 | 59 | 58 | 58 | 56 | 52 | 52 | 62 | 52 | 62 |

(引自金斯利,1957)

### 3. 遗忘的原因

(1) 记忆痕迹消退说

记忆痕迹消退说强调生理活动过程对记忆痕迹的影响,认为遗忘是记忆痕迹得不到强化而逐渐减弱,以至最后消退的结果。巴甫洛夫的条件反射理论认为,记忆痕迹是人在进行感知、思维、情绪和动作等活动时大脑皮质上有关部位所形成的暂时神经联系,联系形成后在神经组织中会留下一定的痕迹,痕迹的保持就是记忆。在有关刺激的作用下,会激活痕迹,使暂时神经联系恢复,保持在人脑中的过去经验便以回忆或再认的方式表现出来。有些没有被强化的痕迹,随着时间的推移而逐渐消退造成遗忘。记忆痕迹消退说目前还没有得到有力的实验证明,但它的解释接近于常识,正像某些物理、化学痕迹也会随时间推移而消失一样,很容易为人们所接受。

(2) 干扰抑制说

干扰抑制说认为遗忘是在学习和回忆之间受到其他刺激干扰的结果,一旦排除了这些干扰,记忆就能够恢复。

干扰抑制说的最初研究是睡眠对记忆的影响。詹金斯(J. G. Jenkings)和达伦巴希

(K. M. Dallenbach)在一项实验中,让两名被试识记无意义音节字表,要求达到一次能正确背诵的程度。然后让一名被试入睡,另一名被试继续日常活动。分别在1、2、4、8小时后,让被试回忆学习过的材料,结果如图7-8所示:入睡的被试回忆成绩比继续活动的被试回忆成绩要好,这说明遗忘不是由于时间流逝自然消退的,而是在清醒状态下,大脑的继续活动,即日常活动干扰抑制了其对原先学习材料的回忆。

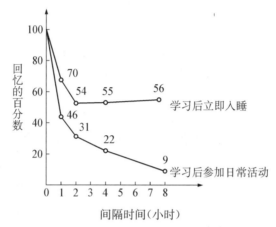

图7-8 睡眠与清醒状态下活动对记忆的影响

干扰抑制说最明显的证据是前摄抑制和倒摄抑制。前摄抑制是指先前的学习与记忆对后继学习与记忆的干扰作用。为了检验前摄抑制的干扰作用,一般采用以下实验程序进行(如表7-7所示):如果实验组的回忆成绩低于控制组的回忆成绩,说明先学习的A材料对后学习的B材料的识记或回忆产生了干扰作用。安德伍德(Underwood)的实验发现,在学习无意义音节字表前有过大量练习的人,经24小时后的测验显示,只记住所学会字表的25%,而以前没有过这种练习的人,则能记住同一字表的70%,说明了先前活动对当前学习产生了很强的干扰作用。

表7-7 前摄抑制实验设计程序

| 实验组 | 控制组 |
| --- | --- |
| 学习A材料 | 休息 |
| 学习B材料 | 学习B材料 |
| 回忆B材料 | 回忆B材料 |

倒摄抑制是指后继的学习与记忆对先前学习材料的保持与回忆的干扰作用。为了检验倒摄抑制的干扰作用,一般采用以下实验程序,如表7-8所示。如果实验组的回忆成绩低于控制组,说明了后学习的材料对先学习的材料的保持和回忆产生了干扰。实验表明,倒摄抑制干扰作用的强度受前后所学两种材料的性质、难易程度、时间的安排和识记的巩固程度等条件的制约。如果前、后学习的材料相同,后继的学习则是复习,不会产生倒摄抑制。若前、后

学习的材料完全不同,倒摄抑制的作用则最小。前后所学材料相似但不相同时,最容易发生混淆,倒摄抑制作用也最大。先学习的材料的巩固程度越低,受倒摄抑制的干扰越大;反之,则越小。如果恰在回忆 A 材料前学习 B 材料,则倒摄抑制的影响最大;学习 A 后立即学习 B 材料,倒摄抑制的影响次之;在学习 A 材料后和回忆 A 材料前有一时间间隔学习 B 材料,倒摄抑制的影响较小。

表 7-8 倒摄抑制实验设计程序

| 实验组 | 控制组 |
| --- | --- |
| 学习 A 材料 | 学习 A 材料 |
| 学习 B 材料 | 休息 |
| 回忆 A 材料 | 回忆 A 材料 |

前摄抑制和倒摄抑制一般是在学习两种不同的但又彼此相似的材料时产生的。但学习一种材料的过程也会出现这两种抑制现象。如学习一个较长的句子或一篇文章,往往总是首尾部分记得好,不易遗忘;而中间部分识记较难,也容易遗忘。这是因为起始部分没有受到前摄抑制的影响,末尾部分没有受到倒摄抑制的影响,而中间部分则受到了两种抑制的影响和干扰。

(3) 动机性遗忘说

动机性遗忘说又称为压抑说,认为遗忘是某种动机的压抑所致。弗洛伊德把记忆和遗忘看作是个人维护自我的动态过程,认为人们常常压抑早年生活中痛苦的记忆以避免这种记忆可能会引起的焦虑或不安。这种经验难以回忆:既不像记忆痕迹消退说所述的痕迹消退所造成,也不像记忆干扰抑制说所述的学习材料之间的相互干扰所造成。通过某种方式,如催眠或自由联想等是能够恢复这种被压抑的记忆的。已有实验表明,回忆中涉及愉快经验的约占55%,不愉快的约占33%,平淡的约占12%,可见对不愉快事件的回忆明显少于对愉快事件的回忆。根据动机性遗忘说,如果能消除个体压抑回忆的原因,消除记忆材料(或事件)与消极情绪之间的联系,就能克服遗忘现象。

(4) 线索依赖性遗忘理论

线索依赖性遗忘理论是与痕迹消退说相反的观点,该理论认为遗忘不是由于痕迹的消退,而是检索困难所致。图尔文对线索依赖性遗忘理论和痕迹消退说做了重要的区分。他认为遗忘有两种可能性:一种可能是信息从记忆系统中消失了,这是痕迹消退说的观点;另一种可能是信息仍存储在记忆系统里,只是不能被提取出来,这是线索依赖性遗忘理论的观点。近年来有关神经可塑性的研究,尤其是图尔文等人关于内隐记忆的研究,为线索依赖性遗忘理论提供了证据,许多研究者认为这是长时记忆产生遗忘的主要原因。

**4. 有效组织复习**

我国古代教育家、思想家孔子提出"学而时习之"的学习格言,复习是记忆之母。根据遗忘发展的规律,有效的复习应该做到以下五点。

(1) 及时复习

遗忘的规律是先快后慢,因此复习必须及时。遗忘往往是在识记后不久就很快、大量发生,因为此时新学习的材料在脑中建立的神经联系还不巩固,记忆痕迹较容易衰退,及时复习可以阻止学习后立即发生的急速遗忘。复习具有强化联系的作用,使即将消失的、微弱的痕迹重新强化而变得清晰并在脑中巩固下来。复习还具有促进理解的作用,使学习的内容条理化、系统化,通过及时复习可以把它们纳入认知结构中长久保存。

(2) 合理分配复习时间

正确分配复习时间是复习获得良好效果的条件,它可以连续进行,即集中复习,也可以按一定时间间隔进行,即分散复习。复习时,时间过分集中,容易出现抑制积累,过于分散,容易发生遗忘,都不利于学习材料的巩固。时间分配要合理,但如何分配才算合理并没有统一的模式,因为它取决于许多条件。一般来说,识记有意义材料时,最初识记时间应该相对集中些,以后间隔时间可逐渐延长;机械识记的材料和技能学习,分散练习优越性比较明显;对感兴趣的学习材料,应该集中学习,相反在学习材料难、缺乏兴趣以及容易疲劳的情况下,则以分散学习为宜。

(3) 试图回忆与反复阅读相结合

复习时单纯重复阅读效果并不佳,应该在识记材料还没有完全记住前就积极地试图回忆,当回忆不起来时再阅读,这样容易记住,保持的时间长,错误也少。

(4) 动员多种感官进行多样化的复习

复习并不等于单纯重复。单调的复习方法容易使人产生消极情绪和疲劳。动员多种感官进行多样化的复习可使人感到新颖,容易激起进行智力活动的积极性,使复习材料与原有知识之间建立多种联系,以便更牢固地保持。

(5) 活动有助于记忆

使识记对象成为人的活动对象或活动结果时,可以激发起人的活动积极性,记忆效果会明显提高。

## 三、再认

### (一) 再认的含义

再认是记忆过程的第三个基本环节之一,是指经验过的事物再次出现,感到熟悉并能识别和确认的过程。

人的再认过程是知觉分析和记忆检索的连续加工的统一体。人在识别某一对象时,一方面,要对它进行知觉分析;另一方面,还要利用已有的知识经验,即检索或提取记忆中所储存的有关信息,对知觉到的事物的各种特征进行对照比较,经过多层次的连续检验,最后才完成再认。这种通过逐层检验达到对事物再认的程序,称为"初级知觉和记忆程序"

(elementary perceive and memorizer program,简称 EPAM 程序)。可见,再认过程包含知觉、回忆、比较、验证等一系列认知活动。

再认的速度和准确性主要取决于以下两个条件:一是对事物识记的巩固程度,保持越巩固,再认就越容易,反之则越困难;二是当前的事物与以前经验过的事物的相似程度。事物是发展的、变化的,再认过程中要依靠各种有关线索,如事物的结构、属性、特点等,事物线索如果变化不大,就可能再认,一旦事物线索发生了很大变化,再认就变得相当困难。

错误的再认表现为以下两个方面:一种是不能再认,即对以前经验过的事物完全不能认出;一种是错误的再认,指由于识记不巩固、不精确,原有的联系消失或受到干扰,把没有经验过的事物错认为经验过的事物,造成"张冠李戴",或者经验过的事物未能精确分化而发生错认,如丁、才、木等。有实验表明,场合因素在再认过程中也起着一定作用(如图 7-9 所示)。实验程序是先让被试看图中上面一对面孔图形,要求记住右边那个。当进行再认测验时,要求再认的面孔图形边上或配以原来的场合图,或配以新的场合图,结果是配以原来的场合图的再认成绩最好。

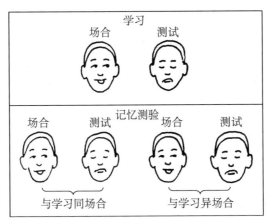

图 7-9 场合因素在再认中的作用

## (二) 再认的种类

再认可以分为以下两种类型。

**1. 根据再认时有无目的和是否需要意志努力,把再认分为无意再认和有意再认**

无意再认又称不随意再认,是指当再认的事物明确、清晰、完整或与经验中保持的内容一致时,几乎是无意识的、自动化的、在极短时间内的确认。有意再认又称随意再认,是指当再认的事物不够明确、清晰、完整或与经验中保持的内容不太相符时,需要意志努力来进行的识别或确认。

**2. 根据再认内容的范围与程度,把再认分为完全再认和不完全再认**

完全再认是指对重新出现在面前的事物的全面确认,包括对内容及其内在关系的再认。不完全再认则指对当前呈现的事物仅有熟悉感,不能达到前者的程度和范围的再认。

## 四、回忆

### (一) 回忆的含义

回忆又称为再现或重现,指过去经验过的事物不在面前时,能在人脑中重新呈现并加以确认的记忆过程。回忆是记忆过程的三个基本环节之一。回忆并不是简单机械地恢复过去已有的映象,它包括对记忆材料的一定加工和重组过程。回忆是人脑对过去经验的重现,但它并不是消极被动地像照相似的简单重现原有的全部经验。回忆随着人的活动任务、兴趣、情绪状态、认知结构的变化而有所变化。因此,从回忆的一般过程来看,人在回忆时常要动员有关经验,经"筛选"后找到所需要的经验,记忆是在有关经验中建立联系,而回忆则要依靠许多联系加以重现,联系越丰富、越系统化,回忆就越容易、越正确,反之则会越困难。

回忆是人脑中暂时神经联系的恢复,一种经验经常和多种有关经验相联系。不同的联系既可以相互促进,回忆起需要的经验,也会相互干扰,使需要回忆的内容不能很快地重现。当多种联系相互干扰时,回忆的时间就会延长。这可以用负诱导的规律加以解释。当大脑皮质上的有关区域发生兴奋,其周边邻近区域就会处于相对抑制状态。在这种情况下,由于抑制作用,可能一时回忆不起所需要的经验,此时若暂停回忆,使大脑皮质上相关区域的兴奋性降低,由于正诱导的作用,周边邻近区域的兴奋性提高,所需要的经验就可能会较容易地在大脑中重现。

### (二) 回忆的种类

#### 1. 有意回忆和无意回忆

根据回忆时有无目的和意志努力,回忆可分为有意回忆和无意回忆。有意回忆是指有预定回忆意图和目的,有意识地搜索和复现过去形成的映象。由于有意回忆有一定方向,有时映象较容易复现,但有时由于受到干扰则需要做出一定的意志努力。根据有关线索,使用一定策略,通过推论和探索,在意志努力下完成映象复现的有意回忆称为追忆。无意回忆是指没有明确回忆意图或目的,映象是按照联想原则自然而然地被提取或复现。例如,一件往事偶然涌上心头,浮想联翩或触景生情。无意回忆的内容往往不连贯、不系统。

#### 2. 直接回忆和间接回忆

根据回忆时是否借助中介性联想,回忆可分为直接回忆和间接回忆。直接回忆是指由面前的事物直接唤起了脑中已有的经验。例如,对十分熟悉的外语单词,通常是通过直接回忆表现出来。间接回忆是指通过一系列中介性联想才能唤起脑中已有的经验,这种回忆需要一定的意志努力才能实现。

### (三) 联想

联想是指由一事物想到与之在空间和时间上接近,在外部特征或意义上相似或相反的事物的心理活动。回忆常常以联想的形式出现。联想的形成和充分利用也是提高记忆效果的有效方法。一般把联想分为简单联想和复杂联想两大类。接近、对比和类似是人脑对事物外部关系的联想，属于简单联想。原因与结果、部分与整体、类与种、主与次等事物内在关系的联想属于复杂联想，也称为意义联想。

### 1. 接近联想

接近联想是指由一种经验想到在时间或空间上与之相近的另一种经验。例如，秦汉、魏晋南北朝是时间上的接近；京津、沪杭是空间上的接近。接近联想是很普遍的联想现象，运用接近联想可以加强识记和引起回忆。

### 2. 对比联想

对比联想是指由一种经验想到与之有相反性质或特点的另一种经验。例如，由黑暗想到光明、由炎热想到寒冷、忆苦而思甜等。在学习和记忆中运用对比联想可以提高学习效率和促进记忆。

### 3. 类似联想

类似联想是指由一种经验想到与之有相似性质或特点的另一种经验。例如，由春天想到繁荣、由战斗英雄想到英勇不屈、由傲霜腊梅想到坚贞不屈等。在学习中，运用类似联想可以提高识记和回忆的广度与深度。

### 4. 因果联想

因果联想是指由一种经验想到与之有内在关系的另一种经验。例如，由火想到热、由久旱之后的雨水想到丰收等。因果联想表现了人的复杂的思维活动。

客观事物之间是相互联系的，事物之间的不同关系反映在人脑中就形成了各种不同的联想。形成大量联想和充分利用联想是提高记忆效果的有效方法，但它受到以下两方面因素的影响：一是联系的强度，它取决于刺激的强度、联系的次数以及联系形成的时间；二是人的心向和兴趣，即人的活动任务、对某事物的兴趣程度、当时的情绪状态等。

## 第三节 记忆系统和记忆的组织

### 一、记忆系统

在记忆过程中，从信息输入到信息提取所经过的时间间隔不同，信息的编码方式也不相同，根据这些特点，把记忆分为三个阶段或三个子系统，即感觉记忆系统、短时记忆系统和长时记忆系统，可用记忆信息三级加工模型表示（如图 7-10 所示）。

外界信息通过感觉器官时，按输入信息的感觉痕迹形式被登记，它包括感觉登记、图像登记和声像登记等，这是感觉记忆系统。信息在此保持的时间短暂，一般不超过 2 秒钟，其中一部分信息受到注意进入短时记忆系统，如果信息极为强烈深刻，也会一次性直接进入长时记忆系统，称为"闪光灯记忆"。但是，如果感觉记忆中的信息未被注意，则会很快减弱、消

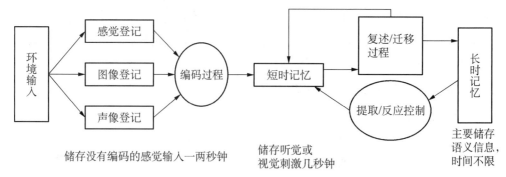

图 7-10 记忆信息三级加工模型

失。短时记忆系统中的信息主要来自感觉记忆系统,也有来自长时记忆系统的信息,当某人需要运用经验、规则来加工信息时便从长时记忆系统中提取,提取出的信息回溯到短时记忆系统,帮助短时记忆系统对信息进行有意识的加工。短时记忆系统中的信息经过复述后进入长时记忆系统得到长久保存。感觉记忆、短时记忆和长时记忆是记忆系统中三个不同的信息加工阶段,尽管它们在信息的保持时间、记忆的容量、信息编码方式以及信息存储与遗忘机制方面都不相同,但它们不是非此即彼的记忆种类,而是相互联系、相互作用、密切配合地对信息进行加工处理的记忆系统。

## (一) 感觉记忆

### 1. 感觉记忆的概念

感觉记忆又称感觉寄存器或瞬时记忆,是指感觉性刺激作用后仍在脑中继续短暂保持其映象的记忆,它是人类记忆信息加工的第一个阶段,后像是感觉记忆的例子。各种感觉器官通道都存在着对相应适宜刺激的感觉记忆,它是一个对信息"自动"进行输入的过程。但并非所有感觉器官接收到的刺激都全部"登记"在感觉记忆中,而是具有某种选择性。在感觉记忆中的信息,既依赖于客观事物本身的特点,也依赖于人的主观心理因素。

感觉记忆的信息是以感觉痕迹的形式被登记下来的,具有以下三个基本特点。

第一,进入感觉记忆中的信息完全依据它所具有的物理特征进行编码,并以感知的顺序被登记,具有鲜明的形象性。

第二,进入感觉记忆中的信息保持时间很短暂。图像记忆保持的时间在 1 秒左右,声像记忆虽超过 1 秒,但不长于 4 秒,它为感觉记忆保持高度的效能提供了基本条件,若信息不能在感觉记忆中瞬间登记或急速消失,就会同不断输入的新信息相互混杂,从而丧失对最初信息的识别。

第三,感觉记忆的容量由感受器的解剖生理特点决定,进入感官的信息几乎都能被登记。但感觉记忆痕迹很容易消退,只有当被登记了的信息受到特别的注意,才能转入短时记忆,否则就会很快衰退而消失。

### 2. 感觉记忆中的信息储存

心理学对感觉记忆的研究多以视觉与听觉的感觉记忆为主。

(1) 视觉登记

视觉登记又称为图像记忆或图像储存,是指当作用于眼睛的图像刺激消失后,视像在视觉通道内被登记并保留瞬间的记忆。一般来说,视觉登记可将感觉信息存储几百毫秒,保持感觉信息的直接编码形式,具有鲜明的形象性,其容量至少有9个项目或更多。

美国心理学家斯波林(G. Sperling)创设部分报告法,证明了感觉记忆系统的存在。他用速示器在很短时间内向被试呈现数字或字母卡片,刺激终止后,让被试把每次看到的数字或字母尽可能多地报告出来,以此来计算记忆成绩。实验中他巧妙地改变了实验程序,从而把被试报告的与他所看到的数字或字母加以区分,这种实验方法称为部分报告法,方法是用速示器以每张50毫秒的速度呈现一张随机排列着12个辅音字母的卡片,字母分上、中、下3行,每行4个字母(如表7-9所示)。在视觉刺激终止后,马上向被试发出随机出现的高、中、低音调中的一种,要求被试在听到高音调信号时,立即报告最上面的一行字母,听到中音调或低音调信号时,就报告中间或最下面的一行字母。

表7-9 斯波林部分报告法实验程序

| 字母卡 | 字母呈现后立即发出的音调 | 被试根据音调信号报告字母 |
| --- | --- | --- |
| JQBL | 高音调 | 第一行 |
| MXRG | 中音调 | 第二行 |
| SYCT | 低音调 | 第三行 |

实验结果表明,如果发出的音调信号恰好在字母移去以后,约76%的被试能够正确报告出任何一行指定字母,由于音调是在字母呈现终止后才出现的,因此被试脑中必须保留全部三行字母的映象。由此推算,在被试脑中保持的总的字母数量应该是$12 \times 76\% = 9.12$个字母。这一实验结果与前人用全部报告法测得的瞬间只能记住4—5个字母的结论差别很大。斯波林认为,过去认为知觉、注意或记忆的范围是4—5个项目并没有反映出最初信息存储的容量,而只是在映象消退之前能够提取出来的转入下一个记忆系统的项目数。

(2) 听觉登记

听觉登记又称为声像记忆,指听觉系统对刺激信息的瞬间保持。听觉刺激的记忆痕迹可以持续几秒,是视觉刺激痕迹保持时间的几倍。这种区别可能是由于耳朵和眼睛的生理机制不同,其中一个原因是声音编码有助于信息的保留。然而,声像跟图像一样会随着时间的流逝消退。

莫里等人模仿斯波林的部分报告法实验,设计了一个"四耳人实验"。在这个实验中,研究者把4个扬声器放在屋里的4个角上,让被试坐在当中,使他可以同时从4个不同声源听到声音并能区分出声源。实验时可以从2个、3个或4个声源同时各呈现1—4个字母。刺激呈现完毕后,被试报告他听到的字母。实验采用部分报告法,即在被试面前的提示板上安4个灯,各代表1个声源。声音刺激呈现后开亮1个灯,当某个灯亮了,被试就要报告它所代表的那个声源传来的字母。结果表明,部分报告法的回忆成绩优于全部报告法,证实听觉系统中也存在感觉记忆。

## (二) 短时记忆

### 1. 短时记忆的概念

短时记忆是指刺激信息呈现以后,保持时间在1分钟之内,对刺激信息进行加工编码的记忆。它与感觉记忆在功能上的区别是:感觉记忆中的刺激信息是无意识的,也是未经加工的感觉痕迹,而短时记忆中的信息来自感觉记忆并对其进行操作、加工,是正在操作的、活动的记忆。只有那些被加工、处理和编码后的信息才能被转入长时记忆中存储,否则就会遗忘。短时记忆包括直接记忆和工作记忆,前者指对输入的刺激信息没有经过进一步的加工编码,仅在脑中短暂存储,但信息容量有限的记忆;后者指对输入的刺激信息再次进行加工与编码,使其信息容量扩大的记忆。

人在短时记忆某事物时,是为了对该事物进行某种加工,是根据记忆活动的目的执行一定的操作。例如,抄写或临摹字画活动,就需要不断地使视线暂时离开范本,凭借对范本的短时记忆来进行操作。由此可见,短时记忆是信息在感觉记忆之后的高一级加工阶段。

### 2. 短时记忆的特点

第一,短时记忆中信息的保持时间在无复述的情况下一般只有5—20秒,最长也不超过1分钟。美国学者彼德森夫妇的实验表明,学习任何材料后,若使用分心技术干扰复述,则在间隔18秒后绝大部分信息就会被遗忘。实验是这样进行的:给被试一个由三个辅音字母组成的项目表,如PSQ、GKB等,字母声音呈现后,要求被试回忆刚才听到的辅音字母,但先要求被试马上从某个三位数开始连续减3,如258,255,252……直到主试发出开始回忆出字母的信号才开始回忆(结果如图7-11所示)。从图中可见,仅仅间隔3秒钟就有明显的遗忘,

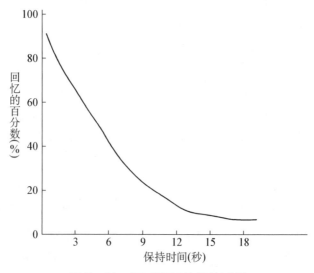

图7-11 短时记忆的保持时间

到了18秒时几乎遗忘了90%。导致这种遗忘现象的原因主要是被试不能在间隔时间内进行复述,换句话说,就是不能把信息从短时记忆转入长时记忆。由此可见,信息从短时记忆转入长时记忆的机制就是复述,复述是为了把一定限量的信息保持在记忆中的一种内部言语。复述分为保持性复述和精致性复述两种。保持性复述是指一遍遍重复识记材料的过程;精致性复述是指在识记材料与长时记忆中存储的信息间建立联系的过程。大量的研究与实践活动表明,精致性复述的效果远优于保持性复述。

第二,短时记忆的容量有限。短时记忆的容量又称记忆广度,指信息短暂出现后被试所能再现的最大量。研究表明,人类记忆广度为7±2,即5—9个项目,其平均数为7,它不分种族文化,这是一般成年人的短时记忆平均值。美国心理学家米勒(G. Miller)于1956年发表的论文《神秘的七加减二》中(The magic number seven plus or minus two)明确指出短时记忆容量为7±2个项目。他从信息加工的观点出发,认为如果人在主观上对材料加以组织并进行再编码,那么记忆中的信息容量可以扩大。为此,他提出了"组块"(chunk)的概念。组块是指将若干单位联合成有意义的、较大单位的信息加工的记忆单元,是信息材料的意义单元。例如,排列10个英文字母psychology,对懂英语的人来说,只构成了一个组块(意义单元),而不懂英语的人则视为10个字母。因此,人们可以运用知识与经验,把小意义单元组合成大意义单元,从而扩大和增加记忆广度。

3. **短时记忆的编码形式**

短时记忆中的信息主要是采用言语听觉形式编码。康拉德(R. Conrad)的经典研究是一个很好的证明。他选用两组声音易混淆的字母B、C、P、T、V和F、M、N、S、X为实验材料,用速示器以每个0.75秒的速度逐一随机地向被试呈现,每呈现完5个字母后要求被试凭回忆默写出来,如果记不清楚允许猜写,但不许不写。被试回忆中写错的字母约80%左右是发生在声音相近的字母之间,如B和P、S和X,很少发生在形状相似的字母之间,如F和E。结果表明,尽管字母是以视觉方式呈现的,短时记忆的信息代码仍然具有听觉的性质。人们看到的视觉形象必须转换成声音代码,才能在记忆中更好地保存下来。

## (三) 长时记忆

1. **长时记忆的概念和特点**

长时记忆是指信息经过充分加工,在人脑中长久保持的记忆,又称为永久性记忆。长时记忆就像一个巨大的图书馆,保存着个体将来可以运用的各种事实、经验和知识。长时记忆一般具有以下特点。

第一,长时记忆的容量无限,它可以储存一个人对世界的认识,是一个庞大的信息库。长时记忆中的信息主要是短时记忆中的信息通过复述加工而来,但也有一些是感知中印象深刻而一次性直接进入长时记忆而被存储的。长时记忆把现在的信息保持下来以备将来使用,或把过去已存储的信息提取出来用于现在。

第二,长时记忆中的信息保持时间长久,它的保持时间能够按时、日、月、年乃至终生计算,在理论上被认为是永久存在的。一般认为,长时记忆中出现的遗忘主要是由于信息受到干扰而使提取信息的过程发生困难或遇到了内部与外部因素的障碍。

**2. 长时记忆的编码形式**

长时记忆中的信息编码方式以意义编码为主。意义编码有表象编码和语义编码两种形式,它们又被称为信息的双重编码。

(1) 表象编码

表象编码是指以表象代码形式编码和存储关于具体事物或事件的信息,它主要用于加工处理非言语对象和事件的知觉信息。表象编码主要以空间平行的方式表征信息,对复杂对象的成分同时进行处理,并存储到复杂的联想结构中,以便使输出的信息具有空间特点,反映对象的静态特征和动态特征。但是,表象编码不是一种刻板的对外界事物的摹写,不是个体所存储的有关环境的一种完整的、原始的、未经加工的"图片",而是经过加工了的一种抽象类似物的再现,并且不受视觉或其他感觉通道的制约,它包含着对类似信息加工的概括能力。

(2) 语义编码

语义编码是指以语义代码形式对短时记忆输入的信息进行加工编码的过程,它按言语发生的顺序,以系统的方式表征言语听觉和言语运动两方面的信息,不仅包括词及其符号、意义、所指的对象,也包括应用这些词的规则,即语言的文法规则、数学运用规则等。语义编码的特征是串行加工,按照语义编码原理,长时记忆中所有信息都是按照节点及与其相关联的属性或特征编码的,语义成分间的关系,如概念、事件和情节等信息是用语义网络的形式表征的。

**3. 长时记忆的信息存储**

长时记忆中存储的信息原则上是分类加工处理的。在长时记忆中存储着两种不同的记忆信息:程序性记忆和陈述性记忆。

(1) 程序性记忆

程序性记忆指个体对具有先后顺序的活动的记忆。程序性记忆主要包括认知技能与动作技能两个部分,是经过个体观察学习与实际操作练习而习得的记忆,又称为技能记忆、程序性知识。程序性记忆是个体首先发展起来的记忆。自幼学习的动作技能,如写字、骑车等,都是通过练习而获得的,其所学到的"如何按程序操作"的活动,长期存储在记忆里,以后一旦需要,随时检索并即刻加以应用。程序性记忆的明显特征是不能言传,例如,会骑自行车的人,一般很难用言语来表达是如何掌握这种技能的。程序性知识是学校技能教育的重要内容之一。

(2) 陈述性记忆

陈述性记忆是指个体对事实性信息的记忆,例如,人名、地名、名词解释以及定理、定律等。陈述性记忆的特征是可以言传,在需要时可将记得的事实陈述出来。陈述性记忆又称为陈述性知识。陈述性知识是学校知识教育的重要内容。

程序性记忆和陈述性记忆在对信息处理与加工方面有所不同。一般来说,程序性记忆在认知事物的同时还需参与其间的活动,而陈述性记忆则偏重于认知事物。研究认为,程序性记忆和陈述性记忆的信息存储于大脑的不同部位,说明大脑在存储记忆信息方面存在着分区专司的功能。虽然在记忆信息的存储中存在程序性记忆和陈述性记忆之分,但在表达知识时,两种记忆都是需要的,它们分工合作构成整个记忆活动过程。

## 二、记忆的组织

记忆是个体经验积累和心理发展的前提,信息在记忆中的组织是心理学关注的问题。对记忆的研究着重于记忆的信息加工过程及信息的表征和组织过程。

### (一) 层次网络模型

层次网络模型是柯林斯(A. M. Collins)和奎利恩(M. R. Quillian)提出的语义记忆存储模型(如图7-12所示)。在这个模型中,语义记忆的基本单元是概念,每个概念具有一定特征,概念按逻辑的上下级关系组织起来,构成一个有层次的语义网络系统。图中圆点为结点,代表概念,带箭头的连线表示概念之间的从属关系。例如,"鸟"的上位概念为"动物",下位概念为"金丝雀"和"鸵鸟"。连线还表示概念与特征的关系,指明各级概念分别具有的属性或特征。如"鸟"所具有的特征是"有翅膀""能飞""有羽毛"。连线把代表各级概念的结点与特征联系起来,构成一个巨大而复杂的层次网络。概念的特征被分级储存,在每个节点上,只储存该级概念独有的特征,而不储存其他节点上的共同属性。例如,"能吃东西""能呼吸"的属性只附在动物的节点上,而不附在较低节点"鸟"或"鱼"的节点上,这体现了概念属性或特征是按"认知经济"的原则存储的。

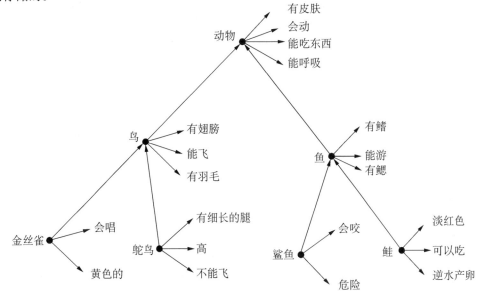

图7-12 语义层次网络模型

语义层次网络模型通过实验得到了验证。实验中，要求被试尽快决定一个句子是对还是错来检验记忆的组织。例如句子"金丝雀能飞""金丝雀是黄色的""金丝雀有皮肤"，按照语义层次网络模型，特征"黄色的"存储在概念"金丝雀"里，所以，判断金丝雀是否是黄色的所花费时间最短；而特征"能飞"存储在离"金丝雀"较远的地方，所以决定金丝雀是否会飞就会花费更长的时间；而特征"有皮肤"存储在离"金丝雀"最远的地方，所以在决定金丝雀是否有皮肤上所花费的时间最长。

### （二）激活扩散模型

柯林斯(S. M. Collins)和劳福特斯(E. F. Loftus)认为，柯林斯和奎利恩提出的语义层次网络模型主要是从逻辑而不是心理意义上建立的，进而提出了激活扩散模型。

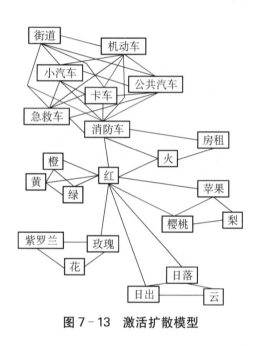

图 7-13　激活扩散模型

激活扩散模型认为，记忆中的语义是由概念之间具有的关联性含义而不是由概念在层级中的位置决定的。处于同一层级的概念，典型成员要比非典型成员更容易被激活，因此提取的速度更快。例如，判断"麻雀是鸟"就要比"鸡是鸟"快得多。如图 7-13 所示，方框为网络中的节点，一个节点代表一个概念，概念之间的连线表示它们之间的联系，连线的长度表示概念之间联系的紧密程度，连线越短，两节点之间的连线越多，相关概念之间的联系就越紧密。激活扩散模型假设：当一个人想到某个概念时，语义记忆中的相应节点就会被激活，而激活了的节点会扩散到其他的概念，尤其是那些在语义上有密切联系的概念，激活扩散的概念能加速认知的过程。例如，对句子"车是卡车"的判断速度比较快，是因为对车的概念被激活并迅速扩散到其他"车"的概念中，因而加速了句子的准确判断时间。

激活扩散模型受到了启动效应的实验支持，启动效应是指先前的信息加工对随后的加工所起的促进作用。在一项实验中，给被试呈现单词对，比如"面包—黄油""护士—黄油"，这些单词对之间的语义联系的紧密程度不一样。结果，被试判断"面包—黄油"的词对速度要远快于"护士—黄油"的词对，原因是"面包"与"黄油"的语义联系紧密，而"护士"与"黄油"的语义联系不紧密。这种语义启动效应主要依赖两个单词之间语义的自动激活。

## 三、记忆术

记忆术是记忆的技术和方法，旨在促进记忆效果。目前得到认同的记忆术是 PQ4R 法和精致性复述。

## (一) PQ4R 法

PQ4R 法的取名源于学习记忆应遵循的六个步骤的英文缩写,具体内容如下。

### 1. 预习(prepare)

涉猎全章学习材料,以确定要探讨的内容的总体认识。确定作为单元来阅读的各分段,把之后的四个步骤应用在各分段上。

### 2. 提问(question)

提出有关分段的问题。把分段的标题改为适当的问句。例如,一个分段标题是"信息在人脑中的储存",可改为"何谓信息在人脑中的储存?"或"信息在人脑中的储存是如何进行的?"等。

### 3. 阅读(read)

仔细阅读各分段的内容,尝试回答自己对分段所拟定的问题。

### 4. 复述(rehearsal)

在阅读时思考内容,力图予以理解,想出一些例子,把学习材料和已有的知识经验联系起来。

### 5. 回忆(recall)

学完一个分段后,尝试回忆其中所包含的知识,力图回答自己对本分段所提出的问题。如果不能充分回忆,就重新阅读记忆或理解困难的部分。

### 6. 复习(review)

学完全部材料后,默默回忆其中的要点,再次尝试回答自己所提出的问题。

这种学习和记忆材料方法有效的理由是,全部学习材料的安排都设计成便于同时学习的形式,另外还可以使学习者理解材料是如何组织的,而对材料进行良好的"主观上的组织",是形成有效记忆的手段。

## (二) 精致性复述

精致性复述是指对那些无意义联系的材料人为地赋予某种逻辑意义或联想结构与内容,以提高记忆的效果,具体方法如下。

### 1. 定位记忆法

将记忆项目与熟悉的地点位置相匹配,使地点位置作为恢复各个项目的线索。

### 2. 串联法

把单词或名称的第一个音节或字母串连起来组成一个单词。如美洲五大湖泊 Huron、Ontario、Michigan、Erie、Superior 的英文首字母可连成 homes,记住后者就容易记住前者。

### 3. 形象控制法

人脑中出现过去或未来的良好形象或整体形象,以增强记忆。

#### 4. 联想法

利用观念与形象的联想,将材料构成有意义联系的内容。例如,马克思生于 1818 年,卒于 1883 年,就可以用"一爬一爬,一爬爬上山"来加强记忆。

以上记忆方法都带有理解和强化的性质,还需要与其他方法相结合,只有这样才会收到更好的记忆效果。

## 名词解释

记忆　形象记忆　情绪记忆　情景记忆　语义记忆　无意识记　有意识记　意义识记　机械识记　保持　内隐记忆　回忆　再认　遗忘　前摄抑制　倒摄抑制　程序性记忆　陈述性记忆

## 思考题

1. 简述记忆过程的基本环节及其内在联系。
2. 简述遗忘及影响遗忘的因素。
3. 简述如何有效组织复习。
4. 用信息加工的观点解释人类的记忆系统。

# 第八章 表象和想象

## 第一节 表 象

### 一、表象概述

#### (一) 表象的含义

表象是当感知过的事物不在面前时,人脑中呈现出的关于该事物的形象。

认知心理学认为,表象是在人脑中以形象的形式对物体进行操作和加工,是物体不在眼前时关于物体的心理复现。

表象由人脑中刺激痕迹的再现所引起,它以知觉提供的材料为基础,但又不是知觉的翻版和重复,是知觉痕迹经过加工后的产物。表象作为知识表征的一种形式,不仅可以储存,还可以被加工和编码。

由于表象的出现不需客观事物的直接作用,可以不受时间和空间的限制,因此它对思维和想象等高级心理活动具有十分重要的意义。

#### (二) 表象的特征

1. **表象的直观性**

表象是人脑对外界事物的感性反映,但它反映的是事物的大体轮廓和主要特征。表象没有感知所得的形象那样鲜明、完整和稳定。例如,游览过北京天坛的人虽然对天坛有很清晰的映象,但这种映象不如正在观看天坛时的知觉形象那样鲜明、完整和稳定。

2. **表象的概括性**

表象反映同一事物或同一类事物在不同条件下所表现出来的一般特征,而不是个别特征。知觉是人脑对直接作用于感觉器官的客观事物的整体反映,需要借助于人的知识和经验。表象比知觉具有更大的概括性,它是以多次知觉为基础,经信息加工而产生的概括形象。

表象具有概括性,但表象的概括性和语词的概括性不同。表象是形象的概括,所概括的既有事物的本质属性又有事物的非本质属性,而语词是对事物本质属性的概括,已舍弃其非本质属性。因此,表象是从感知到思维的中间环节。

3. **表象的可操作性**

表象的可操作性指可以在人脑中对表象进行操作,就像通过外部动作控制和操作客观事物一样。表象的可操作性可以用"心理旋转"实验加以说明。

### 二、表象的种类

#### (一) 记忆表象和想象表象

根据创造性的程度,可以把表象分为记忆表象和想象表象。

记忆表象是人脑对过去感知过的事物形象的简单重现,想象表象是原有表象经过加工改造、重新组合创造出的新形象。这两种表象往往交织在一起,很难绝对地加以分开。亚里士多德说过:"记忆和想象属于心灵的同一部分,一切可想象的东西在本质上就是记忆的东西。"只有从记忆表象中提取素材,想象才能得以进行。同时,记忆表象在某种程度上与想象表象相结合,为想象表象所补充。

### (二) 视觉、听觉、动觉、嗅觉、味觉、触觉等表象

根据表象形成的主要感知通道,可以把表象分为视觉表象、听觉表象、动觉表象、嗅觉表象、味觉表象、触觉表象等。视觉表象是比较鲜明的、经常发生的表象形式。人们所从事的社会实践活动不同,各种表象形式所起的作用也各有侧重。一般而言,画家具有较发达的视觉表象,音乐家的听觉表象较发达,体操运动员的动觉表象较为丰富。值得注意的是,各种表象形式往往是综合起作用的,例如:钢琴演奏既需要听觉表象,又需要动觉表象;完成体操动作既需要动觉表象,又需要听觉表象。

### (三) 个别表象和一般表象

根据表象形成的范围和概括程度,可以把表象分为个别表象和一般表象。对某一具体事物(如"六和塔")的表象称为个别表象;对某一类事物(如宝塔)的表象称为一般表象。个别表象和一般表象有着密切的联系,个别表象是一般表象的基础和核心,一般表象是个别表象的高度概括。

### (四) 遗觉象

在刺激停止作用后,人脑中继续保持的异常清晰的、鲜明的表象,称为遗觉象。遗觉象是记忆表象的特殊形式,它几乎与感知形象一样鲜明和生动,似乎是介于知觉和幻觉之间的状态。这种特殊表象是心理学家杨施(E. R. Jaensch)在1920年首先发现的。遗觉象是部分学龄儿童所特有的,随着年龄增长会逐渐消退。据研究,儿童中约40%—70%有遗觉象,在11—12岁时最明显。有些儿童的遗觉象能保持半分钟。他们背诵课文就像看着课文朗读一样,准确无误。通常,较为多见的遗觉象是视觉表象。

## 三、表象的信息加工理论

认知心理学将表象看作信息编码的一种主要形式,但是否是唯一的形式,这一问题仍存在争论。

### (一) 基本表象理论

美国心理学家巴格斯基(B. B. Bagelcki)认为,人们对信息的储存是将视觉和言语材料转化为表象储存在记忆中的,表象是信息编码最基本的形式,人们可以对表象进行操作,而这种操作类似于对具体事物的操作。

基本表象理论得到了谢波德(R. N. Shepard)和梅茨勒(J. Metzler)等人的心理旋转实验的支持。这个实验向被试呈示一组立体图形(如图 8-1 所示),以第一个图形为标志要求被试辨别其他五个图形与第一个图形是否相同。这五个图形有的是第一个图形的镜像,与原型不同;有的与第一个图形相同,但进行过旋转,旋转的范围为 0°—180°。实验记录被试做出判断的正误及反应时间。实验结果表明,反应时是旋转度的直线函数,随着旋转度的增加,反应时也随之延长(如图 8-2 所示)。这说明表象是信息储存的基本形式之一,视觉表象的旋转加工是物理旋转的类似物。

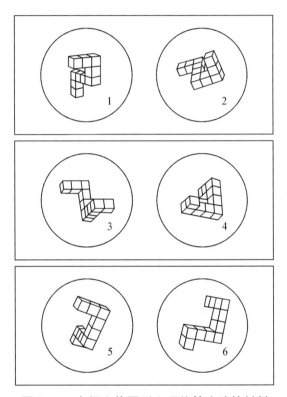

图 8-1 空间立体图形心理旋转实验的材料

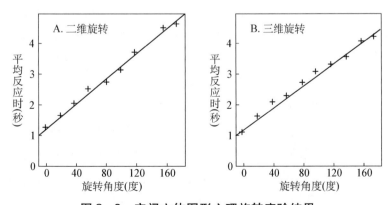

图 8-2 空间立体图形心理旋转实验结果

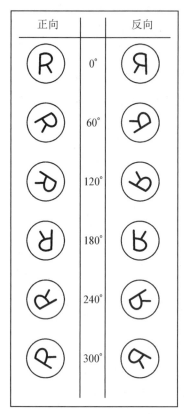

图8-3 "R"心理旋转实验材料

库珀(L. A. Cooper)和谢波德进一步对表象的旋转加工进行了实验研究。这个实验呈示给被试的是不同倾斜度的正向和反向的"R"(如图8-3所示)。要求被试判断图片中的"R"为正向还是反向。结果表明,字母相对于垂直方向旋转的角度越大,作出判断的反应时也越长(如图8-4所示)。被试的报告也表明,在判断时确实在人脑里旋转了表象。这说明,被试在判断时有目的地将字母表象旋转到垂直方向,以便做出正确判断。而用其他方式,如命题的方式,去解释这种心理旋转过程是困难的。

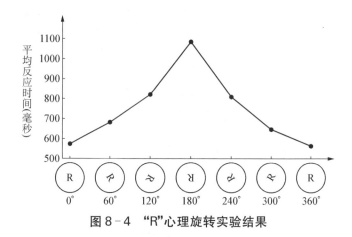

图8-4 "R"心理旋转实验结果

心理表象旋转实验有力地证明了表象是信息储存和加工的一种形式,说明表象的作用是不可替代的,但并不能证明它是信息储存的唯一形式。另外,一些心理实验也证明,言语对表象的再现具有启发作用,表象并不能代替言语。

## (二) 双重编码理论

佩维奥(A. Paivio)等人提出同时存在表象和言语符号两种信息编码和储存系统的假设。他发现:表象码更适合加工具体信息,言语码更适合加工抽象信息;言语码加工信息是有序加工,表象码则是空间并行加工;在信息加工过程中,两种系统可能是重叠的,也可能是其中一种占优势。表象系统用表象材料进行信息加工;言语符号系统用言语听觉、抽象概念或命题的形式进行信息加工。在一定条件下,表象码和言语码可以互译,言语码可以通过译码以感性形象再现,表象码也能以言语形式储存起来。

佩维奥以大量的实验证明双重编码理论,如:试图证明图片和具体单词比抽象单词容易学习;同时采用两种编码形式时,记忆效果比单用其中一种好;如果长时记忆存在视觉编码,则比例不和谐的图像配对将形成冲突,而比例不和谐的文字配对却不会造成这种冲突。比如,其中一个实验表明,对图形的回忆成绩比对抽象词的回忆成绩要好得多:图形在一周后的偶然回忆成绩比抽象词在5分钟后的有意回忆还要好。有趣的是,能回忆出的具体词的数目比抽象词的数目多75%,原因可能是具体词可以诱发它所代表的事物的心理表象。① 这些实验充分证明了两种编码系统的存在。目前,这一理论已被大家所接受。

## 四、表象的作用

表象是从感知到思维的过渡阶段,是认知过程中的重要环节。从表象的直观性来看,表象和知觉相似,从表象的概括性来看,表象又和思维相似,但它既不是知觉也不是思维,而是介乎二者的中间环节。表象打破了人的认识受当前事物直接作用的局限,使认识更趋概括化。心理学研究表明,运用表象训练能更好地挖掘个体的潜能,发展智力。例如,我国心理学工作者曾利用表象训练提高儿童的加减法计算能力。开始时,儿童只能按实物计算;后来,研究者将实物遮挡起来,要儿童想着那里的实物计算(即用表象计算)。经过训练,儿童能较快地掌握口算和心算。

表象是人们实践活动的必要条件。活动前在人脑中形成"做什么"和"怎么做"的表象,是人类心理活动区别于动物心理活动的主要特点。画家、作家、工程师、运动员、发明家以及军事指挥员的各种实践活动,都要求具有鲜明、稳定、完整的表象。

# 第二节 想 象

## 一、想象的概述

### (一) 想象的含义

想象是人脑对已有表象进行加工改造而创造新形象的过程。通过想象过程创造的新形象就是想象表象,想象表象具有形象性和新颖性的特点。

想象是在记忆表象的基础上进行的,它以直观形式呈现人脑中具有形象性特征的表征(representation),而不是言语符号。在想象过程中,表象得到进一步的加工和组合,进而创造出新的形象。这些新形象既可以是个体没有感知过的事物的形象,也可以是世界上根本不存在或还未出现的新形象。例如,读过《阿房宫赋》后人脑中浮现出的阿房宫的形象,发明家设计出新机器前人脑中构思的机器形象,人脑中出现的神话中妖魔鬼怪的形象,等等,都是想象的产物。

想象是以组织起来的形象系统对客观现实的超前反映。乍看起来似乎是"超现实"的,其实,任何想象都不是凭空产生的,构成新形象的材料都来自生活,取自过去的经验,不可能无中生有。天生的聋人绝不会想象出优美的音乐,天生的盲人也想象不出春天的美景。鲁

---

① 托马斯·R·布莱克斯利著,董奇、杨滨译:《右脑的奥秘与人的创造力》,国际文化出版公司1988年版,第58页。

迅先生曾记录过一位盲诗人的谈话:"在缅甸遍地是音乐,房里、草里、树上都有昆虫的吟叫,各种声音成为合奏,很神奇,其间时时夹着蛇鸣'嘶嘶'。"字里行间充满了听觉形象,视觉形象则十分匮乏。这说明,想象无论新颖甚至离奇到什么程度,构成新形象的材料仍来自对客观现实的感知。梦也是一种想象,梦中出现的形象有时显得十分新奇甚至荒唐,但组成梦境的"素材"仍然是感知过的事物。

想象虽然是新形象的创造,但它的内容和其他心理过程一样,来自客观现实。想象是反映客观现实各种成分的形象组合过程,也是人脑反映客观现实的一种形式。

### (二) 想象的功能

想象在人类发展过程中起着重要作用,表现为以下三种功能。

#### 1. 预见功能

想象的预见功能是指想象能对客观现实进行超前反映,以形象的形式实现对客观事物的超前认知。

#### 2. 补充功能

想象的补充功能是指想象能弥补人类认知活动在时间和空间上的局限和不足,或者在很难直接感知对象时,弥补对象认知的欠缺。

#### 3. 代替功能

想象的代替功能是指当人的某些需要和活动不能得到实际满足或完成时,可以通过想象从心理上得到某种替代和补偿。

## 二、想象的种类

"想象是一种意向性的反映,它在某种程度上超脱现实,因此,可有意地或在无意间发生。"[①]根据想象是否有目的性和计划性,可将想象分为不随意想象和随意想象。

### (一) 不随意想象

不随意想象是指没有预定目的、在一定刺激作用下不自觉地产生的想象。例如,天空中变化的浮云,时而似人头,时而似奔马,时而似城楼……各种想象形象不自觉地浮现着,转化着。另外,当人们长久地进行机械、枯燥的活动时,如参加冗长的会议、长久地躺在草地上休息,由于注意力不集中,某种想象形象就可能不经意地浮现在眼前。由于不随意想象不需要意志努力,出现突然,往往能对思维产生启示作用。梦是不随意想象的特殊形式。

### (二) 随意想象

随意想象是指有预定目的、在一定意志努力下自觉进行的想象,是意识活动的一种形

---

① 孟昭兰主编:《普通心理学》,北京大学出版社 1994 年版,第 324 页。

式。它具有一定的预见性、方向性,人们在想象过程中一直控制着想象的方向和内容。

根据创造程度的不同,随意想象又可分为再造想象和创造想象。幻想是随意想象的特殊形式。

## 三、想象的意义

**1. 想象力的发展是智力发展的重要方面**

再造想象的发展对于学习科学文化知识起着重要作用,创造想象则是创造性活动的必要条件。想象力贫乏的人,思维是机械而褊狭的,不可能有很高的分析问题和解决问题的能力。爱因斯坦对想象的重要性做了深刻的评价:"想象力比知识更重要,因为知识是有限的,而想象力概括着世界上的一切,推动着进步,并且是知识进化的源泉。严格地说,想象力是科学研究中的实在因素。"[①]

**2. 想象和其他心理过程有着密切联系**

想象与人的思维、情感、意志活动甚至感知活动都有着紧密的联系。想象与记忆活动交织在一起,记忆表象是想象的素材,同时在一定程度上被想象补充着,与想象结合;想象参与思维过程,任何一种思维过程(尤其是形象思维)都离不开想象的参与;想象在人的情感生活中也有重大意义。想象过程总是伴随着一定的情感体验,情感体验也是想象的内容之一。想象不仅可以引起短暂的情绪状态,也可以成为深刻而牢固的情感源泉;想象可以成为人的意志行为和社会实践的内部推动力。

想象不仅在认识和实践活动中意义重大,而且在人的整个精神生活体系中,在创造活动中,在反映客观世界的一切形式中,也具有十分重大的意义。想象对人的个性发展,以及人生道路的选择具有重要的推动作用。

## 第三节 再造想象和创造想象

再造想象、创造想象和幻想都是有预定目的、自觉进行的想象,是随意想象的三种形式。

## 一、再造想象

### (一) 再造想象的含义

再造想象是指个体根据言语的叙述、文字的描述或图形的示意,在人脑中形成相应新形象的过程。

再造想象必须以他人的描述和提示为前提,再造别人想象过的事物,虽然具有一定的独立性,但独立性较差。再造想象不是他人想象的简单重现,而是依据个体自身的经验再造出

---

[①] 爱因斯坦著,许良英、范岱年编译:《爱因斯坦文集(第一卷)》,商务印书馆1976年版,第284页。

来。如技术工人根据平面图纸，想象出立体产品。由于个体之间知识经验、兴趣爱好以及个性等的差异，每个人再造出来的形象各不相同。例如，想象"朝辞白帝彩云间，千里江陵一日还。两岸猿声啼不住，轻舟已过万重山"这首诗所描述的形象时，每个人都按各自的方式构成新形象。

再造想象是理解和掌握知识必不可少的条件。在接受间接经验时，概念停留在机械识记水平上是毫无意义的，只有在人脑中形成与概念相应的形象，个体才能理解和掌握知识。概念只有作为事物原型的信息替代物时才有实在的意义。因此，课堂教学的形象化、直观化有利于学生知识的掌握和运用。图表、模型、标本等直观教具和教师生动的语言，有利于学生想象的发展和知识的掌握。

再造想象对人格的塑造也有重要作用。再造想象是榜样言行内化过程的一种形式。人们听了故事、看了电影或连环画后，往往沉浸在故事情节之中，想象自己亲身体验这些行为。这种想象甚至能指导人们的行为。因此，在政治思想教育和品德教育中，教师要运用各种方式唤起学生正确的再造想象，使学生潜移默化地形成良好的品德和行为。

### (二) 形成正确再造想象的条件

#### 1. 正确理解语言或词汇与实物标志的意义

再造想象是由语言或词汇描述、图样示意所引起的，如果言语不能引起表象，想象活动将难以进行。想象活动是第一信号系统和第二信号系统协同作用的结果，要形成正确的想象必须正确理解和掌握语言或词汇与实物标志的意义。

#### 2. 丰富的表象储备

表象是想象的基本条件，表象愈多，再造想象的内容愈丰富。再造想象不仅对已有表象的数量有较高要求，对表象的质量和种类也有很高的要求。正确反映客观现实的直观材料愈丰富，再造出来的想象内容就愈生动、愈准确。

## 二、创造想象

### (一) 创造想象的含义

创造想象是指不依据现成的描述而独立创造出新形象的过程。

创造想象根据预定目的，通过言语符号对已有表象进行选择、加工、改组而产生的形象可以作为创造性活动"蓝图"的新形象。文学家、艺术家、发明家、科学家、设计人员的创新作品都是创造想象的产物。与再造想象相比，创造想象具有首创性、独立性、新颖性等特点。

创造想象是人类创造性活动必不可少的因素，是创造活动顺利开展的关键。创造活动由于有了创造想象的参与，才能结合以往的经验，根据预定目的和计划将概念和形象、具体和抽象、现实与未来有机地结合起来形成新形象，勾画出劳动的最终或中间产品的表象模型。没有创造想象，技术发明、科学研究、艺术创作等一切创造活动都无法顺利进行。

创造想象能力的培养具有十分重要的意义。教师在学生的作文、绘画、解题和实习等创造活动中正确运用启发式教学，创造问题情境诱导学生自己去"发现"问题、"解决"问题，是培养学生创造想象能力的重要途径。

## (二) 发展创造想象的条件

### 1. 创造动机

社会生活不断地对个体提出创造新事物、解决新问题的要求。这种要求反映在人脑中就成为创造新事物的需要和动机。创造动机是创造想象的动力。

### 2. 扩大知识范围，增加表象储备

表象储备是再造想象和创造想象顺利进行的基础。创造想象有将相关表象的某些因素重新组合排列成新形象的"凑合式想象"，如狮身人面像；有将几种表象融合成新形象的"融合式想象"，如《战争与和平》中娜塔莎的形象是作者托尔斯泰融合其妻子、妻妹两人的形象而创造的；有"改换式想象"，即改变旧表象创造新表象；有"夸张式想象"，即对现实中的形象做夸张处理，如"飞流直下三千尺"；有抽取某些事物本质特征的"典型式想象"，如鲁迅笔下的阿Q是旧社会农村流氓无产者的典型形象。这些创造想象的形式都以丰富的表象储备为先决条件。

### 3. 积极的思维活动

创造想象受思维的调节。思维活动由一定问题引起，并指向问题解决。如作家在写作前要考虑文章的主题、人物、事件等，如果不假思索、信马由缰，就很难创造出活生生的、令人信服的人物形象。

### 4. 灵感和艰巨劳动

灵感是指创造活动接近突破时的心理状态。灵感首先表现为人的注意力高度集中在创造对象上。这时，意识处于十分清晰和敏锐的状态，思维极为活跃。因此，在产生灵感时人有极高的工作效率。灵感的出现使百思不解的问题迎刃而解，常常伴随着无法形容的喜悦。

灵感不是天上掉下来的，也不是人脑所固有的，而是艰巨劳动长期酝酿促成的，是一朵长期积累后偶尔得之的思想火花。"灵感是对艰苦劳动的奖赏。"

灵感的产生需要一定的客观条件，创造者长期形成的创造习惯有利于灵感的出现。另外，灵感突然产生而又瞬间即逝，若不注意捕捉就会失之交臂。

## 三、幻想

幻想是指与个体生活愿望相结合并指向未来的想象。

## (一) 幻想的特征

幻想是创造想象的特殊形式，具有下述两个特征。

### 1. 幻想体现了个人的愿望，是个人向往的形象

幻想中的形象总是与个人的愿望相联系，体现了个人的向往和祈求，而创造想象所形成的形象并不一定是个人所向往的形象。例如，作家创造的人物形象有的是他喜欢和同情的，有的（如反面人物）则可能是他厌恶甚至想要批判的。后一种形象就不是作者所向往的。

### 2. 幻想常是创造性活动的准备阶段

幻想虽然是有目的的，但不像一般创造想象那样需要付出艰苦的精神劳动。幻想不指向当前物质和精神产品的创造，而是指向未来，代表个人的愿望，是创造性活动的准备阶段。

## （二）幻想的形式

幻想分为科学幻想、理想、空想三种形式。

### 1. 科学幻想

科学幻想是科学预见的一种形式，是创造想象的准备阶段及其发展的推动力，是具有进步意义和有实现可能的积极幻想。例如，一个多世纪前人们去太空和海洋遨游的科学幻想在今天已经变成了现实。

### 2. 理想

理想是符合事物发展规律、有实现可能的积极幻想。例如，想成为科学家、艺术家，为国家的繁荣富强做贡献，就是许多当代青年的理想。

树立崇高的理想对于个性品德的培养、人生观的形成有重大作用。

### 3. 空想

空想是与客观现实相违背的、根本不可能实现的消极幻想。空想往往使人脱离现实，因此长期陷入空想的人往往碌碌无为、一事无成。

# 第四节 睡眠和梦

梦是在睡眠状态下出现的一种想象活动。睡眠和梦是古往今来人们十分感兴趣的宇宙奥秘之一。生理心理学家为了探究梦的奥秘，采用脑电、眼动等仪器测量睡眠的深度，描述睡眠状态和梦的关系。

## 一、睡眠

睡眠是与觉醒周期性交替出现的生理状态，是最重要的生物节律之一。睡眠时，大脑皮质产生一种弥散性抑制，使人的感知能力、运动能力、意识等逐渐减退或处于休止状态，但这种抑制往往是不平衡的，有些神经细胞还处于兴奋状态并导致梦境的出现。

根据睡眠过程中脑电图（EEG）、眼动电流图（EOG）和肌电图（EMG）的表现，睡眠可分

为快速眼动睡眠(REM)和非快速眼动睡眠(NREM)两种时相。依据脑电活动特点,可将睡眠分为5个阶段:0阶段为觉醒期,脑电以α波为主;第1阶段为入睡期,α波减少,频率变化不规则,振幅降低;第2阶段为浅睡期,脑电呈13—16次/秒短节律反应,有纺锤波形出现;第3阶段为中度睡眠期,脑电出现K-复合波和少量δ波;第4阶段为深度睡眠期,脑电全为高振幅的δ波。快速眼动睡眠发生在第4阶段后(如图8-5所示)。

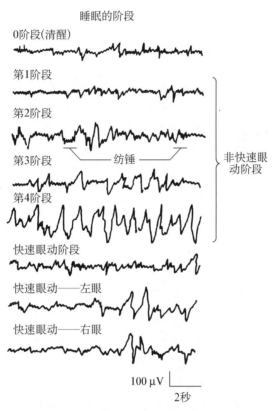

图的上部表明从醒到睡眠的各阶段脑电图的变化,然后是快速眼动阶段。在快速眼动阶段,脑电图和第1阶段的相似,但出现了其他阶段基本上没有的快速眼动。倒数两行是左、右眼的快速眼动记录。

**图8-5 睡眠的阶段**

快速眼动睡眠和非快速眼动睡眠是交替出现的。入睡时先出现非快速眼动睡眠,大约过了90分钟左右快速眼动睡眠才开始出现,维持几分钟后又进入非快速眼动睡眠状态,如此交替往复直至觉醒。从入睡到清醒,两种时相通常交替出现3—5次,只是在睡眠后期,快速眼动睡眠的持续时间相应延长(如图8-6所示)。

除快速眼动睡眠和非快速眼动睡眠两种时相交替出现外,非快速眼动睡眠与觉醒状态也可相互交替,只是快速眼动睡眠与觉醒状态不能双向交替。由快速眼动睡眠可进入觉醒状态,而由觉醒状态不能直接进入快速眼动睡眠(如图8-7所示)。

睡眠对于维持正常生理活动和心理活动十分重要。在睡眠状态中,虽然大脑皮质的活

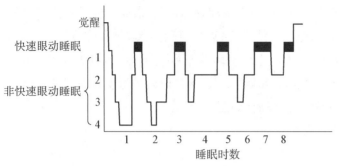

图 8-6 非快速眼动睡眠和快速眼动睡眠的转化

图 8-7 觉醒与睡眠时相的交替

动处于相对抑制状态,但自主神经系统却在紧张地调节着各种代谢活动。这对于消除疲劳、补充体能、排除体内毒素和代谢物是十分必要的。被剥夺睡眠的人恢复睡眠时,睡眠时间会相应延长;剥夺睡眠暂时不会对人体各项生理指标产生明显影响,但对注意力的集中、情绪的稳定以及学习与记忆会产生明显影响。

## 二、梦

### (一) 梦的含义

梦是不随意想象的一种特殊形式。

在睡眠状态下,大脑皮质处于不平衡抑制状态,少数神经细胞的兴奋使一些表象被激活。由于缺乏意识的控制与调节,被激活的表象形成了离奇的组合,这些稀奇古怪的组合使得梦境与现实生活大相径庭。所以,古人将梦看成是神灵的启示。由于许多梦同现实一样生动、丰富,不少人乐于接受梦中不可思议、自相矛盾的情节,甚至沉溺其中而不能自拔。

梦是在睡眠中发生的,但不是整个睡眠过程都在梦中度过。梦境多半在快速眼动睡眠时相中出现,内容生动离奇。但梦呓、梦游和梦惊多发生在非快速眼动睡眠中,它们在生理学上被看成是睡眠障碍反应。

快速眼动睡眠是神经细胞活动频繁的睡眠时相。在这个时相中,个体心率加快,呼吸加快而不规则,脑内蛋白合成加快等,有利于机体的休息和能量储存。快速眼动睡眠与儿童神经系统的发育和成人突触联系的维持密切相关,对储存认知信息具有重要作用。

梦的内容与个体的想象力关系密切。想象力丰富的人,梦境里充满了奇异的景象,而想象力贫乏的人,梦境也往往平淡无奇。梦有时会帮助个体突破思维定势产生顿悟。它是灵感得以闪现的一个窗口。

### (二) 梦的理论解释

关于梦的解释,虽然众说纷纭,但尚无公认的解释。梦的理论中具有代表性的有精神分析理论、生理学理论以及认知理论。

### 1. 精神分析理论

弗洛伊德认为,潜意识中的本能冲动趁人睡眠时以伪装的形式骗过所有松懈的心理检查机制而得到表现,就构成了梦。梦是愿望的一种表现形式,在一定程度上满足了本能欲望,释放所积聚的心理能量,又不唤起检查机制的警觉,从而保护了睡眠。由于梦所代表的欲望大多是意识所不能接受的,为了不直接引起良心的不安,只能采用曲折隐晦的手法来求得自我表现。弗洛伊德还将梦境分为显梦和隐梦两个层次。显梦是梦的表面情节,可以回忆起来;隐梦则通过显梦表现本能的欲望,可以通过精神分析来了解这些欲望。

荣格(C. G. Jung)认为梦是潜意识与自我的交谈。他将潜意识分为个人潜意识和集体潜意识。在梦中,个人潜意识的内容得到表现,集体潜意识中的原始意象以象征方式显现出来。梦是个人潜意识和集体潜意识的交织,而后者占主导地位。①

### 2. 生理学理论

霍布森(J. A. Hobson)提出梦的生理学观点,认为梦的本质是个体对大脑皮质随机神经活动的主观体验。在睡眠过程中,由于外界刺激减少,神经系统会出现一些随机活动,人的认知系统试图对这些随机活动进行解释并赋予其意义,便产生了梦。

### 3. 认知理论

梦具有一定的认知功能。福克斯(Foulkes)认为,梦的功能是将个体的知觉和行为经验重新编码和整合,使之转化为符号化的、可意识到的知识。心理学家通过分析梦的内容,发现梦里的隐喻和联想能帮助做梦者处理发展中的个人问题。梦基本上是清醒时人的思想、忧虑、需要和欲望的继续,所谓"日有所思,夜有所梦"正是这个意思。

## 名词解释

表象　遗觉象　表象的信息加工理论　想象　创造想象　灵感　幻想　理想

## 思考题

1. 为什么说想象也是人脑反映客观现实的一种形式?
2. 什么是再造想象和创造想象?它们在人的实践活动中有什么作用?
3. 怎样科学地解释睡眠和梦?

---

① 朱智贤主编:《心理学大词典》,北京师范大学出版社1989年版,第200、543页。

# 第九章 思　　维

## 第一节　思维概述

### 一、思维的含义

思维是人脑对客观现实间接和概括的反映。它是借助言语实现的、能揭示事物本质特征及内部规律的高级认知过程。

思维和感觉、知觉一样，也是人脑对客观现实的反映。不过感觉和知觉是对客观现实的直接的反映，它们所反映的是客观事物的外部现象或个别属性；而思维则是对客观事物间接的、概括的反映，它所反映的是客观事物的共同的本质特征和内在联系。例如，当人们研究"水"时，通过感觉和知觉只能认识水的颜色、形态和温度，而通过思维则能舍弃水的颜色、形态和温度的具体特征，认识到水在大气压力为760毫米水银柱时，温度降低到0℃就会结冰，增加到100℃就会沸腾这样的规律。因此人的思维是以感觉和知觉为基础的一种更复杂更高级的认知过程。

间接性和概括性是人的思维过程的重要特征。

所谓思维的间接性，就是人凭借已有的知识经验或其他事物的媒介，理解或把握那些没有直接感知过的或根本不可能感知到的事物，以推测事物过去的进程，认识事物现实的本质，推知事物未来的发展。例如：人类学家根据古生物的化石及其他有关资料，就能推知人类进化的规律；医生根据患者的体温、血压、血液、尿液及心电图、脑电图等检查的有关资料，就能确诊病患的病因；气象工作者根据已有的气象资料就能预知今后天气的变化；教师根据学生的行为表现可以推断学生的内心世界；等等。这些都是间接的认识，是通过人脑"去粗取精，去伪存真，由此及彼，由表及里"的加工活动（即思维活动）来实现的。

所谓思维的概括性包含两层意思：第一，把同一类事物的共同特征和本质特征抽取出来加以概括。例如，人们把形状、大小各不相同而能结出枣子的树木称为"枣树"，把枣树、苹果树、梨树等依据其根、茎、叶、果等共性统称为"果树"等。第二，将多次感知到的事物之间的联系和关系加以概括，得出有关事物之间的内在联系的结论。例如，每次看到"月晕"就要"刮风"，地砖"潮湿"就要"下雨"，就能得出"月晕而风""础润而雨"的结论。这种概括促进人对客观事物内在关系和规律性的认识，也有助于人对客观环境的适应、控制与改造。

思维的间接性是以人对事物概括性的认识为前提的。人之所以能够根据屋顶潮湿做出曾下过雨的推断，是因为知道下雨和屋顶潮湿之间的因果关系，而这种认识正是先由思维的概括性所获得的。因此，思维的概括反映和间接反映的特点是密切联系的。

### 二、思维的种类

思维可以从不同角度进行分类。

## （一）动作思维、形象思维和抽象思维

根据思维过程中的凭借物的不同，可将思维分为动作思维、形象思维和抽象思维。

### 1. 动作思维

动作思维是以实际动作为支柱的思维，也称操作思维或实践思维。例如，3岁前幼儿的思维大多属于动作思维，其思维活动依附于触摸、摆弄物体的活动。聋哑人靠手势与摆弄对象的动作进行交往，也属于动作思维。成人有时也出现动作思维。例如，体操运动员一边进行运动操作，一边进行思维也属于动作思维。成人的动作思维是以丰富的知识经验为中介的，并在整个动作思维过程中由词进行调节和控制，与没有完全掌握语言的幼儿的动作思维不同。动作思维是人与高等动物共同具有的一种思维形式，但是人的动作思维与动物的动作思维具有本质的区别。

### 2. 形象思维

形象思维是以事物的具体形象和表象为支柱的思维。例如，一个人在考虑沿着哪条路可以更快地到达目的地时，在他的头脑中会出现若干条通向目的地的道路，并运用其形象进行分析和比较，最后选择一条最短、最方便的路线。汽车驾驶员就经常运用这种形象思维。学龄前儿童的思维主要是形象思维。心理学的研究表明，形象思维是个体发展的重要阶段。正常成人虽以概念思维为主要形式，但也不可能完全脱离形象思维，特别是在解决比较复杂的问题时，鲜明生动的形象或表象有助于思维过程的顺利进行。作家、画家等的文艺创作也更多地运用形象思维。

### 3. 抽象思维

抽象思维是以概念、判断、推理等形式进行的思维。例如，学生运用数学符号和概念进行数学运算或推导，科学工作者根据实验材料进行某种推理、判断等，这些都是抽象思维。抽象思维也叫逻辑思维，是人类特有的一种思维形式。

## （二）聚合思维和发散思维

根据思维探索目标方向的不同，可将思维分为聚合思维和发散思维。

### 1. 聚合思维

聚合思维又叫求同思维、集中思维、辐合思维、会聚思维，是指把问题所提供的各种信息聚合起来，朝着同一个方向得出一个正确答案的思维，其主要特点是求同。这种思维是利用已有的知识经验或传统方法来解决问题的一种有方向、有范围、有组织、有条理的思维形式。例如，甲＞丙，甲＜乙，乙＜丁，其结果必然是丙＜丁。

### 2. 发散思维

发散思维又叫求异思维、分散思维、辐射思维，是指从一个目标出发，沿着各种不同途径去思考、探求多种答案的思维，其主要特点是求异与创新。例如，要求人们根据"海"字把想到的一切有关"海"字的词组都说出来。这时，人们就要沿着不同的方向去思考，想出海洋、海鸥、海参、海盐等。这种思维无一定方向和范围，不墨守成规，不囿于传统方法，是由已知

探索未知的思维。思维的变通性(思维灵活、能随机应变)、流畅性(思维敏捷、反应迅速)和独特性(对问题能提出超乎寻常的、独特新颖的见解)是发散思维的三个主要特点。

### (三) 直觉思维和分析思维

根据思维的结果是否经过缜密的思考步骤和对过程是否有清晰的意识,可分为直觉思维和分析思维。

#### 1. 直觉思维

直觉思维是一种非逻辑思维,它是人脑对于突然出现的新问题、新事物和新现象能迅速理解并做出判断的思维方式,也是一种直接的领悟性的思维方式。例如,达尔文(C. R. Darwin)在阅读马尔萨斯人口论著作时突然悟出"自然选择"理论;魏格纳(A. L. Wegener)在看地图时突然闪现出"大陆漂移"观念等,都是直觉思维的典型例证。在一定程度上,直觉思维是逻辑思维的凝聚或简缩,具有敏捷性、直接性、简缩性、突然性等特点。

#### 2. 分析思维

分析思维也称逻辑思维,它严格遵循逻辑规律,逐步进行分析与推导,最后得出合乎逻辑的正确答案或做出合理的结论。如学生通过多步的推理和论证解决数学难题,就采用了这种思维方式。

### (四) 常规性思维和创造性思维

根据思维的创新程度,可将思维分为常规性思维和创造性思维。

#### 1. 常规性思维

常规性思维也称再造性思维,是指人们运用已获得的知识经验,按现成的方案和程序,用惯常的方法、固定的模式来解决问题的思维方式。例如,学生运用已学会的公式解决同一类型的问题。这种思维其创造性水平低,对原有知识不需要进行明显的改组,也没有创造出新的思维成果,往往缺乏新颖性和独创性。

#### 2. 创造性思维

创造性思维是指以新异、独创的方式来解决问题的思维。例如,剧作家创造一个新的剧目,设计师发明一部新的机器,等等。创造性思维是人类思维的高级过程。许多心理学家认为:创造性思维是多种思维的综合表现,它既是发散思维与聚合思维的结合,也是直觉思维与分析思维的结合;它不仅包括抽象思维,而且也离不开创造性想象。

## 三、思维与语言

思维与语言的关系,长期以来一直争论不休,至今争论仍在继续。[1] 其代表性的观点有:

---

[1] 箱田裕司、都築誉史、川烟秀明、萩原滋著,宋永宁译:《认知心理学》,华东师范大学出版社2013年版,第297页。

华生的思维等同于语言观,沃尔夫(B. L. Whorf)的语言决定思维的假设,以及皮亚杰的思维决定语言观。但大多数心理学家认为思维与语言既有联系又有区别。

思维与语言有密切关系:①语言是思维活动的物质载体;②语言是思维活动的核心元素;③语言是思维活动内容和结果的记载或表达的工具;④语言是人们思想互相交流的工具;⑤新概念的形成通常归结为创造一个新词或赋予旧词以新的含义。

思维与语言的区别:①思维是心理现象,语言是物质现象;②思维同客观事物的关系是反映与被反映的关系,其间有必然的联系,而语言同客观事物的关系是标志与被标志的关系,其间没有直接的必然联系;③思维的核心元素是概念,而语言的核心元素是词;④思维过程的规律具有全人类性,而语言的语法规则因民族而异,具有民族性。

## 四、思维与文化

文化是个抽象的概念,何谓文化?迄今,学术界尚无一致的看法。有学者认为,文化有广义和狭义之分。从广义来说,文化是指人类社会历史实践过程中所创造的物质财富和精神财富的总和。就狭义而言,文化是指社会的意识形态,以及与之相适应的制度和组织机构。① 特里安迪斯(H. C. Triandis)对有关文化的定义进行了总结,他认为文化具有下述三个重要特征:一是,文化的产生是人与环境相适应的相互作用的结果;二是,由具有相同实践和共同意义这样的多个要素组成;三是,不限于由双亲传给子女这样的垂直方向,还可以通过同世代的朋友之间的相互作用,在水平方向上,以及通过学校和媒体等社会制度在斜的方向上,超越时代和世代进行传递。

文化是民族的血脉,是人民的精神家园,是民族凝聚力和创造力的重要源泉,是国家和地区发展水平和综合竞争力的重要因素。

思维植根于文化,身处不同文化语境的人,其思维的模式不尽相同。例如,尼斯比特(R. E. Nisbett)认为,古代中国的思维传统是整体性思维(holistic thinking),而希腊的思维传统是分析性思维(analytic thinking)。② 彭凯平的实证研究发现,中国人倾向于辩证思维,美国人倾向于逻辑思维。例如,中国人对犹太谚语"小心你的朋友,而不是敌人"深以为然,而美国人则感到莫名其妙。美国人倾向于分析性思维,中国人倾向于综合性思维。例如,有研究者曾对中美两国儿童的分类思维方式进行过实证研究,在实验中,研究者向中美两国儿童分别呈现狗、胡萝卜和兔子三张照片,让他们选出两张类似的照片。结果表明,美国的儿童喜欢做"狗和兔子是动物""胡萝卜是植物"这样的分类,而中国儿童在进行分类时,喜欢将狗排除在外,注意"兔子吃胡萝卜"这样的关系。彭凯平做过类似的实验,他以中国人和美国人为研究对象,让他们对鸡、牛、草与医生、老师、作业做"三选二"分类。结果表明,美国人选

---

① 辞海编辑委员会编:《辞海》,上海辞书出版社1980年版,第1533页。
② 箱田裕司、都筑誉史、川畑秀明、萩原滋著,宋永宁译:《认知心理学》,华东师范大学出版社2013年版,第296—304页。

鸡、牛——都是动物,中国人选牛、草——牛吃草。医生、老师、作业"三选二",美国人选医生、老师——职业工作者,中国人选老师、作业——教师布置作业。[1] 尼斯比特等人以中国的双语学习者为对象,分别在英语和中文的条件下进行比较研究。结果表明,与喜欢"基于范畴进行分类"(taxonomic categorization)的欧系美国人相比,不管在何种语言条件下,中国的双语学习者大都进行的是"基于关系进行分类"(thematic categorization)。

## 五、思维与脑

思维是脑的机能,脑是思维的器官,思维与脑有着密切的关系。但是由于其复杂性,人们对它们的研究还很不充分。正如鲁利亚在《神经心理学原理》中指出:"如果说言语的脑机构问题的研究有一百年的历史,那么有充分根据说,思维的脑机构问题的研究是根本就没有历史的。"[2] 开始认真地研究思维活动的组成环节和阶段的脑机制系统,可以说是近几十年的事。因此,目前的科学水平还不能充分阐明思维的脑机制问题。

神经心理学的研究发现,思维是整个大脑的功能,特别是大脑皮质的功能,脑的不同部分受损伤,会产生不同的思维障碍。研究表明,额叶受损伤的患者,其直观思维能力受到严重破坏。例如,让额叶受损伤的患者看一幅画,要求他们概括这幅画的主题,他们很难完成这一活动任务。他们不能仔细地观察、分析图画的内容,提出假设,而是根据图画的某一部分甚至某一细节,不做深入的分析就冲动地提出关于整幅画的内容的假设。自然,这样冲动性的假设一般都是不符合实际的,然而他们不会将提出的假设与实际的图画内容加以核对,从而校正不正确的假设。再如,给顶—枕叶受损伤患者 27 块同样大小的立方体,其中 8 块三面是黄色,12 块两面是黄色,6 块一面是黄色,1 块没有颜色,要求他们搭成一个各面都是黄色的立方体。结果发现,顶—枕叶受损伤的患者,有解决问题的意图,并能反复地进行尝试,但由于空间思维能力受到破坏,他们最终不能完成这项活动任务。

美国著名脑科学家斯佩里(R. W. Sperry)通过对裂脑人的研究,发现大脑右半球也有语言和思维功能,他也因此获得了 1981 年诺贝尔奖。这个发现改变了语言只是左脑的功能,右脑在语言上是聋、哑、盲的传统看法,确立了思维和语言是大脑的整体功能的观点。这说明,大脑两半球除了有相对的分工外,还能相互补充、相互制约和相互代偿。不仅左脑是思维的器官、语言的中枢,右脑也是思维器官,也具有语言能力。正常人的思维和语言是大脑两半球协同活动的结果。[3]

另外,从脑电活动、大脑皮质血液流量的增多,也可以看到,人的思维活动与大脑皮质有密切关系。当人们由安静状态转入数学运算活动时,$\alpha$ 波立即受到阻断,出现了 $\beta$ 快波。还有人发现:惯用视觉表象进行思维的人在进行思维活动时,其大脑视觉中枢的 $\alpha$ 波消失,说明

---

[1] 彭凯平:《国际视野下的文化形象重塑》,《文汇报》,2014 年 12 月 3 日,第 12 版。
[2] A·P·鲁利亚著,汪青、邵郊、王甦译:《神经心理学原理》,科学出版社 1983 年版,第 304 页。
[3] 陈新夏、郑维川、张保生著:《思维学引论》,湖南人民出版社 1988 年版,第 206 页。

这个部位正在活动；而惯用词语思维的人在进行思维活动时，其视觉中枢的α波持续。在人们进行心算时，大脑皮质的前额区与运动前区的血液流量显著增多。

神经心理学家采用先进的脑功能成像技术对思维活动的脑机制问题进行了大量研究，得到了许多有关思维活动与大脑特定区域之间关系的令人感兴趣的实验结果。例如，海尔(R. Haier)和本鲍(C. Benbow)曾用正电子发射断层显像技术对年轻的男女被试在解决数学问题时的脑功能成像进行过研究。实验前，根据数学测验的结果把被试分为"高分组"或"平均分组"。给每位被试注射含放射性的脱氧葡萄糖；半小时内，脱氧葡萄糖被大脑中激活的细胞接受，此时要求被试完成数学任务；随即开始对被试的大脑进行PET扫描。研究发现，高分组男性被试的颞叶比女性被试的更容易被激活。大脑的其他脑区也被激活，但没有性别差异。平均分组无论男女颞叶部位都不比大脑的其他区域激活更明显。[①]

加拿大的神经科学家威特尔森(S. F. Witelson)对爱因斯坦的大脑与具有正常智力的35名男子和56名女子的大脑进行了测量、照相与比较。研究发现，爱因斯坦大脑的组织结构确实与普通人不同：爱因斯坦大脑的顶叶——与视觉空间认知和数学思维密切相关的区域——比普通人宽15%（爱因斯坦大脑左右半球的最大宽度分别为7.5厘米，普通人分别为6.5厘米）；爱因斯坦大脑的最大宽度位于西尔维厄斯裂(Sylvian fissure)下方的交叉区域——爱因斯坦大脑的独特的结构区域；爱因斯坦大脑的顶叶要比普通人宽和圆；爱因斯坦大脑的左右半球没有顶叶岛盖(parietal operculum)，而普通人大脑左右半球的顶叶岛盖分别为6.1平方厘米和3.6平方厘米；爱因斯坦大脑顶叶的结构异常对称，而普通人的大脑顶叶结构则不对称，这主要是由于爱因斯坦大脑的左半球顶叶要比普通人大，而右半球顶叶的大小和结构却与普通人相类似。爱因斯坦大脑的这些独特的组织结构使其大脑的神经机能更有效地相互联系。华东师范大学物理系博士生门卫伟通过对爱因斯坦大脑胼胝体的解剖学研究发现，爱因斯坦大脑胼胝体整体显著厚于同年龄段的正常对照组，这说明爱因斯坦去世时大脑萎缩不明显。为了找出其大脑胼胝体的特异性，该研究又对52名青年健康志愿者的大脑磁共振图像进行了分析，该组人群平均年龄为26岁，与爱因斯坦1905年发表三篇主要研究论文（光电效应、布朗运动和狭义相对论）时的年龄相同，结果发现爱因斯坦大脑胼胝体各个部位均显著厚于青年对照组。考虑到正常衰老大脑会萎缩等因素，爱因斯坦在其年轻时大脑胼胝体应该比其脑标本更大更厚，表明爱因斯坦大脑不同部位之间的信息传导机制特别发达，这也许正是他高智商的秘密所在。[②] 另外，用MRI扫描直接测量脑容量的更新研究揭示，脑的大小（以身体尺寸进行调整）与智力分数之间存在0.44的显著相关。[③] 海尔等人使用PET和MRI扫描考察了轻度智力迟滞个体和唐氏综合征个体的大脑体积和葡萄糖新陈代谢率(GMR)，他们的研究进一步说明了聪明的大脑是高效的大脑。MRI的结果显示，智力迟滞和唐

---

[①] 莱斯蕾·罗杰斯著，李海宁译：《大脑的性别》，生活·读书·新知三联书店2004年版，第15页。
[②] 姜澎：《爱因斯坦大脑有何过人之处》，《文汇报》，2013年10月1日，第2版。
[③] 迈尔斯著，黄希庭等译：《心理学》，人民邮电出版社2008年版，第309页。

氏综合征被试组的大脑体积都只有控制组的80%。PET的数据则说明智力迟滞和唐氏综合征组的整个大脑皮质的GMR要远远高于控制组。①

自从笛卡尔开始对于大脑进行研究和思考以来，已经过去了三百多年；自从布洛卡发现大脑的不同区域似乎与特殊功能相关，也已经有一百多年。尽管各国的神经科学家对于思维的脑机制进行了大量研究，也取得了长足的进步，但也正如鲁利亚所说："智力活动的脑机制的分析还仅仅是迈出了第一步，要使思维的脑机制得到充分揭露，研究者还必须做很多工作。"②有脑科学研究学者认为，人类有六大认知功能：感知觉、记忆、情绪、语言、思维和意识。其中，语言、思维和意识是人类所特有的。但这六大认知功能到底是如何形成的？为什么能够形成？人类的思维遵循一些基本的逻辑常识，而这些常识是如何构成人类的科学大厦的？可以说，科学家对此还一无所知，这些问题都有待进一步研究。③ 中国科学院蒲慕明院士认为，"要完全理解我们的大脑需要几十年甚至上百年的时间"④。

## 第二节　概念及其形成

### 一、概念的含义

概念是人脑对现实的对象和现象的一般特征和本质特征的反映。例如，"房屋"这个概念，反映了各种房屋所共有的本质特征——供人居住或作其他用途的建筑物，而不涉及是木房还是砖房，是平房还是楼房等彼此所独有的具体特征。

概念是用词来标志的。如果没有词，概念就不可能存在。但概念并不等于词，它们既有联系又有区别。词是概念的物质外壳。概念赋予词以一定的意义和内容。但是，概念是心理现象，词是概念的物质标志，两者不能混淆。不同的词可代表同一概念，如"我、吾、余、I、Я、わたくし"等都表示说话者自己，是单数第一人称；同一词可以表示不同的概念，如"仁"，有时指道德概念中的"仁义""仁慈"，有时又指果实概念中的"桃仁""杏仁"等；有些词甚至不表示概念，只表示关系或联系，如"但是""而且"等。因此，我们不能把心理现象同物质现象等同起来。

概念和表象在性质和概括程度上是有区别的。表象是关于事物的形象的反映，而概念则是关于事物本质属性或内部关系的反映。表象具有形象性和概括性，它的概括水平较低，它既有事物的本质特征，也有事物的非本质特征，是一种感性的形象的概括。而概念具有非直观性和抽象性，它只包括事物的本质特征，而舍弃了非本质特征，有较高的抽象和概括水平。但是，概念是在表象的基础上产生的。每一个具体概念几乎都有一个相对稳定的感性

---

① 罗伯特·L·索尔所等著，邵志芳、李林、徐嫒等译：《认知心理学（第七版）》，上海人民出版社2008年版，第427页。
② A·P·鲁利亚著，汪青、邵郊、王甦译：《神经心理学原理》，科学出版社1983年版，第318页。
③ 姜澎：《中国脑计划将走向何方？》，《文汇报》，2015年6月5日，第7版。
④ 沈湫莎：《中国"脑科学计划"年内起航》，《文汇报》，2014年6月29日，第5版。

形象,称为概念的表象原型,否则概念就是空洞的。这种作用在儿童掌握的概念中表现得较为明显。如"鸟"这个概念,儿童常常用麻雀、燕子、鸽子等具体形象来说明。成人在利用概念进行思维时,也需要具体形象的帮助和支持。人们如果不在头脑中或纸上呈现几何图形,几何题就难以解答;不列举一两个适当的例子,一般的原理和规律也难以理解。

每一个概念都有它的内涵和外延。概念的外延是指具有概念所反映的本质属性的一切事物。概念的内涵是指概念所反映的事物的本质属性的总和。例如,"人"这一概念的内涵是"能制造工具并使用工具进行劳动的高等动物"。它的外延是指过去生活过、现在生活着和将来要生活的一切人。概念的内涵和外延的关系是成反比例的。内涵越多,外延越小。

概念是在科学、技术的新的事实基础上产生的。因此,随着社会的发展,会产生一些新的概念,某些概念内容又得到了补充,变得更丰富和充实。例如:"原子""电磁""原子能"等概念,只有在人类思想、科学、社会关系发展到一定水平时才能产生。因此,概念是人类社会历史发展的产物。

## 二、概念的种类

概念可以从不同角度进行分类。

### (一) 具体概念和抽象概念

根据概念所反映的事物属性的抽象和概括程度,可分为具体概念与抽象概念。

#### 1. 具体概念

具体概念指按事物的外部特征形成的概念。例如,给幼儿呈现香蕉、苹果、皮球、口琴等物,要求他们分类。如果他们将苹果与皮球归为一类,香蕉与口琴归为另一类,这说明他们是根据物体的形状(圆形和长形)分类的,由此形成的概念为具体概念。

#### 2. 抽象概念

抽象概念指按事物内部的、本质的特征形成的概念。如果幼儿将上述的香蕉与苹果归为一类,口琴与皮球归为另一类,说明他们是根据事物的内在特征进行分类的,由此形成的概念为抽象概念。

### (二) 合取概念、析取概念和关系概念

根据概念所反映的事物属性的数量及其相互关系,可分为合取概念、析取概念和关系概念。

#### 1. 合取概念

合取概念指根据一类事物中单个或多个相同属性形成的概念。这些属性在概念中必须同时存在。例如,"毛笔"这个概念必须有两个属性,即"用毛制作的"和"写字的工具"。如果只有前一属性,可认为是毛刷;只有后一属性可认为是钢笔或圆珠笔等。这种概念是最普遍的,如鸟类、水果、动物等都属这种概念。

### 2. 析取概念

析取概念指根据不同的标准，由单个或多个属性的结合形成的概念。例如，"好孩子"这个概念，可以结合各种属性，如"热爱集体、拾金不昧"是好孩子，"热爱劳动，肯为大家做事"也可称为好孩子。

### 3. 关系概念

关系概念指不是根据事物的特征和属性，而是根据事物之间的相互关系形成的概念。如高低、上下、左右、大小等，都是根据事物之间的相对关系形成的概念。

## （三）前科学概念和科学概念

根据概念形成的途径，可分为前科学概念和科学概念。

### 1. 前科学概念

前科学概念又称日常概念，它是人们在日常生活中通过人际交往和个人积累经验的过程形成的。日常概念受个人生活范围和知识经验的限制，因此概念的内涵中常常包含着事物的非本质属性，往往存在片面性，甚至有错误。例如，小学生认为昆虫不属于动物或蘑菇不属于植物就是如此。

### 2. 科学概念

科学概念又称明确概念，指在有计划、有目的的教学过程中形成的概念。如学生学习某门学科的定义、定律、原理等。

## （四）单独概念、普遍概念和集合概念

根据概念的外延特征，可分为单独概念、普遍概念和集合概念。

### 1. 单独概念

单独概念指关于某一特定事物的概念。它的外延只有一个事物，如"长江""孙中山""华东师范大学"等，而内涵仍然带有概括的性质，是人们有关某一特定事物的各种知识经验的概括。

### 2. 普遍概念

普遍概念指关于一类事物的概念，它的外延包括全部同类的个体，如"鸟""车辆"等。

### 3. 集合概念

集合概念的外延是一些事物组成的集合体，如"花束""词汇"等。一个集合体所具有的属性并不一定为它的组成部分所具有。

## （五）实物概念和抽象概念

根据概念的内涵，可分为实物概念和抽象概念。

### 1. 实物概念

实物概念指关于事物的整体的概念，它反映完整客体的本质属性，如"汽车""桌子"等。

### 2. 抽象概念

抽象概念指不是关于事物的整体，而是关于事物的某个属性、状态与其他事物联系的概念，如"运动""价值""民主"等。

## （六）自然概念和人工概念

根据概念的人为性，可分为自然概念和人工概念。

### 1. 自然概念

自然概念指现实事物的概念。其内涵和外延是由事物自身的特征决定的。例如，自然科学中的声、光、电、分子、原子等概念就属于自然概念。

### 2. 人工概念

人工概念指对某些自然概念的模拟，它是由实验者人为地将事物的几个属性或特征结合起来而创造的一种概念。

# 三、概念的功能

## （一）减少情境的复杂性

恰当运用概念，可以减少情境的复杂性。例如，张老师说他班上的45名学生都会做一道复杂的算术题，他不必把45名学生的名字一个个都报一遍，他只要说"他班上的学生"都会做就可以了。因为"他班上的学生"这一概念就包括了45名不同姓名、不同性别、不同身高与体重、不同爱好的个人。又如，把参与作战的对方人员，一概称为"敌人"，凡见敌人就打，不必确认战场上的复杂情境。因此，概念的存在和运用可以帮助人们对复杂的现实世界做出简化的、概括的或分类的反应，减少情境的复杂性，从而促进人们的学习、解决问题以及人与人之间的经验传递。

## （二）认清事物

人们对事物的认识不够明确，因而常有误认或混淆的现象。认识不清，可能是不当的类化或辨识不清所致。概念可以帮助人们正确地认识事物。例如：如果学生对"骡"与"马"有正确的概念，就不会指骡为马；如果学生对四则混合运算规则有正确的概念，就不会发生见数目就加减或乘除的现象。

## （三）增加经验的意义

有些知识经验，在纳入概念之前常常因孤立而缺乏意义。例如，拼音字母"b"，若死记则毫无意义，也易遗忘。若将"b"与"爸"(bà)同时练习，则可增加"b"的意义，也易于记忆。

## （四）增加对事物间关系的了解

概念将事物依其共同属性而分类，依其属性的差异而区别，因而概念的形成，可以帮助人们了解事物间的从属或相对关系。例如：使用"籍贯"这一概念，使两位从未见面的同厂工人，因知彼此为同乡而倍感亲切；学过"透视"概念的学生，容易了解物体远近与大小的关系。

### (五) 使知识经验系统化

概念是对一类事物共有本质特征的抽象和概括。概念之间的联系和关系可形成不同的概念体系，使人们的知识经验系统化。例如："鸟""鱼""猫""狗"等概念可用"动物"来概括；"花""草""树木"等概念可用"植物"来概括；而"动物"和"植物"这些概念又可用"生物"来概括。因此，概念可以使知识经验系统化、程序化。

## 四、概念的结构

概念是通过分析、综合、比较、抽象和概括等习得的，它反映的是一类事物的共同的本质的属性。由于对事物的抽象或概括的程度不同，形成了不同层级的概念（如图9-1所示）。①

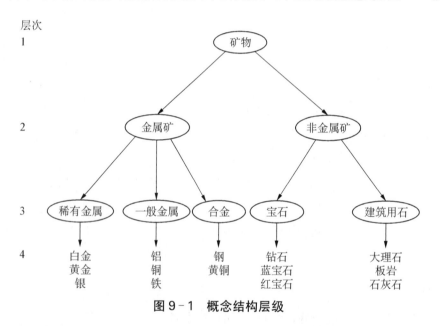

图9-1 概念结构层级

从图9-1可知，从矿物到金属矿再到合金就是一个从高到低的有序的概念结构。这种结构是垂直维度上的结构。如果对同一水平上的事物进行抽象和概括，就会形成一组同层级的概念，如矿物范畴内的金属矿与非金属矿就是处于同一层级上的概念。垂直维度和水平维度相结合就形成了概念的网络结构。概念通常是以层级的方式组织起来的，最普遍和最抽象的概念处于层级的顶端，最具体和最特定的概念则位于层级的底部。概念的层级结构可简明地标示出概念间的相互关系。但是，它所概括的概念间的关系的类型较少，因此，运用概念结构的层级模型来阐释概念间的相互关系，尚存在一定的局限性。

---

① 罗伯特·L·索尔所等著，邵志芳、李林、徐媛等译：《认知心理学（第七版）》，上海人民出版社2008年版，第236页。

## 五、概念的形成

### (一) 概念形成的过程

一般认为，概念的形成经历下列三个阶段。①

#### 1. 抽象化

概念形成的第一步是了解事物的属性。要了解事物的属性就需要对具体事物的各种特征予以抽象化。例如，儿童将许多积木分类时，必须先依照各积木的特征，如颜色、大小、形状或功能等，予以确认，然后根据一种或一种以上组合的属性将积木分类。当询问儿童为什么将积木分成两大类时，儿童回答："一组较大，一组较小。"这说明该儿童是以"大小"这一概念来概括积木的，更证明他知道何者为大、何者为小。大小为抽象的相对性概念，缺乏此种抽象的理解能力，概念便无法离开具体事物本身概括其他具体事物。当然，积木不仅有大小这一属性，还有颜色、形状及用途等其他属性，只是这些属性因"大小"概念的应用而被忽略或不被个体所察觉。

#### 2. 类化

概念的形成，除了要从具体事物中抽象出其属性以外，还要将类似的属性加以认同。此种认同作用，亦即刺激的类化作用。例如，称所有不同的车辆为"车辆"，这就是认同作用，亦称类化。类化时只顾及某些属性的相似性，而忽略其他属性间的差异。否则，由于世界上难以寻找完全相同的两种事物，概念的形成便会发生困难。

#### 3. 辨别

概念的形成，从发觉属性（抽象化）到认同属性（类化），必须同时认知事物属性间的差异（辨别），以便分类。例如，辨别出燕子是鸟类而不是鱼类，它是益鸟而不是害鸟。由于辨别，概念便有广义和狭义之别，亦有高低层次之分。概念越广，其层次越高，所包括的属性越多。换言之，高层次的广义的概念，如"生物"，是较多类化与较少辨别的结果。反之，低层次的狭义的概念，如"6岁的孩子"是较少类化与较多辨别的结果。

### (二) 影响概念形成的因素

事物的概念是在人类社会历史发展过程中形成的。对个体来说，掌握概念的过程也就是概念的学习。个体掌握概念主要通过两条途径：一是不经过专门的教学而在同他人进行日常交际和积累个人经验的过程中掌握的，这类概念叫日常概念或前科学概念；二是在教学中有计划地使儿童熟悉有关概念内涵的条件下掌握的，通过这一途径掌握的概念一般属于科学概念。

影响学生掌握科学概念的因素很多，以下分析几种主要因素。

---

① 温世颂著：《教育心理学》，三民书局1980年版，第229—230页。

1. 学生过去的经验

过去的经验,即日常概念和日常经验,对掌握科学概念有重大影响。这种影响可能是积极的,也可能是消极的,它取决于日常概念(前科学概念)的含义与科学概念的内涵是否一致。

当日常概念的含义与科学概念的内涵基本一致时,日常概念对掌握科学概念就起积极作用。例如,几何学中"邻角"概念的内涵是具有公共顶点和公共边的角。有些学生有"邻居"的日常概念,就容易掌握和理解邻角概念。

当日常概念的含义与科学概念的内涵不一致时,前者就会产生消极作用。例如,"垂"在日常概念中总是下垂,是由上而下的。所以当学生在几何课中接受"自线外一点向直线作垂线"的时候,就只能理解点在上方、线在下方的情况,而认为点在下方时作垂线是不可能的。要消除这种不良影响,一方面应在比较的基础上严格确定概念的内涵,另一方面应运用直观获得的新经验来消除旧知识的干扰。

2. 学生的认知能力

概念的学习与掌握受认知能力发展的影响。如"善恶"这个概念,对4岁的儿童来说,是以行为后果为判断标准的,要通过奖惩等外力手段来建立。而对12岁的少年来说,则以人际关系是否和谐为判断标准,要靠身教来建立。因此对幼儿谆谆教诲,用"灌输"的方法来形成善恶的概念,常常难以奏效。反之,对青少年仅靠恩威并施的赏罚,亦无法培养其正确的"善恶"概念。换言之,不同层次或复杂性的概念,需要与之相匹配的认知能力才能掌握。

3. 有关特征与无关特征

大量的实验研究和教学经验证明,概念的关键特征越明显,学习越容易。无关特征越多,学习就越难。因此,在概念教学中要尽量采取扩大有关特征(定义的特征)的方法促进教学。德怀尔(F. M. Dwyer)1967年的研究,可以说明有关特征与无关特征的清晰程度对概念学习的影响。被试是大学生,分成四组,学习人的心脏的解剖结构,四组都听有关心脏知识的录音讲解,但使用的辅助手段不一样:第一组,一边听录音,一边在屏幕上看录音中提到的心脏各部位的名称;第二组,一边听录音,一边看屏幕上有关心脏各部位的轮廓图;第三组,一边听录音,一边看屏幕上有关心脏各部位带有阴影的较详细的图;第四组,一边听录音,一边看心脏实物照片。实验结果如图9-2所示。轮廓图突出了关键特征,消除了无关特征,因此效果最佳,而实物照片增加了无关特征,掩盖了有关特征,效果最差。[①]

4. 变式

变式是从不同的角度和方面组织感性材料,使非本质要素变异,突出事物本质特征的方法。它可以帮助学生更准确地掌握概念。

变式有两种,一种是保持事物的本质属性,变化非本质属性。例如,讲垂线概念时,提供的事例既有⊥,也有⊢、⊤、⋎、⊣,保持两条直线相交成直角的本质属性不变,让方位等非本

---

[①] 邵瑞珍等编著:《教育心理学:学与教的原理》,上海教育出版社1983年版,第81—82页。

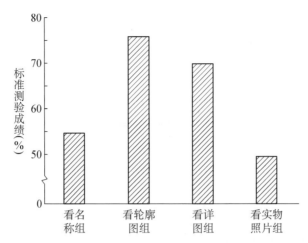

图 9-2　突出有关特征与无关特征对概念学习的影响

质属性变化。在讲"三角形""梯形"概念时,既有标准形式的图形,也有非标准形式的图形。讲"果实"这个概念时,既要列举苹果、花生、西红柿等可食果实的例子,也要列举棉籽、橡树籽等不可食果实的例子,这样才能帮助学生较准确地掌握概念。另一种变式是变化本质特征,而某些非本质特征保持不变。例如"鸟"的概念的本质特征是有羽毛的动物,可用蝴蝶、蝙蝠为例子,虽然蝴蝶、蝙蝠在某些非本质属性(例如会飞)方面与麻雀、燕子相同,但在本质特征如羽毛方面则不同,因此蝴蝶、蝙蝠不属于鸟类。

不充分或不正确的变式,常常会引起两种错误:不合理地缩小概念和不合理地扩大概念。

**5. 下定义**

下定义就是用简洁明了的语言表述概念的内涵。例如,"人是能制造工具并使用工具进行劳动的高等动物",这就是给"人"这一概念下定义。常用的一种下定义的方法是类加种差。如上述例子中,"动物"就是类,"能制造工具并使用工具进行劳动"是人和其他动物的本质差别,即种差。人们掌握了概念的定义,不仅有助于理解概念的实质,也可以根据定义去辨别事物。例如,当我们知道鱼类的本质特征是用鳃呼吸,就可以据此来辨别鲸不属于鱼类(尽管它生活在水里,其外形也与其他鱼相似)。在教学中给概念下定义要适时,过早下定义,将会使学生死记硬背而对定义的掌握流于形式;过迟下定义,就不能及时地收到组织、整理和巩固知识的效果。同时,给概念下定义还要适合学生的接受能力和知识水平,在不同年级的学生中,对同一概念应下不同深度、不同水平的定义。例如,"酸"的概念,最初级定义是"水溶液有酸味,能使石蕊试纸变红";稍高水平的定义是"能跟碱中和生成盐和水,跟某些金属反应生成盐和氢气";再高水平的定义是"电解质电离时所生成的正离子全部是氢离子的化合物"。

**6. 概念体系**

概念不是孤立的,概念与概念之间存在着各种各样的关系。概念体系是多种多样的,有相邻的概念(如根、茎、叶、花),有相反的概念(如白与黑、美与丑、敌人与朋友),有并列的概念(如直角三角形、锐角三角形),有从属的概念(如生物、动物、鸟类、鸡)等。当人们在头脑中对这些概念形成联系,就构成了概念的体系。概念体系的形成有助于知识的系统化,也有助于更深刻更全面地理解新概念。

## 第三节 问题解决

### 一、问题解决的含义

从认知心理学的观点来看,问题解决是指一系列有目的和指向性的认知操作过程。要求运用新颖独特方法的问题解决叫作创造性问题解决;使用现有方法的问题解决叫作常规性问题解决。问题解决是人类思维活动的方式之一,但并不是所有的思维活动都是问题解决的思维活动。例如,做梦、学习辨认数码、解决如何去解绳结等都是思维活动,但不属于问题解决的思维活动。一般认为,问题解决的思维活动必须具备三个条件:一是必须具有明确的目的性,如果缺乏明确的目的,就会失去问题解决的方向;二是必须有一系列操作程序,包括一系列的心理操作程序,否则就构不成问题解决的条件;三是必须有思维认知成分的参与,例如洗碗碟、打绳结的活动,虽然也属于有目的、系统性的操作活动,但没有思维的认知成分参与,因此不属于问题解决的思维活动。据此,我们应把问题解决的思维活动与一般的思维活动以及别的认识活动区别开来。

问题有各种各样的形式。想把问题做详细的分类研究,目前还不可能。现在人们公认的是把所有问题分为两大类:一类属于有固定答案的问题,另一类属于未定答案的问题。

属于有固定答案的问题很多,学校中用于教材的各种知识几乎都属于这类问题。例如,数学难题的求解、物理化学实验结果的求得,对学生来讲都是问题。但对老师来说,因为他已知道其固定答案,所以不再是问题。有固定答案的问题通常要遵循一定的步骤和确切的方法,才能获得正确的答案。例如,电视机维修工人在修理电视机时,必须根据线路图逐一检查,才能找到故障并予以修理。

未定答案的这类问题,在学校教材中虽然不多,但在生活和社会实践中却随处皆是,而且对人类创造性思维来说尤为重要。此类问题可能根本没有答案,可能有很多答案,也可能有答案但尚未肯定。例如,大家都认为儿童的食物营养与其身心发展有密切的关系。但如果打破砂锅问到底:究竟应该吃些什么食物会最有利于儿童智力的发展呢?这个问题不是没有答案,而是有很多可能的答案,但没有唯一肯定的答案。

### 二、问题解决的过程

问题解决是一种极其复杂的心理过程,受到许多因素(如问题的性质、个人的能力和经验等)的影响。目前对这个问题尚无一致的看法。在早期,影响较大的有"尝试错误说"和"顿悟说"。随着认知心理学的兴起,主要的趋势是从信息加工的角度解释问题解决的心理过程。

从认知心理学的观点来看,问题解决的过程就是问题解决者寻找操作系列以达到目标的过程。认知心理学把问题解决的全过程分为三种状态:初始状态、中间状态和目标状态。初始状态是指问题解决者所要解决的问题的最初状态;而问题解决者最终所要达到的目标称为目标状态;将初始状态转变为目标状态,其间必须通过各种操作而产生各种不同的状态,这种从初始状态到目标状态之间的各种状态称为中间状态。上述三种状态统称为问题空间或问题状态空间。问题解决就是从初始状态,经过各种中间状态,最后达到目标状态的过程。例如,有一个所谓"八张牌"的问题。这八张牌的初始状态和目标状态如图9-3所示,"＊"代表空格。

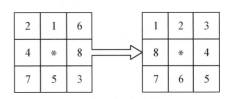

图9-3 "八张牌"问题的一种初始状态和目标状态

解决这个"八张牌"问题,需要经过25步,这些都是中间状态。第一步可将4号格中的牌与空格交换,改变4号牌的位置状态;第二步可将2号牌与空格交换位置,再次改变中间状态。依此类推,直到达到目标状态,问题就解决了。其解题过程如图9-4所示。

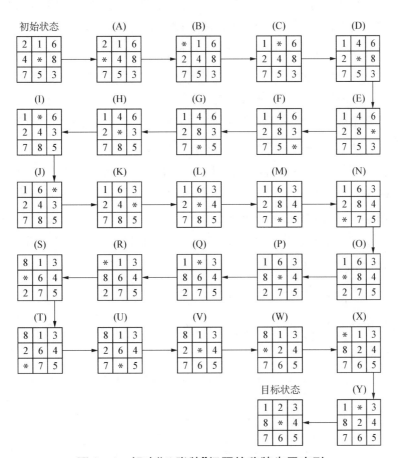

图9-4 解决"八张牌"问题的移牌步子序列

## 三、问题解决的策略

采用什么样的策略,是影响问题解决的一个重要因素。一个好的问题解决策略可以比较顺利地解决问题。例如:6+2+4+7+9+8+3+1=？人们可以按顺序进行加法运算,但用这种策略解决问题的效率较低,且容易出差错。如果采用凑10连加的运算策略,则能迅速准确地解决问题。因此,当一个人在面临问题的时候,应先辨识问题,然后选择适合当下问题的策略以解决问题。当然选择什么样的问题解决策略,不仅与问题的性质和内容相关,而且还与个体已有的知识经验相关。迄今为止,心理学家,尤其是现代认知心理学家提出了诸多问题解决的策略。下面着重介绍一些比较常用的问题解决策略。①②

### (一) 机械式问题解决

机械式问题解决,是指通过尝试错误或建立在学习基础上的固定程序来解决问题的方法。例如,爱迪生在发现适用的灯丝前,曾尝试过数以千计的试验。对另一些问题,我们可以采用算法,即通过按部就班的程序使结果得以论证或使问题得以解决。不同的问题有不同的算法。若一个问题有算法,则只要按照其规则、程序、步骤进行操作,就可以保证以有限的步骤解决问题,而不管问题解决者是否理解了该方法的含义。例如,天气预报说今日最高气温是35摄氏度,那么,华氏温度是多少呢？根据这个问题的算法,把摄氏温度乘以1.8,再加上32度,即可获得华氏温度。再如,要求以O、T、R、H、S五个字母组合成一个有意义的单词,我们可以尝试各种不同的排列方式,再从中找出正确的组合。通过这种方法虽然迟早会找到答案,但你却要面对120种可能的排列方式。事实上,如果你有一定的英语基础,你总会先考虑带有TH和SH组合的单词,结果大约用不了20次尝试就能找到正确的答案为"SHORT"。③ 算法的优点是,它们能够保证问题解决,但是,采用这种策略解决某些问题需要大量尝试,因此费时费力。虽然算法是有用的,但它们无法解决你面临的所有问题。涉及主观价值判断的问题、未知信息太多的问题以及过于复杂而无法用公式计算的问题,是无法用算法来解决的。因此,我们需要用更为直接、更为灵活的策略来解决在学习、工作和日常生活中所遇到的各种各样的问题。

### (二) 理解式问题解决

理解式问题解决,是指在问题解决过程中,通过对问题性质的深刻理解而解决问题的方法。在这一方面,德国心理学家邓克(K. Duncker)做了一个经典性的研究。在研究中,邓克给学生提了一个问题:某人胃中长了一个肿瘤,没办法通过手术切除。现有一台能够发射射

---

① 丹尼斯·库恩、米特雷尔著,郑钢等译:《心理学导论:思想与行为的认识之路(第13版)》,中国轻工业出版社2014年版,第380—383页。
② 菲利普·津巴多等著,王佳艺译:《津巴多普通心理学》,中国人民大学出版社2008年版,第284—286页。
③ 张厚粲主编:《大学心理学》,北京师范大学出版社2001年版,第161—165页。

线的仪器,它的高强度射线能够破坏肿瘤组织,但也会破坏周围的健康组织,怎样做才能够除掉肿瘤并且不破坏周围的健康组织呢?在研究过程中,邓克让学生在做题时采取"出声思维"的方式。他发现,成功地解决问题可分为两个阶段。在第一阶段,学生们必须能够发现正确解题方法中的一般性要素,这样,就可以找到解决此类问题的一般性方案,即只讲述成功所需的条件,但缺乏具体步骤的问题解决方案。第二阶段,学生们在分析、深刻理解一般性方案的基础上提出多种可操作性方案或可行性方案,即详细的、实际可操作的问题解决方案,并从其中选择一个最佳方案,从而成功地解决了胃肿瘤治疗这个难题。

我们再举一个经典的破解谜语的例子。这个谜语是:什么动物早晨用四只脚走路,中午用两只脚走路,黄昏时用三只脚走路?这是古希腊神话中邪恶的斯芬克斯提出的一个谜语。斯芬克斯是一只邪恶的生物,威胁要对底比斯人实施专政。凡是有人从他身边走过,他就提出该谜语让人猜,猜不中者便杀之。为了破解这个谜语,俄狄普斯通过反复思考,领悟到这个谜语的要素是一些隐喻。原来,早晨、中午、黄昏所代表的并不是一天中的三段时间,而是指人类一生中的三个不同的时期。婴儿以双手和双膝着地爬行,因此有四只脚;成人用两只脚走路;老年人除用两只脚走路外,还使用一支手杖,因此有三只脚。据此,俄狄普斯认为这个谜语的答案应该是人,从而破解了这个谜语,解救了他的人民,成为民族英雄。这一事例说明,理解式问题解决是一种有效的解决问题的策略。

运用理解式问题解决的领域非常广泛,它可能是人类问题解决的最基本的策略。

## (三) 启发式问题解决

启发式问题解决,也称经验法则,是指个体根据一定的知识经验,利用有限的、可尝试的方法以达到解决问题的策略。例如,假设你正在看一篇侦探小说,你想解决一个关于谁谋杀了电子工业大亨的问题。你可能排除了"是男管家干的"这种可能性,因为你利用了作者不会使用如此陈腐的情节线索这种启发式。[1]

启发式是一些基本而简单的经验法则,这些法则能够简化问题的复杂情境并让我们走出困境,使得问题得以解决。但与算法不同,启发式并不能完全保证问题得以正确地解决,不过它们往往能让我们朝着正确解决问题的方向前进。一些启发式需要专业知识,比如医学、物理学和心理学的专业训练。而另一些则可被更广泛地运用。常用的启发式有逆推法、类比法、问题分解法、手段—目的分析等。但对于问题解决来说,最有价值的启发式策略可能是一种具有普遍意义的思维方式。例如,布兰斯福德(J. Bransford)及其同事提出的IDEAL问题解决策略。该策略要求问题解决者在解决问题时采用如下步骤:①辨识,即确定是什么问题;②定义,即对问题下明确的定义;③探寻,即寻求可能解决问题的方案和相关知识;④行动,即根据某种可能的方案或假设,开始尝试解决问题;⑤酌情调整,即分析尝试的

---

[1] 理查德·格里格、菲利普·津巴多著,王垒等译:《心理学与生活》,人民邮电出版社2003年版,第243—246页。

结果,从结果中总结经验。当然,在根据每一个方案进行问题解决尝试的过程中都可能产生一些"子问题",同样,我们可以通过IDEAL策略尝试解决这些"子问题",直到找到满意的解决问题的方案。

### (四) 顿悟式问题解决

顿悟式(insight)问题解决,是指问题解决者在问题解决过程中,突然觉察到解决问题的方法。在问题解决过程中,如果答案在你眼前突然出现,就发生了顿悟。现在,我们以法国数学家庞加莱(H. Poincaré)发现Fuchsian函数为例来说明顿悟式问题解决的方法。[①] 他在记述报告中写道:

> 那个时候,我离开我生活之地卡昂(Caen),并在矿业学校的资助下参加了一个地质考察旅行。旅途多变的生活让我暂时忘记了我的教学工作。当到达库唐斯(Coutances),我们上了一辆马车要去某个地方,我记不清了,当我把一只脚放在脚踏板上的那一刹那,我突然来了灵感,而先前并没有任何预兆。原来,我用来定义Fuchsian函数的变换与非欧几何的变换是完全一样的……我确信我的想法是相当正确的。

庞加莱的报告正好符合华拉斯的架构,先是大量的准备,接着是经历一个酝酿和豁朗期。

研究表明,顿悟的出现需要以充分的尝试错误的经验作基础,但问题的解决不是尝试错误的渐进过程,而是突然发生的顿悟的结果。这种顿悟不是对问题情境中的个别要素做个别反应的结果,而是对问题情境中各要素及其相互关系的深刻理解或各要素的重新组合,从新的视角来观察和解决问题的结果。

斯腾伯格(R. Sternberg)和戴维森(J. Davidson)指出,顿悟涉及三种能力。第一种是选择性编码能力,即选择与问题有关的信息,排除干扰信息的能力;第二种是选择性组合能力,即把看上去不相关的信息组合在一起的能力;第三种是选择性比较能力,这是一种能把新问题与过去的信息或过去已解决的问题进行比较的能力。

格式塔心理学家认为顿悟涉及特殊的加工过程,与普通的问题解决有很大区别。梅特卡夫(J. Metcalfe)和韦伯报告了相关的发现。他们记录了被试在参与顿悟和非顿悟问题解决时体验到的激动感。研究发现,在非顿悟式问题解决中被试的激动感是逐渐增加的,而在顿悟式问题解决中,激动感的等级一直保持在低水平上,直到在想到问题解决办法之时,激动感在短时间内显著地增加。这些发现提示(但不是证明)顿悟具有特殊性,它以全或无的形式出现。

一些脑成像研究的结果支持了顿悟式问题解决的方法。例如,琼·皮曼(M. Jung-

---

[①] M·W艾森克、M·T·基恩著,高定国、何凌南等译:《认知心理学(第五版)》,华东师范大学出版社2009年版,第557页。

Beeman)等人报告了顿悟与非顿悟的问题解决之间存在重要区别的实验证据。他们给被试呈现三个单词:fence、card 和 master,要求被试想出一个可以与这三个词组合,且均形成复合词的单词,如 past。被试还需报告他们是通过快速、顿悟的方式还是更加系统的方式得出答案的。功能性磁共振(fMRI)结果表明,只有在涉及顿悟的问题解决时,被试右侧颞上回前部才被激活。在另一个采用 EEG 的实验中,他们发现在顿悟产生之前的三分之一秒,被试出现了大量高频率的大脑激活。①

## 四、影响问题解决的因素

影响问题解决的因素很多,有情境因素也有个人因素,有客观因素也有主观因素。它们之间既相互联系又相互制约。下面着重讨论几个主要因素。

### (一) 问题情境

问题情境是指问题解决者所要解决的问题的客观情境或刺激模式。当个体在活动中遇到某种不清楚、不了解的客观事实或现象,且运用已有的知识和技能不能解决的情况下,就会出现问题情境。一般说来,问题情境与个体的认知结构的差异越大,问题就越难解决;反之,问题则容易解决。问题情境对问题解决的影响,大体上可归纳为下述几个方面。

#### 1. 问题情境中物体和事件的空间排列不同,能促进或妨碍问题的解决

一般来说,解决问题所必需的物体都在问题解决者的视野之中,问题就容易解决;反之则困难。

#### 2. 问题元素的空间集合方式不同,问题解决的难易程度也不一样

有这样一个实验:要学生解几何题,两道几何题文字说明完全一样,即已知正方形的内切圆的半径为 2 英寸,求正方形的面积。这两题的差别是半径标示的位置不同(如图 9-5 所示)。学生分成两组,甲组学生做甲题,乙组学生做乙题。结果乙组学生解题比甲组学生解题快而且正确得多。主要原因是乙题的半径容易被看成正方形边长的一半,从而顺利地求出了正方形的面积。可见问题元素的空间集合方式不同,就可能促使或阻碍问题的解决。②

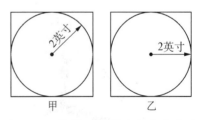

图 9-5 问题元素的空间集合方式对解决问题的影响

#### 3. 问题情境中所包含的物体或事实太少与太多都不利于问题的解决

问题情境中所包含的物体或事实太少可能遗漏事实,太多则会产生干扰。卡茨(D.

---

① M·W 艾森克、M·T·基恩著,高定国、何凌南等译:《认知心理学(第五版)》,华东师范大学出版社 2009 年版,第 522 页。
② 荆其诚、林仲贤主编:《心理学概论》,科学出版社 1986 年版,第 329 页。

Katz)曾经研究过多余刺激对解决问题所引起的干扰作用。他给几组学生做一些简单的算术题目——加法和减法。有几组做一些无名称题目,如：10.50 + 13.25 + 6.89,等等；另一组则做一些有熟悉名称的算术题,如：10.50 美元 + 13.25 美元 + 6.89 美元,等等；再有几组做一些带有瑞典货币名称的算术题,如：10.50 克朗 + 13.25 克朗 + 6.89 克朗,等等。研究表明,加上货币名称便增加了计算的困难,使用外币名称则困难更大。卡茨用成人重做了这个实验的一部分,还发现了有名称的数字在加法上会增加12%的时间。显然,把一些不相干的或不熟悉的因素加在一项简单和熟悉的工作上(如加法或减法),由于"心理眩惑"作用,会对问题解决产生干扰作用。[①]

### (二) 认知结构的限制

认知结构是指个人面对问题时,对问题的认识、看法、印象等方面的心理反应。如果对问题能形成清楚明确的认知结构,就会使问题顺利解决,反之则不然。要获得明确的认知结构,对问题至少要有三点明确认识：①所求的答案是什么？②已知的条件是什么？③个人已有的经验能否符合问题解决的需要？假如这三点都能回答,问题自然容易解决。

要突破认知结构的限制,致使问题顺利地获得解决,必须从认知结构扩大或重组着手,突破原来的思路。例如,请你用六根火柴构成四个等边三角形,你应该如何做？对这个问题,如果认知结构只限于平面,那是无法解决的。因为在平面上构成四个三角形,"六根火柴"的条件是不够的。但如果摆脱平面结构向立体方向去想,问题就可解决了(如图 9-6 所示)。又如,用一笔画成相连的四条直线,并穿过下列方阵中的所有九个点(如图 9-7 所示)。对这个问题,如果你的认知结构只限于九个点所占的面积,那也是无法解决的。如果把认知结构扩大重组,将直线延长到九点范围之外,问题很快就能得到解决。

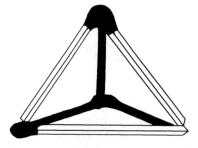

图 9-6 六根火柴构成的三角锥体

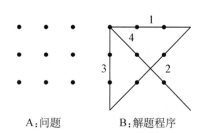

图 9-7 认知结构对问题解决的影响

### (三) 定势

定势是指心理活动的一种准备状态。这种准备状态有时有助于问题的解决,有时会妨

---

① 克雷奇、克拉奇菲尔德、利维森等著,周先庚、林传鼎、张述祖等译：《心理学纲要(上册)》,文化教育出版社 1980 年版,第 248 页。

碍问题的解决。

定势对问题解决的影响,陆钦斯(A. S. Luchins)曾做过一个著名的实验。该实验要求被试计算同类性质的一组算术题,即用不等容量的水桶量出定量的水。如表9-1所示,表中A、B、C各栏均代表水桶的容量,D栏代表所求的水量(单位以加仑计),共11题,第1题为例题。实验开始时,由主试说明例题做法:先将A桶装满,然后从中倒出三个B桶的量,这时A桶中剩余的水,正好是D所求的水量。换以数字计算,为29-3-3-3=20;若以代数式表示,为D=A-3B。主试要求被试按例题方式采用代数式求解其他各题答案。

表9-1 定势对问题解决影响的实验材料

| 课题序列 | 水桶容量 | | | 所求水量 |
|---|---|---|---|---|
| | A | B | C | D |
| 1 | 29 | 3 | | 20 |
| 2 | 21 | 127 | 3 | 100 |
| 3 | 14 | 163 | 25 | 99 |
| 4 | 18 | 43 | 10 | 5 |
| 5 | 9 | 42 | 6 | 21 |
| 6 | 20 | 59 | 4 | 31 |
| 7 | 23 | 49 | 3 | 20 |
| 8 | 15 | 39 | 3 | 18 |
| 9 | 28 | 76 | 3 | 25 |
| 10 | 18 | 48 | 4 | 22 |
| 11 | 14 | 36 | 8 | 6 |

该实验以大学生为对象,实验组79人,控制组57人。两组所做题数不同,每题半分钟。实验组从例题之后逐题求解,一直做到第8题。控制组则在例题之后只做第2、第7、第8题。如此设计的目的,旨在探讨经由同样方法解答第1至第6题之后,是否会产生一种定势作用而影响运用简捷的方法解答第7与第8两题。因为第2至第8题均可采用D=B-A-2C的公式计算。但其中第7与第8两题却有简捷的方法:第7题可用D=A-C,第8题可用D=A+C。结果发现:实验组被试中有81%的人套用D=B-A-2C的公式一直做到底,而控制组被试则全部采用简捷方法解答第7与第8两题。这说明实验组被试明显地受定势的影响,而控制组则不受其影响。实验结果如表9-2所示。

表9-2 定势对问题解决影响的实验结果[1]

| 组别 | 人数 | 采用 D = B - A - 2C 方法的正确解答（%） | 采用 D = A ± C 方法的正确解答（%） | 方法错误者（%） |
|---|---|---|---|---|
| 实验组 | 79 | 81 | 17 | 2 |
| 控制组 | 57 | 0 | 100 | 0 |

## （四）功能固着

功能固着是指个体在解决问题时只看到某种事物的通常功能，而看不到它的其他方面的功能。例如，钥匙是用来开锁的，箱子是用来盛东西的。可是在问题情境中，现有的事物绝不可能像一把钥匙开一把锁那样简单。而是需要靠个人运用思维，以发现事物与问题情境之间的新关系。铁锤是用来钉钉子的，但必要时也可用作御敌的武器；刀子是用来切割的，但必要时也可用来打开罐头或旋松螺丝。在解决问题的过程中，能否改变事物固有的功能以适应新的需要，是解决问题的关键。可是这个关键却常因受事物固有功能观念的限制而不易突破。

邓克曾以实验证实了这种影响。他以两组不同的被试，在不同的安排下使用同样五种工具解决五个问题。实验组的被试在解决问题之前，先对工具的习惯用法进行一段时间的练习，以增强功能固着的影响；控制组的被试则不经练习而直接解决问题（如表9-3所示）。

表9-3 功能固着对问题解决的影响[2]

| 组别 | 工具 | 练习工作 | 解决新问题 | 参加人数 | 成绩% |
|---|---|---|---|---|---|
| 实验组 | 钻子 | 钻洞 | 支撑绳索 | 14 | 71 |
|  | 箱子 | 盛物 | 做垫脚台 | 7 | 43 |
|  | 钳子 | 打开铁丝结 | 支撑木板 | 9 | 44 |
|  | 秤锤 | 称重量 | 做钉锤用 | 12 | 75 |
|  | 回形针 | 夹纸 | 做挂钩用 | 7 | 57 |
| 控制组 | 同实验组 |  | 同实验组 | 10 | 100 |
|  |  |  |  | 7 | 100 |
|  |  |  |  | 15 | 100 |
|  |  |  |  | 12 | 100 |
|  |  |  |  | 7 | 86 |

从表中可以看出，实验组的成绩远低于控制组。两组间的差异显然与实验组的事先练

---

[1] 张春兴，林清山著：《教育心理学》，东华书局1986年版，第166—167页。
[2] 张春兴，杨国枢著：《心理学》，三民书局1984年版，第306页。

习有密切关系。工具一经使用形成习惯后，即发生功能固着作用而影响问题的解决。

### (五) 动机和情绪状态

人的动机可影响心理活动的各个方面，无疑也会影响问题解决的思维活动。在问题解决的思维活动过程中，如果没有恰当的动机，人们就不能进行活跃的思维或有始有终地坚持解决一个难题。因此，动机是影响问题解决的重要因素。人对活动的态度，其社会责任感、认识兴趣、求知欲等，都能成为发现问题、解决问题的强烈动机。动机的性质和动机的强弱影响到整个问题解决的过程。有社会意义的动机，能促使人们为问题解决而主动积极地进行思考与探索。通常人们把动机强度与问题解决效率的关系，描绘成一条倒"U"形曲线（如图 9-8 所示）。从曲线图中可以看到，在一定范围内问题解决效率随着问题解决者动机水平的提高而提高，但是动机水平超过了一定限度之后，问题解决效率反而越来越低。这是由于心情急切，情绪过分紧张，妨碍他们冷静地进行问题定向以及在各种问题解决的方案中做出合理的决策。所谓欲速则不达，就是这种动机状态所造成的。动机水平太低，注意力容易被无关因素所干扰，心理活动的积极性不高，问题解决效率也很低。因此，太高或太低的动机水平都不利于问题解决，而中等程度的动机水平则最有利于问题解决。

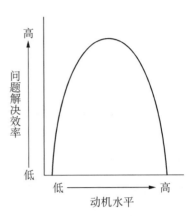

图 9-8 动机水平与问题解决效率[①]

情绪因素对问题解决也有明显的影响。情绪对问题解决的影响可以是积极的，有时也会是消极的。良好的情绪状态可以提高思维活动的积极性，推动问题的解决；而消极的情绪状态则会干扰问题解决的进程。耶基斯—多德逊 (R. M. Yerkes & J. D. Dodson) 曾对作业绩效和唤醒水平之间的关系进行过研究。研究发现，作业绩效与唤醒水平之间呈曲线关系，即唤醒水平太低或太高时，作业绩效都不好，只有在中等的唤醒水平时，出现最佳的作业绩效。此外，对于困难的任务来说，适宜的唤醒水平比任务容易时要低一些（如图 9-9 所示）。操作困难的代数问题时，操作效率的最佳状态处于较低的唤醒水平；操作基本的算术运算时，操作效率

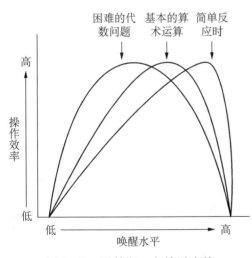

图 9-9 耶基斯—多德逊定律

---

① Munn, N. L.; Fernald, L. D. & Fernald, P. S. (1974). *Introduction to Psychology*. Boston: Houghton Mifflin Company, 407.

的高峰处于中等的唤醒水平;操作简单反应时,操作效率的高峰处于较高的唤醒水平。[1] 这说明问题解决效率是受问题的难易程度和问题解决者的情绪状态所制约的。要提高问题解决的效率,根据耶基斯—多德逊定律,问题解决者应保持适当的情绪状态。

# 第四节 创造性思维

## 一、创造性思维的含义

创造性思维是指以新颖独创的方法解决问题的思维过程。通过这种思维不仅能揭露客观事物的本质及其内部联系,而且能在此基础上产生新颖的、独创的、有社会意义的思维成果。它是人类思维的高级过程,是人类意识发展水平的标志。创造性思维主要有以下四个特点。

### (一) 新颖性

创造性思维不同于一般的思维活动,它要求打破惯常的解决问题的方法,将已有的知识经验进行改组或重建,创造出个体前所未知的或社会前所未有的思维成果。因此新颖性是创造性思维最本质的特征。例如,哥白尼的"太阳中心说"就体现了这一特征。

### (二) 发散思维与聚合思维相结合的产物

众多的心理学家认为,创造性思维是发散思维与聚合思维两种活动相结合的产物。在创造性思维活动中,固然要求进行发散性思维,尽可能地多联想,提出多种假设或更多更好的解决问题的方案。然而,创造性思维还必须根据一定的标准,从众多的选择中找出一种最合适的答案,或经过检验采纳某一种假设,这就必须经过聚合思维。

仍以邓克的"治疗胃癌"问题为例。假定一个人患胃癌,经医生诊断不能开刀切除,唯一可能的治疗方法是用放射线将癌体组织破坏。遇到的困难是,如放射线强度不够,就不能破坏癌体组织,如其强度增强,可能在破坏癌体组织之前,先伤害了身体其他部位的健康组织。那么,如何在不伤害健康组织的原则下,采用放射法治疗此种胃癌呢?对于这个问题,问题解决者首先进行发散思维:找出一条到达胃部的通道,插上导管,放射线通过导管,把健康组织移出射线通道;在射线和健康组织之间插入隔层;把癌体组织移到身体表面,注射化学药物,将人体其他有关组织麻醉;先用微弱射线多次对健康组织照射,使之产生免疫作用;在通过健康组织时,把射线强度降低,等接触到癌体组织时,把射线强度增高,然后,通过聚合思维从中找出最好的解决方案。这个最好的解决方案就是先以较弱的射线通过健康组织,通过透镜,予以集中,使其焦点正好落在癌体组织上,这样就可获得足以破坏癌体组织的强度。这种先通过发散思维后进行聚合思维而解决问题的过程就是创造性思维过程。因此,一个

---

[1] Munn, N. L.; Fernald, L. D. & Fernald, P. S. (1974). *Introduction to Psychology*. Boston: Houghton Mifflin Company, 408.

人的创造性思维活动的完整过程,是从通过发散思维到聚合思维,再从聚合思维到发散思维的多次循环、不断深化才得以完成的。只有发散思维与聚合思维有机结合、协调活动,才有可能发现事物之间的新联系,提出新假设,解决新问题。当然,也不能否认:在创造性活动中,发散思维更为重要。

### (三) 创造性想象的积极参与

创造性想象的积极参与是创造性思维的重要环节。因为创造性想象提供的是事物的新形象,并使创造性思维成果具体化。所以文艺作品中新形象的创造、科学研究中新假说的提出、新机器的发明等都离不开创造性想象。正如列宁指出的:有人认为,只有诗人才需要幻想,这是没有理由的,这是愚蠢的偏见。甚至在数学上也是需要幻想的,没有它就不可能发明微积分。

### (四) 灵感状态

灵感状态是创造性思维活动的又一典型特征。所谓灵感,是指人在创造性思维过程中,某种新形象、新概念和新思想突然产生的心理状态。灵感是人集中全部精力去解决问题时,由于偶然因素的触发而突然出现的顿悟现象。任何创造性思维,都离不开灵感。例如,德国著名化学家凯库勒(F. A. Kekulé)在研究有机化学中碳氢化合物苯的分子结构时,先是因苦思不得其解而停止思考,面对火炉打起瞌睡来。在睡梦中,他看见很多碳氢的原子排成很多圆圈在他面前跳动不已。其中一个圆圈突然飞临他的眼前,像一道闪光,把他惊醒。梦中原子排成的圆圈,使他获得灵感

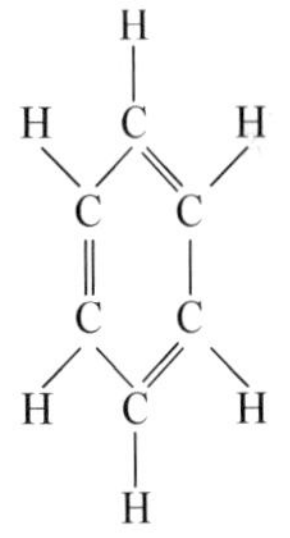

图 9-10 苯分子结构图

而发现了苯分子 $C_6H_6$ 的环状结构(如图 9-10 所示)。灵感的闪现之所以能使人"思风发于胸臆,言泉流于唇齿",是因为它能够给人带来一种超常态的心理压力和思维能力。这种压力和能力常常是科学研究和艺术成果降生的动力。

## 二、创造性思维的过程

创造性思维的过程是指在问题情境中,新的思维从萌发到形成的整个过程。心理学家们以往在这方面曾有不少研究。有的请求发明家们自述创造性思维的经过,有的则从他们所留下的日记、传记以及有关的资料中进行分析研究。在这些研究中,最具代表性的可推英国心理学家华拉斯(G. Wallas)的创造性思维的四阶段说。他认为无论是科学或艺术的创造,大体上都经历以下四个阶段。

### (一) 准备期

准备期是指创造活动前积累有关知识经验、搜集有关资料和信息,为创造做准备。科学家在创造之前都需要对前人所积累的有关同类问题的知识经验有所了解,然后才有可能从旧问题中发现新问题,从旧关系中发现新关系。从前人的经验中不仅获得知识也获得启示。

所谓创造,绝非无中生有。例如,爱因斯坦的著名论著《相对论》,写作仅花了五个星期的时间,但是准备工作却花了七年之久。文学艺术亦是如此,个人必须先具备基本的文学或艺术修养,而后才能谈到创造。

## (二) 酝酿期

酝酿期是指在已积累的知识经验的基础上,对问题和资料进行深入的探索和思考的时期。经过准备阶段,问题解决者不仅对某方面的知识经验有了相当的基础,而且开始对问题和资料进行深入的探索和思考。一旦酝酿成熟,就会脱颖而出,使问题得以解决。史密斯(Smith)和布兰肯希普(S. E. Blankenship)报告了存在酝酿期的证据。他们采用远程联想测验(remote associates test),要求被试找出一个能与其他三个单词相关的单词。例如,单词 wheel、electric 和 high 都与单词 chair 有关。在一种条件下,实验者强调三个单词在词义上的差别,如指出高是低的反义词。两组被试的作业方式不同,一组被试做完远程联想测验后有 5 分钟的休息时间,而另一组被试则没有休息时间。结果表明,有 5 分钟休息时间或在酝酿期条件中的被试解决了 75% 的问题,而没有休息时间的被试只解决了 27% 的问题。[①]

## (三) 豁朗期

豁朗期是指新思想、新观念、新形象产生的时期,又叫灵感期。灵感的产生有时候是突然的,甚至是戏剧性的;有时产生于半睡眠状态;有时产生于正从事其他活动(如散步、钓鱼、听音乐、旅行等)的时候。"豁朗"或"顿悟"的一个经典例子是伟大的希腊科学家阿基米德(Archimedes)解决测定王冠含金重量的问题。据记载,国王购置了一顶设计复杂、装饰华丽的王冠,他想知道王冠是不是纯金。阿基米德接受了这个艰巨的任务。他反复进行思考,但一直不得其解。一天,他在洗澡时发现自己的腿所排开的水量等于排出水的体积。他立刻联想到,如果他把王冠浸入水中,王冠将会置换出同等体积的水,由此就可确定王冠是不是纯金的了。阿基米德就是在灵感突然闪现的一瞬间解决了这个问题。

## (四) 验证期

验证期是指对新思想或新观念进行验证补充和修正,使其趋于完善的时期。豁朗期得来的观念必须加以验证。在验证期间,或从逻辑角度在理论上求其周密、正确,或是付诸行动,经观察实验而求得正确的结果。在这个时期,思维者可以对豁朗期的观念加以修正,使创造工作达到完美的地步。

## 三、创造性思维的培养

创造性思维是在一般思维的基础上发展起来的,是后天培养与训练的结果。创造性思

---

[①] M·W艾森克、M·T·基恩著,高定国、何凌南等译:《认知心理学(第五版)》,华东师范大学出版社2009年版,第558页。

维的培养可采取下列一些举措。

## (一) 培养学生的创造性人格,发展学生的创造性思维

国内外大量有关创造性的研究表明,个体的创造性思维能力,不仅受认知因素的影响,而且还受人格因素的重大影响,人格因素包括人格倾向性和人格心理特征两大部分。前者,如需要、动机、兴趣、理想、信念和世界观;后者,如开放性、独立性、敢为性、怀疑性、有恒性、合群性等。无论是科技创新还是艺术创新都与创新者的人格因素息息相关。因此,家长、教师、社会在关注学生创造性思维能力培养时,还必须着力培养学生的创造性人格品质。

下面主要探讨学习动机、兴趣、求知欲和好奇心等人格因素与创造性思维的关系及其培养策略,其他问题,可阅读其他相关章节。

1. 学习动机

正确的学习动机是激发学习主动性、积极性的重要动力,也是发展创造性思维的必要条件。因此,要把正确的学习动机和学习活动结合起来,自觉主动地学习,并运用已掌握的知识独立地分析问题和解决问题,积极开展创造性思维活动。研究表明,胸无大志、懒于思考、意志薄弱的人,在学习中缺少主动性、积极性的人,难以形成和发展创造性思维能力。

学习动机理论认为,学习动机是个体积极学习和成长的一种先天的能力和倾向。由于学习动机是人生来就固有的,因此它只能被激发而不能被建立。教师可以用来激发学生学习动机的策略很多,麦库姆斯(B. L. McCombs)和波普(J. E. Pope)提出的教师帮助学生激发学习动机的五种重要策略为:①帮助学生了解自己的心理功能和个人动因,从而让学生了解这些思想是如何产生并进而影响其动机和学习的;②帮助学生正确评价自我、自我的学习过程和特定的学习活动;③创造机会,让学生展现先天固有的学习、成长和对自己的学习负责的倾向;④鼓励学生承担具有挑战性的学习任务,以此来抵消诸如厌学、担心失败和退缩等学校生活经验带来的消极后果;⑤创设一种积极的、充满个体和社会支持的学习氛围,使所有学生都能得到真诚的关注和尊重。①

2. 兴趣

兴趣能激励人们深入地钻研和思考问题。因此,它也是发展创造性思维的因素之一。一个人对于某一事物产生浓厚的兴趣,就会坚持不懈地去探索、思考该事物的奥秘,发现创造的秘诀。因此,广泛而稳定的兴趣对发展创造性思维能力有其重要作用。

3. 求知欲和好奇心

求知欲与好奇心有关,也是激发创造性思维活动的因素之一。求知欲旺盛的人,对于所面临的问题决不满足于现成的答案或书本上的结论,而是积极地去思考去探索,寻找问题的答案,试图发现新问题,做出新解释。好奇心是激励人们探究客观事物奥秘的一种内部动

---

① 麦库姆斯、波普著,伍新春等译:《学习动机的激发策略:提高学生的学习兴趣》,中国轻工业出版社 2002 年版,第 173 页。

力。居里夫人说过:"很多人都说我很伟大很有毅力什么的,其实我就是特别好奇,好奇得上瘾。"爱因斯坦也说过:"我没有特别的才能,只有强烈的好奇心。"当一个人头脑中已有的概念同客观事物发生冲突时,就会产生好奇心,从而引起思考,促使自己进一步去探索未知的新情境,发现未掌握的新知识,甚至可能会创造出前所未有的新事物。因此,求知欲和好奇心的激发对培养和发展创造性思维是十分必要的。

为了培养学生的求知欲,可以不断地给学生创设变化的、能激起其新异感的学习环境(如经常在专业学习教室里更新挂图、模型、标本等);组织或引导学生去观察大自然或考察社会生活,珍视他们在观察或考察中发现奥秘而提出的各种问题,或给予解答,或启发他们自己去寻找答案,并对其努力与结果适时地加以鼓励,使其继续发展;经常结合教学向学生提出一些熟悉而又需要动脑筋才能解决的思考题。

## (二) 运用发展创造性思维的策略,培养学生的创造性思维

知识就是力量,方法就是智慧。在教学活动中,教师应有目的、有意识、有计划地运用各种发展创造性思维的策略,更好地培养、发展学生的创造性思维。

国内外有关发展学生创造性思维的策略的论述颇多,如脑力激荡法(brainstorming,亦称"头脑风暴法")、属性列举法(attribute listing)、形态分析法(morphotgical analysis)、自由联想技术(free association techniques)、威廉斯创造性思维教学策略、怀—邦创造性思维教学策略等。① 下面是斯腾伯格和格里格伦科(E. L. Grigorenko)提出的有关发展创造性思维的12种策略。②

### 1. 重新界定问题

当学生面对一个问题时,教师应通过多种方法鼓励学生换一种思维方式去思考它,改变观点,自己重新定义问题,重新界定问题,重新选择解决问题的方法,而不要替他们完成这些工作。

### 2. 质疑并分析假设

教师应鼓励学生对假设提出质疑,并进行深入细致的分析。当然,学生并不需要质疑每一个假设,教师要让学生分辨,哪些假设值得质疑,哪些假设不值得质疑,使学生学会挑选出值得质疑的假设,并进行深入分析。

### 3. 销售创意

教师应鼓励学生推销、论证自己的新思想、新观点,说服他人相信自己的创意价值。

### 4. 产生想法

教师应鼓励学生以自己的做事方式产生创造性新思想,自己制定计划,而不是让别人帮

---

① 陈龙安著:《创造性思维与教学》,中国轻工业出版社1999年版,第109—248页。
② 斯腾伯格、格里格伦科著,张庆林等译:《成功智力教学:提高学生的学习能力与学习成绩》,中国轻工业出版社2002年版,第69—108页。

他们去做。只要学生提出自己的想法,不管这些想法如何,教师都应该表扬他们,鼓励他们明晰自己的想法,并将这个想法发展为高质量的项目。

5. 了解知识的两面性

教师应让学生理解知识是一把"双刃剑",即一个人的创造离不开知识,但知识也可能限制一个人的创造性。教师要让学生明了学习是一个终身发展的过程,它不会在个人获得某种程度的承认后就停止。因此,教师应要求学生不要故步自封,保持灵活性,避免坐井观天,保持观念的开放性。

6. 认识困难并克服困难

教师应要求学生正确认识困难,应对困难,遇到困难要锲而不舍,不断尝试,坚持不懈,不要放弃。

7. 合理冒险

教师应鼓励学生合理冒险,尝试新方法,探索未知领域,并对合理的冒险行为给予奖励。

8. 容忍模糊性

教师应鼓励学生容忍在创造性思维活动中出现的零乱的、模糊的、不确定的新思想和新观点。

9. 增强自我效能感

教师应鼓励学生相信自己的创造能力,相信自己有能力完成某项活动任务,相信自己能够有效地进行创造性学习,相信自己能够实现自己的人生目标。

10. 发现真正的兴趣

教师应帮助学生发现他们的真正兴趣,帮助学生发现他们真正喜欢做的事情,帮助学生发现可以使他们自己兴奋的事情。

11. 延迟满足

教师要努力培养学生克服短期效应,注重长期效应,延迟满足,耐心等待回报等的能力。

12. 示范创造性

教师要做学生的创造性的典范。教师发展学生创造性最有效的途径就是自己示范创造性。要发展学生的创造性,教师不仅要求他们去做什么,而且还要让他们看到该怎么做。教师带头示范创造性是鼓励学生创造性思维,培养学生创造性能力的最有效的影响手段。

## (三) 创新课堂教学,培养学生的创造性思维

课堂不仅是"传授"知识、陶冶情操的主阵地,也是培养学生创造性思维的主阵地。尼克森(R. S. Nickerson)从态度和信念的视角,探讨了学校课堂教学中扼杀学生创造性和批判性思维的问题,并梳理出扼杀学生创造性思维的九种教育行为清单:①凡事要求有唯一的正确答案、正确的路径,"正确"高于一切;②培养学生对权威,尤其是对老师的服从感、恐惧感;③要求不惜一切地遵循教学计划,只让学生完成老师布置或课本上要求的课题;④打击、纠

正学生的创造性思维,倡导天才是罕见的观念;⑤阻止学生跨学科解决问题的思路,倡导知识分界的观念;⑥用经典格言和口号来证明观点;⑦嘲笑打击学生的好奇心和求知欲;⑧倡导智力是先天基因决定的理念,打消学生努力尝试高难度任务的念头;⑨绝对不要让学生学习或解决问题变得有趣。尼克森强调,在上述九种教师扼杀学生创造性思维的教育行为中,任何一种都可以扼杀学生的创造性思维,但最有扼杀力的是最后一种教育行为。①

近年来,我国的中小学在国家基础课程改革的基础上,不断深化课程改革,创新课堂教学模式,为激活学生的创造性思维潜力提供了正能量。

### 1. 构建校本课程,培养学生的创造性思维

课程,是学生接受教育的主要载体,也是培育学生创造性思维的重要载体。某学校把培养学生的创造性思维作为构建校本课程极为重要的视角。学校开设的阅读课、文化课、思维训练课、科技课、美术课等校本课程都致力于培育学生的创造性思维。例如,在思维训练课上,教师关注学生的思维品质,通过一题多解、变式、逆向思维等方式,培养多种思维模式。思维训练课的教学注重一个"想"字。教会学生如何分析问题,如何审题,如何抓住关键句,如何找到分析解决问题的路径,也就是让学生学会找出已知、未知的矛盾,然后学习如何解决矛盾,从而培养学生分析问题、解决问题的能力。思维训练课的目的并不在于让学生学会做几道题,而是让学生在解决问题的过程中理解、领悟逻辑思维方式,并能够举一反三,触类旁通,自主迁移和综合运用已经学过的知识和方法,去分析解决社会实践中提出的问题。②

### 2. 创建多元分层的小班化教学模式,发展学生的创造性思维

传统的课堂教学,通常都是老师上大课,学生被动地接受教育。实践证明,这种模式不适合培养学生的创造性思维。基于此,广大中小学教师应深化课堂教学改革,开拓创新,着力构建多元分层的小班化教学模式,促进不同资质学生的创造性思维共同发展。例如,某学校在面向全体学生推进融合教育的同时,为一些超常学生提供弹性的个性化和拓展式教学模式,以满足这些学生的特殊教育需求。另外,学校按年级设立资优班(占学生数10%),在常规教育基础上通过抽取式的方法实施每周半日资优课程。学校开设资优课程主要致力于发展学生的智力;60%的课堂时间致力于发展学生高品质思维,培养学生的创造力,运用各种策略发展学生的创造力;发展学生思维的深度和广度;提升学生的整合学习能力,发展学生的情绪智力。当今,小班化教学如雨后春笋,但功能仍须改革创新,不断发展与完善。

### 3. 改变传统的评定学习成绩的观念,鼓励学生的创造性行为

传统的评定学生学习成绩的观念,往往强调学生循规蹈矩,死背书本知识,以便考试时取得高分,从而顺利地升入高一级的学校。结果造成老师讲什么,学生就听什么,考试考什

---

① 巴格托、考夫曼主编,陈菲等译:《培养学生的创造力》,华东师范大学出版社2013年版,第5—8页。
② 苏军:《创新的力量:适应未来的发展》,《文汇报》,2013年10月25日,第16版。

么,学生就背什么;造成学生在固定答案的圈子中解答问题,使整个教学与学生的思维趋于僵化。

要培养学生的创造性思维,教师应根据学生的学习情况,鼓励学生在学习活动中自己去领会或发现事物间的联系,而不是注入式地给学生灌输知识。教师的责任是启发、协助、鼓励学生主动地独立地去发现问题、分析问题和解决问题。教师要鼓励学生的创造性行为,不要预先树立是与非、对与错的绝对权威。特别是在让小学生回答问题时,不必限定他们盲目地接受成人认可的答案,不妨鼓励超常的创造性答案。例如,成人常问的问题:"树上有5只鸟,被猎人打死一只,还有几只?"公认的答案是:"都吓跑了,一只也没有了。"但唯独有一位儿童回答:"还有3只。"他的解释是:树上本来住了一个鸟家庭,有鸟爸爸、鸟妈妈和3只不会飞的小鸟,猎人打死了鸟爸爸,鸟妈妈吓跑了,剩下3只不会飞的小鸟躲在窝里。该儿童的回答,不但合理而且合情,此类超常的创造性行为应多多鼓励。

托兰斯(E. P. Torrance)曾就如何尊重学生意见,培养学生的创造性思维向教师提出五点建议:①尊重学生提出的任何幼稚甚至荒唐的问题;②欣赏学生表达的具有想象与创造性的观念;③多夸奖学生提出的意见;④避免对学生所做的事情给予肯定的价值判断;⑤对学生的意见有所批评时应解释理由。[①]

## (四) 培养学生的发散思维和聚合思维

不少心理学家认为,发散思维是创造性思维的最主要的特点,是测定创造力的主要标志之一。美国心理学家吉尔福特认为:发散思维具有独创性、灵活性和流畅性三个特征。所谓独创性是指对问题能提出超乎异常的新颖独特的见解,因而能更多地表征发散思维的本质。所谓灵活性是指思维灵活,触类旁通,随机应变,不受功能固着、定势的约束,因而能产生超常的构想,提出不同凡响的新观念。所谓流畅性是指智力活动灵敏迅速、畅通少阻,能在较短时间内发表较多的观念,它是发散思维的量指标。独创性、灵活性和流畅性三者是相互联系而又相互制约的,有流畅性才有灵活性。灵活性本身也是一种流畅性,只有兼具流畅性和灵活性,才有可能创造出超乎寻常的新颖独特的观念。因此,要培养学生的发散思维能力,应从培养学生思维的独创性、灵活性和流畅性入手,着重启发学生从不同方面对同一问题进行思考。数学教学中的"一题多解",作文教学中的"一事多写",就是培养学生发散思维能力的方式。培养学生的聚合思维能力主要是培养学生抽象、概括、判断和推理的能力。教师在教学过程中,可以将分析的内容、要点写在黑板上,跟学生一起讨论,最后得出结论,这是培养学生聚合思维能力的一种行之有效的教学方法。

## (五) 培养学生的批判性思维,发展学生的创造性思维

什么是批判性思维?迄今,学术界尚无公认的看法。摩尔(B. N. Moore)等人认为,批判

---

① 张春兴,林清山著:《教育心理学》,东华书局1986年版,第186页。

性思维(critical thinking)是指个体对自己或他人在特定语境所得结论的思维过程进行科学评估的一种思维方式。① 鲁莽地得出结论或不规范地、不假思索地任凭下意识做出决定都不是批判性思维;受各种诱惑、偏见驱使所做的决定也不是批判性思维。只有通过审慎、严密、实事求是地深入分析做出的结论,才是批判性思维。批判性思维的目的在于做出明智的决定,得出正确的结论。

箱田裕司等人认为,批判性思维包括三个要素:一是对问题进行深度观察,熟练地进行思维的态度;二是具有逻辑性探索和推理方法方面的知识;三是具有关于实施这些方法的技能。② 哈尔农(J. S. Halonen)等人认为,批判性思维由深度观察、正确推理、构建理念之间的联系、质疑、做出决定、分析证据可靠性、产生新理念等因素组成。③ 从批判性思维结构的视角来看,批判性思维的核心要素,比如,深度观察、质疑、产生新理念等,也是创造性思维的核心要素。因此,培养学生的批判性思维,对发展学生的创造性思维具有重要作用。

批判性思维不是与生俱来的,而是后天通过学习与训练形成与发展的。时下,我们的学校、教师都很重视学生的批判性思维和创新性思维的培养。例如,某学校的"提升学生核心素养的思维课堂构建的研究"被确定为"十三五"教育部重点课题的子课题,课题旨在全面拓展课堂教学学生学科思维的深度与广度,培养学生批判性思维与创造性思维的习惯。思维课堂的实践研究表明,思维课堂,让学生学得更灵活。④ 此外,教师还可以通过有目的、有计划地引导学生采用阅读有关批判性思维的经典著作和评论性论文,对他人的思维产品(如理论、观点、结论、决定等)进行审慎的评估,对自己的思维产品进行深刻反省,参与学科论坛、学科竞赛、辩论赛等方式,培养自己的批判性思维,促进自己创造性思维的发展。

### (六) 引导学生积极参与创造性活动,培养学生的创新素养

引导学生积极参与创造性活动和社会实践活动,是激发学生创造性思维、培养学生创新素养的重要途径。

我国学校教育改革的实践表明,引导学生参与创造性活动和社会实践活动,如组织学生参与学科竞赛、学科论坛、辩论赛、人工智能竞赛、科技创新大赛、研究性学习等,对培养学生的创新素养具有重要作用。

为培养学生的创新能力,一些学校开设了研究型课程,引导学生进行研究性学习。例如,上海市某学校政治课教师组织学生破解"××中的机遇和挑战"的研究型课题,学生们在教师的指导下,采访校长、老师和同学,参观校史陈列室,查阅网上有关资料,并对所获取的

---

① 摩尔等著,朱素梅译:《批判性思维》,机械工业出版社 2014 年版,第 1—24 页。
② 箱田裕司、都筑誉史、川畑秀明、萩原滋等著,宋永宁译:《认知心理学》,华东师范大学出版社 2013 年版,第 204 页。
③ Halonen, J. S. & Gray, C. (2016). *The Critical Thinking Companion*. New York: Worth Publishers, 1.
④ 苏军:《巧架衔接之路 妙施精之策》,《文汇报》,2019 年 12 月 28 日,第 4 版。

大量第一手资料进行了多次讨论、分析与整理。通过调研活动,学生们提出了一些富有建设性的建议,并被学校领导采纳。① 这一事实表明,学校开设研究型课程,引导学生进行研究性学习,对培养学生的思维能力、创新能力和实践能力,具有不可替代的作用。

 **名词解释**

动作思维　聚合思维　发散思维　合取概念　析取概念　人工概念　问题空间　功能固着

 **思考题**

1. 什么是思维?它的基本特征是什么?
2. 举例说明文化差异对思维的影响。
3. 什么是概念?影响概念形成的因素有哪些?
4. 什么是问题解决?影响问题解决的因素有哪些?
5. 创造性思维与一般思维有什么区别?如何发展学生的创造性思维?

---

① 陈忠新:《在教学"难点"突破:激活课堂　强化指导》,《文汇报》,2009年9月3日,第3版。

# 第十章 言 语

## 第一节 言语概述

### 一、言语与语言

日常生活里,人们往往将"言语"与"语言"两个概念混淆起来使用。其实,这两者是既有联系又彼此不同的概念。

"普通话""粤语""闽南语"以及"英语""斯拉夫语"等都属于语言,语言是以词为基本结构单位,以语法为构造规则的符号系统。它是一种社会历史现象,是音义统一的人类交际工具。由于不同的社会文化有差异,使用的语言也有所不同,所以,每逢国际性活动,一些公共设施,往往用象征性图形来代替某种语言。这种图形标志用简洁的图形形象地代表了某种含义,因此图形标志在国际事务中被广泛采用,克服了交际中各国语言不通的障碍。

言语是人们在交际中对语言的运用。它是在个体身上进行的活动,即个体借助语言这种交际工具来传递信息的过程,也就是理解语言和用语言来表达思想的过程,它必须遵从这种语言的规范。言语活动为人类所特有。"讲课""写作""闲聊"等都属于不同方式的言语活动。利用同一种语言,人们可以说出大量的、各种不同的言语。

言语与语言是两个不同的概念,但两者又有紧密联系。首先,言语离不开语言,个体只有遵循语言中的词汇和语法结构规则,才能正确表达自己的思想和情感。自造文字、颠三倒四的表述,显然不会为别人所理解,为社会所接受。其次,语言也离不开言语。任何一种语言都必须通过人们的言语活动才能发挥它的交际工具的作用。语言的发展、完善、更新、淘汰,都离不开人们的言语活动。如果某种语言不再被人们用来进行交际,它就会逐渐从社会中消失。因此,人们的言语活动及其产物是语言客观存在的基础。

### 二、言语的功能及活动特点

#### (一) 言语的功能

**1. 交际功能**

言语的交际功能是人们通过言语活动交流思想,表达感情的过程,是言语活动最重要和最基本的功能。言语的交际有广义和狭义之分。广义的言语交际有四种基本类型:①人的内向交流,即内心的"主我"与"客我"之间的交流;②人际交往,即人与人之间的交际;③群体交际,即群体内成员之间及群体之间的交际;④大众传播,即借助印刷媒体(书刊)和电子媒体(广播、电视、网络)进行信息交流。狭义的言语交际是指个人之间直接进行的交际。言语交际的功能在于传达信息、沟通思想、交流情感、满足心理需求,而这一切对人际关系与心理活动都具有重要作用。

2. 思维功能

人的思维活动,无论是具体思维还是抽象思维,在个体掌握了言语之后,都是用概念进行的,而词则是概念的承担者。人的思维活动表现为提出问题、分析问题和解决问题的过程,思维活动中的分析与综合、抽象与概括、判断与推理都离不开言语这个工具。同时,思维活动的结果,也是用言语来表达和记录的。因此,离开言语,失去了凭借,思维活动是无法进行的。

3. 调节功能

言语对人的心理与行为有调节作用。言语有四大调节功能。①言语的自我调节功能,即个体通过内部言语调节自身的思想、情感、意志和行为。②言语的个体调节功能,即通过人际间的交谈调节自身及他人的心理和行为。雅科布逊(R. Jakobsn)列举了六种言语的个体调节功能:①说话者表达感情意愿的表情功能;呼唤、命令、表态的意动功能;表示客体的所指功能;解释语言的元言语功能;建立接触的寒暄功能;表示美感的诗学功能。③言语的群体调节功能,即借助报刊、广播、电视、网络等大众传播媒体,用言语调节群体间及群体与个体间的心理与行为。④言语的族际调节功能,即通过不同民族语言的互译、跨文化的言语交际,调节族际间及族与个体间的心理与行为。

4. 创造功能

言语活动具有非常生动和多样化的创造功能。在言语活动中,人们使用有限数量的语词和语法规则,但能产生或理解无限数量的语句,而这些语句都是他们以前未曾说过或未曾听到过的。言语活动的创造功能在科学技术、文学艺术的创造性思维活动中表现得更为明显。

## (二) 言语活动的特点

1. 目的性

盲目的言语活动是没有意义的,人们使用语言,正是为了达到某种目的,满足某种交际的需要。简单的话语,如"早上好",是问候对方的意思;竞选过程中候选人口若悬河的演说、许诺,都是为了赢得选民的信任;而"痴人说梦",因为缺乏目的性,往往只被人付之一笑。

2. 开放性

人们在交际中使用种类繁多的句子,而每个句子都是由声音和单词构成的,因此,言语活动中就有无限扩展语言信息的特点。例如"保尔踢球""保尔踢任意球""保尔踢了一个直接任意球""黄队队长保尔踢了一个漂亮的任意球",这种变化表现了言语开放性的特点。

---

① 王德春等著:《社会心理语言学》,上海外语教育出版社1995年版,第99—114页。

### 3. 规则性

言语活动受语言规则的制约,这是因为人们在说话、写作时,要按照一定的语法规则才能正常顺利地进行交流。

### 4. 离散性

汉语拼音有 23 个声母、24 个韵母,而由它们可组成近 400 个音节和 6 万多个汉字,其他语种也有这种特点。说话时所运用的语词,实质上是由一系列离散的、数种有限的单元所构成。

### 5. 社会性和个体性

语言是人类社会特有的现象,是人与人之间进行交际的工具。人只能使用社会上已形成的语言,并只能用约定俗成的词语和语法进行交流。这说明言语具有社会性。同时,语言行为又是一种个体行为,与个体的身心素质密切相关。这说明言语具有个体差异性和多样性,个体使用语言有其独特的言语风格。

### 6. 流行性

语言(或言语)的流行性是指语言(或言语)传播的速度、盛行状况及其基本特征。在大众文化空间迅速流行、广为传播的热字、热词和热语等称为流行语。语言与社会共变理论认为,语言对社会存在依附性,即语言作为一种特殊的社会现象,随着社会的发展而发展,因社会的变化而变化。比如,1977—1980 年间我国广为盛行的流行语"拨乱反正""党纪国法""恢复高考"等,就如实地反映了这一时期的社会特征;其后,经济改革启动,"市场调节""个体户""中外合资"等一系列流行语又顺应而生;[①]"文明互鉴""区块链""硬核""融梗"等成为 2019 年度流行度最高的流行语。[②] 流行语作为一种文化现象,语言时尚,如实地反映着社会生活、社会文化和大众社会心理的变化。流行语带给我们的是多元文化的丰富魅力与多彩生活的蓬勃活力,反映现代生活理念,体现语言创新价值。因此,流行语蕴含着超乎语言本身的意义,值得关注也值得研究。

## 三、言语的种类

言语活动可以分为两大类:外部言语和内部言语。

### (一) 外部言语

外部言语是指用来与他人进行交际的言语,表现为外显的、他人看得见或听得见的语音或文字符号的言语。外部言语中包括口头言语(对话言语及独白言语两种)和书面言语。

#### 1. 口头言语

口头语言是指在大脑语言运动中枢的调节和控制下,个体的发音器官发出的旨在面对

---

[①] 张蕾:《流行语,别具魅力与活力》,《文汇报》,2010 年 11 月 22 日,第 5 版。
[②] 陈熙涵:《2019 年度流行词来了》,《文汇报》,2019 年 12 月 3 日,第 9 版。

面与他人交谈或演讲的表达思想和感情的言语活动。口头言语包括对话言语和独白言语。

(1) 对话言语

聊天、座谈、辩论、质疑等,属于对话言语,都是由两个或几个人直接进行交际的言语活动,这是一种最基本的言语形式。人类的祖先,在劳动中产生并发展了言语,而在此基础上,才进一步产生了其他形式的口语和书面言语。对话言语有以下四个特点。

① 合作性。对话的双方必须能相互理解和支持,并在此基础上做出相应的反应,只有这样对话言语才能顺利地进行。

② 情境性。对话是在一定的情境中进行的,情境对于对话有很大的影响。如:甲钓鱼归来,乙上前问道:"收获如何?"自然是指甲钓的鱼多少、分量如何。而甲到外地参观回来,同样问:"收获如何?"自然是指参观内容如何。脱离了情境,冒出一句:"收获如何?"被问者则可能摸不着头脑了。

③ 简略性。在对话中,往往用简单句,甚至单词句即可达到表达自己思想的目的,而对方也能意会。这时,对话的情境、动作、表情等对其起了重要的配合作用。这类例子在人们的生活中俯拾即是。

④ 反应性。对话言语中,话题往往缺乏预计性,无法事先加以控制、安排,往往由具体的情境气氛引发。

(2) 独白言语

讲演、授课、作报告等,都由个人独自进行,因而称之为独白言语。它是在对话言语基础上发展而来的,对于系统地表达自己的思想有着重要的意义。独白言语和对话言语不同。首先,独白言语要求连贯、前后呼应,语法结构要严谨、完整、具有逻辑性,这样才能系统地、准确地表达自己的思想。其次,独白言语主要是说话者自己吐露词句,谈论自己说话的主题,而没有交谈者的应答来支持。最后,独白言语要求事先有一定的准备和计划。

**2. 书面言语**

书面言语是一个人用文字来表达思想、情感的言语。从人类的发展史来看,书面言语是由口头言语发展起来的。一个人的书面言语是经过专门的训练而逐渐掌握的。书面言语具有以下特性。

(1) 展开性

书面言语无法借助个体的表情和动作来加强其表现力,因此,除了需要借助言语本身,还需要以充分展开的形式和适当的修辞表达,让读者根据上下文结构来体验作者的思想和情感。

(2) 随意性

人们在写作时,允许字斟句酌;阅读时,又可以反复琢磨和推敲。因此,作者或读者都可以随意控制、调节和感知书面言语的速度,随意地使用书面言语。

(3) 计划性

书面言语的展开性、随意性在某种程度上也决定了其计划性。书面言语的计划性作用十分重要。常表现为提纲、腹稿等形式。

## (二) 内部言语

内部言语是一种自问自答以及自己思考时的言语活动，是言语的一种特殊形式，与外部言语不同，它是一种不出声的默语。显然，这种言语无法用来直接与别人交流，但它积极地参与和调节外部言语活动，与外部言语间有着紧密的联系。内部言语有两大特点。

### 1. 隐蔽性

通过记录内部言语活动时发音器官的运动发现，内部言语具有言语发音隐蔽性的特点。例如，在思考时，尽管听不到发音器官发出的声音，但言语器官的肌肉仍在活动着，这时言语器官的动觉冲动（信号）不断地向大脑皮质发送信息。实验证明，内部言语所执行着的信号功能类似于出声言语，两者性质是相同的。

### 2. 简略性

与外部言语用完整的语句来表达思想和情感不同，内部言语所表达的思想和情感往往可以简略或压缩至一个词或一个短语词组来代替一系列完整的句子。

内部言语是在外部言语的基础上形成和发展的。外部言语向内部言语的转化称为内化，而内部言语向外部言语的转化称为外化。儿童言语的发展只有在学前期外部言语获得充分发展的基础上，内部言语才有可能产生。儿童在由外部言语向内部言语过渡的过程中，有一个介于两者之间的言语形式，即一种出声的自言自语。儿童在建筑游戏、绘画等活动中常常边说边干，或在遇到困难和问题时自言自语，表现出儿童在进行活动中发现问题和解决问题的过程。这种言语形式既有外部言语的交际功能，又有内部言语的自我调节功能，随着儿童年龄的增长，自言自语的自我调节功能就逐渐被内部言语所代替。

# 第二节 言语活动的生理机制

## 一、言语的发音机制

语音与自然界的其他声音一样，是由物体的振动而产生的。这个物体就是人的发音器官。它包括以下三个部分（如图 10-1 所示）。

### (一) 呼吸器官

呼吸器官包括喉头以下的气管、支气管和肺。气管和支气管是气流通道；肺是空气的仓库，能够扩张或收缩。气流经呼吸道进入肺腔，又由肺腔反向呼出体外，气流出入这些管道，冲出或摩擦喉头某些部位而发出声音。呼吸时产生的气流是言语的原动力，而肺部正是呼出和吸入气流的总机关。语音一般在呼气时发生，而仅有少数言语（如非洲某些言语）的某些语音是吸气时产生的。

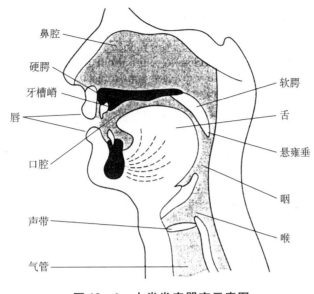

图 10-1 人类发音器官示意图

（引自 D. Reisberg，1997）

## （二）喉头和声带

喉头下连气管，上接咽部，是由几块软骨构成的一个精巧小室，小室中间就是声带，声带是主要的发音体，由附在喉头上的两片黏膜形成。中间的缝隙叫声门，构成喉头的几块软骨，由于肌肉作用，可以互相移动，这样可以调节声带，使它形成不同的松紧闭合状态，从而产生音高的变化，图 10-2 是不同音高时声带的不同状态。

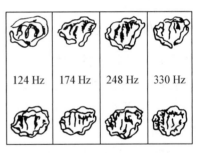

图 10-2 不同音高时声带开合的情况

## （三）口腔、鼻腔和咽腔

口腔、鼻腔和咽腔这些器官都有腔室，能起到共鸣器的作用。口腔与鼻腔中容纳的空气和声带所发出来的音产生共鸣，声音就可以加强，并且口腔的许多部位可以自由活动，使共鸣器的容量及形状发生种种变化，产生各种语音音色。咽腔的肌肉的收缩可使气流通过时发出噪音等。

总之，发音器官协同活动，产生人类语音的不同声调、音强和音色。发音器官发出声音通过如下程序：肺部施压排出空气，空气经声带间狭缝，振动声带，便产生声音（声带振动频率决定音高，空气压力改变并决定语音强度）。仅凭声带振动发出的声音不仅不太响，而且无语音音色。只有在两个共鸣腔中共鸣，强度变大，才产生语音音色。

## 二、言语活动的中枢机制

人类的言语活动具有异常复杂的脑机制，大多数言语活动都需要不同的大脑皮质的整合作用。尽管如此,仍有几个脑区与言语活动的关系更为密切。其中有大脑左半球额叶的布洛卡区(Broca's area)——言语运动中枢,颞上回的威尔尼克区(Wernicke's area)——言语听觉中枢,顶—枕叶的角回(angular gyrus)——言语视觉中枢等(如图 10-3 所示)。① 研究这些脑区损伤所导致的不同形式的失语症,将有助于我们理解言语活动的脑机制问题。

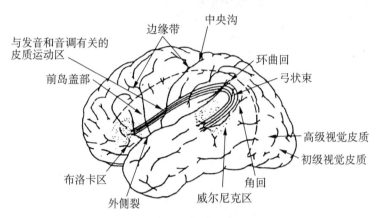

图 10-3　脑的主要言语功能区域
(引自吕国蔚,2000)

## (一) 布洛卡区

1861 年,法国外科医生布洛卡(P. P. Broca)接诊了一位严重失语症患者,这位患者右侧身体瘫痪,有言语理解能力,嘴唇和舌头运动正常,但在 31 年内除了仅能发"tan"音外不能说话,对他所提出的各种问题和陈述都用单音节的"tan"回答。② 1861 年 4 月 17 日,患者去世后,布洛卡对其尸体进行解剖,发现患者大脑左半球额叶第三额回上有一个鸡蛋大的损伤区,脑组织退化和脑膜粘连。据此,布洛卡推测言语运动应该定位在大脑左半球第三额回后部靠近外侧裂处的一个区域。其后的瓦达(Wada)实验③和临床病例也证明这个脑区的功能与言语的生成有关。因此,人们把这个脑区确定为言语运动中枢,并命名为布洛卡区。

布洛卡区损伤引起的失语症通常称为运动性失语症(motor aphasia)或表达性失语症(expressive aphasia)。患有这种失语症的患者,阅读、理解能力相对保留,但言语的生成不流畅。患者按损伤的区域和程度的不同,其言语生成的缺陷程度不一,从几乎完全无语到慢速的、费力的,仅由很简单的语法结构组成的言语。例如,当问一位失语症患者与牙科医生预约看病的情况时,患者迟疑地回答:"是的……星期一……爸爸和迪克……星期三……9 点

---

① 吕国蔚主编:《医学神经生物学》,高等教育出版社 2000 年版,第 306—310 页。
② Payne, D. G. & Wenger, M. J. (1998). Cognitive Psychology. New York: Houghton Mifflin Company, 300.
③ 是一种将异戊巴比妥钠(sodium amytal)注入一侧颈总动脉以导致该侧脑活动短暂失活的方法。如果在试验时注射侧出现言语障碍,则表明该被试的言语优势半球在注射侧。

钟……10点钟……大夫……和……牙齿。"①布洛卡失语症患者只使用关键词,他们通常用单数形式的名词,用不定式或分词形式的动词,且往往将冠词、形容词和副词一概省略。例如,在说"the large gray cat"时,布洛卡失语症患者可能只说"gray cat"。

布洛卡失语症患者的言语呈电报式,无法将几个短语成分协调地构建成一个句子。例如,让布洛卡失语症患者说:"the ladies and gentlemen are now invited into the dining room."患者可能只会说:"ladies,men,room."当被问及职业时,一位患布洛卡失语症的邮递员回答:"mail…mail…mail…."②除了这些电报式的或无语法的言语外,患者的复述能力总是受损,命名出现言语重复现象。例如,让布洛卡失语症患者给一幅画上的"苹果"图画正确命名,之后,该患者会将另一幅画上"两颗樱桃"的图画说成是"两个苹果";在正确说出画上的"铅笔"和"钥匙"两幅图画的名称之后,该患者会将画着"茶杯"和"窗户"的两幅图画说成是"茶杯"和"钥匙"或者"铅笔"和"窗户";等等。③ 这种在言语运动领域内出现的病理惰性和言语活动的刻板重复现象,说明布洛卡失语症患者的言语运动中枢神经过程灵活性机制受到破坏。

布洛卡失语症患者对口头和书面言语的理解相对保留,但对含有语法词的句子和需要维持词序的句子则理解困难。例如,他们不能区分下面两句话的不同含义:"He showed her baby the pictures."和"He showed her the baby picture."他们难以理解语法复杂的句子,如他们会把"The boy who Bill thinks is smart kissed the girl."理解为"It is Bill who is smart and who kissed the girl."④。

布洛卡失语症患者朗读困难,书写也有明显障碍。因为布洛卡区毗邻运动皮质及其下方的内囊,布洛卡失语症患者几乎总是伴有右侧轻偏瘫和右侧同侧偏盲。

## (二) 威尔尼克区

与言语活动有关的另一个脑区是威尔尼克区,是1874年由德国神经病学家威尔尼克(C. Wernicke)发现并得名的。威尔尼克区位于大脑左半球颞叶和顶叶交界处的颞上回的后上方接连角回的部位。它的主要功能是分辨语音、形成语义,因而与接受性或印入性言语能力有密切关系。

威尔尼克区损伤引起的失语症,称为接受性失语症(receptive aphasia)或听觉性失语症(auditory aphasia)、威尔尼克失语症(Wernicke's aphasia)。这种患者的听觉器官正常,但音素听觉失调,不能分辨语音,即所谓"言语的声音不识症"或"感觉性失语症"。患者不能从复杂的语言中识别单个语音,对相似的语音也不能加以区别,并且,在维持固有的音素序列方面也有困难。重病者不能分辨构成言语的复杂的语音模式,把一切语音都知觉为没有音节

---

① 贝斯特著,黄希庭主译:《认知心理学》,中国轻工业出版社2000年版,第231页。
② 徐科主编:《神经生物学纲要》,科学出版社2000年版,第346—362页。
③ A•P•鲁利亚著,汪青、邵郊、王甦译:《神经心理学原理》,科学出版社1983年版,第299页。
④ 彭聃龄主编:《普通心理学(修订版)》,北京师范大学出版社2001年版,第283—318页。

的嘈杂声（或类似流水的潺潺声、树叶的哗啦声）。

威尔尼克失语症的另一种表现是对词的音素组成相对保留，但对它的意义的认知却受到严重的损害。轻者对简单的语句尚能懂得，对稍微复杂的则不能理解。如要求患者举起一只手，通常能够做到；但若要求举起左手摸左耳，则不能完成。严重者则完全不懂问话，答非所问。例如，给患者一串钥匙，让他命名，患者却回答"仪器零件的测量指标"，或用不同的形式告知仪器的价钱。

威尔尼克失语症患者言语生成流畅，语速、节奏和语调正常，但可能使用错误的词或词的错误组合（言语错乱，paraphasia）。患者口语中有大量错语，如：语音错误，如将"高（gāo）"说成"老（lǎo）"；语义错误，如将"袖子"说成"被子"；臆造新词（语词创新，neologism），如称"鼻子"为"祖子"。以致患者滔滔不绝地说，却成为一种难以听懂的奇特言语（jargon speech）。① 言语错乱和语词创新常常涉及一些关键的词汇，如名词、动词、介词和副词，特别是名词。

威尔尼克失语症患者可能表现为言语过多（多语症，logorrhea），此现象也称为言语压迫（press of speech）。因为用词过多，患者的言语往往没有什么意义。例如，当问一位患者住处时，患者回答："我在这里之前来到那里，又回到那里。"（I came there before here and returned there.）威尔尼克失语症患者常会喋喋不休地说话，但话语中缺乏实质词，成为不能表达信息的空话（empty speech）。可能是由于言语理解受损，患者一般意识不到自己的这种缺陷。因为理解能力严重障碍，复述词和短语的能力也受损。威尔尼克失语症患者常有阅读和书写障碍。除上述失语症状外，患者没有其他神经症，但偶见右侧视野缺损。

### （三）角回

第三个重要的言语中枢是角回，位于威尔尼克区的上方顶—枕叶交界处。这是大脑后部一个重要的联合区。角回与言语视觉功能有密切关系。在这一区域实现着言语视觉信息与言语听觉信息的跨通道的联合，书面言语与口头言语的互相转换。当看到一个字词时，字词的视觉信息先从初级视觉皮质传送到角回，然后再转译成言语听觉模式；同样，当听到一个字词时，由威尔尼克区将所接收到的言语听觉信息传送到角回后再转译成言语视觉模式。因此，当角回损伤时，患者能说话，对口语也能理解，患者能看到字形，却不能理解字词的意义，从而产生阅读障碍，称为视觉性失语症（visual aphasia）。

鲁利亚曾经指出：大脑左半球的顶—枕部以及颞—顶—枕部密切参与相应的解码过程；这些部位的损伤导致同时性的空间图式的破坏，而在言语（符号）水平上则会引起一定的逻辑语法关系理解的破坏，从而产生语义性失语症（semantic aphasia）。语义性失语症患者对比较简单的语法结构的句子尚能理解，而对于语法结构比较复杂的句子，就丧失了理解其意义的能

---

① 万选才等主编：《现代神经生物学》，北京医科大学、中国协和医科大学联合出版社 1999 年版，第 506—519、543—553 页。

力,且不能理解词与词的关系。例如,患者不理解"父亲的兄弟"和"兄弟的父亲","夏天之后的春天"和"春天之后的夏天",这种具有逻辑关系的语法结构的短语。如果让他看一张母子两人的合影照片,请他指出"儿子的母亲"和"母亲的儿子"时,他也会束手无策。如果你对他说"麦子被牛吃了",他弄不清到底是谁吃了谁,甚至会认为"牛被麦子吃了"。并且,患者仅仅单纯地以词的排列位置来认识事情发生的顺序,如果你让他"饭前洗手",那么他就先吃饭,后洗手。①

造成语义性失语的原因是位于顶、枕、颞交界处的角回和缘上回的病变。这个区的主要功能是对听觉、视觉言语信息进行整合,产生语义以及可以表达语义的言语符号和句法编码。所以,这个区域受到损伤就不能理解语义,产生语义性失语症。

## (四) 言语信息处理的神经模型

在观察失语症后不久,威尔尼克提出了一个脑内言语信息加工模型,这一模型后来受到美国学者格施温德(N. Geschwind)的补充,形成所谓的威尔尼克—格施温德(Wernicke-Geschwind)言语信息加工模型。组成这个模型的单元包括布洛卡区、威尔尼克区、连接上述两区的神经纤维——弓状束(arcuate fasciculus)和角回。模型包括接受和加工言语信息的皮质感觉区和运动区。研究威尔尼克—格施温德言语信息加工模型有助于理解失语症的症状及其类型。现在我们通过执行两种言语活动任务来理解该模型的功能。

第一种是言语复述任务。根据威尔尼克—格施温德言语信息加工模型,在复述一个听到的词这一任务时,言语听觉信息自耳蜗底膜经过听神经传至内侧膝状体,继而传至初级听觉皮质(布鲁德曼 41 区),进而传至高级听觉皮质(布鲁德曼 42 区),最后到达顶—颞—枕联合皮质——角回(布鲁德曼 39 区)。此区与传入的听觉、视觉和触觉信息的整合有关。言语听觉信息再从此区传到威尔尼克区(布鲁德曼 22 区),进而又经弓状束传至布洛卡区(布鲁德曼 45 区),在布洛卡区将言语感知信息转译为短语的语法结构和语词发音的记忆痕迹储存。然后,语词的声音模式转变成与言语运动有关的信息,再传到控制唇、舌、喉等言语发声器官运动的相应皮质运动区,从而清晰地说出词语(如图 10-3 所示)。

第二种言语活动任务是命名。威尔尼克和格施温德认为,命名一个视觉识别的物体涉及类似的通路(如图 10-4 所示)。根据他们的模型,视觉信息从视网膜传至外侧膝状体,从外侧膝状体传至初级视觉皮质(布鲁德曼 17 区),再传至一个更高级的视觉皮质(布鲁德曼 18 区),并由此传至角回,然后至威尔尼克区。在威尔尼克区,视觉信息转换为该词的声音。语音模式形成后,再经弓状束传至布洛卡区及皮质运动区,从而对视觉物体命名。

威尔尼克—格施温德言语信息加工模型有助于我们理解布洛卡失语症和威尔尼克失语症的本质。由于言语的声音模式不能传送到运动皮质,因此,布洛卡区的损伤会严重影响言语的生成,但对言语的理解仍能相对保留,这是因为威尔尼克区是完好的。威尔尼克区的损伤导致到达听觉皮质的言语信息不能激活威尔尼克区而造成对言语理解的严重阻碍,由于

---

① 李新旺编著:《生理心理学》,科学出版社 2001 年版,第 126 页。

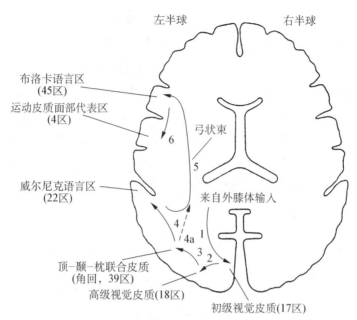

图 10-4 视觉物体命名的神经通路

(引自万选才等,1999)

布洛卡区并未受损而仍能激活言语发生器官的活动,患有威尔尼克失语症的人仍有说话的能力。另外,该模型还能解释另一种在脑卒中时常可以看到的所谓传导性失语(conduction aphasia)的机制,即联系布洛卡区和威尔尼克区的弓状束受到损伤但两区域本身完好。这种患者能说话并能听懂别人说的话,但不能复述。

尽管威尔尼克—格施温德言语信息加工模型在临床上仍然有用,但当代对正常人和失语症病例的认知和脑成像研究表明,威尔尼克—格施温德言语信息加工模型存在以下几方面问题。

① 该模型强调布洛卡区和威尔尼克区在言语接收和表达方面的重要性实际上是基于范围大得多的损伤。当损伤局限于布洛卡区和威尔尼克区时,通常不引起布洛卡失语和威尔尼克失语的全部特征症状。典型症状通常是周围区域同时损伤的结果。

② 该模型强调皮质区域以及它们之间的相互联系通路的重要性。而现有的证据表明,皮质下结构,如左侧丘脑、左侧尾状核和邻近的白质对言语活动也很重要。例如,左侧尾状核损伤引起的听觉理解缺陷,可能是中断了言语信息处理所需的听觉—运动的整合作用所致。

③ 由听觉通道输入的言语信息的确由听皮质传到角回,然后传至威尔尼克区,再传至布洛卡区。然而,由视觉通道输入的言语信息并不经过威尔尼克区,而是从视觉联合皮质直接传至布洛卡区。因此,字词的视觉信息不传入听代表区。更确切地说,字词的视感知和听感知是由特殊的传递通路独立传递的,它们独立地进入布洛卡区以及与言语的意义和表达有关的更高层次的皮质区。

④ 语言的认知研究的若干方面不支持威尔尼克—格施温德言语信息加工模型认为仅仅

是听信息处理模式的观点。例如,有充分证据表明,并非所有的语言听觉输入都是以同样方式处理的。无意义声音(无意义的词)是与普通的、有意义的词分开另行处理的。因而,认为存在着处理语音和语义的相互分离的通路。同样,虽然布洛卡区是说出或写出有意义词的共同输出端,但无意义词可能另有其独立的输出端。心理语言学的一些研究指出布洛卡失语症患者或威尔尼克失语症患者不仅有言语缺陷,还有这样或那样的认知功能缺陷。这些缺陷模糊了言语接受障碍与言语表达障碍之间的界限。在大多数情况下,失语症患者往往同时具有说话障碍和对言语的理解障碍。因此,言语信息处理的脑机制远比威尔尼克—格施温德言语信息加工模型要复杂得多。

心理语言学家和神经学家采用先进的脑成像技术对言语活动的脑机制进行了大量的研究,得到许多有关言语的生成、言语的理解和大脑特定区域之间关系的新的实验事实和研究成果。例如,波斯纳和雷奇利(M. E. Raichle)在一项研究中采用正电子发射断层扫描技术(positron emission tomography,简称PET),对比了造词、听词、说词及看词时大脑的激活状态。研究发现:造词引起布洛卡区及其他脑区(如小脑)的激活;听词引起威尔尼克区的激活;说词引起运动皮质区的激活;看词引起大脑左半球枕叶的激活(如图10-5所示)[①]。另一项有关复述词、听词和安静休息时大脑活动过程的PET实验表明:与静息状态相比,复述

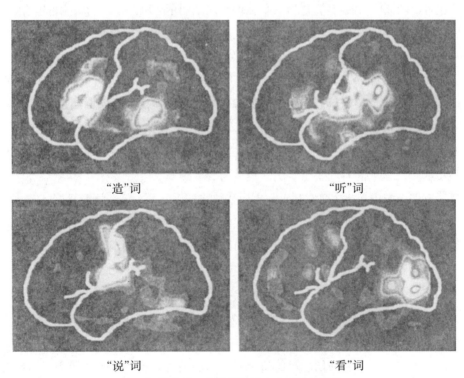

"造"词    "听"词

"说"词    "看"词

造、听、说和看一个单词激活大脑不同的部位。

**图 10-5 应用 PET 技术获得的大脑功能活动图**

(引自 Payne, D. G. et al., 1998)

---

① Payne, D. G. & Wenger, M. J. (1998). *Cognitive Psychology*. New York: Houghton Mifflin Company, 301.

词引起大脑左右半球额叶和颞叶的激活,而听词主要引起颞叶的某些区域的激活;将复述词与听词比较,只激活了左半球的颞区、布洛卡区和运动前区,而右半球则没有激活。这些新的实验结果进一步说明言语信息加工的脑机制远比威尔尼克—格施温德言语信息加工模型要复杂得多,涉及的皮质区域也广泛得多。言语信息加工的脑成像研究结果表明,以前认为与言语信息加工无关的一些脑区,可能对人类的言语功能产生重要作用。

综上所述,在言语信息加工过程中,布洛卡区、威尔尼克区和角回等区域不可否认地起着非常重要的作用,但言语的信息加工绝不限于这几个区域,言语的信息加工分布在脑的更广泛的区域内。

### (五) 大脑两半球功能的不对称性与言语活动

大脑两半球功能不对称性,也称大脑半球功能专化(functional specialization)、功能单侧化(functional lateralization)或优势半球(dominant hemisphere),是指大脑功能趋向一侧化,即某些功能偏向左半球或右半球。日常生活中,人们很难体验到大脑两半球在功能上有什么不对称。也许,唯一明显的例子是大多数人都具有利手(handedness)。早在1861年,布洛卡观察到左半球额叶受损导致言语障碍,患者不能讲话,而右半球对应区域受损不影响言语表达,因此推测大脑左半球在言语功能中扮演着特殊的角色,从而首次证明了大脑两半球的功能可能存在不对称性。其后,各国的脑科学家,从不同的视野,采用各种各样的研究技术和方法,揭示大脑两半球在言语功能上存在的差异,从而提升了人们对大脑两半球功能的不对称性与言语活动关系的认识。

对大脑两半球功能的不对称性与言语活动关系的认识,大量的信息来自对失语症患者的相关研究和临床观察的资料。在失语症研究中人们发现,对大多数患者来说,失语症是与大脑左半球某些脑区的损伤或病变相联系的。这个事实使人们认识到,言语活动主要是大脑左半球的功能。例如,布赖登(M. P. Bryden)总结了三组病例的利手与言语优势半球的关系,结果发现,95%以上的右利手患者的言语优势在左半球。

脑科学家们还应用瓦达法研究利手与言语优势半球之间的关系。拉斯马森(Rasmussen)和米尔纳(Milner)应用瓦达法研究发现,70%的左利手被试的言语优势半球在左半球,15%的左利手被试的言语优势半球在右半球,15%的左利手被试没有明显的言语优势半球。布兰奇(Branch)应用瓦达法研究发现,90%的右利手被试的言语优势半球在左半球。

我国的脑科学家和心理学家对失语症患者的利手与言语优势半球的关系也做过大量研究。例如,高素荣对257例失语症患者的研究发现:在右利手失语的245例中,239例(98%)的病灶在左半球,6例(2%)病灶在右半球;在非右利手失语的12例中,10例(83%)的病灶在左半球。郭念峰对159名脑损伤患者的研究发现,在左脑损伤者中,76%的个案出现失语,其中75%是右利手,而右脑损伤造成失语的只占19%。李心天、胡超群等人总结了60例失语症和言语障碍者的研究结果,发现其中左半球病变者占78.3%,右半球病变者占21.7%。[①] 李华

---

① 李心天等:《大脑皮层血管损害患者言语障碍与病变部位的关系》,《中华神经精神科杂志》1986年第2期。

和高素荣对178名汉族脑卒中患者的临床表现及CT检查结果进行分析后,发现左脑损伤者失语率占总数的89.2%,右脑损伤者失语率占总数的7.5%。就右利手而言,左脑半球损伤者失语率占93.3%,右脑半球损伤者失语率占3.1%,而非右利手者的言语优势则主要在大脑右半球。[①]

大脑两半球功能不对称性进一步的证据来自裂脑实验。斯佩里等人的裂脑实验揭示,大脑两半球在某些功能上具有明显的不对称性。这种不对称性在言语功能方面表现得尤其突出。言语活动主要是大脑左半球的功能,但大脑右半球在言语理解方面也有其独特作用。

大脑两半球功能不对称性与其结构不对称性是相互联系的。脑科学家在致力于探索大脑两半球功能不对称性的同时,也在力图寻找大脑两半球形态方面的差异,并试图将其与功能方面的差异联系起来。例如,格施温德和列维茨基(W. Levilsky)用相机和尺测量了100个人脑的两半球颞平面(包括经典的威尔尼克区),结果算出左侧颞平面较大者占65%,右侧颞平面较大者占11%,近乎相等者占24%。有些研究还测量出左右两半球颞平面的比例是2:1,即左边是右边的两倍。左半球皮质的这一区域不仅面积大,而且其中神经元的数量多,神经元的树突分支也多。另一些研究还测量了威尔尼克区所在的左侧颞平面及布洛卡区所在的左侧额叶盖以及与音乐功能相关的黑索(Heschl)脑回的面积。测量结果表明:威尔尼克区所在的左侧颞平面及布洛卡区所在的左侧额叶盖比它们在右半球的对应区域要显著地大;右半球黑索脑回的面积比左半球对应区域要显著地大(如图10-6所示)。以后应用不同研究技术,包括CT的研究,证实了这些结果,并且发现这种不对称甚至在胎儿期就已存在。这些结果提示,生来的不对称性对左脑发展言语有利。一旦一侧半球专化,它就在某些功能上占优势,进而促进其继续发展。

利维(Levy)和纳吉拉基(Nagylaki)以安尼特(Annett)的利手基因模型为基础,提出利手

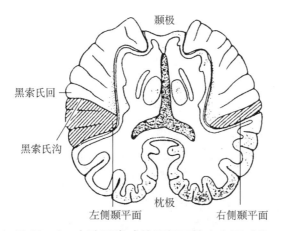

图10-6 大脑两半球的颞平面的大小不对称
(引自徐科,2000)

---

① 李华,高素荣:《汉语语言优势与利手的关系》,《中华神经精神科杂志》1993年第4期。

的两基因模型,并以此模型来解释左右利手的成因及言语活动的中枢机制问题。[1] 他们认为,人类有两类基因控制一个人将来的表现是左利手还是右利手。一类基因在个体生命的早期就发挥作用,它们决定个体言语中枢在大脑的哪个半球,用 L(显性)表示个体言语中枢位于大脑左半球,用 r(隐性)表示个体言语中枢位于大脑右半球。另一类基因决定了言语中枢所在半球控制一个人手部的动作技能。可分同侧(i)控制和对侧(C)控制两种情况。一般情况是:如果遗传中 L 和 r 共存,则 L 发挥作用更大;如果 i 和 C 共存,则 C 发挥作用更大。据此,就可预测一个人言语中枢所在半球和其书写时的动作:①如果一个人从父母处所获得的遗传是 LLCC 型,那么这个人的言语中枢就位于大脑左半球,他书写是用右手执笔,即对侧控制;②如果一个人从父母处所获得的遗传是 rrii 型,那么这个人的言语中枢就位于大脑右半球,他书写是用右手执笔,即同侧控制;③如果一个人从父母处所获得的遗传是 Lrii 型,那么这个人的言语中枢就位于大脑左半球,他书写是用左手执笔,即同侧控制;④如果一个人从父母处所获得的遗传是 LrCi 型,那么这个人的言语中枢就位于大脑左半球,他书写是用右手执笔,即对侧控制。科巴利斯(Corballis)和摩根(Morgan)指出,利维等人提出的两基因模型能够相当好地解释右利手者之所以很少出现言语中枢位于大脑右半球,是由于从父母处获得隐性基因的遗传概率小。

言语优势半球的证据还来自脑功能成像的研究。例如,贾斯特(M. A. Just)等人采用功能性核磁共振成像技术(functional magnetic resonance imaging,简称 fMRI)对 15 名右利手大学生言语活动的优势半球进行了研究。[2] 他们以表层结构相似的两种从句和数目相同的单词组成的句子为实验材料。在实验中,他们按句子复杂程度将实验材料分成并列句(如"The reporter attacked the senator and admitted the error.")、主语从句(如"The reporter that attacked the senator admitted the error.")和宾语从句(如"The reporter admitted the error that the senator attacked.")三种。测量了被试在理解三种句子时,被激活的神经组织的容量。结果发现:大脑左半球的布洛卡区和威尔尼克区以及与之相对应的大脑右半球区域均出现激活,但右半球区域的激活量只有布洛卡区的 22% 和威尔尼克区的 26%;威尔尼克区的激活量略大于布洛卡区。就理解三种句子的激活量而言,宾语从句的激活量最大,主语从句次之,并列句最小。

上述研究说明了大脑左半球的言语功能优势。但是另有一些研究发现,大脑右半球也具有言语加工能力。例如,大脑左半球切除的患者,手术后言语功能可逐渐恢复、阅读、书写、理解言语的能力继续得到改善。在早年发生大脑左半球病变的一些病例中,大脑右半球可能成为言语优势半球。例如,荷兰鹿特丹大学医院的医生对一名 7 岁女孩进行检查时发现,在她 3 岁时,她的大脑左半球因感染了拉斯穆森综合征导致左半球坏死而被切除,但她现在仍然过着较为正常的生活。尽管她并不能完全控制右侧肢体,但却熟练地掌握荷兰语和

---

[1] 沈德立主编:《脑功能开发的理论与实践》,教育科学出版社 2001 年版,第 155—158 页。
[2] Just, M. A. et al (1996). Brain activation modulated by sentence comprehension, *science*, 274(5284): 114—116.

土耳其语。这说明,在大脑左半球切除或损伤后,大脑右半球在言语功能方面可起代偿作用。由此可见,言语活动是大脑两半球功能整合的结果。

## 第三节 言语的感知和理解

说话者所说出的话语或写作者写出的文字,只有为别人所接受,才能起到交际的作用。换言之,对于听众或读者来说,为了了解他人言语的意义,有一个对言语的感知和理解的过程。

### 一、口头言语的感知

#### (一) 言语语音的分析

语音是口语的物质外壳或形式,对听话者而言,是作为物质刺激而被感知的。要对言语有全面正确的了解,就应当正确感知和理解语言,才能进一步接受其所代表的意义。

**1. 从发音机制看语音作用**

语音由人的运动分析器发出,自然有其生理学规律。另外,从声学上讲,语音是复合音,可用音高、音长、响度和音色等要素来衡量。语音的强弱(即响度)取决于发音时呼出的气流量的大小,语音的高低则与声带的长短、厚薄与松紧程度有关;音长(即声音持续时间长短)取决于发音体振动的持续时间,两者是正相关的关系。语音的音色,与声波的波形有关,一般取决于以下三个要素:①发音体的性质;②发音的方法;③共鸣腔的形状与大小(如图 10-7 所示)。

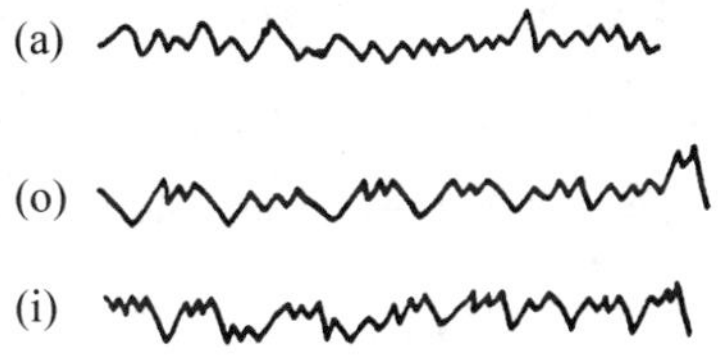

图 10-7 汉语的几种韵母的波形

**2. 利用语图研究语音**

语音是复合音,借助语图仪,可以将组成语音的基音和陪音区分开来,而获得语音的音图,这其中包括不同声音频率与振幅范围。

图 10-8 是语图仪描记出来的言语,表明不同说话者所说出英文短句"We are here"的可见形象。

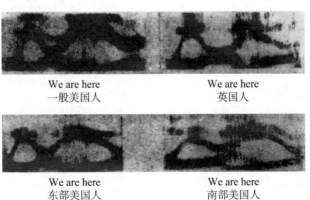

图 10-8 来自不同地区的人说"We are here"一语的语图描记

### 3. 分析语音在言语中的意义

人工分析语音时，常用到"音位"的概念，所谓音位，是指在语言中具有区别语义属性的最小语音单位。音位是从语音学角度来寻找辨词的指标，各种语言都有一套自己的音位系统。

## （二）影响口头言语感知的各种因素

在讲话者与听话者之间安置一定的传声系统，将讲出的语音加以改变，研究在不同变化条件下的可懂度和清晰度，来考察语音感知的情况。清晰度和可懂度是指听者了解讲话者讲话的百分率，我们将这两者作为估算言语感知效果的指标。清晰度和可懂度并没有严格的区别。习惯上，当听者对材料感知不受上下文影响时，选用清晰度作效果指标；若材料感知受上下文影响，则采用可懂度。讲话者的口音、通信系统的噪声、听话者的辨音和抗噪音能力等因素，会对言语的感知效果有所影响。

具体说来，影响言语知觉的因素有五个方面。①语音类似性。要听清口语中心字词，就要能分清语音，而分辨不同音位的区别性特征，是十分重要的。②语音强度。图 10-9 说明了语音强度与言语语音辨别的关系。③噪声掩蔽。由于噪声，语音强度必须加强才能被感知，这即是噪声对语音的掩蔽，这种掩蔽效果与信噪比（信号与噪声的比率）有关（如图 10-10 所示）。④上下文作用。日常生活中，有强噪声干扰掩蔽时，尽管语音低于噪声强度，但人却仍可听懂语音。这里，与上下文或语境对语音感知的作用大有关系。有人经过研究，提出了"音位恢复效应"，进一步说明了这种影响。⑤句法、语义的作用。米勒等人经过实验研究，证明了句法、语义信息对言语感知的影响，这种影响作用与上下文因素的影响相类似。

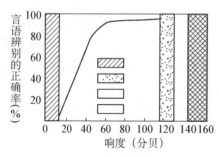

图 10-9 语音强度与言语辨别的关系

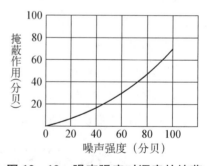

图 10-10 噪声强度对语音的掩蔽

## 二、书面言语的感知

人们通过视觉系统接受文字材料提供的信息，对字词做出正确的判断与分辨，即是书面言语的感知。书面言语的感知主要包括单词再认、阅读和言语的理解。

## （一）单词再认

书面言语最基本的构成材料是词，其中形、音是词的物质外壳，义是词所包含的内容。

另外,词还具有词法、句法的特点。所以,也可将单词定义为图形、语音、语义、词法和句法五种特征的复合。从广义上讲,人们从印刷的文字材料中提取单词的这些特征,就叫单词再认。

单词字形辨认服从于整体知觉性原则,有关汉语拼音字母的辨认研究及汉字的感知证明了这一点。

单词再认并不仅仅依赖于单词的物理特征,而是直接的感觉信息和各种非感觉信息相互作用的结果。人们经过实验研究发现,对单词再认有显著影响的因素有五类:单词的使用频率、单词的部位信息、单词的笔画数量与字形结构、单词的语音和上下文的内容等。

## (二) 阅读

阅读是指人对句子及段落意义所含信息的接收。通常取阅读速度及阅读正确率作为语言文字感知的指标;多数情况下,取控制其阅读正确率的阅读速度作为语言文字感知的指标。

测量阅读速度的方法很多,较简便易行的方法是:让被试阅读一段文字,将所需要的阅读时间记录下来,根据这一段文字的字数与所需时间即可算出单位时间(秒)能读多少字或每一字所需的时间。严格控制的实验方法为速示法,利用速示器呈现实验材料。

此外,还有一种普遍的研究方法,即记录阅读过程中的各种眼动状况。当我们阅读或看一幅画时,我们的眼睛会出现一系列有规律的运动,其中眼动轨迹可以通过眼动记录仪来记录。其原理是:将一束红外线照射在角膜上,利用角膜反射的光,通过红外线接收装置,记录到被试阅读时的眼动轨迹。在研究中,通常把注视时间(fixation time)、注视概率(probability of fixation)以及眼跳(saccade)和回跳(regression)作为记录指标。其中,注视时间为每个注视点的停顿时间,注视概率是指某个对象被注视到的可能性的大小,眼跳是指从一个注视点到另一个注视点的运动,回跳是指从当前的注视点返回到以前注视过的注视点。①

眼动轨迹与阅读材料的性质、难度以及阅读者的身心素质有关。下面是雷纳(K. Rayner)等人对一位正常阅读者(PP)和一位诵读困难者(Dave)阅读课文片段时的眼动测量结果。②

图 10-11 英文部分为被试阅读的课文片段。阅读课文下面第一行的黑圆点为阅读的注视点;第二行数字为眼动顺序;第三行数字为每个注视点的停顿时间,即注视时间,单位为毫秒。从眼动记录中可以看到:①无论是正常阅读者还是诵读困难者,大多数眼动是向前的,但也出现了少数回跳,如正常阅读者的 7、11、15 等,诵读困难者的 5、15、18、19 等。显然,诵读困难者的回跳次数要比正常阅读者多。②正常阅读者的平均注视时间比诵读困难者短,其注视次数要比诵读困难者少。③多数词上只有一个注视点,但少数词上有两个或两个以上注视点。

---

① 彭聃龄主编:《普通心理学(修订版)》,北京师范大学出版社 2001 年版,第 313—314 页。
② 罗伯特·索尔所等著,邵志芳、李林、徐媛等译:《认知心理学(第 7 版)》,上海人民出版社 2008 年版,第 325 页。

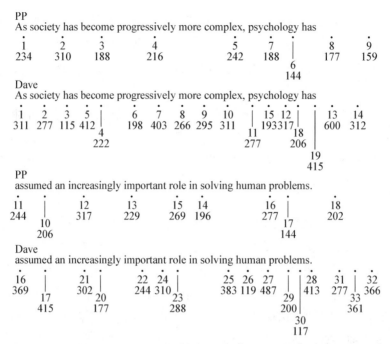

图 10-11 正常阅读者与诵读困难者阅读课文片段时眼动测量结果

运用眼动技术研究阅读过程,有两个显著特点:①它能实时地提供与注意相关的过程的详细记录;②它是非强求性的。对正在接受眼动测量的阅读者来说,唯一的限制是他们在阅读过程中必须尽量保持头部静止不动。这种方法的主要缺陷是,研究者很难准确地知道在每一次注视期间究竟发生了哪些加工过程。

研究者还运用各种脑成像技术来研究阅读过程。例如,塞里诺(S. C. Sereno)等人通过事件相关电位(ERP)技术观察到发生于阅读加工过程早期(大概是 150 毫秒)的各种词频效应。[1]

## 三、言语的理解

言语的理解是指在感知语言的物质外壳(语言与字形)的基础上,通过一个人的过去经验,而对语义加以理解的过程。语义是言语的内容、内容的表征、概念及命题的形式。

人们理解言语一般分成三个阶段:知觉阶段、分析阶段和应用阶段。这三个阶段各部分必须按时间顺序排列,但也可以有部分重叠,如听话者感知一个句子的后一部分时,可能正在对句子的前一部分进行推断。

言语的理解也可分成不同的水平,如不同的人对京剧《智取威虎山》中杨子荣的一句"来日方长显身手,甘洒热血写春秋",理解水平就不一样。不懂汉语的人,因为不能正确地理解

---

[1] M·W·艾森克、M·T·基恩著,高定国、肖晓云译:《认知心理学(第四版)》,华东师范大学出版社 2004 年版,第 378、401 页。

词的意义,可能根本不知这句话说些什么。可见正确地理解词义是言语理解的最基本水平。而识字的人,也不一定能理解这句话的含义。因为理解语句,往往需借助句法和语义的知识,要能理解由单字词构成的短语和句子。这是言语理解的二级水平。

言语的理解能达到对其所表达意义的理解才是真正的理解。透过说话者表面的含义,发掘其背后隐含的意义,是理解言语的更高水平。一句"来日方长显身手"表达了杨子荣入虎穴浑身是胆、壮志凌云的英雄情怀。

言语的理解过程受多种因素影响,表现在材料的形式、语言环境以及个体状态等方面。人们通过实验研究发现,人的知识经验、言语材料的组织结构及语境与言语的理解有显著关系。

理解言语是一个主动、积极地建构意义的过程,但理解言语以正确感知言语为基础,言语接受者头脑中想象言语所描述的情境,通过期待、推理等活动去揭开言语的意义;理解言语依赖于人们已有的知识和经验,人们的知识经验不同,对同一语言材料的理解也有较大差别,这里有类似于定势的影响因素。当然,理解也须在所得素材的基础上,否则就缺乏加工的前提。理解又同时制约着言语的感知,人的言语知觉同样有思维过程的参与。实际生活中,尽管所听到的语音并不完全标准,但由于理解成分的作用,故能辨别偏离标准的语音。在书面言语感知中,无论词形辨认还是阅读速度,无不受理解因素制约。

言语的感知和理解,不是截然分开的,而是相互交织、协同作用的。林赛(P. H. Lindsay)与诺尔曼(D. A. Norma)的研究分析了领会句子的过程,阐述了言语的感知和理解的相互关系,提出了"材料—驱动"(data-driven)和"概念—驱动"(conceptually-driven)的概念。材料—驱动指对言语材料在感知水平上进行的加工过程;概念—驱动则相反,指对言语材料在理解水平上进行的加工过程,是由上而下(它从最高水平——意义结构开始)的分析过程。领会句子时,两种不同水平和方向的加工过程则是协同进行的。概念—驱动常造成对将出现的材料(词、短语、句子)的预测,使分析过程进行得顺利;材料—驱动提供据以预料的具体对象,并对预测错误加以纠正。

## 第四节 动物"言语"

在自然界中,并非只有人才能彼此沟通信息,有些动物在同种个体之间也能通过某种手段相互交流、传递信息。例如,猫和狗通过声音或动作传递信息而相互协调,产生朝着共同方向的行为;蚂蚁在寻食、"搬家"时复杂而又准确的配合令人称奇;蜜蜂会通过舞姿告诉同伴采蜜的距离和方位;海豚拍击海水,发出类似口哨的声音与同伴进行联络;等等。信息交流在动物的生存中具有重要意义。

### 一、关于黑猩猩学习"言语"的研究

科学家们对黑猩猩学习言语问题进行了大量研究。下面几项是比较有代表性的研究。

从人类进化史来看,黑猩猩是人类的"近亲",而且,黑猩猩的体型及生理结构类似于人类。早先,一些研究者试图教会黑猩猩说话,但实验结果令人失望。例如,一只名叫维吉的黑猩猩,经过六年的集中学习,一共只学会了四个词:"爸爸""妈妈""杯子"和"上面"。实际上,维吉发这四个词的音时,简直像打嗝。① 显然,黑猩猩没有人类能够用来产生听觉言语的合适的发音器官。这些发现实际上并没有告诉我们有关黑猩猩学习言语的能力。因此,研究者不得不想出其他一些研究方法来探讨黑猩猩的言语学习与交流问题。

1969年,美国内华达大学的研究人员加德纳夫妇(R. A. Gardner & B. T. Gardner)运用操作性条件反射和模仿原理教一只取名为瓦苏(Washoe)的母猩猩学习美式手语(American Sign Language,简称ASL)。② 四年后,瓦苏学会使用132个手势语,最多时掌握了240个手语词汇。瓦苏能运用手势语与训练者进行交流。例如,瓦苏的第二个幼崽死后,它非常沮丧和难过,不断地问:"Baby?"当训练者告诉它"Baby dead, baby gone, baby finished"时,它默默地畏缩着身子,蜷成一团,显得非常消沉。两周后,照看它的研究人员福茨(K. S. Fouts)告诉它有好消息:"I have baby for you."瓦苏即刻表现出异常的激动和兴奋,全身毛发竖起,昂首阔步,气喘吁吁地不停地比划着手势:"Baby, my baby!"瓦苏还会创造性地组合词汇,如它把"天鹅"(swan)称为"水鸟"(water bird)。

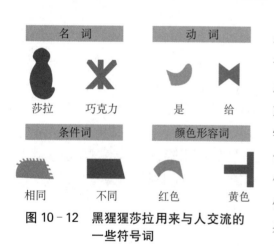

图10-12 黑猩猩莎拉用来与人交流的一些符号词

在学习人类言语方面,另一位明星是一只名叫莎拉的母黑猩猩。在磁力黑板上,研究者普雷麦克(D. Premack)教莎拉学习由塑料片组成的130个词(如图10-12所示)。从训练一开始,就要求莎拉使用正确的词序。不久,莎拉便学会了回答问题,标明事物是否相同,按照颜色、形状、大小对物体进行分类,能造出复杂的句子,甚至学会了使用条件句。这里所谓的条件句是指包含一个前提的句子,通常以"如果……就……"的形式出现,例如"如果莎拉拿来苹果,玛丽就把巧克力给莎拉"或"如果莎拉拿来香蕉,玛丽就不给莎拉巧克力"。莎拉学习手语及与人交流的能力令人惊奇,但可以由此断言黑猩猩能够与人进行真正的言语交流吗?

20世纪90年代初,萨维奇-朗博(S. Savage-Rumbaugh)等人对一只名叫卡齐(Kanzi)的俾格米黑猩猩学习言语的能力进行了研究。③ 俾格米黑猩猩是一种进化得比普通黑猩猩更

---

① 库恩等著,郑钢等译:《心理学导论:思想与行为的认识之路(第13版)》,中国轻工业出版社2014年版,第328—329页。
② 戴维·迈尔斯著,黄希庭等译:《心理学》,人民邮电出版社2008年版,第298—300页。
③ 理查德·格里格、菲利普·津巴多著,王垒、王甦等译:《心理学与生活》,人民邮电出版社2003年版,第237页。

接近人类的大猿。研究者教它用手势或通过按动计算机键盘上的按键与人进行交流。键盘上共有250个按钮,每一个上面都标有几何图形组成的词图。通过使用词图,卡齐能造出好几个词组成的句子,还能听懂大约650个句子。此外,研究者还发现,卡齐在没有接受外在的专门学习言语的情况下,通过观察养母与训练人员之间使用符号进行交流的过程而习得言语,而且能理解和领悟英语口语用词在语义上的细微差别。例如,无论问它"Can you show me the light?""Can you bring me the flash light?"还是"Can you run the light on?"卡齐的行为反应都表现出它具有极强的理解能力。同时,它还知道类似 snake、bite、dog 等的口语词汇。如果事先给它准备一些动物玩具,然后要求它"Make the dog bite the snake",它会把玩具蛇放进玩具狗的嘴里。卡齐还能自己创造新的模式,比如,在排列两个动作的符号时,它几乎总是按照自己想好的执行顺序进行排列,按动作的顺序排列出"追—挠痒痒"或"跑—藏"的词序。一只名叫潘班尼沙(Panbanisha)的俾格米黑猩猩在14岁时已经有了3000个单词的词汇量,而且已经能按正确的语法顺序组合成一系列符号。例如,它可以造出类似"Please can I have an iced coffee?"和"I'm thinking about eating something"这类句子。①

## 二、对黑猩猩学习言语的评价

关于黑猩猩学习言语的研究结果,怀疑论者持反对意见。例如,平克(Pinker)认为,猿的确能使用符号表达意思,但是,类似"Give orange give eat orange me eat orange..."的句法,与3岁儿童优美的句法相比就简直相差太远了。又如,特勒斯(Terrace)认为,黑猩猩比划的许多手势,只不过是依样画葫芦地模仿训练者的手势而已。再如,乔姆斯基(N. Chomsky)指出:假如黑猩猩在生物学上具有语言能力,那么它们早就应该有自己的语言了;如果动物具有诸如语言这样的生物优势而至今还没有使用的话,这将是进化史上的奇迹,就像在某个岛屿上找到了一些人员,通过训练可以飞翔起来。

学术界不同见解和观点的争论能促进学术进步,但是黑猩猩是否具有学习言语能力的争论,也涉及人们对言语及其言语功能的评价与界定问题。如果言语这一术语是指复杂语法规则的口头或手势的表达,那么,在此意义上,只有人类才掌握并拥有言语。如果我们指的是,通过一些有意义的符号序列来交流的能力,那么,猿类确实也能使用言语。尽管争论尚未结束,还有大量问题尚待进一步深入研究。但是,现有关于黑猩猩学习言语能力的研究成果,对于我们更好地理解人类语言的起源,解开动物学习语言之谜有重要的理论价值。而且,现有的研究成果已经在帮助言语障碍儿童学习言语的实践方面发挥了有效的作用。

---

① M·W·艾森克、M·T·基恩著,高定国、肖晓云译:《认知心理学(第四版)》,华东师范大学出版社2004年版,第371页。

## 第五节　儿童的言语发展

心理学家对儿童的言语发展进行了大量研究,总结出儿童言语发展的特点和阶段性特征,并提出有关儿童言语发展的理论。

### 一、儿童言语的发展

儿童言语发展的速度惊人。研究表明,儿童言语发展具有三个显著特点:一是儿童习得言语的速度惊人。4—6个月的婴儿开始牙牙学语;10—12个月的婴儿开始说出(或用手势表示)第一个词汇;18个月的婴儿能够说出大约50个语汇,而且他们能理解的词汇量比能说出的词汇量高出好几倍;36个月的儿童的词汇量迅速扩展到1000个,平均每天大概习得6至7个新词;60个月的儿童的词汇量达到10000个。二是儿童在言语习得过程中很少犯错,即使有错误出现,这些错误往往也是语法规则的过度迁移造成的。三是儿童对被动言语的习得快于主动言语的习得。在儿童言语发展的每个阶段,儿童的言语理解能力好于表达能力。儿童言语发展的里程碑[①]如表10-1所示。儿童言语发展的里程碑反映的是儿童学习言语的经验,而不是一般认知能力的发展。

表 10-1　儿童言语发展的里程碑

| 平均年龄 | 语言发展的里程碑 |
| --- | --- |
| 0—4 个月 | 能区分口语声音(音素)的不同。咕咕学语,尤其是对口语做反应时。 |
| 4—6 个月 | 牙牙学语,能产生辅音。 |
| 6—10 个月 | 能理解词汇和简单的要求。 |
| 10—12 个月 | 能使用单个词汇。 |
| 12—18 个月 | 词汇量达到30—50(简单的名词、形容词和动作词汇)。 |
| 18—24 个月 | 依据句法规则形成双字短语。词汇量达到50—200。能理解规则。 |
| 24—36 个月 | 词汇量达到1000,能产生短语和不完整的句子。 |
| 36—60 个月 | 词汇量达到10000;能产生完整的句子;掌握语法规则(如,过去式-ed)和功能词(如,the 和 but);能形成疑问句和陈述句。 |

### 二、儿童言语的发展阶段

儿童言语的发展需经历一系列阶段,完成一个阶段之后,再进入下一个阶段。几乎所有

---

[①] 丹尼尔·夏克特等著,傅小兰等译:《心理学(第三版)》,华东师范大学出版社2016年版,第467—489页。

的婴儿都会顺序经过以下阶段:牙牙学语、单词句、双词或三词句、完整句。时至今日,我们很难找到有力的证据证明婴儿可以直接进入简单句阶段。有研究表明,儿童言语顺序式的发展与非言语的认知能力的发展密切相关。例如,儿童的单词或双词句阶段可能与他们有限的工作记忆容量有关,即,工作记忆只能容纳一个或两个词,只有其他认知能力得到进一步发展以后,他们才会具备产生简单句的能力。此外,还有研究发现,儿童言语的顺序式发展可能与他们的言语经验相关,即,反映了儿童的言语知识的逐渐增加。①

## (一) 牙牙学语阶段

婴儿学会说话前,能发出很多声音,如哭、笑、叫等。但在五六个月左右,婴儿所发出的牙牙语类似于成人语言中所使用的声音,并能将辅音和元音相结合而连续发出。有时,即使没有别人在场,婴儿也常发出这种声音。

生长在不同社会文化环境下的婴儿大约都在同一年龄阶段开始牙牙学语,而且发出的声音中有很多都是相似的。有人录制了不同国家婴儿的咿呀声,加以比较,结果发现,一般人很难单凭咿呀声来区分这些婴儿的国籍,这些咿呀声太相似了。可见,自发性咿呀声的产生,似乎受到生理或成熟因素的影响。从总的方面来看,儿童的生理因素或所处的文化环境都不会影响到儿童牙牙学语的进程。

从牙牙语期开始,儿童在发音方面经历着两个相反相成的过程:一方面逐步增加符合母语的声音,另一方面逐步淘汰环境中不用的声音。直至1岁左右,大多数儿童开始产生第一个能被理解的词。牙牙语的作用主要是通过这一阶段,学会调节和控制发音器官的活动,为以后真正的言语产生和发展打下牢固的基础。

## (二) 单词句阶段

儿童在1周岁左右,开始能说出有意义的单词,对经常接触的人或物,能在不同情况下正确称呼,表现出一定的分析和概括能力。但讲字吐词十分缓慢,最初说出的单词只是作为事物或动作的一般标志,随后不久开始出现单词句。单词句指儿童用一个单词来表达比该词更为丰富的意思。例如,某些情境、意愿、感觉状态等,本来需要用一个完整的句子才能表达的意思,而儿童则常用某个词来表达。例如,当一个儿童说"鞋"并反复提到时,你可能莫名其妙,直到他母亲过来解释:"噢,那是他在说'我要穿鞋'。"此时,你可能才恍然大悟。

儿童使用单词句有以下几个特点:一是和动作、表情紧密结合;二是意义不太明确,语言不太清晰,成人必须根据儿童所处情境和语调线索来推断其意思;三是词性不确定,经常把名词当作动词使用。这说明,儿童处在单词句时期,实际上并没有掌握句子的结构和语义范畴方面的知识,只是一概用单词对整个情境作笼统的表述。

---

① 丹尼尔·夏克特等著,傅小兰等译:《心理学(第三版)》,华东师范大学出版社2016年版,第467—489页。

## (三) 双词或三词组合阶段

从 1 岁半到 2 岁开始,儿童出现了由双词或三词组合在一起的语句,如"妈妈鞋鞋"等,这种句子虽比单词句表达的意思要明确一些,但其形式是断续、简明和不完整的。

儿童双词句的发展起先比较缓慢,以后的发展则急剧增加,在比较短的时期内逐渐出现了词的大量组合,并开始能适当地用单词或两个词组合起来粗略地表达语义关系。

## (四) 完整句阶段

很多儿童在 2 岁前说出的话还不是真正的句子。到 2—3 岁,他们学会了说出有主语和谓语的句子,他们会说"爸爸出去了""卡车到哪儿去"或"妈妈抱我",这些句子基本上都是完整句。前一阶段的"妈妈鞋鞋",这一阶段已可以清楚地表达为"妈妈穿鞋鞋""妈妈正在穿鞋鞋"等完整的句子。句法发展的过程是从无修饰的简单句发展到有修饰的简单句,最后能够使用连词构成复合句,如"你玩娃娃和我玩积木"。

尽管在此阶段,儿童言语的发展速度都很快,但每个儿童的言语发展速度间则有很大差异。一个 3 岁小孩,可以说出比其他 3 岁小孩长得多且复杂得多的句子。衡量儿童的言语发展,年龄并不是很精确的尺度,目前往往采用口语语句平均长度(MLU)为指标。MLU 的值是这样计算的:先算出儿童所说句子包含的字词或音节的总数,然后以此总数值除以句子的个数即可得口语语句平均长度。例如,一个小孩说了 100 句话,然后,计算 100 句话中总共包含的字词或音节数。如总共有 300 个词或音节,那么,即可得出小孩的 MLU 是 3。

儿童的言语发展到 3—5 岁时,已经变得异常复杂化了。一方面是儿童使用的句子增长了,词汇量扩大了,但除此之外,儿童造句所使用的方式也变化了,大约到 5 岁时,儿童开始使用具有成人语句特点的"修饰句"及"反义疑问句"两种句子。

## 三、言语发展理论

人类究竟是如何习得语言的呢?各国研究者为回答这个问题做出了种种努力,并试图用各种理论予以解释。下面着重介绍并分析两种主要的言语发展理论。

## (一) 言语的模仿说

行为主义心理学家斯金纳认为,我们是通过联想、模仿和强化这些常见的学习原理来学习语言的。[①] 他认为,婴儿学习说话的方式,与动物(鸽子)学习啄键盘和(白鼠)学习压杠杆有诸多相同之处。"当发声肌肉组织变得易受操作条件影响时,人类的物种进化完成了十分关键的一步,此时,人类的语言行为就明显开始存在了。"然而,如果对儿童的语言给予最低限度的强化,其结果又会怎样呢?父母双耳失聪的孩子,他们对语言的接触更加被动,大多数是通过电视进行的。因此,他们学会说话的进程更为缓慢。心理语言学家在语言心理学

---

① 戴维·迈尔斯著,黄希庭等译:《心理学》,人民邮电出版社 2008 年版,第 288—293 页。

方面的研究表明,对成人的模仿和用词恰当时得到的强化是语言学习中的重要部分。① 然而,这种理论只能解释儿童言语发展中的部分现象。有研究者认为:儿童学习的确实是他们环境中的语言,但是,他们还能以惊人的速度产生从未教过的语词和语法,能创造出从未听过的所有类型的句子,因此,不能说他们的言语是模仿的。并且,当要求儿童模仿的某种语法结构与儿童已有的语法水平相距较大时,即使反复模仿,儿童也总是用自己已有的句法形式去改变示范句的句型,或顽固地坚持自己原有的句型。这些事实都很难用言语习得的模仿、强化说来加以解释。

## (二) 先天语言生成说

婴幼儿之所以能习得言语不仅仅是靠模仿,而是遵循天生就设定好的程序来习得环境中的词汇和语法。乔姆斯基认为,婴儿在出生时,脑中便已建立了让他们能够说话和理解话语的结构,并把所有那些能让人们说话的结构统称为语言习得机制(language acquistion device,简称 LAD)。②

乔姆斯基的理论认为,语言习得机制像计算机的芯片,还有一些非常基本的、普适于所有人类的规则。这些与生俱来的规则让婴幼儿能够更为容易地发现所接触语言的特定模式。

人类以外的其他世界可能也存在着"语言",而那些"语言"是人类无法学习的。但是在人类世界之内,却没有学不会的语言。乔姆斯基强调指出:我们的语言习得能力犹如一只箱子,一只装有语言习得设备的箱子,儿童一旦感受和体验到语言,箱子里的语法开关就会立即被激活打开。儿童言语的发展过程的本身就像是"帮助鲜花按其自身方式生长"。他认为,儿童言语发展与性成熟极为相似:只要给予足够的营养,它就会在儿童身上发生。

乔姆斯基的"与生俱来"的语言习得观,自提出之时起,在学术界就引起争议,迄今仍在继续。认知心理学家、心理语言学家和神经科学家都对儿童的言语习得问题进行了广泛和深入的研究。其中有些研究进一步支持和加强了乔姆斯基的人脑先天就置入了语言程序的观点。例如,普洛米(Plomin)等人对两岁双胞胎儿童的研究表明,基因在决定儿童言语习得的速度上的确会起作用。莱(Lai)等人对伦敦的一个大家族成员的研究发现,有一种突变基因使得这个家族中的一半成员的言语习得能力受损。此外,人类基因组计划为人类语言的基础部分是遗传这一观点提供了大量的证据。但是,另一些研究却对乔姆斯基的天生语言习得观再次提出了挑战。例如,金(Kim)等人的一项脑扫描研究结果显示,那些幼年就开始学习第二语言的成年人,在用自己的母语或第二语言描述一件事情时,使用的都是额叶的同一区域,而那些在童年后才开始学习第二语言的人在使用第二语言时,则是那些与前者使用的"同一区域"相毗连的区域的激活比较活跃。另一项研究发现,语言的学习虽然受到人脑

---

① 库恩等著,郑钢等译:《心理学导论:思想与行为的认识之路(第13版)》,中国轻工业出版社2014年版,第111—115页。
② 菲利普·津巴多等著,王佳艺译:《津巴多普通心理学》,中国人民大学出版社2008年版,第128—131页。

天生结构的影响,但是,我们小时候所学的语言也会调整脑的结构。比如,以英语作为母语的人,其大脑可以区分 r 和 l 这两个音的不同,但是,以日语作为母语的人则办不到这一点。而那些在幼年时期既没有接触过口语也没有接触过手势语的人,就丧失了学习任何语言的能力。如果儿童没能及时地学习任何语言,其大脑的语言学习功能将永远得不到充分发展。因此,许多心理学家认为,乔姆斯基低估了学习的重要性。我们与生俱来地拥有一套硬件和操作系统,而生活经历则编写着我们的软件系统。基因设定了言语的学习机制,后天经验在改善大脑的同时又激活了这些机制。是的,在巴黎长大,你就会说法语;但是,如果你是只猫,你就不会说话了。

综上所述,儿童的基因为其设计了言语习得的复杂的脑神经网络机制,并为其做好了在与他人互动过程中学习语言的准备。斯金纳对学习的强调有助于解释儿童在与他人互动时是如何习得言语的。乔姆斯基的儿童与生俱来的习得语词和语法的能力的观点,有助于解释为什么婴幼儿在语言学习上如此轻松自如,在语法的运用上如此恰到好处。由此可见,这两种言语习得理论都有其合理性,也有其局限性。因此,有认知心理学家将言语发展视作生物成熟以及个体与环境互动的产物。①

## 名词解释

言语　语言　内部言语　言语的感知　言语的理解　先天语言生成说

## 思考题

1. 言语的功能及活动特点是什么?
2. 言语有哪些种类?试举例说明。
3. 简述言语活动的中枢机制。
4. 影响人类口头言语感知的因素有哪些?
5. 人类言语理解有哪几级水平?影响言语理解的因素有哪些?
6. 动物学习言语有哪些著名的例子?略举一二例并加以说明。

---

① 罗伯特·索尔所等著,邵志芳、李林、徐媛等译:《认知心理学(第 7 版)》,上海人民出版社 2008 年版,第 281—313 页。

# 第十一章 情绪和情感

情绪和情感伴随着认知过程产生并对认知活动产生重要影响,是人对客观现实的反映形式之一。

## 第一节 情绪和情感概述

### 一、情绪和情感的含义

情绪和情感是指人对客观事物的态度的体验,是人对客观事物与主观需要之间关系的反映。情绪和情感不同于认知过程。认知过程是人对客观事物的反映,而情绪和情感反映的则是客观事物与人的主观需要之间的关系。"体验"是情绪和情感的基本特征:无论人对客观事物持什么态度,个体自身都能直接体验到,离开了体验就谈不上情绪和情感。

情绪和情感有积极与消极之分,这是有别于认知过程的另一特征。人对客观事物采取不同的态度是以该事物是否满足个体的需要为中介的。一般来说,需要得到满足就会引起积极的情绪和情感,需要得不到满足就会引起消极的情绪和情感。人没有无缘无故的爱与恨。所以,可以将情绪和情感视为需要是否得到满足的一种指标,但不能将这种关系简单化,情绪和情感与需要的关系有时受到个体的生活信念的制约。例如,通常情况下缺水会让人产生烦躁、沮丧、憎恶等消极情绪,但是保卫上甘岭的志愿军战士在断水数天的情况下,由于有坚守阵地、击退顽敌的信念,仍能保持旺盛的革命热情。

### 二、情绪和情感的两极性

情绪和情感的两极性是指每一种情绪和情感都能找到与之对立的情绪和情感。在快感度、紧张度、激动度和强度上,情绪和情感都表现出互相对立的两极。这种两极性是情绪和情感的主要特征之一。

#### (一)愉快—不愉快

在快感度方面,两极为"愉快—不愉快"。这种体验与个体需要满足的程度相联系。当情绪和情感由积极向消极变化时,就伴随着愉快和不愉快两种对立的反映,如快乐和悲哀、敬仰和轻蔑、热爱与憎恨等。

#### (二)紧张—轻松

在紧张度方面,两极为"紧张—轻松"。所谓紧张水平是指想要动作的冲动之强弱。紧张的程度既决定于当前事件的紧迫性,也取决于心理准备状态和个性品质。当事件十分紧急或处于关键时刻,人们一般会有高度紧张感。如初学跳伞的人跨出机舱的一瞬间往往十分紧张,参加高考的学生和排除哑弹的战士都会有紧张情绪。与紧张相对的另一极是轻松,是一种情绪松弛状态。紧急事件得到妥善解决之后，人们常有轻松感。另外，任务难度较低、社会评价高的工作也会让人产生轻松感。情绪紧张程度对人的行为有一定的影响。有实验表明，紧张程度中等时，人的操作行为效果最佳，过度紧张或松弛都会降低操作效率。

### (三) 激动—平静

在激动度方面，两极为"激动—平静"。激动水平在很大程度上反映着个体的机能状态。激动和平静两极反映过度兴奋和抑制状态，如狂喜、暴怒、麻木、冷漠等。激动指在极短时间里猛烈爆发的情绪反应，伴有激烈的内部器官活动变化和明显的表情动作。情绪激动对人的影响是复杂的，它可以催人奋进，推动人的行为；也可阻碍人的活动，如激动得说不出话来，愤怒得失去理智。激动水平对情绪的快感度有一定影响，如愉快的情绪在激动时是狂喜，在平静时是恬淡的欣喜。

### (四) 强—弱

在强度方面，两极为"强—弱"。常用情绪表现的强弱作为划分情绪和情感水平的标准。例如：怒由弱到强划分为微愠、愤怒、大怒、暴怒和狂怒；喜欢由弱到强划分为好感、喜欢、爱慕、热爱和酷爱。情绪和情感的强度既与引起情绪和情感变化的事件对个体的意义大小有关，也与个体的目的和动机强度有关。

由于情绪和情感具有两极性，每两极间又有不同程度的变化，所以情绪和情感的表现是复杂多样的。这四种情绪和情感的两极并不是绝对互相排斥的，它们之间有一定的关联。每一方面的两极也不是绝对不可相互转化的，如"乐极生悲""破涕为笑""喜极而泣"等都反映了这种变化。

## 三、情绪和情感的功能

情绪和情感作为人反映客观世界的心理过程，是人的心理的重要组成部分，对人的现实生活各方面都有重要作用。

### (一) 适应功能

表情是情绪和情感适应功能发展的标志。类人猿等高级灵长类动物，如黑猩猩，有着与人类相似的表情，可以表达喜、怒、哀、乐等基本情绪。

婴儿的情绪和情感是随他们逐渐适应社会环境而发展起来的。哭是婴儿最具特征的适应方式。婴儿用哭声告诉大人他们身体不适、饥饿等。随着要表达内容的增加、活动范围的扩大，儿童与大人交流的情绪反应也逐渐增加并产生分化。笑对初生的婴儿而言只是一种生理上舒适的反应。在与成人后来的接触中，婴儿才产生主动的微笑反应（即社会性的微笑）。情绪的社会性参照作用是儿童以情绪为信号进行社会交往的典型例子。

由于物质文明和精神文明高度发展，社会变化的速度也越来越快，对环境的适应也成为人们经常遇到的问题，情绪调节成了适应社会环境的重要手段。人们适应不良时往往会产生挫折感,导致焦虑和紧张。通过适当的情绪调节,降低焦虑和紧张,能让人更好地适应环境,克服困难。

### (二) 动机功能

人的各种需要是行为动机产生的基础和主要来源,而情绪和情感是需要是否得到满足的主观体验,它们能激励人的行为,提高行动效率。

积极的情绪会成为行为的积极诱因,消极的情绪则起消极诱因作用。情绪状态具有动机的发起和指引功能,积极情绪可以提高行为效率,起正向推动作用;消极情绪则会干扰、阻碍人的行动,甚至引发不良行为,起反向的推动作用。

研究发现,适度的情绪兴奋性会使人的身心处于最佳活动状态,能促进主体积极地行动,从而增进行动效率。一定情绪紧张度的维持有利于行为的进行,过于松弛或过于紧张对行为的进程和问题的解决不利。

### (三) 组织功能

积极的情绪和情感具有调节和组织的作用。

#### 1. 促成知觉选择

知觉具有选择性,情绪状态是影响知觉选择性的因素之一。比如,婴儿喜欢红色、黄色,在选择玩具时偏好红色、黄色的物品,而对其他的颜色却很少注意。

#### 2. 监视信息的移动

对信息的监视实际上是注意的过程,而情绪和情感对维持稳定的注意起着重要作用。人们往往对自己感兴趣的、好奇的信息监视准确,忽视自己厌恶的、不感兴趣的信息。

#### 3. 影响工作记忆

情绪和情感对记忆的影响有两个方面。一是影响记忆的效率,人们容易记住喜欢的事物,对不喜欢的事物记起来十分吃力。二是根据情绪状态对记忆的内容进行归类,在同样的情绪状态下更容易回忆或再认出记住的材料。

#### 4. 影响思维活动

情绪和情感对人的思维活动的影响十分明显。对于亲近和喜欢的人或事容易听信。过度兴奋的情绪状态也会影响思维的进程和方向。"感时花溅泪,恨别鸟惊心"是情绪影响思维的生动写照。

#### 5. 影响人的行为表现

情绪影响人的行为表现。例如,愤怒往往使人冲动而导致不计后果的行为,畏惧往往令人退缩不前。

### (四) 信号功能

情绪和情感有着明显的外显形式——表情。表情是传播情绪和情感信号的主要媒介。

面部表情、身段表情和言语表情都能显示个体的情绪状态。人们通过表情反映自己的意愿,也通过对他人表情的观察与体验来了解周围人的态度和意愿。例如:微笑通常表示满意、赞许或鼓励,厌恶、怒目圆睁通常表示否定的态度。

## 四、情绪和情感的关系

情绪和情感都是对主观需要满足状况的心理反映,是属同一类而不同层次的心理体验。

### (一) 情绪与情感的区别

#### 1. 情绪的生理性和情感的社会性

情绪更多是与生理需要满足状况相联系的心理活动,情感则是与社会性需要满足与否相联系的心理活动。如在饥饿时有食物吃就会很高兴,这是一种情绪反应,而不能说是产生了热爱食物的情感。情绪是原始的,是人和动物(尤其是高等动物)所共有的;情感则是人类所特有的心理活动,具有一定的社会历史性。例如:民族自豪感是与对本民族的爱相伴而生的社会性情感。

#### 2. 情绪发展在先,情感体验产生于后

婴儿最初的表情反应具有无条件反射的性质,而情感则是在与社会接触的过程中逐渐产生的。婴儿对母亲的依恋是在不断受到母亲爱抚、关怀的过程中产生出愉快的情感体验而逐渐培养起来的。

#### 3. 与情感相比,情绪不稳定

情绪具有较强的情境性、激动性和暂时性,会随着情境的改变以及需要满足情况的变化而发生相应的改变。情感具有较强的稳定性、深刻性和持久性,是对事物态度的反映,是构成个性心理品质的稳定成分。

#### 4. 情绪表现的外显性和情感表现的内在性

情绪表现具有明显的冲动性和外部特征,面部表情是情绪的主要表现形式;而情感多以内在感受、体验的形式存在。人们高兴时手舞足蹈,愤怒时咬牙切齿,这些都是情绪的外部表现;而爱国主义情感是一种内心体验,虽不轻易表露但对行为具有重要的调节作用。

### (二) 情绪与情感的联系

情绪与情感的区别是相对的,虽然它们所表达的主观体验的内容有所不同,但往往在强烈的情绪反应中也有稳定的主观体验,而情感也多通过情绪反应表现出来。情绪和情感彼此之间具有密切的联系。

#### 1. 情绪是情感的基础,情感离不开情绪

情感是在情绪稳定固着的基础上建立和发展起来的,情感通过情绪的形式表达出来,离开具体的情绪过程,人的情感及其特点就不可能现实地存在。

**2. 情绪依赖于情感,是情感的具体表现**

情绪离不开情感,情绪的各种变化一般都受制于已有的情感。情感的深度决定着情绪表现的强度,情感的性质决定了在一定情境下情绪表现的形式。情绪发生过程中往往深含着情感因素。

因此,从某种意义上讲,情绪是情感的外在表现,情感是情绪的本质内容。

## 五、情绪和情感的生理机制

情绪和情感是在大脑皮质支配下,神经活动协同作用的结果。

### (一)情绪的生理反应

情绪反应时呼吸、心率、血压、血管容积、皮肤电反应、脑电反应及内外分泌腺反应均会发生变化。记录这些变化可以作为情绪反应特性和强度的客观指标。

**1. 呼吸**

呼吸的频率和深度与个体的情绪变化有着直接的关系。在不同情绪状态中,呼吸的次数、快慢和质量有着不同特点。人在平静时每分钟一般呼吸20次,愤怒时每分钟可呼吸40—50次;突然惊惧时人的呼吸会临时中断,狂喜或悲痛时会有呼吸痉挛产生;笑时呼气快而吸气慢,呼气和吸气的比率降至0.30,而惊讶时吸气的次数则是呼气的2—3倍;恐惧时,呼气与吸气的比率由平静状态下的0.70上升到3.00或4.00。图11-1说明了五种情绪状态下呼吸的情况。

**2. 血液循环**

人在情绪激动时脸涨得通红,这是血液循环加快的反应。血液循环有三种主要指标:血压、心率和血管容积。人在吃惊和恐惧等紧张情绪下,心率比平静时增加20次左右,血压也会升高,而血管容积则降低。

**3. 皮肤电反应**

皮肤电反应是皮肤的电阻变化。皮肤的导电性是波动的,任何外来的或新奇的刺激都能直接引起波动的变化。皮

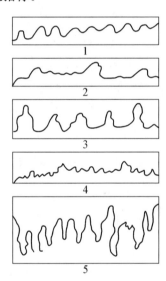

1. 高兴——每分钟17次;
2. 消极悲伤——每分钟9次;
3. 积极地动脑筋——每分钟20次;
4. 恐惧——每分钟64次;
5. 愤怒——每分钟40次。

图11-1 各种情绪状态下呼吸频率的曲线

肤电的变化是由皮肤血管收缩和汗腺分泌的变化引起的,是反映情绪变化的客观指标之一。人在等待重大活动时,皮肤电阻降低,过度疲劳时,皮肤电阻增大。

**4. 脑电反应**

脑电活动的变化也是情绪生理反应之一。当人处于松弛状态时,脑电活动表现为每秒波动10次的脑电 $\varphi$ 波。随着情绪活动强度的增加,这种节律会消失,即产生 $\alpha$ 波阻抑。人在

紧张和忧虑时,脑电波波幅降低,波动频率增大,呈现低振幅快波——β波。个体出现病理性情绪障碍时,则会呈现高振幅慢波——α波。将大脑各部分电波活动记录下来就形成了脑电图。不同情绪状态下人的脑电图是不同的(如图 11-2 所示)。

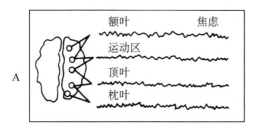 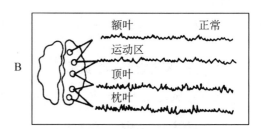

A 表示在焦虑状态下,α波消失的脑电图记录　　B 表示在正常状态下,规则的 α 波的脑电图记录

**图 11-2　焦虑和正常状态下被试的脑电图记录**

5. 内外分泌腺的反应

人体内有两种分泌腺:外分泌腺和内分泌腺。汗腺、泪腺、唾液腺、消化腺等为外分泌腺;甲状腺、甲状旁腺、肾上腺、脑垂体和性腺等为内分泌腺。这些腺体都有相应的分泌物产生。情绪状态的不同会引起各种腺体分泌的变化。例如,悲痛或过于高兴会使人落泪;焦急或恐惧时,人会出汗;紧张时,唾液腺等消化腺分泌受到抑制,人会感到口干、食欲减退。内分泌腺在情绪状态中的反应较明显的是:紧张和焦虑时肾上腺素分泌增多。

## (二) 情绪和情感的中枢机制

研究表明,情绪反应在很大程度上取决于下丘脑、边缘系统和脑干网状结构的功能,大脑皮质则对皮质下中枢的活动起调节作用。

1. 下丘脑

下丘脑不仅是自主神经系统的皮质下中枢,而且与情绪反应关系密切。研究表明,下丘脑后区是产生愤怒反应的区域,并与恐惧等逃避反应相关联。如果下丘脑遭到破坏,动物不能表现出充分协调的愤怒反应。奥尔兹(J. Olds)等人发现,下丘脑等部位存在着"快乐中枢"和"痛苦中枢",刺激这些部位,人和动物都有愉快或不愉快的情绪体验。

2. 边缘系统

边缘系统是整合情绪体验的重要区域。例如,切除双侧杏仁核可以降低动物愤怒的情绪反应。

3. 脑干网状结构

脑干网状结构与激活或唤醒有关,对呼吸和心血管活动有重要的调节作用,是情绪产生的必要条件。

4. 大脑皮质

大脑皮质在情绪和情感活动中起主导作用。阿诺德(M. B. Arnold)认为,外部刺激要经过个体的评价和估量才引起有关情绪,而评估是在大脑皮质上进行的。

## 第二节 情绪和情感的分类及表情

### 一、情绪和情感的分类

我国古代思想家荀子将情绪和情感分为好、恶、喜、怒、哀、乐六大类,倡导"六情说"。笛卡尔认为,人有惊奇、爱悦、憎恶、欲望、欢乐和悲哀六种原始情绪,其他情绪都是它们的组合或分支。

普拉切克(R. Plutchik)以强度、相似性和两极性三个维度划分情绪,构成了如图11-3所示的锥体模型。此模型的八个扇面表示八种基本情绪:狂喜、警惕、悲痛、惊奇、狂怒、恐惧、接受和憎恨。美国心理学家伊扎德(C. E. Izard)通过因素分析列出了包括兴奋、喜悦、惊骇、悲痛、憎恶、愤怒、羞耻、恐惧和傲慢九种情绪的"情绪分类表"。

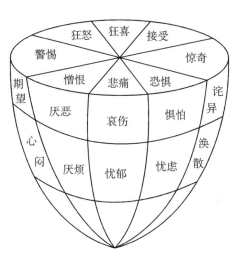

**图 11-3 普拉切克的情绪三维模式**
(引自阿诺德,1970)

按照需要是否获得满足使人产生的心理体验,将情绪和情感分为基本情绪、与接近事物的愿望有关的情绪和情感、与自我评价有关的情绪和情感、与他人有关的情感体验四种状态。

### (一) 基本情绪

快乐、愤怒、恐惧和悲哀是最基本的情绪。它们与人的基本需要相关联,具有较高的紧张性。

#### 1. 快乐

快乐是达到所盼望的目的后紧张解除时个体产生的心理上的愉快和舒适。快乐的强度和达到目的的容易程度与或然性有关。目标越难达到,达到后快乐的体验就越强烈。如一道难解的几何题经过很大努力解出后,会感到非常快乐,而解答容易题目往往体验不到这种快乐。当人们的愿望在意想不到的时机和场合得到满足时,也会给人带来更大的快乐体验。

#### 2. 愤怒

愤怒是指当个体遭受攻击、威胁、羞辱等强烈刺激而感到自己的愿望受到压抑、行为受到挫折、尊严受到伤害时表现的极端情绪体验。愤怒时,个体常会出现攻击、冲动等不可控制的言论和行为。愤怒的程度与个体的人格特征有关,也与情境对个体的压制状况和干扰的程度、次数、性质有关。因此,愤怒的产生是个体与所处环境之间交互作用的结果。

### 3. 恐惧

恐惧是个体企图摆脱、逃避某种情境时产生的情绪体验。这种体验是由缺乏处理可怕情境的能力所引起的。比如,在遇到地震等强烈自然灾害时,人们无力应付,往往就会惊恐万分。儿童由于经验和能力缺乏,往往有更多的恐惧体验,如怕黑、怕小动物等。随着年龄的增长,人们逐渐学会了更多的处理问题的方法,一些原来引起恐惧的事物不再使人害怕。但是,当熟悉的环境发生意想不到的变化时,如失火、大面积停电,也会引发恐惧。恐惧具有很强的感染力,一个人的恐惧往往会引起他人的恐惧与不安。

### 4. 悲哀

悲哀是个体失去自己重视和追求的事物时产生的情绪体验,如失败、分离会引起悲哀。悲哀的强度取决于失去的事物对个体而言心理价值的大小:心理价值越大,引起的悲哀越强烈。亲人的去世使人产生极度悲哀,这与失去一般朋友的悲哀程度有所不同。悲哀从强度上分为遗憾、失望、悲伤和哀痛。

## (二) 与接近事物的愿望有关的情绪和情感

与接近事物的愿望有关的情绪和情感体验有好奇和兴趣,而厌恶则是与之相反的情绪体验。

### 1. 好奇和兴趣

面对陌生、奇特且并未发现对自己构成威胁的事物时,个体会产生好奇感,进而产生探究该事物的兴趣。好奇和兴趣这种有接近事物倾向的情绪体验的出发点是探究反射。探究反射是对奇特事物的一种先天反应。人对奇特事物的反应往往要经历几个阶段。以婴儿照镜子为例,婴儿看到镜子里的自己,先是害怕,躲进母亲的怀里;逐渐熟悉之后,不再害怕,对这个物体很好奇;进而产生兴趣,用手去触摸镜面,将镜面反过来看背后有什么。

好奇和兴趣是中等程度的肯定情绪体验,它导致个体对事物的主动探究、了解和学习。所以,好奇和兴趣是个体获得知识的心理动因。

### 2. 厌恶

厌恶是指与恶心、呕吐等身体不适感相关联的,具有强烈躲避倾向的、否定的情绪体验。与好奇和兴趣的作用相反,厌恶使人躲避引起厌恶感的事物。厌恶和恐惧都将导致人的躲避行为,但厌恶不像恐惧那样使个体对事物感到无能为力,而只是不喜欢,厌恶的对象不一定对个体造成威胁。如人们厌恶黏滑的物体,但许多黏滑的物体并不对人产生威胁。厌恶与个体的文化背景相关联,在一个民族中习以为常的事物,在另一个文化背景不同的民族往往会引起强烈的厌恶。如法国人视蜗牛为美味佳肴,但德国人对蜗牛却十分厌恶。另外,一个人过去的特殊经验也与某些事物引起其厌恶感有关联。

## (三) 与自我评价有关的情绪和情感

自我评价是指个体在社会中按照社会及个人的要求对自己及自己的行为进行的评价。

害羞、骄傲与自责是三种主要的与自我评价有关的情绪和情感,它们较为复杂且具有社会性。

### 1. 害羞

害羞是指个体与他人及环境相处过程中,对自己做出不太肯定评价时的一种情绪体验。害羞常常伴随着特定的表情动作,如垂下眼睑、不敢直视他人、脸红、说话不流畅或根本不说话,逃离使其害羞的环境等。害羞是个体性格的反映,也受经验的影响。

### 2. 骄傲与自责

骄傲是指个体在了解到自己的行为符合理想自我要求时产生的自我满足、自我肯定的情绪体验。自责是个体了解到自己达不到理想要求时所产生的自我否定的情绪体验。每个人在脑中都有一个自己应该成为怎样的人的认识,称为理想自我。人对自己现状的认识称为现实自我。如果现实自我满足了理想自我的要求,个体就对自己很满意,产生骄傲的情绪;如果现实自我不能满足理想自我的要求,则产生自责的情绪。个体对自己的要求和对社会的要求都会对骄傲和自责的体验产生影响,而社会要求主要是通过影响个体自我要求的形成来起作用的。骄傲与自责对形成道德感具有重要作用,对个体的个性和认知风格影响很大。

## (四) 与他人有关的情感体验

爱和恨是两种极端的指向他人的基本情感体验,源于对他人的好感与厌恶,并在此基础上逐渐形成对他人持久的情感倾向和态度。

### 1. 爱

爱是对他人肯定的情感,是肯定情感的极致。它与喜欢相联系,是与受他人吸引、有接近欲望相关联的情感。在爱的作用下,个体常常体验到一种献身感。爱有许多种,母爱、亲情之爱、恋人之爱、对祖国和人民的爱等。一般来说,爱具有积极的意义,它促使人们为所爱的对象工作、学习、献身。

### 2. 恨

恨是对他人否定的情感,是否定情感的极致。它与愤怒这一基本情绪相联系。恨这种情感体验的结果是个体力求摧毁所恨的对象。不喜欢或厌恶等否定情感与恨不同,它们只导致个体远离对象。恨的消极作用在于它的破坏性,会导致个体报复恨的对象,甚至做出许多不理智行为来摧毁该对象。但是,恨也有积极的作用,如对敌人的仇恨可鼓舞将士奋勇杀敌。

## 二、表情

表情是情绪的外部表现形式,是一种独特的情绪语言。主要有面部表情、身段表情和言语表情。

### (一) 三种主要的表情

#### 1. 面部表情

不同的情绪会产生不同的面部表情。由于面部表情能精细、准确地反映人的情绪,它是人类表达情绪最主要的方式之一。伊扎德将人的面部分为额眉—鼻根区、眼—鼻颊区和口唇—下巴区，认为这三个区域的活动构成了不同的面部表情，表达着相应的情绪。比如，人愉快时，额眉—鼻根区放松，眉毛下降；眼—鼻颊区眼睛眯小，面颊上提，鼻面扩张；口唇—下巴区嘴角后收、上翘。这三个区域的肌肉运动组合起来就构成了笑的面部表情。在表现不同情绪的面部表情中，起主导作用的肌肉各有不同。如笑时嘴角上翘，惊奇时眼和嘴张大，悲哀时双眉和嘴角下垂。

### 2. 身段表情

身段表情是除面部之外身体其他部位表达情绪的方式。头、手和脚是表达情绪的主要身体部位。例如，人在欢乐时手舞足蹈，悔恨时顿足捶胸，惧怕时手足无措，羞怯时扭扭捏捏等。舞蹈和哑剧是演员用身段表情和面部表情反映情感和思想的艺术表现形式。

### 3. 言语表情

言语表情是情绪在言语的声调、节奏和速度上的表现。人在高兴时音调轻快，悲哀时音调低沉、节奏缓慢，愤怒时音量大、急促而严厉。同样一句话用不同的方式讲出来则会表现出不同的含义。例如，"你干吗"用升调说出来时表示疑问，用降调则表示不耐烦，用感叹语气强调"吗"字则表示责备。

表情是人际交往的重要工具，在三种主要表情中，面部表情起主要作用，而身段表情和言语表情往往是情绪表达的辅助手段。

## （二）表情的先天性和社会性

人类的表情既有先天性，又有社会性。

### 1. 表情的先天性

表情具有先天性的程序化模式。达尔文在《人类和动物的表情》一书中对人和动物的表情做了详细描述和比较研究。他指出，人和动物的表情在发生上有着共同的根源。人类的原始表情具有生存适应的价值。例如，人愤怒时咬牙切齿、鼻孔和眼睛张大等反应是准备搏斗时的适应性动作，这些动作通过遗传得以延续和保留下来。

现代心理学和人类学研究也从以下三方面证明了表情的先天性：①先天盲婴的自发表情反应与正常婴儿的相一致，并不因为看不见别人的表情动作而"学不会"这些表情。②不同种族与文化的人对各种面部表情的判断具有很高的一致性。③婴儿言语发生前的表情动作是先天的。

### 2. 表情的社会性

人类表情是在社会环境中逐渐表现和发展的，它受环境制约，具有一定的社会性。

情绪表现在个体的社会化过程中的复杂性和强度逐渐增加并产生分化。这表现在两个方面：①表情的复杂性增加。在社会交往中，基本情绪在快感度、激动度、紧张度和强度上的区分越来越精细、越来越复杂。人能够表达和区分越来越多的在各维度上有细微差别的情绪。另外,由两种或两种以上情绪复合而成的复杂表情产生了。情绪与动机、认知因素或个性特质相结合,形成了人类复杂的表情系统。一定的表情要与相应的社会环境和个体的状态相联系方可得到准确的诠释。②表情的随意性在社会环境中得到学习和提高。随着个体社会化的不断深入,表情也逐渐发展与完善起来,表情产生和控制的随意性也得到了提高。人们逐渐学会根据需要来控制自己的表情动作,掩盖、修饰或夸大自己的情绪体验,以改变内心体验,协调人际关系。

## 第三节 情绪状态

情绪状态是指在某种事件或情境影响下,人在一定时间里表现出的一定的情绪。最典型的情绪状态有心境、激情和应激。

### 一、心境

心境是指一种深入的、比较微弱而持久的影响人的整个精神活动的情绪状态。心境具有弥散性,它不是关于某一事物的特定体验,而是由一定情境唤醒后在一段时间里影响个体对事物的态度的情绪体验。处在某种心境中的人,往往以同样的情绪状态看待一切事物。心境与人们通常所说的"心情"比较一致。在舒畅的心情下,人们对事物产生欢快的情绪体验,甚至连花草树木都在"微笑""点头",惹人喜爱。在消极的心境下,人们往往以不良情绪看待事物,做事枯燥乏味,容易激怒。"忧者见之则忧,喜者见之而喜",说的就是对同样一件事具有不同心境的人体验各不相同。

心境往往由对人有重要意义的事件引发。工作顺逆、事业成败、人际关系优劣、健康状况好坏、环境舒适与否都可能引起人的某种心境。

心境持续的时间可以是几小时、几周、几个月甚至更长的时间,差别甚大。某种心境的持续时间依赖于引起这种心境的客观环境和个体的个性特点。在客观环境方面,影响心境持续时间的因素是事件对个体的重要性。事件越重大,引起的心境越持久。如失去至亲往往使人长时间地沉浸在悲伤和痛苦的心境中。一般来说,性格开朗的人受不良心境影响的时间短些;性格内向的人受不良心境影响的持续时间可能长些。有的人甚至长期为某事耿耿于怀、郁郁寡欢。

心境对人的生活、工作、学习和身体健康有很大影响。积极、良好、乐观的心境会促进人的主观能动性的发挥,提高活动效率,增强克服困难的信心,有益于身心健康。消极、悲观的心境使人厌烦、意志消沉,降低人的活动效率,有碍身心健康。学会调节控制心境,对工作、学习和生活都十分重要。

### 二、激情

激情是指一种强烈的、短暂的、爆发性的情绪状态。激情往往由与个体关系重大的事件所引起，如成功后的狂喜、失败后的沮丧和绝望、至亲突然逝世后的极度悲伤等，都是激情状态。另外，对立意向的冲突或过分抑制，也很容易引起激情。例如，对某种痛苦忍耐过久、抑制过度，一旦爆发出来就会是强烈的激情状态，难以控制。

激情的发展大致经历三个阶段：①由于意志力减弱，身体变化和表情动作越来越失去控制，高度紧张使细微的动作发生紊乱，这时人的行为受情绪体验的左右。②人失去意志的监督，发生不可控制的动作和失去理智的行为。③激情爆发后的平息阶段，这时会出现平静和疲劳现象，严重时甚至精力衰竭，对一切事物不关心，精神萎靡。

激情发生时有很明显的外部表现，如面红耳赤、咬牙切齿、哭泣呼号、手舞足蹈等，有时甚至出现痉挛性动作，言语过多或不流畅。在激情状态下，人的认识活动范围缩小，控制力减弱，对自己行为的后果不能做出适当评估。然而，控制激情是完全可能的，在激情发生的最初阶段有意识地加以控制，能将危害性减轻到最低限度。当然，激情也有积极的一面，有些激情状态也能推动人的活动，成为其强而有力的推动力。

## 三、应激

应激是指在出乎意料的紧张与危急状况下出现的情绪状态，是人对意外环境刺激做出的适应性反应。例如，在紧急状态下（地震、火灾等），人们迅速做出判断，使机体各部分动员起来处于高度紧张的状态。

产生应激状态的原因有：①已有的知识经验与面临的事件提出的新要求不一致，没有现成的办法可以参考。②已有经验不足以应付当前境遇而使人产生无能为力的失助感和紧张感。

应激状态对人的活动有很大影响。有时应激引起的身心紧张有利于个体全力解决紧急问题。维持一定的紧张度，保持高度的警觉，有助于认知功能的发挥，使人做出平时所不能做出的大胆判断和行为。但有时应激所造成的高度紧张又会阻碍认知功能的正常发挥。紧张和惊恐也会导致人们的感知、注意产生局限，思维迟滞，行动刻板，正常处理事件的能力反而大大地削弱。

在应激状态下，人的机体会产生一系列的生理反应，如腺体和神经递质的活动使机体紧急动员起来，肌肉紧张，血压、心率、呼吸发生变化。这些活动有助于个体适应急剧变化的环境刺激，维护机体功能的完整性。但长期处于应激状态也会引起人体生物化学保护机制的衰退，降低抵抗力，从而导致某些疾病的出现。

应激能引起"一般适应综合征"的发生。这种状态，一般分为三个阶段：①警觉阶段，应激初期，交感神经兴奋，肾上腺素分泌增加，心率上升，血糖和胃酸增加，机体处于适应性防御状态。②阻抗阶段。有机体提高代谢水平，动员保护机制以抵消持续的情绪紧张。③衰竭阶段。紧张持续，有机体适应性储存全部耗尽。这时机体被自身防御作用损害，导致适应性疾病。可见，控制应激对身心健康十分重要。

## 第四节 情 感

情感是与人的社会性需要相联系的主观体验,反映着人们的社会关系和生活状况,渗透在社会生活的各个领域,具有鲜明的社会历史性。

### 一、道德感

道德感是指个体根据一定社会道德行为标准,在评价自己或他人的行为举止、思想言论和意图时产生的内心体验。如果自己或他人的思想和行为符合这种道德规范的要求,则产生肯定的情感体验,如自豪、幸福、敬佩、欣慰等。反之,则产生否定的情感体验,如愧疚、痛苦、蔑视、厌恶等。

产生道德感的基础是对社会道德规范的认识,缺乏这种认识,道德感就无法产生。道德规范具有社会性、历史性和阶级性,是在一定社会历史条件下形成的。不同时代、民族、文化和阶级具有不同的道德评价标准。

### 二、理智感

理智感是指个体在对客观事物进行认识和评价时产生的情感体验。例如:人们在探索真理时的求知欲,了解和认识未知事物时的兴趣和好奇心,在解决疑难问题时体验到的迟疑、惊讶和焦躁,解决问题后产生的喜悦和快慰,在坚持自己观点时的热情,由于违背事实而感到羞愧,等等,都是理智感的体现。

理智感是高级情感,是在认识活动过程中产生和发展起来的,对人们学习知识、认识事物发展规律和探求真理的活动有积极的推动作用。例如,好奇心是探求真理的源泉。

理智感是个体良好精神境界的体现,是追求真理的精神力量,对人们的社会实践和科学研究有推动作用。

### 三、美感

美感是个体根据审美标准评价事物时的主观感受和获得理解的精神愉悦的体验。

美感的体验有两个明显特点:一是愉悦性;二是倾向性。审美标准是美感产生的关键。客观事物中凡是符合个人审美标准的,就能引起美感体验。美感常常是在欣赏艺术品、自然景物和社会上和谐现象的过程中产生的。虽然美感具有快感体验,但它比快感更高级、更丰富。

美感是在一定社会历史条件下产生的,受到社会历史条件的制约,具有社会性、历史性和阶级性。美感的特性主要通过审美标准来体现。审美标准体现了人们对美的需要。社会环境、风俗习惯、文化背景,甚至气候条件的差异均会导致美感的差异,同一社会中不同阶层的人也具有不同的审美意识和美感。随着人类社会的进步,人类的美感从物质的、外表的审美需要发展到精神的、内在的审美需要,美感的内容也越来越丰富。

美感具有较强的直观性,事物的外在形式对美感有很大影响,但美感同时也依赖于事物的内容。事物内容的美赋予美感以更丰富的内涵。内在美是外在美的源泉,对内在美的追求是由更深刻的审美需要所引起的。

## 第五节　情绪理论

情绪体验同时伴有生理和心理两种活动,情绪理论对情绪的生理、心理过程以及它们的关系进行了系统的解释。

### 一、情绪的早期理论

#### (一) 詹姆斯—兰格理论

1884年和1885年,美国心理学家詹姆斯和丹麦生理学家兰格(C. G. Lange)先后提出了相似的情绪理论:情绪产生于自主神经系统的活动。他们把情绪的产生归因于身体外周活动的变化,如哭泣是产生悲伤的原因,惧怕产生于颤抖等。这种理论称为情绪的外周理论。

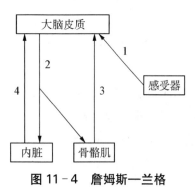

图 11-4　詹姆斯—兰格理论示意图
(箭头表示作用的方向)

人们习惯地认为,先受到某种刺激,产生了某种情绪,才会引发机体变化和反应。但是,詹姆斯和兰格认为"情绪,只是一种身体状态的感觉,其原因纯粹是身体的","先有机体的生理变化,而后才有情绪"。詹姆斯—兰格理论可示意性地概括成如图 11-4 所示的内容。当一个情绪刺激物作用于感官时,引起个体生理上的某种变化和反应,并激起神经冲动,神经冲动传至中枢神经系统产生一定的情绪。

詹姆斯—兰格理论重视情绪与机体变化的密切关系,但又片面强调自主神经系统的作用,忽视了中枢神经系统在情绪产生中的控制和调节作用。这种早期情绪理论引起了生理学和心理学的争论,促进了情绪理论的发展。

#### (二) 坎农—巴德理论

美国生理学家坎农(W. B. Cannon)对詹姆斯—兰格学说,并提出了3点质疑:①在各种情绪状态下机体的生理变化差异较小,无法在生理变化上对复杂多样的情绪做出区分。②由自主神经系统支配的机体生理变化较迟缓,与情绪的丰富变化无法适应。③机体的生理变化可由药物引起,但药物只能激活一定的生理状态,不能引起某一特定的情绪。

在对詹姆斯—兰格情绪理论提出批评的同时,坎农和他的学生巴德(P. Bard)阐述了他们自己的观点,他们认为,情绪的中心不在周围神经系统,而是中枢神经系统的丘脑,当丘脑活动过程被唤起时,情绪的特殊性质就附加于简单的感觉之上。

图11-5是坎农—巴德情绪理论示意图:外界刺激引起感官产生神经冲动,这些神经冲动由丘脑进行信息加工后,分别传送到大脑皮质和机体的其他部分。传送到大脑皮质的信息产生情绪体验,传送到内脏和骨骼肌的信息激活生理反应。情绪体验和生理反应同时发生。

坎农—巴德情绪理论重视情绪中枢性生理机制的研究,相对于詹姆斯—兰格理论前进了一大步,但它忽视了大脑皮质对情绪的作用以及周围神经系统对情绪的意义。

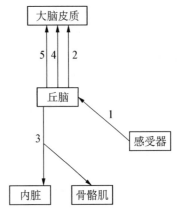

图11-5 坎农—巴德理论示意图
(箭头表示作用的方向)

## 二、情绪的动机—唤醒理论

扬(P. T. Yong)、利珀(R. W. Leeper)和汤姆金斯(S. S. Tomkins)的理论属于情绪的动机—唤醒理论。他们认为,情绪是唤醒、激活动机的一种持续状态。

### (一) 扬的理论

1961年美国心理学家扬通过实验研究指出,情绪过程与感知过程的不同在于它产生动机作用并影响行为。他认为情绪的作用主要有以下四个方面:①激活并诱发行为;②维持并结束行为;③调整行为,决定其是否继续与发展;④组织行为,决定神经活动模型的形式。扬的理论着重于情绪的动机作用,大量引用了唤醒概念,将情绪看成愉快—不愉快两极之间的序列,序列不同,其唤醒功能和对行为施加的影响也不同。

### (二) 利珀的理论

利珀从动机唤醒角度来理解情绪,强烈反对那种认为情绪对行为具有瓦解作用的观点,他主张情绪是具有动机性功能和知觉作用的积极力量,能组织、维持并指导行为。在利珀看来,情绪状态的干扰会使期望的行为瓦解,这样容易引起人们产生情绪具有破坏性的误解。

利珀认为,情绪起着动机的作用,它在大多数时间里处于温和的激活状态,在无意识情况下控制着个体的行为,指引着行为的方向。例如,情绪促使个体决定采取什么方式去应付当前的局面。情绪的动机功能的基础是生理性动机,它可由社会信号激发,为刺激物的意义所制约。

### (三) 汤姆金斯的理论

汤姆金斯1962年提出了一个独创性的情绪理论。他更多地使用感情一词而不是情绪。他认为,感情系统是原始的,具有先天决定作用的,与后天形成的驱力系统相互影响并为之提供能量。感情不受时间和强度的限制,因而具有多变的特点。感情是最基本的动机系统,它的作用是激活、唤醒或放大内驱力，成为行为的动力。

汤姆金斯认为感情交流主要通过面部表情来完成，对面部线索的分析有助于确定个体的感情状态。

## 三、情绪的认知理论

情绪的产生受到环境事件、生理状态和认知过程三种因素的影响，其中认知过程是决定情绪性质的关键因素。

### （一）阿诺德和拉扎勒斯的认知—评价理论

阿诺德在 20 世纪 50 年代提出了著名的情绪认知—评价理论。

**1. 刺激情境必须通过认知评价才能引起一定的情绪**

阿诺德认为，同样的刺激情境由于对它的估量和评价不同，个体会产生不同的情绪反应。对以往经验的记忆存贮和通过表象达到的激活，在认知评价中起关键作用。老虎是让人恐惧的，但当人们看到关在动物园里的老虎时，与他们在山林中看到老虎时是不一样的，动物园里的老虎不会引起人的恐惧。因为经验告诉人们被铁笼牢牢围住的老虎无法对人构成威胁，这种认知评价决定了个体对铁笼中的老虎没有恐惧情绪，更多的是好奇与欣赏。

**2. 大脑皮质兴奋对情绪的产生具有重要作用**

阿诺德认为，外界情绪刺激作用于感受器时产生的神经冲动经内导神经传至丘脑，再到大脑皮质，由大脑皮质产生对情绪刺激与情境的评价，形成相应的情绪。

拉扎勒斯（R. S. Lazarus）发展了阿诺德的认知—评价学说，将"评价"扩展为评价、再评价的过程。他认为，这个过程由筛选信息、评价、应付冲动、交替活动、身体反应的反馈，以及对活动后果的知觉等环节组成。情绪的产生是生理、行为和认知三种成分的综合反应。对认知起决定作用的是个体心理结构，即信仰、态度和个性特征等。社会文化因素影响着个体对刺激情境的知觉和评价。

### （二）沙赫特—辛格的三因素论

美国心理学家沙赫特（S. Schachter）和辛格（J. Singer）在 20 世纪 60 年代提出了情绪认知理论——三因素论。这个理论的基本观点是：认知的参与以及认知对环境和生理唤醒的评价过程是情绪产生的机制。各种情绪状态的特征是交感神经系统以一定形式的普遍唤醒。人们通过环境的暗示和自己对刺激信息的认知加工对这些状态进行一定的解释和归类。认知对刺激引起的生理唤醒的引导和解释导致情绪的产生。

沙赫特和辛格精心设计了证明环境事件、生理状态和认知过程在情绪产生过程中的作用的实验。实验中先给三组大学生被试注射肾上腺素，使他们处于典型的生理唤醒状态，但只告诉被试：注射的是一种维生素，其目的是研究维生素对视觉的影响。然后，实验者对三组被试作了三种不同的说明来解释这种药物可能引起的反应：①告诉第一组被试，注射后将出现心悸、手抖、脸发烧等肾上腺注射后的正常反应。②告诉第二组被试,注射此药后身体发抖,脚有点麻,但不会有其他的反应。③对第三组被试不作任何说明。

实验的第二步是将三组注射完肾上腺素的被试各分为两部分,让他们分别进入预先设计好的两种实验情境中休息。一种实验情境能看到一些滑稽表演,是引人发笑的愉快情境;另一种实验情境是强迫被试回答烦琐的问题,并强加指责,是惹人发怒的情境。

实验预测:如果情绪是由刺激引起的生理唤醒状态决定的话,那么这三组被试应产生一致的情绪反应;如果情绪是由环境因素决定的话,则各组被试应在愉快的环境中感到愉快,在愤怒的环境中感到愤怒。但是,实际结果却是:第二、三组被试在愉快的环境中表现出愉快的情绪,在愤怒的情境中表现出愤怒的情绪,而第一组被试则没有表现出"相应"的愉快或愤怒的情绪,即第二、三组被试的情绪反应证实了生理唤醒和环境因素的作用,而第一组被试的表现则说明了认知因素的决定作用。由于实验者准确地向第一组被试介绍了药物会引起的身体反应,使被试对后来的真实生理反应有了正确的估计与解释,并将环境对他的影响也进行了认知解释,因而能平静地面对环境作用。

这个实验说明,情绪状态实际上是认知过程、生理状态和环境因素共同作用的结果。大脑皮质将外界环境信息、内部生理变化信息以及个体的经验和对情境的认知信息整合起来,产生一定的情绪。图11-6是这一理论的模型,从中可以看出认知比较器是情绪产生的核心。

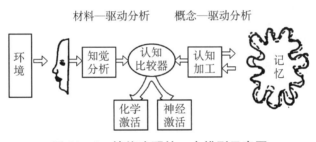

图11-6 情绪唤醒的一个模型示意图

## (三) 伊扎德的动机—分化理论

伊扎德以整个人格结构为基础研究情绪的性质和功能。伊扎德认为,情绪是在生命进程中逐渐分化和发展起来的,包括情绪体验、脑和神经系统的相应活动以及面部表情三个方面。他提出了情绪—认知—运动反应模型,认为在激活情绪的过程中人与环境是相互作用的,其间认知过程起着重要的作用。认知、运动系统和情绪的相互作用经过认知整合导致了一定的情绪体验。

在重视认知因素对情绪作用的同时,伊扎德将情绪的适应价值置于十分重要的地位,认为情绪是基本动机。情绪使有机体对环境事件更敏感,更能激起机体的活力;情绪对认知的发展和认知活动起着监督作用,它激发人去认识、去行动。例如,兴趣激发人去学习、研究和创造。

伊扎德认为情绪不是其他心理活动的伴随现象,而是具有独特作用的心理活动,强调情绪对人格整合的动机功能。他认为,人格是由知觉、认知、运动、内驱力、情绪和体内平衡六个子系统构成的复杂组织,情绪是这个复杂组织的核心。这个复杂组织的整合是靠情绪的动机作用来完成的。

## 名词解释

情绪和情感　好奇和兴趣　爱和恨　心境　激情　应激　道德感　美感

## 思考题

1. 试从快感度、紧张度、激动度、强度等方面说明情绪和情感的两极性。
2. 举例说明情绪和情感的适应功能。
3. 简述情绪与情感的区别和联系。
4. 简述情绪和情感的中枢机制。
5. 表情有哪三种主要类型?
6. 举例说明情绪的动机—唤醒理论,并做简要评价。
7. 简述沙赫特—辛格的三因素论。

# 第十二章 意 志

## 第一节 意志概述

### 一、意志的含义

意志是指个体自觉地确定目的,并根据目的来支配和调节自己的行动,克服种种困难以实现预定目的的心理过程。

意志是人类特有的心理现象,是人的主观能动性最突出的表现。有无意志是人和动物的本质区别之一。"一切动物的一切有计划的行动,都不能在自然界打下它们的意志的印记。这一点只有人才能做到。"[①]可见,只有人类才能预先确定一定的目的,并有组织地去逐渐实现目的。

### 二、意志行动

意志表现为人有目的的行动,意志行动体现在以下四个方面。

#### (一)意志行动的目的性和计划性

人在认识事物时,总是根据实践的需要,带有一定的主观倾向和要求,抱有一定的目的和动机,确定一定的计划和步骤,体现出人的意志的目的性和计划性。

#### (二)意志行动的主动性和创造性

人对客观世界的反映是积极的,即主动地根据实际需要去认识世界和改造世界。人不仅能够反映事物的外部属性和现象,也能够由感性认识上升到理性认识,揭示客观事物的本质特征和规律。同时,人不仅能从实践中形成正确的思想,更重要的是能以正确的思想和理论为指导,通过实践活动把观念的东西变成现实,在自然界打上人类意志的烙印。

#### (三)意志行动的前进性

人的意志行动是不断发展、不断前进的,不会永远只停留在某个水平上。人的意志随着实践的发展而发展,在不断的追求中丰富和提高,在不断摆脱对客观事物及其规律的知之不多和知之不全的状态中,摆脱旧思想、旧观念的束缚,使意志行动提高到一个新的阶段,并在实践活动中发挥出前所未有的作用。

#### (四)意志行动必须符合客观规律

意志行动表现为以个体自觉的目的来支配和调节行动。然而,有了预定目的,通过个体

---

① 马克思、恩格斯著,中共中央马克思恩格斯列宁斯大林著作编译局译:《马克思恩格斯选集(第三卷)》,人民出版社1972年版,第516—517页。

行动并不一定能够实现。人的预定目的是否能实现,关键是人的认识是否符合客观规律。如果人能够根据事物发展的规律确定自己的行动目的、制定计划、实施方案,通过实践,这个目的就能实现。

## 三、意志与认知、情绪和情感的关系

### (一)意志与认知的关系

#### 1. 意志是以认知过程为前提的

离开人的认知过程,意志过程就不可能产生。自觉的目的性是意志的特征之一,人的任何目的都不是凭空产生的,都是在认知活动的基础上形成的。目的虽然是主观的,但它却源于人对客观事物的认识。人在选择目的和选取方法、步骤的过程中,审时度势,分析主客观条件,回忆过去的经验,设想未来的结果,拟订方案和制定计划,反复权衡和斟酌,等等,都必须通过感知、记忆、思维、想象等认知过程才能实现。可见,只有认识了客观规律同人类需要之间的关系,才可能提出切合实际的目的,从而以一定的方式和方法实现目的。

#### 2. 意志对认知过程产生影响

没有意志努力,就不可能有认知过程,更不可能使认知过程深入和持久。因为在认知活动中,人总会遇到这样或那样的困难,要克服困难,就需要做出意志努力。例如,观察的组织、有意注意的维持、追忆的进行、解决问题时思维活动的展开以及想象的形象化进程等,都离不开人的意志的参与。可见,没有意志,就不会有认知活动,更不可能进行有效的社会实践。

### (二)意志与情绪和情感过程的关系

#### 1. 情绪既可以成为意志行动的动力,也可以成为意志行动的阻力

当某种情绪和情感对人的活动起推动作用时,就会成为意志行动的动力。例如,积极的心境对学习或工作具有促进作用。当某种情绪和情感对人的活动起阻碍作用时,它就会成为意志行动的阻力。例如,消极的心境会影响人的学习和工作状态。

#### 2. 意志能够调控情绪,使情绪服从理智

在工作或学习中面对困难而产生的消极情绪,可以通过意志加以调节和控制,从而使意志行动服从理智的要求。例如,人既能够调节和控制失败或挫折带来的痛苦与愤怒的情绪,也能够调节和控制由胜利带来的狂喜与激动的情绪,当然这取决于意志力水平的高低。

总之,人的认知过程、情绪情感过程和意志过程是密切联系、相互影响的。认知过程、情绪情感过程中包含着意志成分;同样,意志过程中也包含着认知过程和情绪情感成分,在对人的统一的心理活动过程进行分析时,必须注意它们之间存在的密切关系。

## 第二节 意志行动及其心理过程

### 一、意志行动的基本特征

意志是通过行为表现出来的。受意志支配的行为,具有以下基本特征。

#### (一) 有目的的行动

意志行动的目的性特征是人与动物的本质区别。人的活动和行为始终是在有自觉目的的意志支配和调节下进行的,所确定的目的水平高低也与意志行动效应的大小直接有关。在崇高理想支持下所确立的目标,能有效地调节自己的行为,并在实现目的的过程中,表现出积极的、顽强的、进取的精神,其行为结果就会产生较大的社会价值。

#### (二) 随意运动

随意运动是意志行动的基础,意志行动表现在人的随意运动中。人的运动分为随意运动和不随意运动两种。随意运动是指受到意识调节和支配的,具有一定目的方向性或习惯性的运动,例如长跑、写字、操纵劳动工具等。不随意运动一般不受意识支配。例如,心脏跳动、瞳孔反射运动等。如果人的运动都是不随意的,那么任何目的都不可能在行动中加以实现。

#### (三) 与克服困难相联系

一个人的意志力水平往往从困难的性质和克服困难的努力程度来加以衡量。

意志行动中所遇到的困难有两种:内部困难和外部困难。内部困难一般指消极情绪、信心不足、态度犹豫、知识经验不足、性格胆怯等。外部困难是由客观条件造成的某些不利因素。例如,环境条件恶劣、缺乏必要的工作条件、周围人的冷嘲热讽以及政治经济文化方面的落后等。一个人在实现自觉确立目的的过程中,都有可能遇到内部困难和外部困难,正是在克服困难的过程中才能表现出人的意志力水平。

### 二、意志行动的基本阶段

#### (一) 采纳决定的阶段

采纳决定是意志行动的开始阶段,它决定意志行动的方向。这个阶段包括动机斗争和确定行动目的等环节。

**1. 动机斗争**

人的行动是由一定动机引起并指向一定目的的。动机是激发人的行动的内部动力。人的意志存在着动机激活水平和行为效率之间的关系。动机激活水平产生的心理压力对行为效率有一定的促进作用,同时也会产生阻碍作用。动机激活水平、行为效率和任务难度之间的关系,可用耶基斯—多德逊定律表示(如图12-1所示)。

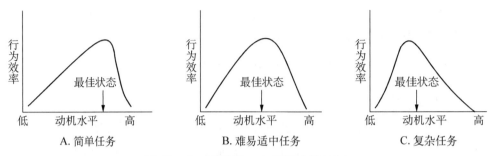

图12-1 耶基斯—多德逊定律图示

从图中可知:在简单易为的任务情境中,较高的动机水平会产生较佳的行为效率;在复杂困难的任务情境中,较低的动机水平反而会提高行为效率。这是因为动机激活水平过强会让焦虑情绪影响认知活动。

动机斗争是个体在确定目的时对自己各种动机进行权衡并做出选择的过程。动机斗争的形式主要有以下四种。

(1) 双趋冲突

双趋冲突又称为接近—接近型冲突,指一个人必须对同时出现的两个具有相同吸引力的目标进行选择时产生的难以取舍的心理冲突,即"鱼,我所欲也;熊掌,亦我所欲也"这种"鱼和熊掌难以兼得"的动机冲突。解决这类冲突的方法是:放弃一个目标,选择另一个目标;或者同时放弃这两个目标。

(2) 双避冲突

双避冲突又称为回避—回避型冲突,指一个人必须对同时出现的两个具有同样强度的负面目标进行选择时产生的心理冲突。例如,孩子得了龋齿感到痛苦,但又不肯就医,因为怕治疗时带来的难受,即牙痛和治疗都想回避。

(3) 趋避冲突

趋避冲突又称为接近—回避型冲突,指一个人对同一目标既想接近又想回避的两种相互矛盾的动机引起的心理冲突。例如,想参加竞赛,又怕失败。在一般情况下,越是接近目标,想要达到这一目标的愿望越强烈。同时,回避目标的愿望也相应增长,而且回避目标意愿的强烈程度的增长比接近目标的更快。趋避冲突在心理上引起矛盾冲突的后果最严重,因为它会使人在较长时间内一直处于对立意向的矛盾状态中,从而导致行动的不断失误。

(4) 多重趋避冲突

多重趋避冲突又称为多重接近—回避型冲突,指由于面对两个或多个既对个体具有吸引力又遭个体排斥的目标或情境而引起的心理冲突。例如,一个人想调换工作单位,因为新单位有较高的经济收入和优厚的福利待遇,只是工作性质和人际关系不易适应。如果留在原单位工作,有习惯的工作环境,人际关系也较好,但经济收入和福利待遇较差。这种对利弊得失进行的考虑会产生多重趋避冲突。一般来说,如果几种目标的吸引力和排斥力差距较大的话,解决这种内心冲突比较容易;如果几种目标的吸引力和排斥力比较接近,解决这种内心冲突就比较困难,需要用较长时间来考虑得失、权衡利弊。

2. 确定行动目的

确定目的在意志行动中非常重要。是否能通过动机斗争正确地树立行动目的,体现了一个人意志力水平的高低。动机之间的矛盾越大,斗争越激烈,在确定目的时需要的意志努力也越大。意志力表现在正确地处理动机斗争,选择正确动机,确定正确的目标。

目的是意志行动要达到的目标和结果。目的越明确,越具有社会价值,则由这个目的引起的毅力也就越大,就越能体现出人的意志力水平。相反,一个没有明确目的而盲目行动的人,往往会患得患失,斤斤计较,因此便无成就可言。但是,目的的确立并不是件容易的事情。通常,一个人在行动之前往往会有几个彼此不同,甚至是相互抵触的目的,因此需要对其进行权衡比较,根据目的的意义、价值、客观条件和自身特点最终确定目的。一般来说,有一定难度、需要花费一定意志努力后可以达到的目的,往往是比较适宜的。一旦这个目的得以实现,就可以带来心理上的满足感和成就感,并能够弥补在目的确定时发生的内心冲突所带来的损害,更好地为实现下一个目的做好准备。如果有几种目的都很适宜和诱人,就可能会发生内心冲突或动机斗争,难以下决心做出抉择,这就需要合理安排,即:先实现主要的、近期的目的,后实现次要的、远期的目的;或者相反,先实现次要目的,创造条件,再集中力量实现主要目的。

## (二) 执行决定的阶段

目的确定以后,就要解决如何实现目的的问题。一般来说,要经历行动方法和策略的选择、克服困难以实现所做出的决定等环节。

1. 行动方法和策略的选择

选择行动方法和策略是在目的确定之后由实现目的的愿望所推动的。它是一个人根据欲达目的的外部条件和内部规律,适当地设计自己行动的过程。这个过程既能反映一个人的经验、认知水平和智力,又能反映一个人的意志力水平。例如,对于简单的意志行动,行动目的一经确定,方式方法很快就可拟定。对于复杂的意志行动,如果有较长远的目的,就要选择行动方法和策略,其间会遇到各种阻力和困难,如能选择出合理的行动模式,就能促使目的顺利实现,如选择不当,就可能导致意志行动的失败。

方法的选择、策略的确定和计划的拟订,要满足两个方面的要求:第一,实现预定目的的行为设计是合理的;第二,方式方法符合客观事物的规律和社会准则及要求。

2. 克服困难以实现所做出的决定

克服困难以实现所做出的决定是意志行动的关键环节,因为即使有美好愿望和高尚动机,拟订的计划也很完善,如果不付诸行动,所有的一切仍是空中楼阁,仅是人脑中的主观愿望而已。

在实现所做决定时最突出的特点是在行动中会遇到许多困难,而克服困难就需要意志努力,意志表现在克服内心冲突、干扰及外部的各种障碍上。意志努力在这一环节上经常会表现为:第一,实现所做决定必须承受巨大的体力和智力上的负担;第二,必须克服原有知识经验及内心冲突对执行决定产生的干扰;第三,在意志行动中一旦出现新情况、新问题与预定目的、计划、方法等发生矛盾时,必须努力做出果断决断;第四,在意志行动中遇到预料不到的情况时能够咬牙坚持;第五,当个性品质或情绪与执行决定相冲突时,能够调控和克制,从而顺利执行所做的决定;第六,在克服困难,实现所做决定的过程中,还要根据意志行动中反馈的新情况来修正原先的行动方案,放弃不符合实际情况的决定,以更好地达到预定目标。

## 第三节 意志的品质与培养

意志品质是由个体意志行为特点构成的稳定的心理特性的总和。例如,在意志行动中,有人能独立地采取决定,有人则易受他人的暗示;有人行为果断,有人处世优柔寡断等。意志品质主要包括意志的自觉性、果断性、坚韧性和自制力,它们在人的意志行动中贯彻始终,反映了个体所具有的意志力水平,是人格的重要组成部分,并直接影响个体的行为结果。

### 一、意志品质的特性

#### (一)意志的自觉性

意志的自觉性是指个体在行动中具有明确的目的,能认识行动的社会意义,并能主动调节和支配自己的行动以服从社会要求的意志品质。意志自觉性强的人有坚定的立场和信仰,相信自己的目的是正确的,在行动中能够把自己的热情和力量投入到行动中,并力求使行动具有良好的社会价值。同时,在行动中既不轻易接受外界的影响而改变自己的目的、计划和方法,也不拒绝一切有益的意见和建议,在思想和行动上表现为既有原则性又有灵活性。

与自觉性品质相反的意志品质是受暗示性和独断性。受暗示性是指在行动过程中表现为缺乏主见,易受他人的影响并经常不加分析地接受他人的思想和行为。独断性是指盲目地自主决定,一意孤行并一概拒绝他人的意见、规劝或建议。受暗示性和独断性的品质都是意志薄弱的表现。

#### (二)意志的果断性

意志的果断性是指个体根据客观环境变化的状态,迅速而合理地做出决定,并实现所做决定的心理品质。具有果断性品质的人能够全面而深刻地考虑行动的目的,以及达到预定目的的计划和方法,虽然在处理某事情的时候也会出现复杂的、剧烈的内心冲突,但在动机斗争过程中,仍能沉着冷静、明辨是非、当机立断,及时做出决定。

意志的果断性品质以意志自觉性品质为前提,并与个体智慧的批判性和思维的敏捷性相联系。意志行动目的明确、是非明辨,才能毫不踌躇地采取行动。

与果断性品质相反的意志品质是优柔寡断和草率决定。优柔寡断是指在采纳决定和执行决定时总是顾虑重重、犹豫不决,一直处于动机斗争状态而迟迟不做决定。草率决定是指缺乏深思熟虑,不顾后果而草率行事,甚至造成不可挽回的损失。优柔寡断和草率决定都是不良的意志品质。

### (三) 意志的坚韧性

意志的坚韧性是指在实现预定目的的行动中坚持不懈,并能在行动时保持充沛的精力和毅力的意志品质。具有坚韧性意志品质的人,面对困难和挫折不屈不挠,善于从失败中总结经验教训,能够坚定不移地把已开始的行动进行到底,能够做到目标专一、矢志不渝。坚韧性是人的重要的意志品质,一切有成就的人都能不屈不挠地向既定目标前进。

与坚韧性品质相反的是动摇和执拗。动摇是指立志无常、见异思迁,尽管有行动目的,但往往虎头蛇尾,遇到困难就动摇妥协而放弃对预定目的的追求。执拗是指只承认自己的意见或论据,当实践证明其行动是错误时仍固执己见,依旧我行我素、一意孤行。动摇和执拗虽然表现形式不同,其实质都是不能正确对待行动过程中的困难,属于消极的意志品质。

### (四) 意志的自制力

意志的自制力是指个体善于根据预定目的或既定要求,自觉地调节和控制自己的心理活动及行为表现的意志品质,反映了意志对人的心理与行为的抑制功能。具有自制力意志品质的人,既善于调节和控制自己去执行所采取的决定,又善于抑制与活动目的相违背的心理活动及行为,其主要特征是情绪稳定、注意力集中、记忆力强和思维敏捷。

与自制力品质相反的意志品质是任性,即不能控制自己的情绪,对自己的行为和言语约束较差的意志品质。任性是意志薄弱的表现。

## 二、意志品质的培养

### (一) 加强目的性教育,注意培养道德情感

人的意志行动是为了实现预定目的,培养一个人的优良的意志品质,首先就是要树立正确而高尚的行动目的。只有具有高尚的行动目的、远大的理想,才会在行动中克服内部和外部的各种困难。另外,要把远近目标有机地结合起来,既要看到近期目标是为了实现远大目标的一个具体步骤,也要看到具体行动的深远的社会意义。其次,要注意培养人的崇高的道德情感。道德情感在实现目的的意志行动中起促进作用,即情感在意志的支配下,可以成为行为的动力促使人去克服困难和坚持实现目标。

### (二) 组织实践活动,以取得意志锻炼的直接经验

实现意志行动的决定是意志行动的关键,也是锻炼一个人意志品质的重要环节。意志

是在克服困难中表现出来，并在克服困难的过程中得到提高的。一个人在实现所做决定的过程中，总会遇到来自内部和外部的困难或障碍，这是对意志品质的考验。因此，为了培养人的优良的意志品质，要组织好各项实践活动，使其能够在活动中实践意志行动，在实践活动过程中克服困难，取得直接经验。

在组织实践活动时，首先，要明确活动的社会意义，要善于把具体活动与远大目标有机地联系起来。其次，设立的每一项具体目标要恰当，如果目标超出人的能力或客观条件的许可，会挫伤意志力，使人丧失自信心；如果目标过于容易，不经过意志努力就能达到，也起不到锻炼意志的作用。只有那些经过自己的意志努力才能克服困难并实现目的的项目或任务，对意志的锻炼才最大。最后，在完成活动并实现了预定目的以后，要及时进行总结，分析自己的意志品质在实践活动中的实际表现，以取得直接的经验，这对意志品质的提高也起着重要作用。

### （三）加强意志的自我锻炼

在实践活动中要不断地加强意志的自我锻炼，以形成优良的意志品质。首先，要善于自我评价。对自身意志行动的分析评价，能够使自己既看到意志品质上的优点，增强自信心，又注意到自己身上的不足和弱点，增强自我锻炼的决心，从而起到自勉、自策和自励的作用，明确自己努力的方向。其次，要善于自我要求。在自我分析的基础上，根据社会要求每个人应具备的优良品质，对自己提出意志行动的具体化要求。再次，要善于约束自己。优良的意志品质的培养离不开自我约束和自我克制，一个人除了要善于期望并实现目的，也要善于约束和克制影响目的的诱因和习惯。例如，严格遵守作息制度，如期完成工作和学习任务，养成良好的生活和学习习惯等。最后，要善于自我督促、自我激励。一般来说，行动中的困难和内心冲突很容易引起人的思想上的波动和行动上的摇摆，因此，要调动内在潜能来战胜困难。例如，用格言、名人名言、榜样人物的言行等来对照督促和激励自己，逐渐形成优良的意志品质。

### 名词解释

意志　意志行动　双趋冲突　双避冲突　趋避冲突　多重趋避冲突　意志品质

### 思考题

1. 简述意志与认知、情绪和情感的关系。
2. 简述意志行动的基本特征。
3. 简述意志行动的基本阶段。
4. 怎样培养人的优良意志品质？

# 第十三章 技 能

## 第一节 技能概述

### 一、技能的含义

技能是指个体运用已有的知识经验,通过练习而形成的一定的动作方式或智力活动方式。例如,打字、骑自行车、体操、游泳、唱歌、跳舞、阅读、写作、解题等都是复杂程度不同的技能。

技能包括通常所说的狭义的技能和广义的熟练技巧。前者是指技能的初级阶段或初级水平,后者是指技能的高级阶段或高级水平。技能的初级阶段,是指在一定的知识基础上,按一定的方式通过反复练习或由于模仿而达到"会做"某件事或"能够"完成某种工作的水平。例如:刚学会打字的人,可以说他有了打字的技能;刚学会骑自行车的人,可以说他有了骑自行车的技能;会解各类应用题的学生,可以说他初步掌握了解应用题的技能。初级技能通过反复练习,活动方式的基本成分达到了自动化程度,则成为熟练技巧。例如,书法家的写字技能,雕刻家的雕刻技能,文学艺术家的写作、绘画技能,等等,都可称为熟练技巧或技艺。

技能是先天因素与后天因素的融合体:前者主要指生理解剖素质,如神经系统、脑、感觉器官和运动器官的解剖生理特点;后者主要指练习。先天的素质是技能形成和发展的自然前提,所以技能离开了素质就谈不上形成和发展。然而,具备一定素质的人,其技能的形成与发展则完全取决于后天的练习。例如,肢残者无法形成打字、跳舞的技能;而一个身体富有弹跳和动作协调能力的人,如果主观上不刻苦锻炼,也未必能成为一名优秀的跳高运动员。

技能随社会的发展而发展,并受社会历史条件的制约。例如,古代人没有修理电视机、驾驶汽车的技能,也不会有操作计算机和编制计算机程序的技能。这些技能只有到了现代才能为人们所掌握。人的技能的发展依赖于人类社会历史经验,在不同的社会历史条件下,技能的形成和发展也不尽相同。

技能是完成各种活动任务的必要条件。不论生活、学习、工作和劳动都需要相应的技能。没有技能,人们就无法进行有效的活动。高水平的技能是人们进行创造性活动的重要条件。

### 二、技能与知识

技能与知识是有区别的。第一,它们属于不同的经验范畴。知识是人类对客观事物和现象的属性、联系和关系的反映,是人类对自然和社会现象、本质及其发展规律的认识经验的总结和概括。人类已积累的知识经验是社会知识,它既是人的心理活动的结果,又是个体心理活动的对象和内容。当知识以思想、观念、概念等内容的形式被个体掌握时,就变成个体意识和个体的知识系统。知识学习要解决的是事物是什么及怎么样、做什么及怎么做等问题,即知与不知、知多与知少的问题。因此,知识属于认知经验范畴。技能是通过练习在个体身上固定下来的巩固了的自动化的动作方式或智力活动方式。技能学习要解决的是完成活动任务要求的动作会不会及熟练不熟练等问题,即会不会做及做得怎么样的问题。因此,技能属于动作经验范畴。第二,知识与技能虽然都是一些巩固了的概括化系统,但概括的水平不同。知识是对客观事物和现象的属性、彼此之间的联系或关系的抽象与概括;技能则是对动作方式或操作程序的具体的概括。第三,知识的获得与技能的形成和发展不是同步的。一般说来,技能的形成与发展较知识的获得要晚。

技能与知识又是紧密联系相辅相成的。知识是技能形成与发展的基础和前提,制约着技能掌握的难易、快慢、灵活性和熟练程度,而技能的形成与发展将有助于知识的获得与巩固,所以任何技能的形成与发展都离不开与之相应的知识,但学习者学习的各种知识,不能直接转化为技能,只有把知识运用到实践中去,经过实践、练习这些环节,才能把知识转化为技能。

### 三、熟练与习惯

熟练是高水平的技能,是通过练习而巩固的、自动化了的动作方式。不过,自动化了的动作方式除熟练外,还有习惯。熟练与习惯之间既有联系又有区别。

习惯和熟练都是自动化了的动作方式。任何习惯离开了熟练的动作都是无法完成的。如有卫生习惯的人,其刷牙、洗脸、洗衣、扫地等动作是很熟练的;有看书习惯的人其阅读动作也是很熟练的。正因为这样,人们在完成习惯动作时,意识的调节与控制作用是很低的。

熟练与习惯虽然都是自动化了的动作方式,但它们又都有各自的特点,其主要区别如下。

首先,习惯是实现某种自动化动作的需要,实现了这种动作也即满足了这种需要。如果这种需要得不到满足,就会引起不愉快的或不满意的情绪体验。例如:一个人养成了饭前洗手的习惯,只要用餐就会自觉地去洗手,如果不洗,则会觉得浑身不自在;一个养成每天看报习惯的人,一天不看报就会感到不安。而熟练则不同,它本身不是一种需要,而是实现与需要相适应的某种目的而采取的一种动作方式或手段,因而熟练不一定与机体的需要直接发生联系。熟练是否实现,并不直接引起愉快或不愉快的情绪体验。所以习惯与人的主观需要、情感有关,而熟练则不一定。

其次,熟练是通过有意识、有目的、有组织的练习而形成的,如打字、阅读、写作等。虽然有的习惯也可以通过有意识、有目的、有组织的练习而培养,如劳动习惯、学习习惯、卫生习惯等,但不少习惯都是在无意中由于多次重复某种动作而形成的,如随地吐痰、走路姿势、讲话的口头禅、躺在床上看书等。

第三,熟练水平有高低之分,但无好坏之别。而习惯则可以根据对个人和社会的意义,分成好习惯和坏习惯。例如:有礼貌、讲卫生、爱劳动、遵章守纪等,有益于社会,有益于他人和自己,因此它们都是好习惯;而吸烟、随地吐痰、打人骂人等,有的污染环境,有的危害社会治安,有的影响个人的身心健康和安全,因此都是坏习惯。

第四,熟练的技能与一定的情境和一定的任务相联系,而习惯则只与一定的情境而不与一定的任务相联系。也就是说,熟练是由任务始动的,而习惯则是由一定情境始动的。所以习惯是被动的,而熟练则是主动的。

第五,熟练的技能要与一定的客观标准,如别人的示范、技术指标或活动的产品相对照,而习惯则不然,它只和先前的动作方式对照。在练习过程中,熟练是逐渐向一定的标准动作模式发展,不断向一个标准模式趋近的;而习惯则只与先前动作方式相比较,所以习惯是保守的,它越来越保持原来的动作系统,从而趋于固定化、定型化。

## 四、技能与中枢神经系统

中枢神经系统是人体系统的最主要部分,包括脊髓和脑,其主要功能是传递、储存和加工信息,产生各种心理活动,支配和控制人的各种行为。

### (一) 技能与脊髓

动作技能领域研究的科学家发现,脊髓中的髓鞘质(髓磷脂)绝缘体是动作技能形成与发展的重要神经机制。

美国马里兰州神经生物发展实验室的道格拉斯·菲尔茨(R. D. Fields)博士研究发现,弹好钢琴、下好象棋、打好棒球都非一日之功,但都是髓鞘质绝缘体功能所致。菲尔茨认为,人们在练习时,沿着神经回路产生精确的脉冲,从而发出信号把那条神经回路髓鞘质化。所有练习完成后就拥有了超强神经回路,就是那条神经回路让他们的技能出类拔萃。当人们开启神经回路的方式正确时,如练习正确的弹钢琴的方式,髓鞘质就给神经回路包裹上绝缘体,成为有髓鞘的纤维。髓鞘质越厚,绝缘性越强,人们的动作就越快速精确。

菲尔茨认为,髓鞘质有三个原则。一是普遍性,每个人都有髓鞘质,虽然小时候生长速度快,但终生都在生长。二是通用性,髓鞘质的生长有利于所有类型的技能,包括智力型和体力型。三是无形性,髓鞘质看不见摸不着,只能通过神奇的效果才能感受到。但是最重要的是人们了解了髓鞘质这种新模式,就能清晰地理解技能。一般来说,投入有效练习的时间和精力越多,就能更快地获得技能。

### (二) 技能与脑

技能学习是人类的重要活动,在行为水平上对技能学习有过许多研究,但迄今为止,对技能学习的脑机制还研究得很少。

关于手指运动和脑血流量关系的研究表明,手指动作简单时,脑血流量比手不动时约增加10%,但在手指做复杂、精巧的动作时,脑血流量就会增加35%以上。脑血流量的增加,说明脑激活状态的变化,表明手指动作与脑之间的密切关系。

脑科学家采用无损伤的脑功能成像技术对技能学习过程进行了研究。雷奇利等人曾用正电子发射断层扫描技术研究过练习效应的脑功能图像。在他们的实验中，要求被试对指定的名词产生相应的动词。在开始时和对同一个名词经过多次练习后，分别对被试进行脑功能成像实验。结果表明，技能动作是由脑内许多相关脑区和通路协同实现的。实验还发现，人在多次练习后完成相同作业时，前扣带回、侧额叶、颞叶、小脑等脑区的激活水平比开始时降低。① 卡尼（A. Karni）等人曾对对指运动的脑功能成像进行过研究。在实验中，他们采用两种对指运动顺序（如图 13-1-A 所示），要求被试用非利手做对指运动。实验中，研究者要求被试每天用一种顺序练习 10—20 分钟，持续练习 4—6 周，另一种顺序做控制顺序。每星期运用功能性磁共振成像技术进行脑功能成像研究。研究结果表明，实施练习顺序时，大部分大脑运动皮质处于激活状态（如图 13-1-B 所示）。实验还发现随着练习量的增加，相关脑区的激活水平逐渐降低的现象。②

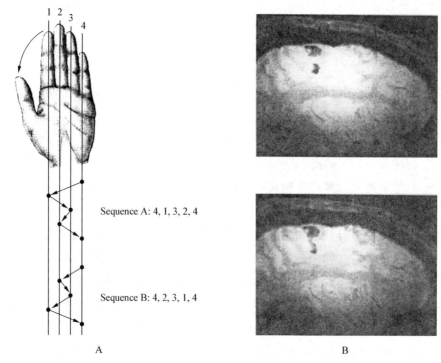

图 13-1　学习动作技能时脑区的激活状态

(引自 Karni et al., 1995)

埃尔伯特（T. Elbert, et al.）等人曾运用脑成像技术，对钢琴演奏家与非钢琴演奏者的大脑运动皮质的差异进行了比较研究。③ 脑扫描发现，钢琴演奏家左手指对应的大脑皮质代表区比非钢琴演奏者，明显增大。而右手指由于在钢琴演奏中不需要太多感觉作用，它对应的

---

① 唐孝威著：《脑功能原理》，浙江大学出版社 2003 年版，第 144 页。
② Payne, D. G. & Wenger, M. J. (1998). *Cognitive Psychology*. Boston: Houghton Mifflin Company, 477.
③ 理查德·格里格、菲利普·津巴多著，王垒等译：《心理学与生活》，人民邮电出版社 2003 年版，第 69 页。

大脑皮质代表区与非钢琴演奏者相比,则没有明显增大。对于12岁以前就学习弹钢琴的演奏家,其左手对应的大脑皮质代表区格外增大。这一研究表明,大脑运动皮质区域面积的大小与个体的运动经验密切相关。

持续不断地使用运动技能将会改变脑的结构,学习者越年轻,改变就越容易发生。大多数运动健将和音乐家都在年龄很小的时候就开始进行运动技能的训练。因为,此时他们的脑对习得运动技能所需的结构性变化最为敏感,也很容易训练出非常熟练的技能。例如,迈克尔·乔丹(Michael Jordan)从8岁时就开始了自己的篮球生涯,并发展出超过常人的精巧的篮球运动技能,从而成为世界顶级的篮球运动员。但是,他成为芝加哥公牛队首席得分的篮球明星之后,于31岁试图从事棒球运动时,尽管他非常努力,但在棒球方面却仍未取得成功。[①]

## 第二节 动作技能

### 一、动作技能

动作技能,也称运动技能或操作技能,如书写、打字、弹琴、体操、操纵机器等,是指由一系列外部动作所组成的动作系统。动作技能主要借助于骨骼、肌肉和与之相应的神经过程实现,是通过练习和实践而习得的身体运动能力。

### 二、运动、动作和活动

#### (一) 运动

运动是指构成动作或运动技能的肢体或肢体联合的行为特征。[②] 如行走,人体的头部、躯体以及肢体需要产生多种运动特征行为才能保证人能够正常地行走。人体的运动特征与运动技能的性质、类型有关,如体操运动员的运动特征与篮球运动员截然不同。此外,运动特征还与个体的身心状态有关。

个体在操作动作技能或执行动作时都要产生运动。不同的动作技能、不同个体的运动特征不完全相同。即使是相同的动作技能,实现相同的动作目标,不同个体的运动特征也不完全相同,也就是说,每个个体都会有自己独特的运动特征。同一种动作技能可以有不同的运动特征。例如,在水泥路上行走时,人的手臂和腿的摆动形式与在冰面或沙滩上行走时会截然不同。运动特征与动作技能所实现的目标有关。同一种动作技能可以有多种目标,不同的动作目标要与相应特征的运动行为相匹配,多种特征的运动行为可以实现相同的目标。

---

[①] 苏泽著,"认知神经科学与学习"国家重点实验室脑与教育应用研究中心译:《脑与学习》,中国轻工业出版社2005年版,第77页。

[②] R·A·玛吉尔著,张忠秋等译:《运动技能学习与控制(第七版)》,中国轻工业出版社2006年版,第3—6页。

例如，上楼梯的目标是到达楼梯的顶端，要实现这一目标，人可以用多种不同的运动方式上楼：他可以一步一个台阶缓慢地上楼，也可以一步两个台阶迅速地上楼，等等。每一种情境的动作相同，但上楼者实现动作目标所采取的运动方式却截然不同。

### （二）动作

动作是指具有一定的动机和目的并指向一定对象的运动。动作同运动不同，运动仅仅依赖于有机体的运动机能，而动作则带有社会性，它受前辈人和当代人所创造的对象所制约。例如，学会走路，既学习了前人的走路经验，也依赖于有机体的身段、手足的运动机能。动作是通过运动来实现的。但动作并不是个别运动的简单的机械的组合，而是复杂程度不同的、完整的和有目的的运动系统。例如，书写字母"a"的动作是由下列运动组成的：拇指、食指和中指以一定方式握住钢笔（铅笔），接着拿起笔，在一定的地方笔尖与纸接触，然后笔尖从右向左向上，并且按逆时针方向做圆周运动，停在原来上面的点上，向下沿着斜直线运动，在达到圆周底边的水平时向右拐弯，并完成从左向右的弧线运动。[①] 动作通过反复练习可以达到自动化，这种自动化了的动作系统称为动作技能。

### （三）活动

活动是由共同目的联合起来并完成一定社会职能的动作系统。活动和动作都是以实现预定目的为特征的，只是动作受单一目的制约，而活动则受一种完整的目的与动机系统制约。例如，学习活动是由阅读、书写、运算等一系列动作构成的，这些动作与学习的目的相联系，并实现着准备参加祖国现代化建设的社会职能。

人们所从事的各种活动，如学习活动、体育活动、生产劳动活动等都是为了实现一定的社会职能，并由一定的目的组织起来的一系列运动和动作实现的。形成与活动目的相适应的动作技能，不仅为实现活动的目的所需要，而且也是产生最佳活动效果所必需的。

## 三、动作技能的种类

动作技能依据不同的分类标准，可分为下列几种。

### （一）连续性动作技能和非连续性动作技能

连续性动作技能是指以连续的、不间断的方式所完成的一系列动作，如说话、唱歌、打字、弹琴等。在这些技能中，动作的持续时间较长，动作与动作间没有明显可以直接感知的起点和终点。

非连续性动作技能是由突然爆发的动作所组成的。动作的持续时间短暂，动作与动作间具有可以直接感觉到的起点和终点，如投掷标枪、射击、射箭等。

---

[①] 彼得罗夫斯基主编，朱智贤等译：《普通心理学》，人民教育出版社1981年版，第173页。

## (二) 封闭性动作技能和开放性动作技能

封闭性动作技能是指可以不参照环境因素而执行的技能,如体操运动、高尔夫球项目等。这种技能一般都具有相当固定的动作模式。学习这种技能的关键在于通过反复练习,使动作达到标准的模式。

开放性动作技能是指动作随外界情境变化而做相应变化的技能,如打乒乓球、篮球、排球等。开放性动作技能要求人们具有处理外界信息变化的能力和对事件发生的预见能力。

封闭性的动作技能与高度可预测的环境因素有关,而开放性的动作技能则与不稳定的、不可预测的环境因素有关。

## (三) 精细的动作技能和粗大的动作技能

精细的动作技能是指在狭小空间范围内进行,并要求具有精巧的协调动作的技能,如雕刻、绣花等。它一般由小肌肉的运动来实现。

粗大的动作技能是指需要大力气和大幅度动作的技能,如跑步、游泳、打球等。它们一般由大肌肉的运动来实现。

## (四) 工具性动作技能和非工具性动作技能

工具性动作技能是指操纵某种工具的技能,如写字、绘画时操纵笔,打字时操纵打字机,生产劳动时操纵各种生产工具等。非工具性动作技能是指不需要操纵工具,仅表现为有机体的一系列骨骼、肌肉运动的技能,如唱歌、跳舞、体操等。

## 四、动作技能的构成成分

关于动作技能的构成成分,学术界迄今尚无公认的看法,一般认为动作技能由以下三种成分组成。

## (一) 动作

动作包括反射动作和基本动作两类。

### 1. 反射动作

反射动作是指有机体在中枢神经系统参与下对内外环境刺激所做的有规律的应答。如膝跳反射、抓握反射等都是反射动作。

哈罗(A. J. Harrow)和辛普森(E. J. Simpson)认为反射动作可分为两个亚类:脊髓节反射和节上反射。脊髓节反射又可分为分节反射和节间反射:分节反射可分为屈肌反射、肌伸张反射、伸肌反射、交叉伸肌反射;节间反射可分为合作性反射、竞争性反射、相继感应反射、反射体态。节上反射可分为伸肌僵直反射、可塑性反应、姿势反射。姿势反射又可分为支撑反应、转动反应、僵直—定势反射、翻正反应、抓握反射、定位与弹跳反应。分节反射是通过一个脊髓节发生的反射,节间反射是通过两个或两个以上脊髓节发生的反射,节上反射包含大脑的参与。①

反射动作就其性质而言,是不随意动作。它们是与生俱来的,随成熟而发展。它们是所有动作行为的基础,是动作技能形成与发展的先决条件。

### 2. 基本动作

基本动作是指由一系列反射动作的结合而形成的固有的动作形式。如跑、跳、推、拉等都是基本动作。哈罗等人认为基本动作可分为位移动作、非位移动作、操作动作、抓握动作、灵巧动作等亚类。

基本动作是建立在反射动作的基础上的,是无需训练就会的。这些动作形式是知觉能力和体能进一步提高的起点,是技巧动作发展的必要条件。

## (二) 知觉能力

在完成动作技能任务时,知觉的参与是必须的、重要的,知觉的缺失往往会导致不能完成某些动作技能。因此,知觉能力是动作技能形成与发展的重要的组成因素。知觉能力,在动作技能领域是指个体对刺激情境的准确感知和动作的协调能力。

弗莱希曼(E. A. Fleishman)曾花了十多年的时间,以数千人为研究对象,从事系统的研究,企图找出各种操作活动所需的知觉能力。所谓操作活动,是指以实物或物质化的客体作为动作对象的活动方式。在操作活动中所需要的能力大都属于感官(主要为视觉、听觉和动觉)与手脚协调的能力,所以这方面的能力称知觉能力或心理运动能力。弗莱希曼运用因素分析方法对所得结果进行分析归纳,发现技能的形成与下述知觉能力有关。

### 1. 控制的精确性

控制的精确性是指能对肌肉运动做随意精确控制的能力。这种能力是操作机器或工具时所不可缺少的。特别是对某些技能来说,如拉提琴等,手指放置的位置必须准确,而且要随时做快速移动。缺乏此种能力者,不能操作精密而快速变化的工具。

### 2. 四肢运动协调能力

四肢运动协调能力是指两手、两脚或手脚协调、适当配合的能力。很多技能的形成,如骑自行车、驾驶汽车、踏缝纫机等都必须具有此种能力。

### 3. 定向反应能力

定向反应能力是指选择正确刺激,做出正确反应的能力。特别是在快速活动的情况下,此种能力更为重要。例如,超音速战斗机的驾驶员,在作战时必须要具有这种能力。

### 4. 反应时间

反应时间是指对刺激做出迅速反应的能力。它与定向反应能力不同,反应时间强调反应速度,而定向反应则强调选择的正确性。

---

① A·J·哈罗、E·J·辛普森编,施良方、唐晓杰译:《教育目标分类学·第三分册:动作技能领域》,华东师范大学出版社1989年版,第35—43页。

### 5. 手臂运动速度

手臂运动速度是指手臂快速运动的能力，即能随意支配手臂做前后左右迅速运动的能力。

### 6. 速度控制能力

速度控制能力是指手眼协调并能跟随运动物体控制肌肉动作的能力。例如，人们对运动目标进行射击时，就必须具有此种能力。

### 7. 腕手灵活性

腕手灵活性是指手指、手部、腕部动作的灵活性。此为掌握各种工具性技能所需要的基本能力。用手抓、握、拉、推等动作都需要此种能力。

### 8. 手指灵活性

手指灵活性是指手指做出技巧性、协调性动作的能力。手工工艺品的制作、精密仪器的操作等，都必须依赖于此种能力。

### 9. 臂手稳定性

臂手稳定性是指手与臂协调的稳定能力。如射击、针孔穿线的动作等就需要此种能力。手表的制造和修理、外科医生做手术等，臂手的稳定能力是不可缺少的。

### 10. 腕指速度

腕指速度是指手腕使手指做迅速运动的能力。绘图时在纸上打点的动作，则需依赖此种能力。

### 11. 瞄准

瞄准是手眼协调配合精细肌肉控制的能力。如射击、针孔穿线、工笔细画等，均需要此种能力。

## （三）体能

体能是指人体各种器官的运动能力。体能是学习者学习动作技能不可缺少的条件或基础，因为掌握技能的程度不仅受体格、感官灵敏度和反应时间的影响，而且也受耐力、力量、柔韧性和敏捷性的影响。例如，在羽毛球、网球等活动中，要有效地完成许多眼—手和眼—脚协调技能。柔韧性对学生掌握舞蹈、体操或翻筋斗中的技能有重要影响。耐力，很可能决定一个人是否能够跑完马拉松比赛的全程。因此，如果缺乏某种体能或不能充分发挥其功能，就可能限制高级技能的形成和发展。

美国心理学家弗莱希曼对体能做了大量的系统的研究。他以14—18岁的男女青少年为研究对象，对60种体能进行了测量。其结果经统计分析，发现有14种体能与人体的运动技能有关，这14种体能可归纳为下列五类。[①]

---

[①] 张春兴著：《心理学》，东华书局1986年版，第105—109页。

### 1. 力量

它包括以下三种基本体能。

（1）弹力

弹力是指不依靠任何工具使自己身体由单一动作而移动到最远或最高的能力。此种能力多由立定跳高与跳远测定。

（2）动态力量

动态力量是指移动重物或支持自己身体连续活动的能力。此种能力多由单杠引体向上或攀杆等动作测定。

（3）静态力量

静态力量是指由身体支撑重量持久不动的能力。此种能力多由举重测定。

### 2. 灵活性与速度

灵活性和速度包括五种基本体能。

（1）伸展性

伸展性是指能使腹肌与背肌最大伸展的能力。此种能力多由身体的前屈后仰的幅度测定。

（2）柔韧性

柔韧性是指能使肌肉快速紧张而复原的能力。此种能力多由蹲踞起立等动作测定。

（3）快速变向

快速变向是指在行进或奔跑中迅速改变方向的能力。此种能力多由躲避赛跑等动作测定。

（4）跑行速度

跑行速度是指快速奔跑的能力。此种能力多由 50 米或 100 米赛跑测定。

（5）四肢运动速度

四肢运动速度是指两臂与两腿迅速运动的能力。此种能力多由手脚迅速换位运动测定。

### 3. 平衡性

平衡性包括以下三种能力。

（1）静态平衡

静态平衡是指支持身体定位的能力。此种能力多由单足站立测定。

（2）动态平衡

动态平衡是指在运动中保持身体平衡的能力。此种能力多由踩球定位测定。

（3）托物平衡

托物平衡是指手托物体很快找到重心并维持不坠的能力。此种能力多由手背托球测定。

### 4. 协调性

协调性包括以下两种能力。

（1）手脚协调

手脚协调是指双手或双脚同时配合运动,或是一手一脚同时配合运动的能力。此种能力多由双手操作测定。

（2）全身协调

全身协调是指能自己控制全身各部位适当配合运动的能力。此种能力多由跳绳动作测定。

### 5. 耐力

耐力是指能连续进行活动的能力。此种能力多由俯卧撑等动作测定。

## 五、动作技能形成的理论

动作技能是通过什么机制形成与发展的？动作技能学习领域的科学家们经过长期深入的研究，提出了许多有关动作技能学习的理论与模型。① 例如，行为主义的连锁反应理论、亚当斯（Adams）的闭环理论、怀丁（Whitin）的动作技能形成模式、产生式系统理论、中枢网络模型、事例理论和动态模式理论等。下面主要介绍两种有关动作技能学习的理论与模型。

### （一）金泰尔的动作技能获得模式

金泰尔（A. M. Gentile）提出的动作技能获得模式（model of motor skill acquisition）由初始和后续两个阶段组成。② 他根据动作技能的性质和特点，把动作技能区分为封闭性动作技能（closed motor skill）和开放性动作技能（open motor skill），并认为动作技能获得需经历两个阶段，在每个阶段，要求学习者通过练习成功地达到动作技能的目标。在第一阶段，即初始阶段，要求学习者把注意力集中在动作技能目标的获得上。该阶段有两个重要目标：一个是获得动作技能的协调模式；一个是学会区分所处周围环境中的调整和非调整的条件状况。第二个阶段，即后续阶段，应根据动作技能的性质和特点设置目标。对于封闭性动作技能，应以动作模式的固定化为目标，即要求学习者通过练习改进动作模式，确保每次动作练习的准确性、一致性和有效性。就开放性动作技能而言，应以动作模式的多样性为目标，即要求学习者通过多种动作模式的练习获得能够根据周围环境特征来调整动作模式的能力。

### （二）施密特的图式理论

施密特（K. A. Schmidt）的图式理论（theory of schema）是关于一般动作程序怎样运作以控制协调动作的理论。③ 图式以一种或一套规则为做决定提供基础。

施密特应用"动作图式"这个概念阐释动作技能学习和控制过程中的两个控制成分。第一个是一般动作程序，它是用来控制各类动作基本特征的控制机制。第二个是动作反应图式，它的作用是提供在特定情景下控制动作的特定规则，也就是说，动作反应图式为一般动作程序提供参数。当练习动作时，学习者学会了用动作参数编程，动作因而变得越来越快速

---

① 张力为，任未多主编：《体育运动心理学研究进展》，高等教育出版社 2000 年版，第 201—206 页。
② R·A·玛吉尔著，张忠秋等译：《运动技能学习与控制（第七版）》，中国轻工业出版社 2006 年版，第 204—206 页。
③ R·A·玛吉尔著，张忠秋等译：《运动技能学习与控制（第七版）》，中国轻工业出版社 2006 年版，第 61—62 页。

准确,这一过程包含回忆和再认两种图式。回忆图式是基于早先动作结果和反应要求之间的联系而产生的,它使学习者能够确定成功地完成一个动作需要做什么。再认图式则是由实际操作结果与接收到的信息结果之间的联系构成的。动作技能是学习者通过练习,在两种记忆图式作用基础上建立动作图式而形成与发展的。

## 六、动作技能形成的阶段和基本特征

### (一) 动作技能形成的阶段

人们通过练习而形成的动作技能,一般经过以下三个阶段。

#### 1. 认知阶段

动作技能形成的初期为认知阶段。认知阶段的长短取决于动作技能的性质和复杂程度。动作技能愈复杂,其认知阶段也愈长。一般的动作技能的形成,其认知阶段不会太长。在认知阶段,学习者在教师讲解、示范的基础上,自己按照操作说明书或使用手册的要求,先对所学技能的性质、要点、注意事项等,进行分析和了解。在讲解分析时,教师可借助于视听设备,如图表、模型、幻灯片、电视等,以加强效果。如果学习操作机器或驾驶车辆之类的技能,教师除了用图表、模型等教具帮助说明外,还需要进行实际操作和示范操作,使学习者通过实际观察了解正确的动作和操作程序。以学习英文打字为例,初学者必须先熟记每一手指需要操作哪几个按键,以及每一按键与各个字母和各种符号的关系。例如,看到字母 A 时,就想到它是在键盘第四排的左端,是由左手小指操作的;看到 Y 时,就想到它是在键盘的第三排的中间,是由右手食指操作的;等等。在这一阶段,学习者从接受刺激(字母 A)到做出动作反应(准确地操作字键)之间,要经过一个认知、记忆、想象的过程。他看到 A 时,先想想它在什么位置,然后再想想打 A 字母应该用哪个手指,这样的心理过程多半是隐而不显的。正因为如此,在这一阶段操作时学习者常出现忙乱、紧张、顾此失彼、动作速度缓慢、呆板而不协调等现象和多余动作。学习者不能觉察自己动作的全部信息,也难于发现错误和缺点。

#### 2. 联系阶段

学习者通过练习把已掌握的局部的、个别的动作联系起来,以形成比较连贯的动作。但各个动作之间的联系尚不紧密,从一个环节过渡到另一个环节,即实现动作转换时,常出现短暂的停顿现象。在这个阶段,由于动作联系的建立,视觉控制作用逐步减弱,而肌肉运动感觉的调节作用逐步增强,并能运用来自效应器官的反馈信息调节其自身的动作。同时,在这个阶段,动作相互干扰减少,紧张程度减弱,多余动作消失,发现和矫正错误动作的能力增强。

#### 3. 自动化阶段

在这个阶段,各个动作联合成为一个完整的自动化的动作系统。各个动作相互协调,动作能够依照准确的顺序以连锁反应的方式实现。在执行动作时,意识的参与减少到最低限度,只对同时进行的许多动作中的一项起着直接控制作用。学习者的紧张状态和多余动作都已消失,注意的范围扩大了,并能根据情境变化迅速、准确地调节动作,以有效地完成活动任务。

## (二) 动作技能的基本特征

### 1. 动作的速度

所谓动作的速度是指肢体在单位时间内所移动的距离或完成的动作的数量。单位时间内移动的距离长或所完成的动作次数多,则表示动作速度快,动作熟练或技能水平高;反之,则表示动作速度慢,动作不熟练或技能水平低。因此,动作速度是评价动作技能水平的一个重要指标。实际上有很多动作技能都是以动作速度为评价标准的,如跑步、游泳、打字、跳绳、踢毽子等。人的肢体运动速度的变化范围很大,可从每秒几毫米到每秒 800 毫米。在一般情况下,手臂操作活动的运动速度平均每秒为 5—50 厘米。动作的速度不仅与人体的反应速度、刺激强度、动作目的、动作持续时间、动作熟练程度、疲劳、心理状态等因素有关,而且还与人体的某些生物力学特性有关。就人手操作活动的运动速度而言,朝向身体的运动较离开身体的运动快;垂直操作动作的速度较水平操作动作的速度快;从上往下的运动速度最快;离开身体和从下往上的运动速度最慢;向前后的往复动作的速度比向左右的往复动作快;从左向右(右手)运动的速度较向反方向运动的速度快;与身体的垂直轴和水平轴呈一定的角度的运动速度,较沿着这些轴的方向的运动速度慢;旋转运动的速度比前进运动的速度快。在生产实践中,操作动作的速度还与操作工具的形状、位置、大小,操作方向,用力程度等因素有密切关系。

克罗斯曼(E. R. F. W. Crossman)曾研究过生产雪茄烟工人技能的发展过程,他把单位时间生产雪茄烟的数量作为已生产的雪茄烟的总数的函数(如图 13-2 所示)[①]。

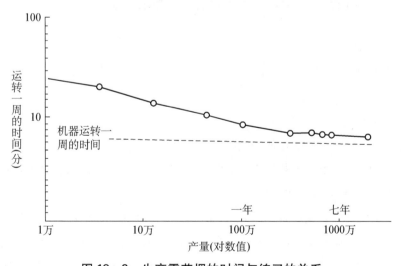

图 13-2 生产雪茄烟的时间与练习的关系

---

① Smyth, M. M. & Wing, A. M. (1984). *The Psychology of Human Movement*. London: Academic Press, 218—219.

克罗斯曼的另一个研究发现,熟练与不熟练的工人,完成一次生产组装任务的循环时间的分布有所不同。一般而言,熟练工人每一循环的平均时间比不熟练工人短。但并不是由所有各次循环时间都全部加快造成的。实际上相对于长时间的那些循环而言,短循环所占的比例增加了,结果随着练习的进展,其分布变得更呈正偏态了(如图 13-3 所示)。此外,有研究表明,熟练的打字员打字时,其慢动作反应次数减少,而快速动作反应的次数增多。

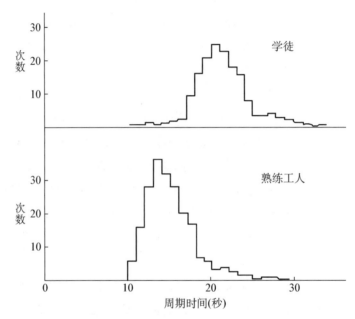

图 13-3　熟练与不熟练的线路板装配工的操作时间分布

速度是评价动作技能的一个重要指标,但不是一个完善的指标。因为速度只能表明动作技能的数量,而不能表明动作技能的质量,而动作技能的数量和质量是密不可分的。因此要评价动作技能的水平,还必须考察其质量,即动作的准确性。

**2. 动作的准确性**

动作的准确性也是评价动作技能的一个重要指标。所谓动作的准确性是指肢体的动作能达到预期的目的和要求。不论其预期的要求如何,凡能达到预期要求的动作都是准确的动作。反之,则为不准确的动作或错误的动作。

动作的准确性对于完成任何职业活动都是必要的,它是构成各种职业技能不可缺少的一部分。对于某些职业活动,动作的准确性的要求占第一位,在准确的前提下才要求速度,例如,工艺雕刻和各种计算活动都要求高度准确。在某些特种工种的职业活动中,反应速度和动作的准确性是并重的。例如,飞机的飞行速度愈快,对飞行员的反应速度的要求也愈高,但无论是低速飞机还是高速飞机的驾驶动作都必须高度准确;又如,驾驶汽车对驾驶员的反应速度和准确性的要求也是缺一不可的,在高速公路上行车,驾驶操作动作的任何失误都可能导致车毁人亡的重大交通事故,因此,驾驶动作的准确性也就成为考核驾驶员技能的重要指标之一。

动作的准确性可从感知的准确性、中枢加工的准确性和动作反应的准确性等三方面进行考察。这三方面若能协调配合达到预定的目的,便构成准确的动作。在多数情况下,动作的准确性取决于感知和中枢加工的正确与否。为保证动作反应的准确性,必须创造条件使感知过程和中枢加工过程准确。一般的操作动作都是在视觉监控下进行的,所以对目标感知得愈清晰,动作就愈准确。此外,还要对客观情况进行正确分析和选择,才能做出准确的反应。例如,驾驶员在行车过程中,必须对千变万化的道路交通信息做出正确的感知与判断,并采用准确的驾驶动作,才能确保安全行车。

### 3. 动作的灵活性

什么叫动作的灵活性,迄今尚无公认的看法。一般认为,动作的灵活性是指动作技能的各要素能随主客观情境的变化而变化的特点,是动作技能各要素在操作活动过程中的一种综合表现。因此,它是评价动作技能水平的一个最主要的指标。滑雪运动员为了保持正确的技术动作而连续不断地改变姿势来维持平衡和控制动作,这就是动作灵活性的典型佐证。

动作的灵活性,不仅体现在人的动作速度和准确性方面,而且还体现在操作者动作时所能达到的频率,也就是在单位时间内动作所重复的次数。动作的频率与人体动作的部位、动作的持续时间、动作的习惯等因素有关。譬如,以人体各部位的最大频率而言,手指动作每分钟为 204—406 次,手为 360—431 次,前臂为 190—392 次,臂为 99—344 次,脚为 300—378 次,腿为 330—406 次。人的动作灵活性还与人的某些生物力学特性有关。人体的较短部位的动作就比较长部位的动作灵活,较轻部位的动作比较重部位的动作灵活,体积较小部位的动作就比体积较大部位的动作灵活。所以,在考虑动作灵活性时还应按生物力学的特性进行人体惯性特点的比较和估算,利用这些特点可以研究和模拟人体各部位的运动状态。

动作的灵活性随其熟练程度的不同而不同。坎曼(E. Kamon)和戈姆莱(J. Gormley)曾对新老体操运动员在单杠上做单挂膝摆动动作时背、臂和腿部的动作灵活性做过研究。研究发现,熟练的体操运动员的动作爆发时间比不熟练的体操运动员要短得多,在完成最大动作时,各动作井然有序,相互协调,且所消耗的能量也较少(如图 13-4 所示)。

| 1 | 2 | 3 | 4 | 5 |
|---|---|---|---|---|
| 挂膝悬垂 | 背与地平行 | 胸部过杆 | 双臂伸直 | 支撑 |

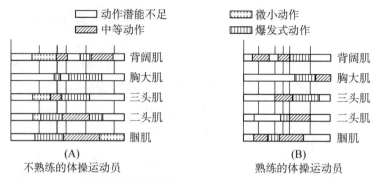

图 13-4 熟练与不熟练体操运动员的肌肉活动变化过程比较

## 七、影响动作技能形成的因素

动作技能的形成受许多因素的影响,有主观因素,也有客观因素。主观因素有动机水平、学习者的知识经验等;客观因素有动作技能的性质、练习的方式、练习时间的分配、练习结果的反馈或强化等。下面着重介绍几个主要的影响因素。

### (一) 知识经验与理论

知识不是技能,而技能必须运用知识,知识愈丰富,对克服技能学习的难点愈有帮助。只学习理论,不学习操作,很难学会任何技能。因为知识和运动分析器没有建立起联系。只模仿别人的操作,技能学习也不能得到进一步发展。理论可以加速技能的获得,可以免去或减少学习中的错误。考克斯(J. W. Cox)曾对电气装配工人进行过实验研究。一组工人只是机械地、重复地学习,而对另一组工人则讲解操作原理。两组工人最初的水平差不多,但后来第二组工人的绩效则远远超过第一组工人的绩效(如图 13-5 所示)。

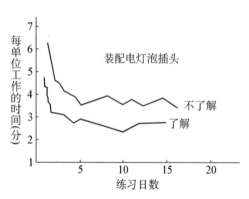

图 13-5 理论知识对练习效果的影响

米斯丘克(В. В. Мисчюк)在研究学生掌握车床刀架操作技能时发现,两组掌握了车床刀架操作原理的学生,尽管他们理解车床刀架操作原理的过程有所不同,但他们都能较快地形成车床刀架操作技能,其所需练习次数和错误次数都较少。而另一组没有掌握车床刀架操作原理的学生,其形成操作技能所需的练习次数、错误都较多,操作技能形成较慢。

沈德立曾做过动作概念对技能形成作用的实验。实验是让大、中学生被试形成镜画(即按多角星形的镜像来描摹该图形)技能。结果发现:凡是已经形成镜画技能的被试,他们都掌握了镜画技能的动作概念;凡是未形成镜画技能的被试,他们都没有掌握镜画技能的动作概念。这就说明动作概念是否掌握,决定着技能是否形成。实验还发现:大学生被试掌握镜画技能动作概念,一般比中学生被试要早。因而其形成镜画技能时平均练习总遍数、总用时和练习中的平均总错误次数,都少于中学生被试。大学物理专业学生由于较早地掌握了镜画技能动作概念,因而其形成镜画技能时练习的总遍数比政文专业的学生要少得多。这说明动作概念掌握的早晚,对技能形成的快慢起着重要作用。[①]

## (二) 讲解与示范

动作技能学习通常是从教师讲解开始的。讲解方式多用口语,但有时也可借助于文字、图解、模型、挂图等进行。讲解的目的是为了增强学习者的认知效果。在教师的讲解过程中,其内容应包括:①教学目的。告诉学习者要学习什么,通过练习后,动作技能应达到什么标准。②动作技能的性质。告诉学习者学习的是什么样的技能,是简单的技能还是复杂的技能,是工具性技能,还是非工具性技能。假如是工具性技能(如操作机器、驾驶车辆等),还应简单介绍工具的性能与功用。③学习程序与步骤。告诉学习者有关技能学习的步骤、动作顺序、练习时间与分配方式等。④注意事项。告诉学习者在什么时候最容易发生错误和危险,以及有关安全防范的措施。

讲解宜简单扼要,过多的讲解,将会减低学习者的兴趣与动机。因此,应尽量避免过度冗长的讲解。有些内容应待练习进行到适当程度时再进行讲解。

讲解是讲给学习者听的,示范则是做给学习者看的,因此,示范都是以动作方式表演的。示范性的动作有两种,一种是由教师做动作示范,另一种是看教学电影。无论哪种示范,其动作都应明确,并应把技能中的每一个动作都清楚地展示出来,使学习者都清楚地看到。如果采用的是电影,那么可以采用几种方式放映,先按平时速度将全部影片放映一遍,使学习者获得一般的印象,然后再以慢镜头分段展示慢动作,使学习者能清楚地看到每一个动作。

研究表明,教师的讲解方式和动作示范与技能的形成有密切的联系。梅(M. A. May)曾做过这样一个实验:实验用的技能学习材料是两种复杂程度不同的拼图玩具。学习者是小学五年级的儿童。实验时按儿童平均能力分为五组,由老师做示范动作,要求各组被试在观看老师示范时做不同的反应:有的要求边看边说教师正在做什么动作;有的只许看不许发问;还有的边看边背诵与技能无关的数字。虽然教师对各组所做的示范动作都一样,但各组的说明方式不同,对第一、第二组被试只做示范动作,不作任何说明,对第三组被试做示范动作并作简要说明,对第四组被试做示范动作并作详细说明,对第五组被试不作说明。其结果如表13-1所示。[②]

此外,在示范动作时,示范方式对技能学习也有重要影响。通常的方式有三种:①相向示范:在教室情境中,教师与学习者面对面示范。这种方式的缺点是容易产生左右反向认知

---

① 张述祖,沈德立编著:《基础心理学》,教育科学出版社1987年版,第611页。
② 张春兴,林清山著:《教育心理学》,东华书局1986年版,第115—117页。

表 13-1　不同示范方式对技能学习的影响

| 组别 | 规定学生的反应 | 教师示范与说明 | 示范后独立操作简单拼图所需时间（分） | 示范后独立操作复杂拼图所需时间（分） |
| --- | --- | --- | --- | --- |
| 1 | 边看示范边背诵与技能无关的数字 | 只有示范动作不作任何说明 | 5.7 | 25 |
| 2 | 边看示范边说出教师正在做什么动作 | 只有示范动作不作任何说明 | 3.1 | 22 |
| 3 | 只许观看不许发问 | 示范动作之外作简要说明 | 3.5 | 16 |
| 4 | 只许观看不许发问 | 示范动作之外另加详细说明 | 3.2 | 14 |
| 5 | 边看示范边说出教师正在做什么动作 | 只纠正错误不作口语解释 | 2.2 | 12 |

混淆的不良影响。②围观示范，教师居中，学习者围成圆圈。这种方式的缺点是常因学习者从不同角度观察而发生混淆错误。③顺向示范，学习者在教师背后，且教师居高临下。这是一种比较好的示范方式，因为这种方式可以免除左右反向及不同角度的不良影响。

事实上，讲解与示范是同时进行的。例如，教授书法时，教师讲解如何磨墨、如何握笔、如何按纸、如何写字，通常都是伴随着实际示范动作进行的。

## （三）练习

有目的地多次执行某种动作以形成技能的过程，称为练习。练习虽然是多次地执行某种动作，但并不是同一动作的机械重复，而是以改善动作方式为目的的重复。例如，为了学会打字，提高打字技能而反复学习打字，就叫打字练习。练习使人的动作从本质上发生变化，它表现为人在完成动作时心理结构的变化。这种变化不仅表现为人记住动作方式和动作任务，而且还表现为分析研究任务的方法、解决任务的方法和调节动作的方法等。技能是在练习中形成的，但并非所有的练习都能达到同样的效果。有一些练习可能个体轻快地掌握技能，另一些练习的收效则比较慢；有一些练习可能使动作方式达到高级水平，另一些则只能达到低级水平。因此，研究练习的性质及影响有效练习的因素很有必要。

### 1. 练习曲线

技能的形成必须经过一定的练习。在练习中技能形成与发展的过程可以用练习的曲线来表示。所谓练习曲线，就是在连续多次的练习期间所发生的动作效率变化的图解。从练习曲线上不但可以看到技能形成过程中的工作效率、动作速度和准确性变化，而且还可以看到各种技能在形成过程中的共同特点和个别差异。

练习曲线一般可分为两类。一类为上升型，用横坐标表示练习时间，纵坐标表示单位时间内完成的工作量，以此表示练习时间与单位时间内完成工作量的关系。随着练习时间的增加,单位时间内所完成的工作量也逐步增加,因此,所绘制的练习曲线是呈上升型的(如图13-6-A所示)。另一类为下降型,用横坐标表示练习次数,纵坐标表示完成动作所需时间或完成动作的错误次数,以此表示练习次数与完成动作所需时间或完成动作错误次数的关系。随着练习次数的增加,完成动作所需的时间逐渐减少,完成动作的错误次数日益下降。因此,这样所得的练习曲线是呈下降型的,如图13-6-B和图13-6-C所示。

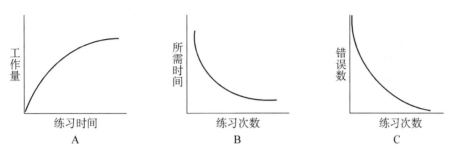

A—表示工作量与练习时间的关系;
B—表示每次所需时间与练习次数的关系;
C—表示每次练习的错误与练习次数的关系。

图13-6 典型练习曲线

在技能形成过程中,由于各种原因,其技能形成的进程可能不完全一样,但它们之间又有某些共同的特点和规律,具有一般的发展趋势。

(1)练习成绩逐步提高

练习成绩随练习进程而逐步提高的情况又有三种不同表现形式:

第一,练习进步先快后慢。如跳高、跳远、驾驶摩托车、射击等动作技能练习的进程就是这种情况。图13-7为步枪射击技能的练习曲线。从图中可以看到,在最初的几个练习日里,命中的成绩从22环上升到74环,即提高了52环,而在最后的10个练习日里,却只从81环上升到85环,即只提高了4环。造成练习成绩初期提高较快而后期逐渐缓慢的原因,一是在练习初期,学习者受新鲜感和好奇心等强烈动机的驱使,因而学习兴趣浓厚,思想集中,情绪稳定,从而促使练习成绩迅速提高。以后,随着练习过程的发展,学习者对所学技能的新鲜感消失,热情下降,因而练习成绩的提高就缓慢了。二是练习开始时,学习者可利用生活中已有的知识经验和技能动作,新、旧技能之间又有许多共同的成分和因素,因而学习新技能的进步比较明显。可是到了练习后期,新、旧技能之间的差异越来越大,学习者仅仅依靠旧有的技能已不能满足建立新技能的要求,要使技能有较快的进步,必须寻找新途径,建立新联系,

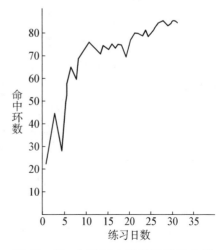

图13-7 步枪射击技能的练习曲线

但这样的努力往往不是一蹴而就的,因此,这样的练习进步就不显著了。三是复杂的技能动作可以分解为一些比较简单的局部动作。在练习初期,由于这些局部动作比较简单,而且又可以单独进行练习,所以比较容易掌握,成绩提高较快,而在练习后期,主要是建立复杂的协调动作,这比起掌握局部动作当然要慢些,所以成绩提高就缓慢。

第二,练习进步先慢后快。如投掷、游泳,在练习初期需要掌握有关的基础知识和基本技能,所以进步较慢,一旦掌握了有关的基础知识和基本技能,练习成绩进步就较快。

第三,练习成绩进步先后比较均匀。练习成绩的进步没有明显的先快后慢或明显的先慢后快的现象,但这种情况并不多见。

(2) 练习成绩的起伏现象

在练习成绩随练习而提高这一总发展趋势下,也存在着时而上升,时而下降的起伏现象。我们从图13-7中可以看到,在第4、7、14个练习日,成绩反而不如前一个练习日好,有时成绩的退步十分显著,如第4个练习日成绩的下降幅度很大。练习成绩起伏:一是由客观环境变化所引起的,如练习条件、工具、练习方法的改变,二是由学习者的主观状态的变化所引起的。例如,学习者对练习的信心不足、偶尔的不顺利、过分的敏感等都会引起练习成绩的降低;又如,学习者的心境,如愁闷、某种不愉快情绪的纠缠或健康状态不佳等,都会引起学习者自觉控制能力的减弱或注意力的松弛,从而导致成绩下降。有时学习者企图使自己的动作更加符合规定,提出了更高的要求,或者动作比较复杂也会出现成绩的波动,甚至还会出现显著的退步。但这种退步是暂时的,待学习者进一步掌握技能时,成绩就会再度上升。

(3) 高原期现象

在技能形成过程中,练习到一定时期有时会出现练习成绩的暂时停顿现象,这种现象称为高原期。这一现象在练习曲线上表现为出现一段接近水平的线段。从图13-7中可以看到,从第10个练习日到第16个练习日和从第24个练习日到第28个练习日的两个时间段中,就具有这种特点。高原期现象产生的原因:①感觉机能和中枢机能对动作的控制和调节作用减弱;②提高练习成绩的新的活动结构和方法尚未形成;③练习方法不当,一时无法突破困难;④产生心理上和生理上的疲劳;⑤动机强度减弱,兴趣降低,甚至产生厌倦等消极情绪;⑥意志品质差,缺乏继续提高的勇气和信心;⑦自满情绪;⑧可能正在进行潜在学习,其成绩未显现出来;⑨缺乏高科技手段;等等。这些因素的改变都将有利于突破高原期现象,使练习成绩有长足进步,所以高原期现象与练习极限有本质差别,高原期现象并不具有普遍性和必然性,如果技能结构比较简单,又无上述主客观原因,那就不一定出现高原期现象。

(4) 练习成绩的相对稳定现象

在技能发展的最后阶段,出现练习成绩相对稳定而不再继续提高的现象,人们称它为技能发展的极限。但"极限"是相对的。从人的生理素质和机能来看,每个人掌握某种技能都有一定的发展限度。动作技能之所以有生理限度,是因为动作是身体的机能,身体有它的物质结构,动作的准确性、速度、灵活性不能超越身体的物质结构所许可的限度。但是在实际生活中,真正达到生理限度的情况很少。在一般情况下,一个人所掌握的各种技能都没有达到发展限度,提高技能的潜力还是很大的。只要通过有计划地、顽强地学习,并善于总结经验,就能使技能持续不断地向前发展。例如,有项追踪某位卷烟女工生产操作情况的研究表明,她十年内操作速度一直在进步,当她最后不再进步时,发现已达到其所用机器的物理运转限度,这就是说,如果机器的运转速度还有所改进,则她的操作速度仍可能有所提高。另外,从体育运动的发展历史来看,总有人不断地打破纪录,说明生理限度也不是轻易能达到的。如果真正达到了,打破纪录就成为了不可能。当然,生理限度也确实存在,运动极限研究科学家预测,人类百米的极限速度为9秒20。

(5) 练习进程中的个别差异

虽然各种技能的练习进程都遵循上述的一般规律,表现出练习进程的一般趋势,但是由于各种技能的复杂性程度不同,学习者的个性特征、知识经验、练习态度、练习方法、教学方式等不同,因此同一个人学习不同的技能,或不同的人学习同一种技能,其练习进程也各不相同。古里杨诺夫(E. B. Гурьянов)曾做过这样一个实验:让小学一年级的学生进行抄写句子的练习。但练习的条件不同:①用最适当的速度抄写;②用稍快的速度抄写;③用更快的速度抄写;④用最大限度的速度抄写。同时,力求保持字体的高度正确性,实验成绩以抄写速度和错误数量为指标。实验结果如图13-8所示。① 从图中可见:学生甲在四种条件下速度有显著提高,而错误数量的增加却很少;学生乙在速度提高时,其错误数量也明显增加;而学生丙、丁抄写速度几乎没有什么改变,但由于受到练习速度的要求影响,错误量也明显增加。因此,教师在指导学生技能练习时,既要考虑练习进程的一般规律,也要考虑学生的个别差异,做到因材施教。

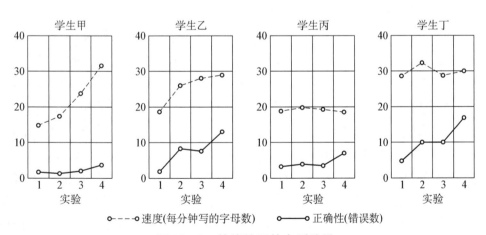

图 13-8 技能练习的个别差异

## 2. 影响有效练习的因素

技能是在练习中形成和提高的。练习的效率受很多因素和条件的制约。因此要使练习有效,必须正确合理地组织练习。

---

① 阿·阿·斯米尔诺夫等主编,朱智贤等译:《心理学》,人民教育出版社1957年版,第480—481页。

(1) 明确练习的目标

有无明确的练习目标,是影响练习效率高低最重要的因素。日常生活中的许多动作虽然天天重复,但因缺乏明确的目标,其错误的动作方式未能得到纠正,其动作方式改善的效果也不大。有了明确的练习目标,就可激起学习者强烈的学习动机和高涨的学习热情,提高练习的自觉性和积极性,使练习经常处于意识控制之下,从而提高练习的效果。因此,在技能形成过程中,若能依据练习的进程,不断提出练习目标,积极鼓励学习者争取达到预期目标,就能加速技能形成的过程。例如,在一项有关形成珠算运算技能的研究中,选择了两个具有同等水平的学生进行"加百子"练习。结果表明,不断提出练习目标会对练习效率产生良好的影响(如图 13-9 所示)。

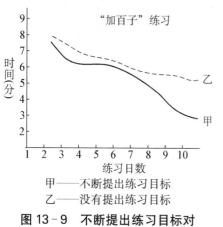

图 13-9 不断提出练习目标对练习效率的影响

练习的目标有近期目标和远期目标两种。近期目标对提高练习效率有更大的作用。研究发现,只有最后目标的人,成绩进步较缓慢,而每周都有一个目标的被试,成绩进步较快。可见,目标越明确具体,练习的效果就越好。

练习的目标还有难易之分,它们对练习的效果有不同的作用。阿特金森(J. Atkinson)提出:确定目标的难度成功率在 50% 以下时,对练习的作用较大;过于容易或很难实现的目标,不易激励人们去进行练习。

(2) 练习的速度和准确性

许多研究表明,在练习过程中先求快速后求准确与先求准确后求快速,两者在效果上有很大的差别。有一项研究表明,两组人练习打字,甲组强调速度,乙组强调准确。每天练习 3 分钟,经过 36 天的练习,乙组在速度上赶不上甲组;两组停止练习 4 个月后,再行试验 10 分钟,结果甲组平均打 383 个字,错误为 2.2%,乙组平均打 451 个字,错误为 1.2%。这证明了开始练习时注意准确性比注意速度有更好的效果。甲组效果差的原因是练习者开始时为了求快,千方百计地运用以前的动作习惯,因而影响或抑制了新的操作动作的建立。

技能学习开始阶段,准确性第一。这条原则好像是无可争议的,但我们也不能机械地理解它,不能无条件地认为随着以后的练习,自然就会达到快速的目标。这正如车培谢娃(В. В. Чебышева)所说的,人们常在训练工人的工作方法时,认为精确性的获得是首要的任务,他们认为随后的练习会自然地保证快速熟练的发展。但在生产中常常遇到有一些工龄长又认真的工人,平常习惯于用缓慢的速度来工作,在尝试加速的情况下,他们的产品质量就有所下降了。可见,具有多年工龄的工人,要加快速度,还需要进行一定的再训练。

不同职业的人,在技能形成过程中,速度和准确度方面也有差别。研究表明,电话接线员由于工作性质要求,快速比准确性更重要。因此,在熟练形成的最后阶段,速度仍有增加,但准确性却没有增加。又如,铁路调度员的工作性质决定他必须把准确性放在首位,所以在熟练过程中,速度一直保持平稳而准确性却有增加。

(3) 练习时间的分配

练习时间的分配有两种,即集中练习和分散练习。集中练习是指长时间不间断地进行练习,每次练习中间不安排休息;分散练习指相隔一定时间间隔进行的练习,各次练习之间安排适当的休息时间。许多实验发现,如镜画描记、符号与数字互换、无意义音节的对偶联结、钢琴演奏等较复杂技能的练习,分散练习优于集中练习。

在派尔(Pyle)的一项研究中,让甲、乙两组被试练习用密码替换字母。甲组每天做一个练习,共14天;乙组一天内完成14个练习,各次练习间隔半小时。结果发现,甲组的成绩随练习次数增加而不断上升,而乙组被试只在头几次略有进步,以后就停顿下来了,在第11次练习后,成绩反而下降(如图13-10所示)。

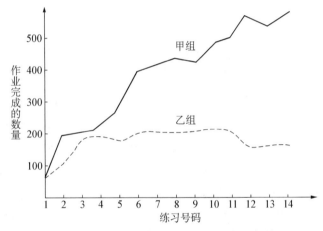

**图 13-10 练习成绩对时间分配的依存关系**

在另一个实验中,基茨尔(M. J. Kientzle)以学生为实验对象,要求被试仿照印刷体由右到左颠倒书写大写字母。他把学生分为四组,练习20次,每次一分钟。第一组学生每次练习后有45秒休息,第二组学生有30秒休息,第三组学生有3—5秒休息,第四组学生没有休息。结果发现休息时间越长的小组成绩越好,而没有休息的小组成绩最差(如图13-11所示)。

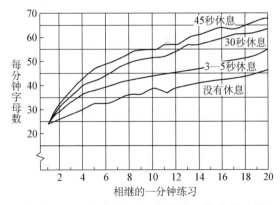

**图 13-11 集中练习与分散练习的成绩比较**

分散学习为什么优于集中学习？现在还没有充分的证据。赫尔(C. L. Hull)用消除"反应性抑制"说明分散练习的有效性。他认为人在技能练习的过程中，刚刚出现疲劳状态时对反应会起抑制作用，这也就是反应性抑制现象。如果这种反应性抑制继续增加，对练习成绩是不利的。集中学习恰恰是反应性抑制的积累，因此影响到练习成绩的进步；而分散练习由于中间得到休息，消除了反应性抑制，因而练习效果好。

有些实验表明，分散练习并不总是优于集中练习。因此在技能练习中，究竟采用集中练习还是分散练习，应视技能的性质、客观条件和主观状态而定。

(4) 练习方式

从技能教学的角度来看，从理解到实际操作还存在一定的距离。学习者理解了但不一定能实际操作，其中还有个过程，练习在这个过程中显得特别重要。练习方式的好坏对技能的学习和发展有很大的影响。

练习方式一般有以下三种。①全部练习。许多研究表明，在开始练习时把各个动作从头到尾连接起来练习，效果不一定是最好的。原因有二：一是全部练习时间长，不能及时得到强化；二是对某些习惯的多余动作不易消除，这是因为在练习过程中，练习者往往注意了练习的结果，而忽视了自己的某些习惯性的多余动作，这就会妨碍建立正确的动作模式。②按动作单元进行练习。一般认为，这种练习方法不利于技能的形成和发展，其原因在于这种方法把一个复杂的动作分离成许多彼此孤立的动作单元，忽视了动作的完整性及动作的心理学结构。特别是歪曲了感觉对动作的矫正作用。以小锤敲击技能（钳工或锻工必须掌握的技能）形成为例，学习者在练习小锤敲击的动作时，先把小锤穿上一个小环，小环套在一根金属线上，然后让学习者仿照抛物线的方式进行敲击。这样的练习就限制了学习者的肌肉运动感觉，破坏了动作的生理和心理的结构，限制了感觉矫正动作的作用。③按心理和生理的特点，把个别、局部的动作有机地连成动作组的练习方式。技能是通过练习形成的动作系统，所以在练习过程中，动作的划分、联合必须考虑心理学的规律，即应考虑被抽出来的独立部分的心理学的结构。它包括感知、注意、思维和运动器官的特点。在动作技能形成过程中，不仅要使学习者形成动作技能，还要形成感知和思维技能。陈立等人对形成细纱接头技能的练习方式的研究，就是这种练习方式的典型例证。[①] 研究者仔细分析了细纱接头技能的特点，把原由七个基本动作组成的三个动作单元（第一单元是拔管；第二单元包括找纱头、套钢丝圈、解捻、插管、导纱等；第三单元为接头），按心理学的结构组成两个单元，即把拔管作为一个独立单元，把导纱和接头组合为一个单元。把拔管作为一个独立单元的理由是：机器每分钟转数很高，动作要求迅速，对新工人来说在这样高速下用手去拔管是相当紧张的。把它作为一个独立单元来练习可避免新工人因紧张而影响以后的动作。把原来二、三单元合并为一单元，理由有二：一是符合动作结构特点，凭导纱动作所引起的动觉使接头的动作更"顺势"，如果硬把导纱与接头分离，就会破坏动作的连贯性；二是符合工人心理上的要求，因

---

[①] 陈立，朱作仁：《细纱工培训中的几个心理学问题》，《心理学报》1959 年第 1 期。

为如果动作到了导纱即停止,不"顺势"连上接头动作则导纱动作对学习者来说是没有意义的,只有"顺势"跟着接头,这个动作才能完成动作的目的,满足了心理上的要求。由于研究者的建议,在技工培训中把二、三单元合并,使技能学习时间缩短了一半。

动作技能练习方法究竟采用部分练习还是整体练习,应视所练习的部分是否独立而定。如果是独立的,那就以分别练习其各个部分为好。例如,科克(H. L. Koch)曾教一些被试学习一种奇特的技能,即两手同时用一打字机练习指法。被试分为两组:一组先分别用一只手练习,另一组直接用双手练习。结果是先两手分别练习的那组转入两手同时练习时,成绩比一开始就用双手同时练习的好,而且这种优势在以后的练习中一直保持。但在要求细心整合的作业上,实验则表明整体练习优于部分练习。例如弹钢琴,练习全曲比部分练习后再整合好。

(5) 反馈

所谓反馈,是指学习者了解自己的练习结果。每次练习后,学习者能及时知道自己哪些动作做对了,哪些动作做错了。然后,再通过练习把做对的动作巩固下来,把做错的动作舍弃掉,这样就能更有效地进行练习,促进技能的获得。在某些情境中,如果学习者不了解自己练习的结果就难于掌握技能。

在技能练习过程中,学习者可获得练习结果的反馈信息的方式很多,有视觉的,也有听觉的,还有触觉、动觉和平衡觉的。一般说来,在练习初期学习者多数是通过视觉通道或听觉通道获得反馈信息。在练习后期则主要是通过运动感觉通道获取反馈信息。①视觉反馈。学习者通过视觉通道获得练习结果信息的方式,称为视觉反馈。它对动作技能的形成和发展有重要作用。有一位心理学工作者曾在一家电器制造厂研究工人切削钨棒的工作。工人用脚操纵一只小而薄的磨轮,把钨棒切成薄的圆片。这项工作看起来似乎简单,但废品率却很高。经研究分析后发觉,优秀工人在切割开始时所用的力量很小,以后力量逐渐增加,切削将近终了时,力量又逐渐减小。由于切成的钨片的废品率要经过检验以后才能够确定,所以工人不知道每次切削的结果,也就是说没有得到反馈。采用新的可自动记录切削过程的仪器后,在训练工人时,先把优秀工人的脚所用的力量用曲线表示出来,就成为视觉形象(如图 13-12、图 13-13 所示)。新工人就依照优秀工人的曲线作为标准进行练习。在练习时,他们随时都可以把自己所用的力量和优秀工人所用的力量进行比较,能立刻知道自己练习的结果,而这些情况是通过视觉形象显示出来的。结果表明:形成这种技能的时间减少了两倍,而磨轮耗损率也降低了四倍。[①] ②听觉反馈。学习者通过听觉通道来获得练习结果信息的方式,称为听觉反馈。例如,抄收电报符号,以前所用的方法是:教师给出一系列声音信号(刺激),让学习者逐一写出相应的字母(反应),经过一段时间的抄写工作后,再进行校对(反馈)。后来采用的新方法是:教师仅给一个字母的声音信号(刺激),让学生写出这一信

---

[①] Stevens, S. S. (1960). *Handbook of Experimental Psychology*. New York: John Wiley & Sons, 1275—1276.

号的字母(反应),随后教师读出这一字母(反馈),让学生及时校对,这样完成之后,再给第二个字母信号。这种新的方法因为使学习者通过听觉语言反馈,立即知道自己练习的结果,所以效果就好得多。这种新的练习方法比旧的练习方法效果提高了一倍。

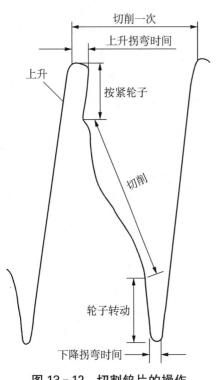

图 13-12 切割钨片的操作过程分析图

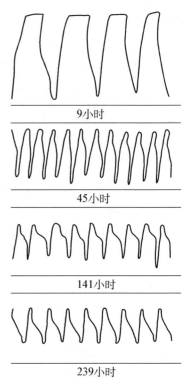

图 13-13 受训者切割钨片的脚部动作模式与训练时间的关系

并不是所有技能的形成与发展都需要外来的反馈。如果学习者对于所要学习的技能已经有一个好的模式,他们就能够利用这个模式来矫正自己的动作。例如,在学习投篮时,学习者凭借观察自己是怎么偏离篮网的,就可以完成大量的自我矫正的练习。

(6) 运用迁移规律,避免干扰作用

在练习过程中,学习者已掌握的技能对新技能的学习会起积极影响或消极作用。已掌握的技能对新技能的学习产生积极影响的,称为技能的迁移或正迁移。例如,有一项关于体育运动中三对技能迁移的研究:①由羽毛球发球到网球发球;②由排球发球的准确性到篮球发球的准确性;③由田径赛的起动姿势到足球的起动姿势。研究发现,学习前一种技能都有利于学习后一种技能。其所以有利,可能是由于两种技能都含有诸多共同成分。

已掌握的技能对新技能的掌握产生消极影响,称为技能的干扰或负迁移。例如,在学习跳高时,运动员掌握了右脚起跳的动作,而在以后学习撑竿跳高时,他会无意地用右脚而不用左脚起跳,结果影响了成绩,这种现象就是已形成的跳高动作技能对学习撑竿跳高的新的动作技能的干扰作用。

在实际技能练习中,正迁移与负迁移常常同时发生,很难截然分开。例如,用惯了英文打字机的人再学习用俄文打字机时,字母的刺激物与手指的反应关系要有相当的改变,于是发生干扰,操作者常常照英文打字方法去使用俄文打字机。但是其中也有迁移的成分,如手指的灵活性、手指的定位能力等,在俄文打字中仍然起着积极的作用。可见,技能的迁移和干扰是综合在一起的。因此,进行技能练习时,必须认真研究、分析新旧技能的性质和特点,精确区分一种动作系统与另一种动作系统的异同,克服干扰作用,促进技能的形成与发展。

**3. 心理练习**

心理练习(mental practice)是指练习者在不进行外显身体动作的条件下,在头脑中对技能进行认知复习的练习方法。例如,体操运动员站在比赛场边,在开始表演之前,他在头脑中将整个套路复习一遍,在眼前呈现套路:从头至尾复述每个动作细节,然后才步入比赛场地开始他的表演。在动作技能习得的研究中,为了验证心理练习的效用,研究人员主要比较了心理练习、身体练习和无练习三种条件下的学习效果。诸如赫德(J. S. Hird)等人的实验对心理和身体练习的多种组合方式进行了比较。[1] 研究发现,心理练习组的学习效果要比无练习组好,但不如身体练习组。此外,从混合组的结果来看,身体练习的比例越高,其学习效果越好。其他相关研究也得到类似的结论。因此,研究者认为,动作技能的习得应尽量运用身体练习的方法,但在不能进行身体练习的情境下,心理练习对于动作技能的习得和技能操作的准备具有积极作用。

国际著名的钢琴演奏家刘诗昆曾报告过心理练习的价值。他因某种原因整整 7 年没能摸过钢琴,然而,重返舞台后,他的钢琴演奏水平比以往任何时候都高。那么,他是怎样使自己的钢琴演奏技艺得以提高和发展的呢?他说:"我的确在练习。我每天都在排练我所演奏过的每一乐章,一个音符接着一个音符地练,不是在钢琴上,而是在我心里。"高尔夫球巨星尼克劳斯(J. Nicklaus)曾经说过,在挥动每一杆之前,他都会先在脑海里把它想象成电影来观看一番,然后才出手。尼格罗(Nigro)的一项关于投射飞镖的研究也显示了心理练习的效果。在实验中,他先让被试把 24 支飞镖一支一支地投向目标;然后,让其中的一半被试在心理意象中再投射 24 次;最后,让每一名被试再实际投射 24 次。结果表明,只有那些做过心理练习的被试,成绩才有所提高。

现在,许多体育项目的运动员都在体能训练之外追加心理训练。休恩(Suinn)在他的报告中写道,对于参加奥运项目的运动员来说,"心理训练已经成为训练标准中的一部分"[2]。

---

[1] R·A·玛吉尔著,张忠秋等译.《运动技能学习与控制(第七版)》,中国轻工业出版社 2006 年版,第 337—340 页。
[2] 戴维·迈尔斯著,黄希庭等译:《心理学》,人民邮电出版社 2008 年版,第 295—296 页。

## 第三节 认知技能

### 一、认知技能的含义

认知技能是指个体借助于内部言语在头脑中进行的动作方式或智力活动方式。它包括感知、记忆、想象和思维，但以抽象思维为其主要成分，所以有时也叫思维技能。在认识特定事物、解决具体问题时，这些心理活动按一定的、合理的、完善的方式自动地进行，就是认知技能，如阅读、写作、运算与解题等。

### 二、认知技能的种类

认知技能按其性能可分为智慧技能和认知策略两类。

**1. 智慧技能**

智慧技能又称为智力技能或心智技能，是指个体运用概念和规则加工外在信息的能力。加涅（R. M. Gagné）根据智慧技能的复杂程度，将其分为五种亚类。[①][②]

（1）辨别

区分事物差异的能力。如区分"b"与"d""m"与"n"的形和音的差别的能力。辨别是一种非常基本的智慧技能。

（2）具体概念

识别事物的物理特征或属性的能力。例如，给幼儿呈现香蕉、苹果、皮球、口琴等物，要求他们分类，如果他们将苹果与香蕉归为一类，皮球与口琴归为另一类，说明他们习得了比辨别高一级的智慧技能。

（3）定义性概念

运用概念定义对事物进行分类的能力。例如，鸟是"脊椎动物的一大类，体温恒定，卵生，嘴内无齿，全身有羽毛，胸部有龙骨突起，前肢变成翼，后肢能行走"。如给学生呈现蝴蝶、蝙蝠、麻雀、燕子等玩具，要求他们分类，如果他们将蝴蝶与蝙蝠归为一类，麻雀与燕子归为另一类，则表明他们习得了定义性概念的智慧技能。

（4）原理或规则

应用原理、规则、定律等办事的能力。例如，圆的面积 $S$ 等于圆形的半径 $r$ 的平方乘以 $\pi$，即 $S = \pi r^2$。若学生能够运用这个定律顺利地完成各种大小不同的圆形面积的计算任务，则表明他们习得了运用规则办事的智慧技能。掌握与运用规则办事可能是人类最重要的一种智慧技能。

---

① 加涅等著，王小明等译：《教学设计原理》，华东师范大学出版社2007年版，第56—73页。
② 皮连生主编：《学与教的心理学（第五版）》，华东师范大学出版社2009年版，第79—81页。

（5）问题解决

将若干简单规则组合成复杂规则而解决问题的能力。假设，一名学生已学过 $2x$ 和 $5x$、$3x^2$ 和 $4x^2$、$2x^3$ 和 $6x^3$ 等单项式的加法，现在给他呈现一套多项式，如：$2x + 3x^2 + 1, 2 + 3x + 4x^2$。问学生：你认为这两个式子之和是多少？并要求其解答这个问题。若学生能用过去习得的单项式加法规则（如，变量 $a$ 加变量 $a^2$ 的和为 $a + a^2$，$2a^2 + 3a^2 = 5a^2$ 等）组合成复杂的规则（如将同指数的变量相加；将各项用符号"＋"连接起来表示和）来解决问题，则表明其习得了问题解决的智慧技能。问题解决是一种高级智慧技能。

#### 2. 认知策略

认知策略是指个体运用习得的概念和规则调节、控制自己的认知加工活动的认知技能。例如：短时记忆中的组块策略，自由回忆学习中的组织策略，问题解决中的手段—目的分析策略，等等。认知策略作为一种高级的自我调控的认知技能，它总是由一套操作程序构成的，如阅读学习的 SQ4R 策略，要求在阅读时采用如下步骤：①浏览（survey）——浏览全文，略知全文大意；②提问（question）——就阅读材料提出疑难问题；③阅读（read）——就提出的问题，仔细阅读全文；④复述（recite）——复习阅读材料内容，试着回答自己所提出的问题；⑤联想（reflect）——将阅读内容与自己的生活经验相联系；⑥复习（revlew）——回顾或复读阅读材料。

任何形式的策略学习都必须经过命题表征（陈述性知识）阶段，然后通过在相同或不同情境中的练习和运用，转化为产生式表征（程序性知识）阶段，最后学习者认识到应用策略的条件，从而达到元认知（策略性知识）阶段，实现策略的跨情境迁移。

### 三、认知技能和动作技能的关系

认知技能和动作技能虽然都具有技能的共同特点，但它们是两种性质不同的技能。首先，它们所调节的对象不同。动作技能所调节的是外部的、具体的客观物质；认知技能所调节的是头脑内部的程序、规则和策略。其次，动作技能是展开的，每一个动作都是不可或缺的；认知技能的动作是简缩的、不完全的、片断的，是高度省略和简化的。第三，动作技能是外显的，他人可以直接观察到它的发展变化的进程；认知技能则是内隐的，他人不能直接观察到它的发展变化的进程，人们只能通过智力活动的结果间接地了解它的发展变化的进程。第四，动作技能包含着肌肉骨骼系统，它们的活动既依赖于中枢神经系统的功能，也依赖于周围神经系统的功能；认知技能则主要依赖于脑的结构与功能。

认知技能和动作技能既有区别又有联系，它们统一存在于人的实践活动之中。程序性知识是动作技能和认知技能形成的知识基础，程序、规则、策略和动作是它们的主要构成。动作技能是认知技能形成的最初依据，认知技能常常是在外部动作的基础上，通过学习，逐步脱离外部动作而借助于内部言语在头脑中实现的。心算技能形成的过程就是这样。动作技能也是认知技能的体现者，认知技能是外部动作的支配者和调节者，越是高水平的动作技能就越需要认知技能的参与和调节。动作技能和认知技能的形成与个性有密切关系，动机、兴趣、态度对它们的形成与发展都有着重要的影响。动作技能和认知技能的掌握都有助于高效率、创造性地完成活动任务，都是个体社会适应不可或缺的条件。在实践活动中，确定某种技能是认知技能还是动作技能，则取决于其活动的主要成分。例如，球类活动是以肌肉运动为主的，但又受人的智能的控制和调节，因此把它归属于动作技能。而体育运动中的棋类比赛，主要是依据头脑中进行思维活动所做出的决策，支配手挪动棋子的位置，因此把它归属于认知技能。但是，动作技能中所包含的有些因素与认知技能无关。首先，动作技能包含着肌肉系统，其活动既依赖于中枢神经系统的功能，也依赖于周围神经系统的功能。因此，肌肉的组织和结构在动作技能活动中往往是重要的。其次，动作技能常常是对连续进行的动作的调节，而认知技能则是对认知程序，即对符号系统的调节，而且又是间断性的。这就是说，一方面，在动作技能活动中最需要考虑的是建立准确的参数来指导动作，以及当动作发生偏误时经常用这些参数来检查并予以调整。在认知技能领域中，似乎很少运用上述方法。另一方面，在认知技能研究中所出现的问题，与理解动作技能关系不大。例如，如何使用这些技能和一般事实性的知识。因此，关于动作技能研究的结果，只有一小部分能用来理解认知技能。

## 四、认知技能形成的阶段

关于认知技能的形成问题，由于人类认知活动的复杂性，迄今在学术界尚未定论。

20世纪50年代，心理学家加里培林从活动的心理学观点出发，致力于智力活动形成问题的研究，提出了智力活动按阶段形成的假说。经过几十年广泛而系统的研究，他认为智力技能的形成是一个从外部的物质活动向内部的智力活动转化的过程，一般要经历下述五个阶段。①②

### （一）活动的定向阶段

这是智力活动的准备阶段。它是让学生通过观察智力活动的"原型"，理解活动的目标、任务、操作程序及步骤，在头脑中建构有关活动及活动结果的表象，建立起执行活动的操作程序或操作步骤，以便对活动本身及其结果定向。例如，在小学生应用题教学中，教师讲解例题，将解答应用题的思维过程呈现给学生，学生通过观察、分析、思考以了解解答应用题的目标、程序及步骤，在头脑中建构有关解答应用题的过程与结果的表象。

### （二）物质活动或物质化活动阶段

物质活动是指运用实物进行的智力活动，物质化活动是指运用实物的模型、图表、示意图等教具进行的智力活动。例如，幼儿在学习5加4的加法运算时，在一堆彩色棒中一根一根地取

---

① 《心理学百科全书》编辑委员会编：《心理学百科全书》，浙江教育出版社1995年版，第456页。
② 李铮，姚本先主编：《心理学新论》，高等教育出版社2001年版，第118页。

出5根和4根,自左至右地分两堆摆放在课桌上,然后把它们合起来。物质活动或物质化活动的基本要求是,每一个智力动作必须以展开的形式进行,并且以相应的实际操作来完成。

### (三) 出声的外部言语阶段

本阶段的特点是,个体不是直接操作实物进行智力活动,而是通过出声的外部言语来进行智力活动。外部言语是一种结构完整的言语。以出声的外部言语来概括已形成的动作表象,使智力活动摆脱了实物的限制,提高了智力活动的概括性。例如,幼儿不用彩色棒就能说出:4(根小棒)+5(根小棒)=9(根小棒)。言语的作用,使得活动抽象化和简约化。这是智力活动从外部形式转化为内部形式的开始。

### (四) 无声的外部言语阶段

本阶段是从出声的外部言语转化为不出声的默语活动阶段。以小学生学习加法为例,这时小学生能默不出声地复述其法则和运算规则。无声的外部言语活动使智力活动逐渐由外部言语调节向内部言语调节过渡。

### (五) 内部言语阶段

本阶段内部言语的机能、结构发生重大变化,主要特点是简缩化和自动化,致使智力活动不需要多少意识参与就能在头脑里自动化地进行。例如,小学生学习加法,这时在头脑里不再默念法则、定律,而是自动化地进行加法运算。这是智力技能形成的最后阶段。

加里培林提出的智力活动按阶段形成的理论,对于了解智力技能的形成具有重要作用,但是否具有普遍意义,尚待进一步研究。

## 五、影响认知技能形成的因素

影响认知技能形成的因素很多,这里我们只讨论几种主要的影响因素。

### (一) 原型特点

原型原指一切演化物的最初形式。在现代心理学中,原型是指在创造性活动中起启发作用的事物。在这里,原型是指某种智力活动的操作程序、结构和过程的模式。

认知技能形成的基础是学习者对活动的定向,而活动的定向是学习者通过观察原型来实现的,所以原型是影响认知技能形成的重要因素。原型的作用与其结构和特点有关。第一,完备性,即所提供的原型的结构必须是完备的,要保证学习者能完整地了解活动的结构、操作程序和各种操作动作的具体要求,不能有任何模糊或缺失。第二,适应性,即所提供的原型必须从学习者已有的知识经验出发,与已有的知识经验相匹配。新学习的认知技能所包含的各部分的认知技能,越是学习者已经学会和熟练掌握的认知技能的组成部分,两者的共同部分越多,就越是有利于新的认知技能的形成。第三,概括性,即所提供的原型要有若干变式,提高原型的概括程度,使原型具有迁移价值。原型的完备性、适应性与概括性的特点不同,对学习者的活动定向作用就不同,从而影响认知技能形成的最终水平。

## (二) 练习

同动作技能形成一样,认知技能的形成也是通过练习来实现的。练习的效果与练习的数量、练习的方式、练习的时间分配等因素有关。科勒斯(P. A. Kolers)曾对阅读技能的形成做过研究。[①] 在实验中,他设计了8种不同类型的阅读材料。第1种类型的阅读材料是正常的;第2种阅读材料把整个字行颠倒;第3种阅读材料把每个字颠倒;第4种阅读材料把标准句子做镜像式的颠倒,其余4种阅读材料则是各种变形的合并。在一项研究中,科勒斯考察了在阅读每个颠倒了字的阅读材料时集中练习的效果。被试阅读颠倒了字的第一页材料时用了16分钟多的时间,而阅读正常材料时只用了1.5分钟。在阅读速度测验开始后,被试对这种颠倒了字的阅读材料练习200页。图13-14是按阅读时间和练习数次的对数与对数关系绘制的。在该图中,练习是按所阅读过的页数计算的。阅读速度随练习而改变的情况用"颠倒阅读材料的初始训练"那条线表示。科勒斯在实验中还穿插了一些阅读正常材料的测验。测验数据用"正常阅读材料的初始测验"那条线表示。研究结果表明,被试在阅读200页颠倒了字的阅读材料后,他们达到了每页1.6分钟的速度,即几乎与被试阅读正常材料的速度相当。科勒斯在一年以后再把这些被试请回来,要他们再次阅读颠倒了字的阅读材料。测验数据用"颠倒阅读材料的再训练"那条线表示。这次被试阅读颠倒了字的第一页阅读材料约为3分钟。与他们一年前阅读第一页时用了16分钟的时间相比,显然节省了很多时间,与他们一年前经过200页的练习后相比几乎是当时用时的两倍,这表明遗忘因素的作用。图13-14结果表明,被试在再次练习实验中的进步,也像他们在最初练习时那样,练习与绩效

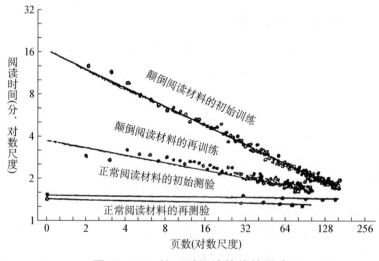

图13-14 练习对阅读技能的影响
(引自安德森,1989)

---

[①] J·R·安德森著,杨清、张述祖等译:《认知心理学》,吉林教育出版社1989年版,第291—293页。

之间仍服从对数与对数之间的关系。被试通过100页的练习,达到了他们原来通过200页的练习才能达到的绩效水平。

### (三) 学习的积极性与主动性

任何学习任务的完成均依赖于学习者的学习积极性与主动性,因此学习者对学习认知技能的主动性是影响认知技能形成与发展的重要因素。例如,在小学数学20以内的加法学习中,由于数量较小,一些学生就满足于用计数的方法来完成运算任务,而不是根据数的组成的知识,通过数的组合和分解动作来完成运算任务。其结果是这些学生不能掌握加法运算的法则,形成运算的技能,可见调动学习者学习认知技能的积极性与主动性十分重要。

当今,随着我国经济社会的发展,新职业不断涌现。比如,人工智能训练师、呼吸治疗师等。专家认为,新技术的应用,以及超级专业化导致的行业细分与平台经济等综合因素,决定了社会职业的变化和发展,致使新职业有着不同于过去职业的新需求。比如,未来人工智能领域的从业者不仅要有熟练地操作机器人、掌控人机协调工作法则的专业技能和素养,还要有与人沟通、与团队协作的社交技能。① 因此,研究新职业从业者的技能结构及其形成与发展的特点和规律,可为新职业从业者的技能培训提供理论依据与技术支持。

 **名词解释**

动作　动作技能　心理运动能力　开放性动作技能　动作的准确性　练习曲线

 **思考题**

1. 什么是技能?技能与知识、熟练与习惯之间有什么区别?
2. 简述动作技能的构成成分。
3. 简述动作技能形成的阶段和基本特征。
4. 什么是高原期现象?形成高原期现象的原因是什么?
5. 影响练习效率的因素有哪些?
6. 什么是认知技能?它有哪些种类?认知技能与动作技能有何区别?

---

① 彭薇:《16个新职业诞生,拥抱新机会》,《解放日报》,2020年3月16日,第12版。

# 第十四章　人格和人格倾向性

## 第一节　人格概述

### 一、人格的含义

人格是个体特有而相对稳定的心理行为模式。

《中国大百科全书·心理学》中写道:"人格是个体特有的特质模式及行为倾向的统一体,又称个性。"①

人格包括个体独特而相对稳定的内部心理特征和外部行为方式两个方面。从字源上讲"人格"与"个性"都来源于英语的"personality",而"personality"一词又来源于拉丁语"persona",该词最初指演员的面具,即一个人的外部表现,现在不仅指一个人的外部表现,而且指一个人的内在特征。人格可以说明一个人的全体和整合。我国古语云"蕴蓄于中,形诸于外",可以作为人格的最好概括。②

图 14-1　人格含义

国内外心理学工作者在运用"人格"一词时,有不同的看法。一般认为人格与个性是同义词(图 14-1 的中间圆);广义的人格不仅包含心理方面的特质,还包括身体方面的特质(图 14-1 中的最大圆);狭义的人格指性格和气质(图 14-1 中的最小圆)。本书采用"人格"与"个性"同义的观点。

从 20 世纪 80 年代开始,人格心理学发展迅速,开始走出低谷。"大五人格"的研究,如一阵春风,给人格心理学带来了希望。当代人格心理学的研究已经出现了跨领域、跨学科、跨文化、跨情景等特点。许多学科大量引用人格心理学的研究成果。在众多的博士论文中对人格心理学的引证也多。人格心理学已进入快速发展阶段。

万晓霞以美国出版的《科学引文索引》(SCI)为根据,检索人格心理学文献(如表 14-1 所示)。

表 14-1　人格心理学 SCI 十年载文量统计

| 年份 | 1999 | 2000 | 2001 | 2002 | 2003 | 2004 | 2005 | 2006 | 2007 | 2008 | 总计 |
| --- | --- | --- | --- | --- | --- | --- | --- | --- | --- | --- | --- |
| 文献量 | 69 | 61 | 89 | 207 | 169 | 185 | 188 | 223 | 268 | 282 | 1741 |
| 百分比 | 3.96 | 3.50 | 5.11 | 11.89 | 9.70 | 10.63 | 10.80 | 12.82 | 15.39 | 16.20 | 100.00 |

(引自万晓霞,2009)

---

① 中国大百科全书总编辑委员会《心理学》编辑委员会,中国大百科全书出版社编辑部编:《中国大百科全书·心理学》,中国大百科全书出版社 1991 年版,第 270 页。
② 荆其诚主编:《简明心理学百科全书》,湖南教育出版社 1991 年版,第 384 页。

## 二、人格的基本特征

人格具有整体性、稳定性和可塑性、独特性、社会性和生物性。分析这些特征,有助于对人格含义的理解。

### (一) 人格的整体性

人格是一个统一的整体结构。人格中每一个组成部分并不是独立的,它们相互联系、相互制约,组成一个完整的人格结构系统。在心理学史上,有些心理学工作者,如沃伦(H. C. Warren)和弗林斯(M. H. Prince)等人在人格中罗列了许多特征,把人格看作是个人许多特征的简单总和。德国心理学家斯腾(W. Stern)强调研究整体的人,他认为,心理学研究的对象应该是整体的人,而不是人的单项心理机能。美国人格心理学家奥尔波特(G. W. Allport)进一步指出:人格是一种有组织的整体,在这个整体中各个成分相互作用、相互影响、相互依存。如果其中一部分发生变化,其他部分也会发生变化。后来在人格心理学研究中引进了结构的概念和系统论的观点,把人格看成是完整的结构,人格的整体性为多数心理学学者认同。

### (二) 人格的稳定性和可塑性

人格具有稳定性。人格是个体稳定的心理行为模式。人在行为中偶然的表现不能表征其人格,只有在行为中比较稳定而且经常表现出来的行为才能表征其人格。例如,一个处世沉稳的人,偶然表现出轻率的举动,不能由此说他具有轻率的人格特征。

所谓"江山易改,本性难移"就形象地说明了人格的稳定性。潘菽教授指出:"心理过程是指心理的一时动态表现;……个性指的就是一个人(或每个人)所有心理静态或较稳定的状况的全部内容。忽视了这一点,个性心理问题无论如何都说不清楚。"①然而,人格的稳定性只是相对的,人格并不是一成不变的,人格具有可塑性。人格在主客观条件相互作用过程中发展起来,同时又在主客观条件相互作用过程中发生变化,儿童的人格还不稳定,受环境影响较大,成年人的人格比较稳定,但自我调节对人格的改变起重要作用。例如,逆境可以使人消沉,但通过自我调节,人也可以使自己变得坚强。人格是稳定性和可塑性的统一。

### (三) 人格的独特性

人与人之间没有完全相同的人格。人格的独特性是人格最显著的特征。俗话说:"人心不同,各如其面。"许多心理学家也都强调人格的独特性。每一个人的人格都由独特的心理行为模式所组成。即使是同卵双生子,他们的心理行为也不会完全相同。因为人格是在遗传、环境、成熟和学习许多因素影响下发展起来的。这些因素和这些因素之间的相互作用不

---

① 潘菽著:《潘菽心理学文选》,江苏教育出版社1987年版,第574页。

可能是完全相同的。

人格的独特性并不是说人与人之间在人格上毫无共同之处。人格既包括人与人之间在心理行为上的相同方面（共同性），也包括人与人之间在心理行为上的不同方面（差异性）。人格中既包含人类共同的特点、民族共同的特点，还包含每个人与其他人不同的特点。

### （四）人格的社会性和生物性

人格不仅受生物因素的制约，而且受社会因素的制约。在人格形成和发展的过程中，既有生物因素的作用，也有社会因素的作用。不能将人格的形成和发展原因归结为一种因素，也不能将这两种因素的作用等量齐观。生物因素只给人格发展提供可能性，社会因素才使这种可能性转化为现实。如果离开了人类的社会生活，人的正常人格就无法形成和发展。人在社会交往中，逐渐形成和发展自己的人格，对人格形成和发展起决定作用的是社会生活条件。

## 三、人格的心理结构

人格的心理结构包括人格倾向性和人格心理特征。本章阐述人格倾向性，有关人格心理特征的内容将在本书的后面几章中具体阐述。

### （一）人格倾向性

人格倾向性是人格进行活动的基本动力，是人格结构中最活跃的因素。它决定人对现实的态度，决定人对认识活动对象的趋向和选择。人格倾向性主要包括需要、动机、兴趣、理想、信念和世界观。它们较少受生理因素的影响，主要是在后天的社会化过程中形成的。人格倾向性的各个成分并不是彼此孤立的，而是相互联系、相互影响和相互制约的。其中，需要又是人格倾向性乃至整个人格积极性的源泉，在需要推动下，人格才能形成和发展。动机、兴趣、理想和信念等都是需要的表现形式。世界观居于最高层次，它制约着一个人的整个心理行为，是人们言论和行动的总动力和总动机。人格倾向性被认为是以人的需要为基础的动机系统。

### （二）人格心理特征

人格心理特征是指一个人身上经常地、稳定地表现出来的心理特点。它们较早地在个体身上形成，并且在不同程度上受生理因素的影响。人格心理特征在人格结构中比较稳定，主要包括能力、气质和性格。

人格倾向性和人格心理特征之间相互影响、相互渗透，错综复杂地交织在一起。人格心理特征受人格倾向性调节，人格心理特征的变化也在一定程度上影响人格倾向性。

## 第二节 需 要

### 一、需要的含义

需要是人脑对生理需求和社会需求的反映。

人为了求得个体和社会的生存与发展，必须要求一定的事物。例如，食物、衣服、睡眠、劳动、交往等。这些需求反映在个体头脑中，就形成了个体的需要。需要被认为是个体的一种内部状态，或者说是一种倾向，它反映了个体对内在环境和外部生活条件的较为稳定的要求。

西方心理学中的各种需要概念，大体上有两种用法。第一种用法重视它的动力性意义，把需要看作是一种力或紧张；第二种用法重视它的非动力性意义，把需要看作个体在某一方面的不足或缺失。

### 二、需要的作用

需要是个体行为和心理活动的内部动力。它在人的活动、心理过程和人格中起重要作用。

需要是个体行为积极性的源泉。人的各种需要推动人们在各个方面的积极活动。个体活动的积极性，根源在于个体的需要。需要和人的活动紧密相连，需要越强烈，由此引起的活动也就越有力，它是个体活动的动力。没有需要，也就没有人的一切活动。而且需要永远具有动力性，它不会因暂时的满足而终止。研究表明：有一些需要明显地带有周期性的特征，如对饮食和睡眠等的需要；而有一些需要在得到满足后，又会产生新的需要，新的需要又推动人们去从事新的活动。在活动中需要不断地得到满足，又不断地产生新的需要，使活动不断地向前发展。例如，学习科学文化的需要，欣赏艺术的需要，通常是每一次需要满足后都会产生新的、更高的需要。

需要又是个体认知过程的内部动力。人们为了满足需要必须对有关事物进行观察和思考。需要调节和控制着个体认知过程的倾向。需要对情感和情绪影响很大。人对客观事物产生情感和情绪，是以客观事物能否满足人的需要为中介的。凡是能够满足人需要的事物，则产生肯定的情感和情绪，否则产生否定的情感和情绪。情感和情绪就是人对客观事物与人的需要之间关系的反映。需要推动意志的发展。个体为了满足需要，从事一定的活动，要用一定的意志努力去克服困难。

需要在人格中起重要作用，是人格倾向性的基础。人格倾向性的其他方面，如动机、理想、信念等都是需要的表现形式。而人格心理特征是受人格倾向性调节的。

### 三、需要的分类

人类的各种需要并不是孤立的，而是相互联系并且重叠交叉的。人类的需要是一个整体结构,各种分类仅仅具有相对的意义。通常是根据需要的起源,把人的需要分为生理性需要和社会性需要;根据需要的对象,把人的需要分为物质需要和精神需要。

## (一) 生理性需要和社会性需要

### 1. 生理性需要

生理性需要是个体维持生命和延续后代而产生的需要。如进食、饮水、睡眠、运动、排泄和性等需要。生理性需要具有重要的生物学意义。它是保护和维持有机体生存和延续种族所必需的。如果在相当长的时间里,正常的生理性需要得不到满足,个体就无法生存。生理性需要往往带有明显的周期性。

生理性需要是人类最原始、最基本的需要,是人和动物所共有的。但是,人的生理性需要和动物的生理性需要有本质的区别。人的生理性需要受社会生活条件所制约,具有社会性,带有社会历史的烙印。人和动物的生理需要的对象和满足方式都有根本的区别。动物只能等待大自然的恩赐,只依靠周围环境中的自然物体作为满足需要的对象。而人类不仅以周围环境的自然物作为满足需要的对象,而且主要通过社会生产劳动生产出自己所需要的对象,并且随着生产的发展,不断提高自己的生理性需要。马克思指出:"饥饿总是饥饿,但是用刀叉吃熟食来解除的饥饿不同于用手、指甲和牙齿啃生肉来解除的饥饿。"[1]朱熹说:"饮食者天理也,要求味美人欲也。"[2]人的进食不仅受有机体的饥饿状态所支配,而且还要考虑各种社会行为规范,讲究礼仪。

### 2. 社会性需要

社会性需要是人类在社会生活中形成的,为维护社会的存在和发展而产生的需要,如对劳动、交往、友谊、求知、美和道德等的需要。社会性需要是在生理性需要的基础上,在社会实践和教育影响下发展起来的。它是社会存在和发展的必要条件,如劳动是人类赖以生存的第一个基本条件。人类如果不劳动,就无法生存,人类社会就无法存在和发展。

社会性需要是人类特有的,它受社会生活条件所制约,具有社会历史性。不同的历史时期、不同的民族和不同的风俗习惯,人们的社会性需要也会有所不同。在中国古代,男子的衣着讲究长袍马褂,今天人们就不会再有这种需要了。当人的社会性需要得不到满足时,虽然不会威胁到机体的生存,但会因此感到难受,产生不舒服的感觉和不愉快的情绪。

## (二) 物质需要和精神需要

### 1. 物质需要

物质需要是指与衣、食、住、行有关的物品的需要,是对劳动工具、文化用品、科研仪器等的需要。在物质需要中既包括生理性需要,又包括社会性需要。

---

[1] 马克思、恩格斯著,中共中央马克思恩格斯列宁斯大林著作编译局译:《马克思恩格斯全集(第十二卷)》,人民出版社 1962 年版,第 742 页。

[2]《朱子语类(卷五)》。

### 2. 精神需要

精神需要是指认知需要、审美需要、交往需要、道德需要和创造需要等。它是人类所特有的需要。在劳动过程中所形成的交往需要是人类最早形成的精神需要。所谓交往需要是指一个人愿意与他人接近、合作、互惠,并发展友谊的需要。研究表明:交往需要在人类历史发展过程中起着十分重要的作用,也是个体心理正常发展的条件。

随着社会的进步和生产力的发展,人们的物质需要和精神需要都将不断地得到满足。"充分满足人的各种合理的需要是个体全面发展的一个重要条件,但不是唯一的条件。如果没有其他条件(其中占首要地位的是劳动)的调节而过分容易地满足人的各种需要,这不但不会使个性得到丰富充实和全面发展,而且相反,会使个体变得懒惰贪婪。……在社会主义社会中,教育的一个最重要的任务,就是培养人们的劳动习惯,使劳动成为人的真正的、内在的需要。"[1]马卡连柯指出:教育工作最深刻的意义在于造就和培养人的需要,引导他们走向道德的高峰。

## 四、需要的理论

### (一) 勒温的需要理论

德国心理学家勒温(K. Lewin)假定个人与环境之间有一定的平衡状态,如果这种平稳状态遭到破坏,就会引起一种紧张(需要或动机),这种紧张状态就会导致力图恢复平衡的移动。勒温认为,人类的行为包括:紧张—移动和缓和的连续性表现。紧张—移动—平衡和需要—活动—缓和是相类似的。需要是行为的动力,它引起活动,以期使需要得到满足。需要的压力可以引起心理系统的紧张,需要满足后,紧张的心理系统就得到解除。反之,如果需要得不到满足或动机受到阻遏,这种紧张的心理系统就会保持一定的时间,并使人具有努力满足需要或重新实现目标的意图。

在需要分类方面,勒温把需要分为两种:需要和准需要。需要是指客观的生理需要;准需要是指在心理环境中对心理事件起实际影响的需要,例如,毕业时要写论文,写好的信要投入信箱,等等。勒温所阐述的需要一般是指准需要。他认为,需要的强度在不同人身上是不同的。

### (二) 默里的需要理论

美国心理学家默里(H. A. Murray)把需要看作个性的中心概念,并用来说明个性的动力结构规律。默里把需要定义为:用以代表脑区力量的构造物,这种力量引起一系列行为的反应,使原有的紧张情绪解除,具有定向目的性。他指出,需要这种力量渗透到活动的各个方面,并调节和控制着其他的心理活动。他认为,需要是个体行为动力性的源泉,是个体行为所必需的。由于需要和个体的不平衡状态相联系,在一般情况下个体总是处在一种不平

---

[1] 荆其诚,林仲贤主编:《心理学概论》,科学出版社1986年版,第381页。

衡状态，因此需要经常推动着个体活动的进行。

默里认为，人类的各种需要相互作用，人类的全部需要是一个系统。他还把人类的需要系统和环境系统联系起来，并把它们纳入到一个动态的系统之中。人类的主体和环境压力之间是相互作用的。他认为，人类动机是个人的需要（人的特征）和压力（环境特征）共同起作用的结果。其中需要是倾向性的因素，压力是促进性的因素。个人需要和环境影响相结合，决定一个人的行为。

默里对人类的需要提出了多种分类。他指出，最方便的是把需要划分为两类：①基本需要，又称身体能量需要。它涉及生理的满足，如对空气、水、食物、性等的需要。②次级需要，又称心理能量的需要。它涉及精神或情绪的满足，如对成就、交往等的需要。

默里等人列举出20种有代表性的需要：贬抑、成就、亲合、攻击、自主、对抗、防御、恭敬、支配、表现、躲避伤害、躲避羞辱、培育、秩序、游戏、抵制、感觉、性、求援和了解。他认为，这些需要在每个人身上都是存在的，但在程度上有所不同。

默里认为，各种需要之间有融合、互补和冲突的现象。同时，每一个人都有一个需要层次，各种需要在重要性上是有区别的。与人类生存有关的基本需要最重要。

默里认为，明显的需要可以通过观察一个人行为的经常性、持久性与强烈性直接测量出来，隐蔽的需要必须用间接方法加以测量。他和摩根（C. D. Morgan）共同设计了主题统觉测验来测量被试的需要，他还设计了问卷来研究人类的需要。

### （三）马斯洛的需要理论

美国心理学家马斯洛（A. H. Maslow）的动机理论是以他对人类需要的理解为依据的。他认为需要的性质决定动机的性质，需要的强度决定动机的强度。不过动机与需要之间并非简单的对应关系，人的需要是多种多样的，但只有一种或几种成为行动的主要动机。他把人类的需要分为两大类。一类是基本需要。这类需要和人的本能相联系，与一个人的健康状况有关，缺少它会引起疾病。基本需要包括生理需要、安全需要、归属和爱的需要以及尊重需要。另一类是成长性需要。这类需要不受本能所支配，不受人的直接欲望所左右，以发挥自我潜能为动力，这类需要的满足会使人产生最大限度的快乐。成长性需要包括认知需要、审美需要和自我实现的需要。这两类需要根据对人直接生存意义及生活意义的大小，呈梯状排列（如图14-2所

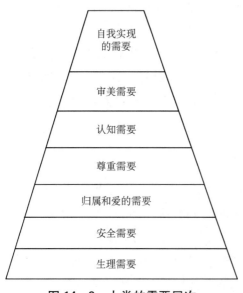

图14-2　人类的需要层次

示)。① 马斯洛认为,人类的需要具有层次性,人类的各种基本需要是相互联系、相互依赖和彼此重叠的,是一个按层次组织起来的系统。他认为,只有低级需要基本满足后才会出现高一级的需要;只有所有的需要相继满足后,才会出现自我实现的需要。马斯洛还认为,每一时刻最占优势的需要支配着一个人的意识,成为组织行为的核心力量,已经满足了的需要,就不再是行为的积极推动力量。

自我实现的需要,是追求实现自我理想的需要。表现为个人特有潜能的极度发挥,做一些自己认为有意义和有价值的事。自我实现者大都是中年人或年长的人,或者心理发展比较成熟的人。一个人的童年经验,两岁以内的爱的教育特别重要。如果童年失去了安全、爱与尊重,就很难成为自我实现的人。马斯洛认为,对于大多数人来说,自我实现需要的满足,仅仅是个人的奋斗目标。只有少数人,才能达到真正的自我实现境界,成为自我实现者。

后来,马斯洛又把人类的需要概括为三个大层次:基本需要、心理需要和自我实现的需要(如图14-3所示)。

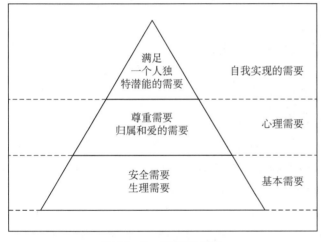

图14-3 需要的层次

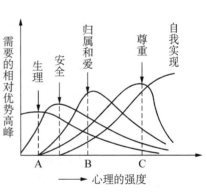

图14-4 需要层次和不同的心理发展时期

马斯洛认为,个人需要的发展过程更多地像波浪式地演进,各种不同的需要的优势由一级演进到另一级(如图14-4所示)。例如,婴儿时期主要是生理需要,后来才产生安全需要、归属和爱的需要,青少年时才产生尊重需要,等等。

马斯洛在1970年系统地总结了这一理论,这是对动机更全面的表述。他认为,在自我实现需要之上,还有一个超越需要,处于超越需要的人,他们生活安全,被别人爱和爱别人,有信心,善于思考并有创造力,富裕。超越需要导致更高层次的意识状态,超越自我和个人的潜力,很少有人达到这种境界(如图14-5所示)。

---

① 叶浩生主编:《西方心理学的历史与体系》,人民教育出版社1998年版,第571页。

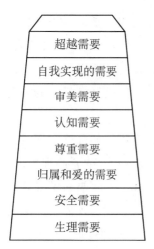

图 14-5 马斯洛的需要层次论

（引自 R. J. Gerrig & P. G. Zimbardo, 2003）

马斯洛将人类的需要分成由低级到高级的不同层次，并把它们纳入到一个连续的统一体中，把人的基本需要看作一个按层次组织起来的系统。这种理论受到了人们的重视，并在实际工作中得到了应用。一些研究也证明，人类的各种需要之间确实存在着层次关系。但是，马斯洛的需要理论在许多方面尚带有假设性质，缺乏实验依据和客观指标。近年来，有些心理学工作者设计了一些实验，用以证实马斯洛的理论，并取得了一些进展。

### （四）阿尔德夫的需要理论

阿尔德夫（C. P. Alderfer）对工人进行大量研究后，提出一个人的基本需要不是五种，而是三种。他提出的三种基本需要是：①生存需要，这是最基本的需要，是对一个人基本物质生活条件的满足；②关系需要，即维持人与人之间关系的需要；③成长需要，即人要求发展的内在愿望。

阿尔德夫的生存需要大体上相当于马斯洛的生理需要和物质方面的安全需要；关系需要大体上相当于马斯洛的人际关系方面的安全需要和归属与爱的需要；成长需要大体上相当于马斯洛的尊重需要和自我实现的需要。

阿尔德夫认为，人类的三种需要并不完全是生来就有的，有的需要是通过后天的学习产生的。这三种需要之间并没有明显的界限，它们是一个连续体，并不是层次等级。他指出，各种需要获得的满足越少，则满足这种需要的愿望就越强烈。例如，缺乏食物的人，渴望获得更多的食物。他还认为，低级需要的满足，会增强对高级需要的追求；高级需要的缺乏，会加强对低级需要的追求。例如，个体在生存需要满足后，对关系需要的追求就强烈；个体在关系需要得不到满足时，就会更多地追求生存需要。人类的需要不一定按严格顺序由低级向高级发展，而是可以越级，在遇到挫折时，也可能倒退，等等。

有些心理学家认为，阿尔德夫的需要理论，修正了马斯洛需要理论的某些不足之处，似乎更切合实际。

### （五）麦克莱兰的需要理论

美国心理学家麦克莱兰（D. C. McClelland）认为，人在生理需要满足后，行为取决于另外三种基本需要的满足与否。这三种基本需要是：成就需要、权力需要和合群需要。这三种基本需要的排列层次和重要性是因人而异的。例如，年资高的经理成就需要强烈，合作的需要相对降低。高成就需要可以通过教育培养。他曾组织了训练班，并取得了一定的效果。

### （六）鲁宾斯坦和彼德罗夫斯基等人的需要理论

鲁宾斯坦（С. Л. Рубинштейн）认为，需要是指人体验到的处在他以外的事物的需求。

需要对于每个人来说是不同的。他还认为，人类不仅有机体需要，而且还有社会需要。他提出了个性积极性的源泉的观点。他指出：人的需要是个性积极性的源泉，包含两层意思。

#### 1. 需要本身具有动力性

人类为了生存和发展，必须通过行动去满足各种需要。需要的满足会产生新的需要。因此，需要不论是否得到满足都是活动的动力。需要永远表现出积极的性质。

#### 2. 需要是活动的基本动力

个性积极性的其他方面（如动机、理想和信念等），都是需要的变形。彼德罗夫斯基（А. В. Петровский）等人指出，人的需要不仅是行为和活动的决定因素，而且也是人的个性发展的决定因素。

苏联心理学家重视对社会性需要的研究。他们把社会性需要划分为 A、B 两类：A 类指活动或交往的需要，B 类指尊重和自由的需要。也有研究者把社会需要划分为自尊、美感、智力的需要。研究者把社会生产看作最重要的需要，得到社会广泛的认同。

## 第三节 动 机

### 一、动机的含义

动机是由需要所推动，达到一定目标的行为动力。[①]

"动机"一词，来源于拉丁文"movere"，即"推动"的意思，是一个解释性的概念，用来说明为什么有这样或那样的行为。人们从事任何活动都有一定的原因，这个原因就是人的行为动机。

动机可以是有意识的，也可能是无意识的。最早将动机概念引入心理学的是美国心理学家伍德沃斯（Woodworth），他认为动机是决定个体行为的内部动力。

引起动机必须有内在条件和外在条件。

引起动机的内在条件是需要，动机是在需要的基础上产生的。如果说，人的各种需要是个体行为积极性的源泉和实质，那么，人的各种动机就是这种源泉和实质的具体表现。如学生的学习动机就是他们学习需要的具体表现。动机和需要密切地联系在一起，离开需要的动机是不存在的。当需要在强度上达到一定水平，并且有满足需要的对象存在时，就引起动机。

引起动机的外在条件是诱因。它是引起动机的另一个重要因素。诱因可以分为正诱因和负诱因。凡是个体因趋向或接受它而得到满足时，这种诱因称为正诱因；凡是个体因逃离或躲避它而得到满足时，这种诱因称为负诱因。例如，对饥饿的人来说，食物是正诱因，电击是负诱因。诱因可以是物质的，也可以是精神的。例如，教师对学生的表扬，就是一种激发学生学习的精神诱因。

---

[①] 林传鼎等主编：《心理学词典》，江西科学技术出版社 1986 年版，第 121 页。

个体在某一时刻有最强烈的需要,并在有诱因的条件下,能产生最强烈的动机。例如,有考大学需要的人,只有在高校招生的条件下,才能引起升学的动机。可见,需要和诱因是形成动机的必要条件。但是,在动机的内在条件和外在条件各自所起的作用上,心理学家所强调的侧面是有所不同的,即所谓"拉"和"推"的理论。"拉"的理论强调动机中环境的作用,"推"的理论强调动机中个体的内部力量。一般认为,有些动机形成时需要的作用强些,有些动机形成时诱因的作用强些。例如,对电脑有需要的人,只有在商店中有电脑出售的条件下,才会有购买电脑的动机。

## 二、动机的功能

动机在人类行为中起着十分重要的作用,动机在刺激和反应之间提供了清楚而重要的内部环节。人类动机是个体活动的动力和方向,它既给人的活动以动力,又对人的活动方向进行控制。动机被认为具有活动性和选择性。人类的动机好像汽车的发动机和方向盘。动力和方向被认为是动机概念的核心。具体地说,人类动机对活动具有引发、指引、激励和制动等功能。

### (一) 引发功能

动机对活动具有引发功能。人类的各种各样的活动总是由一定的动机所引起的,没有动机也就没有活动。动机是活动的原动力,它对活动起着始动作用。

### (二) 指引功能

动机像指南针一样指引着活动的方向,它使活动具有一定的方向,朝着预定的目标前进。

### (三) 激励功能

动机对活动具有维持和加强作用,强化活动以达到目的。不同性质和强度的动机,对活动的激励作用是不同的。高尚的动机比低级的动机更具有激励作用,动机强比动机弱具有更大的激励作用。

### (四) 制动功能

国内外一些心理学家认为动机不仅有激活功能,而且还有制动的功能。如艾森克(H. J. Eysenck)指出,动机是一个过程,它以某种方式引发、促进、保持和终止指向目标的行为。[①]

## 三、动机的分类

人类动机十分复杂,可以从各个不同角度,根据不同标准相对地进行分类。

---

[①] M·艾森克著,阎巩固译:《心理学:一条整合的途径》,华东师范大学出版社2000年版,第792页。

## (一) 生理性动机和社会性动机

根据动机的起源,可以把动机分为生理性动机和社会性动机。

### 1. 生理性动机

生理性动机起源于生理性需要,它是以有机体的生理需要为基础的。例如,饥饿、干渴、性、睡眠、解除痛苦等动机。人类的生理性动机也受社会生活条件所制约,并且打上了社会的烙印。在生理性动机中研究得最多的是饥饿动机和干渴动机。

(1) 饥饿动机

饥饿驱使个体从事求食的活动。有机体缺乏食物感到饥饿,但缺乏食物是如何引起饥饿感的呢?这是一个复杂的问题。长期以来,人们一般认为胃部收缩是引起饥饿的主要原因。坎农曾做过一个著名的实验(如图14-6所示)。他把一个气球放进被试的空胃中,然后充气使之与胃壁紧贴。当气球充气引起胃壁收缩时,被试产生饥饿感觉。但也有一些实验并不支持胃收缩就是饥饿的唯一原因的论点。旺杰斯坦(Wangensteen)等人发现,全部切除胃的人仍有饥饿感觉。坦普尔顿(Templeton)等人将饿狗身上的血输入到饱狗身上,发现饱狗的胃部收缩,将饱狗身上的血输入到饿狗身上,发现饿狗的胃部停止收缩。这说明血液中的某些化学成分的变化是引起饥饿的原因。血液中的化学变化,主要是血糖和激素含量的变化。饥饿的原因可能是血糖量的降低、内分泌的变化和胃部收缩三者的综合作用。

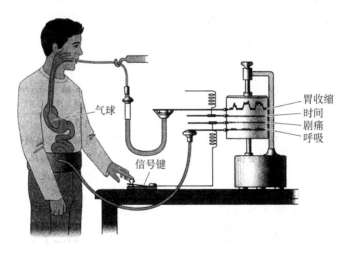

**图 14-6 坎农的饥饿实验图示**

(引自 Cannon, 1934)

现代生理学研究表明,饥饿与下丘脑的机能有关,下丘脑对摄食行为进行调节。下丘脑有两个中枢对摄食行为进行调节,即摄食中枢和饱食中枢。摄食中枢位于下丘脑的外侧区,它发动摄食活动;饱食中枢位于下丘脑的腹内侧核,它停止摄食活动。电生理学实验表明,刺激一个中枢会抑制另一个中枢的活动。静脉注射葡萄糖,腹内侧核放电频率较高,外侧区放电频率较低。有机体在饥饿的情况下,可以看到下丘脑外侧区放电频率较高,腹内侧核放电频率较低。但是,中枢神经系统的许多部位都参与控制饥饿动机的行为,不能把下丘脑看作控制饥饿动机的唯一部位。"大脑的基底神经节也参与饮食行为,……大脑皮质本身,特别是额叶也参与控制吃食行为。"①

社会文化条件,个人生活习惯,食物的色、香、味等也都影响着人的求食活动。生活在某地区的人,食物的品种受当地物产的限制,食物的制作方法又在很大程度上受传统文化的影响。

(2) 干渴动机

干渴驱使个体从事饮水活动。渴比饥饿对个体行为具有更大的驱动力,人可以几天不吃食物,但不能几天不饮水,体内如果严重缺水会导致有机体的死亡。坎农曾提出口干而喝水的假设,但这个假设没有得到证实。生来没有唾液腺的人,经常口干,但并不比正常人喝更多的水;给有机体注射引起唾液腺分泌的药物,也没有减少有机体对水的需要。阿道夫(Adolph)的实验表明,一只狗在某一个特定时间内的缺水量与它得到水后所喝的量是相等的。这说明,狗似乎有一种正确估计自己缺水多少的能力,即个体喝水受体内需要程度的支配,而不受口干程度的支配。下丘脑中某些化学成分的变化是产生渴的重要原因。将盐水注射到山羊下丘脑的某些部位内,会引起山羊大量饮水,但注射纯水时,则不会引起大量的饮水。现代生理学研究表明,下丘脑对有机体的水平衡起调节作用。对下丘脑调节摄水的中枢的研究,早在20世纪50年代,就有对安德逊等人研究的报道。下丘脑的中部与前部毁伤能使动物停止饮水,直至严重脱水而死亡。这些研究表明,下丘脑中可能有调节饮水的中枢。但不同的动物调节饮水的中枢的可能部位不完全相同,而且部位也比较分散。此外,渴也不仅仅由下丘脑调节控制,中枢神经系统的许多部位也参加调节。例如,20世纪70年代阿纳德等人的研究发现,边缘系统的隔区与饮水有关。切除隔区的主要部分或后区,动物变得极渴,并且大量饮水。

满足渴的需要的方式和饮料的品种等都与人类社会文化生活条件有关。例如,有人要清茶,有人要可乐或其他汽水等。

**2. 社会性动机**

成就动机、交往动机和学习动机被认为是几种主要的社会性动机。

社会性动机又称心理性动机。它起源于社会性需要,与人的社会性需要相联系。例如,成就、交往、亲和、利他、权力等动机。社会性动机具有持久性的特征,是后天习得的。人与人之间的社会性动机有很大的个别差异。

(1) 成就动机

成就动机指在完成某种任务时力图取得成功想法的动机。成就动机对个人的发展和社会的进步都具有重要作用,它好像一台强大的"发动机"那样,激励人们努力向上,在前进的道路上取得一个又一个的成就。

---

① 高觉敷主编:《西方心理学的新发展》,人民教育出版社1987年版,第294页。

20世纪30年代默里把成就动机列入人类20种心理需要之一,并称之为"克服障碍,施展才能,力求尽好尽快地解决难题"。麦克莱兰和阿特金森(J. W. Atkinson)等人对成就动机进行了系统的实验研究。20世纪70年代后,人们对成就动机的研究进入到了一个新的阶段,主要从认知理论出发,开始探讨个人成就的归因过程,以及对成就动机的测量。

研究表明,成就动机和一个人的抱负水平密切联系着。抱负水平指一个人从事活动前,估计自己所能达到的目标的高低。个人的成功和失败的经验通常影响抱负水平的高低,成功的经验会提高个人的抱负水平,失败的经验会降低个人的抱负水平。如果一位学生估计自己能考90分,但考试成绩低于90分,那么他下次再定的抱负水平可能会低于90分。反之,则会高于90分。美国心理学家罗特(J. B. Rotter)认为,制约个人抱负水平的两个因素是:个人的成就动机和个人根据已往的成败经验对自我能力的实际估计。

麦克莱兰的成就动机理论被称为情绪激发理论,带有享乐主义色彩。麦克莱兰认为,成就动机是一个人人格中非常稳定的特质。个体记忆中存在着与成就相联系的愉快经验,当情境能引起这些愉快的体验时,就能激发起个体的成就动机。他指出,成就动机强的人对学习和工作都非常积极,能够控制自己不受环境的影响,并且能善于利用时间。成就动机得分高的人比得分低的人,更能取得优良的成绩。麦克莱兰把成就动机看作决定个体行为的根本原因,并且将一个民族的成就动机看作社会经济的决定力量。洛威尔(E. L. Lowell)等人的实验都表明了高成就动机组比低成就动机组成绩要好。洛威尔等人用大学生做被试,高成就动机组19人,低成就动机组21人,要求他们把一些打乱了的字母组成普通的词(如把w、t、s、e组成west)。测验时间为20分钟,平均4分钟,分为5个时间段。开始时,两组差别并不大,但随着时间的推移,学习的进展,高成就动机组的成绩比低成就动机组的成绩明显要好。7天后洛威尔等人要求同一些被试做加法问题,平均2分钟,也分为5个时间。结果高成就动机组的成绩也明显要比低成就动机组好(如图14-7所示)。

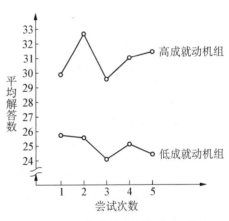

图14-7 高成就动机组和低成就动机组的平均成绩

麦克莱兰等人对人类的成就动机做了长期的实验研究,他和阿特金森等人在1953年出版了《成就动机》一书,受到心理学家们的关注,确立了成就动机在人类动机体系中的地位,他们采用投射法来研究人类成就动机,激起了后人研究成就动机的热潮。但是,他把成就动机作为决定个体行为的根本原因,忽视了个体行为的复杂性,忽视了其他因素对个体行为的影响。在社会发展方面,忽视了政治、经济、自然条件的影响,把一个民族的成就动机看作经济发展的唯一决定因素。这种单因素决定论,显然是片面的,并且过于简单化了。

阿特金森的成就动机理论被认为是一种期望价值理论,因为这一理论认为动机水平依赖于一个人对目的的评价以及达到目的可能性的估计。他重视冲突的作用,尤其是期望成功与害怕失败之间的冲突。期望成功,推动我们去寻求成就;害怕失败,推动我们去避开失败情境。前者使人产生想要成功的倾向,后者使人们产生回避失败的倾向。

在阿特金森理论体系中,个人追求成就的倾向(Ts)是一个多重变量的函数,可以用下列公式表示:

$$Ts = Ms \times Ps \times Is$$

公式中的 Ms 代表追求成功的动机;Ps 代表对成功可能性的估计;(Ps = 1,表示确信会取得成功;Ps = 0.5,表示估计成功的可能性是 50%;Ps = 0,表示确信必然失败);Is 代表成功的激励值。

阿特金森认为,人在竞争时会产生两种心理倾向:追求成功的动机和回避失败的动机。每一个人的这两种心理倾向的相对强度是不同的。一种人力求成功,另一种人力求避免失败。研究表明,成就动机强的人倾向于选择做中等难度的工作,这是因为中等难度的工作,既存在着成功的可能性,也存在着足够的挑战性,能够满足个人的成就动机。回避失败动机强的人则倾向于避免做可能与他人比较的中等难度的工作,他倾向于挑选成功可能性极小的困难任务,因为与其他人一样不能完成任务,并非真正失败;但也可能挑选容易的任务,因为在这些任务中成功的可能性很高,可以减少个体对失败的恐惧心理(如图 14-8 所示)。

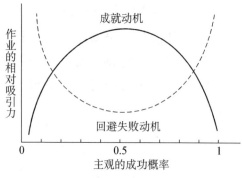

图 14-8 成就动机和作业选择
(引自 Atkinson,1958)

后来,许多学者扩展了阿特金森的成就动机理论。雷陆(Rayor)认为,过去的成就动机理论强调当前的目标,其实长远的目标对现在的行为有很大影响。应该把即时的目标与长远的目标结合起来,真正的成就动机是由两者结合而产生的。

美国心理学家韦纳(B. Weiner)等人对成就动机进行了归因分析,从认知心理学角度研究了成就动机,提出了成就动机的归因模式。他认为,分析一个人成功和失败的原因是理解成就行为的关键。个体对行为成败原因的知觉影响个体成就行为的坚持性、强度和选择。动机的归因理论是奥地利社会心理学家海德(F. Heider)首创的,他在 20 世纪 50 年代就指出,一个人的成功,可以归因于自己的努力或能力,一个人的失败,可以归因于环境或他人的过错。归因可以是内源的或外源的。在内外源的归因中,还可以分为稳定的和不稳定的。如果把成功归因于能力,这是稳定的;如果把成功归因于努力,这是不稳定的,韦纳把成败的原因分为三个维度:①内归因和外归因。努力、能力、人格等原因都是内源的,任务的难度、运气、家庭条件等原因都是外源的。②稳定的归因和非稳定的归因。任务的难度、能力、家庭条件等原因都是稳定的,努力、运气、心境等原因都是不稳定的。③可控制归因和不可控制归因。努力等原因都是受个人意志控制的,运气等原因都是不受个人意志控制的。

韦纳又将个人对成就行为的归因按照内外控制和稳定性划分为四类:努力、能力、运气和任务难度(如表14-2所示)。期望和情绪被认为是成就动机的两个主要特征。

表14-2 成就行为的归因分类

| 稳定性 | 控制点 | |
| --- | --- | --- |
| | 内在的 | 外在的 |
| 稳定的 | 能力 | 任务难度 |
| 不稳定的 | 努力 | 运气 |

韦纳从认知心理学的角度把成功和失败的原因分为三个维度,比海德的思想有所发展,并且有助于人们对成就行为的原因进行分析。他认为,我们对成功和失败的归因,会对以后的行为产生重大影响。如果一个人把考试失败归因于缺乏能力,那么以后考试还会预期失败,这是因为能力是一个稳定性的因素;如果把考试失败归因于运气不佳,那么以后考试不大可能会预期失败,这是因为运气是一个不稳定性的因素。但是,在实际生活中,个人对成功和失败的归因并不一定是成功和失败的真正原因。此外,韦纳认为,一个人的成就行为由对成败原因的知觉决定,个性特点仅起中介作用,事实上个性特点是通过对成败原因的知觉影响个人的行为的。许多研究表明,个性心理特征是影响成就动机的因素。

影响成就动机的因素主要有:①成就动机的高低与童年所接受的家庭教育关系密切。父母的价值观、父母的成就动机、父母对子女的要求和教育方式都影响着儿童的成就动机。一般来说,父母要求子女独立自主而又能以身作则,容易培养儿童的成就动机。相反,父母对子女过分保护,就会限制儿童的独立性,较难培养儿童的成就动机。严格而温和式的教育方式对孩子的成长更为有利。②教师的言行影响学生成就动机的强弱。教师是学生学习的榜样,成就动机较强的教师的言行有助于激发学生的成就动机。教师对学生的评语是激发学生成就动机的有效方法之一。一般来说,教师除了给学生评定等级外,还要根据学生的特点,给予适当的矫正或相称的好评。③经常参加竞争和竞赛活动的人成就动机比一般人的强。④学生的学习成绩与其成就动机呈正相关。学习成绩优秀的学生通常成就动机强,学习成绩差的学生通常成就动机弱。⑤个人对工作难度的看法影响成就动机。个人如果认为工作过难或过易,都不易激发成就动机;认为工作难度适中,成功和失败的可能性各占一半时,成就动机最强烈。⑥个性因素影响成就动机。个人的理想、信念和世界观对成就动机有深刻的影响。⑦群体的成就动机的强弱与自然环境和社会文化条件有关,当国家经济繁荣兴旺时,人民的成就动机就会提高。相反,就会降低。竞争激烈的地方,人们的成就动机相对强些。

(2) 交往动机

交往动机又称亲合动机或亲和动机。交往动机指个体愿意与他人接近、合作、互惠并发展友谊的动机。人类的交往动机反映了社会生活和劳动的要求。人要参加社会生活,要劳动,就必须与他人接近、合作、保持友谊关系。人际交往也是个体心理正常发展的必要条件,只有在社会生活过程中通过人际交往,个体心理才能得到正常的发展。

人类的交往活动与恐惧有关。沙赫特(S. Schachter)用64名女大学生作为被试,分成实验组和控制组。让实验组的女大学生看一个身穿白色实验服装的实验者,并且在房间里布满了各种电器设备。告诉被试,实验是有关电击的问题,电击会伤害人,使人痛苦。控制组则尽量使被试感到轻松,并且告诉被试,电击不会感到不舒服,只会感到一些发痒或震颤的感觉。在恐惧激发和测量后,要求被试在实验室里等候,让她们自己决定,是否要同学作伴,还要她们说明选择的强度。结果表明,高恐惧的人比低恐惧的人更愿意合群,越是恐惧,合群倾向越强烈(如表14-3所示)。

表14-3 恐惧对合群行为的作用*

| 条件 | 选择的百分比 | | | |
| --- | --- | --- | --- | --- |
| | 集中 | 无所谓 | 单独 | 合群行为的强度 |
| 高度恐惧 | 62.5 | 28.1 | 9.4 | 0.88 |
| 低度恐惧 | 33.2 | 60.0 | 7.0 | 0.35 |

\* 表中比例数误差±2。 (引自沙赫特,1959)

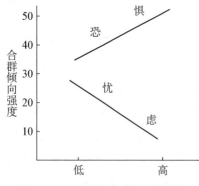

图14-9 恐惧、忧虑和合群倾向

人类的交往活动也与忧虑有关。曹尔诺夫等人在1961年进行了一项研究,他们把被试分成四个组,即高度恐惧组、低度恐惧组、高度忧虑组和低度忧虑组,进行合群倾向测验。在实验时,实验者使两个忧虑组都没有任何恐惧的感觉。结果表明,恐惧与忧虑对合群显示出相反的效应。高度忧虑组的人较低忧虑组的人倾向不合群,他们和别人在一起时忧虑会增加,因此回避他人。由此可见,恐惧使合群倾向增加,忧虑使合群倾向减少(如图14-9所示)。

许多研究表明,影响交往动机的因素是复杂的,是综合在一起的,但其中每种因素所起的作用是不同的。

(3) 学习动机

美国心理学家索里(J. M. Sawrey)和特尔福德(C. W. Telford)把社会性动机分为交往性动机和威信性动机两大类,这两类动机对学生的学习有着极重要的意义。

学习动机是直接推动学生进行学习的内部动力。学习动机并不是某种单一的结构,而是由多种动力因素组成的整体系统,其中包括学习需要、学习自觉性、学习态度、学习兴趣等。[①] 一般认为,学习动机在学习活动中具有:①引起学习的作用;②维持学习的作用;③强

---

① 中国大百科全书总编辑委员会《心理学》编辑委员会,中国大百科全书出版社编辑部编:《中国大百科全书·心理学》,中国大百科全书出版社1991年版,第484页。

化学习的作用；④调整学习的作用。另一些心理学家认为，学习动机的作用是：①强化学习；②集中注意；③快速反应，即学习动机强的学生，用于学习准备的时间较少。

学习动机与学习效果的关系并不是直接的，它们之间往往以学习行为为中介，而学习行为又不单纯只受学习动机的影响，它还受一系列主客观因素的制约，如学习基础、教师指导、学习方法、学习习惯、智力水平、个性特点、健康状况等。①

### (二) 长远的、概括的动机和暂时的、具体的动机

根据动机的影响范围和持续时间，动机可分为长远的、概括的动机和暂时的、具体的动机。前者来自对活动意义的深刻认识，持续作用的时间长，比较稳定，影响的范围也广；后者常由活动本身的兴趣所引起，持续的时间短，常常受个人的情绪影响，不够稳定。例如，一位大学生立志要成为一位经济学家，这种动机是长远的、概括的；而仅仅为了一次考试得高分，这种动机就是暂时的、具体的。人既要有远大目标，也要有近期目标，并将这两种动机结合起来，并且使长远的、概括的动机成为主导动机。

### (三) 高尚动机和低级动机

根据动机的性质和社会价值，动机可分为高尚动机和低级动机。高尚动机能持久地调动人的积极性，促使他为社会发展做出重大贡献；低级动机违背社会发展规律与人民利益，不利于社会发展。

### (四) 主导动机和辅助动机

根据动机对活动作用的大小，动机可分为主导动机和辅助动机。主导动机通常对活动具有决定作用；辅助动机则起加强主导动机，坚持主导动机所指引的方向的作用。个体的活动为这两种动机所激励，由动机的总和支配。

### (五) 意识动机和潜意识动机

根据动机的意识性，动机可分为意识动机和潜意识动机。有一些动机人们并没有意识到，但能影响人的活动。定势就是这样一种潜意识动机。在人类动机体系中，意识动机起着主导作用。

## 四、动机理论

早期的动机理论，实质上都是人性论的引申。在西方哲学史上，长期以来把自由意志看作动机。笛卡尔虽然用机械观解释动物的行为，但对人的动机解释，仍然继承了意志自由的主张。当前的主要动机理论的发展趋势是从强调生理性需要转向强调社会性需要。研究有从内在决定到外在决定的趋势，并且重视动机的认知方面。美国心理学家布恩(L. E.

---

① 李伯黍、燕国材主编：《教育心理学》，华东师范大学出版社 1993 年版，第 236—237 页。

Bourne)等人指出:"在过去,大部分心理学家把驱力突出为比较重要的因素……近来,重点已经转移到诱因作为动机最重要的方面,特别是分析人的行为的时候是这样。"[①]

## (一) 享乐主义理论

这种理论认为,人类的行为动机是求得最大限度的快乐和最低限度的痛苦。人是理性的人,他们根据可能得到的快乐或痛苦的结果来决定自己的行动。英国哲学家边沁(J. Bentham)从功利主义立场出发,批判了禁欲主义,认为痛苦和快乐是决定人类行为的动机,人无不以快乐作生活目的,他认为快乐和痛苦没有质的区别,只有量的不同。他编制了一个"快乐和痛苦的等级表"来测定人的苦乐。边沁指出,人们应该追求最持久、最确实、最迫切,而且又是最广泛和最纯粹的快乐,幸福也就是趋乐避苦求得最大的快乐。边沁的动机理论过于简单了,人类的动机不一定都是为了个人的快乐。

## (二) 本能理论

本能理论的特点是认为人的活动是先天内在安排好的。我国古代儒家的"良知""良能"和孟子所称道的"仁""义""礼""智"四端(端即起点)与一般本能相似,是与生俱来的,也属于动机。

英国心理学家麦独孤(W. McDougall)认为,本能是天生的倾向性,对某些客体特别敏感,并伴随着特定的情绪体验。我们的思想和行动是由本能引起的,本能是激发行为的根源。弗洛伊德提出了生的本能和死的本能,他认为对人的行为主要可以用性和攻击两种动机来解释。

## (三) 驱力理论和诱因理论

20世纪20年代,心理学家倾向于用驱力解释动机,把个体内部状况(如饥、渴等)所产生的驱力或需要看作行为的动力。他们认为,生理需要引起紧张或造成驱力状态,有机体必须从事某种活动以满足需要,才能降低驱力。这种"需要—驱力—行为"的关系受有机体的平衡作用控制。20世纪50年代,许多心理学家认为,不能仅仅用驱力降低的动机理论来解释所有的行为。诱因在唤起行为时也起重要作用。他们认为,应该用刺激和有机体的特定的生理状态之间的相互作用来解释动机。这种理论强调了外部刺激有引起动机的重要作用,诱因有唤起有机体行动和指导行动方向两种功能。对动机现象的解释,把重点从驱力转移到诱因上来。强调诱因论的少数学者试图从动机中完全排除驱力的作用,而多数学者认为,动机是机体诱因和外界诱因相互作用的产物。

## (四) 认知理论

动机的认知理论用人类对环境的认知来解释动机的产生和变化。美国心理学家费斯廷

---

[①] 布恩、埃克斯特兰德编,韩进之等译:《心理学原理和应用》,知识出版社1985年版,第299页。

格(L. Festinger)首先提出了"认知失调"论。他认为,几种认知元素不和谐就会产生紧张状态,产生推动人去解决这种不和谐状态的倾向。例如:一个自认为优秀的人,若考试不及格,就产生了两种认知元素:①对自己的高评价;②不相称的成绩。这两种元素不和谐,就会出现紧张状态,必须加以解决。

### (五) 唤醒或激活理论

唤醒和激活理论是一种新的动机理论。该理论认为,每一个人在内部和外部刺激的关系上都有一个最适宜的唤醒水平。当出现偏离这个水平的内外刺激时,促使有机体活动,以恢复这种水平。

每一种动机理论都能解释动机的一些现象,但都不能全面地解释人类行为的原因。

# 第四节 兴 趣

## 一、兴趣的含义

兴趣是个体力求认识某种事物或从事某项活动的心理倾向。它表现为个体对某种事物或从事某种活动的选择性态度和积极的情绪反应。例如,对数学感兴趣的人总是首先注意有关数学的著作和报道,他的认识活动优先指向与数学有关的事物,并且表现出积极的情绪反应。我国宋末学者翁森用他的名作《四时读书乐》来抒发他对读书的浓厚兴趣。他赞美:春季"读书之乐乐何如,绿满窗前草不除";夏季"读书之乐乐无穷,瑶琴一曲来薰风";秋季"读书之乐乐陶陶,起弄明月霜天高";冬季"读书之乐何处寻?数点梅花天地心"。

一般认为,遗传因素和环境因素都对兴趣产生影响。环境对兴趣的影响是不言而喻的。斯卡尔(S. Scarr)等人研究表明,儿童与其亲生父母的兴趣问卷在分数方面有许多显著相关,但100多名领养的儿童与其养父母之间的分数只有较小的相关。血缘关系相近的儿童之间的兴趣相似性比无血缘关系儿童之间的更大。"人们倾向于对自己能够干好的事情感兴趣以及遗传在决定能力和气质方面有重要作用,这两项事实表明,遗传通过能力和气质影响兴趣。"[①]

人的兴趣是在需要的基础上,在活动中发生和发展起来的。需要的对象也就是兴趣的对象。正是由于人们对于某些事物产生了需要,才会对这些事物发生兴趣。在生理性需要基础上所产生的兴趣是暂时的兴趣。例如,一个人在口渴情况下需要饮料,对饮料产生兴趣,但一旦需要得到满足,不口渴了,这种兴趣也就减退了。稳定的兴趣是建立在社会性需要基础上的,社会性需要的满足常常会引起更浓厚的兴趣。如翁森终身读书,读书的兴趣越来越浓厚,不论春夏秋冬对读书始终"乐陶陶"。许多心理学家指出了需要和兴趣的密

---

① 彭凯平编著:《心理测验:原理与实践》,华夏出版社1989年版,第336页。

切关系。例如,瑞士心理学家皮亚杰指出:"兴趣,实际上就是需要的延伸,它表现出对象与需要之间的关系,因为我们之所以对一个对象发生兴趣,是由于它能满足我们的需要。"①

兴趣又和认识、情感密切联系着。如果个体对某些事物没有认识,也就不会对它产生情感,因而不会对它发生兴趣。相反,认识越深刻,情感越丰富,兴趣也就越浓厚。

## 二、兴趣的作用

兴趣是认识和从事活动的巨大动力,是推动人们去寻求知识和从事活动的心理因素。兴趣在人的学习、工作和一切活动中起动力作用。

兴趣是引起和保持注意的重要因素,人们对感兴趣的事物,总是愉快地、主动地去探究它。兴趣使人集中注意,产生愉快、紧张的心理状态,对认知过程产生积极的影响。无论是无意注意或有意注意都与兴趣有关,若对某种事物不感兴趣,对它也就不能集中注意力。孔子说:"知之者不如好之者,好之者不如乐之者。"②意思是说,对于学识,懂得它的人赶不上喜欢它的人,喜欢它的人又赶不上醉心于它的人。诺贝尔奖获得者丁肇中说过:"任何科学研究,最重要的是看对于自己所从事的工作有没有兴趣,换句话说,也就是有没有事业心,这不能有丝毫的强迫,……比如搞物理试验,因为我有兴趣,我可以两天两夜,甚至三天三夜呆在实验室里,守在仪器旁。我急切地希望发现我所要探索的东西。"正是兴趣的维持和推动并通过长期努力,他和他的同事们终于发现了"J粒子"。

兴趣是人们从事活动的强大动力。凡是符合个体兴趣的活动,就能提高人们的积极性,使人积极愉快地从事某种活动。兴趣对活动有下列几种作用:①对未来活动的准备作用;②对正在进行活动的推动作用;③对活动的创造性态度的促进作用。

兴趣对智力的发展起促进作用,是开发智力的钥匙。皮亚杰指出:"……所有智力方面的工作都要依赖于兴趣。"③拉扎勒斯等人进行了一项研究,兴趣比智力更能促进学生努力学习。他将高中学生按照智力和兴趣分成智力组和兴趣组。智力组学生的平均智商为120,但对于语文的阅读和写作不感兴趣;兴趣组学生的平均智商为107,但对于语文的阅读和写作很有兴趣。在学期结束时,兴趣组学生的成绩远远超过智力组学生的成绩(如表14-4所示)。

表14-4 兴趣组和智力组的阅读和写作情况对比

| 组别 | 平均每人阅读的书(本) | 平均每人所写的文章(篇) |
| --- | --- | --- |
| 兴趣组 | 20.7 | 14.8 |
| 智力组 | 5.5 | 3.2 |

---

① 皮亚杰著,傅统先译:《儿童的心理发展:心理学研究文选》,山东教育出版社1982年版,第55页。
② 《论语·雍也》。
③ 让·皮亚杰著,傅统先译:《教育科学与儿童心理学》,文化教育出版社1981年版,第161页。

## 三、兴趣的分类

人类的兴趣是多种多样的,可以用不同标准对它们进行分类。

### (一) 物质兴趣和精神兴趣

根据兴趣的内容,可以把兴趣分为物质兴趣和精神兴趣。

#### 1. 物质兴趣

物质兴趣表现在对食物、衣服与舒适的生活环境和生活条件等的追求上。对个人的物质兴趣必须加以正确指导和适当控制,否则会朝畸形、贪婪的方向发展。

#### 2. 精神兴趣

精神兴趣主要指认识的兴趣,如对学习或研究哲学、文学、数学等的兴趣。

### (二) 直接兴趣和间接兴趣

根据兴趣所指向的目标,可以把兴趣分为直接兴趣和间接兴趣。

#### 1. 直接兴趣

直接兴趣是对活动过程本身的兴趣。例如,对学习过程本身的兴趣,对开汽车本身的兴趣。

#### 2. 间接兴趣

间接兴趣是指对活动结果的兴趣。如对通过学习取得职业的兴趣,对工作后取得报酬的兴趣。

研究表明,年龄小的儿童大多数是对活动过程本身感兴趣,年龄稍大的儿童才会对活动结果产生兴趣。在实践活动中,直接兴趣和间接兴趣都是不可缺少的。如果没有直接兴趣的支持,活动将变得枯燥无味;如果没有间接兴趣的支持,活动也不可能长久地持续下去。只有直接兴趣和间接兴趣正确地结合,才能充分发挥一个人的积极性。直接兴趣和间接兴趣在一定条件下可以互相转化。例如,开始学习外语时,个体对学习本身不一定感兴趣,只是认识到学习外语的重要性(这是间接兴趣);随着学习的深入,个体对学习本身也感兴趣了(这就是直接兴趣)。

## 四、兴趣的品质

### (一) 兴趣的倾向性

兴趣的倾向性指个体对什么产生兴趣。人与人之间在兴趣的倾向性方面差异很大。有人喜欢文学,有人喜欢数学,有人喜欢体育,有人喜欢艺术,等等。兴趣的倾向性有高尚和低级之分。前者对有利于人类社会的事物发生兴趣;后者对有害于人类社会的事物发生兴趣。个体有些兴趣倾向表现得较早,如幼儿时已表现出倾向于某种活动,避开另一些活动。但职业倾向要到高中或高中后才稳定下来。罗(A. Roe)认为,职业兴趣是儿童期与家庭人员的关系所造成的。和谐的家庭使儿童"以人取向",冷漠的家庭使儿童"以事取向"。兴趣倾向性与人的生活实践和所受的教育有关,并且受一定的社会历史条件的制约。

## (二) 兴趣的广泛性

兴趣的广泛性是指个体兴趣的范围。在兴趣的范围上,人与人之间差异也很大。有人兴趣范围广泛,对许多事物和活动都兴致勃勃,乐于探求;有人则兴趣范围狭窄,常常对周围的一些活动和事物漠然置之。兴趣的广泛程度与个人的知识面的宽窄密切相关。个人兴趣愈广泛,知识愈丰富,愈容易在事业上取得成就。历史上许多卓越人物都有广泛的兴趣和渊博的知识。例如,达·芬奇不仅是画家,而且也是数学家、力学家和工程师。北京师范大学高玉祥教授等人对入学前后的大学生的兴趣进行了调查,他发现,大学生的兴趣既广泛又多样,他们对书籍、娱乐和社会生活的各个方面都有着非常广泛的兴趣。

广泛的兴趣应该在正确的倾向指导下和中心兴趣结合起来,否则如果样样都喜欢,样样都不专,结果一无所长,难有建树。只有在广泛兴趣的基础上有一个中心兴趣,使兴趣既博又专,才可能取得成就。

## (三) 兴趣的持久性

兴趣的持久性又叫兴趣的稳定性,指个体兴趣稳定的程度。在人的一生中兴趣必然会发生变化,但在一定时期内,保持基本兴趣的稳定性则是个体的一种良好的心理品质。根据兴趣持续时间的长短,兴趣可分为短暂兴趣和稳定的兴趣。人有了稳定的兴趣,才能把工作持续地进行下去,从而把工作做好,取得创造性的成就。没有稳定的兴趣,朝三暮四,将会一事无成。儿童早期兴趣比较不稳定,兴趣一般在15岁以后才趋向稳定。兴趣的持久性是可以培养的,它与一个人的理想、信念和意志品质密切联系着。

## (四) 兴趣的效能

兴趣的效能指个体兴趣推动活动的力量。根据个体兴趣的效能水平,一般把兴趣分为有效的兴趣和无效的兴趣。有效的兴趣能够成为推动工作和学习的动力,把工作和学习引向深入,促使个体能力和性格的发展。无效的兴趣不能产生实际效果,仅仅是一种向往。

# 第五节 理想、信念和世界观

## 一、理想

理想是个人对未来有可能实现的奋斗目标的向往和追求。例如,少年儿童希望将来成为科学家、艺术家等。理想中的奋斗目标是人积极向往和追求的对象,它体现着个人的愿望,并且是指向未来的。理想中的奋斗目标以对客观规律的认识为基础,是符合客观规律的,因此是可以实现的。

根据理想的内容,可以把理想分为两大类:社会理想和个人理想。社会理想是对崇高的社会制度的理想;个人理想是关于个人未来的理想,主要包括道德理想、职业理想和生活理想等。社会理想和个人理想密切地联系着,其中社会理想是理想的核心,居于最高层次,并制约着个人理想,个人理想又是社会理想的具体表现。

从认识能力的角度,我们还可以把理想分为具体形象理想、综合形象理想和概括性理想。

理想是个人动机系统的一部分,一旦形成,就成为鼓舞人们前进的巨大动力。理想是人生的航标,为人们提供了奋斗目标,为人生的航船指明了方向。

青少年的理想受家庭、学校教育和社会环境等许多因素的影响而形成,其中的学校教育起主导作用。辽宁师范大学韩进之教授指出:"……这些因素在不同年龄阶段起的影响作用是不同的,其影响的发展趋势是:社会影响和学习兴趣的影响随着年龄的增长而增大,而家庭和学校的教育作用随着年龄的增长而呈现下降趋势。"[1]

## 二、信念

信念是坚信某种观点的正确性,并支配自己行动的人格倾向。

信念是通过三种方式形成的:①直接经验,自信来自成功的经验,如相信糖是甜的来自个人对糖的品味;②间接经验,如来自书本、报刊、电视、网络等第二手资料的经验;③推论,以直接经验和间接经验为基础可以作出的种种推论。[2]

信念表现为个人确信某种理论、观点或某种事业的正确性和正义性,对它抱有确信无疑的态度,并且力求加以实现。信念不单纯是认识,而且富有深刻的情绪体验。信念是知、情、意的高度统一体。苏联心理学家克鲁捷茨基(В. А. Крутецкий)指出:"行为的重要动机是信念,信念与理想有密切的联系。信念是关于自然界和社会的某些原理、见解、意见、知识,人们不怀疑它们的真理性,认为它们有无可争辩的确凿性,力图在生活中以它们为指针。信念的情绪方面是同对它们的深刻的感受联系着的。信念不只是容易明白的、可理解的,而且还是深刻地感受到的、体验到的。"[3]

信念具有稳定性。信念确立后就有很大的稳定性,比较难以改变。一个人确立了某种信念,只有通过反复实践证实并确认是错误时,才有可能改变。

信念使个性稳定而明确,并且具有主动性和积极性。历史上无数革命先烈和英雄人物,出于对事业的坚定信念,抛头颅、洒热血,建立了可歌可泣的业绩。夏明翰烈士在就义前的那首"砍头不要紧,只要主义真。杀了夏明翰,还有后来人"的诗,表达了信念的坚定性,是人类巨大力量的行为动机。

---

[1] 朱智贤主编:《中国儿童青少年心理发展与教育》,中国卓越出版公司1990年版,第427页。
[2] 荆其诚主编:《简明心理学百科全书》,湖南教育出版社1991年版,第576页。
[3] В·А·克鲁捷茨基著,赵璧如等译:《心理学》,人民教育出版社1984年版,第71—72页。

## 三、世界观

世界观是信念的体系,即一个人对整个世界的根本看法,包括政治观、道德观、人生观、价值观、幸福观、自然观等。克鲁捷茨基指出:"如果信念形成为某种系统,它们就变成了人的世界观。"①

每一个人都有自己的世界观,个人世界观是个人意识的组成部分,主要是心理学研究的对象。心理学研究个人世界观在各种心理活动中的作用及其形成过程和规律。许多心理学家研究了世界观的结构。他们认为,世界观由四种成分,即认知因素、观点因素、信念因素和理想因素,构成一个完整的结构。认知、观点、信念和理想的相互作用形成世界观,世界观反过来影响个体的认知、观点、信念和理想的形成。

上海师范大学燕国材教授认为:"世界观是心理结构的最高层次……个性结构的核心因素。"②

世界观是个人行为的最高调节器,制约着个人的整个心理面貌。世界观对人的心理活动的作用表现在:①决定个性发展的趋向和稳定性;②影响认识的正确性与深度;③制约情绪的性质与变化;④调节人的行为习惯。③

人生观是对人生的根本观点,它是世界观不可分割的一部分。人生观萌芽于少年期,形成于青年初期。中学时期是一个人人生观从萌芽到形成的时期。林崇德教授指出,青少年的人生观从萌芽到形成,具有下列特点:①在青少年人生观形成过程中,主要是解决关于人生意义的问题。②人生观从萌芽到形成,是与青少年的世界观,即青少年对自然、社会和人生问题根本性总观点相联系的。③青少年人生观的形成过程,是一个人人生价值的确立过程。价值目标的选择,是确立人生目的的基础。④青少年的人生观处于萌芽到形成的过程,它的可塑性是很强的,还不成熟、不稳定,尚待以后继续形成和发展。④

理想、信念和世界观有机地联系着,并受社会历史条件的制约。

## 名词解释

人格 人格倾向性 人格心理特征 需要 生理性需要 社会性需要 动机 生理性动机 社会性动机 成就动机 交往动机 学习动机 兴趣 直接兴趣 间接兴趣 理想 信念 世界观 人生观

---

① B·A·克鲁捷茨基著,赵璧如译:《心理学》,人民教育出版社 1984 年版,第 72 页。
② 燕国材著:《新编普通心理学概论》,东方出版中心 1998 年版,第 313 页。
③ 车文博主编:《心理学原理》,黑龙江人民出版社 1986 年版,第 176 页。
④ 林崇德著:《品德发展心理学》,陕西师范大学出版社 2014 年版,第 200—202 页。

 **思考题**

1. 试述人格的基本特性。
2. 人格的心理结构包括哪些部分?
3. 述评马斯洛和阿尔德夫的需要理论。
4. 试述动机对人类活动的作用。
5. 述评人类的几种成就动机理论。
6. 良好的兴趣应具备哪些品质?
7. 世界观对人的心理活动有什么作用?

# 第十五章 气 质

## 第一节 气质概述

### 一、气质的含义

气质(temperament)是人心理活动的稳定的动力特征。

心理活动的动力特征主要指心理过程的强度(例如,情绪体验的强度、意志努力的程度),心理过程的速度和稳定性(例如,知觉的速度、思维的灵活程度、注意集中时间的长短)和心理活动的指向性(有人倾向于外部事物,有人倾向于内心世界)等方面的特点。

"气质"这一概念与我们平时说的"脾气""秉性"或"性情"相近似。气质不是推动个体进行活动的心理原因,而是心理活动的稳定的动力特征,它影响个体活动的各个方面。具有某种气质的人,在内容完全不同的活动中显示出同样性质的动力特征。它仿佛使一个人的整个心理活动都涂上了个人独特的色彩。例如,一个学生每逢考试就表现激动,等待朋友时坐立不安,参加比赛前沉不住气,并且经常抢先回答教师的提问,这个学生具有情绪激动的气质特征。气质不仅包括情绪和动作方面的某些动力特征,而且包括认知过程和意志过程的动力特征。可见,气质是指不以人的活动的动机、目的和内容为转移的、稳定的心理活动的动力特征。美国心理学家卡特尔(R. B. Cattell)指出:气质是描绘一个人在获取他的目标时如何行动的特质,它决定了一个人的一般"风格与节奏",决定了一个人的行为是温和的还是暴躁的。

### 二、气质的稳定性和可塑性

人生下来就表现出一定的气质特征。有些婴儿好动、喜吵闹,并且不怕生人;有些婴儿安静、害怕生人。

"托马斯等人(Thomas, Chess, & Birch)对150名小孩从出生到10岁做了10年的追踪研究……结论是:每个婴儿都有不同的气质,而这些气质差异会持续至其成年。"[1]

林崇德教授研究了不同双生子在类似环境中长大的气质表现。被试是在类似或相同环境中长大的24对同卵双生子(幼儿、小学生和中学生各8对,其中同卵异卵和异性异卵双生子各占一半)。测试材料是12对有关气质的问题(包括行动特征、言语特征和情绪特征等内容),结果如表15-1所示。[2]

从林崇德教授的研究中可以看到:遗传因素对气质的影响是很大的。双生子的遗传因素越接近,在气质表现上也越接近。其中相关系数(r)的大小次序是同卵双生子r>异卵同性

---

[1] 许燕主编:《人格心理学》,北京师范大学出版社2009年版,第52页。
[2] 林崇德:《遗传与环境在儿童性格发展上的作用》,《北京师范大学学报》,1982年第1期。

表 15-1　关于不同双生子的各类气质问题调查的相关

| 被试 | | 相关系数＼年龄 | 幼儿 | 小学生 | 中学生 | 平均总相关 | 差异的考验 |
|---|---|---|---|---|---|---|---|
| 同卵双生 | | | 0.84 | 0.79 | 0.71 | 0.78 | P<0.01 |
| 异卵双生 | 同性 | 0.74 | 0.81 | 0.69 | 0.48 | 0.66 | |
| | 异性 | | 0.67 | 0.50 | 0.39 | 0.52 | |

双生子 r＞异卵异性双生子 r，同时也看到环境因素对气质的影响，在 7 对不同环境中长大的同卵双生子，其相关系数是 0.62，而在相同环境中长大的同卵双生子，其气质相关系数是 0.78，两者存在着差异。

黄希庭教授指出："由于成熟和环境的影响，在个体发育过程中气质也会改变。例如，在集体主义教育下，脾气急躁的人可能变得较能克制自己；行动迟缓的人可能变得行动迅速起来。一个人的气质具有极大的稳定性，但也有一定的可塑性。"[①]

## 第二节　气质理论

人的气质受到普遍的关注。许多学者探讨了气质问题。但是，许多心理学工作者在定义气质时各有侧重。有的着重个体的情绪方面，有的强调气质的生理因素，还有的重视个体在动作反应上的特征，等等。形成了多种多样的气质理论。

### 一、我国古代学者的气质理论

孔子把人分为"狂""狷"和"中行"三类。孔子说："不得中行而与之，必也狂狷乎！狂者进取，狷者有所不为也。"[②]孔子认为："狂"是激进的人，"狷"是拘谨的人，"中行"是行为合乎中庸的人。[③]

《黄帝内经》是一部以医学为主的科学百科全书。包括《灵枢》《素问》两个部分。《黄帝内经》虽然没有直接提出气质一词，但在医学理论中融合着丰富的有关气质的论述。

《黄帝内经》根据人体阴阳之气的比例将人分为：太阴之人、少阴之人、太阳之人、少阳之人、阴阳和平之人。还运用五行学说将人分为木、火、土、金、水五种类型，再根据五行各属的五音（宫、商、角、徵、羽）将上述五种类型的每一种类型划分出一个主型和四个亚型，共得出 25 种类型。阴阳五态人和阴阳 25 种人的分类，不仅是观察的结果，而且也是我国古代哲学

---

① 黄希庭著：《心理学导论》，人民教育出版社 1991 年版，第 661 页。
② 《论语·子路》。
③ 中国大百科全书总编辑委员会《心理学》编辑委员会，中国大百科全书出版社编辑部编：《中国大百科全书·心理学》，中国大百科全书出版社出版 1991 年版，第 243 页。

原理的发挥。就其内容的丰富和细致程度来说,完全可以与西方气质理论相媲美。它不仅比盖伦(C. Galen)早 300 余年,比巴甫洛夫早 2000 多年,而且比希波克拉底(Hippocrates)等人的划分更为具体和详细,还能够"以外知内",对医疗、教育、管理等实践活动都有帮助。"古之善用针艾者,视人五态,乃治之"[①]。

## 二、气质的体液说

古希腊学者恩培多克勒(Empedokles)提出人体"四根说"。他认为人体由四根构成,血液主要是火根,呼吸是空气根,液体部分是水根,固体部分是土根。"四根"配合得好,身体就会健康,并且决定有机体结构的特征。例如,美术家手的"四根"配合得最好,演说家舌的"四根"配合得最好。恩培多克勒的"四根说"虽没有得到科学的证明,但根据我国心理学家唐钺教授的研究,在恩培多克勒的"四根说"中已经具有了气质和神经类型学说的萌芽。[②]

古希腊著名医生希波克拉底将恩培多克勒的"四根说"发展成为"四液说"。他提出,人体内有四种性质不同的体液:血液、黄胆汁、黑胆汁和粘液。血液出自心脏(相当于火根);黄胆汁生于肝脏(相当于空气根);黑胆汁生于胃部(相当于土根);粘液生于脑部(相当于水根)。他认为,正是这四种体液"形成了人的性质"。机体的状态就决定于四种体液的混合比例。人体内某种液体过多或过少,或者比例不适当,人就会感到痛苦。四种体液调和,人就健康幸福。他还指出:胆汁太多使头脑过热,导致恐怖与恐惧的情绪;粘液太多使头脑过冷,导致忧虑与悲伤的情绪。

罗马医生盖伦,从希波克拉底的"四液说"出发,将人体内的体液的混合"比例"用拉丁语命名为"temperamentum",这便是近代"气质"(temperament)概念的来源。他除了用生理和心理特性之外,还加进了人的道德品行,这些因素组成 13 种气质类型。后来,简化为四种气质类型,即流行于今的多血质、胆汁质、粘液质和抑郁质(如图 15-1 所示)。每一种气质类型的特点都是某种体液占优势的结果,并有特定的心理表现。盖伦还认为,人的行为方式不仅决定于气质,也决定于周围环境。用体液来解释气质类型虽缺乏科学根据,但这四种气质类型的名称,一直沿用至今。

1　　　　　　　2　　　　　　　3　　　　　　　4

1. 多血质　2. 胆汁质　3. 粘液质　4. 抑郁质

图 15-1　四种气质类型

---

① 《黄帝内经》,《灵枢·通天》。
② 唐钺编:《西方心理学史大纲》,北京大学出版社 1982 年版,第 8—9 页。

## 三、康德和冯特的气质理论

德国哲学家康德(I. Kant)认为,气质首先可以划分为感情的气质和行动的气质,每一种气质又可与生命力的兴奋和松弛相联结而进一步分为四种单纯的气质:①多血质的人是开朗的;②抑郁质的人是沉稳的;③胆汁质的人是热血的;④粘液质的人是冷血的。

德国心理学家冯特以感情反应的强度和变化的快慢为基础,把气质分为四种:①感情反应强而变化快的是胆汁质;②感情反应弱而变化快的是多血质;③感情反应强而变化慢的是抑郁质;④感情反应弱而变化慢的是粘液质。

## 四、气质的体型说

德国精神病学家克瑞奇米尔(E. Kretschmer)把人的体格类型分为三种:肌肉发达的强壮型、高而瘦的瘦长型和矮而胖的矮胖型。他认为,不同体型的人具有不同的气质。矮胖型的人,外向而容易动感情;瘦长型的人,内向而孤僻;强壮型的人则介于两者之间。

克瑞奇米尔认为,正常人与精神病患者只有量的差别,没有质的不同。他认为,不同体型的正常人在气质上也带有精神病患者的某些特征。例如,矮胖型的人具有躁狂抑郁症的特征,瘦长型的人具有精神分裂症的特征,强壮型的人具有癫痫症的特征。因此,他将人的气质也分为:躁郁气质、分裂气质和粘着气质。体型与气质、行为倾向的关系如表15-2所示。

表15-2 体型与气质、行为倾向的关系

| 体型 | 气质 | 行为倾向 |
| --- | --- | --- |
| 瘦长型 | 分裂气质 | 不善交际、沉静、孤僻、神经过敏 |
| 矮胖型 | 躁郁气质 | 善交际、活泼、乐观、感情丰富 |
| 强壮型 | 粘着气质 | 固执、认真、理解迟钝、情绪爆发性 |

(引自克瑞奇米尔,1955)

美国心理学家谢尔顿(W. H. Sheldon)受克瑞奇米尔的影响,对气质与体型的关系进行了更为深入的研究,把人的体型分为三种主要类型:内胚叶型(柔软、丰满、肥胖)、中胚叶型(肌肉、骨骼发达、坚实,体态呈长方形)和外胚叶型(高大、细瘦、体质虚弱)[①](具体如图15-2所示)。

谢尔顿提出三种气质类型:头脑紧张型、身体紧张型和内脏紧张型。他还认为体型与气质之间有高达0.8左右的正相关。体型、气质类型和行为倾向之间的关系如表15-3所示。

---

① 胚叶(胚层)指动物早期胚胎的细胞层,由胚叶进一步发展为一定的组织和器官。外胚层发展为皮肤和神经等,内胚层发展为内脏器官等,中胚层发展为肌肉和骨骼等。

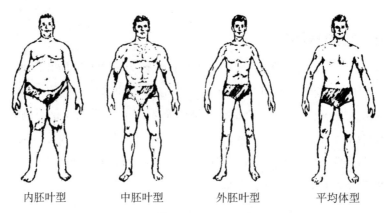

内胚叶型　　　中胚叶型　　　外胚叶型　　　平均体型

图 15-2　谢尔顿理论的体型示意图

表 15-3　体型、气质类型和行为倾向的关系

| 体型 | 气质类型 | 行 为 倾 向 |
| --- | --- | --- |
| 内胚叶型 | 内脏紧张型 | 动作缓慢、爱好社交、情感丰富、情绪舒畅、随和、有耐心 |
| 中胚叶型 | 身体紧张型 | 动作粗放、精力旺盛、喜爱运动、自信、富有进取性和冒险性 |
| 外胚叶型 | 头脑紧张型 | 动作生硬、善思考、不爱交际、情绪抑制、谨慎、神经过敏 |

克瑞奇米尔和谢尔顿指出了身体特征与气质相关，这对后人有一定的启发作用。气质与体型之间也许存在某种相关，但一些研究表明，这种相关并不是像他们所讲的那样简单和直接。而且气质与体型相关并不能认为两者之间存在着因果关系。当代科学还不能清楚地揭示身体特征对气质究竟起什么作用。他们过分夸大了生物因素的作用，忽视了社会生活对气质的作用。克瑞奇米尔把一切人都归入精神病患者，这显然是不正确的。

## 五、气质的血型说

有些学者认为，人的气质是由不同的血型所决定的。日本学者古川竹二根据血型把人的气质划分为 A 型、B 型、O 型和 AB 型四种。A 型气质的人内向、保守、多疑、焦虑、富有感情、缺乏果断性、容易灰心丧气。B 型气质的人外向、积极、善交际、感觉灵敏、轻诺言、寡信、好管闲事。O 型气质的人胆大、好胜、喜欢指挥别人、自信、意志坚强、积极进取。AB 型气质的人，兼有 A 型和 B 型的特征。日本血型人类学家能见正比古认为："血型的真正含义指的是人体的体质和气质类型。"[①] "可以更简洁地给血型作如下定义：血型就是所有生物的体质类型和气质类型。"[②] 但是，许多学者认为，这种理论科学根据不足。因此，气质与血型关系问题是一个有争议且需要进一步研究的问题。

---

① 能见正比古著，陶粟娴等译：《血型与性格》，北方文艺出版社 1988 年版，第 1 页。
② 同上书，第 30 页。

## 六、气质的激素说

激素(hormone)是由内分泌细胞分泌的高效能化学物质,在血液中的浓度极低,但对生理和心理活动有重大影响。在解释气质的生理机制上影响最大的有两个学派:一是以巴甫洛夫为代表的气质的高级神经活动类型理论;另一个是以伯曼(L. Berman)等人为代表的气质的激素理论。

伯曼认为,人的气质特点是由内分泌活动所决定的。他根据人的某种内分泌腺特别发达而把人划分为:甲状腺型、脑垂体型、肾上腺型、副甲状腺型、胸腺型和性腺型。他认为,不同类型的人,有不同的气质特点。

### (一) 甲状腺型

甲状腺分泌增多者精神饱满、不易疲劳、知觉敏锐、意志坚强、处事和观察迅速、容易动感情甚至感情迸发。甲状腺分泌减少者可能罹患痴呆症。

### (二) 脑垂体型

脑垂体分泌增多者性情强硬、脑力发达、有自制力、喜欢思考、骨骼粗大、皮肤甚厚、早熟、生殖器发达。脑垂体分泌减少者身材短小、脂肪多、肌肉萎弱、皮肤干燥、思想迟钝、性格懦弱、缺乏自制力。

### (三) 肾上腺型

肾上腺分泌增多者雄伟有力、精神健旺、皮肤深黑而干燥、毛发浓密、专横、好斗。肾上腺分泌减少者体力衰弱、反应迟缓。

### (四) 副甲状腺型

副甲状腺分泌增多者安定、缺乏生活兴趣、肌肉无力。副甲状腺分泌减少者注意力不易集中、妄动、容易激动。

### (五) 胸腺型

胸腺位于胸腔内,幼年发育,青春期后停止生长,逐渐萎缩。如果成年者胸腺不退化,则单纯、幼稚、柔弱、不善于处理工作。

### (六) 性腺型

性腺分泌增多者常感不安,具有攻击性。性腺分泌减少者则性的特征不显现,进攻行为少。

现代科学研究表明:激素对人的气质确有影响。激素激活或抑制人体的不同机能,激素过多或过少对个体的行为确有影响。例如,肾上腺特别发达的人,会表现出情绪容易激动的气质特征。生物化学测定也表明：人在恐惧时，肾上腺素分泌增加；人在发怒时，去甲肾上腺素分泌增加。但是，各个内分泌腺之间相互联系、相互制约，共同组成内分泌系统，不能简单地强调一两个内分泌腺体的作用；也不能孤立地、片面地强调激素对气质的作用，因为神经系统直接或间接地控制着内分泌腺的活动，控制着激素的合成和分泌。激素也影响着神经系统的功能。人体内有两种调节机制：神经调节和体液调节。在中枢神经系统的主导作用下，通过这两种机制，影响气质的活动。伯曼这种理论用单个内分泌腺的活动来解释气质，是简单化了。

## 七、托马斯和切斯的气质理论

最有影响的气质研究是托马斯(A. Thomas)和切斯(S. Chess)从1956年起持续几十年的气质追踪研究。西方有人认为，这是"世界上最过硬的心理学研究"，也有人称"他们对气质进行了开创性的研究"。研究发现，新生儿在几周就有明显的、持久的气质特征，不大容易改变，一直到成人。他们鉴别出气质的九个维度。

① 活动水平：指行为活动的量；
② 心境性质：指生活中主导的具有相对持久稳定性的情绪状态；
③ 趋避性：对新导刺激是否乐于接近或躲避；
④ 规律性：行为活动是否有规律；
⑤ 适应性：对新环境是否能很好地适应；
⑥ 反应阈限：引起反应的刺激水平有多高，即是否很敏感；
⑦ 反应强度：对刺激做出多大强度的反应；
⑧ 注意转移：注意力是否能灵活地转换；
⑨ 注意时间与维持：注意能维持多长时间。

该理论用9个方面来说明气质，涉及更全面，而且这9个方面都是针对活动直接反映了气质的动力特征。有利于人们直观地了解人的气质的含义。

他们把大部分(65%)幼儿划分为三种类型：①"容易护理的"；②"困难的"；③"慢慢活跃起来的"。另外35%的幼儿则兼有三种或两种气质类型的特点。后来1996年罗斯巴特(Rothbart)等人在托马斯等人研究的基础上，又提出了一种婴儿气质模型，并将托马斯等人的气质维度中的"注意转移"和"注意时间与维持"合并为"注意广度和持久性"，又增加了"易怒性"这一维度。[①]

## 八、气质的活动特性说

美国心理学家巴斯(A. H. Buss)和普洛明(R. Plomin)根据人们参加各种类型活动的倾向性不同，提出气质的活动特性说。他们把人的气质划分为以下四种类型。

---

① 桑标主编：《当代儿童发展心理学》，上海教育出版社2003年版，第341—346页。

## （一）活动型

这种类型的人倾向活动，总是抢先接受新任务，精力充沛，不知疲倦。婴儿期表现为手脚不停地活动；儿童期在教室里闲坐不住；成年时有强烈的事业心。

## （二）社交型

这种类型的人倾向社交，渴望与他人建立亲密、友好的关系。婴儿期要求父母在他的身旁，对他爱抚，孤单时会大哭大闹；儿童期容易接受教育，容易受环境影响；成年时与他人建立融洽的关系，和睦相处。

## （三）情绪型

这种类型的人觉醒程度和反应强度都大，婴儿期经常哭闹；儿童期容易激动；成年时喜怒无常，难以合作相处。

## （四）冲动型

这种类型的人易兴奋，缺乏控制能力。婴儿期等不得成人喂饭、换尿布等；儿童期注意力容易分散，常常坐立不安；成年时行动带有冲动性。

他们认为：人们虽然对人格特质知道很多，但对气质特质却知道得很少。气质特质主要表现在行为的过程与形式上，而不是表现在行为的内容上。他们把四种类型归纳为三种气质倾向，即情绪性（emotionality）、活动性（activity）和交际性（sociability），用三个词的英文第一个字母组成缩写词 EAS，称为 EAS 气质模型。

人的反应活动的特性在气质中处于醒目的位置，用活动特性来区分人的气质，是西方心理学中出现的一种动向。

## 九、气质调节理论

波兰心理学家斯特里劳（J. Strelau）在巴甫洛夫学说的基础上，引入活动理论，又吸收了唤醒与激活研究的成果，从整体活动来探讨气质，提出了"气质调节理论"。他认为，气质是生物进化的产物，但又受环境的影响而发生变化。气质在人的整个心理活动中，在人与环境的关系中起着调节作用。他把气质定义为：主要由生物决定的、有机体的相当稳定的特点，它由反应的外部特质表现出来，而这些特质构成了行为的能量水平和时间特点。他指出，气质可以在人的行为能量水平和时间特点中表现出来。

斯特里劳认为：反应性和活动性是两个与行为能量水平有关的气质基本维度，它们对有机体起着重要作用。他提出反应性的概念，即个体对刺激的反应强度具有稳定性的差异。由此区分出高反应性的人和低反应性的人，活动性决定个体对一定刺激值活动的数量和范围，在个体间同样存在稳定的差异。

斯特里劳从个体行为的时间特点中分析出六个特质：反应保持性、反应再生性、反应灵活性、反应规律性、反应速度和反应节奏。

## 十、凯根的气质理论

凯根(J. Kagan)等人做的一项研究被认为"为气质研究提供了新的思路和方法。"他们以117名儿童作被试,从儿童出生后14个月开始,分别进行多次实验室研究和母亲访谈追踪研究。研究表明:个体对于不熟悉事物出现的反应是不同的,有的非常安静,他会中断其从事的活动,退到熟悉人的身边或离开不熟悉的事物发生的地点;有的对从事活动没有明显改变,甚至会主动接近不熟悉的事物。前者称为"行为抑制儿童";后者称为"非抑制儿童"。"非抑制儿童"表现出不怕生、善于交际,主动接近陌生情境的行为,即非抑制行为。凯根认为:在婴儿气质结构中只有"抑制—非抑制"这一项内容可以一直保持到青春期以后一直不变,只有"抑制—非抑制"才可能是划分气质类型的可靠标准。① 一些心理学工作者对此有不同的看法,认为凯根等人把气质简单化了。

# 第三节 气质的生理机制

气质的生理机制十分复杂。现代研究表明:气质不仅与大脑皮质的活动有关,而且与皮质下活动有关;气质不仅与神经系统的活动有关,而且与内分泌腺的活动有关。研究表明,整个人的身体组织都影响着一个人的气质。罗索诺夫(B. M. Pycaлoв)指出:气质的生理基础不是某个个别的生理亚系统,而是人机体的整体结构,亦即人机体的所有结构的总和。其中,高级亚系统的结构和机能特点,即中枢神经系统的结构和机能特点与其他亚系统相比较,在气质形成中更为重要。② 因此,不能把气质与高级神经活动类型等同起来,也不能以个体的某种生理亚系统(体液、体型、神经活动)作为气质的生理基础。但是,高级神经活动类型与气质的关系较为直接和密切,高级神经活动类型是气质主要的生理基础。

## 一、神经过程的基本特性

巴甫洛夫认为,高级神经活动有两个基本过程:兴奋过程和抑制过程。这两个神经过程有三个基本特性:神经过程的强度、神经过程的平衡性和神经过程的灵活性。

### (一) 神经过程的强度

神经过程的强度是指个体的大脑皮质细胞经受强烈刺激或持久工作的能力。它被认为是神经类型的最重要标志,具有重大的意义。研究表明:在一定限度内,强刺激引起强兴奋,弱刺激引起弱兴奋。但是,刺激很强时,并不是所有的个体都能以相应的兴奋对它发生反

---

① 叶奕乾,孔克勤,杨秀君编著:《个性心理学(第三版)》,华东师范大学出版社2011年版,第76—77页。
② 罗索诺夫:《气质的本质及其在人的个体属性结构中的位置》,《心理学问题》(俄文版)1985年第1期。

应。兴奋过程强的个体,对很强的刺激仍能形成和保持条件反射;兴奋过程弱的个体,对很强的刺激不能形成条件反射,已有的条件反射会受到抑制或遭到破坏,甚至会导致神经过程的"分裂"。抑制过程强的个体,可以耐受不间断的内抑制达 5—10 分钟;抑制过程弱的个体,则不能耐受持续 15—30 秒钟的内抑制(它们甚至会因此导致中枢神经系统的病变)。

## (二) 神经过程的平衡性

神经过程的平衡性是指个体的兴奋过程和抑制过程之间的强度是否相当。有的个体这两种神经过程之间的强度是平衡的,而有的则是不平衡的。那么,在不平衡中又有哪一种神经过程占优势? 实验表明:不平衡的个体一般具有较强的兴奋过程和较弱的抑制过程,也有少数个体具有较强的抑制过程和较弱的兴奋过程。

## (三) 神经过程的灵活性

神经过程的灵活性是指个体对刺激的反应速度以及兴奋过程和抑制过程相互转换的速度。人与人之间在兴奋和抑制的灵活性上也存在差异,有的人灵活性强,有的人灵活性弱。实验表明:神经过程灵活性强的个体能够较顺利地和迅速地将阳性条件反射改造为阴性条件反射,或者把阴性条件反射改造为阳性条件反射,或者把已有的动力定型改造为新的动力定型。在阳性刺激后紧接出现阴性刺激,或者在阴性刺激后紧接出现阳性刺激,个体也能以相应的反射来分别应答。但神经过程灵活性弱的个体就会发生困难,引起反射活动的混乱及大脑皮质机能的失调。

神经过程的三个基本特性是变化的。例如,兴奋过程强,而抑制过程弱的个体,经过训练有可能使抑制过程增强而与兴奋过程相平衡。神经过程的灵活性是个体发育中最容易变化的一种神经过程的基本特性。

# 二、高级神经活动类型

神经过程的三个基本特性的独特组合就形成了高级神经活动类型。巴甫洛夫指出:"由于神经系统基本特性的一些可能的变动,以及这些变动的可能的组合,就一定会发生神经系统的各种类型,计算起来,至少有二十四种类型,但证诸实际,其数目可以大大缩小的,即缩减为特别显著的、醒目的四种类型,而且最主要的是,这四种类型按其对周围环境的适应性和对致病动因的稳固性,是各不相同的。"[1]

## (一) 强而不平衡的类型(兴奋型)

这种类型的个体兴奋过程强于抑制过程,阳性条件反射比阴性条件反射容易形成,是一种容易兴奋、不受约束的类型,所以也称为不可遏制型。

---

[1] 巴甫洛夫著,吴生林等译:《巴甫洛夫选集》,科学出版社 1955 年版,第 211 页。

## (二) 强而平衡、灵活的类型(活泼型)

这种类型的个体兴奋过程和抑制过程都较强,并且两者容易转化,以反应灵敏、活泼、能很快适应变化着的外界环境为特征。巴甫洛夫认为这是一种最完善的类型。

## (三) 强而平衡、不灵活的类型(安静型)

这种类型的个体兴奋过程和抑制过程都较强,但两者不易转化。比较易形成条件反射,但不易改造,以坚韧而行动迟缓为特征。

## (四) 弱型(抑制型)

这种类型的个体兴奋过程和抑制过程都很弱,阳性条件反射和阴性条件反射的形成都很慢。以在困难工作面前正常的高级神经活动容易受破坏而患神经症为特征。

神经过程的基本特性与高级神经活动类型关系如表 15-4 所示。

表 15-4 神经过程的基本特性与高级神经活动类型

| 神经过程的基本特性 | | | 高级神经活动类型 |
| --- | --- | --- | --- |
| 强度 | 平衡性 | 灵活性 | |
| 强 | 不平衡 | | 兴奋型 |
| 强 | 平衡 | 灵活 | 活泼型 |
| 强 | 平衡 | 不灵活 | 安静型 |
| 弱 | | | 抑制型 |

巴甫洛夫逝世后,苏联的心理学和生理学工作者继续对高级神经活动类型进行研究。在苏联形成三个中心:①列宁格勒学派,以库帕洛夫、克拉索斯基和费道罗夫为代表,他们继续对动物的高级神经活动类型进行研究;②莫斯科学派,以捷普洛夫和涅贝利岑为代表,他们对人的神经过程的基本特性进行研究,做出了重大贡献,又称捷普洛夫—涅贝利岑学派或新巴甫洛夫类型学;③乌拉尔学派,以梅尔林为代表,他们研究神经活动类型的心理学解释,研究神经活动类型和气质对人类活动的影响,特别是对工作或职业的影响。

当代的研究对巴甫洛夫学说与气质关系,有一定修改,他们主张研究高级神经活动的各种特性是主要的,而划分高级神经活动的类型是次要的。研究者强调气质特点的联合结构,他们认为气质包括:焦虑、内外向、行为僵化、冲动性和情绪性等。[1]

## 三、高级神经活动类型与气质

巴甫洛夫认为,兴奋型相当于胆汁质,活泼型相当于多血质,安静型相当于粘液质,抑制

---

[1] 荆其诚主编:《简明心理学百科全书》,湖南教育出版社 1991 年版,第 363 页。

型相当于抑郁质。高级神经活动类型、气质类型及其心理特征如表 15-5 所示。

表 15-5 高级神经活动类型、气质类型及其心理特征

| 高级神经活动类型 | 气质类型 | 心 理 特 征 |
|---|---|---|
| 兴奋型 | 胆汁质 | 急躁、直率、热情、情绪兴奋性高、容易冲动、心境变化剧烈、具有外向性 |
| 活泼型 | 多血质 | 活泼、好动、反应迅速、喜欢与人交往、注意力容易转移、兴趣容易变换、具有外向性 |
| 安静型 | 粘液质 | 稳重、安静、反应缓慢、沉默寡言、情绪不外露、注意力稳定但不易转移、善于忍耐、具有内向性 |
| 抑郁型 | 抑郁质 | 行动迟缓而不强烈、孤僻、情绪体验深刻、感受性很高、善于觉察别人不易觉察的细节、具有内向性 |

巴甫洛夫曾把高级神经活动类型和气质类型看作同一个东西。他指出:"显然,这些类型在人身上就是我们称之为气质的东西。"[①]在他的著作中有时把高级神经活动类型和气质两个名词交替使用。现在一般认为,气质和高级神经活动类型并不是同一个东西。气质是心理现象,高级神经活动类型是生理现象。高级神经活动是气质主要的生理基础。

## 第四节 气 质 类 型

传统的气质类型,是心理学中流行的分类(即把气质分为:胆汁质、多血质、粘液质和抑郁质),从古至今一直沿用。随着心理科学的发展,心理学工作者又提出了许多气质分类。

### 一、气质类型的特征

根据现有的研究,气质类型主要有以下几种特征。

#### (一) 感受性

感受性是指人对内外适宜刺激的感觉能力。它是神经过程强度特性的一种表现。用感觉阈限的大小来测量。

#### (二) 耐受性

耐受性是反映人对客观刺激在时间和强度上的耐受程度。它也是神经过程强度特性的表现。

---

① 巴甫洛夫著:《巴甫洛夫全集(第三卷·第 2 册)》(俄文版)1951 年版,第 85 页。

## (三) 反应的敏捷性

反应的敏捷性包括两类特性：①心理反应和心理过程进行的速度（如思维的敏捷性、识记的速度、注意转移的灵活程度等）；②不随意的反应性（如不随意注意的指向性、不随意运动反应的指向性等）。反应的敏捷性主要是神经过程灵活性的表现。

## (四) 可塑性

可塑性是指人根据外界情况的变化而改变自己适应性行为的可塑程度。刻板性被认为是与可塑性相反的品质。可塑性主要是神经过程灵活性的表现。

## (五) 情绪兴奋性

情绪兴奋性是指以不同的速度对微弱刺激产生情绪反应的特性。它不仅反映神经过程的强度，而且也反映神经过程的灵活性。

## (六) 向性

向性是指人的心理活动、言语和动作反应是表现于外还是表现于内的特性。表现于外叫外向性，表现于内叫内向性。

## 二、气质类型的构成

上述各种特性的不同结合，就构成了各种不同的气质类型。

### (一) 胆汁质 (choleric temperament)

胆汁质的人感受性低而耐受性高，不随意反应性强，反应的不随意性占优势，外向性明显，情绪兴奋高，抑制能力差，反应速度快而不灵活。

### (二) 多血质 (sanguine temperament)

多血质的人感受性低而耐受性高，不随意反应性强，具有外向性和可塑性，情绪兴奋性高而且外部表现明显，反应速度快而灵活。

### (三) 粘液质 (phlegmatic temperament)

粘液质的人感受性低而耐受性高，不随意的反应性和情绪兴奋性均低，明显内向，外部表现少，反应速度慢而具有稳定性。

### (四) 抑郁质 (melancholic temperament)

抑郁质的人感受性高而耐受性低，不随意的反应性低，严重内向，情绪兴奋性高并且体验深，反应速度慢，具有刻板性和不灵活性。

各种心理特性和气质类型的关系，可以概括为表15-6所示的内容。

表 15-6　心理特性和气质类型

| 气质类型 | 心理特性 | | | | | |
|---|---|---|---|---|---|---|
|  | 感受性 | 耐受性 | 反应的敏捷性 | 可塑性 | 情绪兴奋性 | 向性 |
| 胆汁质 | - | + | + | + | + | + |
| 多血质 | - | + | + | + | + | + |
| 粘液质 | - | + | - | - | - | - |
| 抑郁质 | + | - | - | - | + | - |

达威多娃曾形象地描述了四种基本气质类型的人在同一情景中的不同行为表现。四个不同气质类型的人上剧院看戏,但都迟到了。胆汁质的人和检票员争吵,企图闯入剧院。他分辩说,剧院里的钟快了,他进去看戏是不会影响别人的,并打算推开检票员进入剧院。多血质的人立刻明白,检票员是不会放他进入剧场的,但是通过楼厅进场容易,就跑到楼上去了。粘液质的人看到检票员不让他进入正厅,就想"第一场总是不太精彩,我在小卖部等一会儿,幕间休息时再进去"。抑郁质的人会说:"我老是不走运。偶尔来一次戏院,就这样倒霉。"接着就返回家去了。① 这四种典型气质类型在情绪和行为方式上以及在智力活动方面具有不同特点和表现(如图 15-3 所示)。

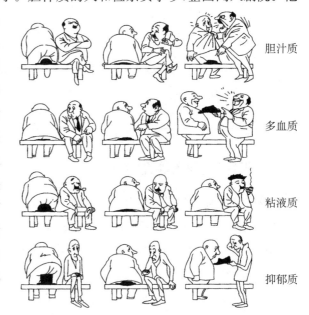

图 15-3　四种典型的气质类型

## 三、气质类型的分布

按照组合的规律:$C_4^1 + C_4^2 + C_4^3 + C_4^4 = 4 + 6 + 4 + 1 = 15$,可能有 15 种气质类型,即多血质、胆汁质、粘液质、抑郁质、胆汁—多血质、胆汁—粘液质、胆汁—抑郁质、多血—粘液质、多血—抑郁质、粘液—抑郁质、胆汁—多血—粘液质、多血—粘液—抑郁质、胆汁—粘液—抑郁质、胆汁—多血—抑郁质、胆汁—多血—粘液—抑郁质。

具有某一种气质类型的典型特征者被称为"典型型",近似其中某一类型者被称为"一般型",具有两种或两种以上类型者被称为"中间型"或"混合型"。在全人口分布中,气质的一般型和两种类型的混合型的人占多数,典型型和两种以上类型混合型的人占少数。因此,在测定一个人的气质时不应该硬性地将其划入某种典型型。

---

① B·B·波果斯洛夫斯基等著,魏庆安等译:《普通心理学》,人民教育出版社 1979 年版,第 354 页。

## (一) 张拓基和陈会昌的研究[①]

张拓基和陈会昌以他们自己编制的气质测验表对460名中等师范学生(男189名,女271名)进行测试,被试的平均年龄为18岁(结果如表15-7所示)。

表15-7 各种类型的气质所占人数、比例及性别差异 Z 检验

| 人数(%) \ 气质类型 | 胆汁质 | 多血质 | 粘液质 | 抑郁质 | 胆汁—多血质 | 多血—粘液质 | 粘液—抑郁质 | 胆汁—抑郁质 | 胆汁—多血—粘液质 | 多血—粘液—抑郁质 | 胆汁—多血—抑郁质 | 胆汁—粘液—抑郁质 | 胆汁—多血—粘液—抑郁质 |
|---|---|---|---|---|---|---|---|---|---|---|---|---|---|
| 男(189名) | 31 | 25 | 40 | 11 | 18 | 15 | 13 | 7 | 16 | 2 | 0 | 0 | 11 |
| % | 16.4 | 13.2 | 21.2 | 5.8 | 9.5 | 7.9 | 6.9 | 3.7 | 8.5 | 1.1 | 0 | 0 | 5.8 |
| 女(271名) | 39 | 28 | 57 | 15 | 29 | 28 | 30 | 7 | 15 | 8 | 3 | 2 | 10 |
| % | 14.4 | 10.3 | 21.0 | 5.5 | 10.7 | 10.3 | 11.1 | 2.6 | 5.5 | 3.0 | 1.1 | 0.7 | 3.8 |

## (二) 刘明和王顺兴等人的研究[②]

该项研究所用的问卷系由该课题组对陈会昌"气质调查表"修订后形成,有效问卷1105份。统计表明,10种气质类型的人数分别为:粘液质201人、胆汁—多血质177人、多血质139人、胆汁质127人、抑郁质114人、粘液—抑郁质92人、多血—粘液质86人、胆汁—粘液质79人、胆汁—抑郁质57人、多血—抑郁质33人。

该项研究表明,在1105名儿童青少年被试中,粘液质所占的比例最大,在总体分布中占18%,在城市儿童青少年中占16%,在乡村儿童青少年中占20%,在男性儿童青少年中占18%,在女性儿童青少年中占18%。多血质、胆汁质和胆汁—多血质所占比例亦大,三种类型合计在总体分布中占41%,在城市儿童青少年中占49%,在乡村儿童青少年中占33%,在男性儿童青少年中占44%,在女性儿童青少年中占36%。4种单一的气质类型的人数都约占城、乡,男、女儿童青少年总数的一半或稍多一些;在6种混合的气质类型的人中,胆汁—多血质最多,多血—抑郁质最少。

## 四、气质类型发展的年龄趋势

保加利亚皮罗夫等人的研究表明,在5—7岁这一年龄阶段的儿童中,神经活动兴奋型多

---

① 张拓基,陈会昌:《关于编制气质测验量表及其初步试用的报告》,《山西大学学报》,1985年第4期。
② 朱智贤主编:《中国儿童青少年心理发展与教育》,中国卓越出版公司1990年版,第377—382页。

见于5岁的儿童。随着年龄的增长,神经活动的平衡性增加,兴奋型人数下降。到了青年期兴奋型人数又重新增多。青年期结束,兴奋型人数再次下降。由此可见,兴奋型人数随儿童年龄发展,似乎出现一个"U"形。

刘明等人研究了气质发展变化的年龄趋势。[①] 该项研究表明:随着年龄的增长,儿童青少年的气质类型亦发生变化。但各种气质类型的变化是不同的。其中,胆汁质可以认为是对年龄变量比较敏感的气质类型,抑郁质可以认为是对年龄变量十分迟钝的气质类型。该项研究还表明:各种气质类型的具体变化情况也是不同的。他们对各年级四种较典型的气质类型得分(平均分)进行比较,粘液质问题的得分从小学三年级到五年级及初中二年级逐渐减少,初中二年级得分最低,以后又逐渐回升,到大学阶段得分最高。多血质问题的得分,小学三年级最低,以后显著上升,初中二年级得分最高,以后又逐渐下降。胆汁质问题的得分,小学三年级和五年级较高,随年龄增长,其得分有下降趋势,高中二年级和大学阶段,其得分显著低于小学五年级和三年级。抑郁质问题的得分,则普遍较低,其中小学三年级较高,大学阶段得分最低(如图15-4所示)。

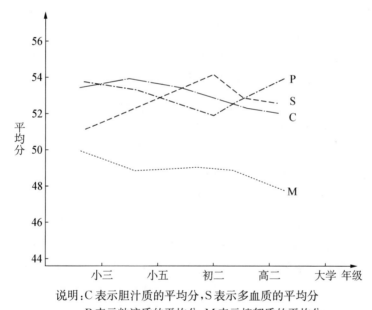

说明:C表示胆汁质的平均分,S表示多血质的平均分
P表示粘液质的平均分,M表示抑郁质的平均分

**图15-4 各年级儿童青少年四种气质类型平均分**

## 第五节 气质在实践活动中的作用

气质是个人心理活动的稳定的动力特征,它影响个体活动的一切方面,在个体的活动上打上一定的烙印。

---

① 朱智贤主编:《中国儿童青少年心理发展与教育》,中国卓越出版公司1990年版,第378—382页。

## 一、气质对智力的影响

每一种气质类型都既有积极方面,又有消极方面。例如,多血质的人反应灵敏,容易适应新环境;但兴趣容易转移,注意力不稳定。胆汁质的人热情开朗,精力旺盛,刚强;但任性,脾气暴躁,容易冲动。粘液质的人沉着、稳重、自制、冷静、踏实;但反应缓慢。抑郁质的人在工作中耐受力差,容易疲劳;但感情细腻,审慎小心,观察力敏锐,善于觉察别人不易觉察到的细小事物。气质不能决定一个人的智力发展水平。智力水平高的人可能具有不同的气质;相同气质的人可能表现出不同的智力水平。在著名的作家群中,四种气质的人都有。例如,郭沫若和赫尔岑具有多血质的特征;李白和普希金具有胆汁质的特征;茅盾和克雷洛夫具有粘液质的特征;杜甫和果戈理具有抑郁质的特征。他们在气质类型上的不同,并不影响他们各自在文学上取得杰出的成就。

许多研究表明了气质对智力的影响。林崇德教授指出:"气质作为一种非智力因素,对能力发展有着不可忽视的影响。"[1]他认为:影响智力活动、思维活动的气质因素主要包括两个方面:①心理活动的速度和灵活性。有的气质类型的人,心理活动的速度较快,而且灵活性也较高;而有的气质类型的人,心理活动的速度较慢,而且也不够灵活。心理活动的快慢和灵活性的高低,势必会影响到人的智力活动的快慢和灵活性的高低。研究发现:多血质和胆汁质类型的中小学生,解题速度和解题灵活性都明显地超过粘液质和抑郁质类型的中小学生。②心理活动的强度。多血质和胆汁质的人,情绪感受和情绪表现都较强烈,而他们的抑制能力又较差,故较难从事需要细致和持久的智力活动;而粘液质和抑郁质的人,其情绪感受和表现都较弱,但体验深刻,能经常地分析自己,因此他们较适合于从事那些需要细致和持久的智力活动。研究者研究了气质与五种思维品质(思维的深刻性、独创性、灵活性、批判性和敏捷性)的相互关系,发现不同气质类型的人在5种思维品质上存在差异,其中在4种思维品质上的差异达到显著和极显著水平,这表明气质与思维品质有着密切联系。斯米尔诺夫(А. А. Смирнов)的研究表明:识记数量多、难度大的材料时,神经系统强型的人较神经系统弱型的人效果要好。特鲁波尼科娃—莫尔加诺娃的研究表明:神经系统强型的人记忆大量的无意义音节效果较好,神经系统弱型的人记忆大量有意义的文章效果较好。

气质还影响个体智力活动的特点和方式。列伊捷斯(Н. С. Лейтес)对同班两位学生 A 和 B 进行了追踪研究。A 具有明显的多血质和胆汁质的特征,B 具有明显的抑郁质的特征。学生 A 在学习时表现为精力充沛,在从事紧张的学习和工作后,只需要短时间的休息就能恢复精力,很少见到他疲劳和有学习间歇;能够一下子关心很多事物,复杂的情况和变化不会降低他的精力;他对新教材特别感兴趣并充满着热情,新教材使他精神焕发、兴奋,并且感到满足,但在复习旧教材时,却明显地缺乏兴趣。学生 B 在经过一段时间学习后,很容易感到疲劳,需要休息或睡一会儿才能够恢复精力;对简单的作业,都要沉思和准备;在学习新教材

---

[1] 林崇德著:《学习与发展:中小学生心理能力发展与培养》,北京教育出版社1992年版,第463页。

时常常感到困难和疲劳,但在复习旧教材时,表现出主动性,思维具有高度的准确性和明晰性。学生 A 反应迅速,容易转向新的智力活动,他似乎能立刻把他的潜能释放到最大限度。学生 B 则是缓慢地、犹豫不决地解决问题,有时会出现停顿,但他能够逐渐地明确、完整、正确地弄清问题。这两个学生在毕业时都获得了金质奖章。

## 二、气质对教育工作的意义

在学校教育中,教师要了解学生的气质类型和气质特征,做到"因材施教""一把钥匙开一把锁",从而提高教育质量。

克鲁捷茨基指出,在教育过程中不应该提出改变学生的气质。这是因为神经系统类型特性的改造非常缓慢,而且改造的方法还没有被充分研究出来。所以实际上改变气质是不可能的。而且气质类型没有好坏之分,教师的任务在于,了解学生的气质特征,找到适合学生气质特点的最佳策略和方法。例如,对多血质的学生不能放松对他们的要求,不能使他们感到无事可做,要使他们在多种有意义的活动中培养踏实、专一和克服困难的精神;对胆汁质的学生要让他们学会抑制自己,耐心帮助他们养成自制、坚韧的习惯,学会平稳而镇定地工作;对粘液质的学生要热情,不能操之过急,要允许他们有充分的时间考虑问题和做出反应,引导他们积极探索新问题,并且鼓励他们参加集体活动,引导他们生动活泼、机敏地投入工作,发展他们的灵活性和积极性;对抑郁质的学生不要在公开场合指责、批评他们,要安排适当的工作鼓舞他们前进的勇气,让他们有更多的机会参加集体活动,在活动中磨练意志的坚韧性、情绪的稳定性。

胆汁质和抑郁质的学生应该是教师特别关怀的对象。艾森克认为,这两种气质类型都具有情绪不稳定的特征。胆汁质的人,可能会出现进攻、好斗的行为问题;抑郁质的人,可能会出现焦虑不安的人格问题。教师要使具有胆汁质特征的学生,多得到工作与休息交替的机会;使具有抑郁质特征的学生,在集体中获得友谊和生活乐趣。教师要培养具有这两种气质特征学生的情绪稳定性。此外,教师还要关注学生气质的年龄特征。

## 三、气质对职业选择的意义

气质特征是职业选择的依据之一,某些气质特征为一个人从事某项工作提供了有利的条件。一般来说,要求持久、细致的工作对粘液质和抑郁质的人较为合适,对多血质和胆汁质的人不大适合;要求迅速灵活反应的工作对多血质和胆汁质的人较为合适,而对于粘液质和抑郁质的人来说则较难适应。

在一般实践活动中,由于气质的各种特征之间可以互相补偿,因此对活动的效率影响并不明显。根据中国科学院心理研究所的研究人员对先进纺织女工的研究表明:一些看管多台纺织机床的女工属于粘液质,她们注意的稳定性补偿了她们从一台机床转移到另一台机床的困难;另一些纺织女工属多血质,她们的注意转移容易和迅速补偿了注意容易分散的缺陷。

一些特殊职业,如飞行员、宇航员、潜水员、雷达观测员等,对人的气质特征有特定的要求,必须经过心理测定,进行严格的选择和训练,才能使他们胜任这类工作。1988年我国心理学工作者对空军战斗飞行员进行了调查。他们发现,在战斗飞行员中,多血质的人占调查总人数的45%左右,胆汁质的人占调查总人数的20%左右,胆汁质与多血质混合型的人占调查总人数的15%左右,而没有发现抑郁质的人。1979年德米特里耶娃等人对航空调度员的心理特征进行研究,发现从事这一职业活动的人应具备如下气质特征:语音要平静、精力要集中;在紧急情况下要保持镇定;长时间指挥飞行而不降低工作质量和进度等。神经系统的兴奋过程弱、反应迟缓的人是不宜从事这项职业的。

心理学家还研究了人的气质类型对群体协同活动的影响。罗索诺夫(B. M. Русалов)的研究表明,两个气质类型不同的人在协同活动中,比气质类型相同的人配合所取得的成绩更好。皮卡洛夫(И. Х. Пикалов)的研究表明,气质特征相反的两个人合作,不仅合作的效果好,而且还有利于团结。[①]

气质对人的实践活动的确具有一定的作用,在考察人的实践活动时要关注气质这一因素。但是,人的行为更多是由社会生活条件和教育影响下所形成的理想、信念和世界观所决定的。气质与理想、信念和态度相比,对人的行为的作用,毕竟只有从属的意义。

## 第六节 气质的测量

气质表现在个体心理活动和行为方式中,可以通过对人的行为特征的观察和了解来评定一个人的气质。但是,不能仅凭对个体一时一事的行为特征的观察来确定个体的气质特征和气质类型。由于气质的复杂性,有时个体的行为表现又会"掩盖"真实的气质特征。因此,对气质的测量应该综合运用观察、实验、测验、个案研究等方法,多方面收集资料,然后从中综合概括出一个人的气质。

现代心理学家超越了类型论的框架,而以气质特质(temperamental trait)作为测量与研究的主要对象。他们认为,人们具有许多共同的气质特质,但人与人之间在气质特质上存在着量的差异,测量个体各种气质特质所具有的量是研究气质的有效方法。

### 一、观察法

具有典型气质类型的人,其气质特征在日常生活中比较容易被观察出来。不过,用观察法来确定气质类型不太典型或混合型的人的气质类型就相当困难了。这就需要更多的时间观察个体在不同情况下的行为表现,才能把个体偶然的表现和稳定的气质特征区别开来。

为了便于观察,有的研究人员对气质类型提出了观察指标。例如,对多血质类型的人的

---

① 车文博主编:《心理学原理》,黑龙江人民出版社1986年版,第595—596页。

观察指标是:①

① 内心的体验一般会在面部表情和眼神中明显地表现出来。
② 是学校一切活动的积极参加者,但表现散漫,有始无终。
③ 学习新功课容易产生兴趣,但也会很快感到厌烦,觉得枯燥无味。
④ 学习疲倦时,只要稍休息一下,便会立刻焕发精神重新投入学习。
⑤ 理解问题总比别人快,但学习常会见异思迁,注意力不容易集中。
⑥ 希望做难度大、内容复杂的作业,但不耐心细致,总希望尽快地做完老师布置的作业。
⑦ 容易产生骄傲情绪,觉得自己比别人要机智和灵敏。
⑧ 容易激动,但情绪表现不强烈。
⑨ 情绪变化迅速,遇到稍不如意的事就情绪低落。稍得到安慰或又遇到使他高兴的事,马上就会无比喜悦。
⑩ 善于交际,待人亲切,容易交上朋友,但友谊常不坚固,没有知心好友。

## 二、问卷法

### (一) 瑟斯顿气质量表

美国心理学家瑟斯顿(L. L. Thurstone)等人在1953年编制了瑟斯顿气质量表。该量表被认为是最早建立在因素分析基础上的多变量气质量表。测量7种特质:活动性、健壮性、支配性、稳定性、社会性、深思性和冲动性。全量表共140题,每20题测量一个特质,被试用"是""否""?"三选一的方式来回答。

> 瑟斯顿气质量表题目举例:
> 2. 你通常都是工作迅速而且精力充沛吗?(活动性)
> 7. 你爱体育活动吗?(健壮性)
> 16. 开会时,你喜欢做主席吗?(支配性)
> 18. 你能在嘈杂的房间里轻松地休息吗?(稳定性)
> 21. 你常常称赞和鼓励你的朋友吗?(社会性)
> 26. 你常因专心思考某一个问题,以致忽略其他的事情吗?(深思性)
> 65. 你喜欢有竞争性的工作吗?(冲动性)

### (二) 斯特里劳气质调查表

波兰心理学家斯特里劳研究了几种气质调查表,最有名的是斯特里劳调查表(简称STI)。该调查表分E(兴奋过程强度)、I(抑制过程强度)、M(神经过程灵活性)三个分量表,

---

① 陈仙梅,杨心德著:《性格心理论》,湖南人民出版社1988年版,第137—138页。

神经过程平衡性(B)没有单独的项目。共134题,被试根据自己的情况回答"是""?""否",然后统计得分。

> 斯特里劳气质调查表题目举例:
> 3. 短时间的休息就能消除你的工作疲劳吗?(兴奋过程强度)
> 5. 讨论时,你能控制无理的、情绪性的争论吗?(抑制过程强度)
> 11. 你能够十分容易恢复一项停止了几周或几个月的工作吗?(神经过程灵活性)
> 51. 噪声会干扰你的工作吗?(兴奋过程强度)
> 64. 你转换工作容易吗?(神经过程灵活性)
> 90. 如果某人工作很慢,你能适应他吗?(抑制过程强度)

## (三) 陈会昌的气质调查表

陈会昌等人根据4种气质类型编制了气质调查表,每种气质类型15题,共60题。测验方式是自陈式,计分采用数字等级制。记分时,很符合自己情况的记2分;比较符合的记1分;介于符合与不符合之间的记0分;比较不符合的记-1分;完全不符合的记-2分。根据得分确定气质类型。该调查表简便易行,信度和效度均较高。

> 陈会昌气质调查表题目举例:
> 1. 做事力求稳妥,不做无把握的事。
> 2. 遇到可气的事就怒不可遏,想把心里话全说出来才痛快。
> 3. 宁肯一个人干事,不愿很多人在一起。
> 4. 到一个新环境很快就能适应。
> ……
> 21. 对学习、工作、事业怀有很高的热情。
> 22. 能够长时间做枯燥、单调的工作。
> 23. 符合兴趣的事情,干起来劲头十足,否则就不想干。
> 24. 一点小事就能引起情绪波动。
> ……
> 45. 认为墨守成规比冒风险强些。
> 46. 能够同时注意几件事物。
> 47. 当我烦闷的时候,别人很难使我高兴起来。
> 48. 爱看情节起伏跌宕、激动人心的小说。
> ……
> 57. 喜欢有条理而不甚麻烦的工作。

58. 兴奋的事常常使我失眠。
59. 老师讲新概念，常常听不懂，但是弄懂以后就很难忘记。
60. 假如工作枯燥无味，马上就会情绪低落。

## (四) 安菲莫夫检查表

安菲莫夫(Анфимов)检查表由大量的俄文字母组成。在测试时，被试在表格上从左向右一行行看下去，凡看到规定的字母，如"Н"，便把它画去。第一个测试五分钟结束，休息一分钟，再进行第二个测试，时间仍为五分钟。后五分钟测试时，增加一个条件，除了把"Н"画掉外，凡碰到"ИН"在一起时，"Н"不画掉。

根据被试的测试结果，分析其神经过程特性和神经类型。从画去的总字母数，可以反映被试的神经过程的强度。画去 1400 个字母以上者为强型；画去 1200—1400 个字母者为中等强度型；画去 1200 个字母以下者为较弱型。由五分钟所画字母数的曲线形式可分析被试的神经类型。例如，曲线一直上升的，被试可能是强、平衡、灵活型。由错误的多少，分析被试的分化抑制能力。凡错(漏)画字母在 5 个以上者为平衡性差；凡错(漏)画字母在 3—5 个者为中等平衡性；凡错(漏)画字母在 3 个以下者为平衡性好。

> 安菲莫夫检查表举例：
>
> ЕИСХНОСНАГСХВИСГПССПДМНСИСФЕВСАШОН
> ННОФХССХНЗНИОАГХОСНССНИСФЕИЕОАПСОСЕН
> ННСМХОПСИСНЗНАИСХДОПОРИСИСГФШНИСИХН
> СОНИФАОСИОНСИХШИАХМХИСНИГСИСНСДПЕСО
> ПСН……

## (五) 巴斯和普洛明的气质量表

巴斯和普洛明在 1984 年设计的适用于成人的 EAS 气质问卷，共 20 题。根据标准记分，就可计算出人的气质类型。测试时，被试在下列选项中进行选择：1. 根本不像我；2. 有些不像我；3. 既像我又不像我；4. 有些像我；5. 非常像。

> EAS 气质问卷题目举例：
>
> 1. 我喜欢跟人打交道。(交际性)
> 7. 我喜欢总是忙忙碌碌。(活动性)
> 9. 我经常有挫折感。(悲伤)
> 13. 许多事情让我心烦。(生气)
> 19. 比起同龄人来，我很少害怕。(恐惧)

## 三、实验法

气质特征和神经过程的基本特性有关,因此,通过实验了解神经过程的基本特性(强度、灵活性、平衡性等)有助于了解人的气质特征和气质类型。巴甫洛夫学派对动物高级神经活动类型和特性的测定,已经有了一套比较严格的标准和具体的方法,并且不断地修正和完善。捷普洛夫和涅贝利岑对人类高级神经活动特性的研究做出了贡献。

感受性、耐受性、速度与灵活性、可塑与稳定性、不随意反应性、内向与外向、情绪兴奋性、情绪和行为特征被认为是构成气质类型的心理特性。通过实验测定这些心理特性有助于了解人的气质特征和气质类型。国外重视测量人的情绪反应。《简明不列颠百科全书》写道:"现代研究气质的方法是:在标准化的紧张情况下测量人的情绪反应,并对测量结果进行统计分析。"[①]

例如,可以通过实验来测定个体高级神经活动的强度。杨博民教授等人用敲击和选择反应时来确定个体的高级神经活动的强度特性。[②] 被试手持金属棒连续迅速地轮换敲击两块金属板。记录被试每分钟敲击金属板的次数,并比较被试在开始时和结束时敲击速度的变化。在选择反应时的实验中,要求被试对不同刺激做出不同反应,记录每次的反应时,并且比较实验过程中反应时的变化。该实验将完成作业的高效率作为测定高级神经活动强度的指标。该项研究表明,被试55人中,测定结果与教练员平时观察相符合的达到75%,并且与运动的成绩相关,强型的比弱型的成绩好。

也有学者通过对儿童的言语活动特性的实验研究来确定个体的神经过程的特点和气质类型。他用言语电波描记法测定儿童言语的反应时、强度和意义内容。实验时,要被试大声朗读普希金的《上尉的女儿》中的三句诗,用言语电波描记器记录他们朗读的时间,分析每一个词的发音长度、间隔和发音强度(结果如表15-8所示)。

表15-8 言语活动特性和气质类型

| 姓名 | 年龄(岁) | 时间(秒) | 间隔(秒) | 发音时间(秒) | 强度(分贝) | 特点 | 类型 |
|---|---|---|---|---|---|---|---|
| Лариса, Н. | 11 | 9.7 | 2.19 | 7.51 | 57.3—77 | 强、平衡、快 | 多血质 |
| Сережа, Н. | 10 | 11.83 | 3.39 | 8.44 | 53—80 | 强、兴奋高、急 | 胆汁质 |
| Вася, С. | 9 | 15.96 | 8.53 | 7.43 | 52.8—73 | 强、平衡、慢 | 粘液质 |
| Валя, И. | 14 | 26.95 | 17.56 | 9.39 | 51.2—66 | 弱、不平衡、慢 | 抑郁质 |

---

[①] 中国大百科全书出版社《简明不列颠百科全书》编辑部译编:《简明不列颠百科全书(第6卷)》,中国大百科全书出版社1986年版,第604页。
[②] 杨博民等:《一些个性特征的测定和它们与某些运动成绩的关系》,《体育科学》1982年第3期。

## 名词解释

气质  气质特征  气质类型  多血质  胆汁质  粘液质  抑郁质  神经过程的基本特性
高级神经活动类型  感受性  耐受性  反应的敏捷性  可塑性  情绪兴奋性  向性

## 思考题

1. 述评托马斯和切斯的气质理论。
2. 述评凯根的气质理论。
3. 试述气质的生理机制。
4. 分析自己的气质特征。
5. 举例说明了解学生的气质特征对于教育工作的意义。

# 第十六章 性　　格

## 第一节　性格概述

### 一、性格的含义

性格（character）是人在现实的稳定的态度和习惯化了的行为方式中所表现出来的人格心理特征。

性格一词来源于希腊文，最早使用性格一词的是古希腊哲学家提奥夫拉斯塔（Theophrastus）。性格原为雕刻的意思，后来转意为印刻、标记、特性。广义上的性格指人或事物互相区别的特征。诚实或虚伪、勇敢或怯懦、谦虚或骄傲、勤劳或懒惰、果断或优柔寡断等都是人的性格特征。性格就是一个人的许多性格特征所组成的统一体。性格被认为是人的稳定的人格心理特征。

性格特征表现在人对现实的态度和行为方式中。人对现实的态度和与之相应的行为方式的独特结合，就构成了一个人区别于他人的独特性格。恩格斯简明而完整地阐明了性格概念的含义，他指出："人物的性格不仅表现在他做什么，而且表现在他怎样做。"[①] 人的性格主要表现在两个方面——"做什么"和"怎样做"。"做什么"反映了人对现实的态度，表明一个人追求什么、拒绝什么；"怎么做"反映了人的行为方式，表明一个人如何去追求他所要得到的东西，如何去拒绝他所要避免的东西。一般来说，人对现实稳定的态度决定着他的行为方式，而人的习惯了的行为方式又体现了他对现实的态度。这两个方面是统一的。

性格是稳定的，但又有一定的可塑性。研究表明：性格是人在实践活动中，在与客观世界相互作用的过程中形成和发展起来的。客观事物的各种影响通过主体的心理活动在个体的反映机构中保存和固定下来，构成一定的态度体系，并以一定的形式表现在个体的行动之中，构成个体所特有的行为方式。人的性格并不是一朝一夕形成的，但一经形成就比较稳定，并且贯穿于他的全部行动之中。人的性格不仅在类似情境中，甚至在不同的情境中都会表现出来。因此，个体一时性的偶然表现不能认为是他的性格特征，只有经常的、习惯性的表现才能认为是他的性格特征。例如，一个人经常表现得很勇敢，偶尔表现出怯懦，那么不能认为他具有怯懦的性格特征，他的性格特征就是勇敢。又如，一个人在某种特殊的情况下，一反机敏的常态，表现为呆板，那么不能认为呆板是他的性格特征，他的性格特征是机敏。性格是在主体与客体的交互作用过程中形成的，同时又在主体与客体的交互作用过程中发生缓慢的变化。

性格是具有核心意义的人格心理特征。个人对现实的态度和行为方式是与他的意识倾

---

① 马克思、恩格斯著，中共中央马克思恩格斯列宁斯大林著作编译局译：《马克思恩格斯选集（第四卷）》，人民出版社1972年版，第344页。

向和世界观紧密相连的,体现了人的本质属性。人的性格具有社会历史制约性,并且与人的道德评价有关。性格最能表征一个人的人格。我们通常讲的人格,主要是指一个人的性格。

## 二、性格和气质

性格和气质都是人的人格心理特征,它们的关系十分密切。在西方,许多心理学家把性格和气质都包含在人格之中。在苏联,部分心理学家把气质包括在性格之中。例如,科瓦列夫(А. Г. Ковалев)等人指出,气质不是人的性格中的某种外在的东西,而是有机地包含在它的结构之中。但一般认为,性格和气质既有区别又紧密联系。

气质是个体心理活动的动力特征,与性格相比较,气质受先天因素影响大,并且变化比较难、比较慢;性格主要是在后天形成的,具有社会性,变化比较容易也比较快。气质是行为的动力特征,与行为的内容无关,因此气质无好坏善恶之分;性格涉及行为的内容,表现个体与社会的关系,因而有好坏、善恶之分。

性格和气质相互渗透、彼此制约。一方面气质影响性格的动态,使性格"涂上"一种独特的色彩。比较明显的是在性格的情绪性和表现的速度方面表现出来。例如,具有勤劳性格特征的人、多血质的人表现为情绪饱满和情绪充沛,粘液质的人表现为操作精细、踏实肯干,等等。气质还影响性格形成和发展的速度和动态。例如,粘液质和抑郁质的人比多血质和胆汁质的人更容易形成自制力的性格特征。另一方面,性格可以在一定程度上掩盖或改造气质,使之符合社会实践的要求。例如,从事精细操作的外科医生应该具有冷静沉着的性格特征,在职业训练过程中有可能掩盖或改造容易冲动和不可遏止的胆汁质的气质特征。

具有不同气质类型的人可以形成同样的性格特征;具有同一气质类型的人可以形成不同的性格特征。苏联心理学家列维托夫(Н. Д. Левитов)以40名十年级学生为被试,研究气质与性格特征之间的关系。这40名学生分别是四种气质类型的典型代表,每种气质类型都是10个,由班主任按照自制力和坚忍性这两种意志特征,测定每一个学生,气质类型与性格特征的关系如表16-1所示。

表 16-1 气质类型与性格特征

| 气质类型 | 学生人数 | | | |
|---|---|---|---|---|
| | 自制力强 | 自制力弱 | 坚忍性强 | 坚忍性弱 |
| 多血质 | 4 | 6 | 6 | 4 |
| 胆汁质 | 5 | 5 | 7 | 3 |
| 抑郁质 | 6 | 4 | 5 | 5 |
| 粘液质 | 8 | 2 | 6 | 4 |

## 三、性格的生理机制

性格也是人脑的机能,由于性格的复杂性,目前对性格的生理机制了解甚少。巴甫洛夫的高级神经活动学说为探索性格的生理机制提供了启示。巴甫洛夫认为,性格的生理基础就是高级神经活动类型特征和生活环境影响的"合金"。他指出:"现在我们坚决主张,人一面有着先天的品质,另一面也有着为生活情况所养成的品质。这是很显然的。这就是说,如果说到那些先天的品质时,这就是指神经系统类型而言,如果说到性格的话,那就是指那些先天的倾向、意向与那些在生活期间受生活印象的影响所养成的东西二者之间的混合物了。"[①]"合金"的意思是指:一方面,人在现实生活影响下所建立的暂时神经联系受高级神经活动类型特征所制约;另一方面,在现实生活环境下所形成的暂时神经联系又掩盖或改变神经类型的特征。研究表明,由生活环境影响所形成的暂时神经联系系统更具有直接意义。高级神经活动类型不能预先决定一个人的性格,不同高级神经活动类型的人,可能形成相同的性格特征;同一高级神经活动类型的人,可能形成不同的性格特征。巩固的暂时神经联系系统,即动力定型在性格形成中占有重要地位。动力定型的稳定性和可变性是性格稳定性和可变性的基础。

性格与大脑皮质的额叶密切相关,额叶受伤的患者在性格上会发生明显的变化。例如:有些额叶受伤的患者,不尊重别人,爱说粗话,不愿意接受劝告,顽固地坚持己见又反复无常;有些患者表现出易冲动,爱开玩笑,缺乏主动性等特点;有些患者表现出运动定型的惰性,固执地重复已经开始的活动,不能停止某种不合理的行为等特点。

# 第二节 性格的结构

## 一、性格特征的分析

性格是一个十分复杂的心理构成物,它由各种不同的性格特征所组成。性格特征就是指性格各个不同方面的特征,主要有四个方面。

### (一) 性格的态度特征

人对客观现实的影响总是以一定的态度给予反映的。客观现实的对象和现象是多种多样的。因此,人对客观现实的态度的性格特征也是多种多样的。

性格的态度特征主要是在处理各种社会关系方面的性格特征,主要有以下几个方面。

**1. 对社会、集体和他人的态度的特征**

属于这方面的特征主要有:公而忘私或假公济私,忠心耿耿或三心二意,善于交际或行

---

① 巴甫洛夫著,吴生林等译:《巴甫洛夫选集》,科学出版社1955年版,第398页。

为孤僻,热爱集体或自私自利,礼貌待人或粗暴,正直或虚伪,富有同情心或冷酷无情,等等。

#### 2. 对工作和学习的态度的特征

属于这方面的特征主要有:勤劳或懒惰,认真或马虎,细致或粗心,开拓创新或墨守成规,节俭或浪费,等等。

#### 3. 对自己的态度的特征

属于这方面的特征主要有:谦虚或骄傲,自尊或自卑,严于律己或放任自流,等等。

### (二) 性格的意志特征

性格的意志特征是指人在对自己行为的自觉调节方式和水平方面的性格特征,主要有以下几个方面。

#### 1. 对行为目的明确程度的特征

属于这方面的特征主要有:目的性或盲目性,独立性或易受暗示性,纪律性或散漫性,等等。

#### 2. 对行为的自觉控制水平的特征

属于这方面的特征主要有:主动性或被动性,自制力强或缺乏自制力,冲动性,等等。

#### 3. 在长期工作中表现出来的特征

属于这方面的特征主要有:恒心、坚韧性或见异思迁、虎头蛇尾,等等。

#### 4. 在紧急或困难情况下表现出来的特征

属于这方面的特征主要有:勇敢或怯懦,沉着镇定或惊慌失措,坚决果断或优柔寡断,等等。

### (三) 性格的情绪特征

性格的情绪特征是指人在情绪活动时在强度、稳定性、持久性和主导心境等方面表现出来的性格特征,主要有以下几个方面。

#### 1. 情绪强度特征

情绪强度特征表现为个人受情绪影响的程度和情绪受意志控制的程度。例如:有人情绪体验比较微弱,容易用意志控制;有人情绪体验比较强烈,难以用意志控制。

#### 2. 情绪稳定性特征

情绪稳定性特征表现为情绪起伏波动的程度。例如:有人不论在成功或失败时,情绪都比较平静,对情绪的控制也比较容易;有人成功时则沾沾自喜,失败时则垂头丧气,对情绪的控制也比较困难。

#### 3. 情绪持久性特征

情绪持久性特征表现为个人受情绪影响时间久暂的程度。例如:有人遇到愉快的事,当时很高兴,事后很快恢复平静;有人愉快的情绪则持续很久。

#### 4. 主导心境特征

主导心境特征表现为不同的主导心境在一个人身上表现的程度。例如,有人经常愉快,有人经常忧伤;有人受主导心境支配的时间长(主导心境稳定性大),有人受主导心境支配的时间短(主导心境的稳定性小)。

### (四) 性格的理智特征

性格的理智特征是指人在认知过程中的性格特征。人的认知水平的差异称为能力特征,人的认知活动特点与风格称为性格的理智特征,主要有以下几个方面。

#### 1. 感知方面的性格特征

人在感觉和知觉方面的个别差异可以区分出:主动观察型和被动观察型,记录型和解释型,罗列型和概括型,快速型和精确型,等等。

#### 2. 记忆方面的性格特征

人在记忆方面的个别差异可以区分出:主动记忆型和被动记忆型,直观形象记忆型和逻辑思维记忆型,在识记速度上有快慢之分,在保持时间上有长短之分,等等。

#### 3. 想象方面的性格特征

人在想象方面的个别差异可以区分出:主动想象型和被动想象型,幻想型和现实型,敢于想象型和想象受阻型,狭窄想象型和广阔想象型,等等。

#### 4. 思维方面的性格特征

人在思维方面的个别差异可以区分出:独立型和依赖型,分析型和综合型,等等。

在以上四个方面的性格特征中,最主要的是性格的态度特征和性格的意志特征,其中又以性格的态度特征更为重要。因为它直接体现了一个人对事物所特有的、稳定的倾向,也是一个人的本质属性和世界观的反映。

性格的上述各个方面的特征并不是孤立的,而是相互联系着的,在个体身上结合为独特的统一体,从而形成一个人不同于他人的性格。这正是性格一词的本来的含义。

## 二、性格结构的动力特性

性格特征的各个方面不是孤立地、静止地存在着的,而是相互联系、相互制约和相互作用,构成为一个统一的整体。在各种不同场合中,各种性格特征又有不同的结合。所有这些都说明性格具有动力的特性,具体表现为以下几个方面。

### (一) 各种性格特征之间存在着一定的内在联系

由于性格特征之间存在着内在联系,因此性格是一个统一的整体。人们有时还可以根据某人的一些性格特征去推知他的其他方面的性格特征。例如,对待工作的态度特征方面表现出勤劳、认真的人,一般在性格的理智特征方面表现出主动观察和详细分析的特征,在性格的情绪特征方面表现出平静和容易控制的特征,在性格的意志特征方面表现出目的性和自制性等特征。

## (二) 各种性格特征在不同场合有不同的结合模式

性格具有稳定性,但并不意味着人在一切场合下都以同一模式一成不变地表现出来。奥尔波特指出,人格特质除具有概括性和持久性外,还具有焦点性,即它与现实的某些特殊场合联系着,只有在特殊的场合和人群中才会表现出来。例如,一个攻击性强的人,不会在任何场合下对任何人攻击,对他的亲爱的朋友,一般不会攻击。一个人在一定场合下,可以着重显露其性格的某一个侧面;而在另一种场合下,可以着重显露其性格的另一个侧面。鲁迅先生说:"横眉冷对千夫指,俯首甘为孺子牛。"雷锋说:"对待同志要像春天般温暖,对待工作要像夏天一样火热,对待个人主义要像秋风扫落叶一样,对待敌人要像严冬一样残酷无情。"这些都是很好的明证。

性格在不同场合,以不同的侧面表现,不仅不能说明人类性格的肢解和分裂,恰好说明了人类性格的丰富性和真实性。由于性格在不同的场合会有不同的表现,这就要求我们在多种场合下,在各种不同的环境中多方面去考察一个人的性格。只有这样,才能洞察一个人的性格全貌,发掘他的"内在性格"。

## (三) 性格的可塑性

性格是稳定的,但又不是一成不变的。它在主客观的相互作用中形成,又在主客观的相互作用中发生变化。例如,一个在家庭中过分受溺爱的孩子,形成了一些不良的性格特征,但进入托儿所和幼儿园后,过的是集体生活,接受的是良好的教育,其不良的性格特征可以逐渐得到改变。又如,当一个人在生活中遭受了重大挫折后,可以使其性格发生变化。性格的变化在很大程度上又取决于个人的主观努力。一般来说,儿童性格容易受环境影响,而成人性格趋于稳定,不易受环境影响。但成人可以通过主动的自我调节来塑造自己的良好性格特征,克服不良的性格特征。

# 第三节 性格的类型理论

性格的类型理论和性格的特质理论是两种主要的性格类型理论。

类型理论用人的一种或少数几种主要的特质来说明人的性格;特质理论同时用人的多种特质来说明人的性格。例如,类型理论说某人是一个内向的人;特质理论说某人是沉静、较孤僻和处事谨慎的人。类型理论是一种性格分类的理论,特质理论是一种性格分析的理论。

由于性格的复杂性,研究标准不同,所以存在着多种类型理论。迄今没有统一的认识,下面阐述几种主要的类型理论。

## 一、我国古代学者对性格的分类

我国古籍中有许多关于性格的论述。在春秋战国时期,第一个论述性格的是孔子,孔子说:"性相近也,习相远也。"[①]意思是说人性是在先天"相近"的自然本性的基础上,由于后天习得而发展起来的不同的社会本性。《尚书》中提出"九德",实际上是把人的性格分为九类(如表16-2所示)。

表16-2 《尚书》中的九种性格类型

| 序号 | 性格类型 | 序号 | 性格类型 |
| --- | --- | --- | --- |
| 1 | 宽宏大量又严肃谨慎 | 6 | 正直不阿又态度温和 |
| 2 | 性格温柔又坚持主见 | 7 | 大处着眼又小处着手 |
| 3 | 行为谦虚又庄重自尊 | 8 | 性格刚正又不鲁莽行事 |
| 4 | 具有才干又谨慎认真 | 9 | 坚强勇敢又诚实善良 |
| 5 | 柔顺虚心又刚毅果断 |  |  |

受《尚书》的影响,公元3世纪,刘劭在他的《人物志》一书中,对人的性格做了系统的论述。他认为人与人之间在性格上的个别差异很大,他将人的性格划分为12种类型(如表16-3所示)。[②]

表16-3 刘劭所划分的性格类型和性格特征

| 类型 | 性格特征 | 优 缺 点 |
| --- | --- | --- |
| 强毅之人 | 狠刚不和 | 厉直刚毅,材在矫正,失在激讦 |
| 柔顺之人 | 缓心宽断 | 柔顺安恕,每在宽容,失在少决 |
| 雄悍之人 | 气备勇决 | 雄悍杰健,任在胆烈,失在多忌 |
| 惧慎之人 | 畏患多忌 | 精良畏惧,善在恭谨,失在多疑 |
| 凌楷之人 | 秉意劲特 | 强楷坚劲,用在桢干,失在专固 |
| 辩博之人 | 论理赡给 | 论辩理绎,能在释结,失在流宕 |
| 弘普之人 | 意爱周洽 | 普博周洽,弘在覆裕,失在溷浊 |
| 狷介之人 | 砭清激浊 | 清介廉洁,节在俭固,失在拘扃 |
| 休动之人 | 志慕超越 | 休动磊落,业在攀跻,失在疏越 |
| 沉静之人 | 道思迴复 | 沉静机密,精在玄微,失在迟缓 |
| 朴露之人 | 申疑实硋 | 朴露劲尽,质在中诚,失在不微 |
| 韬谲之人 | 原度取容 | 多智韬情,权在谲略,失在依违 |

---

① 《论语·阳货》。
② 燕国材著:《中国心理学史》,浙江教育出版社1998年版,第259页。

## 二、荣格的性格类型理论

在心理学的类型论中,以瑞士心理学家荣格所提出的内倾型(内向型)和外倾型(外向型)性格最为著名。1913年,荣格在慕尼黑国际精神分析会议上提出了内倾型和外倾型的性格,后来,他又在1921年发表的《心理类型学》一书中充分阐明了这两种性格类型。他在该书中论述了性格的一般态度类型和机能类型。

### (一) 一般态度类型

荣格根据力比多(libido)①流动的方向决定人的性格类型。个体的力比多的活动倾向于外部环境,就是外倾型的人;力比多的活动倾向于自己,就是内倾型的人。外倾意指力比多的外向转移;内倾意味着力比多的内向发展。外倾型(外向型)的人,重视外在世界,爱社交,活跃,开朗,自信,勇于进取,对周围一切事物都很感兴趣,容易适应环境的变化。内倾型(内向型)的人,重视主观世界,好沉思,善内省,常常沉浸在自我欣赏和陶醉之中,孤僻,缺乏自信,易害羞,冷漠,寡言,较难适应环境的变化。

有人研究了内向型人格和外向型人格,每种类型还能进一步分出五种亚型。

内向型人格的亚型:孤独型,思考型,丧失自信型,不安型,冷静型。

外向型人格的亚型:社交型,行动型,过于自信型,乐天型,感情型。

### (二) 机能类型

荣格指出,个人的心理活动有感觉、思维、情感和直觉四种基本机能。感觉(感官知觉)告诉我们存在着某种东西;思维告诉我们它是什么;情感告诉我们它是否令人满意;而直觉则告诉我们它来自何方和向何处去。一般来说,在荣格看来直觉就是允许人们在缺乏事实材料的情况下进行的推断。

按照两种态度类型与四种机能的组合,荣格描述了性格的八种机能类型。

1. **外倾思维型**(the extroverted thinking type)

这种类型的人,既是外倾的,又是偏向于思维的。他们的思想特点是一定要以客观的资料为依据,以外界信息激发自己的思维过程。例如,机器是怎样开动的?为什么水加热到一定温度就会变成蒸汽?等等。科学家是外向思维型,他们认识客观世界,解释自然现象,发现自然规律,从而创立理论体系。荣格认为,达尔文和爱因斯坦这两位科学家在思维外向方面得到了最充分的发展。外倾思维型的人,情感压抑,缺乏鲜明的个性,甚至表现为冷淡和傲慢等人格特点。

2. **内倾思维型**(the introverted thinking type)

这种类型的人,既是内倾的,又是偏于思维功能的。他们除了思考外界信息外,还思考

---

① 荣格认为,凡来自本能的力量均可称为力比多,既可是性方面的,也可是非性方面的。

自己内在的精神世界,他们对思想观念本身感兴趣,收集外部世界的事实来验证自己的思想。哲学家属于这种类型。荣格指出,德国哲学家康德是一个标准的内倾思维型的人。内倾思维型的人,具有情感压抑、冷漠、沉溺于玄想、固执、刚愎和骄傲等人格特点。

### 3. 外倾情感型(the extroverted feeling type)

这种类型的人,既是外倾的,又是偏于情感功能的。他们的情感符合客观的情境和一般价值。荣格指出,外倾情感型的人在爱情选择上,表现得最为明显。他们不太考虑对方的性格特点,而考虑对方的身份、年龄和家庭等方面。外倾情感型的人思维压抑,情感外露,爱好交际,寻求与外界的和谐。

### 4. 内倾情感型(the introverted feeling type)

这种类型的人,既是内倾的,又是偏向于情感功能的。他们的情感由内在的主观因素所激发。内倾情感型的人,思维压抑,情感深藏在内心,沉默,力图保持隐蔽状态,气质常常是忧郁的。

### 5. 外倾感觉型(the extroverted sensation type)

这种类型的人,既是外倾的,又是偏向于感觉功能的。他们头脑清醒,倾向于积累外部世界的经验,但对事物并不过分地追根究底。外倾感觉型的人,寻求享乐,追求刺激,他们一般情感是浅薄的,直觉是压抑的。

### 6. 内倾感觉型(the introverted sensation type)

这种类型的人,既是内倾的,又是偏于感觉功能的。他们远离外部客观世界,常常沉浸在自己的主观感觉世界之中。外倾感觉型的人,知觉来自外部世界,是客观对象的直接反映;内倾感觉型的人,知觉深受自己心理状态的影响,似乎是从自己的心灵深处产生出来的。他们艺术性强,直觉压抑。

### 7. 外倾直觉型(the extroverted intuitive type)

这种类型的人,既是外倾的,又是偏于直觉功能的。他们力图从客观世界中发现多种多样的可能性,并不断地寻求新的可能性。他们对于各种尚孕育于萌芽状态但有发展前途的事物具有敏锐的洞察力,并且不断追求客观事物的新奇性。外倾直觉型的人,可以成为新事业的发起人,但不能坚持到底。

### 8. 内倾直觉型(the introverted intuitive type)

这种类型的人,既是内倾的,又是偏于直觉功能的。他们力图从精神现象中发现各种各样的可能性。内倾直觉型的人,不关心外界事物,脱离实际,善幻想,观点新颖。

荣格并没有截然地把人格简单地划分为八种机能类型,他的心理类型学只是作为一个理论体系用来说明性格的差异,在实际生活中,绝大多数人都是兼有外倾型和内倾型的中间型。上面用来说明每一种类型的模式都是典型的极端模式。纯粹的内倾型的人或外倾型的人是没有的,只有在特定场合下,由于情境的影响而使一种态度占优势。每个人也能同时运用四种心理机能,只不过各人的侧重点不同,有些人更多地发挥这一种心理机能,另一些人则更多地发挥另一种心理机能。此外,外倾型或内倾型也并不影响个人在事业上的成就。例如,李白具有较明显的外倾性,杜甫具有较明显的内倾性,但是,他们都是唐代的伟大诗人。

由于荣格的性格类型的划分是根据他的力比多学说,而力比多是本能的力量,所以这一理论忽视了人格的社会性,并且带有神秘色彩。另外,荣格提出的八种机能类型,并不是从实际生活中归纳出来的,而是用数学的综合方法凭主观演绎出来的,各种类型之间界限不清,几种类型的特征也并不清楚分明。不过,他对内倾型和外倾型两种态度类型的论述部分内容是符合实际的,并已广泛地应用到教育、管理、医学和职业选择等领域。因为这种划分带来了使用上的方便,现在许多研究证实内倾型和外倾型是性格的主要维度。心理学家编制了测量内外向的量表。在许多其他量表中也常包含内外向量表的内容。

## 三、弗洛姆的性格类型理论

德国出生的美国心理学家弗洛姆(E. Fromm)是当代新弗洛伊德主义的理论权威,精神分析社会文化学派的主要代表。他把性格分为两个部分:"社会性格"和"个人性格"。"社会性格"是性格结构的核心,为同一文化群体中一切成员所共有;"个人性格"是同一文化群体中各个成员之间行为的差异。人的性格主要是由社会性格所决定的,在此基础上才表现出个人性格的差异。他指出,个人性格是由气质和体格受生活经验的影响所决定的。弗洛姆把文化与经济、政治、社会意识形态等结合起来,强调社会中的大的切面对性格的影响。

弗洛姆将西方社会中的人的性格划分为两大类型:生产倾向性[①]和非生产倾向性。生产的倾向性是健康的性格,非生产倾向性是不健康的性格。

具有生产倾向性的人与马斯洛提出的自我实现的人相似。弗洛姆认为,具有生产倾向性是人类发展的一种理想境界或目标,但任何社会中都没有人达到这一点。获得生产倾向性的唯一方法就是生活在健全的社会中,生活在促进创造性的社会中。具有生产倾向性的人,会充分发挥潜能,成为创造者,对社会做出创造性的贡献。他们首先创造了自我,这是最重要的产物。此外还有四个方面,分别是创造性的爱、创造性思维、幸福感和道德心。

### (一) 创造性的爱

纯正的爱是以创造性为基础的,因此称为"创造性的爱"。弗洛姆重视爱的力量在性格培养中的作用,认为在创造性的爱中,自我会得到充分发展。他指出,人——属于不同时代、不同文化的人——都面临着同样的需要解决的问题:如何克服孤独感而结合在一起,如何超越个人的独自生活而找到共同和谐的愉快生活。生存问题全部或完善的答案在于用爱达到人与人之间的结合以及同另一个人的结合。他还指出,成熟的爱是双方在保持一个人的完善性和个性的条件下的结合,是人类的一种积极力量。爱首先是给予,而不是接受;创造性的爱除了给予外,还包括四个基本因素:关心、责任、尊重和了解。这充分体现了爱的积极主动性。

---

[①] 倾向性指一个人的普遍的态度或观点。

## (二) 创造性思维

创造性思维是由对客体的强烈兴趣和关心促成的。其特征是客观性,即个体对客体的尊重,对事物如实的了解。创造性思维是客观性与主观性的统一,集中在事物的整体上,而不是一个方面。

## (三) 幸福感

具有生产倾向性的人,其幸福感是在生活中取得成功的证明。幸福不仅是一种愉快的感觉,也是一种有机体增长的状态,给人带来活力、健康和个人潜能的实现。

## (四) 道德心

具有生产倾向性的人,其道德是自我的呼声,而不是从外部来的声音。他们的人格是自我指导和自我调节的,健康性格的人的行为指导是内在的。

弗洛姆指出:这些性格类型只是"理想类型",在实际生活中,每一个人的性格结构并非只有一种倾向性,而是几种倾向性的混合。

# 四、霍兰德的性格类型理论

美国职业指导专家霍兰德(J. L. Holland)提出性格—职业匹配理论。他认为,学生的性格类型、学习兴趣和将来的职业准备密切相关。人们在不断寻求能够获得技能、发展兴趣的职业。经过几十年的研究和上百次的实验,他提出了系统的职业指导理论。他把人类的性格划分为六种类型:社会型、理智型、现实型、艺术型、贸易型和传统型。每一个人可以主要划为一种性格类型,每一种性格类型的人,对相应的职业感兴趣。

## (一) 社会型的人

这种性格类型的人具有爱好社交、活跃、友好、慷慨、乐于助人、易合作和合群等性格特征。适合从事社会工作、教师、护士等工作。

## (二) 理智型的人

这种性格类型的人具有好奇心、善于分析、思维精确、内向、富有理解力和聪明等性格特征。适合从事自然科学工作、电子学工作和计算机程序编制等工作。

## (三) 现实型的人

这种性格类型的人具有直率、随和、重实践、节俭、稳定、坚定和不爱社交等性格特征。适合从事农业、制图、采矿、机械操作等工作。

## (四) 艺术型的人

这种性格类型的人具有感情丰富、想象力强、富有创造性等性格特征。适合从事文学创作、艺术、雕刻、音乐、文艺评论等工作。

## (五) 贸易型的人

这种性格类型的人具有外向、乐观、爱社交、健谈、好冒风险、支配和喜欢领导他人等性格特征。适合从事董事长、经理、营业部主任、营业员和推销员等工作。

## (六) 传统型的人

这种性格类型的人具有务实、有条理、随和、友好、拘谨和保守等性格特征。适合从事办公室、秘书、会计、打字员和接线员等工作。

霍兰德认为,大多数人可以主要划为某一性格类型,每一种性格类型又都有两种相近的性格类型、两种中性关系的性格类型和一种相斥的性格类型(如表16-4所示)。

表16-4 性格关系类型

| 性格类型 | 关系 | | |
|---|---|---|---|
| | 相近 | 中性 | 相斥 |
| 社会型 | 艺术型、贸易型 | 传统型、理智型 | 现实型 |
| 理智型 | 艺术型、现实型 | 传统型、社会型 | 贸易型 |
| 现实型 | 理智型、传统型 | 艺术型、贸易型 | 社会型 |
| 艺术型 | 理智型、社会型 | 贸易型、现实型 | 传统型 |
| 贸易型 | 社会型、传统型 | 现实型、艺术型 | 理智型 |
| 传统型 | 现实型、贸易型 | 社会型、理智型 | 艺术型 |

各种性格类型之间的相互关系可用六角形模型来表述(如图16-1所示)。

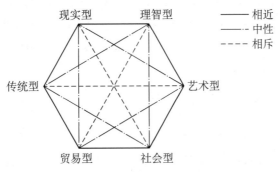

图16-1 霍兰德的性格类型六角形模型

霍兰德经过长期研究,把六种性格类型与456种职业进行匹配。霍兰德认为:如果职业类型与性格类型相重合,个人会感兴趣并获得内在的满足,最能发挥自己的聪明才智;如果职业类型与性格类型相近,个人经过努力,也能适应并做好工作;如果职业类型与性格类型相斥,个人对职业毫无兴趣,则不能胜任工作。

霍兰德认为,在性格类型和职业类型匹配上,主要有以下三种模式:

① 协调。性格类型和职业类型相重合。例如,理智型的人在自然科学的环境中工作。现实型的人在农业的环境中工作。在这种模式中,个人会感到兴趣所在和内在的满足,并能最充分地发挥自己的聪明才智。

② 亚协调。性格类型和职业类型相接近。例如,现实型的人在调查型的职业环境中工作。在这种模式中,个人经过一段时间的努力工作,也能适应这种职业,并且能够做好工作。

③ 不协调。性格类型和职业类型相斥。例如,艺术型的人在传统型的职业环境中工作。个人对职业毫无兴趣,并且不能胜任工作。

霍兰德是一位职业指导专家,他的性格—职业匹配理论,对职业指导具有重大意义。他十分重视兴趣与职业的关系,认为兴趣是工作的巨大动力,凡是符合自己兴趣的工作,就能提高人的积极性,使人积极愉快地从事这种工作。但心理学研究表明,一个人对某一种职业有兴趣,并不一定能把该项工作做好。对工作的兴趣是做好工作的重要条件,但不是唯一条件,影响职业的心理因素是多种多样的和复杂的。

## 五、其他的性格类型理论

性格的类型理论为数众多,除上述几种外,比较著名的还有以下几种。

### (一) 培因—李波的性格类型理论

英国心理学家培因(A. Bain)和法国心理学家李波(T. Ribot)根据个体的智力、情绪、意志三种心理机能何者占优势,来确定性格类型。他们把人的性格类型划分为:理智型、情绪型和意志型。理智型的人以理智支配行动,依理论思考而行事,行为表现为稳定、谨慎;情绪型的人不善于思考,凭情感办事,但情绪体验深刻;意志型的人目的明确,主动地追求未来的憧憬,主动积极、果敢和坚韧,具有自制力。此外,绝大多数是中间类型,例如理智—意志型等。

### (二) 阿德勒的性格类型理论

奥地利心理学家阿德勒(A. Adler)根据个体的竞争性不同,把人的性格类型划分为:优越型和自卑型。优越型的人好强,总想胜过别人;自卑型的人有很重的自卑感,在活动中表现为退让、不与人竞争等特点。

### (三) 列维托夫的性格类型理论

苏联心理学家列维托夫根据社会方向性和性格的意志特征,把学生划分为四种性格类型:①目的方向明确和意志坚强型;②目的方向明确,但坚持性、自制力有某些缺陷型;③缺乏目的方向性,但意志坚强型;④缺乏目的方向性且意志薄弱型。

性格类型理论根据某种原则把所有的人划分为几种类型,它的特征是具有整体性,能够显示典型,所以在直观地了解人的性格时较为便利。性格类型理论最早是由于医疗实践的需要而发展起来的,现在已经被广泛地运用到教育、医学、文艺、管理和职业选拔中去。但是,性格类型理论把人极端复杂的性格概括为少数几种类型,这样就必然忽视了中间型。与此相关,如果将一个人划入某种性格类型,就会只注意这种类型中的有关特征,而忽视其他特征,即只注意一个人某些方面的特征,而忽视其他方面的特征,这就可能导致简单化和片面性。此外,性格类型理论也容易将人的性格固定化、静止化,忽视性格的变化和发展,特别是容易忽视影响性格形成和发展的环境因素。

## 第四节 性格的特质理论

"特质"一词是英语 trait 的译名,有时亦译为特性。性格的特质理论认为,人的性格由一组特质组成,特质是构成人的性格的基本单位,特质决定了个体的行为。性格特质在时间上具有稳定性,在空间上具有普遍性。通过对性格特质的了解,可以预测个体的行为。他们认为,性格特质是所有人共有的,但每一种特质在量上是因人而异的,这就构成了人与人之间在性格上的差异。伯格(J. M. Burger)在查看了《人格》《人格研究》和《人格与社会心理学》三种英文杂志中有关人格的所有论文后指出,66 篇相关文章中有 50 篇包含对特质的测量。特质理论是人格心理学中的重要组成部分。

德雷格(Dreger)曾将性格特质理论者分为两大类:偏重于统计方法的和偏重于非统计方法的。前者以卡特尔和吉尔福特等人为代表,他们用统计分析划分特质,并且偏重于描述个体特质量的差异,比较强调特质之间的依赖性。后者以奥尔波特等人为代表,他们用逻辑和语义分析来划分特质,并且偏重于描述个体各种特质的不同,比较强调特质之间的独立性。

### 一、中国学者的性格特质理论

林传鼎教授在 1937 年曾用历史评估和心理测量法对唐宋至清代的 34 位历史人物进行特质分析,获得 10 种类型下的 50 个特质,如好奇、斗争、情绪、独断和志气等。[①]

在董仲舒的中国传统人格五因素理论基础上,燕国材教授和刘同辉教授,进一步提出"仁、义、礼、智、信"的特征和内涵。[②]

王登峰教授用"词汇学假设"研究方法,得出中国人的人格结构由七个因素构成:外向性、善良、行事风格、才干、情绪性、人际关系和处世态度,确立了中国人人格结构的"七大"因

---

① 林传鼎著:《唐宋以来 34 个历史人物心理特质分析》,辅仁大学 1939 年。
② 燕国材,刘同辉:《中国古代传统的五因素人格理论》,《心理科学》2005 年第 28 期。

素模型,对"大五"模型提出质疑,并编制了多种中国人人格量表。[①][②]

王垒教授运用新的方法,要被试自由想象出描述人格的词,动态化地分析人格结构,发现了人格因素的三个方面:实际自我、理想自我和应该自我,每个方面又包括几个因素。[③]

杨波博士建立了265个中文人格特质术语表,得出古代中国人4个人格因素:仁、智、勇、隐,组成的古代中国人人格维度,其中以"仁"为核心。这体现了儒家以"仁"为先,克己修身的特点。[④]

## 二、奥尔波特的性格特质理论

奥尔波特(G. W. Allport)是美国著名的心理学家,现代个性心理学的创始人之一。他在1929年的第九届国际心理学大会上发表了题为"什么是人格特质"的论文,提出了特质是性格的基本单位。

### (一) 特质的含义

奥尔波特把特质看作性格的基本结构单位。1958年,他曾提出几个性格基本单位:智能、气质特点、潜意识动机、社会态度、认知方式和图式(观察世界的方式)、兴趣和价值、表述特点、语体特点等。

奥尔波特指出,特质是一种神经心理结构。他认为:特质除了能够对刺激产生行为外,还能够主动地引导行为,使许多刺激在机能上等值起来,使反应具有一致性,即不同的刺激能导致相类似的行为。他认为,人是以特质来迎接外部世界的,以特质来组织经验。世界上没有两个人具有完全相同的特质,因此,每个人对环境的反应是不同的。例如,一个具有"谦虚"特质的人,对不同的情境会做出相似的反应(如表16-5所示)。奥尔波特认为:特质是个性心理学用来测量个性的"活的单元"。

表16-5 特质使刺激和反应趋于一致的模型

| 刺 激 | 特质 | 反 应 |
|---|---|---|
| 和领导在一起工作 → | | →留意、小心、顺从 |
| 访友 → | | →文雅、克制、依从 |
| 遇见陌生人 → | 谦虚 | →笨拙、尴尬、害羞 |
| 和母亲共同进餐 → | | →热情迎合 |
| 同伴给予赞扬 → | | →不露面、不为人注意 |

(引自米歇尔,1980)

---

① 王登峰,崔红:《中国人格量表(QZPS)的编制过程与初步结果》,《心理学报》2003年第35期。
② 郑雪主编:《人格心理学》,暨南大学出版社2007年版,第129—130页。
③ 王垒:《人格结构的动态分析》,《心理学报》1998年第4期。
④ 杨波:《古代中国人人格结构的因素探析》,《心理科学》2005年第3期。

相反,具有不同特质的人,对同一个刺激物,反应也会有所不同。一个具有谦虚特质的人和一个具有骄傲特质的人对客人的态度是不同的。奥尔波特指出:"同样的火候使黄油融化,使鸡蛋变硬。"

奥尔波特认为,特质是概括的,它不只是与少数的刺激和反应联系,一个特质联结着许多的刺激和反应,使个体行为产生广泛的一致性,使行为具有跨情境性和持久性。但是,他认为特质具有焦点性,即它只有在与现实的某些特殊场合和人群中才会表示出来。例如,具有攻击性强的特质的人,不会对任何人进行攻击,如对亲戚朋友,一般就不表现出攻击行为。

## (二) 特质的特点

① 特质不是有名无实的,而是一种实际存在于个体内的神经心理结构。

② 特质比习惯更具有一般性。习惯比特质更特殊,它常常是特质的具体表现,特质是对习惯整合的结果。例如,父母亲鼓励孩子刷牙,孩子天天早上和饭后刷牙,这是习惯。以后,刷牙这一行为融化于更为广泛的习惯系统中,进一步又整合于个人的清洁倾向中,清洁就成为个人的特质了。

③ 特质具有动力性。特质具有指引人行为的能力,它使个人的行动具有指向性。特质是行为的基础和原因,它支撑着行为。奥尔波特认为,特质可以与动机等同。

④ 可以由个体的外部行为来推测特质的存在,并且从实际中得到证明。特质不能直接被观察到,但可以通过观察一个人多次重复的行为推测并证实特质的存在。

⑤ 特质与特质之间只是相对的独立。奥尔波特指出个性是一种网状的和重叠的特质结构,在特质和特质之间仅仅只是相对的独立,而不能把特质看作"孤岛"。特质与特质之间没有严格的分界线。

⑥ 特质和道德判断或标准不能混为一谈。

⑦ 行为或习惯与特质不一致时,并不能表明这种特质不存在。这是因为一种特质在不同个体身上可能具有不同程度的整合。同一个人可能具有相反的特质,由于刺激情境和一时的态度会左右人的行为,所以人的行为在短时间内可能表现得和特质不一致。

特质具有独特性和普遍性两个方面,从特质的独特性这个角度来探讨,就是研究这种特质在某一个人的性格结构中的作用和意义;从特质的普遍性这个角度来探讨,则要确定人与人之间在性格方面的个别差异。

## (三) 特质的分类

奥尔波特首先把特质分为共同特质和个人特质两类。共同特质(common trait)是同一文化形态下群体都具有的特质,它是在共同的生活方式下所形成的,并普遍地存在于每一个人身上,这是一种概括化的性格倾向。个人特质(individual trait)为个人所独有,代表个人的性格倾向。他认为,世界上没有两个人具有相同的个人特质,只有个人特质才是表现个人的真正特质。他主张心理学家应该集中力量研究个人特质。

奥尔波特又把个人特质按照它们对性格的影响和意义的不同，区分为三个重叠交叉的层次：①首要特质(cardinal trait)。这是个人最重要的特质，代表整个个性，往往只有一个，在个性结构中处于支配地位，影响一个人的全部行为。例如，创造性是爱迪生的首要特质，吝啬是葛郎台的首要特质。②主要特质(central trait)。这是性格的"构件"，性格是由几个彼此相联系的主要特质所组成的，主要特质虽不像首要特质那样对行为起支配作用，但也是行为的决定因素。奥尔波特认为，詹姆士的主要特质是快乐、人道主义和社会性等。③次要特质(secondary trait)。这是个人无足轻重的特质，只在特定场合下出现，它不是个性的决定因素。例如，某某有恐高症，等等。

### (四) 健康的人

奥尔波特对人性的看法是乐观的。他选择健康成人作为主要的研究对象，很少涉及精神病人，他的理论体系是面向健康的人的。他认为，健康的人在理性和有意义的水平上活动，激励他们活动的力量完全是能够意识到的，是可以控制的。健康的人的视线向前，它指向当前和未来的事件，而不是向后看，指向童年的事件。

奥尔波特指出，健康的人具有下列特征。

#### 1. 自我广延的能力

心理健康的人活动性很强，能积极参与丰富多彩的活动，活动范围很广。他们会参加到人际关系和对自己有意义的工作中去。他们有许多好朋友，有多种多样的爱好。

#### 2. 人际交往能力

心理健康的人和他人的关系是亲密的，能够容忍他人的缺点和不足，并且富有同情心。这种人对他人温暖、理解，没有嫉妒心理和占有的欲望。

#### 3. 情绪上有安全感和自我认同感

心理健康的人能够接受生活中的苦难和挫折，对自己也有积极的看法，他们具有一个积极的自我意象。这与那些充满自卑感和自我否定的人是不同的。

#### 4. 具有现实的知觉

心理健康的人能够准确、客观地知觉周围现实，而不是把它们看作自己所希望的东西。这种人善于评价情境，做出判断。

#### 5. 专注地投入自己的工作

心理健康的人拥有自己的技能，能够全心全意地投入高技术水平的工作中。许多心理学家都指出，专注地投入自己的工作是心理健康的重要标志之一。

#### 6. 现实的自我形象

心理健康的人能够准确理解真实自我和理想自我之间的差别，也能知道自己对自己和别人对自己的看法之间的差别。心理健康的人的自我形象是客观的、公正的，他们能够准确知道自己的优点和缺点，全面地了解自己。

#### 7. 统一的人生观

心理健康的人具有统一的人生观和价值观,并能够把它们应用到生活的各个方面。他们面向未来,行为的动力来自长期的目标和计划。健康的人一生都遵循着经过考虑和选择的目标前进,有一种主要的意向。

奥尔波特的健康的人和马斯洛的自我实现的人有许多相似之处。

### 三、卡特尔的性格特质理论

英国出生的美国心理学家卡特尔(R. B. Cattell)是用因素分析法研究特质的著名代表,他把特质视为性格的基本要素。他同意奥尔波特把特质分为共同特质和个人特质的论点。但他认为奥尔波特所列举的特质数量太多。他将奥尔波特所收集的一万多个形容性格特质的词归纳为 171 个,然后再将它们合并为 35 个特质群,称其为表面特质(surface trait)。他进一步把这些表面特质进行因素分析,得出 16 种根源特质(source trait)。他认为,共同特质是用因素分析法得到的共同因素,个人特质是用因素分析法得到的独特因素。共同特质是人类所有社会成员所共同具有的特质,个人特质是指单个个体所具有的特质。卡特尔的主要贡献在于把许许多多的特质划分为表面特质和根源特质。卡特尔认为:表面特质直接与环境接触,常常随环境的变化而变化,是从外部可以观察到的行为;根源特质隐藏在表面特质的后面,深藏于人格结构的内层,它是制约表面特质的潜在基础和人格的基本因素,是建造人格大厦的砖石。卡特尔认为,根源特质必须通过表面特质的中介,通过因素分析法才能发现。例如,独立、坚韧和大胆等特质都可以在个体身上直接表现出来,并能直接观察到,它们都是表面特质。通过因素分析,这些表面特质之间有很高的相关,通过因素分析可得出它们的共同根源特质——"自主性"。图 16-2 表示自我、根源特质和表面特质之间的关系。从图中可以看出:自我居于中心位置,根源特质(5、6)在自我的外周,表面特质(1、2、3、4)在根源特质的外周。

图 16-2 自我、根源特质和表面特质

卡特尔认为,根源特质各自独立,相关极小,并且普遍地存在于各种不同年龄的人和不同社会环境的人身上。但是,各个根源特质在每个人身上的强度是不同的,这就决定了人与人之间在性格上的差异。卡特尔及其同事经过长期的研究,确定了 16 种根源特质(如表 16-6、图 16-3 所示),并据此编制了 16 种个性因素问卷。该问卷是国际上通用的个性问卷。

表 16-6 卡特尔的 16 种根源特质

| 因素 | 特质名称 | 低分者特征 | 高分者特征 |
| --- | --- | --- | --- |
| A | 乐群性 | 缄默孤独 | 热情外向 |
| B | 聪慧性 | 智力较低 | 智力较高 |

续表

| 因素 | 特质名称 | 低分者特征 | 高分者特征 |
|---|---|---|---|
| C | 稳定性 | 情绪激动 | 情绪稳定 |
| E | 恃强性 | 谦逊顺从 | 好强固执 |
| F | 兴奋性 | 严肃稳重 | 轻松兴奋 |
| G | 有恒性 | 权宜敷衍 | 有恒负责 |
| H | 敢为性 | 畏缩退缩 | 冒险敢为 |
| I | 敏感性 | 理智、着重现实 | 敏感、感情用事 |
| L | 怀疑性 | 信赖随和 | 怀疑、刚愎 |
| M | 幻想性 | 合乎实际 | 富于幻想 |
| N | 世故性 | 坦白直率、天真 | 精明能干、世故 |
| O | 忧虑性 | 安详沉着 | 忧虑抑郁 |
| $Q_1$ | 实验性 | 保守 | 勇于尝试实验 |
| $Q_2$ | 独立性 | 依赖、附和 | 自立、当机立断 |
| $Q_3$ | 自律性 | 矛盾冲突 | 自律严谨 |
| $Q_4$ | 紧张性 | 心平气和 | 紧张困扰 |

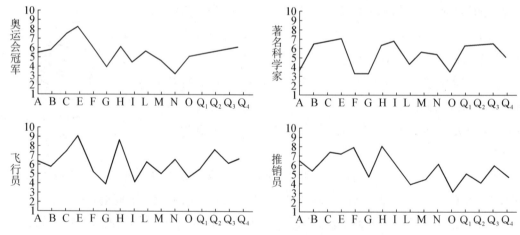

图 16-3 不同职业的 16 种个性因素问卷剖面图

(引自卡特尔, 1965)

## 四、艾森克的性格特质理论

艾森克是出生于德国的英国心理学家,以研究人格而著名,他运用多种方法收集素材,并对这些素材进行因素分析,提出了独特的人格理论。

## (一) 人格维度

艾森克提出性格的三个基本维度：外内向、神经质和精神质。并对这三个维度做了长期和深入的研究。

### 1. 外内向(extroversion-introversin)

艾森克的外内向与荣格的外内向含义不完全相同。

外向的人不容易受周围环境的影响，难以形成条件反射，在人格上具有情绪冲动和难以控制、好交际、善社交、渴望刺激、冒险、粗心大意、爱发脾气等特点，从外表看，似乎是一个不大可靠的人。艾森克等人指出，典型的外向型的人是开朗、冲动和非抑制的，有广泛的社会接触并经常参加群体活动，喜欢集会，有许多朋友，需要有人交谈，不喜欢一个人读书学习。

内向的人容易受周围环境的影响，非常容易形成条件反射，在人格上具有情绪稳定、好静、不爱社交、冷淡、不喜欢刺激、深思熟虑、喜欢有秩序的生活和工作、极少发脾气等特点，从外表看，是一个略带悲观色彩而可靠的人。艾森克认为，内向型的人安静、退缩、内省，不喜欢交往而喜欢读书，自我保守，除了亲密朋友外，与人的距离较远。

艾森克强调，大部分人都在两个极端之间，只是倾向于某一端。

### 2. 神经质(neuroticism)

神经质又称"情绪性"。1968年，艾森克等人指出，在这一维度上得分高的人情绪易变化，倾向于过度反应，体验到一种情绪后，不易恢复常态。情绪不稳定的人，表现出高焦虑、喜怒无常、容易激动。情绪稳定的人，情绪反应缓慢而且轻微，并且容易恢复平静，表现为稳重、温和，容易自我克制，不易焦虑(如图16-4所示)。

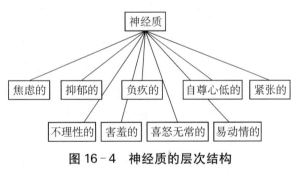

**图 16-4 神经质的层次结构**

(引自艾森克，1990)

当外向性和情绪不稳定同时出现在一个人身上时，这个人很容易在不利情况中表现出强烈的焦虑。1985年，艾森克等人指出，后来的研究表明，神经质类似于特质焦虑，指对焦虑经验易感受、敏感。他以内向和外向为纬，以情绪稳定性为经，构建气质的二维模型，得出四个组合类型：稳定外向型、稳定内向型、不稳定外向型和不稳定内向型，各包含八种特质(如图16-5所示)。这四个组合类型与传统的四种气质类型相对应(如表16-7所示)。

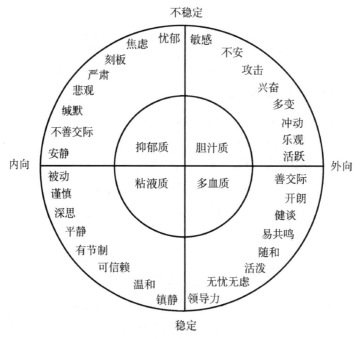

图 16-5 艾森克人格二维模型

表 16-7 组合类型与气质类型

| 组合类型 | 气质类型 | 组合类型 | 气质类型 |
| --- | --- | --- | --- |
| 稳定外向型 | 多血质 | 不稳定外向型 | 胆汁质 |
| 稳定内向型 | 粘液质 | 不稳定内向型 | 抑郁质 |

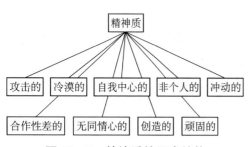

图 16-6 精神质的层次结构
（引自艾森克，1990）

### 3. 精神质（psychoticism）

精神质又称"倔强性"，并非暗指精神病。它存在于所有人身上，只是每个人的程度不同。如果精神质表现得很明显，个体容易行为异常。

在这一维度上得分高的人，被描述为"自我中心的、攻击性的、冷漠的、缺乏同情心的、冲动的、不考虑他人的，并且通常是不关心正义和他人福利的"。得分低的人则表现出温柔、善感等特点（如图 16-6 所示）。

## （二）个性的层次模型

艾森克认为特质是观察到的个体行为倾向的集合体，类型是观察到的特质的集合体。他把个性类型看作是某些特质的组织，认为个性层次组织有四个水平（如图 16-7 所示）。

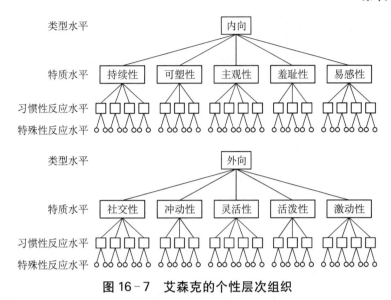

图 16-7 艾森克的个性层次组织

1. **特殊性反应水平**(specific response level)

特殊性反应水平是个体在实验性试验时的反应或对日常生活经验的反应,可能是个体特征,也可能不是个体特征。

2. **习惯性反应水平**(habitual response level)

习惯性反应水平是在同样环境中可以再次发生的特定反应。如,重复实验,就会产生同样的反应;如果生活情境重新出现,有机体会以相似的方式做出反应。

3. **特质水平**(trait level)

特质水平是在观察一些不同习惯反应的相互关系基础上得出的。

4. **类型水平**(type level)

类型水平是在观察一些不同特质的相互关系基础上得出的。

因素分析是为了发现最少数的独立因素或变量,这些因素能对心理特征进行描述和分类。据此,艾森克提出了四种不同类型的因素:①普遍因素(general factors)是所有实验共有的;②群因素(group factors)是某些实验共有的,在另一些实验中并不出现;③特殊因素(specific factors)在特殊情况下才出现;④误差因素(error factors)只有在某一偶然机会中才出现。行为的四种水平与四种因素是一致的(如表 16-8 所示)。

表 16-8 行为水平与因素

| 层次 | 行为水平 | 因素 | 层次 | 行为水平 | 因素 |
|---|---|---|---|---|---|
| 1 | 类型 | 普遍因素 | 3 | 习惯性反应 | 特殊因素 |
| 2 | 特质 | 群因素 | 4 | 特殊性反应 | 误差因素 |

许多心理学家认为,在特质与类型的关系上,艾森克解决得相当出色。

## 五、吉尔福特的性格特质理论

吉尔福特(J. P. Guilford)是美国心理学家。他是一位著名的测量学家,在特质分类上做出了贡献,在智力和人格上也做出了贡献。

吉尔福特认为,研究人格的目的是预测人的行为。他指出预测人的行为必须掌握两个方面的信息:情境方面的信息和身体方面的信息。这是因为人的行为是个人所处情境和身体方面信息的交互作用的结果。

图 16-8 吉尔福特的人格模型

1959 年,吉尔福特指出,人格是各类特质的模式,特质是个体间有所不同的可以辨认而持久的特性。特质可以由个人行为的经常性和连续性推知。吉尔福特认为:特质是指具有一定区分度,并使人们区别开来的稳定方式。他把特质划分为七类:需要(need);兴趣(interest);态度(attitude);气质(temperament);才能(aptitude);形态(morphology);生理(physiology)。人格就是由这几类特质组成的统一体(如图 16-8 所示)。可以看出,吉尔福特对人格的理解是广义的,既包括心理方面的特点,又包括身体方面的特质。

吉尔福特提出了 12 个有关特质的问题:①是否忧郁,容易悲伤;②情绪是否容易变化、不稳定;③自卑感的大小如何;④是否容易担心某种事情或容易烦躁;⑤是否容易空想而不能入睡;⑥是否信任别人,与社会协调;⑦是否不听别人的意见而自行其是;是否爱发脾气,有攻击性;⑧是否开朗,动作敏捷;⑨慢性子还是急性子;⑩是否喜欢沉思、愿意反省;⑪是否能当群众领袖;⑫是否善于交际。在这 12 种特质中,前面四种是情绪稳定性指标,中间四种是社会适应性指标,后面四种是向性指标。

吉尔福特把特质概括为三个水平:①单一特质。个体在少数情境中表现出来的某种一致性倾向。②基本特质。一定范围内表现出来的一致倾向。③类型。由基本特质组成,他认为一个人可以有几种类型。

## 六、大五因素模型

自从 1921 年奥尔波特发表《人格特质:分类与测量》以来,经过许多人格心理学家的努力,到 20 世纪 60 年代,人格特质的研究已经成为人格心理学研究中的主要项目。但是在人格维度上没有取得较为一致的看法。当时,卡特尔的 16 种人格模型和艾森克的三因素模型占有主要的地位。直到 20 世纪 90 年代,多数特质论者的基本观点已经趋向一致:人格结构由 5 大因素构成,即"大五"或"大五因素模型"(Five-Factor Model,简称 FFM)。

在特质论研究方面最大的进展就是大五因素的提出与检验。大五因素最早是弗朗西斯·高尔顿(Francis Galton)提出的词汇假设。他认为,凡是重要的个体差异,在其自然语言中一定有相应的词汇来表示。在人格心理学家们的一系列的研究中,都得到了 5 个广泛的因素。大五因素模型为多数特质论者所认同,有人认为:人格范畴几乎可以用这五因素进行完整的说明。① 大五因素具有跨时间的稳定性和跨文化的一致性。该问卷的出版提高了人格心理学研究的进程,大五因素涵盖了人类心理方面,具有广泛的代表性。

有些研究者认为,大五因素是在没有什么理论前提下得到的,它是一个描述模型而不是一个解释模型,即不能从理论上说明特质仅仅是这五个因素。大五因素在实践中存在显著的内在相关,并没有包摄人格的全部和涉及人格的动态方面。②

研究者都提出了他们各自的五因素模型,五个因素的名称也不统一,珀文(L. A. Pervin)和约翰(O. P. John)主编的《人格手册:理论与研究》(1999年版)一书,将大五特质的名称和符号等定为:

因素Ⅰ:外向性。活力、热情(E)③。

因素Ⅱ:宜人性。利他性、爱(A)。

因素Ⅲ:责任感。克制、拘谨(C)。

因素Ⅳ:神经质。消极情绪、神经过敏(N)。

因素Ⅴ:开放性。独创性、思想开放(O)。

他们指出:从因素Ⅰ到因素Ⅴ的序号,表示了这些因素在词汇研究中的比例大小。因素Ⅰ和因素Ⅱ在词汇研究中的比例最大,其次是因素Ⅲ、因素Ⅳ,因素Ⅴ的比例最小。④ 因素Ⅴ最易引起争论,部分研究者试图用智力等来标记。⑤

大五因素的第一个英文字母是"OCEAN"一词,中文译为"海洋"。

**表 16-9 大五因素和特质举例**

| | |
|---|---|
| 开放性(O) | 守纪律的——冲动的 |
|   独立的——一致的 | 有组织的——紊乱的 |
|   想象的——实际的 | 宜人性(A) |
|   偏爱文化——偏爱常规 |   同情的——找茬的 |
| 神经质(N) |   友好的——冷酷的 |
|   稳定的——紧张的 |   感激的——不友好的 |
|   平静的——焦虑的 | 外向性(E) |
|   安全的——不安全的 |   能说会道的——安静的 |
| 责任感(C) |   爱闹的——严肃的 |
|   细心的——粗心的 |   善于交际的——退休状态的 |

(引自 Pervin, 1990; McCrae & Costa, 1986)

---

① Pervin, L. A. & John, O. P. (1999). *Handbook of Personality: Theory and Research*. New York: The Guilford Press, 139.
② 张兴贵,郑雪:《人格心理学的新进展与问题》,《心理科学》2002年第6期。
③ E、A、C、N、O 分别是外向性(extraversion)、宜人性(agreeableness)、责任感(conscientiousness)、神经质(neuroticis)、开放性(openness to experience)英文的第一个字母。
④ Pervin, L. A. & John, O. P. (1999). *Handbook of Personality: Theory and Research*. New York: The Guilford Press, 121.
⑤ 同注④书,第114页。

表 16-10 大五因素的内涵

| 因素 | 命名 | 涉及的领域 |
| --- | --- | --- |
| I | 外向性 | 生理 |
| II | 宜人性 | 人际 |
| III | 责任感 | 工作 |
| IV | 神经质 | 情绪 |
| V | 开放性 | 智能 |

(引自许燕，2009)

性格的类型理论根据某种原则，把所有的人的性格归入某种类型，以便直接地了解人的性格。类型论最早是由于临床医学实践的需要，现已广泛地应用到教育、医疗、管理、军事和人才选拔等领域。它是群体间个性差异的描述性指标，可以通过对人的行为直接观察到。但性格的类型理论把极端复杂的性格概括为少数几种类型，必然忽视中间型，就会只注意这种类型的性格，忽视其他类型的性格特征，导致简单化和片面化。同时，也容易将人的性格固定化、静止化，忽视性格的形成和发展，特别容易忽视影响性格的形成和发展的环境因素。

性格的特质理论用客观观察、主观问卷、实验和统计的方法，直接研究人的行为特点，具有一定的客观性。特质论者编制了大量的性格问卷，为研究性格提供了一个富有吸引力、简便易行的工具，已为人类实践各领域和各国广泛使用。他们编制的大五性格问卷也为多数人格心理学研究者所认同。不过，特质论者缺乏对特质的理论探讨，他们提出的是解释模型，不能从理论上说明究竟有几个特质，在实践中有些特质存在着显著的内在相关。特质论者从特质方面来预测行为，不如从特质和情境两个方面来预测行为。鲍尔斯(Bowers)等人指出："按照交互作用的理论，行为取决于人格与情境的交互作用。"近年来，美国心理学家卡弗(C. S. Carver)等人提出"交互作用论是一种新的特质观"得到了心理学工作者的赞同。有些特质论者对遗传因素及特质的稳定性、不变性强调过多，没有强调社会环境对性格形成和发展中的作用。从系统论观点看，性格是彼此联系的成分所构成的多因素、多层次、多水平的统一体，是一个"完整的构成物"，并不是几个特质的简单结合。特质论者倾向于用分离的特质来解释性格，同时，他们还忽视各个特质的发展。

性格的类型理论和特质理论是两种主要的性格理论。它们各有所长，也各有欠缺之处。将从质和整体上表示性格的类型理论和从量上分析性格的特质理论结合起来，就能取长补短。

## 第五节 性格的社会认知理论

社会认知理论是用信息加工的观点来阐述人的行为模式。凯利(G. A. Kelly)、罗特(J. Rotter)、班杜拉(A. Bandura)和米歇尔(Watter Mischel)等都是社会认知理论学派的主要代表。本节主要阐述班杜拉和米歇尔的性格理论。

## 一、班图拉的性格理论

美国心理学家班杜拉强调模仿在形成新习惯和破除旧习惯中的作用,他的主要贡献就是对观察学习系统性的研究。

### (一) 观察学习

根据班杜拉的观点,观察学习(observational learning)就是人仅仅通过观察别人(榜样)的行为就能学习某种行动。

班杜拉指出,观察学习的作用在人类历史文献中随时可以找到。例如,危地马拉的女孩通过观察成人的活动就能够学会纺织。女孩在直接观察后,即使在第一次活动中也能够熟练地进行操作。班杜拉的观察学习认为学习可以不依赖强化,是一种新的学习观点,这是对学习理论的重大的、突破性的贡献。观察学习是无尝试学习,学习者不需要通过尝试就能进行学习。班杜拉指出:"我认为观察学习基本上是认知过程。"学习活动必须包含内部的认知过程。学习者依靠内部的行为表象来指导自己的操作。

在班杜拉的理论中必须区分"行为习得"和"行为表现"两个不同的概念。他认为榜样是否得到强化,只影响观察者以后的行为表现,不影响观察者对这种行为的习得。

班杜拉认为,模式(榜样)呈现方式有多种,一种是行为模式,一种是言语指导。他认为,身教的效果比言教的效果好。布赖恩(Bryan)等人的研究表明,简单的说教和训诫似乎没有什么效果,远远不如成人的身教效果好。

观察学习不是简单的过程,并不是每个人在观察后都能学到榜样的行为模式,能否学到,与榜样和观察者的特征有关。如榜样地位高、有威信,就容易被模仿。模仿的行为必须是显著的,如歌唱家的行为很难模仿,因为发声行为很难观察。又如,依赖性高的观察者,容易模仿各种行为的模式。

班杜拉指出,观察学习主要是由注意过程、保持过程、动作再现过程、强化和动机过程这四个系统控制的。个人在观察时,首先必须注意榜样的行为,保存有关信息,并将有关信息转换成适当的形式,然后在动机的驱动下,回忆出有关信息,转化成外在行动。最初观察到的行为一般是粗略的、近似的和不精确的,后来,逐渐将外在行为和观察中的行为对照,并且逐步加以调整,个人的行为逐渐发展和成熟起来,这样个性就逐渐形成了。

班杜拉早期将自己的理论称为"社会学习理论",后来,随着心理学对认知研究的重视及其本人研究的发展,班杜拉将自己的理论改称为"社会认知理论"。

### (二) 三元交互理论

班杜拉指出,在传统理论中,人的行为常常用单一决定论做出解释。在那些单一取向的因果作用模式中,行为被描述为是通过环境影响进行塑造和控制的,或者是由内在倾向加以驱动的。而今,单一取向的因果关系已被因果关系的交互模型取代,人们认为行为是个体与环境交互作用的结果。班杜拉提出交互决定论(reciprocal determinism),他指出,在这个三元交互作用的模型中,每两个因素之间都不断发生着交互作用。其中,个体内在因素包括认知、情感和生理活动。这些因素产生的影响,在不同的场合是不相同的(如图 16-9 所示)。

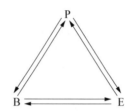

图 16-9　行为(B)、个人(P)、E(环境)交互作用模型

(引自 Bandura,1986)

## (三) 自我效能

班杜拉提出了自我效能的概念,他认为,自我效能关心的不是某人具有什么技能,而是个体用其拥有的技能能够做什么。

**1. 自我效能的信息来源**

① 个体亲身获得的关于自身能力的经验。

② 观察他人的行为获得的经验。

③ 社会劝导可增强个人自我效能。

④ 身体和情绪状况。个人自身的紧张、焦虑和抑郁,以及疲劳、喘息等都会改变个人的自我效能。

**2. 自我效能的功能**

自我效能及其信念影响我们从事的活动。个体的自我效能不同,其思维、情感和行为也都不同。班杜拉等人的研究表明,自我效能有下列几项功能。

(1) 决定对活动的选择和坚持性

高自我效能的人倾向于选择富有挑战性的任务;低自我效能的人倾向于选择一般或要求较低的任务。在工作过程中,高自我效能的人遇到困难时能坚持下去;低自我效能的人则不能坚持。

(2) 影响活动情绪

高自我效能的人工作时情绪饱满;低自我效能的人工作时情绪消极,甚至充满恐惧、焦虑和抑郁。

研究表明,自我效能信念强者在接受指导语、解决任务和评定自我效能期间经受的压力均比自我效能信念弱者少,这是通过心率测定得出的结论(如图 16-10 所示)。从图中可以看出,自我效能低的人在经受压力时心率变化比自我效率高的人高。

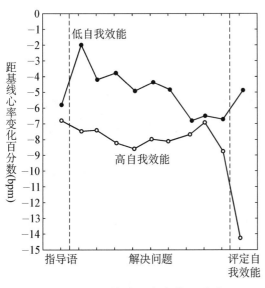

图 16-10 被试心率变化百分比

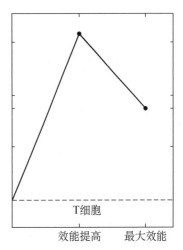

图 16-11 自我效能提高与免疫功能关系

(3) 影响对困难的态度

高自我效能的人敢于面对困难,并力图克服困难;低自我效能的人缺乏自信,在困难面前徘徊。

(4) 影响对新行为的习得

高自我效能的人充满活力,容易习得新行为;低自我效能者则相反。

(5) 影响健康水平

班杜拉的自我效能理论已经成功地用于健康心理学,个体自我效能的提高对健康有利。1985年,克雷门特(Clemente)的一项研究表明,高自我效能信念的人,容易成功戒烟。1986年,班杜拉发现,增强自我效能信念,可以让个人坚持戒烟行为。1997年,麦杜克斯(J. E. Maddux)等人的研究表明,自我效能感长期低下的人有压抑感,易于沮丧、焦虑和抑郁。班杜拉等人发现,提高自我效能确实能增强免疫系统的功能。1990年威顿菲特(S. A. Wiedenfeld)等人在一项研究中对恐蛇症者进行高自我效能信念的培养,帮助他们克服了恐蛇症。研究开始时,不呈现恐惧的压力源(蛇);然后帮助被试获得应对效能,并让被试觉知到获得了自我效能;最后,被试已经建立起完善的应对效能,即觉知到最大的自我效能。这时抽取被试血液,结果发现,被试的T细胞水平增加(如图16-11所示)。人体的T细胞对癌细胞和病毒有破坏作用。

## (四) 目标和行动

目标(goal)是有机体追求的终点的心理表征。班杜拉认为,明确、现实、具有挑战性的目标对自我激励特别有用。目标已成为当代人格心理学各学派的重要研究内容。当前心理学工作者将目标分为五种类型:①放松/娱乐;②攻击/权力;③自尊;④情绪/支持;⑤焦虑/降低威胁。

人格心理学的研究表明：

① 人们更愿为实现价值高、实现可能性大，与积极情感相联系的目标而努力工作。不愿为实现价值低、实现可能性小，与消极情绪相联系的目标而工作。

② 目标系统的功能与主观幸福感和健康有关。人们愿意实现具有可实现目标的工作，不愿实现没有目标或目标模糊、难以实现目标的工作。人们喜欢能实现更好健康水平和获得较高主观幸福感的工作。

③ 目标系统的功能具有区分性和灵活性。人们能够区分并选择具体的目标，又能保持整体的目标结构。

班杜拉的实验证明，个体要有由近期、中期、较远期和远期目标组成的目标系统，这种目标系统对个体具有重大的自我激励作用。

### (五) 自我调节

自我调节(self-regulation)就是个人使用认知过程来调节自己的行为。班杜拉指出，人一经社会化，就能依靠自己的内部标准来调节自己的行为，并奖励和处罚自己。个人究竟是如何建立自我评价标准的？班杜拉认为是通过奖励和惩罚。他还认为榜样对儿童自我评价系统的形成起着重要作用。

## 二、米歇尔的性格结构理论

米歇尔是出生于奥地利的美国心理学家。他和舒达(Y. Shoda)提出的认知—情感系统理论，在人格心理学中产生了重大影响。

1995年，米歇尔和舒达在多年研究的基础上提出了认知—情感系统理论(Cognitive-Affective System Theory of Personality，简称 CASTP)。该理论认为，每一个人都是一个独特的认知—情感系统，与周围环境发生交互作用，产生个人特有的行为模式。这种理论被认为是一个动态的、意识的、整合的大理论，在人格理论中产生了重大的影响，也解决了人格理论中的一些争议。

米歇尔认为性格结构主要由下列单元组成(如表 16-11 所示)。

表 16-11 性格系统中的认知—情感单元

1. 编码：对有关自我、他人、事件和情境（外部的、内部的）的信息进行编码，并加以归类
2. 期望和信念：涉及社会世界，涉及具体情境中的行为效果，涉及自我效能
3. 情感：情感、情绪和感情反应（包括生理反应）
4. 目标和价值：期望的结果和感情状态；厌恶的结果和感情状态；目标、价值和人生计划
5. 能力和自我管理计划：个人可能表现出来的潜在行为和脚本，组织活动、影响结果以及个人行为、内部状态的计划和策略

## (一) 编码

面对同一情境,由于每个人采用的编码策略不同,所以有人注意了情境的某些方面而忽视了其他方面,而另外的人则可能刚好相反,这就造成了差异的出现。

## (二) 期望和信念

米歇尔认为,当对两种情境的预期不同时,行为就会有很大的不同,期望是影响人的行为的重要中介变量。人们对自己行为结果的期望强烈地影响着他的行为;对某些刺激所代表意义的期望,也会影响人的行为。

## (三) 情感

该认知—情感单元指个体的情感、情绪和感情反应,也包括生理反应。

## (四) 目标和价值

个体对不同后果赋予不同价值。由于主观上对刺激价值的看法不同,即使人们具有同样的期望,对事件的反应也会不同。主观性刺激价值的不同是相对稳定的,因此每个人就表现出不同的行为。

## (五) 能力和自我管理计划

米歇尔认为,虽然我们的行为受到来自外部奖赏或惩罚的影响,但同时也受到自己的目标和所达到的目标的计划的调节和支配,人类的行为不仅是"外控"的,而且也是"内控"的。个体确立起自己的目标后,便会为实现这些目标而选定自己的计划,在追求这些目标的过程中,个体会监测自己的行为,评价自己的成就,对成功的行为进行奖赏,对失败的行为加以惩罚。

米歇尔认为,该系统中的认知—情感单元并不是孤立、静止的,而是一个关系组织系统中动态联结的组成部分。当个体处于某种情境时,性格系统中的这些单元就会与情境发生交互作用,并影响最后的行为(如图 16-12 所示)。近年来,米歇尔等人又研究了另一些认知结构,如原型、自我图式等。

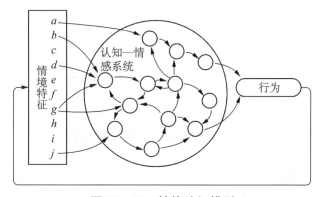

图 16-12 性格认知模型

班杜拉重视认知变量在行为中的作用,不仅强调外部事件,也强调内部事件的作用,他精心设计了许多实验,研究社会关心的问题。他重视人的因素在行为中的作用,其社会认知理论、自我效能理论,不仅对人格心理学,而且对临床医学也有重大而深远的影响。班杜拉致力于科学创新。他提出了观察学习、三元交互理论和自我效能理论,对心理学的发展和许多实践领域都做出了重大的贡献,但同时也存在一定的局限。

首先,班杜拉重视观察和模仿在人类学习和人格发展中的作用,认为人可以通过观察进行学习。这对教育工作有一定的意义。但是,他过分强调模仿在学习中的作用。因为人类学习中的许多行为模式需要通过多次实践才能形成,而不是通过一两次观察就能形成的。他特别强调模仿的作用,但忽视了人的主动性和创造性,只能培养缺乏开拓精神、人云亦云的人。另外,新异性对模仿者很重要。坎伯勃奇指出,观察者对新异行为的模仿与对熟悉行为的模仿相比较,对前者的模仿在攻击性倾向上比对后者的模仿高五倍。其次,班杜拉的自我效能理论也有一定的局限性,即只有在成功标准清晰、明确以及意识的控制下,自我效能感才最为有效。最后,班杜拉的交互决定论比传统的行为决定论前进了一大步。他明确指出了人、行为和环境的交互作用,但没有重视遗传的作用。同时,班杜拉的理论也缺乏对性格个别差异普遍性的论述。正如艾森克所指出的:"在具体性—普遍性这个连续体上,班杜拉走得太靠近具体的一端,以致没有对个体差异进行任何普遍性的论述。"

米歇尔强调情境的具体性,认为人遇到事件时会与一个复杂的认知—情感系统单元(指个体所有的心理表象)发生交互作用,并最终决定行为。他不仅强调外部事件的重要性,也强调内部事件的重要性,认为在交互作用中,不仅环境塑造人,人也在塑造环境。他用认知结构的差异来解释人格的差异,同时还提出和研究了几个新的认知结构。

米歇尔的理论建立在科学实验研究的基础上。他重视实验和概念的界定,研究的课题都是人类的重要行为,不必再从动物研究资料来推论人的行为,这具有重大的社会意义。社会认知理论研究者们最近越来越强调认知和自我调节,不仅强调行为,而且强调认知和情绪,他们一直关注心理科学各方面的进展,随时调整自己的理论,以便与心理科学的发展配合一致。但是该理论还处于发展阶段,还没有一个清晰的模型,缺乏统一的理论架构,还不是一个整合的理论,他们的内在变量和语言的自我报告法等受到严谨的行为论者们的批评,他们对人格心理学中的某些重要问题还缺乏研究,有些概念还有待于进一步界定。1995年,米歇尔和舒达提出了认知—情感系统理论。这是一个新型、动态、整合的关于意识的大理论,解释了人类跨情境差异的实质和原因。这个理论提出了五个性格单元,强调认知,重视情感,其内涵比以前提出的社会认知理论中的人格结构更丰富。

## 第六节 性格的形成和发展:遗传和环境

在性格的形成和发展问题上,历史上形成了两种极端的观点,遗传决定论和环境决定论。现在持这种极端的看法的人已经很少了。一般认为:性格是遗传因素和环境因素交互作用的结果。其中遗传因素是性格形成的自然前提，在此基础上，环境因素对性格的形成和发展起决定作用。性格是人在实践活动中，在人和环境交互作用中形成和发展起来的，是一个人生活经历的反映。在心理学中，一般认为：遗传决定了人格发展的可能性，环境决定了人格发展的现实性。

## 一、性格形成和发展的遗传因素

遗传指亲代的某种特性通过基因在子代再表现的现象。基因(gene)是遗传的基本单元。

对双生子的研究是用来研究个性遗传因素的好方法。这是因为同卵双生子具有相同的基因，他们之间的差异可以归结为环境因素。而异卵双生子的基因是不同的，但环境方面有许多相同。比较两类双生子的性格差异，就大致能看出遗传因素对性格形成的作用。

拉什顿(J. P. Rushton)等人对比考察了两类双生子的五种特质。研究表明：同卵双生子的每一项特质的相关系数都高于异卵双生子(如表 16‑12 所示)。

表 16‑12 双生子研究中的相关系数

| 特质 | 相关系数 | |
|---|---|---|
| | 同卵双生子 | 异卵双生子 |
| 利他 | 0.53 | 0.25 |
| 同情 | 0.54 | 0.20 |
| 照顾别人 | 0.49 | 0.14 |
| 攻击性 | 0.40 | 0.04 |
| 果断性 | 0.52 | 0.20 |

对性格的研究表明：性格是遗传和环境交互作用的结果。但进一步研究人格的特质中遗传因子占百分之几，环境因子占百分之几，这是一个非常复杂的问题。更复杂的问题是两者在性格形成中如何交互作用。在国外，生物学派和特质学派重视遗传的作用；人本主义学派、社会认知学派和行为主义学派则强调环境因素在性格形成中的作用。

林崇德教授研究了遗传对性格特征各个方面的作用。[①] 研究表明：同卵双生子之间对社会、集体和他人的态度方面的相关系数是 0.61，异卵双生子间的相关系数是 0.54，两者差异是显著的；同卵双生子对自己态度的相关系数是 0.71，异卵双生子的相关系数为 0.60，两者差异也是显著的；同卵双生子在性格的情绪特征方面的相关系数是 0.72，异卵双生子的相关系数是 0.57，两者存在非常显著的差异；同卵双生子的性格的意志特征方面的相关系数为 0.67，异卵双生子则为 0.61，两者没有显著的差异；同卵双生子和异卵双生子在品德方面也

---

① 林崇德：《遗传与环境在儿童性格发展上的作用——双生子的心理学研究(续)》，《北京师范大学学报》1982年第 1 期。

不存在显著差异,即没有发现品德不良与遗传因素的积极相关。由此可见,遗传因素对性格特征的各个方面影响程度是不同的。

## 二、性格形成和发展的环境因素

在环境因素中,社会生产方式和经济水平是影响性格的最重要因素。一定的社会生产力和生产关系对性格的形成和发展起着重要的作用。生产力影响经济生活、科学和教育水平,从而影响人的性格的发展。弗洛姆强调要把文化、经济、政治、社会意识形态等结合起来,考察人的性格。他认为要从社会发展的过程来考察人的性格,不能把性格的形成归结为某一个因素。他强调社会中"大的切面"对性格的影响。

### (一) 家庭

儿童最具有可塑性的时候,主要是在家庭中度过的,家庭环境对儿童性格的发展具有重要的意义。家庭对儿童的影响来自多方面。心理学工作者提出了家庭系统观。"家庭系统观的主要观点是,认为家庭是一个复杂的、互动的社会系统,各个系统之间发生着双向的调节作用。"①家庭被认为是"制造人类性格的工厂"。

**1. 亲子关系**

亲子关系是父母与子女之间的关系。

在家庭诸因素中,父母对子女的教养态度对于子女性格的形成和发展具有特别重要的作用。

塞门斯(P. M. Symonds)根据许多学者的研究,指出双亲对子女的教养态度,基本上可以用两个独立的轴来表示:接受与拒绝、支配与服从,并从中得出了四种母亲对子女的养育态度(如图16-13所示)。

包德温(Baldwin)等人研究了母亲教养态度和孩子性格之间的关系,结果见表16-13。

图 16-13 双亲养育态度类型

表 16-13 母亲的教养态度和孩子性格的关系

| 母亲的态度 | 孩子的性格 | 母亲的态度 | 孩子的性格 |
| --- | --- | --- | --- |
| 支配 | 消极、缺乏主动性、依赖、顺从 | 不关心 | 攻击、情绪不稳定、冷酷、自立 |
| 干涉 | 幼稚、胆小、神经质、被动 | 专制 | 反抗、情绪不稳定、依赖、服从 |
| 娇宠 | 任性、幼稚、神经质、温和 | 民主 | 合作、独立、温顺、社交 |
| 拒绝 | 反抗、冷漠、自高自大 | | |

---

① 桑标主编:《当代儿童发展心理学》,上海教育出版社 2003 年版,第 353 页。

日本性格心理学家诧摩武俊研究了母亲的教养态度与孩子性格的关系,结果如表16-14所示。

表16-14 母亲的教养态度与孩子性格的关系①

| 母亲的态度 | 孩子的性格 |
|---|---|
| 支配 | 服从、无主动性、消极、依赖、温和 |
| 照管过甚 | 幼稚、依赖、神经质、被动、胆怯 |
| 保护 | 缺乏社会性、深思、亲切、非神经质、情绪稳定 |
| 溺爱 | 任性、反抗、幼稚、神经质 |
| 顺应 | 无责任心、不服从、攻击性、粗暴 |
| 忽视 | 冷酷、攻击、情绪不稳定、创造性强、社会性 |
| 拒绝 | 神经质、反社会、粗暴、企图引人注意、冷淡 |
| 残酷 | 执拗、冷酷、神经质、逃避、独立 |
| 民主 | 独立、爽直、协作、亲切、社交 |
| 专制 | 依赖、反抗、情绪不稳定、自我中心、大胆 |

以上两项研究结论具有高度的一致性,可见,母爱是儿童性格健康发展的重要条件。缺乏母爱的孩子往往形成不合群、孤僻、任性和冷漠等不良性格特征。父亲在儿童性别角色发展上起重要作用。父亲为男孩提供模仿同化的榜样,为女孩提供与异性成人交往的机会。幼年没有与父母亲接触过的儿童,在性别社会化方面,往往是不健全的。②

另一项研究也表明:"从子女个性成长来看,女儿受母亲教养影响显著高于父亲,儿子受母亲和父亲教育影响无显著差异。"③

### 2. 家庭气氛和父母榜样

家庭情绪气氛可以划分为融洽与对抗两种类型。家庭中的情绪气氛是由家庭中全体人员营造的,但主要是由夫妻关系所决定的。家庭中的夫妻关系影响家庭其他成员之间的关系,影响孩子性格的形成和发展。

研究表明,宁静愉快家庭中的孩子与气氛紧张及冲突家庭中的孩子在性格上有很大的差别。宁静愉快家庭中的孩子,在家里感到有安全感,生活乐观愉快,信心十足,待人和善,能很好地完成学习任务。气氛紧张及冲突家庭中的孩子缺乏安全感,情绪不稳定,容易紧张和焦虑,长期忧心忡忡,害怕父母迁怒于自己而受严厉的惩罚,对人不信任,容易发生情绪与行为问题。

---

① 堀内敏著,谢艾群译:《儿童心理学》,湖南人民出版社1980年版,第126页。
② 朱智贤,林崇德著:《儿童心理学史》,北京师范大学出版社1988年版,第390页。
③ 郑林科:《父母教养方式:对子女个性成长影响的预测》,《心理科学》2009年第5期。

父母被认为是孩子的第一任教师,是孩子学习的榜样。社会信仰、规范和价值观等首先通过父母的"过滤"而传给子女。父母的一言一行都潜移默化地影响着孩子性格的发展。孩子随时随地模仿父母的行为。因此,孩子与父母的性格往往相类似。

### 3. 家庭结构

一般认为有三种主要的家庭结构:大家庭、核心家庭和破裂家庭。

大家庭指几代同堂的家庭。大家庭中的孩子受家风、家规等影响,有助于他们形成良好的性格特征。但可能会有隔代溺爱和长辈在教育孩子问题上看法不一致的情况,致使孩子无所适从,从而形成恐惧、焦虑等不良性格特征。

核心家庭指由一对夫妇和一个孩子组成的家庭。核心家庭中没有传统的隔代溺爱,但由于年轻的父母缺乏教育孩子的经验和方法,对孩子可能有时放纵,有时管教过严。夫妇一般都是双职工,可能缺少教养和爱抚孩子的时间。

破裂家庭指父母中有一方死亡或判刑监禁或父母离异的家庭。许多研究表明,破裂家庭会给孩子的性格带来不良的影响。有人认为,父母离异甚至比父母死亡对孩子性格影响更大。不过,有些研究表明,如果有良好的教育,破裂家庭的孩子也可以形成良好的性格特征。

### 4. 出生顺序

出生顺序影响孩子性格的形成和发展。但是,这种影响并不是由孩子出生的先后顺序所决定的,而是由父母对出生顺序不同的孩子的态度和孩子在家庭中的地位不同所造成的。孩子的性格主要受父母教养态度影响。许多学者研究了出生顺序对孩子性格发展的影响,目前还没有取得一致的结论。

高尔顿研究了许多著名科学家的出生顺序,发现长子及独生子女的比例相当高。阿德勒特别强调出生顺序对儿童性格的影响。他认为,儿童在家庭中的出生顺序和所处的地位影响着儿童的生活风格,对性格的形成和发展起着重大作用。贝尔蒙特(L. Belmont)的研究表明,长子在瑞文智力测验上的成绩比其他孩子更高。在美国阿波罗登月工程技术人员中,长子和独生子女占一半以上。

下列各项差异在统计上超过了5%的显著水平:头胎出生,比后来出生的孩子学习成绩好,进大学的人数多,不过,在问题儿童中所占比例也偏高;二胎出生,比头胎或以后出生的孩子依赖性强,要求成人给予更多的帮助和赞许,爱个人活动、话多、娇气;中间出生,对不公正和忽视更敏感,喜欢音乐、语言、艺术,有美学情趣,在其所从事的职业中演员所占比例偏高;最后出生的孩子,自尊心强,智商往往偏低,学习不好。[①]

美国心理学家墨菲(G. Murphy)总结了几位心理学家的研究,结果如表16-15所示。

---

① 荆其诚主编:《简明心理学百科全书》,湖南教育出版社1991年版,第62页。

表 16-15 出生顺序与性格特征

| 研究者 | 研 究 结 果 |
|---|---|
| 伯德尔 | 独子和长子显示出稍高的支配性,末子显示出较低的支配性 |
| 加 曼 | 男孩子出生顺序早对痛苦的感受性大 |
| 艾森伯格 | 长子或独子比中间的孩子或末子更具有优越感 |
| 埃利斯 | 中小家庭中长子成为名人的多,大家庭中后面出生的孩子成为名人的情况多 |
| 福斯特、罗 斯 | 嫉妒性较强的孩子中长子较多 |
| 吉迪纳夫、莱 希 | 长子有较少的攻击性、指导性和自信心,比较内向。中间的孩子没有长子那样缺乏攻击性,而且问题最少。末子往往畏首畏尾,内向性次于长子,攻击性仅次于独子。独生子更显示出攻击性和自信心 |
| 维 特 | 在过激的人中,独生子所占的比例较大。在保守的人中,长子较多,末子也相当多 |
| 伯 曼 | 在躁郁症患者 100 例中,长子占 48 例,中间的孩子占 30 例,末子占 22 例 |

## (二) 学校

学校教育对儿童的性格形成也起着重要的作用。学校是对学生进行有目的、有计划教育的场所。学生在学校里不仅学习和掌握系统的文化科学知识,而且发展智力,接受思想和品德教育,形成优良性格特征。英国思想家欧文(R. Owen)说:"教育人就是要形成人的性格。"学生在学校里形成了良好性格,就能顺利地走向社会,适应社会生活。反之,则会发生各种问题。人格适应不良最初是由于不良的亲子关系的影响造成的,然而学校在教育上的不得法也会造成学生适应不良。学生的适应不良具有一定的普遍性。在国外,有些研究表明,约有 22% 的学生具有中等或严重的情绪缺陷。

### 1. 课堂教育

学生通过课堂教学接受系统的科学知识。学习是一种艰苦的劳动,通过学习可以发展学生的坚持性、自制力、主动性和独立性等良好的性格特征。学生在接受系统的科学知识过程中,形成科学的世界观,科学世界观的形成对发展学生良好的性格特征具有重要的意义。

### 2. 班集体

学校的基本组织形式是班集体。学生在集体中生活,班集体、少先队、共青团组织对学生性格的形成具有重要意义。学生参加集体活动,使之习惯于系统地、明确地工作,体验集体生活的乐趣,并得到克服困难的锻炼。集体生活有利于培养学生的组织性、纪律性、合群、自制、勇敢、利他和意志坚强等优良的性格特征;也有利于克服自私、孤独等不良的性格特征。苏联教育家马卡连柯指出,要在集体中,通过集体进行教育。

每一个学生在班级里都处于一定的地位,扮演着各种不同的角色,这种角色地位必然影响学生性格的发展。有学者做了一项关于学校指导对角色加工的作用的研究。教师在小学五年级学生中挑选出在班级里地位较低的8名学生,要他们担任班委,并且给予指导。6个月后的观察发现,这些学生中有些人在自尊心、责任感和安全感等性格特征方面有显著的提高,整个班级的风气也有所改变。

### 3. 教师

教师是学生学习的榜样,教师的言行对学生的性格起着潜移默化的作用。一般来说,学生年龄越小,受教师的影响越大。教师不仅对学生言教,还要对学生身教。

教师和学生的关系也影响着学生的性格发展。有人在研究学生诚实这一性格特征时发现:喜欢教师的学生说谎少,容易形成诚实的特征;不喜欢教师的学生则经常说谎,不容易形成诚实的特征。

勒温等人把教师管教学生的方式划分为三种类型:专制的方式、民主的方式和放任的方式。研究表明,教师对学生的管教方式,影响学生性格的发展(如表16-16所示)。

表16-16 教师的管教方式和学生的性格特征

| 教师的管教方式 | 学生的性格特征 |
|---|---|
| 民主的 | 情绪稳定、积极、态度友好、有领导能力 |
| 专制的 | 情绪紧张、冷漠或带有攻击性,教师在场时毕恭毕敬,不在场时秩序混乱缺乏自制力 |
| 放任的 | 无团体目标、无组织、无纪律、放任 |

## (三) 社会风尚

儿童和青少年善于模仿。各种传媒和课外读物等,通过不同的渠道潜移默化地影响着儿童和青少年的兴趣、爱好、道德评价和行为习惯。例如,电影、电视、网络和文学读物等,其中的一些英雄人物的形象,都会鼓舞着儿童和青少年,并形成良好的行为和性格。

## (四) 社会实践在性格形成和发展中的作用

不论是遗传决定论,还是环境决定论,它们的主要问题,除了片面性外,还在于都没有认识到实践活动在性格发展中的作用。马克思指出:"以前的一切唯物主义包括费尔巴哈的唯物主义的主要缺点是:对事物、现实感性,只是从客体或者直观的形式去理解,而不是把它们当作人的感性活动、当作实践活动去理解,不是从主观方面去理解。"[①]

劳动是人最基本的实践活动。学生走上工作岗位后,职业的要求对性格发展也有重要作用。人长期从事某种特定的职业,社会要求他反复扮演某种角色,进行和自己职业相应的活动,从而相应地形成不同的性格特征。例如:科学工作者实事求是,善于独立思考,一丝不苟;文艺工作者活泼开朗,富于想象,感情丰富;飞行员冷静、沉着,有高度责任感;等等。

---

① 马克思、恩格斯著,中共中央马克思恩格斯列宁斯大林著作编译局译:《马克思恩格斯全集(第三卷)》,人民出版社1960年版,第3页。

对运动员的性格研究表明,各种运动项目,对性格特征有一定的要求,也培养着一定的性格特征(如表16-17所示)。

表16-17 各项运动与性格特征

| 运动项目 | 主要品质 | 次要品质 | 更次要品质 |
| --- | --- | --- | --- |
| 球类运动 | 主动性<br>独立性 | 顽强、果断、勇敢 | 自我控制、坚定性 |
| 击剑、摔跤 | 主动性<br>独立性 | 果断、勇敢 | 自我控制、顽强、坚定 |
| 跑步、滑冰、滑雪、骑自行车、游泳、划船 | 顽强性 | 自我控制<br>坚定性 | 主动性、独立性、果断性、勇敢 |
| 艺术体操、技巧、举重、田径、跳跃、投掷、花样滑冰、射击 | 顽强性<br>自我控制 | 勇敢 | 主动性、独立性、果断性 |
| 滑雪、跳水、障碍项目、骑马、登山、摩托车、跳伞 | 勇敢、果断 | 顽强<br>自我控制 | 主动性、独立性 |

## (五)主观因素

性格是在人和环境交互作用的实践活动中形成和发展起来的,但任何环境都不能直接决定人的性格,它们必须通过人已有的心理发展水平和心理活动才能发生作用。社会各种影响只有为个人所理解和接受时,才能转化为个体的需要和动机,才能推动个体去行动。个体已有的心理发展水平对性格形成的作用,随着年龄的增大而日益增强。个体已有的理想、信念和世界观等对接受社会影响有决定性的作用。例如,守纪律、责任心等性格特征都是接受与领会外部的社会要求,逐渐将这一要求转变为对自己的内部要求的过程。布特曼(Bultmann)说:每一个人都是他自己性格的工程师。人是一个高度的、不断自我完善的调节系统,一切外来的影响都要通过自我调节而起作用。从这个意义上说,每个人都在塑造着自己的性格。

## 三、我国儿童和青少年性格的形成和发展

刘明、王顺兴等人研究了我国儿童青少年性格特征的年龄发展趋势。① 他们用问卷法将2127位(城乡和男女比例大致为1∶1)被试的性格分为:情绪特征、意志特征和理智特征,在三种性格特征中,又分出四种主要性格因素(如表16-18所示)。

该项研究表明:我国儿童青少年性格(EWR)发展水平随年龄增长而逐渐升高,表现出由低到高的发展。但是,发展的速度是不相等的:小学二年级至四年级发展较慢;四年级至六年级发展较快;小学六年级至初中二年级发展尤其缓慢,甚至出现相对停滞的状态;初中二

---

① 朱智贤主编:《中国儿童青少年心理发展与教育》,中国卓越出版社1990年版,第396、400、409页。

年级至高中一年级,又出现快速发展趋势(如图16-14所示)。研究还表明,性格特征的各个方面发展趋势是有差异的(如图16-15所示)。

表 16-18 性格特征的结构模型

| 特征 | 情绪特征 | 意志特征 | 理智特征 |
| --- | --- | --- | --- |
| 代表符号 | E | W | R |
| 构成性格特征的因素 | 稳定性($E_1$) | 独立性($W_1$) | 思维水平($R_1$) |
|  | 强度($E_2$) | 自创性($W_2$) | 求知欲($R_2$) |
|  | 持久性($E_3$) | 坚持性($W_3$) | 灵活性($R_3$) |
|  | 主导心境($E_4$) | 果断性($W_4$) | 权衡性($R_4$) |

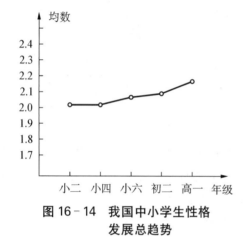

图 16-14 我国中小学生性格发展总趋势

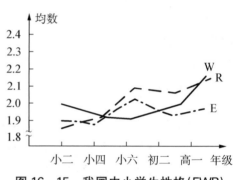

图 16-15 我国中小学生性格(EWR)发展趋势

## 第七节 性格的测量

心理学研究方法一般可以用来测量性格,如观察法、谈话法、作品分析法、问卷法等。但由于性格的复杂性,测定性格是相当困难的,这就要求测量者把多种方法结合起来,交叉应用、互相补充、互相印证。诺夫等人提出了"多重环境、多重来源、多重工具"的综合法研究模式(如图16-16所示)。要求研究者在三种环境(家庭、学校、实验环境)中进行,在每一种环境中,至少要有两个人提供资料。主试均采用两种测量工具进行评定,并且要求在每一环境中,两个主试使用相同的测量工具。当然,主试所提供的资料是多种具体情境中个人行为表现的概括。

进入20世纪80年代后,心理学研究出现了新的方法论倾向。美国心理学家维斯塔(R. Vasta)将之称为"生态学运动"(the ecological movement)。他指出:"如果说60年代标志了严格的实验室方法应用到对儿童的研究,70年代就看到对自然过程的日益关心。那么,

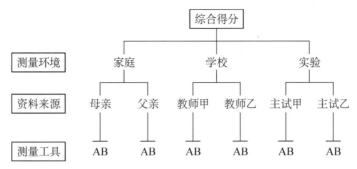

**图16-16 "多重环境、多重来源、多重工具"综合法研究模式**
(引自诺夫,1986)

80年代可以是使严格的方法脱离实验室而与对现实世界的关注相结合。"生态学运动即在研究人的心理时从实验室走向生态,把实验室固有的严格性移到真实环境中去。生态学运动要求研究的情境必须是自然的,但研究本身必须是严格的。人的性格具有社会制约性,只有在现实环境中考察人的性格,才能保证内部效度和外部效度的统一,揭示人的性格特征。

## 一、自然实验法

自然实验法是实验法在自然条件下的运用。由于性格的复杂性,不宜广泛采用严格控制条件的实验室方法。一般认为,自然实验法对于测量性格是相当有效的。自然实验法兼有实验室实验法的控制条件和观察法的自然、真实这两方面的优点。目前较多地采用教育性实验。教育性实验是把实验法运用于教育过程,在活动中了解学生,并研究有效教育措施的方法。在教育实验时,实验者创设一定的情境,主动地引起被试的某种性格特征的表现,然后主试对被试采取一定的教育措施,影响被试的行为表现,通过观察、分析来了解学生的性格特征及其变化。这种方法能够结合教育进行,比较自然和主动,但要求教师善于设计实验和控制条件。下面是几个有名的自然实验。

### (一) 哈尔霍恩(Hartshorne)和梅的品德测验

品德测验可以用来测量诚实、自我控制等行为特点。如在考试时,试题多而简单。考试后将试卷复印,要求学生批改自己的试卷,并附有标准答案。收回试卷后再将两种试卷对照,即可发现学生是否为了提高分数而修改答案。又如,另一种测量诚实的方法,被称为"不可能的成绩"。在测验时,要求学生闭目用笔把点画在如图16-17中所示的10个圆圈内,连做3次,每次点10点,点中1个得1分。如果被试确实遵从指示紧闭双目,3次画点的部分不会超过13分(这是因为经过多次测定,每次最多点中4—5个)。如果超过13分,说明被试可能不诚实(测试时没有闭目,而是偷看)。

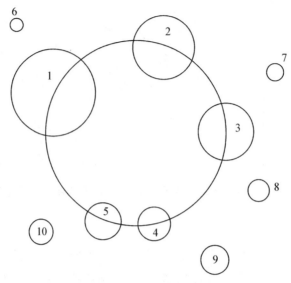

图 16-17 诚实测验

### (二) 阿格法诺夫的"拾柴禾"实验

这个实验用来研究儿童的勇敢性。实验者以保育院 40 个小朋友为对象。实验时把一些湿柴放在离宿舍近的地方,而把一些干柴放在较远的山沟里。在冬天的夜晚要求儿童去取柴烤火,实验者发现有些孩子勇敢地到山沟里去取柴,有的则边走边埋怨,大部分孩子怕黑,宁愿就近取湿柴。然后实验者对孩子进行一定的教育,去山沟里取柴的孩子逐渐多起来了,但仍有 20 多个孩子没有多大变化。在 9 个月的时间内,研究者观察到儿童在勇敢方面的差异:有的是勇敢的、有的是动摇的、有的是畏缩的、有的是贪图方便的、有的是胆怯的。

### (三) 谢列布列亚科娃的教育实验

为了测量儿童的自信心,实验者设计了一个教育实验,要求被试对三组难、中、易程度不同的 9 道算术题有选择性地回答,发现学生在挑选问题时,大体上有三种情况:一部分学生在挑选问题时是稳定而适当的,这部分学生的性格被认为是有自信心的;另一部分学生挑选不能胜任的问题,这部分学生的性格被认为是自负的;再有一部分学生不敢挑选稍难而只挑能够回答的问题,这部分学生的性格被认为是缺乏自信心的。然后,根据学生的性格特征分别进行不同的教育。

## 二、问卷法

问卷法是测量性格时常用的方法之一,通常在问卷上列出许多问题,由被试去回答。多数是是非题和选择题。这种方法使用极为方便,题目、记分、评分都经过标准化。但是,被试的回答是主观的回答,有真,有假,也可能有意回避一些问题。在有些问卷中,会编制一些题目来测验被试回答的可靠性。问卷法可以用于个别测验,也可以用于团体测验。有些问卷测量一个性格特征,有些问卷测量几个性格特征,问卷法是性格测量的一种常用方法,但要全面了解一个人的性格还需要与其他方法结合使用。常用的问卷有下列几种。

## (一) 明尼苏达多相人格问卷

该问卷是20世纪40年代由美国明尼苏达大学哈撒韦(S. R. Hathaway)和精神科医生麦金利(J. C. Mckinley)编制成的。它是当前在世界范围中使用最广泛的人格问卷之一。因为它可以同时测量性格的许多特征,所以称为多相人格问卷。经过几十年的不断应用和筛选,明尼苏达多相人格问卷在临床和研究中应用愈来愈广。

明尼苏达多相人格问卷(Minnesota Multiphasic Personality Inventory,简称MMPI)的1966年修订版(MMPI-R)确定为566题(其中有16题是重复的,用以检验被试反应的一致性,被试回答是否认真)。所有的题目按性质可以分为26类(如表16-19所示)。该问卷有10个临床量表(如表16-20所示),可以得到10个分数,代表10种人格特质。该问卷有4个与效度有关的量表(如表16-21所示)用于考察被试作答的态度,如果被试在这4个量表中得分特别高,则表明被试没有诚实地、认真地作答。在测验时,被试对每一个问题选择一个"是""否"或"不能回答"。一般测验用45分钟,最多90分钟,如果被试文化水平低可以允许超过2小时。

表16-19 MMPI 的项目内容和项目数[①]

| 分 类 项 目 | 项目数 | 分 类 项 目 | 项目数 |
|---|---|---|---|
| 1. 一般健康 | 9 | 14. 关于性的态度 | 16 |
| 2. 一般神经症状 | 19 | 15. 关于宗教的态度 | 19 |
| 3. 脑神经 | 11 | 16. 政治态度—法律和秩序 | 46 |
| 4. 运动和协调动作 | 6 | 17. 关于社会的态度 | 72 |
| 5. 敏感性 | 5 | 18. 抑郁感情 | 32 |
| 6. 血管运动,营养,言语,分泌腺 | 10 | 19. 狂躁感情 | 24 |
| 7. 呼吸循环系统 | 5 | 20. 强迫状态 | 15 |
| 8. 消化系统 | 11 | 21. 妄想、幻觉、错觉、关系疑虑 | 31 |
| 9. 生殖泌尿系统 | 5 | 22. 恐怖症 | 29 |
| 10. 习惯 | 19 | 23. 施虐狂、受虐狂 | 7 |
| 11. 家族婚姻 | 26 | 24. 志气 | 33 |
| 12. 职业关系 | 18 | 25. 男女性度 | 55 |
| 13. 教育关系 | 12 | 26. 想把自己表现得好些的态度 | 15 |

(引自日本 MMPI 研究会,1969)

---

[①] 凌文辁,滨治世编著:《心理测验法》,科学出版社1988年版,第71页。

表 16-20 MMPI 的临床量表和它的高分解释[1]

| 序号 | 临床量表 | 略号 | 高 分 解 释 |
|---|---|---|---|
| 1 | 疑病症 | Hs | 强调身体疾病 |
| 2 | 抑郁症 | D | 不快乐、抑郁 |
| 3 | 歇斯底里 | Hy | 对应激的反应是否有问题 |
| 4 | 精神病态偏倚 | Pd | 与社会缺乏一致；经常处于法律纠纷之中 |
| 5 | 男性化—女性化 | Mf | 男子女性倾向；女子男性倾向 |
| 6 | 妄想狂 | Pa | 多疑 |
| 7 | 精神衰弱 | Pt | 烦恼、焦虑 |
| 8 | 精神分裂症 | Sc | 孤独、古怪思想 |
| 9 | 轻躁狂 | Ma | 冲动、激动 |
| 10 | 社会内向性格 | Si | 内向、害羞 |

表 16-21 MMPI 的效度量表

| 序号 | 效度量表 | 略号 |
|---|---|---|
| 1 | 疑问量表 | ? |
| 2 | 说谎量表 | L |
| 3 | 效度量表 | F |
| 4 | 校正量表 | K |

明尼苏达多相人格问卷题目举例：

1. 我喜欢看机械方面的杂志。
2. 我的胃口很好。
3. 我早上起来的时候，多半觉得睡眠充足，头脑清醒。
4. 我想我会喜欢图书管理员的工作。
5. 我很容易被声音吵醒。
6. 我喜欢看报纸上的犯罪新闻。
7. 我的手脚经常是很暖和的。
8. 在我的日常生活中，充满着使我感兴趣的事情。
9. 我现在工作（学习）的能力，和从前差不多。
10. 我的喉咙里总好像有一块东西堵着似的。

---

[1] 表内的高分解释，引自希尔加德等著，周先庚等译：《心理学导论》（下册），北京大学出版社 1987 年版，第 636 页（引用时有删节）。

美国 MMPI 标准化委员会对 MMPI 进行了重大的修订。1989 年明尼苏达大学出版了《MMPI-2 施测与计分手册》,包括 567 题,其中没有重复项目。MMPI-2,重新制定了常模,对一些项目进行修改,但仍然包括 10 个临床量表。MMPI-2 的优点是题目多,不仅可以测量人格的各个方面,还可以作为编制新量表的参考,用于研究工作,其信度和效度比一般量表高,有很高的应用价值。但由于该量表题目过多,测试时间过长,会影响被试的情绪。中国科学院心理研究所宋维真教授等人在 1992 年基本完成了对 MMPI-2 的中国版修订和常模制定。他们还编制了简短式的 MMPI,并将其称为心理健康测查表。该表有 168 个题目,更适合中国情况,具有较高的信度和效度。①

表 16-22 MMPI-2 的内容量表

| ANX | 焦虑 | ASP | 反社会行为 |
|---|---|---|---|
| FRS | 恐怖 | TPA | A 型行为 |
| OBS | 强迫观念 | LSE | 低自尊 |
| DEP | 抑郁 | SOD | 社会适应不良 |
| HEA | 关心健康 | FAM | 家庭问题 |
| BIZ | 想法古怪 | WRK | 工作干扰 |
| ANG | 发怒 | TRT | 对医生和治疗的负性态度 |
| CYN | 禁欲主义 | | |

(引自 Dahlstrom,1993)

明尼苏达多相人格问卷—2(MMPI-2)题目举例:
1. 每种食物的味道都一样。
2. 我的脑子有点问题。
3. 我喜欢动物。
4. 只要有可能,我总是避免去人多的地方。
5. 我没有放纵自己去做奇特性体验。
6. 有人想毒死我。
7. 我经常做白日梦。

被试可以有三种反应:"对""不对"或"无法回答"。

MMPI 也可用计算机来实施。在记分时,有的项目答"是"记 1 分,有的项目答"否"记 1 分。根据粗分换算成 T 分,并根据 T 分制成剖面图。

---

① 金瑜主编:《心理测量》,华东师范大学出版社 2005 年版,第 100 页。

图 16-18 是 MMP2-2 的一个被试的剖面图。

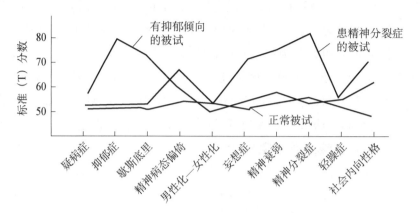

**图 16-18　明尼苏达多相人格调查表测量结果图示**
（引自 Dennis Coon, 2004）

在分量表中得分超过 66 分，可认为存在人格障碍，如果超过 76 分者可能是严重患者；低于 40 分者也可认为存在人格障碍或其他问题。

由于每个量表题目数不同，得分基数不一样，各个量表的原始分数无法比较，必须换成 T 分数。换算公式如下：

$$T = 50 + \frac{10(X - M)}{SD}$$

公式中的 X 为所得原始分数，M 与 SD 为这个量表正常组原始分数的平均分数和标准差。

### （二）加州心理问卷

美国加州大学心理学教授高夫（H. G. Gough）设计了加州心理量表（California Psychology Inventory，简称 CPI）。该问卷于 1948 年编制，并在 1951 年正式出版，1957 年再版时，扩充至 18 个量表。该量表有一半题目来自 MMPI，另一半反映正常青少年和成人的个性。CPI 与 MMPI 不同的是它更强调正常。

该问卷由 480 个"是否型"的题目组成，可以个人施测，也可以团体施测。它适用于 13 岁以上的正常人。该问卷有男性常模和女性常模。该问卷包含了人际关系的重要方面，它除测量被试现在的性格特征外，还可以预测被试今后的学业成绩、犯罪倾向和职业成功的可能性。如果被试几乎在所有分数方面都超过平均标准分数线，则他可能在社交和智力这两个方面发展较好，否则可能在人际关系适应上发生困难。此外，主试还应注意各组量表的相对高度。

加州心理问卷的 18 个量表可以分为四大量表群（如表 16-23 所示）。

表 16-23　加州心理测验的量表名称和略号

| 量表群 | 序号 | 量表名称 | 略号 |
| --- | --- | --- | --- |
| I<br>测验人际关系适应能力 | 1 | 支配性 | Do |
| | 2 | 上进心 | Cs |
| | 3 | 社交性 | Sy |
| | 4 | 自在性 | Sp |
| | 5 | 自尊性 | Sa |
| | 6 | 幸福感 | Wb |
| II<br>测验社会化、成熟度、<br>责任心和价值观 | 7 | 责任心 | Re |
| | 8 | 社会化 | So |
| | 9 | 自制力 | Sc |
| | 10 | 容忍性 | To |
| | 11 | 好印象 | Gi |
| | 12 | 从众性 | Cm |
| III<br>测验成就能力和智力 | 13 | 遵从成就 | Ac |
| | 14 | 独立成就 | Ai |
| | 15 | 智力效率 | Ie |
| IV<br>测验个人的生活态度和倾向 | 16 | 共鸣性 | Py |
| | 17 | 灵活性 | Fx |
| | 18 | 女性化 | Fe |

1983 年，中国科学院心理研究所宋维真教授将该问卷译成中文，并做了修订。具有一定的信度和效度。中国版的 CPI 修订本由 230 个测题组成，一般可在 45 分钟内完成，称为"青年性格问卷"。

在国外，心理学工作者对 CPI 进行了多次修订，1996 年高夫和布拉德利（P. Bradley）将项目减至 434 个，分为 20 个分量表。我国的杨坚博士和龚耀先教授在 1993 年完成了 CPI 的修订（CPI-RC），该问卷包含 440 题，具有较高的信度和效度。

## （三）卡特尔 16 种人格问卷

美国伊利诺斯大学卡特尔教授采用系统观察法、科学实验法以及因素分析统计法确定了 16 种人格根源特质。据此，他编制了 16 种人格因素问卷（Sixteen Personality Factor Questionnaire，简称 16PF）。

16 种人格因素各自独立，每一种因素与其他因素的相关度极小。每一种因素的测量能认识被试的某一方面的个性特征，整个问卷能对被试的 16 种人格因素综合了解，从而全面地评价被试的人格。

16PF 适用于 16 岁以上的青年和成人，它有 A、B、C、D、E 五种复本。A、B 为齐全本，每卷各有 187 题。C、D 为缩减本，每卷各有 106 题。E 是专门为文化程度较低的被试编制的实验试本，有 128 题。16PF 在国内外广泛流行，现已被译成中、法、意、德、日等国文字。

刘永和与梅雷迪思（G. M. Meredith）将原测验的 A、B 两种合并，在 1970 年发表中文修订本（187 题，每个特质包括 10—13 题），并在我国港台地区测验中国学生 2000 人，做出常模。我国辽宁省教育科学研究所李绍衣等人于 1981 年在刘、梅两氏修订本基础上对其进行了修订。后由华东师范大学戴忠恒教授和祝蓓里教授等进一步做了修订。

16PF 的每一个题目都有三个供选择用的答案（A、B、C），这就可以使被试有折中的选择，避免"二选一"时不得不勉强作答的缺点。答案与记分标准符合者给 2 分，相反给 0 分，中间者给 1 分。16PF 可以个别测验，也可团体测验。有高中以上阅读能力者应在 45—60 分钟内完成。统计测验证明 16PF 的优点是：信度、效度较高，编制比较科学，施测比较简便，等等。

16PF 不仅能明确描绘出一个人的 16 种人格因素，而且还可以推算出许多描绘人格的双重因素，如：适应—焦虑，内向—外向，感情用事—安详机警，怯懦—果断等。卡特尔还拟定了一些公式用于心理咨询和升学就业等。

---

卡特尔 16 种人格因素问卷题目举例：

……

3. 如果我有机会的话，我愿意：

A. 到一个繁华的城市去旅行；B. 介于 A、C 之间；C. 游览清静的山区

4. 我有能力应付各种困难：

A. 是的；B. 不一定；C. 不是的

5. 即使是关在铁笼里的猛兽，我见了也会感到惴惴不安：

A. 是的；B. 不一定；C. 不是的

6. 我总是不敢大胆批评别人的言行：

A. 是的；B. 有时如此；C. 不是的

7. 我的思想似乎：

A. 比较先进；B. 一般；C. 比较保守

8. 我不擅长说笑话、讲有趣的事：

A. 是的；B. 介于 A、C 之间；C. 不是的

9. 当我见到亲友或邻居争吵时，我总是：

A. 任其自己解决；B. 介于 A、C 之间；C. 予以劝解

10. 在群众集会中，我：

A. 谈吐自如；B. 介于 A、C 之间；C. 保持沉默

## (四) 艾森克人格问卷

艾森克人格问卷(Eysenck Personality Questionnaire,简称 EPQ)由英国心理学家艾森克等人编制,有成人问卷和少年问卷两种,分别调查 16 岁以上成人和 7—15 岁儿童,各包括 100 个左右题目。每种问卷都包括 4 种量表:外内向量表(E)、神经质量表(N)、精神质量表(P)和效度量表(L)。EPQ 采用是非题形式,回答与规定答案相符合,得 1 分,否则记 0 分。

EPQ 在我国有多种修订本,北方地区有陈仲庚教授等人的修订本;南方地区有龚耀先教授等人的修订本,都有较高的信度和效度。

艾森克人格问卷(成人)题目举例(陈仲庚等人修订本):
1. 你是否有广泛的爱好? ………………………………………… 是 否
3. 你的情绪时常波动吗? ………………………………………… 是 否
10. 当你看到小孩(或动物)受折磨时是否感到难受? …………… 是 否
14. 你是一位易激怒的人吗? ……………………………………… 是 否
35. 在结识新朋友时,你通常是主动的吗? ……………………… 是 否
85. 你是一个爱交往的人吗? ……………………………………… 是 否

艾森克人格问卷(少年)题目举例(陈仲庚等人修订本):
1. 你喜欢在你的周围有许多热闹的事吗? ……………………… 是 否
6. 你总是立即按照别人的吩咐去做吗? ………………………… 是 否
25. 你能使一个联欢会开得很好吗? ……………………………… 是 否
43. 在课堂上,你总是安静的吗?(甚至老师不在教室时也是这样) …… 是 否
64. 你是不是有时感到特别高兴,而在其他时间里又无缘无故地觉得难过? …………………………………………………………… 是 否
67. 你是不是喜欢乘坐开得很快的摩托车? ……………………… 是 否

## (五) 大五因素模型测量

### 1. NEO 人格量表修订版

美国心理学家科斯塔(R. T. Costa)和麦克雷(R. R. McCrae)于 20 世纪 80 年代初开始编著测量人格三大因素(神经质、外向性和开放性)的人格量表(NEO PI)。1992 年编著修订版时增加了 2 个因素:责任感和宜人性,称 NEO[①] 人格量表修订版(NEO PI - R)。该量表包括 5 个维度(5 因素),其中每个维度又包含 6 种成分,每种成分有 8 个项目,共 240 个项目,用来测量大五因素及其各个层面。该问卷采用 5 级记分。

---

① NEO 是神经质(neuroticism)、外向性(extroversion)和开放性(openness)英文的第一个字母。

表 16-24 是大五因素的层面、高分者特征和低分者特征。

表 16-24 NEO PI-R 层面

| 大五特质 | 层面（相关的特质形容词） | 高分者特征 | 低分者特征 |
| --- | --- | --- | --- |
| E 外向性对内向性 | 乐群（善交际的）自信（坚强的）活跃（精力旺盛的）寻求兴奋（爱冒险的）正向情绪（热心的）热情（开朗的） | 好社交、活跃、健谈、乐群、乐观、好玩乐、重感情 | 谨慎、冷静、无精打采、冷淡、乐于做事、退让、少话 |
| A 宜人性对敌对性 | 信任（宽大的）坦率（不请求的）利他（温暖的）顺从（不顽固的）谦逊（不炫耀的）温柔（有同情心的） | 心肠软、脾气好、信任人、宽宏大量、易轻信、直率 | 愤世嫉俗、粗鲁、多疑、不合作、报复心重、残忍、易怒、好操纵别人 |
| C 责任感对散漫性 | 能力（有效率的）条理性（有组织的）责任心（不粗心的）上进心（精益求精的）自律（不懒惰的）沉着（不冲动的） | 有条理、可靠、勤奋、自律、准时、细心、整洁、有抱负、有毅力 | 无目标、不可靠、懒惰、粗心、松懈、不检点、意志弱、享乐 |
| N 神经质对情绪稳定性 | 焦虑（紧张的）愤怒敌意（易激怒的）抑郁（不满足的）自我意识（害羞的）冲动（情绪化的）脆弱（不自信的） | 烦恼、紧张、情绪化、不安全、不准确、忧郁 | 平静、放松、不情绪化、果敢安全、自我陶醉 |
| O 经验开放性对封闭性 | 观点（好奇的）幻想（想象力丰富的）审美（艺术的）行动（兴趣广泛的）情感（易兴奋的）价值（非传统的） | 好奇、兴趣广泛、有创造力、有创新性、富于想象、非传统的 | 习俗化、讲实际、兴趣少、无艺术性、非分析性 |

研究表明该量表具有显著的内部一致性、时间稳定性，以及较高的效度，而且，30个层面的量表因素结构在许多语言和文化中都非常接近，该问卷与卡特尔和艾森克所编制的问卷有很高的相关。

一般来说，NEO 问卷是西方国家使用最为广泛的人格评定量表之一，已被用于人格的测量和研究、临床心理学、工业与管理心理学等许多领域。目前已经有中国、德国、葡萄牙、韩国、日本、以色列等国的翻译本。

NEO 题目举例：
1. 迫切的　　　5　4　3　2　1　　　冷静的
2. 群居的　　　5　4　3　2　1　　　独处的
3. 爱幻想的　　5　4　3　2　1　　　现实的
4. 礼貌的　　　5　4　3　2　1　　　粗暴的
5. 整洁的　　　5　4　3　2　1　　　混乱的
……
21. 容易分心的　5　4　3　2　1　　　集中注意的
22. 保守的　　　5　4　3　2　1　　　开放的
23. 适宜折中的　5　4　3　2　1　　　分清是非的
24. 信任的　　　5　4　3　2　1　　　怀疑的
25. 遵守时间的　5　4　3　2　1　　　拖延的
……

但对许多研究来说，240个题项稍显冗长，于是，科斯塔和麦克雷在对 NEO 人格量表进行因素分析的基础上得出了一套60个题项的 NEO-FFI 简版。NEO-FFI 简版的五个分量表各包括12个题项，每个分量表包括了因素分析中负荷最高的项目。操作手册中报告的信度较高，而且与 NEO PI-R 有显著相关。

#### 2. 大五量表

大五量表在1991年由约翰·多纳休(John Donahue)和肯特尔(Kentle)所创，称"大五量表"(Big Five Inventory，简称 BFI)。该量表共44题，施测仅需5分钟，效率较高。该量表主要用短语来测量大五的核心特征。如外向性维度的题目有"开朗、善社交"，宜人性维度的题目有"是乐于助人和不自私的"，开放性维度的题目有"是放松的，很能应付压力"，等等。

大五量表题目举例：
我认为我……
1. 是健谈的
2. 是独创性的、不断有新想法
40. 喜欢反省，与观念打交道
44. 擅长艺术，如音乐或文学

### (六) 中国人人格量表

中国人人格量表(Qingnian Zhongguo Personality Scale，简称 QZPS)由我国学者根据词汇学研制，该量表共180题，分7个分量表(如表16-25所示)，是研究者在中国各省抽取大量样本的基础上编制而成的,具有良好的信度和效度。此外,为使用方便,研究者还编制了简版量表。

表16-25 中国人人格量表的分量表

| 编号 | 分量表的名称和内容 | |
|---|---|---|
| 1 | 外向性 | 活跃、合群、乐观 |
| 2 | 善良 | 利他、诚信、重感情 |
| 3 | 行事风格 | 严谨、自制、沉稳 |
| 4 | 才干 | 决断、坚韧、机敏 |
| 5 | 情绪性 | 耐性、爽直 |
| 6 | 人际关系 | 宽和、热情 |
| 7 | 处世态度 | 自信、淡泊 |

中国人人格量表题目举例:
1. 在社交场合,我总是显得不够自然。　　　　1 2 3 4 5
2. 我有话就说,从来憋不住。　　　　　　　　1 2 3 4 5
3. 在集体活动中,我总表现得很活跃。　　　　1 2 3 4 5
4. 我是个表里如一的人。　　　　　　　　　　1 2 3 4 5
5. 我做事总是坚持原则。　　　　　　　　　　1 2 3 4 5
……
176. 我不喜欢无所事事的生活。　　　　　　　1 2 3 4 5
177. 我对未来充满信心。　　　　　　　　　　1 2 3 4 5
178. 即使很小的好处,我也不想放弃。　　　　1 2 3 4 5
179. 我喜欢多动脑筋。　　　　　　　　　　　1 2 3 4 5
180. 我会尽可能回避困难的任务。　　　　　　1 2 3 4 5

## (七) Y-G性格问卷

该问卷是由日本京都大学教授矢田部达郎等以美国心理学家吉尔福特的三种性格测验为基础,根据日本人的特点编制的。"Y"是矢田部达郎姓氏读音"YATABUTATSROU"的第一个字母,"G"是美国心理学家吉尔福特姓氏的第一个字母。该量表测定12个人格特质,12个人格特质的高分和低分特征如表16-26所示,12个人格特质各有10个题目,共120题。

表 16-26　12 个人格特质的高分和低分特征

| 特质 | 高分 | 低分 |
| --- | --- | --- |
| 抑郁质 D | 忧郁、悲观、有罪恶感、对什么都不感兴趣、常常感到疲劳、无精神 | 乐观、满足、感到充实、什么也不担心、有精神 |
| 循环性 C | 情绪多变、常易激动、气量小、常把小事放在心上、经常担心 | 心情平静安定、不担心事 |
| 自卑感 I | 缺乏自信、过低评价自己、不适应、感情强烈、畏首畏尾、优柔寡断 | 充满自信、心情开朗、积极 |
| 神经质 N | 常担心事、神经过敏、易不满、容易焦虑 | 不担心事、开朗、乐观、爽快 |
| 主观性 O | 好幻想、过敏、主观、不能冷静客观地判断事物 | 现实主义、能冷静客观地判断事物、乐观、安定、充实、稳健 |
| 非合作性 Co | 牢骚多、不信任别人、不适应社会环境 | 设法与别人合作、善于与人合作 |
| 攻击性 Ag | 攻击性强、具有社会活动性、不听从别人意见 | 有自卑感、无斗争性、处世采取保守态度 |
| 一般活动性 G | 活泼、喜欢身体活动、动作敏捷、做事爽快效率高、乐观、人际关系好 | 认为自己无能、工作效率低、行动不活泼、比较忧郁 |
| 乐天性 R | 开朗、活泼、快乐、冲动、随便、粗心大意 | 过于慎重、优柔寡断、不易下决心、稳重、不开朗 |
| 思维外向性 T | 不爱沉思默想、无忧无虑、漫不经心、乐观、随和、爱交际、思维深度不够 | 常把小事放在心上、悲观、爱思考、行动不活泼 |
| 支配性 A | 具有社会指导性、能领导他人、自信 | 不想指导别人、缺乏自信、爱沉思 |
| 社会外向性 S | 外向、喜欢社会交往、社交活动多 | 不爱交际、喜欢独处、缺乏自信心 |

测验时,要求被试在与他实际情况相符合的问题后的"是"上划"○";与他实际情况不相符合的问题后的"否"上划"○";不能确定时则在"?"上划"○"。记分时,大多数题目(有小部分题目的记分相反)被试答"是"记 2 分;答"否"记 0 分;答"?"记 1 分。

通过测验不仅可以显示出被试的性格特质,而且还能进一步评定被试的性格类型。他们将性格类型分为五类(如表 16-27 所示)。

表 16-27　典型性格类型的一般特征

| 类型 | 情绪性<br>D、C、I、N | 社会适应性<br>O、Co、Ag | 向性<br>G、R、T、A、S | 一般特征 | 标准曲线类型 |
|---|---|---|---|---|---|
| A<br>（平均型） | 一般 | 一般 | 一般 | 不引人注意的平均类型；主导性弱；在智力低的情况下，往往表现为平凡，没有精力 | 平均型 |
| B<br>（不稳定积极型） | 不稳定 | 不适应 | 外向 | 在人际关系方面易产生问题，在智力低的情况下特别如此 | 偏右型 |
| C<br>（稳定消极型） | 稳定 | 适应 | 内向 | 平稳，被动；如果是领导者，则缺乏对别人的吸引力 | 偏左型 |
| D<br>（稳定积极型） | 稳定 | 适应或一般 | 外向 | 人际关系方面较少产生问题，行动积极，有领导者的性格 | 右下型 |
| E<br>（不稳定消极型） | 不稳定 | 不适应或一般 | 内向 | 退缩，消极，孤独，但不少人充满了内在的修养和高雅兴趣 | 左下型 |

图 16-19 中的"图形"是指 Y-G 性格问卷剖面图的五种标准曲线类型，是一张简化后的 Y-G 性格问卷剖面图。

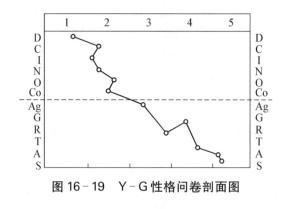

图 16-19　Y-G 性格问卷剖面图

Y-G 性格测验兼顾了类型理论和特质理论两者的优点，突破了它们各自的局限。它的信度和效度都较高。Y-G 性格问卷的题目数量也比较适中，但它也存在一般问卷法的缺点，如由于被试的自我防卫或其他原因而易导致的虚假等。

Y-G性格测验在日本被广泛地应用,在我国近年来有不少学者对它进行了应用研究。华东师范大学孔克勤教授对该问卷进行了修订。

Y-G性格问卷题目举例:
1. 以结识各种各样的人为乐事吗 …………………………………… 是 ? 否
2. 在人群中总是退缩在后面吗 ……………………………………… 是 ? 否
3. 喜欢思考困难的问题吗 …………………………………………… 是 ? 否
4. 不喜欢老是做一种固定的工作吗 ………………………………… 是 ? 否
5. 和周围的人合得来吗 ……………………………………………… 是 ? 否
6. 一刻也不能清闲,总是不干点什么就觉得不舒服吗 …………… 是 ? 否
7. 认为世界上的人都是不管别人的事情的吗 ……………………… 是 ? 否
8. 常常无缘无故地有时高兴有时悲伤吗 …………………………… 是 ? 否
9. 只要有人在旁观看就不能工作下去了吗 ………………………… 是 ? 否
10. 经常担心会不会失败吗 …………………………………………… 是 ? 否
11. 情绪经常流露在脸上吗 …………………………………………… 是 ? 否
12. 常常对什么都不感兴趣吗 ………………………………………… 是 ? 否
……
61. 喜欢与人交往吗 …………………………………………………… 是 ? 否
62. 一到上级面前就感到紧张吗 ……………………………………… 是 ? 否
63. 对什么事都要好好想一想,否则就不放心吗 …………………… 是 ? 否
64. 经常与人一起欢闹吗 ……………………………………………… 是 ? 否
65. 做事比别人快吗 …………………………………………………… 是 ? 否
66. 不愿意过平凡生活,想干一些不寻常的事情吗 ………………… 是 ? 否
67. 认为人都是为了自己的利益而行事的吗 ………………………… 是 ? 否
68. 常为睡不着觉而苦恼吗 …………………………………………… 是 ? 否
69. 常因一点点小事而妨碍工作吗 …………………………………… 是 ? 否
70. 常因怕难为情而不敢与众不同吗 ………………………………… 是 ? 否
71. 常因精力分散而思想不能集中吗 ………………………………… 是 ? 否
72. 经常详细地回想过去的失败吗 …………………………………… 是 ? 否

## (八) 内向—外向测验

内外向被认为是气质的主要维度,对个体内外向的测定有助于培养人才和选择人才。内向—外向测验集中测量气质的一个维度,施测方便,并且已经广泛地应用到教育、管理和医学等领域。华东师范大学孔克勤教授等修订了日本学者淡路的向性测验。

修订后的题目举例：

1. 能留心注意细微小事吗 …………………………………… 是　？　（否）
2. 能立刻就下决心吗 ………………………………………… （是）　？　否
3. 对于麻烦的事情也肯花工夫去做吗 ……………………… 是　？　（否）
4. 能在下了决心以后再加以改变吗 ………………………… （是）　？　否
5. 遇事经常认为"与其反复思考还不如赶快行动"吗 ……… （是）　？　否
6. 常常感到心情忧郁吗 ……………………………………… 是　？　（否）
7. 经常在遭到失败以后就不再尝试了吗 …………………… 是　？　（否）
8. 经常总是无忧无虑的吗 …………………………………… （是）　？　否
9. 不爱多说话吗 ……………………………………………… 是　？　（否）
10. 经常将感情流于言表吗 …………………………………… （是）　？　否

……

16. 议论时常易极端吗 ………………………………………… 是　？　（否）
17. 遇事小心谨慎吗 …………………………………………… 是　？　（否）
18. 动作敏捷吗 ………………………………………………… （是）　？　否
19. 工作仔细周密吗 …………………………………………… 是　？　（否）
20. 喜欢干引起人注目的事情吗 ……………………………… （是）　？　否
21. 埋头工作吗 ………………………………………………… （是）　？　否
22. 喜欢空想和幻想吗 ………………………………………… 是　？　（否）
23. 过于爱清洁吗 ……………………………………………… 是　？　（否）
24. 丢三落四吗 ………………………………………………… （是）　？　否
25. 过于浪费吗 ………………………………………………… （是）　？　否

在测验时，要求被试根据自己的实际情况，对每一个问题进行回答。如果自己的实际情况与问题相符合，就在"是"上划一个"○"；如果不符合，就在"否"上划一个"○"；如果不能确定"是"或"否"，就在"?"上划一个"○"。从题目中可以看出，凡带括号的代表外向，无括号的代表内向。例如，第1题，如果被试能够留心注意细微小事，属内向；如果不能够留心注意细微小事，则属外向。记分时，括号上划"○"的记1分；"?"上划"○"的记0.5分。将分数相加，除以25，乘以100，即被试的向性商数。

评分公式如下：

$$向性商数 = \frac{外向性反应总数 + \frac{1}{2}不能确定的总数}{25} \times 100$$

一般以向性商数100为中心，被试得分在100以上，可以认为外向性占优势；得分在100以下，可以认为内向性占优势。表16-28表示不同性别中青年的向性商数。

表 16-28  不同性别中青年的向性商数

| 类型 | 向性商数 | |
|---|---|---|
| | 男 | 女 |
| 外向Ⅱ型 | 143 以上 | 136 以上 |
| 外向Ⅰ型 | 122—142 | 115—135 |
| 中间型 | 100—121 | 95—114 |
| 内向Ⅰ型 | 78—99 | 75—94 |
| 内向Ⅱ型 | 77 以下 | 74 以下 |

## 三、投射测验

投射测验是主试向被试提供无确定含义的刺激,让被试在不知不觉中把自己的思想感情投射出来,以确定其性格特征。投射测验有利于主试对被试做整体性的解释、探讨潜意识。但是,投射测验记分困难,目前还缺乏方便、有效的信度和效度标准。

国内外常用的投射测验有:罗夏墨渍测验和主题统觉测验。

### (一)罗夏墨渍测验

罗夏墨渍测验(Rorschach Ink-Blot Test)是瑞士精神病学家罗夏(H. Rorschach)所创。罗夏开始用画片来测验患者,后来改用墨渍图。先在一张纸中间滴上墨汁,然后把纸对折,用力压下,纸上便形成了对称的但形状不定的图形。罗夏墨渍测验共有 10 张卡片,每张卡片上都印有一个双侧对称的墨渍图。其中 5 张为浓淡不同的黑白图,2 张为黑白加以红色斑点的图,3 张为几种颜色混合的图。测验时逐张问被试看到了什么,图形像什么,看图时想到了什么。

一般从三个方面进行记分和解释。

1. 定位

被试对图形是整体反应,还是部分反应。

2. 决定

被试反应的决定因素是什么:是墨渍的形状,还是颜色;把图形看作静的还是动的。

3. 内容

被试把图形看作什么:是人,还是动物,抑或物体。

有些学者还从独创和从众方面进行分析,即被试的反应与一般人相同,还是他个人独创。

图 16-20 是罗夏墨渍测验图片中的一张。当主试出

图 16-20  罗夏墨渍测验图

示该图片后,被试回答:有两只熊,熊掌贴着熊掌,好像在玩拍掌;或者,也可能是在打架,红色(原图片上有几块红色)是打架流出来的血。解释:被试一开始的反应即为"动物",提出看到两只熊,这是一个普遍的反应,指出熊在玩拍掌,表现出嬉戏、幼稚的行为。随后是敌意举动的反应,将对颜色的反应与血联系起来,显示他不可能不克制自己对环境的反应。他是否用嬉戏、幼稚的外表来掩饰敌意和破坏的感觉,而这种感觉可能会影响他对环境的处理。[①]

## (二) 主题统觉测验

主题统觉测验(Thematic Apperception Test,简称 TAT)由美国心理学家默里(H. A. Murray)和摩根(C. D. Morgan)等人编制。全套测验包括黑白图片 30 张和 1 张空白卡片。有些图片比较明显,有些图片比较模糊。14 岁以上的被试,分为男子组、女子组;14 岁以下的被试,分为男孩组、女孩组。这些图片可以分成九类:公用图片、男孩专用图片、女孩专用图片、男孩女孩共用图片、男孩男子共用图片、女孩女子共用图片、男子专用图片、女子专用图片和男子女子共用图片。测验时,根据被试的年龄和性别把图片分成四组,每组选用 20 张图片(其中一张是空白卡片)。分两次实施,每次使用图片 10 张。每次呈现一张图片时,要求被试根据图画内容的主题,通过想象活动,自由地编一个故事。故事要求包括三个方面的内容:①图片中的情境及其发生原因;②图片中的人物的思想和情感;③可能发生什么结果。

图 16-21 是 TAT 中的图片 12F,是一张女子专用图片。画面有一位青年女子的头像,后面有一位正在做鬼脸的老妇人。被试看了这张图片编造故事:这是一位多疑的女子,她正在照镜子,后面的老妇人是她想象中自己老年时的样子。她受不了这种看法,发疯了,摔掉镜子冲出屋子,在精神病院度过余生。[②]

图 16-22 是 TAT 中的图片 5,是一个中年女子站在半开的门旁,向室内观看。被试是一位 30 岁左右的女子,她看了这张图片后编造故事:一位妈妈下班后回家,开门一看,感到惊

图 16-21　TAT 12F

图 16-22　TAT 5

---

① 宋维真,张瑶主编:《心理测验》,科学出版社 1987 年版,第 247—248 页。
② 陈仲庚,张雨新编著:《人格心理学》,辽宁人民出版社 1986 年版,第 369 页。

喜,因为早晨上班匆忙,她没有时间收拾房间,家中很乱,现在却变得十分整洁,不仅桌椅都擦得干净,而且花瓶里还插着美丽的鲜花,使人感到愉快,但不知道是谁收拾的。当妈妈忽然看到高高的书橱没有整理时,心中一下子全明白了。故事反映被试自己的家庭情况:被试有一个和睦的家庭,有一个体贴父母又爱劳动的孩子。

1993年浙江省精神卫生研究所张同延等人修订了TAT,使修订版测验简单易行,并建立了浙江省的常模,具有一定的信度和效度。

## 名词解释

性格　性格特征　性格的态度特征　性格的意志特征　性格的情绪特征　性格的理智特征　性格的类型理论　性格的特质理论　生产倾向性　非生产倾向性　理智型　情绪型　意志型　优越型　自卑型　共同特质　个人特质　表面特质　根源特质　五因素模型　外内向　神经质　精神质　观察学习　三元交互作用　自我效能　自我效能的功能　米歇尔的性格结构模型

## 思考题

1. 什么是性格？性格有哪些特征？
2. 简述霍兰德的性格类型理论。
3. 简述奥尔波特的性格特质理论。
4. 简述卡特尔的性格特质理论。
5. 简述艾森克的性格特质理论。
6. 简述社会认知理论学派的性格理论。
7. 阐述大五因素模型。
8. 性格是怎样形成的？
9. 简述明尼苏达多相人格问卷。
10. 评述罗夏墨渍测验和主题统觉测验。
11. 试分析自己的性格特征。

# 第十七章 能 力

## 第一节 能力概述

### 一、能力的含义

能力(ability)是指人们成功地完成某种活动所必须具备的人格心理特征。

能力和活动紧密联系着。一方面,人的能力是在活动中形成、发展和表现出来的;另一方面,从事某种活动又必须以一定的能力为前提。掌握活动的速度和成果的质量被认为是能力的重要标志。苏联心理学家克鲁捷茨基指出:如果一个人能迅速地和成功地掌握某种活动,比其他人较易于得到相应的技能和达到熟练程度,并且能取得比中等水平优越得多的成果,那么这个人就被认为是有能力的。[①] 成功地完成某种活动所需要的因素是多方面的,能力是个人成功地完成某种活动的必要条件,但不是唯一的条件。个人的知识经验、活动动机和身体健康状况等都是完成活动所必需的,所以能力是成功地完成某种活动所必须具备的人格心理特征。

能力有两种含义:其一是指个人现在实际"所能为者";其二是指个人将来"可能为者"。[②] 个人"所能为者"是指一个人的实际能力(actual ability)。例如,一分钟内能打出60个英文单词,会开飞机,能讲几种外语,等等。个人"可能为者"是指一个人的潜在能力(potential ability),它不是指已经发展出来的实际能力,而是指可能发展的潜在能力。实际能力和潜在能力密切地联系着。潜在能力是实际能力形成的基础和条件,实际能力是潜在能力的展现。

人们要顺利、成功地完成某种活动,必须综合多种能力才能实现。我们将多种能力的完备结合称为才能。例如,数学才能包括:对数学材料的迅速概括的能力,运算过程中思维活动的迅速"简化"的能力,以及灵活进行正逆运算的能力等。

才能的高度发展就是天才,它是多种能力最完备的结合,使人能够创造性地完成某种或多种活动。单一的能力即使达到高度发展水平,也不能称为天才。例如,仅有非凡的记忆力,不能称为天才。天才并非天生之才,它是在良好素质基础上,通过后天环境、教育的影响,加上自己的主观努力发展起来的。天才和天才人物,受社会历史条件制约。社会的进步、时代的要求和实践的需要,会激发不同天才的发展。在和平时期,经济师、工程师等天才人物会产生出来;在战争时期,统帅的天才会迅速产生。马克思指出,每一个历史时代都需要自己的伟大人物,如果没有这样的人物,它就要创造出来。例如,欧洲文艺复兴时期创造了很多天才人物。

---

[①] B·A·克鲁捷茨基著,赵璧如译:《心理学》,人民教育出版社1984年版,第280页。
[②] 张春兴著:《现代心理学:现代人研究自身问题的科学》,上海人民出版社1994年版,第403页。

## 二、能力和知识

在教学工作中要正确认识和处理传授知识和发展能力之间的关系。苏联教育学家苏霍姆林斯基(В. А. Сухомлинский)曾指出:"不要使知识和能力之间的关系失调。"说的就是这个意思。

在能力和知识的关系上,曾有过形式教育派和实质教育派的争论。形式教育论者认为,教育的主要任务在于发展学生的能力。他们认为,人类的知识浩如烟海,不可能全部灌输给学生,教育与其灌输知识,不如发展能力,教师应该用一些专门的知识去发展学生的智力。他们重视拉丁文、数学和古典文学等学科的教育,轻视自然科学知识的教学。实质教育论者认为,教育的主要任务在于使学生获得知识。他们认为,学生的心灵是一个容器,需要各种具体知识来充实,学生掌握了知识,也就发展了能力。他们重视课程和教材的实用性。形式教育论和实质教育论虽各有其合理的方面,但都具有片面性。到了20世纪,两个学派对自己的观点都进行了修正,双方的观点逐渐接近。

当代心理学认为,能力和知识既有区别,又密切联系着。

能力和知识是有区别的。第一,它们属于不同的范畴。能力是人的人格心理特征,知识是人类社会历史经验的总结和概括。例如,关于音程、和弦、音阶等的概念和理论属于知识范畴,而听音、辨音、节奏感和曲调感等属于能力范畴。又如,证明几何题时,所用的公理、定理和公式等属于知识范畴,而证题过程中思维的严密性和灵活性等属于能力范畴。第二,知识的掌握和能力的发展不是同步的,能力的发展比知识的获得要慢得多,而且不是永远随知识的增加而成正比地发展的。人的知识在一生中可以随年龄增长而不断地积累,但能力随年龄的增长,是一个发展、停滞和衰退的过程。

能力和知识又是密切联系的。一方面,能力是在掌握知识的过程中形成和发展的,在组织得当、方法合理地掌握知识的过程中,同时发展着能力。离开了学习和训练,任何能力都不可能得到发展。孔子说过,"多学近乎智"[①]。学生在掌握知识的同时,必然有一系列的智力操作,在不同程度上发展着自己的智力。例如,学生掌握了一定的语法知识和写作知识,就可能提高写作能力。另一方面,掌握知识又是以一定的能力为前提的,能力是掌握知识的内在条件和可能性。一个人的能力影响着他掌握知识的快慢、难易、深浅和巩固程度。智力发展高的学生,掌握知识又多又快;智力发展低的学生,掌握知识时常常有较大的困难。能力既是掌握知识的结果,又是掌握知识的前提。能力和知识密切联系着,相互促进。

应该说明,能力是人获得知识的基本条件,个人原有的知识基础、学习动机、性格特征等都影响着人们获得知识的速度、深度以及获得知识后的巩固程度。因此,教师不能简单直接地根据学生的知识水平来判定其能力的高低。

---

① 《中庸:二十章》。

### 三、能力的分类

人的能力种类很多,可以按不同的标准对能力进行分类。

#### (一) 一般能力和特殊能力

能力按照它的倾向性,可分为一般能力和特殊能力。

**1．一般能力**

一般能力是指大多数活动所共同需要的能力,又称普通能力,是人所共有的最基本的能力。它适用于广泛的活动范围,符合多种活动的要求,并保证人们比较容易和有效地掌握知识。

一般能力和认识活动紧密地联系着。观察力、记忆力、注意力、想象力和思维力都是一般能力。一般能力的综合体就是通常说的智力。

**2．特殊能力**

特殊能力是某项专门活动所必需的能力,又称专门能力。它只在特殊活动领域内发生作用,是完成有关活动必不可少的能力。一般认为数学能力、音乐能力、绘画能力、体育能力、写作能力等都是特殊能力。一个人可以具有多种特殊能力,但只有其中一两种特殊能力占优势。研究表明:同一种特殊能力,包含多种成分,其中各种成分对活动的作用是不同的。例如,音乐能力包括音乐感知能力、音乐记忆和想象能力、音乐情感能力和音乐动作能力。这些能力使人们成功地完成音乐活动,但一些人可能音乐情感能力占优势,另一些人可能音乐记忆能力占优势,等等,这些要素的不同组合,就构成各种独特的音乐才能。

一般能力和特殊能力密切地联系着。一般能力是各种特殊能力形成和发展的基础,一般能力的发展为特殊能力的发展创造了有利的条件;在各种活动中,特殊能力的发展同时也会促进一般能力的发展。要成功地完成一项活动,既需要具有一般能力,又需要具有与某种活动有关的特殊能力。在活动中,一般能力和特殊能力共同起作用。

#### (二) 认知能力、操作能力和社交能力

能力按照它的功能,可分为认知能力、操作能力和社交能力。

**1．认知能力**

认知能力指个体接收、加工、储存和应用信息的能力。它是个体成功地完成活动最重要的心理条件。知觉、记忆、注意、思维和想象的能力都被认为是认知能力。美国心理学家加涅认为认知能力可以分为三类:言语信息(回答世界是什么的问题的能力)、智慧技能(回答为什么和怎么办的问题的能力)、认知策略(有意识地调节与监控自己的认知加工过程的能力)。

**2．操作能力**

操作能力指操纵、制作和运动的能力。劳动能力、艺术表现能力、体育运动能力、实验操

作能力都被认为是操作能力。操作能力是以操作技能为基础发展起来的,同时,又成为顺利地掌握操作技能的重要条件。

认知能力和操作能力紧密地联系着。认知能力中必然有操作能力,操作能力中也一定有认知能力。

3. 社交能力

社交能力指人们在社会交往活动中所表现出来的能力。组织管理能力、言语感染能力等都被认为是社交能力。在社交能力中,包含认知能力和操作能力。

以上3种能力在实践活动中相互联系,相互渗透。

### (三) 模仿能力和创造能力

能力按照它参与活动的性质,可分为模仿能力和创造能力。

1. 模仿能力

模仿能力指仿效他人的言行举止而引起的与之相类似的行为活动的能力。例如,成年人学画、习字时的临摹,儿童模仿父母的说话、表情,等等。美国心理学家班杜拉认为,模仿是人们彼此之间相互影响的重要方式,是实现个体行为社会化的基本历程之一。他指出:通过模仿能使个体原有的行为巩固或改变,并使原来潜在的行为表现出来,从而习得新的行为动作。

2. 创造能力

创造能力指产生新思想,发现和创造新事物的能力。创造能力是成功地完成某种创造性活动所必需的条件。在创造能力中,创造思维和创造想象起着十分重要的作用。美国心理学家吉尔福特等人认为,发散思维表现于外部行为就代表个人的创造能力。重视发散思维在创造能力结构中的作用,并不排斥集中思维的作用。人们在进行创造思维时,整个过程反复交织着发散思维和集中思维。

一般认为,创造能力包含独特性和有价值性两个基本特征。但对这两个基本特征的看法有不同的意见。例如,黑菲伦(J. W. Haefeie)等人认为,创造是提供对整个社会来说独特而有社会意义的活动,人具备了这种能力才能说有创造能力。罗杰斯等人则认为创造的独特性和有价值性的标准应该是创造者自己,不必上升到社会的高度。[①]

表 17-1 创造力的三种水平

| 级别 | 创造力水平 |
| --- | --- |
| 高 | 社会水平的创造力 |
| 中 | 群体水平的创造力 |
| 低 | 个体水平的创造力 |

模仿能力和创造能力相互联系、相互渗透。创造能力是在模仿能力的基础上发展起来的。人们一般总是先模仿,然后创造,即从模仿到创造。模仿可以说是创造的前提和基础,

---

① 金盛华,章志光:《试论创造力的研究》,载《中国心理学会全国第六届心理学学术会议文摘选集》1987年版,第152页。

创造是模仿的发展。把能力划分为模仿能力和创造能力是相对的,模仿能力中包含有创造能力的成分,创造能力中包含有模仿能力的成分。这两种能力相互渗透。

## 第二节　智力和智力理论

### 一、智力的含义

智力(intelligence)又称智能或智慧。"intelligence"的词源是拉丁文"inter legence",原意为"合起来"的意思。它是心理学工作者普遍关注的概念,但由于它的复杂性,至今还没有统一的定义。探讨智力和智力结构对于深入了解智力本质、合理地设计智力测验、确定发展智力的策略都是必要的。

智力又是一个长期争论的话题。有人甚至说:智力的定义是一项没有穷尽的探索。我国古代的一些哲学家在自己的著作中已涉及智力的概念。在我国先秦诸子的著作中,"智"与"知"常常通用。如"知者不惑"[1]"知者不失人,亦不失言"[2]。在《国语》中,把智力概括为"言智必及事"[3]。这大体上和现代教科书中说的"能成功地完成活动任务"相似。

### 二、智力与能力

能力和智力的关系,主要有三种不同的看法。

#### 1. 能力与智力等同

有些心理学工作者把能力和智力看作同义词。我国林传鼎教授指出:"智力就是能力或智能,即人们运用知识技能的能力。"[4]本书采用这种看法。

#### 2. 能力包括智力

苏联部分心理学家倾向把能力看作一个总概念,包括智力。例如,波果斯洛夫斯基等把能力分为三类:①一般能力(智力);②专门能力;③实践活动能力。

我国张厚粲教授认为:"能力……它在多个方面都有表现,它可以表现为肢体或动作方面的能力,表现在人际关系方面即交际能力,表现为处理事物方面的才能等,而智力则只表现在人的认知学习方面。"[5]

#### 3. 智力包括能力

西方部分心理学家倾向于把能力看作一个总概念,智力包括能力,他们把智力理解为各种能力的综合。例如,美国心理学家瑟斯顿(L. L. Thurstone)认为,智力包括七种平等的主要能力。

---

[1] 《论语·宪问》。
[2] 《论语·为政》。
[3] 《国语·周语》。
[4] 胡德辉等编:《心理学教学参考资料》,人民教育出版社1981年版,第244页。
[5] 张厚粲主编:《心理学(2015年版)》,高等教育出版社2015年版,第130页。

## 三、智力与创造力

智力与创造力的关系问题是一个具有重大理论意义和实践意义的问题。

有人认为,智力和创造能力之间有很高的相关,但事实上并非如此。托伦斯(E. P. Torrance)等人的研究表明:智力和创造能力之间有时相关较低。沃利奇(G. Wallach)等人研究了 151 个五年级学生的创造能力和智力的关系,研究表明两者关系有四种类型:①创造能力和智力在测量上都得到高分,既聪明,创造力又高;②聪明,但创造力得分低;③有创造能力,但智力得分低;④创造能力和智力的得分都比较低。由此可见,智力与创造能力之间并非完全相关。这是因为大多数智力测验重视集中思维,不能测量被试的发散思维能力,而发散思维与创造力关系较为密切。

一般来说,智商和创造能力测验的分数倾向于正相关,即具有中等以上智商的人在创造性测验中也倾向有中等以上的分数,但超过一定的智力水平(智商约 120)则智力和创造性分数之间相关较低。有些人具有很高的智商,但在创造性测验中得分很低;有些人只有中等以上的智商,但在创造性测验中得分非常高,即分布在较高端,显示出创造性独立于智商的特征。可见创造能力和智商之间关系并不简单对应(如图 17-1 所示)。低智商的人很少有高的创造力,智商高的人可能有低的创造力。智商是创造力的必要条件,但不是充分条件。特殊能力、强烈的动机和坚持性对创造活动是必要的,但是智商低必然会阻碍创造力的发展。

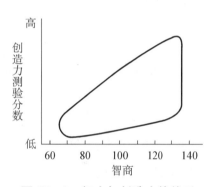

图 17-1　智力与创造力的关系

心理学工作者研究了创造能力与人格特征的关系。吉尔福特用因素分析法得出 6 个创造性人格的主要特征:①对问题的敏感性;②思维的流畅性;③思维的变通性;④独创性;⑤重组能力;⑥概念结构的复合性。其中又以流畅性、变通性和独创性为主要特征。美国心理学家卡特尔等人研究表明:创造能力强的个体具有下列人格因素:缄默孤独,聪明富有才识,好强固执,严肃审慎,冒险敢为,敏感,感情用事,幻想,坦白直率,自由,批评,激进,自立,当机立断,等等。

## 四、我国学者的智力理论

### (一) 刘劭的智力理论

刘劭是三国时期魏国的思想家,著有《人物志》。该书在 1937 年被美国学者施罗克(Shrock)译为《人类能力的研究》介绍到西方。刘劭对心理学思想主要的贡献是考察了才性(才能、性格)的实质、类型及才能鉴定的方法。[1]

---

[1] 朱智贤主编:《心理学大词典》,北京师范大学出版社 1989 年版,第 407 页。

刘劭认为,智力与能力是两个独立的概念,既有联系,也有区别,他在多元智力理论基础上提出了4种智力、10种能力和14种智能。刘劭的4种智力是:①道理之家,认识自然;②事理之家,认识政事;③义理之家,认识社会;④情理之家,认识心理。①

刘劭的多元智力理论比美国加德纳(H. Gardner)提出的多元智力理论在时间上早了两千年。他的智力理论,对智力实质方面的深入研究和人才鉴定等有重要的价值。刘劭的智力理论被认为是古代心理学智力理论的高峰。

### (二) 朱智贤的智力理论

朱智贤教授认为,智力是一种综合的认识方面的心理特性,它主要包括:①感知记忆能力,特别是观察力;②抽象概括能力(包括想象能力),且抽象概括能力(即逻辑思维能力)是智力的核心成分;③创造力,是智力的高级表现。智力不是单一的能力,而是一种综合的整体结构。② 朱智贤教授等人进一步指出:"智力的核心成分是思维。"③并且全面而深入地探讨了思维的特点。

### (三) 林传鼎的智力理论

林传鼎教授把智力定义为:人们在获得知识和运用知识解决实际问题时所必须具备的心理条件或特征。他指出智力活动包括下列几个侧面:①思维;②创造力;③解决问题的能力;④元认知能力(指对个人认知活动的认知),元认知的作用大体包括元认知知识、元认知体验、元认知技能三方面内容。④

### (四) 林崇德的智力理论

林崇德教授认为智力的核心成分是思维,最基本的特征是概括。智力由思维、感知(观察)、记忆、想象、言语和操作技能组成(如图17-2所示)。

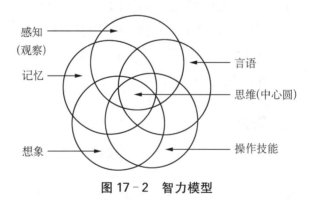

图 17-2 智力模型

---

① 燕国材:《评刘劭的多元智能论》,《心理科学》2008年第1期。
② 朱智贤著:《儿童发展心理学问题》,北京师范大学出版社1982年版,第63—64页。
③ 朱智贤,林崇德著:《思维心理学》,北京师范大学出版社1986年版,第11—20页。
④ 林传鼎著:《智力开发的心理学问题》,知识出版社1985年版,第61—78页。

思维是智力结构的核心成分,思维结构是一个多侧面和多水平的结构,包括目的、过程、结果和材料。

### (五) 我国公众的智力观

张厚粲教授和吴正在1994年对中国大众的智力观进行了研究,他们采用调查分析法,对城市普通居民的智力观念和对高智力者的重要特征的评定情况进行了调查。发现高智力成人和高智力儿童都具有高思维能力、想象力、创造性、记忆力和强烈的好奇心五项特征。这与现代认知心理学的智力观相当一致。[①]

## 五、国外学者的智力属性和智力理论

国外学者关于智力的属性,众说纷纭,没有完全一致的意见。1921年和1986年心理学家曾举行两次著名的讨论会,专门讨论智力的属性。表17-2是两次讨论会的结果。

表17-2 智力的属性

| 1921年 | 1986年 | 智力的属性 |
| --- | --- | --- |
| 59% | 50% | 高级认知过程(如推理、问题解决、决策等) |
| 0% | 29% | 具有文化价值 |
| 7% | 25% | 执行控制过程 |
| 21% | 21% | 低级认知过程(如感觉、注意、知觉等) |
| 21% | 21% | 对新情况做出有效的反应 |
| 7% | 21% | 知识 |
| 29% | 17% | 学习能力 |
| 14% | 17% | 一般能力(解决所有领域的问题的能力) |
| 14% | 17% | 不易定义,不是一个结构 |
| 7% | 17% | 元认知过程(处理信息过程的监控) |
| 7% | 17% | 特殊能力(如空间能力、言语能力、听觉能力等) |
| 29% | 13% | 适应环境需求的能力 |
| 14% | 13% | 心理加工速度 |
| 29% | 8% | 生理机制 |

(引自 Sternberg & Detterman, 1986)

两次会议上各位心理学家所提出的智力属性,是从各个不同方面阐述的。这些属性并

---

① 张厚粲,吴正:《公众的智力观:北京普通居民对智力看法的调查研究》,《心理科学》1994年第2期。

不互相排斥,而且有时一个属性中包容了其他属性的内容。例如:学习能力的含义很广,它既包括了高级认知过程,又包括了低级认知过程等。从表 17-2 中可以看出:高级认知过程(如推理、问题解决、决策等)在两次讨论中出现得最多(1921 年为 59%,1986 年为 50%);相反,元认知过程(处理信息过程的监控)和特殊能力(如空间能力、言语能力、听觉能力等)在两次讨论中出现最少。

张厚粲教授指出,智力是一个复杂的概念,具有多种属性。大多数心理学家把它看作是人的一种综合认知能力,包括学习能力、适应能力、抽象推理能力等。[1]

国外心理学家大多数同意韦克斯勒(D. Wechsler)对智力的看法。他认为:智力是有目的的行动、理性的思维和有效地应付环境的整体能力。在对 1020 位智力问题专家的调查中,至少有四分之三的人同意下列 5 个因素是智力的重要元素:抽象思维或推理能力、问题解决能力、知识获取能力、记忆力和对环境的适应能力。[2]

国外心理学家提出了多种智力理论。相对地可分为:智力因素理论、智力结构理论,以及智力的信息加工理论等。

## (一) 智力因素理论

### 1. 单因素论

智力单因素论者认为,人的智力有高低,但只有一种。智力指一种总的能力。例如,高尔顿、比纳、推孟等人都认为,智力是单因素的。所以他们编制的智力测验量表只提供单一分数(智商),只测量一种智力。

### 2. 斯皮尔曼的二因素论

英国心理学家斯皮尔曼(C. E. Spearman)在因素分析的基础上首先提出了智力的二因素理论。他于 1904 年发表的论文《一般智力》,被认为是二因素论的基础[3]。斯皮尔曼认为,智力可以被分析为一般因素(G 因素)和特殊因素(S 因素)。智力由一种单一的一般因素(普遍因素)和一系列的特殊因素所构成。完成任何一种作业都必须依靠这两种因素。他认为,一般因素是智力的首要因素,它基本上是一种推理因素。一般因素在相当程度上是遗传的。斯皮尔曼还发现有五类特殊因素:①口语能力因素;②数算能力因素;③机械能力因素;④注意力;⑤想象力。他认为,还可能有第六种因素,即智力速度(mental speed)。他指出,每一个人的一般因素和特殊因素都不相同,即使具有同样的特殊因素,在程度上也是不同的。

一般因素和特殊因素相互联系着,其中,一般因素是智力结构的关键和基础。智力测验的目的就是通过广泛取样以求得一般因素。他认为,人要完成任何一项作业都是由一般因

---

[1] 张厚粲主编:《心理学(2015 年版)》,高等教育出版社 2015 年版,第 130 页。
[2] 丹尼斯·库恩等著,郑钢等译:《心理学导论:思想与行为的认识之路(第九版)》,中国轻工业出版社 2004 年版,第 425—426 页。
[3] 高觉敷主编:《西方心理学的新发展》,人民教育出版社 1987 年版,第 213—214 页。

素和特殊因素决定的。图17-3中的V代表词汇测验，A代表算术测验。这两套测验结果出现正相关，因为每种测验中均有一般因素（图中斜线部分），但它们不是完全相关，因为每种测验中均包含有特殊因素（图中 $S_1$、$S_2$）。二因素论是现代智力理论的开始。

后来，斯皮尔曼认为可能有群因（group factor）的存在，它在活动范围上处于中间地位。但他并没有放弃他最初的一般因素和特殊因素的观点。

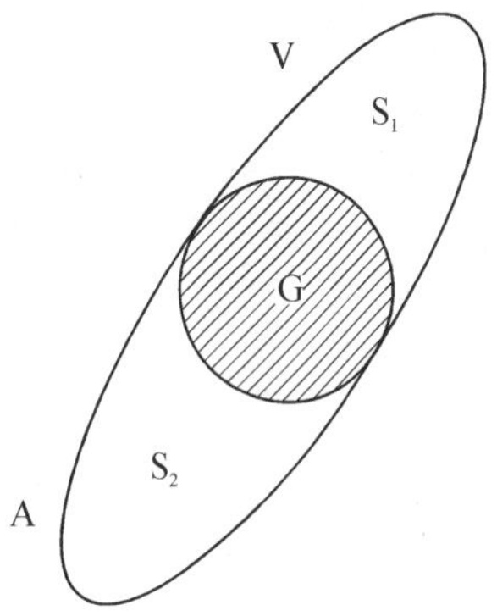

图17-3 斯皮尔曼的二因素论

### 3. 桑代克的三因素论

美国心理学家桑代克（E. L. Thorndike）第一个以多因素论来解释智力。他认为，可能有三种智力：①抽象智力，包括心智能力，特别是处理语言和数学符号的能力；②具体智力，即个体处理事物的能力；③社会智力，即处理人与人之间相互交往的能力。

### 4. 瑟斯顿的群因素论

美国心理学家瑟斯顿是群因素论的主要创导者。他在20世纪30年代凭借多因素分析的方法，突破过去的智力因素理论的框架，提出了"基本能力"（primary abilities）概念。他认为，智力包括七种平等的基本能力，这些基本能力的不同搭配，便构成每一个独特的智力结构。

瑟斯顿所提出的七种平等的基本能力是：计算（N）、语词流畅（W）、语词理解（V）、记忆（M）、推理（R）、空间知觉（S）和知觉速度（P）。瑟斯顿的群因素论可用图17-4来表示。图上的椭圆形 $V_1$、$V_2$、$V_3$、$V_4$ 代表四种言语能力测验，椭圆形 $S_1$、$S_2$、$S_3$、$S_4$ 代表四种空间能力测验。各种言语能力测验和各种空间能力测验都有相当高的相关。图上的V和S分别代表语词理解能力和空间知觉能力，但这两种能力是分立的，彼此不相关。

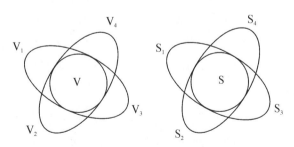

图17-4 瑟斯顿的群因素论

瑟斯顿设计了许多测验，然而，测验的结果和他的设想相反，各种能力之间都有不同程度的正相关。这就说明各种能力并非是独立的、彼此无关的。表17-3呈现的是六种主要心理能力之间的相关。

表 17-3 瑟斯顿"主要心理能力"之间的相关

| | R | W | V | N | M | S |
|---|---|---|---|---|---|---|
| R | — | 0.48 | 0.55 | 0.54 | 0.39 | 0.39 |
| W | 0.48 | — | 0.51 | 0.47 | 0.39 | 0.17 |
| V | 0.55 | 0.51 | — | 0.38 | 0.39 | 0.17 |
| N | 0.50 | 0.47 | 0.38 | — | 0.19 | 0.22 |
| M | 0.39 | 0.39 | 0.39 | 0.19 | — | 0.15 |
| S | 0.39 | 0.17 | 0.17 | 0.26 | 0.15 | — |

后来，瑟斯顿便修改了自己的看法，提出次级因素（second order factor）的概念。他认为，斯皮尔曼的特殊因素可能就是这种次级因素。

根据瑟斯顿的设想，在人类智力中没有一般因素存在。但后来研究表明，有一种低等级的一般能力存在。对成人来说，心理能力之间存在较低的相关，对儿童来说存在较高的相关。但他认为，在评价一个人的智力时，分析特殊因素更有用。

瑟斯顿的研究在智力发展心理学中起着明显的承前启后的重要的中继环节。[①] 他在群因素理论后又对智力做了进一步的因素分析。后来在心理学中形成了智力等级系统并构建了智力结构模型。瑟斯顿著有《向量心理学》（1935年）和《多因素分析》（1937年）等著作。

斯腾伯格在1985年指出：瑟斯顿在他的因素中没有包括智力的一般因素。但这七种基本心理能力是彼此相关的。如果对这七种因素进行分析，就会得到一般因素。

斯皮尔曼的智力结构二因素论和瑟斯顿的群因素论对认识个体的智力结构都起着积极的作用。但是，他们把一般能力和特殊能力绝对地对立起来。后来，斯皮尔曼和瑟斯顿都修改了自己的看法，观点趋于接近。斯皮尔曼的二因素说现在可以称为"一般因素—群因理论"，而瑟斯顿的群因素说，现在可以称为"群因——一般因素理论"。

夏克特（Daniel Schacter）等人指出，斯皮尔曼和瑟斯顿的理论均有其正确可取之处。心理学工作者对13万个被试进行研究，认为过去半世纪几乎所有的研究都能够被纳入三个水平的层级结构（顶部是一般因素，中间是群因素，底部是特殊因素）[②]。

**5. 智力的因素分析理论**

美国心理学家卡特尔（Raymond Cattell）等人在因素分析中发现了两个一般因素：流体智力（fluid intelligence）和晶体智力（crystallized intelligence）。

卡特尔认为，有的一般因素几乎可以参与到一切活动中，所以称为流体智力，流体智力是指与心理过程有关的能力。如知觉、记忆运转速度和推理能力。流体智力大部分是先天

---

① 高觉敷主编：《西方心理学的新发展》，人民教育出版社1987年版，第226页。
② 丹尼尔·夏克特等著，傅小兰等译：《心理学（第三版）》，华东师范大学出版社2016年版，第537页。

的,依赖于大脑的神经解剖结构,多半不依赖于学习。

晶体智力是经验的结晶,它是过去对流体智力应用的结果,大部分是习得的能力,如计算和词汇等方面的能力。

这两种智力通常都参与到任何一种活动中,它们紧密联系着。流体智力是晶体智力的基础。研究表明,二者有不同的发展曲线。流体智力随机体的衰老而减退,随生理成长而变化,在14岁左右达到顶峰,以后逐渐下降。晶体智力的衰退很慢,随着年龄的增长,它不仅能够保持,而且还会有所增长,一般到60岁左右才开始缓慢地衰退(如图17-5所示)。

霍恩(Horn)等人提出了对流体智力和晶体智力的新见解:霍恩和卡特尔认为流体智力是领会抽象关系和获得逻辑推理的能力,晶体智力是保持和使用通过经验获得知识的能力。

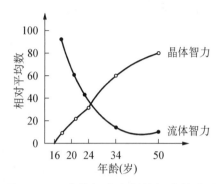

图17-5 流体智力和晶体智力的发展

萨尔斯奥斯(Salthouse)将大脑看作信息加工的装置,晶体智力指"信息"的部分;流体智力指"加工"的部分。

## (二) 智力结构理论

### 1. 吉尔福特的智力三维结构模型

美国心理学家吉尔福特用因素分析法研究智力,否认一般因素的存在,坚持智力因素的独立性。他认为,智力结构应该从操作、内容和产物三个维度来考虑。

智力的第一个维度是操作,即心理活动或过程。操作有六种:认知、记忆记录、记忆保持、发散思维、集中思维和评价。认知是发现或认识。记忆记录、记忆保持是指记录并保持已经认知的信息。发散思维是吉尔福特的创新,也是最富有特色的概念,它与创造力密切相关,发散意味着由一项给定的信息扩散而成多项信息,以答案的多元化为特征。吉尔福特把发散思维定义为:"由给定信息而产生信息,强调从同一个起源产生结果的多样化和数量,它往往体现出迁移的作用。"集中思维的起始条件比较严格,问题的要求也很明确,只能产生有限的结果。他认为,集中思维实际上是逻辑演绎能力,以答案的一元化为特征。评价是根据一定的标准进行比较的过程。

智力的第二个维度是内容,即信息材料的类型。内容有五种:视觉、听觉、符号、语义和行为。视觉是通过视觉器官获得的具体信息;听觉是通过听觉器官获得的具体信息;符号主要指字母、数字等;语义指言语含义或概念;行为指与人交往的能力。

智力的第三个维度是产物,即信息加工所产生的结果。产物有六种:单元、类别、关系、系统、转换和蕴含。单元指字母、音节、单词、熟悉事物的图案和概念等;类别指一类单元,如名词、物种等;关系指单元与单元之间的关系;系统指用逻辑方法组成的概念;转换指改变,包括对安排、组织和意义的修改;蕴含指从已知信息中观察某些结果。

从单元到蕴含是从最简单的产物到最复杂的产物。

从图17-6上可以看出,智力因素就有180种(5×6×6),[①]图上的每一小立方体代表一种智力因素。

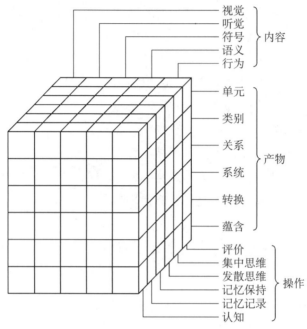

图17-6　吉尔福特的智力三维结构模型

(引自 J. P. Guilford,1988)

与传统的智力结构理论相比,吉尔福特的智力结构理论能更好地说明创造性。在"操作"维度上包含"发散思维",为全面地理解人类的智力做出了贡献;他还为测量发散思维编制了新的测验,这就为研究人类的创造性提供了工具。他的智力结构理论引导人们去探索新的智力因素。但是,吉尔福特否定智力的普遍因素的存在,坚持智力因素的独立性,这一点受到心理学家的批评。

### 2. 阜南的智力层次结构模型

英国心理学家阜南(P. E. Vernon)于1960年提出智力层次结构模型。他继承和发展了斯皮尔曼的智力二因素论,认为智力结构不是立方体三维结构模型,而是按层次排列的结构。他把智力划分为四个层次(如图17-7所示):智力的最高层次是智力的普遍因素(G因素);第二层次分为两个大因素群,即言语和教育因素、机械和操作因素;第三层次分为几个小因素群,即言语理解、数量、机械信息、空间能力和手工操作等;第四层次由特殊因素构成。

---

① 1967年,吉尔福特提出智力结构三维模型包含120种智力因素;1982年,他将"图形"划分为"视觉"和"听觉";1988年,他又将"记忆"划分为记忆记录(memory recoding)和记忆保持(memory retention)。至此,智力三维结构模型包含180种智力因素。

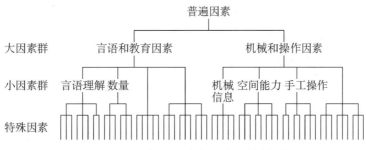

图 17-7 阜南的智力层次结构模型

阜南的智力层次结构模型是斯皮尔曼智力二因素论的深入,他在一般因素(G 因素)和特殊因素(S 因素)之间增加了大因素群和小因素群两个层次。他的智力层次结构模型又是智力层次结构理论的先导。他把大因素群分为言语和教育因素、机械和操作因素,在一定程度上得到近年来脑科学研究成果的支持,即大脑左半球以语言机能为主,右半球以空间图像感知机能为主。

3. 艾森克的智力结构模型

英国心理学家艾森克将因素分析法和实验法结合起来,提出了智力三维结构模型和智力层次结构模型。

1953 年,他提出智力三维结构模型(如图 17-8 所示)。三个维度分别是心理过程(推理、记忆、知觉)、材料(语词、数字、空间)和品质(质量、速度)。速度指被试在智力测验中的反应速度,质量指被试改正错误的多少和解决问题时的正确性和坚持性等。艾森克的智力三维结构模型与吉尔福特的智力三维结构模型相类似(如表 17-4 所示)。

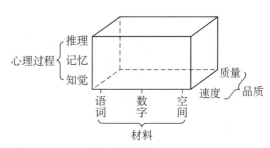

图 17-8 艾森克的智力三维结构模型

表 17-4 艾森克智力模型与吉尔福特智力模型

| 艾森克智力模型 | 吉尔福特智力模型 |
| --- | --- |
| 心理过程 | 操作 |
| 材料 | 内容 |
| 品质 | 产物 |

艾森克模型中的"心理过程"维度与吉尔福特模型中的"操作"相类似;艾森克的"材料"维度与吉尔福特的"内容"相类似;艾森克的"品质"维度与吉尔福特的"产物"相类似。有人认为,艾森克的"品质"维度比吉尔福特的"产物"更能反映成绩的高低,更能剖析智力的实质,因为用相同的材料测试不同的被试时,被试的心理过程相似。但"品质"有个别差异,如:

反应速度有快慢,错误有多少,坚持性也有不同,等等。

20世纪70年代,艾森克提出"智力是由多种认识能力构成的总体"的观点,承认有G因素的存在,赞同斯皮尔曼的两因素论,认为多因素论实际上是两因素论的扩充,可以把G分解为许多特殊能力,提出了人类智力的层次模型(如图17-9所示)。

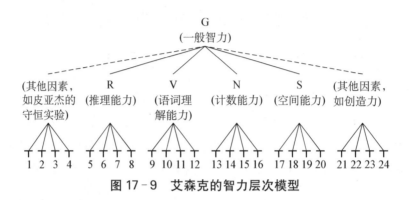

图17-9 艾森克的智力层次模型

图中,艾森克把G因素看作第一级,它是一般智力,是人类一切活动所必需的基本能力,如感觉、知觉、记忆、想象和思维;把特殊能力看作第二级,它是人类各种专业活动所必需的能力,如推理、语词理解、计数、创造等;第三级是与各种测验所测定的内容相应的各种特殊能力的具体表现,例如,计数能力是一种特殊能力,解决数学问题时需要的理解数学符号的关系、概括和运算等,都是计算能力的具体表现。

### (三) 智力的信息加工理论

这种理论是按信息加工取向而提出的智力理论。斯腾伯格的智力三元理论、加德纳的多元智力理论和智力的PASS模型等都属于这种理论。

**1. 智力的三元理论、成功智力和智力投资理论**

(1) 智力的三元理论

美国心理学家斯腾伯格(R. J. Sternberg)在1985年出版的《超越IQ:人类智力的三元理论》一书中,提出了智力的三元理论(triachic theory of intelligence)。他认为智力理论应该考虑智力与外在世界、内在世界和人的经验的关系。

该理论不仅在范围上超越了先前众多的智力理论,而且能够比绝大多数的一元智力理论回答更多的问题。他还指出这一理论发端于成分理论(成分理论现在是三元理论的一个组成部分)。该理论包括下列三个亚理论。

① 成分亚理论。成分亚理论阐述解决问题时的各种心理过程,被认为是智力三元结构的核心。它又包括三个层次的成分:一是元成分,它对执行过程进行计划和监控,并对结果进行评价(它是最概括性的成分,它概括水平最高,参与面最广;更高层次的元成分控制其他层次的元成分)。二是操作成分,它接受元成分的指令,进行各种认知操作,并提供信息反馈。三是知识获得成分,它学习选择解决问题的策略,学会如何解决新问题。

② 经验亚理论。经验亚理论在经验水平上考察智力在日常生活中的应用,特别是处理新情境的能力和心理操作的自动化过程,具体概括为:应对新异性的能力和自动化加工的能力。

③ 情境亚理论。情境亚理论说明智力在日常环境中具有适应当前环境,选择更恰当的环境和改造环境的功能。具体可概括为:适应、选择、塑造。①

智力的三元结构,可用图17-10表示。

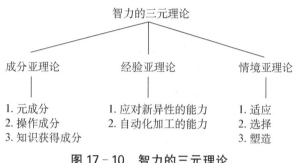

图17-10 智力的三元理论
(引自 Sternberg,1985)

(2) 成功智力

成功智力(successful intelligence)是斯腾伯格在1989年提出三元智力理论11年后提出的,并著有《成功智力》一书。他创造性地赋予智力以新的含义。他指出:所谓成功智力就是用以达到人生主要目标的智力,它使个体以目标为导向,并采取相应的行动,它是一种应对现实生活的智力。成功智力包括:分析性智力、创造性智力、实践性智力。他指出,成功智力是一个整体,只有上述三个方面协调、平衡时才最为有效。

斯腾伯格还认为,成功智力是培养起来的。他指出,成功智力包含20个共同点。例如,自我激励、能控制冲动、以产品为导向、为完成任务能坚持到底等。

(3) 智力投资理论

智力投资理论(investment theory)是斯腾伯格和罗巴脱(Lubart)在1991年提出的智力理论。这是一种智力创造性的理论,能够测定人的创造性。他们认为创造性有以下6种资源。

① 智力过程:包括三元理论中的资源。

② 知识:知识太多会导致思维僵化。

③ 思维风格:他们认为立法型的人和渐进型的人有利于创造。立法型的人喜欢自己编制规则;渐进型的人喜欢变化和创新。

④ 人格:能够容忍不确定性,愿意超越障碍和束缚,对新事物保持开放的人容易创新。

---

① R·J·斯腾伯格著,俞晓琳、吴国宏译:《超越IQ:人类智力的三元理论》,华东师范大学出版社2000年版,第313页。

⑤ 动机:任务取向的人,有利于创造。

⑥ 环境:环境可以压制或激发创造思维。

他们认为,这6个因素是互相影响,相互制约的,对创造性来说是缺一不可的。①

斯腾伯格在智力理论的许多方向都做出了创造性的贡献,推进了智力理论的发展。他对智力过程进行"组成要素的分析",力图把认知心理学与智力理论联系起来。他的成功智力理论和智力投资理论,适应社会发展的需要,有利于人才培养和社会发展。

**2. 加德纳的多元智力理论**

1983年美国心理学家加德纳指出:智力是个体用以解决问题和创造物质财富的能力。他于1983年出版了《智力的结构:多重智力理论》一书。智力是复杂而多维的,因此他反对传统的一元结构论,认为智力是一个多元结构。他提出多元智力理论(multiple-intelligence theory),认为有7种不同的智力,每一种都很重要。

① 空间智力:这种智力用在导航或环境中的移动,也用于看地图和绘画方面。

② 音乐智力:这种智力用在演奏乐器、唱歌或欣赏音乐方面。

③ 言语智力:这种智力渗透在所有语言能力之中。包括语言和文字的理解和表达。

④ 逻辑数学智力:这种智力在解决抽象逻辑/数学问题以及逻辑推理问题上特别重要。

⑤ 人际智力:这种智力用于与人交往,对别人有同情心并且善解人意。

⑥ 内省智力:这种智力对自己内部世界具有极高的敏感性。

⑦ 身体运动智力:这种智力涉及控制精细的身体运动。

1999年,他还提出了第八种智力,即认识自然的智力。这种智力指认识自然,并对环境中各种事物进行分类。

加德纳把人的智力划分为三个大类:第一大类是与客观相关的智力,包括逻辑数学智力、身体运动智力和空间智力;第二大类是与客观无关的智力,包括音乐智力、言语智力;第三大类是与个人相关的智力,包括内省智力、人际智力。

1993年,加德纳运用他的多元智力结构理论研究创造力,他认为20世纪初的杰出人物与不同智力对应的情况如表17-5所示。

表17-5 20世纪初的杰出人物举例

| 智力 | 杰出人物 | 智力 | 杰出人物 |
| --- | --- | --- | --- |
| 言语智力 | 艾略特 | 人际智力 | 甘地 |
| 空间智力 | 毕加索 | 内省智力 | 弗洛伊德 |
| 音乐智力 | 斯特拉夫斯基 | 身体运动智力 | 格拉汉姆 |
| 逻辑数学智力 | 爱因斯坦 | | |

---

① M·艾森克主编,阎巩固译:《心理学:一条整合的途径》,华东师范大学出版社2000年版,第671—672页。

加德纳进一步研究,这些杰出人物有共同特点:①童年没有遭受不幸;②家庭教育严格,对孩子要求很高;③勤奋;④具有远大抱负;⑤为了工作可牺牲一切;⑥在取得伟大成就时,需要更多的肯定和支持;⑦常常表现出许多儿童的品质,好像是个"充满奇异思想的孩子"。

在这些杰出人才中,只有毕加索一人在很小的时候就显示出绘画的天赋,其余六人甚至在 20 岁时事业尚未有杰出表现。

加德纳的理论一经提出就对教育实践产生积极影响。加德纳的智力理论包容了更多的智力,丰富了智力的概念。加德纳的智力理论被证实确实存在。但他认为这些智力具有同等重要性,实际上,这七种智力彼此有正相关。他却认为这些智力是彼此独立的。①

**3. 智力的 PASS 模型**

加拿大心理学家达斯(J. P. Das)和纳格利里(J. A. Naglieri)在 20 世纪 90 年代提出智力的 PASS 模型。② 达斯等人认为:"必须把智力看作认知过程来重新构造智力概念。"经过大量研究,他们认为个体的智力活动有三个认知功能系统。这三个认知功能系统相互联系,共同作用,又执行各自的功能。

(1) 注意—唤醒系统

注意—唤醒系统起着激活和唤醒作用,处于心理加工的基础地位,使大脑处于合适的工作状态,影响个体对信息的加工等。

(2) 编码—加工系统

编码—加工系统对信息进行同时性加工和继时性加工,是智力的主要操作系统,因为智力活动的大部分"实际动作"是在该系统中进行的。

(3) 计划系统

计划系统是处于最高层次的认知功能系统,从事智力活动的计划性工作,与智力的三元结构理论中的元成分相似。在智力活动中确定目标、制定策略,并且起着监控和调节作用。

达斯等人还把三个认知功能系统,分别与苏联心理学家鲁利亚所提出的脑的三个机能系统联系起来。他们根据 PASS 模型编制了智力测验,将其称为 DN 认知评价系统(The DasNaglieri: Cognitive Assessment System)。它包括 4 个分测验,分别测定 P、A、S、S,每个分测验由 3 组不同题目组成,全量表由 12 组题目组成。由于它是对各认知过程的测量,能提供更多的信息,被认为是一个"超越传统测验的能力测量"(如表 17-6 所示)。

一般认为,PASS 模型是一种新的智力理论,致力于对信息加工过程的分析。这与当代认知心理学的研究是一致的,在一定程度上标志着智力理论和智力测验发展的新方向。但该模型认为这 4 个系统是人类活动中最基本的过程,把它们作为评价智力的指标,似乎简单了一些,达斯等人分析的内容也较为简单。

---

① M·艾森克主编,阎巩固译:《心理学:一条整合的途径》,华东师范大学出版社 2000 年版,第 666—668 页。
② PASS 模型即"计划—注意—同时性加工—继时性加工"模型(Planning-Attention-Simultaneous-Successive Processing Model)。

表 17-6　DN 认知评价系统的结构

| 分测验 | 调查内容 | 任务 |
|---|---|---|
| 1 | 计划系统 | 视觉搜索 |
| | | 计划连接 |
| | | 数字匹配 |
| 2 | 注意—唤醒系统 | 表现的注意 |
| | | 寻找数字 |
| | | 听觉选择注意 |
| 3 | 同时性加工成分 | 图形记忆 |
| | | 矩阵问题 |
| | | 同时性语言加工 |
| 4 | 继时性加工成分 | 句子重复 |
| | | 句子问题 |
| | | 字词回忆 |

## (四) 卡罗尔的智力理论

心理学家卡罗尔(J. B. Carroll)收集了过去半个多世纪关于智力的 500 多项研究中的智力测验成绩,得出存在 8 种相互独立的中层能力:学习记忆、视知觉、听知觉、信息提取能力、认知敏捷性、加工速度、晶体智力和流体智力[1]。

卡罗尔提出智力的三级理论,他认为智力由三个层次水平的因素组成。最高水平层由一般智力因素构成;中间水平层由上述 8 种因素构成;最低水平层由许多特殊因素构成(如表 17-7 所示)。[2]

表 17-7　卡罗尔的智力三级模型

| 层级三 | 层级二 | 层级一 |
|---|---|---|
| 一般智力因素 | 8 种智力因素 | 许多特殊因素 |

(引自白学军,2004,引用时有删节)

前面已提到,夏克特等人认为:过去半个世纪几乎所有的研究都能纳入三个水平的层次结构中。CHC 模型是傅拉克等人所提出的智能结构模型。

## (五) CHC 模型

傅拉克(Flanagan)等人提出一个智力结构模型,用以调和当前智力的各种层次模型,即

---

[1] 丹尼尔·夏克特等著,傅小兰等译:《心理学(第三版)》,华东师范大学出版社 2016 年版,第 539—540 页。
[2] 白学军著:《智力发展心理学》,安徽教育出版社 2004 年版,第 53—54 页。

CHC 模型。该模型以卡罗尔的智力三级模型作为框架,与卡特尔—霍恩(Cattell-Horn)的晶体智力和流体智力的概念结合起来,因此称为 CHC(Cattell-Horn-Carroll)模型,该模型被心理学工作者称为:全面地描述人类认知能力的最佳层次模型(如表 17-8 所示)。

表 17-8 CHC 模型的层次内容举例

| 层次 | 内容举例 |
| --- | --- |
| 最高层次 | 一般智力(如斯皮尔曼的 G 因素) |
| 第二级层次 | 群因素(如瑟斯顿的 7 种平等的基本能力) |
| 第三级层次 | 特殊因素(如阜南的特殊因素) |

## (六) 国外专家和公众的智力观

斯腾伯格等人用问卷法对调查大众关于什么是一般智力、学术智力和日常智力的看法。然后由 65 位专家评定,并将其结果进行因素分析,结果发现了有关一般智力的三个主要因素。

因素 I:言语智力,即丰富的词汇,阅读时的理解能力,言语流畅,轻松自如地论谈问题,等等。

因素 II:问题解决,即能运用知识顺利地解决问题、做出好的决定,能用最恰当的方法提出问题,事前做出计划,等等。

因素 III:实践智力,即对情境做出正确的估计,决定怎样达到目的,对周围世界的人有一个清醒的认识,对一般事物有浓厚的兴趣,等等。

研究也表明,外行人与专家关于智力概念的看法非常相似。在智力特征的评价方面,两者之间的相关为 0.96;在特征的重要性评价方面,两者之间的相关为 0.85。

美国心理学家库恩(D. Coon)调查了 1020 位专家对智力的重要元素的看法,至少有 75% 的专家同意表 17-9 中所列出的重要元素。

表 17-9 专家对有关智力的重要元素的看法

| 重要元素 | 专家中认同的人数百分比 | 重要元素 | 专家中认同的人数百分比 |
| --- | --- | --- | --- |
| 抽象思维或推理能力 | 99.3 | 记忆力 | 80.5 |
| 问题解决能力 | 97.7 | 对环境的适应能力 | 77.2 |
| 知识获得能力 | 96.0 | | |

## (七) 情绪智力

### 1. 情绪智力的含义

情绪智力指监控自己和他人的情感和情绪,对其加以识别并用这些信息指导自己的思维和行为的能力。研究者确定了情绪的 4 个维度:感知表达情绪智力的能力,情绪促进思维的能力,理解情绪的能力,管理情绪的能力。

人的认识不仅影响人的情绪,同样地,情绪也影响人的认识。只有将一个人的认识与情绪结合起来,才能深刻地理解人的心理本质,特别是人的智力本质。美国心理学家米歇尔和舒达提出了人格的认知——情感系统理论。他们认为,每个人都是一个独特的认知情感系统,与社会环境发生交互作用,产生个人特有的行为模式。心理学工作者普遍认为,情绪智力是一种能力,在人类学习、事业和健康中起着重要的作用,并且在心理学中已经成为一个前沿的课题。情绪智力自萨洛维(P. Salovey)和梅耶(D. J. Mayer)1990年发表论文《情绪智力》以来,在国内外已成为热点。

### 2. 情绪商数智力量表

情绪商数(emotional intelligence quotient,简称 EQ)简称为情商,它代表了一个人的情绪智力指数。目前已出版多种情商智力量表。以色列心理学家巴昂(Reuven Baron)于1997年出版的《巴昂情商量表》,是世界上第一个测量情商智力的量表。该量表适合16岁以上人用,由133个题目,15个分量表和4个效度量表组成。量表平均分为100,标准差为15。130分以上为情商极高、120—129为情商很高、110—119为情商高、90—109为情商一般、80—89为情商低、70—79为情商很低、70以下为情商显著低下。该量表具有较高的信度和效度。

### 3. 情绪智力的功能

人的心理活动是一个整体,情绪智力和认识智力[①]同样重要,它决定一个人在学习事业和健康上是否成功。情绪智力低下的人,不可能在学习上优秀;情绪智力低下的人,可能破坏一个人的正常工作,使人在事业上一无所成;情绪智力低下的人,还会导致抑郁、焦虑等疾病,免疫力降低,并使人饮食紊乱,缺乏自制而易产生攻击行为等,从而影响一个人的健康。因此,教育人时不仅要培养人的认识智力,也要培养人的情绪智力。

## 第三节 能力的发展

### 一、能力的发展趋势

#### (一) 智力的发展趋势

个体智力的发展不是等速的,一般是先快后慢,到了一定年龄则停止增长,随着人的衰老,智力开始下降。智力发展在一生中可以相对地划分为:增长阶段、稳定阶段和衰退阶段。

许多研究都表明,出生后的头几年是智力发展最快的时期。有些心理学家认为,幼儿期是智力发展的关键期。这个阶段的儿童,在良好的环境和教育影响下,智力发展得特别迅速。心理学家平特纳(R. Pintner)指出,从出生到5岁是智力发展最迅速的时期。从5岁到10岁,发展虽没有出生到5岁时快,但仍旧在发展。再过五年,发展就逐渐减慢。美国心理

---

① 认识智力指综合的认知能力,一般称智力。

学家布卢姆(B. S. Broom)认为,出生后头四年智力发展最快,瑞士心理学家皮亚杰也认为,出生到 4 岁是人的智力发展的决定性时期。美国心理学家布鲁纳(J. S. Bruner)经过多年研究,也认为从出生到 5 岁是智力发展最快的时期。

过去有些心理学家认为:智力发展的限度是 14—16 岁,但近年来的许多研究都否定了这种看法。当代的一些研究表明,人即使到了老年,智力还可能有所增长,只是这种增长只限于智力的某一个方面,而且比较缓慢。朱智贤教授指出:"关于人的智力的发展限度问题,目前还无十分可靠而一致的结果,但有一点似乎是清楚的:人到 18 岁左右,智力已达到成熟时期(与成人接近)。在此以后,随着知识经验的增长,总的智力能量虽然不会有显著增长,但某一方面的智力可能还是以不同的速度在增长着。"[①] 通常是身体健康、勤奋参加体力和脑力劳动的人,智力的衰退较慢;体弱,特别是神经系统和脑部有疾病的人,智力衰退迅速。布卢姆等人的一项研究表明:言语能力通常在 80 岁时只稍有衰退,在 90 岁时也只有中等程度的衰退,而有些智力在 80—90 岁时还在继续增长。

许多心理学家对智力发展趋势进行研究,主要的有以下两种。

### 1. 贝利的研究

1970 年,贝利(N. Bayley)采用纵向研究法,对相同的被试在不同年龄(从出生到 36 岁)的智力进行测量。他使用贝利婴儿量表、斯坦福—比纳量表和韦克斯勒成人智力量表进行研究,发现智力随年龄增长而逐渐增长到 26 岁左右,以后保持水平状态,直至 36 岁(如图 17-11 所示)。

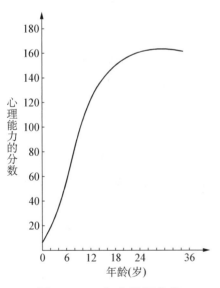

图 17-11 智力发展曲线
(引自贝利,1970)

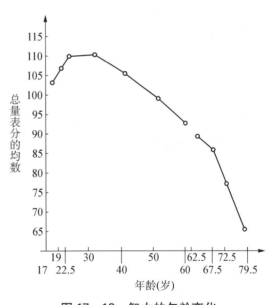

图 17-12 智力的年龄变化

---

① 朱智贤:《有关儿童智力发展的几个问题》,《北京师范大学学报(社会科学版)》1981 年第 1 期。

### 2. 韦克斯勒的研究

韦克斯勒（D. Wechsler）在 1955 年编制成人智力量表时经过分层取样，共选择了 1700 人作为被试，他们的年龄在 16—64 岁之间。韦克斯勒将其分成 7 个年龄组。图 17-12 的左半部表示 17—60 岁各个年龄组中被试总量表分的均数。右半部则表示 475 名被试（年龄由 62.5—79.5 岁）各个年龄组被试总量表分的均数。从图 17-12 中可以看出，20—34 岁是智力发展的高峰，以后逐渐下降，60 岁后则迅速下降。

上面两张图的曲线都是一个平均数，但智力发展个体差异很大，能力的不同侧面的发展又各有特点，因此，需要具体研究能力不同侧面的发展。

## （二）能力不同侧面的发展

### 1. 迈尔斯的研究

迈尔斯（W. R. Miles）等人研究了几种能力的发展，发现能力的不同侧面的发展和衰退是不同的（如表 17-10 所示）。

表 17-10 不同能力的平均发展水平

| 年龄（岁） | 10—17 | 18—29 | 30—49 | 50—69 | 70—89 |
| --- | --- | --- | --- | --- | --- |
| 知觉 | 100 | 95 | 93 | 76 | 46 |
| 记忆 | 95 | 100 | 92 | 83 | 55 |
| 比较和判断 | 72 | 100 | 100 | 87 | 69 |
| 动作及反应速度 | 88 | 100 | 97 | 92 | 71 |

从表 17-10 可以看出，知觉能力发展较早，但下降也早；其次是记忆能力；然后是思维能力，比较和判断能力在 80 岁时才开始迅速下降；动作及反应速度在 18—29 岁时发展达到高峰，在以后的年龄阶段中仍保持较高的水平。

### 2. 瑟斯顿的研究

瑟斯顿研究了七种基本能力的发展。他发现这几种能力发展是不同的，知觉速度、空间知觉、推理能力、计算能力和记忆能力发展较早；语词理解和语词流畅发展较迟。他还研究了四种基本能力的发展过程，若以成年人的分数为 1，而达到成年人能力 80% 的年龄为：知觉速度为 12 岁，推理能力为 14 岁，语词理解为 18 岁，语词流畅为 20 岁以后（如图 17-13 所示）。

### 3. 韦克斯勒的研究

韦克斯勒用韦克斯勒成人智力量表测量被试 2052 人，被试年龄在 16—75 岁之间。结果表明：言语和操作方面的能力都在 25 岁左右达到最高峰。但随着年龄的增长，言语方面的能力下降较慢，操作方面的能力下降较快（如图 17-14 所示）。

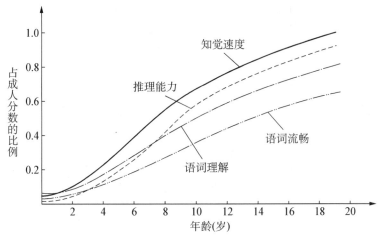

图 17-13 四种主要能力的成长
（引自瑟斯顿,1955）

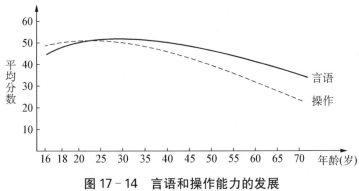

图 17-14 言语和操作能力的发展

**4. 吴振云等人的研究**

中国科学院心理研究所吴振云教授等人对成人智力发展年龄变化进行研究。他们以湖南医学院等修订的韦克斯勒成人智力量表对 140 名被试进行测量,被试年龄在 20—89 岁之间,共分 7 个年龄组(每隔 10 岁为一个年龄组)。每个年龄组 20 人(男 12 人,女 8 人),文化程度为：大学 3 人、中学 12 人、小学 5 人。结果表明：语言量表分,30 岁组为高峰,70 岁前较稳定,70 岁后明显下降("知识"和"领悟"两项成绩 80 岁后才减退)；操作量表分,30 岁组为高峰,50 岁前较稳定,50 岁后开始逐渐明显地下降。

### (三) 智商的稳定性和可变性

人的智力是相对稳定的,但又不是一成不变的。

桑塔格(Sontag)和贝克(Baker)等人的研究表明,初测和再测之间的间隔越长,两次测验的结果相关越低,这表明智商会产生变动；初测年龄越大,预测性越高。一般认为,5 岁以后的测验分数已经具有较为显著的预测力(如表 17-11 所示)。

表 17-11　不同年龄之间智商的相关

| 初测年龄（岁） | 再测年龄（岁） | | | | |
| --- | --- | --- | --- | --- | --- |
| | 4 | 6 | 8 | 10 | 12 |
| 3 | 0.83 | 0.73 | 0.60 | 0.54 | 0.46 |
| 5 | | 0.87 | 0.79 | 0.70 | 0.62 |
| 7 | | | 0.91 | 0.82 | 0.73 |
| 9 | | | | 0.90 | 0.81 |
| 11 | | | | | 0.90 |

（引自桑塔格等，1958）

表 17-11 是代表团体平均智商在发展期中的变动情况。从团体看，9 年间变动不大，相当稳定。但是，从个体智力的发展看，他们的智商变动性有很大的个别差异。霍奇克（M. Honzik）等人用纵向测验法追踪研究了 200 多人，这些人的年龄在 6—18 岁之间，结果发现其中 10% 左右的人智商变动 30 个单位；85% 的人智商变动 10 个或 10 个以上单位（如智商 100，增加到 110，或减少至 90）。

桑塔格等人还研究了几个案例，表明智商从 3—12 岁之间的变化，研究是用斯坦福—比纳量表进行的。从图 17-15 上可以看出个体智商变动的个别差异。

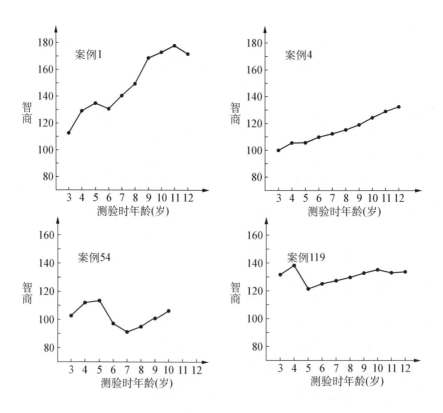

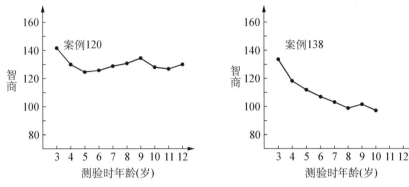

**图 17-15　3 岁至 12 岁间智商变化的举例**

（引自桑塔格等，1958）

## (四) 智力发展的模型

许多纵向研究表明，智力发展形式具有多样性，但可以相对地概括出下列几种模型。

### 1. 智力发展的聚合模型

图 17-16 表示，A 和 B 是两个同年龄的女孩，婴儿时 A 的智商高于平均值，B 的智商低于平均值，两人相差 40 分。后来，A 的智商下降，B 的智商上升，在两个人 40 岁时，他们的智商接近（A 的智商为 137，B 的智商为 138）。

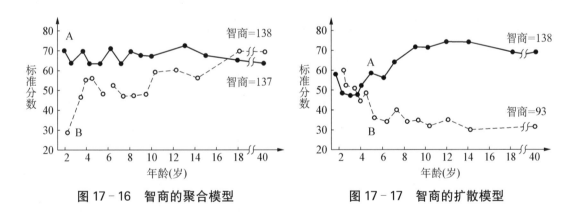

图 17-16　智商的聚合模型　　　　图 17-17　智商的扩散模型

### 2. 智力发展的扩散模型

图 17-17 表示，A 和 B 是两个同年龄的男孩，在 21 个月时两人的智力接近，都略高于平均值，后来 A 的智力上升，B 的智力下降。在两人均 40 岁时，A 的智商为 138，B 的智商为 93。

### 3. 智力发展的交叉式模型

早期 A 的智商高于平均值，B 的智商低于平均值，后期 A 的智商低于平均值，B 的智商高于平均值，形成交叉式模型。

## (五) 用横断法和纵向法得出的智力发展的曲线

横断法和纵向法是研究能力发展的主要方法。横断法是指在同一时期对不同年龄被试的测验成绩进行比较;纵向法又称追踪研究法,是指对相同被试经过一定年限再次测验所得的成绩进行比较。

横断法是测验时间不变,而被试则是由不同年龄的人组成的;纵向法是被试不变,测验时间发生变化。可以认为,在横断法研究中,由于各个年龄被试所接受的教育不同,生活和医疗条件不同,而这些因素都会影响智力的发展,这样就有可能会出现夸大能力下降趋势的倾向。例如,30年前18岁的被试和现在18岁的被试,无论在教育或生活、医疗条件方面都会有很大的不同。此外,横断法只能得出集体的平均数,纵向法除了得出集体的平均数外,还能发现发展中的个别差异。但是,用纵向法研究智力发展需要较多的时间和经费。当前,一般把横断法和纵向法或其他方法结合起来运用,以弥补只用一种方法的不足。

美国学者琼斯(Jones)和康拉特(Conrad)等人最早用横断法研究智力的年龄差异。他们曾在1933年测量了许多居民。当时,他们就发现这种研究方法所得出的结果可能会出现夸大智力下降的倾向。

沙因(K. W. Schaie)和斯特罗瑟(C. R. Strother)等人,对18000人进行分层随机取样,选出500人作为被试。年龄在20—70岁之间,分为10组(每组50人,其中男女各25人)。7年后,再对原有被试用同样的测验材料进行测试,结果如图17-18所示。从图上可以看出,被试的各种能力随着年龄增加逐渐上升,后又开始下降,但不同的方法所显示的下降趋势是不同的:横断法显示急速下降的趋势,纵向法显示缓慢下降的趋势。

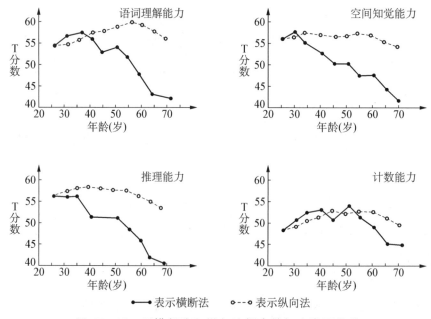

图17-18 用横断法和纵向法得出的智力发展曲线

## 二、影响能力发展的因素

关于遗传因素和环境因素在能力发展中的作用,在历史上经历过长期的争论。在不同时期,不同的心理学工作者各自强调遗传因素或环境因素的作用。20世纪初,提出的是一种非此即彼的观点:即遗传和环境哪一个起决定作用。遗传决定论(theory of hereditaty determination)和环境决定论(theory of environment determination)就是这一时期的产物。例如,英国心理学家高尔顿(F. Galton)出版了《遗传和天才》一书,他在书中写道:"一个人的能力,乃由遗传得来,其受遗传决定的程度,如同一切有机体的形态及躯体组织的受遗传一样。"美国心理学家华生(J. B. Watson)是环境决定论者,他指出,除了达尔文所指出的某些情绪是通过遗传得来之外,其他的各种行为模式都是在特定的环境下通过学习得来的。我国心理学家郭任远也指出:"我们就提倡一种无遗传的心理学。"

20世纪中叶,心理学工作者开始认识到遗传因素和环境因素在智力发展中都是必不可少的,并且研究各自的作用。随着心理科学研究的深入,越来越多的现代心理学家认为,遗传因素和环境因素在能力形成和发展中都是重要的,能力是两者交互作用的结果。

遗传决定论和环境决定论都有极大的片面性,不能正确解释能力发展问题。我国古代哲学家、教育家荀子指出:"无性,则伪之无所加;无伪,则性不能自美。"[①]现代心理学研究表明,不能证实能力的发展只是由遗传或环境单一因素所决定的。美国心理学家阿纳斯塔西(A. Anastasi)指出,二三十年前,遗传和环境关系的问题曾经是人们激烈争论的中心,但这已为今天的许多心理学家所忘却。现在大家普遍认为,遗传和环境两者共同影响着人的全部行为。"有些能力先天成分较多,有些能力后天学习成分较多,它们往往是遗传和学习二者相互作用的结果。"[②]至于遗传和环境如何相互作用,它们各自对能力的影响有多少,这是一个非常复杂的问题,远远还没有搞清楚。

遗传因素和环境因素的作用是无法分离的,两者相互依存,彼此渗透,从而使得能力得到发展。没有环境,遗传的作用是无法体现出来的;没有遗传作为最初的基础,环境无法产生影响。将遗传因素和环境因素分开来阐述只是为了行文的方便。

1963年埃伦迈尔-希姆林(Erlenmeyer-Kimling)和亚尔维克(Jarvik)等人总结了过去半个世纪里8个国家中52个血缘与智商研究的成果(如表17-12所示)。

表17-12 不同血缘关系者智商的相关系数

| 血缘关系 | | 智商相关 |
| --- | --- | --- |
| 无血缘关系 | 分开抚养 | 0.00 |
| | 一起抚养 | 0.20 |

---

[①]《荀子·礼论》。
[②] 顾明远主编:《教育大辞典(卷七)——教育技术学、教育统计与测量、教育管理学》,上海教育出版社1990年版,第221页。

续 表

| 血缘关系 | | 智商相关 |
|---|---|---|
| 养父母与养子女 | | 0.30 |
| 亲父母与亲子女 | | 0.50 |
| 同胞兄弟姐妹 | 分开抚养 | 0.35 |
| | 一起抚养 | 0.50 |
| 异卵双生子 | 异性 | 0.50 |
| | 同性 | 0.60 |
| 同卵双生子 | 分开抚养 | 0.75 |
| | 一起抚养 | 0.88 |

从表中我们可以看到,智力形成和发展过程中的遗传因素的作用。血缘关系越密切,其智商相关越高。同卵双生子之间的智商相关最高;无血缘关系者之间的智商相关最低;亲父母与亲子女之间的智商比养父母与养子女之间智商相关高(表中第4项比第3项高),这是因为前者包括遗传因素的作用和环境因素的作用,后者仅包含环境因素的作用。同样,在表中我们可以看到,在智力形成和发展中环境因素的作用,无血缘关系而生活在同一环境者(表中第2和第3项),其智商有中度相关;异卵双生子之间的遗传关系与普通兄弟姐妹之间的遗传关系相同,但表中第8项智商相关高于第6项,这是因为异卵双生子无论在胎儿期或出生后所处的环境,其相同之处要比普通兄弟姐妹之间为多,尤其是异卵双生子之间同性别者智商相关要高于不同性别者,因为同性别的双生子所接受的教育方式大体相同。

## (一) 遗传因素在能力发展中的作用

遗传是指亲代的某些特征通过基因在子代再现的现象。基因是遗传的基本单元。

心理学家一般都认可遗传因素在能力发展中的作用,但对在能力发展中遗传因素和环境因素的相对作用的看法就不尽相同了。

素质是有机体生来具有的解剖生理特点,主要是神经系统、感觉器官和运动器官的解剖生理特点,特别是大脑的解剖生理特点。[①] 素质是遗传的,它服从于遗传规律。一般认为,素质是能力发展的自然前提,没有这个前提,就不能发展相应的能力。如果缺乏某一方面的素质,就难以发展某一方面的能力。例如,脑发育不全的儿童,就不可能发展计算能力;天生的盲人难以发展绘画能力;生来聋哑的人无法发展音乐能力。但是,素质本身不是能力,也不能决定一个人的能力,它仅仅提供能力发展的可能性。人只有通过后天的教育和实践活动才能使发展的可能性变为现实。例如,一个人的手指长,可能发展打字能力,也可能发展成

---

① 心理学中素质的含义如上所述,也有人认为,素质是指由先天因素和后天的经验所决定的身心倾向的总称。

为钢琴家,向哪一方面发展,则取决于环境,取决于教育和实践活动,取决于社会需要。

近年来的研究表明:能力是和脑的微观结构(大脑皮质细胞群配置和细胞层结构的特点等)关系密切;并不与人脑的宏观结构(脑重量、脑形、脑体积等)关系密切。研究还表明:素质并不是完全遗传的,新生儿出生前在母体内有一段胚胎发育过程,会发生一些变化。

布查德(Bouchard)和麦克高(McGue)在1981年总结了关于4672对一同抚养的同卵双生子的研究和关于5546对一同抚养的异卵双生子的研究。结果表明:前者智商间平均相关达到0.86,后者智商间平均相关只有0.60。前者的智商间平均相关比后者高[1],这表明能力形成和发展中的遗传因素作用。

## (二) 环境因素在能力发展中的作用

环境指客观现实,包括自然环境和社会环境。

环境对能力发展的影响,经常用个体后天智力的变化发展来说明。许多研究表明:在良好环境中生活的儿童,有利于智力的发展。丹尼斯(D. Dennis)等人曾对条件较差的孤儿院进行追踪研究,发现留在孤儿院的儿童的智力发展慢,智商平均只有53,而被领养的儿童智力发展快,智商平均达到80,特别是一些年龄很小时被领养的儿童,他们的智商可以达到100(如图17-19所示)。

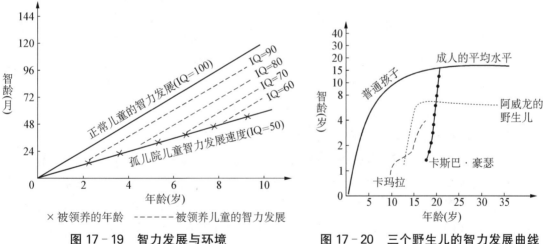

图 17-19 智力发展与环境　　图 17-20 三个野生儿的智力发展曲线

美国心理学家格赛尔(A. Gesell)研究了三类典型的野生儿,并与普通儿童进行比较,表明社会环境在智力发展中的作用,他们的智力发展情况如图17-20所示。

卡玛拉是在印度发现的狼孩,由于从小离开社会环境,他在狼窝里生活了8年,因此17岁时智力只有3—4岁儿童的水平。他晚上像狼一样嚎叫,趴在地上吃东西。

阿威龙是1799年在法国南部发现的野生儿,他4岁就完全脱离社会生活,12岁时回到

---

[1] 张厚粲主编:《心理学(2015年版)》,高等教育出版社2015年版,第157页。

社会,当时他全身赤裸,由于回到人类社会时已较晚,直至他40岁病故时,智力只有6岁正常儿童的水平。

卡斯巴·豪瑟是巴登大公国的王子,虽然他也从小离开人类社会,回到人类社会时已经17岁了,但由于他在3—4岁前生活在人类社会,而且他在关押期间还和人接触,基本上还会会话和写字等,所以当他回到人类社会时,再加上良好的教育,他的智力发展基本上接近正常。

在环境因素中,社会生产方式是影响能力发展的最重要的因素。一定的社会生产力和生产关系对能力发展起着重要作用。生产力影响经济生活、科学文化水平和教育水平,从而影响人的能力发展。在生产关系方面,旧社会剥夺了劳动人民子女受教育的权利,使其能力发展受到阻碍。在新社会中,广大儿童都能入学,群星灿烂,人才辈出。泰勒(Tyler)指出:智商高低反映了受教育的机会、财产及家庭环境。

此外,营养也是影响能力发展的一个重要因素,特别是幼年的营养对一个人的能力发展具有非常重要的影响。有些营养学家强调营养在能力发展中的作用,他们指出:"在某种意义上说,智力是吃进去的。""民族的命运是取决于他们吃什么和怎样吃",这是因为营养不良会影响脑和神经系统的发育,从而影响能力的发展。从胎儿期的最后四分之一时间到出生后两岁之间被认为是人脑生长发育的最快时期,这一时期足够的营养是人脑健康发育的重要保证,特别是蛋白质的缺乏,会导致婴儿脑重量的极大损失。脑科学研究表明,营养不良的儿童其脑神经细胞数目比正常儿童少,使其脑细胞的发育受到影响,进而影响其智力的发展。英国学者的一项研究表明,缺乏营养的儿童,记忆力差,并且缺乏好奇心和探索精神。美国学者发现,婴儿如果出生后就缺乏营养,会对以后智力发展产生持久的影响。

社会生活条件对能力发展的决定作用,通常是通过教育来实现的。教育是一种有目的、有计划、有系统的影响。教育在能力发展中起主导作用。在教育过程中,儿童在掌握知识和技能的同时也就发展了能力。在课外活动小组中,常常会涌现许多小发明家、小画家、小农艺家等。在人的一生中,教育对人的能力发展始终产生影响。

近几十年来,人们愈来愈认识到早期教育对智力发展的重要性。这是因为,人类的生命早期是发展的重要时期,在这个时期给以儿童良好的教育会取得事半功倍的效果。早期教育不仅影响儿童当前的智力水平,而且还会影响他们以后的智力发展。许多学者都强调了早期教育的重要性。美国心理学家格赛尔指出:在学龄前阶段,大脑发育非常快,6岁前儿童的大脑大部分几乎已经成熟,以后人的脑力、性格和心灵将永远不会再如此迅速地发展,人们将永远不会再有这样的机会去奠定智力健康的基础了。马卡连柯指出:"教育的基础主要是5岁以前奠定的,它占整个教育过程的90%。在此以后,教育还要继续进行,人进一步成长、开花、结果,而您精心培植的花朵在5岁以前就已经绽蕾。"北京师范大学心理学和教育学工作者的研究也表明,良好的早期教育使学龄前儿童的口语能力和计算能力都得到较大的提高。

家庭是社会的细胞,也是儿童接受早期教育的环境,家庭又把遗传基因传递给后代。在家庭诸因素中,父母亲对子女的教养态度在儿童智力发展中起着重要的作用。美国心理学家怀特(B. White)等人研究了 400 个儿童,发现父母亲对 1—3 岁孩子的教养方式,决定孩子主要的性格特征,从而影响孩子能力的发展。研究还发现,缺乏母爱的儿童,可能出现智力发展上的问题。有安全感的孩子喜欢探索环境,而探索环境是能力发展的重要条件。

吴福元教授等人对大学生智力发展进行追踪研究。结果表明,经过两年大学学习的 40 名被试中,有 39 名被试的智商均有所提高(如表 17-13 所示)。①

表 17-13 经两年大学学习后第二次测验智商情况

| 智商提高程度(分) | 人数 | 占百分比(%) |
| --- | --- | --- |
| 1—5 | 9 | 22.5 |
| 6—10 | 15 | 37.5 |
| 11—15 | 10 | 25.0 |
| 16—20 | 3 | 7.5 |
| 21—25 | 2 | 5.0 |
| 合　　计 | 39 | 97.5 |

### (三) 实践活动和优良的人格在能力发展中的作用

环境和教育是能力发展的外部条件,人的能力是在主体的积极活动中发展起来的。离开了实践活动,即使有良好的素质和环境,能力也得不到发展。一个人的能力水平是与他所从事活动的积极性成正比的。恩格斯指出:"人的智力是按照人如何学会改变自然界而发展的。"②我国古代哲学家王充提出"施用累能"③的观点,即能力是在使用过程中积累起来的,又说"科用累能"④,即从事各种不同活动、各种不同职业,可以积累各种不同能力。马克思在谈到人与人之间能力差异时指出:"'这些十分不同的、看来是使从事各种职业的成年人彼此有所区别的才赋,与其说是分工的原因,不如说是分工的结果。'搬运夫和哲学家之间的原始差别要比家犬和猎犬之间的差别小得多,他们之间的鸿沟是分工掘成的。"⑤可见,由于社会分工,使社会成员长期从事某一方面的实践活动,他们的能力也就在这一方面得到发展。例如,有经验的纺织工人能够辨别四十多种浓淡不同的黑色,而一般人只能辨别三四种。磨粉工人只要用手一摸,就能鉴别出面粉的粗细和质量。

优良的人格是在实践活动中培养起来的,优良的人格又推动着人去从事并坚持某种活

---

① 吴福元等:《大学生智力发展的追踪研究》,《教育研究》1984 年第 12 期。
② 马克思、恩格斯著,中共中央马克思恩格斯列宁斯大林著作编译局译:《马克思恩格斯选集(第三卷)》,人民出版社 1972 年版,第 551 页。
③ 《论衡·程材篇》。
④ 同上注。
⑤ 马克思、恩格斯著,中共中央马克思恩格斯列宁斯大林著作编译局译:《马克思恩格斯全集(第四卷)》,人民出版社 1958 年版,第 160 页。

动,从而促进能力的发展。推孟指出,具有完成任务的坚毅精神、自信而有进取心、谨慎和好胜是能力发展的重要条件。我国心理学家的研究也表明,具有比较稳定的特殊兴趣,是促进某方面能力发展的一种极重要的因素。能力的发展是与意志性格分不开的,没有坚强的毅力,没有勤学苦练的精神,能力就难以发展。许多研究都表明,能力发展受兴趣和性格的影响。①

## 第四节  能力的个别差异

人与人之间在能力上存在着明显的个别差异。德国哲学家莱布尼茨(G. W. Leibniz)有一句名言:"世界上没有两片完全相同的绿叶。"世界上也没有两个能力完全相同的人。这是因为人的先天素质不同,后天的环境、教育和从事的实践活动不同。能力的个别差异主要表现在:能力的类型差异、能力发展水平的差异和能力表现的早晚差异。了解人的能力差异,有助于教师掌握学生的能力特点,因材施教。

### 一、能力的类型差异

#### (一) 一般能力的类型差异

人在知觉、记忆、言语和思维方面存在着类型差异。

知觉方面的类型差异有:①综合型,知觉具有概括性和整体性,但分析能力较弱。②分析型,知觉的分析能力较强,对事物的细节能清晰地感知,但对事物的整体知觉较弱。③分析综合型,知觉兼有上述两种类型的特点。

记忆方面的类型差异根据个人记忆材料的方法可分为:①视觉型,视觉识记的效果较好,画家多属于这种类型。达·芬奇在十几岁时,到一个教堂游玩,看到很多壁画和雕刻。回家后他全部默画下来,不仅轮廓、比例、细节一样,而且彩色明暗也很逼真。②听觉型,听觉识记的效果较好,音乐家多属于这种类型。贝多芬在完全失聪后,仍能根据听觉表象创作出第九交响曲。③运动型,有运动觉参加时识记效果较好,运动员属于这种类型。④混合型,运用多种表象时识记效果较好,大部分人是属于这种类型。根据个人识记不同材料的效果和方法可分为:①直观形象记忆型,这种人识记物体、图画、颜色和声音较好,艺术家多属于这种类型。②词的抽象记忆型,这种人识记词的材料、概念和数字较好,数学家多属于这种类型。③中间记忆型,这种人对上述两种材料的识记效果都较好,大部分人属于中间型。

言语和思维方面的类型差异有:①生动的思维言语型,这种人在思维和言语中有丰富的形象和情绪因素。②逻辑联系的思维言语型,这种人的思维和言语是概括的,逻辑联系占优势。③中间型。

---

① 刘范主编:《发展心理学:儿童心理发展(下册)》,团结出版社1989年版,第78页。

## （二）特殊能力的类型差异

特殊能力的类型差异是指完成同一活动可以由能力的不同组合来保证。例如：同是音乐成绩优异的学前儿童，一个可能具有强烈的曲调感和很高的听觉表象能力，但节奏感弱；另一个可能具有很好的听觉表象能力和强烈的节奏感，但曲调感较弱；第三个可能具有强烈的曲调感和音乐节奏感，但听觉表象能力较弱。他们三人在音乐才能的结构方面存在着差异。

击剑运动能力由观察力、反应速度、攻击力量和意志力等组成。普尼研究了三个具有同样水平和同样运动成绩的击剑运动员，发现他们的能力组成因素及发展水平不尽相同。一个击剑者反应速度并不突出，但具有高度发展的观察力和正确地估计情况与及时做出动作的能力；另一个则以一般的灵活性与坚韧性为特点；第三个则有强烈的攻击力量和必胜的信心。[①]

## 二、能力发展水平的差异

人与人之间在能力发展水平上存在着明显的差异。全人口的智力差异从低到高有许多不同的层次。但在全人口中，智力分布基本上呈常态分布：两头小、中间大。对大量未经筛选的人进行智力测验的结果，其智商分布如表17-14所示。

表17-14 智力的分布

| 智商 | 名称 | 占全人口总数的百分比（%） |
| --- | --- | --- |
| 130以上 | 智力超常 | 1 |
| 110—129 | 智力偏高 | 19 |
| 90—109 | 智力中常 | 60 |
| 70—89 | 智力偏低 | 19 |
| 70以下 | 智力低常 | 1 |

斯坦福大学心理学家推孟和梅里尔（M. A. Merrill）对2904个2岁至18岁的儿童进行测验，根据测得的智商分布情况，列出一张智力分级表（如表17-15所示）。

表17-15 智力分级表

| 智商 | 级别 | 所占比例（%） |
| --- | --- | --- |
| 139以上 | 非常优秀 | 1 |
| 120—139 | 优秀 | 11 |
| 110—119 | 中上 | 18 |

---

① 李孝忠编著：《能力心理学》，陕西人民教育出版社1985年版，第177—178页。

续 表

| 智商 | 级别 | 所占比例（%） |
|---|---|---|
| 90—109 | 中智 | 46 |
| 80—89 | 中下 | 15 |
| 70—79 | 临界 | 6 |
| 70 以下 | 智力迟钝 | 3 |

将智商与百分比分别作为横坐标和纵坐标，可以画成一条曲线，这条曲线基本上呈常态分布（如图17－21所示）。

标准的常态分布曲线两侧是完全对称的。但是，智力分布曲线的两侧并不是完全对称的。智力低的一端的范围较大。但随着社会和科学的发展，智力高的一端的范围也将逐步扩大。

智力发展的水平差异，从智力发展曲线上清楚地显示出来。图17－22是优秀儿童、普通儿童和迟钝儿童的智力发展情况，[1]图17－23是优秀儿童、普通儿童、迟钝儿童、智力缺陷儿童、痴愚和白痴的智力发展曲线。[2]

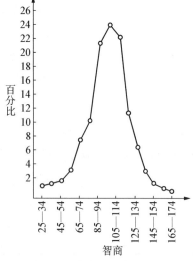

图 17－21 智商分布曲线

（引自推孟和梅里尔）

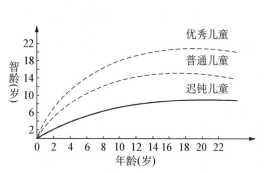

图 17－22 优秀、普通和迟钝儿童的智力发展情况

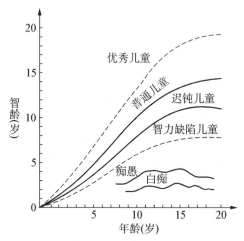

图 17－23 优秀、普通、迟钝、智力缺陷儿童和痴愚、白痴的智力发展曲线

（引自阪本一郎，1968）

---

[1] H·E·盖睿著，朱镇孙等译：《心理学上几个重大实验》，中华书局1934年版，第16页。
[2] 佐伯茂雄等著，郭祖仪译：《现代心理学概述》，陕西师范大学出版社1985年版，第120页。

## （一）高智商儿童

### 1. 什么是高智商儿童

高智商儿童是指智力发展显著地超过同年龄常态儿童的水平，或具有某方面突出发展的特殊才能，能创造性地完成某种或多种活动的儿童。我国古代称高智商儿童为"神童"，西方国家称高智商儿童为"天才儿童"，在日本则称为"英才儿童"。

古希腊哲学家柏拉图致力于选拔"神童"。他把智力高的人称为金人，其余的人称为银人、铜人或铁人。他认为，应该把金人培养为领袖，并教他们哲学、玄学和科学。

20世纪初，主要以智商作为天才儿童的指标。美国心理学家推孟（L. M. Terman）首先用智力测验来鉴别天才儿童，并把智商超过140的儿童称为天才儿童。一般研究者把智商130作为划分天才儿童的最低临界线，也有把智商140或120作为最低临界线的。他们把智商作为天才儿童的标志。根据斯坦福—比纳智力量表1972年常模数据，高智商人数比例如表17-16所示。

表17-16 高智商在儿童中的比例

| 智商 | 约占人数的百分比（%） | 智商 | 约占人数的百分比（%） |
|---|---|---|---|
| 150和150以上 | 0.1 | 130和130以上 | 2.5 |
| 140和140以上 | 0.5 | 120和120以上 | 10 |

20世纪50年代后，许多心理学家认为，仅用智力测验来鉴别天才儿童是有局限的，仅用智商来鉴别天才儿童是带有片面性的，应该将多种指标结合起来评定天才儿童。例如，蒲莱查尔德（Pritchard）认为，天才儿童应该具有创造力，而智力测验不能鉴别创造力。还有一些学者提出，在天才儿童的定义中应该包括特殊能力。他们建议扩大天才儿童的概念。

1972年美国联邦教育部根据许多研究的结果，规定天才儿童应该包括下列特征：①一般智力；②特殊学习能力倾向；③创造性思维；④领导才能；⑤视觉和演奏艺术；⑥心理运动能力。以上六项特征，儿童只要其中一项表现优异，就可以称为天才儿童。后来，删去了第六项。

1978年美国心理学家任朱利（J. S. Renzulli）认为，美国联邦教育部在1972年所提出的五个方面，并没有包括天才儿童的重要成分——非智力因素，因此是不全面的。他提出了天才儿童三个圆圈的概念（如图17-24所示）。他认为，天才儿童应该具有：①超过一般水平的能力，包括一般能力，也包括特殊能力；②工作的责任心强，力图完成任务，有强烈的动机、浓厚的兴趣、热情、自信和有毅力；③较高的创造力。任朱利认为，天才儿童是这三方面的心理成分相互作用的结

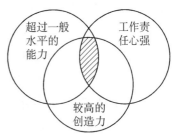

图17-24 天才儿童三个圆圈概念示意图

（引自任朱利）

果。按照任朱利天才儿童的概念,在智力方面,比传统的天才儿童的标准降低了,只要求中等以上的水平(即110—120以上)。儿童只要其他两方面心理成分符合要求,就能成为天才儿童。

我国的一些心理学家和任朱利的看法基本上是一致的,高智商儿童的心理结构不仅包括优异的智力和创造力,还包括良好的个性倾向和品质。①

图17-25是两个高智商儿童的发展特征测验图。

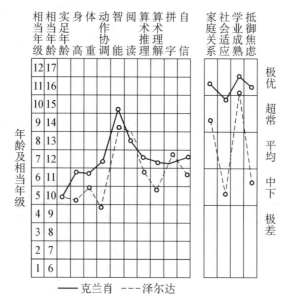

图17-25 两个高智商儿童的发展特征测验图②

### 2. 关于高智商儿童的主要研究

英国学者高尔顿最早对天才人物进行了系统的研究,他分析了977个名人家族系谱,1869年出版了《遗传的天才》一书。他在书中概括了天才的特点,声称智力是遗传的。他剥掉了天才的神秘外衣,把它排列在正态分布曲线上。他指出,天才在人类能力的分布上,严格遵循正态分布。按照这种分布计算,在100万人中最多有250人是天才。

推孟等人对天才儿童进行了著名的追踪研究。发现智商在140以上的天才儿童无论在体格、健康、情绪稳定性和社会适应性方面都比一般同年龄的儿童要好。天才儿童学业成绩优异,经常跳级,学习兴趣和社会兴趣都很广泛,性格也比一般儿童好。他们的研究,否定了高智商者多数人在身体和性格上有缺陷的偏见,也否定了对聪明儿童进行加速教育有害的观点。

我国超常儿童研究协作组从1978年开始对超常儿童进行调查和追踪研究。这是一项全国范围的协作研究,取得了一系列的研究成果。他们的研究发现,高智商儿童表现为多种类型:有的幼年大量识字,3—4岁能掌握两千多个汉字,能够津津有味地阅读儿童读物;有的5

---

① 刘范主编:《发展心理学:儿童心理发展》(下册),团结出版社1989年版,第132页。
② 柯克、加拉赫著,汤盛钦、银春铭等编译:《特殊儿童的心理与教育》,天津教育出版社1989年版,第71页。

岁开始学写字和作文,文笔通顺生动;有的数学才华早露,2岁多就表现出对算术的特别兴趣,四五岁时已掌握了四则混合运算;有的长于外语,7岁时就已掌握了英语常用词3000个以上,能阅读英文儿童读物,还能自如地同外宾用英语会话;有的是小画家、小歌手;有的在抽象逻辑思维和形象思维方面都发展得很优异;等等。高智商儿童智力发展水平也不一样,有的高智商儿童高于同年龄常态儿童发展水平两岁以上,有的则更高。[①]

该协作组的研究还发现了高智商儿童的共同特点:①浓厚的认知兴趣,旺盛的求知欲;②思维敏捷,理解力强,有独创性;③敏锐的感知觉,良好的观察力;④注意力集中,记忆力强;⑤进取心强,自信,勤奋,有坚持性。[②]

## (二) 低智商儿童

### 1. 什么是低智商儿童

低智商儿童是指智力发展明显低于同龄儿童平均水平,并有适应行为障碍的儿童。低智商儿童又称智力落后儿童、弱智儿童、智力不足儿童、智力残疾儿童等。

当代心理学根据下列三个指标来确定低智商儿童。

(1) 智商明显低下

一般认为,智商在70以下的儿童是低智商儿童。推孟认为,智商在70以下的儿童都可以称为低能,其中智商在50—70之间的儿童称为高级低能;智商在25—50之间的儿童称为中级低能;智商在20或25以下的儿童称为低级低能。

(2) 社会适应不良

低智商儿童对周围的自然环境和社会环境不能适应。例如:不能从事简单的劳动,生活不能自理,在学校里不能跟班学习等。

(3) 问题发生在早年

低智商儿童的问题出现在早年,发生在发育阶段,即发生在1—16岁或18岁以前。

### 2. 低智商儿童的分类

从1920年开始,一般将智力不足分为:白痴、愚钝和低能三类。1954年联合国世界卫生组织将智力不足儿童分为三类:轻度智力不足(智商在50—69),中度智力不足(智商在20—49),重度智力不足(智商在20以下)。美国智力缺陷协会将智力不足者分为四种:轻度、中度、重度和深度(如表17-17所示)。

我国参照世界卫生组织和美国智力缺陷协会的分类标准把低智商儿童分为四级。[③]

(1) 一级智力残疾(极重度)

一级智力残疾儿童智商在20或25以下,适应行为极差,面容明显呆滞,全部生活需要他

---

① 中国超常儿童追踪研究协作组编:《智蕾初绽:超常儿童追踪研究》,青海人民出版社1983年版,第13页。
② 中国超常儿童追踪研究协作组编:《怎样培养超常儿童》,西安交通大学出版社1987年版,第2—6页。
③ 朱智贤主编:《心理学大词典》,北京师范大学出版社1989年版,第110页。

人照料,运动感觉功能极差。

表 17-17 美国智力缺陷协会对智力不足程度的分类

| 程 度 | 智 商 | |
|---|---|---|
| | 比纳—西蒙智力量表 | 韦克斯勒智力量表 |
| 轻度智力不足 | 67—52 | 69—55 |
| 中度智力不足 | 51—36 | 54—40 |
| 重度智力不足 | 35—20 | 39—25 |
| 深度智力不足 | 19 以下 | 24 以下 |

(2) 二级智力残疾(重度)

二级智力残疾儿童智商在 20—35 或 25—40 之间,适应行为差,即使经过训练也难以达到生活自理的程度,仍需要他人照料,运动、语言发育差,与他人交往能力也差。

(3) 三级智力残疾(中度)

三级智力残疾儿童智商在 35—50 或 40—55 之间,适应行为和实用技能不完全,生活能部分自理,能做简单的家务劳动,具有初步卫生和安全常识,阅读和计算能力很差,对周围环境辨别能力差,只能以简单方式与人交往。

(4) 四级智力残疾(轻度)

四级智力残疾儿童智商在 50—70 或 55—75 之间,适应能力低于一般人的水平,具有相当的实用技能,生活能自理,能承担一般的家务劳动或工作,但缺乏技巧和创造性,在一般指导下能适应社会,能比较恰当地与人交往。

在低智商儿童中,极重度占 5%,重度和中度占 20%,轻度占 75%。

### 3. 低智商儿童的心理特点

低智商儿童不是某一种心理活动水平低下,而是整个心理活动各个方面的水平都很低下。图 17-26 呈现的是两个 10 岁的低智商儿童的发展模式。

低智商儿童的心理活动具有如下特点:

(1) 注意

重度低智商儿童完全缺乏注意力,对周围事物漠不关心,置若罔闻;轻度低智商儿童可以有被动注意,对有兴趣的事物也能有主动注意,但注意力不稳定,注意广度也不够。

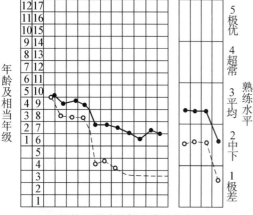

图 17-26 两个低智商儿童的发展特征测验图

(2) 知觉

低智商儿童知觉范围狭窄,速度缓慢,内容笼统而不够分化。

(3) 记忆

低智商儿童对词和直观的材料的识记都很差,再现中会发生大量的歪曲和错误,缺乏逻辑和意义的联系。记忆的保持也很差,视觉表象贫乏、缺乏分化和不稳定。

(4) 言语

低智商儿童的言语发展迟而缓慢,语义含糊,词汇量小,缺乏连贯性。

(5) 思维

低智商儿童的思维带有具体性,概括水平低,在归纳、推理和概念化上都有困难,限制其对抽象教材的学习。

(6) 个性

低智商儿童在个性上表现为沮丧、缺乏自信、对人有敌意、情绪紧张、压抑等,常常以失败的心情来对待自己所做的工作,思想方法绝对化。

罗宾森(Robinson)和麦克米伦(MacMillan)等人研究了低智商儿童的人格特征,研究结果具体概括如下:①智能不足者与普通人的人格特征只有量的区别,没有质的不同。②智能不足者焦虑水平高。③自我概念比普通人消极。④更多地使用原始的防卫机制,如拒绝、退化和压抑等。在防卫机制使用上缺少变通,他们对心理冲突常常束手无策。⑤对接纳和赞许的需要比一般人高。⑥好胜心比一般人低。⑦缺乏随机应变的能力,遇事反应刻板、缺乏弹性。

**4. 低智商儿童的成因**

低智商儿童的成因是多方面的,往往同时有几种原因。在医学上,把可以在出生前找出的原因称为"先天性"成因,而把出生后可以找到的原因称为"后天性"成因。国外一些研究表明,两者的比例大致是 8∶2。我国的一些研究表明,先天性的比例相对少一些,但仍比后天性的比例大得多。先天因素也不完全是遗传的,有可能是胎儿期发生的脑障碍等所造成的。一般将智力落后的成因分为四类。

① 产前原因。主要有染色体异常(引起先天愚型)和代谢性缺陷(引起苯丙酮尿症),父母近亲婚配,母亲孕期患病、经放射线照射、情绪不佳、营养不良,等等。

② 产程原因。产程过长或过短会造成智力落后。产程过长容易造成新生儿缺氧而导致智力低下;产程过短则容易造成婴儿颅内毛细管破裂出血,影响脑的正常发育,从而导致智力低下。胎位不正,造成脑损伤或缺氧,也会影响智力发展。

③ 产后原因。如脑膜炎和脑炎的后遗症、脑创伤、营养不良、缺乏早期教育等。

④ 找不出原因或找不出主要原因。

低智商儿童是当今世界面临的一个重大的医学和社会问题。首先,要通过优生优育防止低智商发生。其次,也要正确对待低智商儿童,不能滥用低智商儿童这一概念。低智商儿童是确实存在的,但毕竟是少数,同时也不能低估低智商儿童发展的可能性。一项研究表明:24 个低智商儿童,1935 年他们的智商平均是 58;15 年后,他们的智商平均是 72;到了 20

世纪60年代智商又平均提高了6分。并且,大多数的低智商儿童都能适应社会生活。我们应该根据不同的情况采取相应的教育措施,并且把病理诊断和治疗、心理治疗和教育措施紧密地结合起来,促进低智商儿童的智力发展,开发其智力潜能。

## 三、能力表现的早晚差异

根据个体能力表现的早晚,可分为人才早熟、中年成才和大器晚成。我国汉代哲学家、教育家王充说:"人才早成,亦有晚就。"①

### (一) 能力的早期表现

能力的早期表现又称人才早熟。古今中外有些人在童年期就表现出了在某些方面的优异能力。例如,诗人白居易,1岁开始识字,五六岁就会作诗,9岁已精通声韵。唐代王勃6岁就善于文辞,13岁时写了著名的《滕王阁序》,"落霞与孤鹜齐飞,秋水共长天一色"的名句流传千古。德国大数学家高斯(C. F. Gauss)3岁时就会心算,八九岁时就会解级数求和的问题(从1累积加到100的和等于首尾之和乘以级数个数的1/2,即5050),他的具有重要意义的发现大部分是在14—17岁这个阶段做出的。德国大诗人歌德(J. W. Goethe)在9岁时就能用德文、拉丁文和希腊文写诗。美国著名科学家维纳(N. Wiener)在3岁时就会阅读,14岁从哈佛大学毕业,19岁获博士学位,成为控制论的创始人。

能力的早期表现在音乐、绘画等领域中最为常见。根据哈克(Haecker)和齐汉(Ziehen)的研究,儿童在3岁左右开始显露音乐才能的情况最多(如表17-18所示)。

表17-18 最早出现音乐能力的年龄阶段

| 年龄 | 男(%) | 女(%) |
| --- | --- | --- |
| 3岁以前 | 22.4 | 31.5 |
| 3—5岁 | 27.3 | 21.8 |
| 6—8岁 | 19.5 | 19.1 |
| 9—11岁 | 16.5 | 19.6 |
| 12—14岁 | 10.7 | 6.5 |
| 15—17岁 | 2.4 | 1.0 |
| 18岁以上 | 1.2 | 0.5 |
| 合计 | 100 | 100 |

能力的早期表现,一方面是有良好素质基础,同时与其环境的早期影响、家庭的早期教育和实践活动都有密切关系。

---

① 《论衡》。

## (二) 能力的中期表现

能力的中期表现又称中年成才,中年是成才和创造发明的最佳年龄,是人生的黄金时期。中年人年富力强、体格健壮、精力充沛、敏锐、少保守,既有较强的抽象思维能力和记忆能力,又有丰富的基础知识和实际经验。中年期是个人成就最多、对社会贡献最多的时期。过去认为,30—45岁是人的智力最佳年龄阶段,其峰值在37岁左右。

有人对325位诺贝尔奖获得者进行了调查,发现其中301人在30—50岁之间取得研究成果。据我国张笛梅统计,从公元600年至1960年,共1243位科学家、发明家做出1911项重大科学创造发明。王通讯等人也根据相关数据做出了科技人才成功曲线(如图17-27所示)。

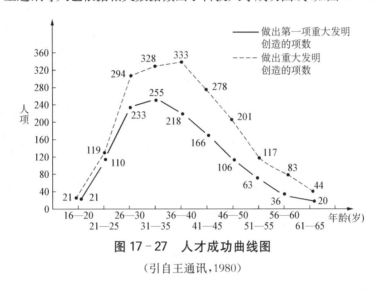

图 17-27 人才成功曲线图
(引自王通讯,1980)

美国心理学家李曼(H. C. Lehman)从20世纪30年代开始一直从事人的创造发明研究。他对大量的科学家、艺术家和文学家等的年龄与成就的关系进行了研究。他认为,25—40岁是成才的最佳年龄。他的研究还表明,从事不同学科的人的最佳创造年龄是不同的(如表17-19所示)。

表 17-19 不同学科的最佳创造平均年龄

| 学 科 | 最佳创造的平均年龄(岁) | 学 科 | 最佳创造的平均年龄(岁) |
| --- | --- | --- | --- |
| 化学 | 26—36 | 声乐 | 30—34 |
| 数学 | 30—34 | 歌剧 | 35—39 |
| 物理 | 30—34 | 诗歌 | 25—29 |
| 实用发明 | 30—34 | 小说 | 30—34 |
| 医学 | 30—39 | 哲学 | 35—39 |
| 植物学 | 30—34 | 绘画 | 32—36 |
| 心理学 | 30—39 | 雕刻 | 35—39 |
| 生理学 | 35—39 | | |

(引自李曼,1953)

在这催人奋进的时代,科学技术飞速发展,知识日新月异。创造有个最佳年龄阶段,但并不是说人在这个年龄阶段之外就不可能有所创造、有所发明,有人早熟,也有人大器晚成。随着社会进步、科学发展和教育质量的提高,创造的最佳年龄将向两端延伸,成才的峰值,也会大大提早。

### (三) 能力的晚期表现

有些人的才能表现较晚。能力的晚期表现又叫大器晚成。

我国医学家和药学家李时珍在61岁时才写成巨著《本草纲目》,画家齐白石在40岁时才显露出他的绘画才能,50岁时成为著名画家。在国外,摩尔根发表基因遗传理论已经60岁了,达尔文在50多岁时才开始有研究成果,写出名著《物种起源》。

能力的晚期表现的原因是多方面的,可能因为年轻时不努力,后来加倍勤奋的结果,也可能是年轻时智力平常,通过长期的主观努力,智力像菊花一样,到了人生的秋天才显示其绚丽多彩。

能力晚期表现的可能性与人类大脑皮质的神经细胞发展特点有关,德国解剖学家赫伯特·豪格(H. Haug)对160名死亡年龄在20—111岁的人的尸体进行研究。发现大脑皮质的神经细胞几乎不随年龄的增长而衰亡,仅仅只是细胞体积缩小。这种缩小一般在60岁后开始,90岁前只缩小7%—8%。美国洛杉矶大学一项研究表明,老年人如果新学一种语言或学科,可以促使大脑神经细胞再次增长。

## 第五节 能力的测量

能力测量就是确定能力的广度和发展水平。能力测验可以有不同的分类:按能力种类分,有智力测验、特殊能力测验和创造力测验;按测验方式分,有个人测验和团体测验;按测验内容的表述形式分,有文字测验和非文字测验。能力测验用于测定儿童的智力,其结果有助于因材施教;运用于对各种专业人员的选拔,能做到人尽其才;它还能对某些心理疾病做出早期诊断和检验智力结构理论等。

### 一、智力测验

智力测验是通过测验的方法来衡量人的智力水平高低的一种科学方法。智力被看作人的各种基本能力的综合,由于把智力看作人的各种基本能力的综合,因此智力测验又称普通能力测验。

智力测验的思想在我国古代学者的著作中就有所反映。孟子说:"权,然后知轻重;度,然后知长短。物皆然,心为甚。"[1]孟子认为,心与物皆具有一种可测量的特性。刘劭在《人物

---

[1]《孟子·梁惠王》。

志》一书中指出"观其感变以审常度",意思是根据一个人的行为变化可以推测他的心理特点。我国自古以来就有七巧板、九连环等智力测验的工具。但是用科学方法把测验编制成量表来测量一个人的智力是从法国心理学家比纳开始的。比纳和西蒙(T. Simon)编制了世界上第一个智力测验量表,即比纳—西蒙量表。后来美国心理学家韦克斯勒编制了新的智力量表。当前国际上常用的智力测验有两种:斯坦福—比纳智力测验和韦克斯勒智力测验。

## (一) 斯坦福—比纳智力测验

比纳和西蒙合作,于1905年为鉴定低能儿童的需要编制了一套智力测验,称比纳—西蒙量表。它共有三个量表,每一个新量表都是在前一个量表的基础上改编和修订而成的。

1905年,比纳和西蒙的第一个智力量表发表。共有30个由易到难排列的问题。该量表可以测量智力的多方面表现,但主要是测判断、理解和推理能力。

1908年,比纳和西蒙的第二个智力量表发表。测验项目增加至59个,适用年龄从3岁到13岁。该量表启用了智力年龄(mental age)这一概念,这是第一个年龄量表。

1911年,比纳和西蒙的第三个智力量表发表。它与1908年的量表相比变化不大,在每个年龄组的测验项目上略有增删,并增设了一个成人组。

美国斯坦福大学心理学家推孟等人对比纳—西蒙量表进行了修订,使它进一步标准化,称斯坦福—比纳量表。该量表于1916年出版,又于1937年、1960年、1972年、1986年和2003年进行了多次修订。

### 1. 1916年智力测验量表

该量表对比纳的量表做了许多修改,保留了51个题目,新编39个题目,共90个题目。在标准化过程中,对每个题目施测都规定了详细的指导语和记分标准。该量表首先采用了智商的概念以表示智力水平。智商是德国心理学家斯腾(W. Stern)在1912年首先提出的,用以表示智力的水平。

### 2. 1937年智力测验量表

该量表比1916年量表所测年龄范围扩大,1916年量表范围为3—13岁,1937年量表为2—18岁,并且编制了测验复本,分别为L型和M型。重新选择了样本,使其更具代表性,量表的信度和效度更符合编制要求。

### 3. 1960年智力测验量表

该量表从1937年量表的L型和M型中挑选出最好的项目,改为单一量表,称L-M型。另外对处于社会经济不同阶层的儿童进行了区别,保证测验项目的公平。该量表中的一个重大变化是把比率智商改为离差智商(deviation IQ),旧的比率智商在手册中也仍能查到。1960年量表共有100多个项目,划分为20个年龄组。

各年龄组的项目举例如下。

2 岁组：

(1) 形式板：把三个几何体放入三孔形式板中。

(2) 延迟反应：延迟 10 秒后指出隐藏物体的位置。

(3) 指出洋娃娃面貌的各个部分。

(4) 模仿主试叠好四块积木。

(5) 图形词汇：看图说出普通物体的名称。

(6) 词的连用：自发连用两个词。

10 岁组：

(1) 词汇：在 45 个词中正确解释 11 个。

(2) 在一个三维的图中数立方体的数目。

(3) 解释抽象词。

(4) 说明理由：说出一种规则和偏好的理由。

(5) 一分钟内说出 28 个词。

(6) 复述六位数。

备用：指出一段话的荒谬之处。

普通成人组：

(1) 词汇：45 个词中正确解释 20 个。

(2) 机敏：用大小不同的容器量出所需要的水。

(3) 区别抽象词：指出两个有关的抽象词之间的不同点。

(4) 算术推理：包括几个简单的文字算术题。

(5) 解释谚语。

(6) 确定方向：根据一段改变方向的言语陈述确定的方向。

(7) 区分概念：指出两个相互关联的概念的主要区别。

(8) 解释抽象词。

备用：剪纸。

从 1960 年智力测验量表的项目中可以看出，2 岁组的项目主要测量被试的感觉——运动能力、执行指示和辨认身体和物体各部分的能力；10 岁组的项目包含许多抽象概念，强调言语技能；成人组的项目几乎全部是符号、言语和抽象材料。

### 4. 1972 年智力测验量表

该量表测验内容没有改变，但常模是从更具代表性的新样本中得到的，信度和效度稳定，为许多国家广泛采用。

在测验时，如果一个 10 岁的儿童通过 10 岁组的全部项目，那么他的智力年龄（智龄）就是 10 岁。如果他还通过 11 岁组的两个项目(代表 4 个月)和 12 岁组的一个项目(代表 2 个月),他的智龄就是 10 岁 6 个月。

智商是智力年龄与实足年龄的比率,为了避免计算中出现小数,将商数乘以 100。计算智商的公式是:

$$智商(IQ) = \frac{智力年龄(MA)}{实足年龄(CA)} \times 100$$

例如,一个实足年龄 10 岁的儿童,如果他的智力年龄是 10 岁,他的智商 = $\frac{10}{10} \times 100 = 100$;如果他的智力年龄是 11 岁,他的智商 = $\frac{11}{10} \times 100 = 110$;如果他的智力年龄是 9 岁,他的智商 = $\frac{9}{10} \times 100 = 90$。

**5. 1986 年智力测验量表**

1979 年,该量表由美国心理测验学家桑代克、黑根(E. Hagen)和沙特勒(J. Sattler)等修订,1986 年完成修订并正式发表,是该量表的第四次修订,简称斯比量表第四版。它是一个新颖而现代的智力测验工具,为一个三个层次的阶梯模式。

第Ⅰ层次

一般智力因素,它是个人用来解决新问题的能力。

第Ⅱ层次

由晶体能力、流体—分析能力和短时记忆构成。晶体能力因素代表获取与运用语文或数量概念的知识以解决问题的认知技能。流体—分析能力因素代表需要涉及图形的或其他非语言资料以解决问题的认知技能。短时记忆包括两种功能,一是暂时保存新信息直至被储存于长时记忆中,二是保持长时记忆中用在工作中的信息。

第Ⅲ层次

目前已发现三个因素:语言推理、数量推理和抽象/视觉推理。这些因素对教育和临床工作更有意义。

该版本内容广泛,有 15 个分测验,用以评估四个领域的认知技能:①语言推理;②数量推理;③抽象—视觉的推理;④短时记忆。其不仅可以提供被试一般推理能力的总分(总智商),还可获得四个领域的分数和 15 个分测验的分数。这样就能了解被试认知功能和信息处理技能方面的详细资料。

15 个分测验是:词汇分测验,珠子记忆分测验,算术分测验,语句分测验,图形分析分测验,理解分测验,谬误分测验,数字记忆分测验,仿造和仿画分测验,物品记忆分测验,矩阵分测验,数列分测验,折纸分测验,语文关系分测验和等式分测验。

我国 1924 年对该量表进行修订。1936 年陆志韦又和吴天敏进行第二次修订。1982 年吴天敏再修订的版本称为《中国比纳测验》。

### 6. 2003年智力测验量表

美国根据2000年人口普查结果,样本由4800个人组成,修订了斯坦福和比纳的智力量表,称为斯坦福—比纳智力量表第五版,经研究使用,被誉为"最有威望的量表"。斯坦福—比纳量表第五版,适合年龄2—85岁的被试。信度和效度都相当高。

该量表包括非言语的和言语的两个方面,五个因素(工作记忆、视觉空间处理、定量推理、常识、流体推理)(如表17-20所示)。

**表17-20 斯坦福—比纳量表第五版**

| | | 范围 | |
|---|---|---|---|
| | | 非言语 | 言语 |
| 因素 | 流体推理 | 流体推理 | 流体推理 |
| | 常识 | 常识 | 常识 |
| | 定量推理 | 定量推理 | 定量推理 |
| | 视觉空间处理 | 视觉空间处理 | 视觉空间处理 |
| | 工作记忆 | 工作记忆 | 工作记忆 |
| | | 全量表智商 | |

(引自陆德:《斯坦福—比纳智力测验第五版》,2002年)

## (二)韦克斯勒智力测验

美国心理学家韦克斯勒从1934年开始,为编制智力量表做出了巨大贡献。他编制的各种智力量表都包括言语和操作两个分量表。他首创离差智商,用以代替比率智商。韦克斯勒智力量表主要包括下面三套量表,适用的年龄范围从幼年到老年。

### 1. 韦克斯勒幼儿智力量表(WPPSI)

该量表适用于4—6岁的儿童,发表于1967年,1989年修订称WPPSI-R。

### 2. 韦克斯勒儿童智力量表(WISC)

该量表适用于6—16岁的儿童,初版发表于1949年,修订本发表于1974年。美国心理公司对该量表组织修订并建立新的常模,1991年正式发表了韦克斯勒儿童智力量表的第三版(WISC-Ⅲ)。第三版修订时常模样组由2200名儿童组成,选择的变量确定为年龄、性别、种族、地区以及父母的教育水平。基本能代表美国目前儿童的全域。新版本增加了"符号搜索"这一分测验,使主试有可能测到儿童认知能力的第四个方面,它被称为"加工速度"(在此之前,言语理解、知觉组织和克服分心被称为认知能力的三个因素)。

韦氏儿童智力量表第四版(WISC-Ⅳ)于2003年发表,由张厚粲主持于2007年完成中文版修订,且已通过中国心理学会专家鉴定并付诸应用,中文版在功能上与原版保持一致。内容变化很大,除智商外,还通过合成分数组成言语理解、知觉推理、工作记忆和加工速度四个指数,并有特殊群体研究,支持临床应用。[①]

表 17-21　WISC-Ⅲ中 12 个分测验和智力因素

| 因素Ⅰ<br>言语理解 | 因素Ⅱ | 因素Ⅲ | 因素Ⅳ |
| --- | --- | --- | --- |
| 知　识 | 图画补缺 | | |
| 相似性 | 图片排列 | | |
| 词　汇 | 积木图案 | 算　术 | 译　码 |
| 理　解 | 物体拼配 | 数字记忆广度 | 符号搜索 |

注:手册中未列有迷津分测验。

### 3. 韦克斯勒成人智力量表(WAIS)

该量表适用于 17—74 岁的成人,初版发表于 1955 年,修订本发表于 1981 年,包括 11 个分测验。韦克斯勒指出:"……11 个分测验是从各个方面来测量智力,而不是测量不同类型的智力。"表 17-22 是韦克斯勒成人智力量表的名称和内容。

表 17-22　韦克斯勒成人智力量表的名称和内容

| 测　验　名　称 | 测　验　内　容 |
| --- | --- |
| 言语量表 | |
| 　知识 | 知识的保持和广度 |
| 　理解 | 实际知识的理解与判断能力 |
| 　算术 | 算术推理能力 |
| 　相似性 | 抽象概括能力 |
| 　数字记忆广度 | 注意力和机械记忆能力 |
| 　词汇 | 语词知识的广度 |
| 操作量表 | |
| 　译码 | 学习和书写速度 |
| 　图片补缺 | 视觉记忆和视觉理解能力 |
| 　积木图案 | 视觉的分析综合能力 |
| 　图片排列 | 对故事情境的理解能力 |
| 　物体拼配 | 处理部分与整体关系的能力 |

图 17-28 是用韦克斯勒成人智力量表测试一名成人的智力的剖视图。被试言语智商

---

① 张厚粲:《韦氏儿童智力量表第四版(WISC-Ⅳ)中文修订版》,《心理科学》2009 年第 5 期。

108，操作智商 121，操作智商比言语智商高 13。

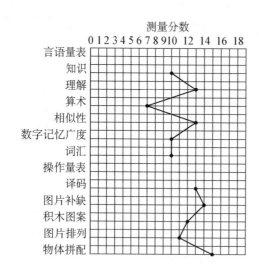

| 测　验 | 测量分数 |
|---|---|
| 知识 | 10 |
| 理解 | 13 |
| 算术 | 7 |
| 相似性 | 13 |
| 数字记忆广度 | 10 |
| 词汇 | 10 |
| 言语分数 | 63 |
| 译码 | 13 |
| 图片补缺 | 14 |
| 积木图案 | 12 |
| 图片排列 | 11 |
| 物体拼配 | 15 |
| 操作分数 | 65 |
| 总分数 | 128 |

| | | | |
|---|---|---|---|
| 言语分数 | 63 | IQ | 108 |
| 操作分数 | 65 | IQ | 121 |
| 全量表分数 | 128 | IQ | 115 |

**图 17-28 韦克斯勒成人智力测验量表(WAIS)的剖视**

韦克斯勒智力测验不仅可以算出被试的全量表智商，而且还可以算出被试的言语智商和操作智商以及各种分测验的量表分。因此，韦克斯勒智力量表不仅可以了解被试的一般智力高低，而且还可以了解被试各种智力的高低。这样，就可以在人与人之间进行具体比较，从而了解一个人的智力结构。韦克斯勒智力量表中有相当比重的操作量表，这就可以了解被试的操作能力，而且适用于非英语的被试和文盲。在医学上，韦克斯勒智力量表可以用来诊断疾病。如果被试某项（某部分）测验分数特别低，有助于临床诊断时作为分析病因的参考。有人发现，如果言语智商显著低于操作智商，可以作为大脑左半球损害的诊断标志；相反，如果操作智商显著低于言语智商，则可以作为大脑右半球损害的诊断标志。还有人发现，如果言语智商和操作智商有较大差异，往往与部分大脑皮质机能失调有关。

韦克斯勒智力量表中的一项改革就是采用了离差智商。传统的比率智商和实足年龄是直线比例关系，即智龄随实足年龄不断增长。实际上并非如此，到了一定年龄，智龄不再随实足年龄增长。例如，若按传统的比率智商计算，一个人在 20 岁时智商为 130，到了 40 岁时智商则为 65，降为低常了。离差智商解决了这个矛盾。它用以确定被试的智力在同龄人中的相对位置，它实质上就是把一个人的成绩和同年龄组被试的平均成绩相比较而得出来的相对分数。

韦克斯勒提出，可以假定，人们的智商是平均数为 100 和标准差为 15 的正态分布，离差智商的计算公式是：

$$离差智商 = 100 + 15Z$$

其中
$$Z = \frac{X - \bar{X}}{S}$$

上述公式中的 Z 代表标准分数，X 代表个体测验得分，$\bar{X}$ 代表团体平均分数，S 代表团体分数的标准差。

例如，某个年龄组的平均分数为 80 分，标准差是 10 分，A 测验得分为 90 分，则 A 的标准分数为：
$$\frac{90 - 80}{10} = +1$$

代入公式，离差智商 = 100 + 15 × (+1) = 115。

龚耀先先生主持修订了韦克斯勒成人智力量表（中文版）。

我国古代就有关于智力测验的思想和方法。在西方，智力测验诞生于法国，弘扬于美国并且传遍世界。智力测验的内容从简单的感觉测验发展到复杂的智力测验，特别是对思维的测验。当前，智力测验在新型的智力理论影响下，表现出新的特点：注意智力中核心成分（元认知）的测量和评定；重视相应的智力培训程序；由个人测验发展到团体测验。当前，智力测验经过心理学工作者的辛勤劳动，不断修订并且编制新的量表，得到了很大的发展，已经广泛地应用于工业、教育、医学、军事、文艺和人才选拔等方面。但由于智力活动的复杂性，智力测验还有待于不断改进。应该在辩证唯物主义思想指导下，综合运用当代各种先进的科学技术，在实践中使它进一步完善起来。

## 二、特殊能力测验

许多研究表明，智力和各种特殊能力之间的相关并不大。各种特殊能力都有着自己的结构。为了测定从事某种专业活动的能力，就要对这种活动进行分析研究，找出它所要求的心理特征，然后根据这些心理特征，列出测验项目，设计测验，以便测量特殊能力。国际上主要的特殊能力测验有以下几种。

### （一）音乐能力测验

美国心理学家衣阿华大学西肖尔（C. E. Seashore）等人对音乐能力进行开创性研究。1939 年编制了最早的音乐能力测验。该测验主要是测量听觉辨别力的六个方面：音高、响度、节拍、音色、节奏和音调记忆。他们认为这些能力是音乐全面发展的基础。

后来的音乐测验采取更复杂的内容。例如，维格（H. D. Wing）等人编制的维格音乐能力标准化测验。该测验从八个方面（和弦分析、音高变化、记忆、节奏重音、和声、强度、短句和总体评价）记分，适合于 8 岁以上的儿童。又如，戈登（E. Gordon）等人编制的音乐能力倾向测验，测量三种基本音乐因素：音乐表达、听知觉和音乐情感动觉。

### （二）美术能力测验

美术能力测验可以分为美术欣赏能力测验和美术创作能力测验。

美术欣赏能力测验一般要求被试比较两幅图画,指出哪一幅更美。例如,梅尔(N. C. Meier)美术测验中有 100 对著名的艺术图片,每对中有一张是原作,另一张是经过改动的作品,要求被试判断哪一张更好,等等。

美术创作能力测验一般要求被试对所提供的线索性轮廓加以补充,使之成为图画。如图 17-29 所示,要求被试用 A 中的线索完成一幅图画,B 是一名被试所完成的作品。

图 17-29 美术创作能力测验

### (三) 数学能力测验

苏联心理学家克鲁捷茨基等人编制了数学能力测验。他根据中小学生不同年级的水平,编制了 26 个系列的题目,包括具有多种多样解法的题目、正向和逆向的题目、序列题目、与空间概念有关的题目等,用来测量学生数学能力的发展水平。

### (四) 文书能力测验

文书能力测验主要有:普通文书能力测验和电子计算机程序编制与操作测验。文书能力测验包括与智力测验类似的题目和测量知觉速度及准确性的题目,这是因为文书工作中需要言语、数学能力和动作敏捷性以及觉察异同的快速性等能力。

### (五) 机械能力测验

机械能力包括:空间知觉、机械理解和动力敏捷性等多种成分。机械能力测验主要有:明尼苏达空间关系测验和贝内特机械理解测验。有人认为,人的能力中存在着机械能力的普遍因素。在机械能力测验时,男性在空间知觉和机械理解上得分高;女性在动作敏捷性上得分高。

### (六) 飞行能力测验

飞行能力与一个人的感知辨别、反应灵活性、注意力分配、手脚动作协调等心理品质有密切关系。[①]

## 三、创造力测验

20 世纪 50 年代,吉尔福特等心理学家发现,智力测验不能测量人的创造力。目前所编制的创造力测验的题目多属开放型,导致评分和确定效度和信度方面的困难。创造力测验目前还主要用于科学研究。国际上主要的创造力测验有以下几种。

### (一) 南加利福尼亚大学发散性思维测验

美国南加利福尼亚大学的吉尔福特和他的同事编制了一套发散性思维测验。测验的项目有:语词流畅性、观念流畅性、联想流畅性、表达流畅性、非常用途、解释比喻、用途测验、故事命题、事件后果的估计、职业象征、组成对象、绘画、火柴问题、装饰。前 10 项要求个体做出言语反应,后 4 项则要求个体用图形内容做出操作反应。

该测验适用于中学水平以上的人,主要根据流畅性、变通性和独特性记分(有时也根据精细性记分)。

例如,"组成对象"是要求被试用一些简单的图形(如圆形、长方形、三角形、梯形)画出指定的事物。在画物体时,可以重复使用任何一个图形,也可以改变其大小,但不能添加其他图形或线条,图 17-30 是这个测验中的练习题。

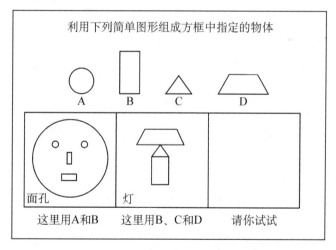

图 17-30  组成对象测验中的练习题

又如"火柴问题"是要求被试移动指定数目的火柴,形成特定数目的正方形或三角形。图 17-31 是这个测验中的演示题。

---

① 荆其诚,林仲贤主编:《心理学概论》,科学出版社 1986 年版,第 471 页。

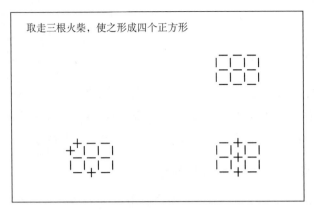

图 17-31　火柴问题测验的演示题

## （二）托兰斯创造思维测验

美国明尼苏达大学的托兰斯（E. P. Torrance）等人编制了另一个著名的创造力测验，该测验分为三套，共有 12 个分测验，为了减少被试的心理压力，用"活动"一词代替"测验"一词。

图 17-32 是图画创造思维测验中的一项活动——完成图形（上面是给被试提供的线条，下面是根据线条可能画出的图）。

图 17-32　托兰斯完成图形

测验时根据四个标准评分：流利（中肯反应的数目）；灵活（由一种意义转到另一种意义的数目）；独特性（反应的罕见性）和精密（反应的详细和特殊性）。被试从整个测验中得到一个总的创造力指数，代表个体的创造性思维的水平。

该测验适用于从幼儿到研究生的文化水平的人群，普遍采用集体测试的方法，对于小学 4 年级以下的学生，一般用个别口头测试的方法。

## （三）芝加哥大学创造力测验

美国芝加哥大学的心理学家盖泽尔斯（J. W. Getzels）和杰克逊（P. W. Jackson）等人根

据吉尔福特的思想对青少年的创造力进行了深入的研究,在20世纪60年代编制了这套测验。这套测验包括下列五个项目[1]:①语词联想测验;②物品用途测验;③隐蔽图形测验;④完成寓言测验;⑤组成问题测验。

## (四) 中学生语义创造能力测验

东北师范大学李孝忠等人编制了中学生语义创造能力测验。[2] 测验是以综合指标编制的,是我国心理学家自己编制的创造能力测验,适合我国的国情,并且具有较好的信度和效度。该测验包括两个分测验(如表17-23所示)。

表17-23 中学生语义创造能力测验

| 分测验 | 测 验 项 目 |
| --- | --- |
| 创造个性 | 独立性,自信心,好奇心,冒险,敢为,表达欲,想象幻想,敏感 |
| 语义发散思维测验 | 语义单元,语义类别,语义关系,语义系统,语义转换,语义蕴含 |

许多心理学工作者研究了创造性和实际创作作品之间的关系。瓦拉奇(M. A. Wallach)等人以500名大学生作为被试,发现思维的流畅性和创造作品之间有明显相关。思维流畅性能够预测许多领域中的成就(如图17-33所示)。[3]

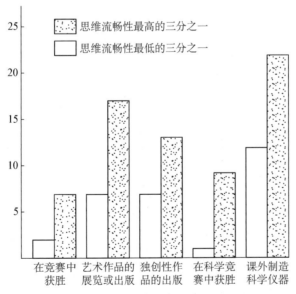

图17-33 大学生的思维流畅性的高低与创造性作品之间的关系

---

[1] J·M·索里、C·W·特尔福德著,高觉敷等译:《教育心理学》,人民教育出版社1982年版,第588—589页。
[2] 李孝忠:《研究适合中学生的新型创造力测验》,《中国教育报》,1999年4月18日。
[3] R·M·利伯特等著,刘范等译:《发展心理学》,人民教育出版社1983年版,第475—476页。

这套测验适用于小学高年级至高中阶段的青少年,适用于团体测试,并有时间限制。

创造力测验是心理测验适应时代需要的一个新动向。当前的几个创造力测验的信度一般比智力测验低。但创造力测验在一定程度上还是能够预测一个人的创造成就的大小的。心理学家利伯特(R. M. Liebet)等人认为:"……创造性的量度是否和现实生活成就有关,或者它们能否预测现实生活成就,根据大量实验证明,回答似乎是肯定的。"①

## 名词解释

能力　实际能力　潜在能力　才能　智力　一般能力　特殊能力　认知能力　操作能力　社交能力　模仿能力　创造能力　情绪智力　横断法　纵向法　高智商儿童　低智商儿童　能力的早期表现　中年成才

## 思考题

1. 试述能力和知识的关系。
2. 简述吉尔福特的智力三维结构模型。
3. 简述智力的三元理论。
4. 简述影响能力发展的因素。
5. 举例说明能力发展水平的差异。
6. 简述能力的类型差异。

---

① R·M·利伯特等著,刘范等译:《发展心理学》,人民教育出版社 1983 年版,第 475—476 页。

# 主要参考文献

## 中文部分

1. 阿·阿·斯米尔诺夫等主编,朱智贤等译:《心理学》,人民教育出版社1957年版。
2. 彼得罗夫斯基主编,朱智贤等译:《普通心理学》,人民教育出版社1981年版。
3. 张春兴,林清山著:《教育心理学》,东华书局1986年版。
4. 张春兴著:《心理学》,东华书局1986年版。
5. 荆其诚,林仲贤主编:《心理学概论》,科学出版社1986年版。
6. 张述祖,沈德立编著:《基础心理学》,教育科学出版社1987年版。
7. J·R·安德森著,杨清、张述祖等译:《认知心理学》,吉林教育出版社1989年版。
8. A·J·哈罗、E·J·辛普森编,施良方、唐晓杰译:《教育目标分类学·第三分册:动作技能领域》,华东师范大学出版社1989年版。
9. 荆其诚主编:《简明心理学百科全书》,湖南教育出版社1991年版。
10. 中国大百科全书总编辑委员会《心理学》编辑委员会,中国大百科全书出版社编辑部编:《中国大百科全书·心理学》,中国大百科全书出版社1991年版。
11. 查子秀主编:《超常儿童心理学》,人民教育出版社1993年版。
12. 《心理学百科全书》编辑委员会编:《心理学百科全书》,浙江教育出版社1995年版。
13. 白学军著:《智力心理学的研究进展》,浙江人民出版社1996年版。
14. 张力为,任未多主编:《体育运动心理学研究进展》,高等教育出版社2000年版。
15. 李铮,姚本先主编:《心理学新论》,高等教育出版社2001年版。
16. 龚耀先主编:《心理评估》,高等教育出版社2003年版。
17. 林崇德等主编:《心理学大辞典》,上海教育出版社2003年版。
18. 桑标主编:《当代儿童发展心理学》,上海教育出版社2003年版。
19. 唐孝威著:《脑功能原理》,浙江大学出版社,2003年版。
20. 理查德·格里格、菲利普·津巴多著,王垒等译:《心理学与生活》,人民邮电出版社2003年版。
21. 丹尼斯·库恩等著,郑钢等译:《心理学导论:思想与行为的认识之路(第九版)》,中国轻工业出版社2004年版。

22. 苏泽著,"认知神经科学与学习"国家重点实验室脑与教育应用研究中心译:《脑与学习》,中国轻工业出版社 2005 年版。

23. R·A·玛吉尔著,张忠秋等译:《运动技能学习与控制(第七版)》,中国轻工业出版社 2006 年版。

24. 郑雪主编:《人格心理学》,暨南大学出版社 2007 年版。

25. 加涅等著,王小明等译:《教学设计原理》,华东师范大学出版社 2007 年版。

26. 戴维·迈尔斯著,黄希庭等译:《心理学》,人民邮电出版社 2008 年版。

27. 沈德立,阴国恩主编:《基础心理学(第二版)》,华东师范大学出版社 2010 年版。

28. 梁宁建主编:《心理学导论(第二版)》,上海教育出版社 2011 年版。

29. 郑雪主编:《积极心理学》,北京师范大学出版社 2014 年版。

30. 张厚粲主编:《心理学(2015 年版)》,高等教育出版社 2015 年版。

31. 俞国良著:《社会心理学前沿(第三版)》,北京师范大学出版社 2015 年版。

32. 叶奕乾,祝蓓里,谭和平主编:《心理学(第五版)》,华东师范大学出版社 2016 年版。

33. 朱滢主编:《实验心理学(第四版)》,北京大学出版社 2016 年版。

34. 叶奕乾,孔克勤,杨秀启编著:《个性心理学(第四版)》,华东师范大学出版社 2016 年版。

35. 丹尼尔·夏克特等著,傅小兰等译:《心理学(第三版)》,华东师范大学出版社 2016 年版。

36. 白学军等编著:《实验心理学(第二版)》,中国人民大学出版社 2017 年版。

37. 辛自强著:《心理学研究方法(第二版)》,北京师范大学出版社 2017 年版。

38. 本杰明·B·莱希著,吴庆麟等译:《心理学导论(第十一版)》,上海人民出版社 2017 年版。

39. 朱智贤著:《儿童心理学(第六版)》,人民教育出版社 2018 年版。

40. 塞缪尔·E·伍德、埃伦·格林·伍德、丹妮斯·博伊德著,陈莉译:《心理学的世界(第七版)》,上海社会科学院出版社 2018 年版。

41. 马克·杜兰德、戴维·巴洛著,张宁、孙越异主译,张宁审校:《异常心理学(第六版)》,中国人民大学出版社 2018 年版。

42. 何金彩,朱雨岚主编:《神经心理学(第二版)》,人民卫生出版社 2018 年版。

43. 吴庆麟,胡谊主编:《教育心理学》,华东师范大学出版社 2018 年版。

44. 林崇德主编:《发展心理学(第三版)》,人民教育出版社2018年版。

45. 杨艳杰主编:《生理心理学(第三版)》,人民卫生出版社2018年版。

46. 侯玉波编著:《社会心理学(第四版)》,北京大学出版社2018年版。

47. 叶浩生主编:《心理学通史(第二版)》,北京师范大学出版社2019年版。

48. 戴维·迈尔斯著,黄希庭等译:《心理学导论(第九版·上下册)》,商务印书馆2019年版。

49. 约翰·杜威著,熊哲宏、张勇、蒋柯译:《心理学》,华东师范大学出版社2019年版。

50. 陈琦,刘儒德主编:《当代教育心理学(第三版)》,北京师范大学出版社2019年版。

51. 斯宾塞·A·拉瑟斯著,宋振韶、周倩译,宋振超审校:《心理学(第三版)》,中国人民大学出版社2019年版。

52. 张积家等著:《民族心理学(上下册)》,华东师范大学出版社2019年版。

53. 胡耿丹,许全成著:《网络成瘾心理学》,北京师范大学出版社2019年版。

54. 郭本禹主编:《西方心理学史(第三版)》,人民卫生出版社2019年版。

55. 高觉敷著:《心理学史论丛》,商务印书馆2019年版。

56. 彭聃龄主编:《普通心理学(第五版)》,北京师范大学出版社2019年版。

57. 董奇著:《心理与教育研究方法(第二版)》,北京师范大学出版社2019年版。

58. B·R·赫根汉、T·亨利著,郭本禹、方红等译:《心理学史导论(第七版·上下册)》,华东师范大学出版社2019年版。

59. 皮连生主编:《学与教的心理学(第六版)》,华东师范大学出版社2020年版。

60. 郭永玉等著:《人格研究(第二版)》,华东师范大学出版社2020年版。

61. 伍新春,张军主编:《儿童发展与教育心理学(第三版)》,高等教育出版社2020年版。

## 英文部分

1. Anastasi, A. (1964). *Fieds of Applied Psychology*. New York: McGraw-Hill.

2. Anderson, J. R. (1995). *Learning and Memory: An Integrated Approach*. New York: John Wiley & Sons.

3. Anderson, M. C. & Neely, J. H. (1996). Interference and Inhibition in Memory Retreval. In Bjork, E. L. & Bjork, R. A. (Eds), *Memory*. San Diego, CA: Academic Press.

4. Aronson, Elliot; Wilson, Timothy D. & Sommers, Samuel R. (2019). *Social

*Psychology* (10<sup>th</sup> ed). Boston: Pearson.

5. Karni, A. & Meyer, G. et al. (1995) Functional MRI Evidence for Adult Motor Cortex Plasticity During Motor Skill Learning. *Nature*, 155—158.

6. Baughman, Kiersten R. (2017). *Psychology of Learning*. San Diego, CA: Cognella Academic Publishing.

7. Baumgardner, Steve R. & Crothers, Marie K. (2008). *Positive Psychology*. New York: Pearson.

8. Berry, John W. (2011). *Cross-Cultural Psychology: Reasearch and Applications* (3<sup>th</sup> ed). New York: Cambridge University Press.

9. Blundell, John (2016). *Physiological Psychology*. New York: Routledge.

10. Brennan, James F. & Houde, Keith A. (2018). *History and Systems of Psychology* (7<sup>th</sup> ed). London: Cambridge University Press.

11. Buckler, Scott & Castle, Paul (2018). *Psychology for Teachers* (2<sup>nd</sup> ed). Los Angeles: SAGE.

12. Byrne, Tim (2018). *Introduction to Health Psychology*. New York: Larsen & Keller.

13. Banich, Marie T. (1997). *Neuropsychology: The Neural Base of Mental Function*. New York: Houghton Mifflin College Div.

14. Ciccarelli, Saundra K. & White, J. Noland (2014). *Psychology* (4<sup>th</sup> ed). Boston: Pearson.

15. Colman, Andrew M. (2015). *A Dictionary of Psychology* (4<sup>th</sup> ed). Oxford College Div: Oxford University Press.

16. Compton, William C. & Hoffman, Edward L. (2019). *Positive Psychology: The Science of Happiness and Flourishing* (3<sup>rd</sup> ed). Los Angeles: SAGE.

17. Contreras, David A. (2010). *Psychology of Thinking: Psychology of Emotions, Motivations and Actions*. New York: Nova Science Publishers.

18. Coon, Dennis. (2003). *Essential of Psychology* (9<sup>th</sup> eds). Belmont, CA: Thomson Wadsworth.

19. David, C. (2019). *Advances in Experimental Social Psychology*. New York: Magnum Publishing.

20. De Groot, A. (1996). Preception and Memory Versus Thought: Some Old Ideos and Recent Findings. In B. Kleinmuntz (Eds.), *Problem-Solving: Research, Methods, and Theory*. New York: Wiley.

21. Payne, D. G. & Wenger, M. J. (1998). *Cognitive Psychology*. New York: Houghton Mifflin Company.

22. Driscoll, Marcy P. (2013). *Psychology of Learning for Instruction*. Boston: Pearson.

23. Duchesne, Sue & McMaugh, Anne (2019). *Educational Psychology: for Learning and Teaching* (6th ed). South Melbourne, Victoria Australia: Cengage Learning Australia.

24. Eccleston, Tom (2018). *Behavioral Psychology: Understanding Human Behavior*. New York: Clanrye International.

25. Eggen, Paul D. & Kauchak, Don (2015). *Educational Psychology: Windows on Classrooms* (10th ed). England: Pearson.

26. Goldstein, E. Bruce (2018). *Cognitive Psychology: Connecting Mind, Research, and Everyday Experience* (5th ed). Boston, MA: Cengage Learning.

27. Goodwin, C. J. (2015). *A History of Modern Psychology* (5th ed). New York: John Wiley & Sons.

28. Harley, Trevor A. (2016). The *Psychology of Language: From Data to Theory*. Hove: Tayor & Francis.

29. Hockenbury Don H. (2012). *Discovering Psychology* (6th ed). New York: Worth Publishers.

30. Hogg, A. Michael & Vaughan, Graham M. (2017). *Social Psychology* (8th ed). Harlow: Pearson Education.

31. Hojjat, Mahzad & Moyer, Anne (2016). *The Psychology of Friendship*. Oxford; New York: Oxford University Press.

32. Hopkins, Daphne (2018). *Educational and Developmental Psychology: A Strategic Approach*. New York: Clanrye International.

33. Jackson, Michelle K. (2012). *Psychology of Language*. New York: Nova Science Publishers.

34. Kalat, James W. (2018). *Biological Psychology* (13th ed). Boston: Cengage Learning.

35. Kalat, James W. (2013). *Introduction to Psychology*. Belmont, CA: Wadsworth Cengage Learning.

36. Kaplan, C. A. & Simon, H. A. (1990). In Search of Insight. *Cognitive Psychology*, 22(3).

37. Kelly, Albert (2018). Cognitive psychology. New York: Larsen & Keller.

38. King, Laura (2018). *Loose Leaf Experience Psychology* (4th ed). New York: McGraw-Hill Education.

39. King, Laura (2015). *Experience Psychology*. New York: McGraw-Hill Higher Education.

40. Maio, Gregory R. & Haddock, Geoffrey (2018). *The Psychology of Attitudes & Attitude Change* (4th ed). London, Thousand Oaks, California: SAGE.

41. Marks, David F. (2018). *Science of Psychology*. Los Angeles: SAGE.

42. Matsumoto, David & Hwang, Hyisung C. (2019). *The Handbook of Culture and Psychology* (2nd ed). New York: Oxford University Press.

43. Mitchell, Peter & Ziegler, Fenja (2013). *Fundamentals of Developmental Psychology*. Hove: Taylor & Francis.

44. Smyth, M. M. & Wing, A. M. (1984). *The Psychology of Human Movement*. London: Academic Press.

45. Moneta, Giovanni B. & Rogaten, Jekaterina (2016). *Psychology of Creativity: Cognitive, Emotional, and Social Processes*. New York: Nova Science Publishers.

46. Myers, David G. & DeWall, C. Nathan (2018). *Psychology* (12th ed). New York: Worth Publishers.

47. O'Doherty, Kieran C. & Hodgetts, Darrin (2019). *The Sage Handbook of Applied Social Psychology*. Los Angeles: SAGE.

48. O'Donnell, Angela M. (2018). *Educational Psychology* (3rd ed). New York: John Wiley & Sons.

49. Plotnik, Rod & Kouyoumdjian, Haig (2013). *Introduction to Psychology*. Boston: Cengage Learning.

50. Revenson, Tracey A. & Gurung, A. R. (2018). *Handbook of Health Psychology*. New York: Routledge.

51. Roberson, Eleanor (2016). *Psychology of Individual Differences: New Research*. New York: Nova Science Publishers.

52. Ronan, Amanda (2017). *Educational Psychology: Theory and Practice*. New York: Arcler Press LLC.

53. Ross, Brian H. (2014). *Psychology of Learning and Motivation*. San Diego, CA: Academic Press.

54. Rotenberg, Ken J. (2019). *The Psychology of Interpersonal Trust: Theory and Research*. Abingdon, Oxon; New York: Routledge.

55. Sanderson, Catherine A. (2017). *Real World Psychology* (2$^{nd}$ ed). New York: John Wiley & Sons.

56. Saugstad, Per (2018). *A History of Modern Psychology*. New York: Cambridge University Press.

57. Silber, Kevin (2018). *Biological Psychology: The Interplay between Brain and Behavior*. New York: Routledge.

58. Slater, Alan & Bremner, Gavin J. (2017). *An Introduction to Developmental Psychology* (3$^{rd}$ ed). New York: John Wiley & Sons.

59. Spieler, Daniel & Schumacher, Eric (2020). *New Methods in Cognitive Psychology*. New York: Routledge.

60. Stevens, S. S. (1960). *Handbook of Experimental Psychology*. New York: John Wiley & Sons.

61. Thou, Teisi (2011). *Health Psychology*. Jaipur: ABD Publishers.

62. Tinbergen, N. (1952). *The Study of Instinct*. London: Clarendon Press.

63. Vallacher, Robin R. (2019). *Social Psychology: Exploring the Dynamics of Human Experience*. New York: Routledge.

64. Wade, Carole; Tavris, Carol & Swinkels, Alan (2016). *Psychology* (12$^{th}$ ed). Boston: Pearson.

65. Wallace, Patricia (2015). *The Psychology of The Internet* (2$^{nd}$ ed). New York: Cambridge University Press.

66. Ward, James & Hicks, Dawes (2016). *Psychology Applied to Education*. London: Cambridge University Press.

67. Weiten, Wayne (2012). *Psychology: Themes and Variations* (9$^{th}$ ed). Boston: Cengage Learning.

68. Wilton, Richard & Harley, Trevor A. (2017). *Science and Psychology*. London; New York: Routledge, Taylor & Francis Group.

69. Winter, David A. & Reed, Nick (2015). *The Wiley Handbook of Personal Construct Psychology*. Chichester: Wiley-Blackwell.

70. Wood. Samuel E.; Wood, Ellen Green & Boyd, Denise (2011). *The World of Psychology*. Boston: Pearson.

71. Woolfolk, Anita (2015). *Educational Psychology* (13$^{th}$ ed). Boston: Pearson.